国家社科基金一般项目"清代藏学汉文文献词汇研究"（11BYY065）

清代藏学汉文文献词汇研究

 王宝红  著

中国社会科学出版社

图书在版编目(CIP)数据

清代藏学汉文文献词汇研究/王宝红著. —北京：中国社会科学出版社，2016.5

ISBN 978 - 7 - 5161 - 8081 - 5

Ⅰ.①清…　Ⅱ.①王…　Ⅲ.①藏学—古汉语—词汇—研究—中国—清代　Ⅳ.①H131

中国版本图书馆 CIP 数据核字(2016)第 084272 号

出 版 人	赵剑英
责任编辑	郭晓鸿
特约编辑	席建海
责任校对	董晓月
责任印制	戴　宽

出　　版	中国社会科学出版社
社　　址	北京鼓楼西大街甲 158 号
邮　　编	100720
网　　址	http://www.csspw.cn
发 行 部	010 - 84083685
门 市 部	010 - 84029450
经　　销	新华书店及其他书店

印　　刷	北京君升印刷有限公司
装　　订	廊坊市广阳区广增装订厂
版　　次	2016 年 5 月第 1 版
印　　次	2016 年 5 月第 1 次印刷

开　　本	710 × 1000　1/16
印　　张	36
插　　页	2
字　　数	569 千字
定　　价	128.00 元

目　录

序

　　语言是人类交际的工具，其中，人们最直接感受到的语言成分，就是词汇。作为语言中可以自由应用的最小单位，词汇比语法和语音更为具体、实在和贴近我们的生活。

　　语言通过声音表达意义，因而是一种转瞬即逝的事物。为了记录语言，人们发明了文字，并通过对文字的记载，把叙述各种人物事件的话语材料书面化，形成了书面的文字文献，成为后人了解历史的宝贵材料。

　　我们可以通过前人留下的文字文献，了解历史上发生过的事情，来加深对现实中各种现象的理解，并据此作为应对现实、规划未来的重要借鉴。西藏地处祖国的西部边陲，地势险阻，人烟稀少，交通不便。但历史上西藏与内地往来频繁，关系密切，尤其在清代，内地和藏区之间，大量的官吏、幕僚文人、僧侣、商贩、马帮挑夫、戍边军士等各类人员，往来不断，形成了内地与藏区在政治、经济、文化、军事等各个方面的密切联系，出现了大量有关藏区的汉语文献记载，为我们了解这一段历史提供了宝贵的资料。

　　不过，研读历史文献，可能涉及一些语言方面的障碍。其原因来自多个方面。第一，由于历史变迁，汉语在不同的时期呈现不同的面貌，其中，词汇是语言各要素中变化最快的一个部分，一些在特定时期产生的词语，反映特定时期的用语，既不同于古代的文言成分，又不同于现代的白话成分，形成理解的障碍，需要克服。第二，由于地理和人文条件的差异，也促成了一些反映特定条件下自然或社会事物概念的词语的产生，这些充满异域情调的词语，对于没有接触过这些事物的人来说，也构成了理解上的障碍。第三，不同民族之间的交流，形成了语言接触关系，不同语言的成分之间相互的渗透和吸收，在完成和促进彼此交流的同时，也为各自的语言中引入了一批外来的新成分，需要正确解读。历史文献的语言研究，因此屡屡被提上日程。

在历史语言研究的过程中，曾经有人认为，只要了解了某一时代的全部语言材料，就可以掌握这一时代的全部语言事实，这是不切实际的。通过文献保存下来的语言材料或语言事实，只能是全部语言材料或语言事实中的一部分，而且是数量非常有限、反映很不全面的抽样部分。由于文献记载的内容都是通过作者筛选的，受记载内容的限制，有许多语言事实，其实并没有进入书面记录的机会，或虽进入了书面记录却未能保存下来。因此，我们通过书面材料看到的古代语言面貌，是片面、不完整和有局限的，它们可能比较多地反映了古代用语的某些方面，但绝不可能是全面、无遗漏的。语言中，一些通用度高的成分，会出现在各类不同的文献之中，但一些专用于某些时段、某些区域或某些群体中的语言成分，在一般文献中出现的机会就很少了，它们往往只出现在特定有限的文献范围之内，甚至只在个别文献中偶或一现。因此，尽可能多地利用古代文献，尤其是那些有各种时代、地方和群体特色的语言材料，可以让我们更多地了解古代的语言面貌，更清晰地观察各语言成分的历史变化，更准确地厘清它们的发展过程。

本书描写清代汉语涉藏文献中的特色词汇成分，它们大多未见于其他汉语文献，因而是全面了解清代词汇工作的一个部分。清代涉藏文献内容丰富，形式多样，分布广泛。作者从标点句读、订正文字入手，通过大量阅读各类清代汉文涉藏文献，搜寻其中反映当时当地特殊事物和现象的词汇材料，把它们汇集在一起，分析研究，这将有助于我们全面了解清代汉藏语言的接触和交流，以及地方和时代风貌给汉语词汇带来的影响。

从来源看，清代汉文涉藏文献中出现的特色词汇成分，有两个方面，分别来自他语和汉语本语。涉藏汉文文献中来自他语的词汇成分，以藏语为主，兼及蒙、满、维、梵、英等多种语言，展示了在特定的历史、地理和社会环境下，以汉藏民族为主体的交流中，所呈现的多民族、多语言的汇通融合关系。从语用的角度来看，这些他语成分可以分为两个层面，一是散见于各类汉语诗文的记载中，作为汉语表达的一个部分，进入了汉语，成为汉语中的外来词，承担着向汉语人群传递藏区特有信息的任务；另外一些藏语成分，只出现在藏汉词汇对照材料中，即用汉字记录的藏语词发音，并附以对应的汉语词。这类藏汉词汇对照材料，旨在帮助进入藏区的汉人或掌握汉语的其他民族的人，了解掌握一些日常应用的藏语词汇成分，作为他们学习藏语的起点，方便与藏人的日常交流和沟通。虽然这些词汇成分并没有真正进入汉语的表达系统，但它们在汉藏交流中所起的积极作用，值得充分肯定。

清代汉文涉藏文献中，也出现了大量富有地域和时代特色的汉语本语词汇成分。由于地域和社会环境的差异，在中国藏区和邻近的地区有不少地方特有的事物，对于这些地方特有的事物的指称，造成了一批具有鲜明地方特色的汉语词汇成分。此外，由于记录者本身的用语习惯，一些虽非反映涉藏地区特有的事物，但具有鲜明时代特点，流行于清代一些地区，并见于清代其他文献的用词，也出现在汉文涉藏文献之中，反映了汉藏交流中所存在的汉语流行用语或口语的影响。

从整体上说，清代汉文涉藏文献的作者都是汉地的文人，他们在记述藏区人物事件的时候都采用文言文，而非当时在社会底层已经很有影响的白话文。但是，与一般文人精心创作的文学作品相比，涉藏文献的用语倾向于平易浅显，其中融入了大量带有口头色彩的特色词语，以准确记述相关事宜。同时，文人都有创作的癖好，在吟咏当时当地景物事件的时候，一些非文言的成分，也常进入他们的诗作或骈文之中。可见，面对语用中表达的实际需求，文言语体并没有阻挡非文言成分的渗入，文白的界限并非不可逾越，而是相容共存的。

从词汇的发展历史来看，出现在清代汉文涉藏文献中的各种特色词语，大多在此前的文献中未见记载。就产生的年代而论，它们的产生肯定要早于记述的时间，甚至可能在清代以前，只是因为没有更早的记载，已经无法向前推考了。值得庆幸的是，由于涉藏事物的记述，这些词语在清代文献中出现并保存到现在，成为我们考察清代词汇面貌的重要依据。尽管我们无法确定它们就是清代产生的词汇新质，但可以肯定它们在清代使用，是清代汉语词汇的一个部分——否则，汉语的历史词汇材料将缺损一个部分。

历史词汇的研究需要来自多方面的材料，才能构成相对完整的词汇历史面貌。出现在清代汉文涉藏文献中的这些历史词汇材料，一方面展现了清代汉语词汇面貌的一个部分，为全面了解清代汉语词汇提供了不可替代的材料，同时也有助于厘清现代汉语中一些词语的历史，正确释读相关词语。对这些词语的了解和把握，反过来有助于我们对相关文献的阅读，进而了解清代藏区自然和人文社会风貌，正确认识藏区的历史。因此，无论是对汉语词汇的历史研究，还是对藏区的历史研究，本书的工作，都是非常积极和富有建设意义的。

作者王宝红多年来一直以清代词汇为研究方向，勤奋努力，孜孜不倦，厚积薄发，在清代词汇的研究实践中，屡有发现，心得不少。这次又顺利完成了对清代汉文涉藏文献的研究课题，数年苦修，又一正果，令人欣喜。

是为序。

俞理明

2015 年 8 月

书名简称

第一章 清代藏学汉文文献概说

第一节 藏学汉文文献的形成

藏、汉族人民的交往很早就开始了，用汉文记载藏族情况的资料，早在殷商周秦时期已经出现。① 自汉唐以来，除散见的资料外，更有类似《后汉书·西羌传》和《新唐书·吐蕃传》《旧唐书·吐蕃传》《五代史·吐蕃传》、《宋史·吐蕃传》《明史·乌斯藏传》等大量的专题文献问世。古代的类书、政书如《册府元龟》中的"将帅部""外臣部""奉使部"，以及《古今图书集成》《唐会要》《大清会典》等典籍中亦保存了不少关于西藏和藏族的记载。在一些野史杂记及文学作品中，也蕴含着大量零散的涉藏资料，如《全唐诗》《全唐文》《明实录》《清实录》《东华录》《东华续录》《圣武记》《笔记小说大观》等。总而言之，凡是用汉语记载下来的有关西藏和藏事的专门著作、专题文献，以及汉文古籍中大量散而不聚的涉藏资料，学界统称为藏学汉文文献。

清代藏学汉文文献是清代在经营、管理西藏的过程中产生的文献。在清代，汉藏之间的政治、军事和经济往来空前紧密，记载西藏的汉文文献也随之骤然增多。清廷派大臣管理西藏，满、汉、蒙古官员纷纷入藏，考察风俗民情，筹划治藏方略，著书立说，一时蔚然成风。在拉萨任职的驻藏大臣及其随员，不但代表中央王朝行使其统一管理的职责，而且时常向朝廷呈上有关西藏政治、军事、经济形势等方面的报告。清代前期，清政府又采取几次大规模派遣军队入藏打击地方势力和外来入侵势力的军事行

---

① 吕桂珍：《藏学文献史述略》，《西藏研究》1998 年第 4 期。

动，有些随军赴藏的文士、幕僚也为我们留下了很多记述西藏情况的汉文文献。与此同时，内地也掀起研究边疆史地文化的热潮，一些未到过西藏而又关心藏事的文人，也将间接所得笔之于书。在这一时代大背景下，逐步形成清代藏学汉文文献。

在漫长的历史时期里，藏族、汉族和其他民族的学者对藏族社会、历史、文化的记载和对藏区的考察与研究，所积累的藏学文献资料浩如烟海，这是一笔珍贵的藏学遗产和取之不竭的藏学资源。自 20 世纪 80 年代以来，随着藏学研究的蓬勃发展，藏学汉文文献作为藏学文献的一个重要组成部分，被大规模搜集整理出来。据统计，已出版的文献有两百多种，记事上起隋唐，下迄民国，包括实录、档案、奏牍、方略、笔记、诗文等体裁。汉文史籍中有关史料抄集、汇编本如《新唐书吐蕃传笺证》《明实录·藏族史料》《清实录·藏族史料》《全唐文全唐诗吐蕃史料》等。专书文献方面，仅就《中国丛书综录》而言，其中收录有关西藏的文献有 22 种，《小方壶斋舆地丛钞》收录有数十种，《清代边疆史地论著索引》收录的涉藏资料更多。藏学系列专题文献汇编如西藏社会科学院藏学汉文文献编辑室的《西藏学汉文文献丛书》《西藏学汉文文献汇刻》和《西藏学汉文文献别辑》，收入各类藏事文献 70 种，成书 21 函，共 116 册。为了抢救正在散失的文献典籍，使分散保存于各地的汉文文献得到更加充分有效的开发和利用，由著名藏学家、中国藏学出版社总编辑和《中国藏学》（汉文）主编张羽新先生主持，搜集整理了历代数百种有关藏学的汉文典籍文献，汇编成《中国藏学汉文历史文献集成》影印出版，其中收录了从 7 世纪中叶至 20 世纪中期 1300 余年间有关藏事的汉文文献 2000 余种，分为《清代治藏法规全编》《民国治藏法规全编》《中国西藏及甘青川滇藏区方志汇编》《唐宋元明清藏事史料汇编》《民国藏事史料汇编》共 5 部 195 册，历时 10 年，近 2 亿字，具有资料真实齐全、版本珍贵等特点。这就为藏学研究提供了极为丰富的文献资料，也为我们从汉语史角度进入这些文献打下了坚实的基础。

藏学汉文文献记述了西藏和藏族的发展历程以及藏汉之间政治、经济、文化交流的历史，对藏文文献可以起到补充作用，具有史学、文献学、社会学、民俗学、语言学等多方面的研究价值。目前对藏学汉文文献的开发利用，主要集中在哲学、宗教、文学等方面，对于藏学汉文文献中蕴含的语言材料的研究起步较晚，对记录西藏及藏族内容的语言文字从历时角度进行整体研究的则极少。不过，近几十年来，仍有不少学者在积极从事这方面的探索，国内外一批学者利用藏学汉文文献与藏文文献对比，展开藏语文研究，成果可观。目前，涉及清代藏学汉文文献语言词汇释义的研究，主要反映在给一些著作所做的注释中，如赵宗福的《历代咏藏诗选注》、高平的《清人咏藏诗词选注》《西藏地方近代史资料选辑》《西藏历史汉文文献丛刊》等点校注释本。还有王叔磐、孙玉溱的《古代蒙古族汉文诗选》、鲜于煌的《中国历代少数民族汉文诗选》等诗文选集，对所收录的清人咏藏诗词语做了详细的注释。这些注释为解读藏学文献消除了文字障碍，也为语言研究提供了有价值的线索，但这些成果主要是为藏学研究服务的，词语解释以疏通文义为主，并不是真正意义上的语言学研究。围绕藏学汉文文献中的某些词语意义的研究也有了可喜的开端，如石硕《青藏高原"碉房"释义——史籍记载中的"碉房"及与"碉"的区分》①、李凤珍《试析清代达赖喇嘛商上》②、何周德《"招拉笔洞山"名称由来小考》③ 等。部分文章从文学的角度切入，对清人咏藏诗词进行研究，也附带对个别词语做了简单释。如顾浙秦的《钱召棠和他的〈巴塘竹枝词〉》一文，解释了"褚巴、纳哇、东波、模格、绷开、麻密旗、麻密石、碉楼、打役、汤役、破本、热熬"等词语④，在《孙士毅和他的〈百一山房赴藏诗集〉》一文中，对汉文咏藏诗中夹杂使用藏音汉译词的语言特点做了分析，并指出，"此种咏藏诗的藏语词汇的嵌用，自不应仅仅视为一种吟诗遣词用语的讲究，它乃是200多年前西藏社会上藏汉双语模式实行的一种写照"⑤。

　　一些学者在其论著中也提及清代藏学汉文文献的语言学价值。如来新夏先生在谈及《康𬨎纪行》一书时说："（此书）卷五《西藏大蕃僧》《西

　　① 石硕：《青藏高原"碉房"释义——史籍记载中的"碉房"及与"碉"的区分》，《思想战线》2011年第3期。

　　② 李凤珍：《试析清代达赖喇嘛商上》，《西藏民族学院学报》2003年第2期。

　　③ 何周德：《"招拉笔洞山"名称由来小考》，《西藏研究》1986年第3期。

　　④ 顾浙秦：《钱召棠和他的〈巴塘竹枝词〉》，《中国藏学》2004年第2期。

　　⑤ 顾浙秦：《孙士毅和他的〈百一山房赴藏诗集〉》，《西藏研究》2004年第4期。

藏僧俗官名》及《蕃尔雅》诸则于西藏制度语言皆有简赅记述，足资参证。"① 邓锐龄在《读〈西藏志〉札记》一文中也谈到藏学汉文文献的语言学价值："作者必通晓藏语或与藏人相熟识，书中出现了大量藏语专词的音译，除去山川、部族、官职名称必须借用外，藏族的衣着、装饰、发型的专词音译多达 20 个，且屡见于风俗、衣冠、兵制、寺庙诸篇，记叙极为细致。此外，像'纵'，作为地方行政一级单位，后来通译为'宗'者，也是首见于此书，此类藏汉文化接触渐趋频繁时的现象，值得语言文化史学者的注意。"② 相比之下，针对藏学汉文文献的专门性的词汇演变历史研究尚属空白。从整体上看，关于清代藏学汉文文献的语言词汇的研究，目前仍处于起步和探索的阶段，需要在理论和方法上深入探讨。因此，从历时的角度进行词汇现象发展演变的研究，是很好的课题，值得研究。

在汉语词汇语法史的研究中，清代处于汉语发展史的接合部，清初为近代汉语的下限部分，清中叶及末期为近代汉语向现代汉语的过渡阶段，这是汉语历史研究中的薄弱环节。随着近代汉语研究逐渐进入繁荣时期，清代汉语的研究也得到重视。目前，研究清代汉语词汇大多利用口语化程度较高的白话小说、戏曲、笔记及档案资料作为基本语料，对于数量庞大的藏学汉文文献尚未给予足够的重视，甚至可以说没有充分利用，这不能不说是一个缺憾。造成这个情况，不仅因为这方面研究起步较晚，也由于语料基础相对薄弱。从语言学的角度来看，清代藏学汉文文献是在文体、用语和内容等方面都具有创新性，能在一定程度上反映当时汉语变化情况的一批历史文献，其行文用语基本上是浅近的文言，其中既有当时的通用词语，也有冷僻的文言词语、典故词语、地名神祇等专有名词、术语，还有方言口语、国内民族语及域外音译借词等，词汇成分来源比较复杂，具有多样化的特点。而这类文献资料至今未有人从汉语史的角度给予关注，值得重视。基于上述原因，本书以清代藏学汉文文献为研究对象，展开词汇研究。

---

① 来新夏：《清人笔记随录》，中华书局 2004 年版，第 347 页。
② 邓锐龄：《读〈西藏志〉札记》，《中国藏学》2005 年第 2 期。

就清代藏学汉文文献词汇使用现象进行专题研究，可以为汉语词汇史专题研究提供一个新角度。到目前为止，以特定文体的历代文献进行词汇历时研究的方法和成果还极为少见，因此，这样的专题研究是有意义的探索与实践。藏学汉文文献是围绕西藏及藏族的诸多问题而产生的文献，以此为汉语词汇演变史研究的一个对象和观察现象的一个窗口，便于对清代汉语词汇进行整体把握。清代藏学汉文文献数量丰富，记载时间明确（特别是奏议类文书，时间准确到了某一日），可以为词汇研究提供所需要的充足材料。这类文献的内容也极其丰富，涵盖了西藏及藏族社会生活的方方面面，丰富的资料、丰富的内容能够满足研究的需要。

对于汉语史的研究来说，藏学汉文文献的用语有两个方面的价值：一方面，这类文献是多民族文化融合影响下形成的历史史料，特别是历代在加强对西藏的管理过程中形成的诸如官爵、封号等专用词语及藏汉、藏蒙等语言在长期接触过程中形成的民族语言互借等现象，需要我们通过藏学汉文文献去寻根；另一方面，藏学汉文文献涉及面广，其内容展现的不仅包括单个的历史事件，还包括当时社会方方面面的缩影，它的文献写作，除了使用书面语外，也吸收了当时产生的一些新兴口语词，较多地反映了清代汉语词汇的实际状况，这对近代汉语研究及现代汉语词语的溯源工作尤其重要。

第二节　清代藏学汉文文献的类型

清王朝从皇太极 1636 年将后金改名为清，到 1912 年末代皇帝宣统退位，历时 276 年。其间形成的藏学汉文文献跟前代相比数量大增，记述的内容更为广泛、丰富。从内容上看，涉及清代西藏的方方面面，包括历史地理、政治军事、物产气候、宗教民俗、文化艺术、民族关系、掌故遗闻、邻国情况、涉外事件等。而且体裁多样，主要有档案汇编、方志、方略、法制法规、笔记、诗歌等类型。

一　档案汇编

我国历代累积的有关西藏的汉文史料浩如烟海，但散失严重。随着藏学研究的深入开展，汉文藏族史料成为藏学研究中引人注目的领域，经过几代学人的不懈努力，一批重要的藏学汉文史料汇编相继面世。较有影响的如《元以来西藏地方与中央政府关系档案史料汇编》，共收录了元明清及民国时期有关西藏地方与中央政府关系的汉、藏、满、蒙等文字的历史档案 3200 余件，其中清代的占 1938 条。《清实录·藏族史料》将《清实录》（清代已故帝王生前的档案资料）中有关藏族的历史资料摘录、汇编成十集，"专辑起自崇德二年皇太极延聘五世达赖推崇黄教，讫于宣统三年藏乱终末，历时275 年，共约 200 万字，史料翔实，是研究 17 世纪至 20 世纪初叶藏汉、藏蒙等民族关系和西藏宗教、政治、军事、经济以及近代帝国主义侵略西藏史诸问题不可或缺的汉文基础史料之一"（《清实录·藏族史料·序》）。

有关清代对西藏地区治理的档案资料，也是藏事资料的重要内容，其中记叙了某个特定时间段藏区发生的重要事件，属于藏事要件。如吴丰培等编的《清代藏事奏牍》汇集了自嘉庆至宣统末 47 位驻藏大臣的藏事旧档，其中详记当时中央政府管理西藏的措施，包括"当时驻藏官员对上的奏章，平行的咨文，对下级的指示，对外的关系，包括政治、经济、军事、外交、交通、贸易等项"（《清代藏事奏牍·序》），以及私人往来函札等。所记均为原始史料，是当时发生事件始末最完整的记录。又如《西藏奏疏》10 卷，是驻藏大臣孟保自行刊刻面世的有关西藏的奏稿，内容主要涉及西藏外交和西藏内部事务管理两大方面，有关西藏外交方面的事务为三卷，有关西藏内部事务管理的内容为七卷，包括掣签十一世达赖喇嘛、驻藏官员的管理、西藏地方官员的任免等。《六世班禅朝觐档案选编》记载西藏地方宗教首领六世班禅额尔德尼进京朝觐乾隆皇帝之事，材料选自清宫各机构的档案，全书由 533 件档案汇集而成。

此外，《西藏地方历史资料选辑》《西藏历史资料汇编》《西藏地方是中国不可分割的一部分（史料选辑）》等也是研究不可或缺的重要史料。

二　方志

方志"是地方志的简称，是记载一个地方古今综合情况的志书"①，

---

① 黄苇等：《方志学》，复旦大学出版社 1993 年版，第 15 页。

"是地方性的百科全书"①。记述西藏的汉文文体的方志最早可追溯到《册府元龟》《资治通鉴》《后汉书》《隋书》、新旧《唐书》《宋史》《元史》《明史》等史籍中的"西羌传""吐蕃传""西南夷列传"等条目。清代西藏方志是记载有清一代西藏自然地理和人文社会诸方面内容的历史与现状的资料性文献，起自清初，讫于清末。清康熙末年至乾隆初年藏乱频仍，清政府五次运兵西藏平乱，于 1727 年设置驻藏大臣，加强了对西藏的治理，内地与西藏的人员往来较为频繁。乾隆年间，廓尔喀侵扰后藏，英国谋通西藏，西藏形势开始复杂化。在这样的时代背景下，为了便于内地了解西藏，一些入藏的文武官员采访藏情，开始按汉文传统方志文体编修西藏地方志。自此，汉文西藏方志大量问世，"仅有关西藏本土（不含川、青藏区）的著作就有百余种"②。当然，百余种的统计数字中，包含了一些纪程之作，如《西藏记述》《西域遗闻》等，这类著作严格说来算不上方志。据当前的研究，清人所撰官私西藏方志共有 22 种③。其中官修方志有《西藏志》《卫藏通志》、嘉庆《四川通志·西域志》《巴塘盐井乡土志》等，还有部分寄存于他志之中的西藏简略通志，如雍正《四川通志·西域》、乾隆《雅州府志·西域》、乾隆《西宁府新志·武备志·西藏》等。私人著述有《藏纪概》《进藏纪程》《西藏见闻录》《卫藏图识》《西招图略》《西藏图说》《三藏志略》《西藏图考》等。另有私人所撰厅县小志，如王我师的《墨竹工卡记》和《德庆记》、李梦皋的《拉萨厅志》、徐瀛的《旃林纪略》等。与内地省份所修方志相比，清代藏志"具有鲜明的西藏地方特色与地域特色"，主要表现为"名称丰富、篇目命名新奇、体例编纂特异以及私撰多于官撰、他撰多于己撰、略志多于繁志、通志多于县志"④ 等特点。方志类文献是清代各个时期藏情的记载，是汉藏文化交流的见证，更是中华民族多元一体的历史见证。

① 陈家琎：《风雨西藏情》，中国藏学出版社 2000 年版，第 128 页。

② 同上。

③ 参见彭升红《清代民国西藏方志研究》，硕士学位论文，四川师范大学，2008 年，第 3 页。作者对 46 种清代民国西藏方志作了逐一梳理，从出版的时间来划分，属于清代编纂的方志有 22 种。

④ 参见彭升红《清代民国西藏方志研究》摘要部分。

三 方略

清代统治者以边疆部族入主中原，因此对边政极为重视。清初天下初定，征战频仍，武备极盛，清政府非常重视对战事的记述，并成立方略馆。方略馆隶属于军机处，是朝廷为编纂各次军事行动始末而专设的机构，每当战事取得胜利后，方略馆即将有关战争的奏折、上谕按日汇编，备详原委，编为方略，或称纪略。清政府分别于乾隆十二年（1747）、乾隆三十一年（1766）两次对金川土司莎罗奔用兵，随后形成《平定两金川军需例案》《平定金川方略》（26卷）、《平定两金川方略》（153卷）以及《金川案》（分元、亨、利、贞四册，贞册遗失），保存了许多有关大、小金川之役的各项军需档案和金川地方的史料。乾隆五十三年（1788）、五十八年（1793）廓尔喀两次入侵我国西藏，战事结束后，方略馆编成《钦定巴勒布纪略》（26卷）、《钦定廓尔喀纪略》（54卷），均为汇辑当时奏折、上谕而成，记述了战争的全过程以及清政府处理藏政的善后事宜。以这类重大社会事件为题材汇编而成的方略丛书，都是记述清朝安定藏区或保卫祖国边陲用兵始末的鸿篇巨制，是藏事文献中的要籍，一向受到学术界的重视。

四 法制法规

清代重视编纂书籍，尤其重视当代各种法令制度的汇辑，清代曾先后五次纂修会典，记载政府各部门的职掌。康熙、雍正、乾隆、嘉庆、光绪五朝均纂辑有《钦定大清会典》。此外，嘉庆、光绪两朝又编纂了《钦定大清会典事例》，按照会典纲目，依年系事，说明各机构在不同时期的状况。清初设立理藩院，下设六司，管理蒙、藏、维吾尔等少数民族事务。理藩院作为清朝中央政府的一个重要机构，在清政府多次纂修的《钦定大清会典》《钦定大清会典事例》等书中，都有专项的记述，它们成为理藩院治事的法规和依据，也是当时"藩地"各官员经办当地民族事务的政策依据，尤其是处理蒙藏事务的大法。当代学者从《钦定大清会典事例》中节选出"理藩院"部分整理成《钦定大清会典事例·理藩院》一书，为研究和了解清代边疆少数民族地区的情况提供了全面翔实而具体的资料。

《乾隆朝内府抄本〈理藩院则例〉》是《理藩院则例》的稿案本，通过理藩院所辖录勋司、宾客司等五个司属机构的职掌，记述了清政府与蒙、藏等西、北其他少数民族的关系，特别是清政府在这些少数民族居住地区实行的各项制度，保留了一些《理藩院则例》所没有的内容及一些重要史实。此书又收录了一般读者已经很难见到的康雍乾嘉四朝《大清会典》中的理藩院资料，对于研究我国清代西、北史地具有较高的史料价值。另有《钦定理藩部则例》一书，是清代综合性民族法律著作，其中对蒙古族、藏族等民族的政体、官制、经济、军事、宗教、司法和对外关系都做了详细的规定，把清王朝与各民族上层统治集团的权利和义务用法律的形式固定下来，维护以满蒙为主的民族联盟，从而也就维护和巩固了清王朝多民族国家的统一和稳定。①

　　清政府还颁布了一系列章程和法规，将西藏地方的管理逐步纳入法制化轨道。1750 年西藏珠尔默特那木札勒之乱后，清政府于次年即制定颁布了治理西藏的第一份重要文件《酌定藏内善后章程》十三条。1788 年、1791 年廓尔喀先后两次入侵西藏，清政府于 1792 年派兵入藏打击廓尔喀入侵势力并取得胜利，于次年派员会同西藏地方官员共同制定颁行了《钦定藏内善后章程》二十九条，它成为清政府处理西藏政教事务的基本法规。1840 年以后，由于外国列强的不断入侵与清王朝统治力量的日益衰弱，西藏的形势亦发生了变化。1843 年，驻藏大臣琦善制定了《酌拟裁禁商上积弊章程》②二十八条，调整了清政府对西藏地方的管理权。清王朝制定的这些法制法规，对于维护边疆的和平安定，促进多民族国家的统一，起到了非常重要的作用。

五　笔记

　　驻藏官员、军旅人士在往返西藏的过程中，留下了不少记录雪域之行的见闻之作，较早的有《藏程纪略》《西征记》等，这类纪程之作大多是作者对其亲历见闻的描写，材料真实可靠。另有总记类作品如《藏炉总

---

① 参见张荣铮《钦定理藩部则例·关于〈钦定理藩部则例〉》，天津古籍出版社 1988 年版，第 1 页。

② 参见苏发祥《藏族历史》，巴蜀书社 2003 年版，第 125—139 页。

记》《藏炉述异记》《西藏记述》《西域遗闻》，其内容涉及藏地多方面的情况。焦应旂的《藏程纪略》和吴廷伟的《定藏纪程》，均是康熙五十七年（1718）随军由西宁入藏的纪程之作。吴丰培先生辑录有《川藏游踪汇编》一书，凡清代入藏纪程之作大体具备，共选得28种。书中收录的诸作，不仅对于沿途所经地方的地理形势有较详细的记述，而且对于险要的区段及交通要道均有论及。西藏与内地贸易往来频繁，军旅、邮驿也不绝于途，这类纪程之作可为初至藏地的商贾、官兵、驿使等提供必要的参考。

另有李心衡的《金川琐记》等风土杂记类著作，以及日记体的《西藏往返日记》《西征日记》《藏游日记》《蜀徼纪闻》《康輶纪行》（自序中称"逐日杂记"）、《有泰驻藏日记》《张其勤入藏日记》等作品。《有泰驻藏日记》是现今所知驻藏大臣唯一完整的日记，堪称罕见秘本。其中一些内容有很高的史料价值，如有泰驻藏、离任往返途中对沿途风土人情、名胜古迹、佛事活动等的详细描述，比周霭联的《西藏纪游》更为详备真切，"可作西藏风俗读"①。另外，像有泰在西藏期间的许多购物记录，也为现今研究当时西藏社会生产力发展水平及其物产、物价提供了真切可信的数据。②

六 诗歌

诗歌大多数是以西藏为背景用汉文创作的咏藏诗。早在唐代，随着唐蕃关系的建立和发展，咏藏诗篇相继问世。时至清代，藏汉之间政治、经济、文化的交往至为密切，清人创作出了大量内容新颖、意境迥异、风格独特的描写歌咏青藏高原的诗篇。清代咏藏诗人多，其作者群中有汉、蒙、满、回等族学者。从内容上看，其中不仅有大量记述史实的叙事诗，还有不少评述清朝治藏政治措施的诗作，也不乏吟咏西藏风物的篇什。

从数量上看，清代咏藏诗词数量较大，据我们初步统计，不下千首。

---

① 吴丰培：《吴丰培边事题跋集》，马大正等整理，新疆人民出版社1998年版，第95页。
② 王忠：《馆藏汉文古籍少数民族史料评介》，《青海民族研究》1998年第4期。

清代咏藏诗词的部分作者有完整的咏藏诗集或组诗存世。如清圣祖玄烨第十七子果亲王允礼的《奉使纪行诗》，松筠的《易简斋诗钞》《西招纪行诗》和《丁巳秋阅吟》，杨揆的《桐华吟馆卫藏诗稿》，孙士毅的《百一山房赴藏诗集》等，均抒发了作者对藏地见闻的感思。王昶的《金川纪事诗》、李殿图的《番行杂咏》、文干的《壬午赴藏纪程诗》、钱召棠的《巴塘竹枝词》等也以组诗的形式被保存了下来。个别作者如杨揆、孙士毅、李若虚等人的咏藏诗数量均达到百首以上。另有杜昌丁的《藏行纪程》、姚莹的《康輶纪行》、周霭联的《西藏纪游》、李若虚的《实夫诗存》、斌良的《抱冲斋诗集》等笔记和诗文集中，零散地保存了作者的数十首咏藏诗。部分诗作见录于清代中晚期及民国的诗文总集中，如《李伯元全集·南亭四话》中收方有堂的《西藏杂诗》，清陈焞编《国朝湖州诗录》卷十八收陈克绳的《西藏竹枝词》，清李涵元的《绥靖屯志略》卷九收录了清人歌咏金川战事、风物的诗词，等等。其他散见于清代中后期各类文献中的零星的咏藏诗作亦不在少数。

七　碑文

学术界向来视金石文字为重要史料。清代藏学汉文文献中保存了11件碑文，具体为：前藏布达拉山前第一碑亭圣祖仁皇帝御制平定西藏碑文、前藏布达拉山前第二碑亭御制十全记、御制普陀宗乘之庙瞻礼纪事碑、前藏大招山门外石壁上征廓尔喀纪功碑、校场演武厅碑文、磨盘山新建关帝庙碑、前藏迤东双忠祠碑记、西藏大招前唐德宗甥舅联盟碑、前藏布达拉山东崖上第一碑文、前藏布达拉山东崖上第二碑文、前藏布达拉山东崖下第二碑文。这些碑刻全文收录于《西藏奏疏》一书中。这些碑刻资料详细地记载了历史上藏族和汉族人民的亲密关系，以及团结一致，共御外侮，维护祖国统一的史实，是研究西藏民族关系史的珍贵文献。

此外，在一些史料、野史杂记及笔记如《东华录》《东华续录》《圣武记》《清代笔记小说大观》等著作中，也保存着大量的涉藏资料。这些资料内容繁杂，篇幅简短，有的仅是只言片语，因而难以归类。

第三节 清代藏学汉文文献用语的特点

清代藏学汉文文献的行文以浅近的汉语文言为主，在用词上颇具特点：既承袭使用了前代的词汇，又有所突破与创新；由于事涉西藏，因此又具有民族性与宗教色彩。清中叶至清末时期，时值汉语文言文被白话文取代的前夜，因此在语体上呈现出书面语与口语并重的特色。

一 承古性

清代藏学汉文文献体裁多样，语言风格不一。如在有关民族法令制度类的文献中，制定者使用了一些不常用的古语词，以增加文献用语的庄重与典雅色彩。清代咏藏诗的作者们，用语上善于继承和效仿前人，在诗作中沿袭使用了较多的古语词，并且有所创新，从而增强了作品的历史厚重感。那些方略类、史料档案类文献主要是奏牍、奏稿的汇集之作，属于公文语体，行文典雅流畅，文言气息较浓，其中的文言雅词也较多。

清代藏学汉文文献中使用的文言古语词，有些来自先秦两汉，有些来自魏晋六朝，有些来自唐宋元明，其意义基本没有发生什么变化，这些属于传承词的范畴。

有些古语词则在清代发生了不同程度的变化，包括形式和意义两方面的变化。形式的变化有以下四种情况。

①书写形式的变化，即词形的变化，如将"贞珉"写作"琐珉"，"幅员"写作"幅帧"（详参第五章第三节）。

②前代文献中的离词散句凝成典故词，如"蚁磨""楚国亡猿"（详参第五章第三节）。

③四音节词语的创造使用。将前代的双音重叠词 AA 和 BB 并在一起，凝成 AABB 式四音节词，AA 和 BB 之间一般为并列关系。如"井井"与"罗罗"组合成"井井罗罗"；"湿湿"与"濊濊"组合成"湿湿濊濊"（详参第七章第三节）。

④抽换前代四字成语的某个语素，形成新成语。如"百废咸举"作"百废待举"，"沽名钓誉"作"沽名邀誉"（详参第七章第四节）。

有些古语词在清代藏学汉文文献中使用时，发生了变化：一些词语尽管保留了原来的书写形式，但其内涵已发生变化；有些词语则逐渐失去原有的特定含义，而变成具有普遍意义的词；有些词语由于受到外来影响，从而获得了一个新义。

二　民族性

中国是统一的多民族国家，历史上各少数民族在与汉族交往的过程中，其语言词汇常常会以各种形式被译介到汉语中来。明清以来，中央政府与蒙、藏等民族的关系日益加强，一些蒙、藏等民族语词逐渐被汉语吸收。藏学汉文文献以记载藏事为主，在描述西藏地理、宗教、政治、风俗等情况的过程中，出现了大量用汉字译写的与藏地山川、部族、官职、宗教、风俗、土产等相关的词语，而且记述极为细致。一些入藏的文人还编纂了几个收词量较大的藏汉对照词汇集，把藏语里的常用词按照意义分为几大类，再用读音相似的汉字记录下来，以利于入藏人员快速掌握藏语，方便与西藏本土人士的交流。除了音译之外，清人也采用意译的办法，吸收了一些藏语的词汇成分。这些都是藏、汉文化接触渐趋频繁时必然产生的现象。清代藏学汉文文献的作者中有和宁、松筠等精通汉语的蒙古族人，其行文过程中虽以汉文为主，但夹杂使用了不少的蒙古语音译词，部分汉族作家在记录藏地风土地理时，也采用"名从主人"的办法，记录了蒙古语的名称，随即又作了解释。满语是清代统治民族满族的语言，因此称为"国语"，又称为"清语"，满文则称"清文"或"清字""清书"。在清代，由于蒙、藏、满、汉等各民族间的相互交往、接触，也带来了语言上的相互借鉴，促使汉语中产生了一些具有不同民族语言成分的合璧词。丰富的藏、蒙、满等民族语词汇的使用，是藏学汉文文献词汇的特色之一，也是构成清代藏学汉文文献词汇的重要内容之一。

三　宗教色彩

佛教起源于古印度，传入中土已近 2000 年。这种外来文化的涌入，使中国文化经受了一次最大的外来冲击，也为汉语输送了一大批新词。大约在 7 世纪中叶，梵印佛教开始传入吐蕃，此后逐渐在藏族地区发展成为具有民族特色的重要支派——藏传佛教。藏传佛教在藏族地区的政治、经济、文化等领域里产生了巨大的影响。藏传佛教传入蒙古，对蒙古族的历史文化也产生了重大的影响。藏地几乎全民信教，信徒众多，宗教活动种类繁多。从内地进入西藏的文人或许受到了这种宗教气氛的强烈感染，或是出于写实的需要，在其著作中吸纳了诸如神佛、僧侣称谓等佛教术语以及梵语词。其中既有音译的成分，也有意译的成分；既有前代旧词的沿用，也有清人新创的词语。这些承载着外来文化的、与汉语文献相异的词汇成分，构成清代藏学汉文文献用语的另一特色。

四　语体色彩

清代藏学汉文文献种类繁多，文体不同，语言风格不一。从文献的性质来看，方略、奏牍类公文性质的文献，内容多涉及军国大事的决策与政治要闻，属于官方正式文书，其中描写日常生活的内容极少，用语上以文言雅词为主，书面语的成分多一些。由于文言文发展到了清代（特别是清末），正呈现出被白话文取代的趋势，尽管奏牍的行文一般具有典雅的风格，是要避免俚俗的，但是由于涉及当时地方民间各种事务，作者避免不了要受到时代用语的影响及自身方言的干扰，使得某些方俗口语突破了重围，进入官员的奏稿中。而那些笔记、日记、诗文等，属于私人性质的著述，用语上较为随意，行文上具有文白夹杂的特点，是口语化程度较高的文献。从作者的情况来看，像乾隆皇帝、清皇室成员果亲王允礼以及历届驻藏大臣等人员，居于社会上层，有着很高的汉文化素养，其笔底以文言雅词居多。而在进藏军队中任职的中下级军官以及随军进藏的文人幕僚，生活在社会的下层，他们的著作在用语上相对通俗、随意些，较多地采用了当时的新兴口语词。这些因素使得清代藏学汉文文献的语体风格总体上呈现出两大特点，一是带有书面语的特点，二是带有口语化的倾向。

（一）书面语特点

①公文中套用固定格式。清代藏学汉文文献中，奏牍类文献的书面语特点比较突出，奏稿的格式带有程式性，出现了一些特定句式：

起首叙述写作缘由的句式，如"为……事"。《瑚图礼、祥保、珂实克驻藏奏稿·查复藏臣与达赖向系并坐丰绅在藏并无收贿折》："为遵旨查办事件，恭折复奏，仰祈圣鉴事。"《关圣保、孟保驻藏奏稿·堪布罗桑进美等进京呈递丹书克折》："为照例奏闻事。"

表示引述原文终止、启引下文的句式，如"……等语/等情"。《例案》卷下："六月十八日奉上谕：据桂奏，据查礼禀称，有底木达脱出之兵言，董天弼见势危急，令伊子同土练二人背负印信，至松林躲避等语。"《巴》卷一："驻藏大臣庆林、雅满泰奏言：六月二十七日据公班第达呈报'后藏西南一路，与巴勒布接壤之聂拉木、济咙、宗喀三处第巴报称，闻有巴勒布科尔喀属下头目苏尔巴尔达布等将欲兴兵起衅，随密加侦访，系西向沮木郎部落掳掠，又复东向我边滋扰'等情。"

文中的承转语，如"去后，旋即……/去后，嗣据……"。表示接到公文之后，立即着手下一件事。《联豫驻藏奏稿·哈萨克流民启程归牧折》："前由有泰咨会新疆巡抚请速派员前来，接收去后，旋即卸事，移交奴才接办。"《喜明、珂实克驻藏奏稿·查阅边境宁谧谨加防范折》："然边疆重地，奴才等曷敢疏懈，随饬定日备弁，不动声色，密为侦探去后。嗣据驻防定日守汛备禀……"

陈述呈文机关或个人意见的引叙语，如"窃"，表示自处卑谦之意。《史料汇编·福康安等奏回师路过后藏七世班禅欢忭请安并称对将来新定章程惟当实力奉行折》："窃臣等前过拉子，业将沿途行走情形，恭折具奏。"《英善、福宁驻藏奏稿·接据廓尔喀王来禀并该部落现情折》："窃奴才等接据廓尔喀王吉尔巴纳足塔毕噶尔玛萨野来禀内称……"又如"窃查"，是呈文中有案卷可查、有法令可依据时的引叙语。"窃据"是呈文中有事实可依据时的引叙语。

表示命令之辞，如"着"，在皇帝下达指示或批示的公文中经常用到。《廓》卷十三："臣又钦奉谕旨，以'藏内现存粮石已极宽裕，即再添兵二三千亦尽足资供应。着福康安酌量情形，如尚须添调即就近酌量檄调'等因。"

②敬语的使用。由于礼貌和上下级的关系，清代公文中存在不少的敬辞。见于清代藏学汉文文献中的敬辞，如"仰"，常用在邀、见、蒙、沐等动词之前，表示恭敬。以《巴》为例，其中《汉语大词典》（以下简称《大词典》）未收录的上行公文中的敬语有：仰邀、仰见、仰沐、仰蒙、仰

恳、仰遵、仰厪、仰副、仰慰、仰报、仰荷。又如"伏",常用在动词之前,表示谦敬,常见的有:伏思、伏念、伏候、伏读、伏冀、伏愿。

③四字短语及成语的使用。四字短语两字一节,节奏整齐。成语具有较强的书面语色彩,且言简意赅,表意形象生动。在公文的行文中,使用四字短语或成语,或者多个四字短语、成语连在一起使用,会使语言表达显得铿锵有力,富有文采。藏学汉文文献特别是奏议类书中,使用了较多的四字短语及成语,其中也多见连用四字短语或成语的现象。

(二)口语性特点

清代藏学汉文文献主要围绕清廷与西藏之间的政治、军事问题展开记述,涉及的生活场景和日常行为较少。然而在一些有关西藏风土民情的方志和游记类著作以及日记等文体中,出现了较多的口语词。但这类文献在清代藏学汉文文献中所占比重并不大。因此从总体上看,因受到体裁的限制,清代藏学汉文文献未能吸收使用更多的口语词,其口语化的程度不高。但是其中零散使用的口语词,亦可为我们全面了解清代的口语词提供基本素材。

第四节　语料和词汇的选取

本研究材料的范围,以大约 280 年间清廷与西藏政治、经济、文化往来过程中形成的藏学汉文文献为主,"研治语言,材料不能局限于狭窄的范围以内"①。本书使用的材料较为广泛,诸凡清代的史书、政书、类书以及笔记杂著,无一不在采摭之列。

本项研究从用语的多样性角度,全面地调查清代藏学汉文文献的词汇成分,重点调查这类文献中出现的词汇新质要素,以及藏、蒙、满等少数民族语词和藏汉、藏蒙合璧词等特色词汇成分,展开描写性的词汇研究,分层次描述这部分文献词汇的概貌,总结这一时期词汇发展变化的规律,又尝试从社会和文化的视角审视清代藏学汉文文献的词汇系统。另外,词汇表达概念,形成语义系统。借助于语义场的理论,对清代藏学汉文文献

---

① 蒋礼鸿:《敦煌变文字义通释》,上海古籍出版社 1981 年版,第 3 页。

词汇材料所反映的语义关系进行描述，从这个角度对词语的分类分析，结合词汇创新的调查，可以了解清代藏学汉文文献关注的热点和当时的社会风尚。

本项研究所依据的资料主要有以下几种。

一　大型藏学汉文文献丛刊。如《西藏学汉文文献丛书》《西藏学汉文文献汇刻》《西藏学汉文文献别辑》《中国藏学汉文历史文献集成》等丛书。

二　资料汇编或选编。如《元以来西藏地方与中央政府关系档案史料汇编》《清实录·藏族史料》《中国西藏及甘青川滇藏区方志汇编》《川藏游踪汇编》《西藏地方近代史资料选辑》《清末十三世达赖喇嘛档案史料选编》等。需要注意的是，这类语料中有些是民国时期或今人据清代满、蒙、藏文翻译过来的文字，如《六世班禅朝觐档案选编》一书共录档案文献 533 件，其中汉文 205 件，满文 297 件，藏文 31 件。编者对译自满文或藏文的档案在文后以括号形式做了说明，这类材料是不能作为清代的语料来使用的，故而不是本书取材的范围。

三　丛刊单行本。如 2005—2006 年中国藏学出版社出版的《西藏历史汉文文献丛刊》的单行本有《钦定巴勒布纪略》《钦定廓尔喀纪略》《西藏奏疏》《西藏纪游》《钦定大清会典事例·理藩院》《乾隆朝内府抄本〈理藩院则例〉》6 种。

四　单行本或合刊本。单行本如《听雨楼随笔》，巴蜀书社 1987 年点校本；《钦定理藩部则例》，天津古籍出版社 1998 年点校本。合刊本如西藏人民出版社 1982 年点校本《西藏志·卫藏通志》《西招图略·西藏图考》等。

五　清人的各类笔记杂著中的零星资料。如《郎潜纪闻三笔》卷五"有裨实用之国语"中收有唐古特语 39 条，《水曹清暇录》卷七"喇嘛打鬼"、《道光云南志钞》卷六"边邑志下·西藏载记"、《听雨丛谈》卷七"喇嘛"等，均是以藏事为话题而形成的专门条目。

本书立足于对词汇发展和变化的观察，利用清代藏学汉文文献展开汉语词汇历史研究，重点对以下几个方面的词语作了梳理分析。

一　阅读过程中构成语言障碍的一般性词语，以及那些未引起学界注意的清代典章制度类名词术语。这类词语如果不弄懂，就难以透彻了解文献的内容。整理诠释这一类词语，对于汉语史研究，对于辞书编纂，也是一项基础工作。

二　同时期或稍后的文献中有但较早见于清代藏学汉文文献的词语及意义，以及近代文献中少见而清代藏学汉文文献沿袭使用的词语。由于清代藏学汉文文献较少受到语言研究者的关注，其中的一些词语用例有助于词语来源的研究。

三　清代藏学汉文文献有而同时期其他文献没有的词语。与藏族社会密切相关的词语，比如，描述西藏特有的高寒气候的词语如药瘴、冷瘴、毒瘴、雪瘴等，表示土物特产的词语如毪子、虫草、雪莲花等，表示风俗习惯的词语如放桑、转经、讨舍手等，这类词语有些是首次进入汉文文献，在同时期其他文献中一般很少见到。

四　藏、蒙等民族语词。清代是满族人建立的政权，在清初，官方推行的是多语言政策。清代藏学汉文文献的作者中有汉、蒙、满、回等族学者，且内容以记述有关西藏各方面的情况为主，故其中夹杂使用了不少的藏、蒙、满等民族语词。

五　梵语等外来语词。藏地普遍信仰宗教，藏学汉文文献中不免涉及宗教用语，其中也使用了不少梵语音译词。清初及中叶西藏与周边的廓尔喀（今尼泊尔）、布鲁克巴（今锡金）等国相互交往，特别是清末，英国侵略者妄图染指西藏，因此清代藏学汉文文献中亦记载了一些英语外来词。

根据以上这些标准，我们对清代藏学汉文文献中的新词语以及民族语词、外来语词进行全面分析，试图多侧面地显示其词汇特点，为全面探讨清代汉语的面貌提供一些真实的材料。通过这样的研究，可以弄清清代藏学汉文文献中的词汇新质因素，弄清清代藏学汉文文献用词的语义偏向以及从中反映的关注热点，从而展现清代藏学汉文文献的词汇特点，以及蕴含在其中的汉语词汇历时变化的痕迹。

第二章　清代藏学汉文文献文本校释中的问题

　　自 20 世纪 80 年代以来，经过前辈学者的精心整理，一大批清代藏学汉文文献陆续出版面世。这些文献是编辑者从清代两百余年的资料中辑录而来的，其中选了许多孤本或稿本，为藏学和清史研究提供了一批重要的基础文献，对于西藏历史、宗教、民俗等多方面的研究提供了便利，大有功于学人。然而这些经过整理的文献，其中仍然存在一些标点、文字、释义等方面的失误。为有益于藏学汉文文献整理工作和学术研究，不避求疵之嫌，把近三十年来整理出版的这类文献中存在的诸多问题，分标点、文字、释义三个部分，逐条胪举，并予以一一辩证，既为本书的研究提供一个可靠的基础，也为读者阅读藏学文献扫清障碍，并供这些文献修订再版时参考。为便于读者核对原书，以下每条先引原文（引文后括弧内数字为引文所在原书中的页码），再以按语形式分析论证校释之失。

第一节　标点问题

一　断词不当

断词不当包括割裂词语、当断未断、不当断而断及杂合词语四种情况。

割裂词语是把一词分为两处，如：

（1）2006 年张江华点校本《西藏纪游》（本章下文所引此书例句均出自张校本）卷一："人多饶于赀珠贝错，陈列肆间。"（第 5 页）

按，"陈列"在句中不是一个词。"错陈"为一词，即错杂陈列。"列肆"指成排的商铺。此句当为："人多饶于赀，珠贝错陈列肆间。"意思是，（缠头回回）人大多富有资财，珍珠宝贝错杂陈列于成排的店铺里。

（2）《西藏纪游》卷一："番人设望，堆以碎石，砌如鄂博，高五六丈者百余处。如雪满，人马须寻此望堆而行。"（第26页）

按，"望堆"实为一词，其后一句是解释性的插入语，可点为"番人设望堆——以碎石砌如鄂博，高五六丈者——百余处，如雪满，人马须寻此望堆而行"。点校者大概是受了"望子"一词的影响而导致误点。"望"有"望子"义，是店铺前悬挂的招帘，一般多指酒旗。此处的"望堆"是用碎石堆砌的高五六丈的路标。《最新民国地志总论》引《竺国纪游》本此句，断句为："番人设望堆。以碎石砌如鄂博。高五六丈者百余处。"①标点不误，但未精。"望竿"藏学文献中频见，如《西征日记》："四顾茫茫，无门讬足，不得已停舆愁坐，使人依望竿探路。"《百一山房赴藏诗集·瓦合山》："望竿矗土台，数不止一州。雪中仗标识，仰若凌云塔。"又称"望竿堆"。《卫藏通志》卷四："山上有海子，烟雾迷离，设望竿堆三百六十，合周天数，如大雪封山时，藉以为向导。"

（3）《西藏纪游》卷一："藏地野兽，虎则甚少。他如金钱豹……猞猁、狲、元狼、青狼……"（第34页）同卷："又出黄连、猞猁、狲狐皮、鹿茸等物，皆以茶易换。"（第58页）

按，"猞猁狲"为一词，这是一种似猫而大、尾短的小兽，皮可制作名贵的皮袄。清代文献中用例甚繁，如《听雨丛谈》卷二"皮裘"："文三品、武三品，准服貂鼠、猞猁狲……其往口外寒冷地方出差之满洲、蒙古、汉军官员，均准照常穿用貂鼠、猞猁狲，不拘品级也。"

（4）《西藏纪游》卷二："如梧子者名缠头，果中裹以草豆蔻，故入口香辛。云自甲噶尔贩自彼地，甚贱也。"（第63页）

按，"果"字应属上句，当标点为："如梧子者名缠头果，中裹以草豆蔻。"我国回族和维吾尔族中的部分人习惯以白布缠头，清代官书或文籍中常称其为"缠头""缠头回"或"缠回"。"缠头果"是果品名，又名"回回果"，是回族特有的食品，藏学文献中用例颇多。如《西藏纪游》卷一："冰糖以线穿结，白糖洁净如雪。缠头果以草砂仁蘸白糖为之。"《松溎、桂丰驻藏奏稿·堪布囊素等由川赴京进贡折》："噶布伦四员策汪洛

①　卢龙、白眉初：《最新民国地志总论》，世界书局1926年版，第102页。

布、仑珠策垫、拉旺夺吉、扎喜达结呈进圣安奏书一分、哈达四方……杏干、缠头果、黑香等各一箱。"《裕钢驻藏奏稿·乘舆西巡长安西藏进呈方物折》:"为西藏敬备方物,进呈行在,吁恳天恩赏收,以备应用……谨将达赖喇嘛呈进各物开单恭呈御览。计开……藏枣一小箱、缠头果一小箱、杏干一小箱。"

(5)《廓》卷六:"臣抵炉后,一面饬命台员就近采买稞、麦,一面即于炉仓现存粮石内拨米二三千石陆续运送察木多。"(第159页)

按,"稞、麦"为一词。同卷下文"臣再令口外采办稞麦,分贮各台,以备将来源源运藏。"标点不误。稞麦即青稞,是我国西藏、四川西北等地栽培的农作物。和琳《西招四时吟》:"池塘堪浴佛(达赖喇嘛于七月下山洗澡,即用冷水),稞麦渐仓储(八月收获后皆供商上)。"松筠《丁巳秋阅吟·宗喀》:"田禾灾被等,征半抒民累。(有番民禀诉田禾夏被虫食,秋复霜打,所获稞麦止四五分。)"

(6)《藏程纪略》:"黄牛山势嵷,龍宝鸡川原平衍。"(《汇编》第15页)

按,"龍"字当属上句。"嵷龍"是联绵词,形容山势高峻,如《西藏见闻录》卷上"山川":"大所山峭壁万迭,奇险嵷龍,积雪烟瘴,途长一百二十里。"

(7)《进藏纪程·打箭炉》:"由炉出口西南行三十里,为折多山之半委,折宽平易行。"(《汇编》第62页)

按,"委"字当属下句,"委折"义为曲折。又如《进藏纪程·江卡》:"又六十里而至阿布喇,则委折俯仰,尚属坦途也。"又"《进藏纪程·乍丫》":"东则山腰委折,自顶以西,雪路褊窄,宽仅尺许,深不计尺。"标点不误。

(8)《进藏纪程·巴塘》:"地暖无积雪,节气与内地无殊。土产则葡萄、胡桃、黍谷、蔬菜、牛羊、鸡鸭、猞猁狲、艾叶、豹、元狐、獭儿之属。"(《汇编》第63、64页)又《西藏志书述略》:"土产则葡萄、胡桃、栗、谷、蔬菜、牛、羊、鸡、鸭、鳞、猞猁、狲艾、叶豹、元狐、獭儿之属。"[1]

---

[1]　何金文:《西藏志书述略》,吉林省图书馆学会1985年版,第25页。

按，"狖艾"之"狖"属上词，当为"猱猘狖"；"艾叶豹"不应点断。豹之皮毛有采文如艾叶者称为"艾叶豹"。清代小说中亦见用，如《荡寇志》第十九回回目为"陈丽卿力斩铁背狼，祝永清智败艾叶豹"，其中的"艾叶豹"为人物绰号。

（9）《丁巳秋阅吟·还至后招》："江岸旧无垠，奔湍任所之。番黎群诉苦，疏导适其宜。（……因即饬岁琫、堪布、噶布伦、札萨克、喇嘛、鸠工疏通北岸涨沙。）"（《汇编》第141页）

按，此段两处标点有误。其一，"札萨克喇嘛"为一词，不应点断。札萨克喇嘛是喇嘛僧人等级中地位较高、握有实权的喇嘛。"札萨克"系蒙古语音译，意为"尊长""支配者"，是清代蒙古地区对旗长的称呼。《则例·嘉庆朝〈大清会典〉中的理藩院资料》："以黄教行于蒙古、唐古特者曰喇嘛。凡喇嘛，有驻京喇嘛（驻京喇嘛，大者曰掌印札萨克大喇嘛，曰副掌印札萨克大喇嘛，其次曰札萨克喇嘛，其次曰达喇嘛……）"其二，"鸠工"指聚集工匠，与前面几个词语并非并列结构，故不能用顿号隔开。

（10）《百一山房赴藏诗集·奉命驻扎打箭炉筹办征调事宜》："三边鼓角鸣青海，九姓弓刀耀赤冈。（时奉命檄各土司屯番赴藏协剿赤，喇冈在里塘。）"（《汇编》第189页）

按，"赤喇冈"是藏语地名，也就是前文的"赤冈"，不应点断。此地名藏学文献中频见，如《西藏纪闻》："山川达俄冈山、赤喇冈山……阿喇柏桑山。"

（11）《使廓纪略》："其土产（金丝稻、麦、豆、麻、绵、呢片、鹅……药材、蕉实、烟土、丹、砂、楠木、烟叶）。"（《汇编》第313页）

按，"丹砂"系一词，不应点断。丹砂即朱砂，矿物名，色深红。古代道教徒用以化汞炼丹，中医作药用，也可制作颜料。

（12）《西藏赋》："税及鹅卵杨花，波逮月华雨水。（藏地旧俗，扫地割草乌拉折钱征，比岁辄数万。）"（《〈西藏赋〉校注》第181页）

按，"比"属上句，"征比"为一词，不应点断。"征比"《大词典》义项②释为"谓征收钱粮而比较其多寡之数"，引清梁章钜《退庵随笔·政事三》："南方之吏，又曰困于征比之劳。"释义不确，"比"指比校，即考核。"征比"谓征收考核、征收。

（13）西藏人民出版社1982年版《西藏志·风俗》（本章下文所引此书例句均出自此版本）："哈拉乌素、达木一带，居住皆蒙古同霍尔番子相参。人死则迁居……穿褚巴束砟碟饰带著皮巷，食奶茶、炒面、茶、马奶酒，又另是一种也。"（第24页）

按，"炒面、茶"实为一词，不应点断。同样的材料又见于台北文海出版社1966年影印清焦应旂《西藏志·风俗》："哈拉乌素、达木一带，居住皆蒙古同霍尔番子相参。人死则迁居……穿褚巴束砟碟饰带著皮巷，食奶茶炒面茶马奶酒，又另是一种也。"炒面茶由炒面加水冲制而成，故名。同样的内容在中华书局1985年版《西藏记·风俗》中标点为："哈拉乌素、达木一带，居住皆蒙古同霍尔番子。参人死则迁居……食奶、面茶、马奶酒，又另是一种也。"此本标点有误，且文字有脱漏。"参"字当属上句，且前脱"相"字；"食奶、面茶"当为"食奶茶、炒面茶"。

（14）《理藩院》卷九百八十六："嘉庆六年议定：内外札萨克汗、王、贝、勒贝、子、公暨喇嘛等所进马匹，由上驷院验视。"（第319、320页）

按，"内外札萨克汗、王、贝、勒贝、子、公"标点当为"内外札萨克汗、王、贝勒、贝子、公"。"贝勒""贝子"系满语音译词，是满洲、蒙古贵族的爵号。

（15）西藏人民出版社1982年版《卫藏通志》（本章下文所引此书例句均出自此版本）卷六："佛，西方之教也。藏地信佛诚，事佛谨，历数十年。其佛像曰沙迦图巴、江资孜格、曼殊舍利、雅满达噶、德木楚克、骡子天王、玛哈噶拉、达喇额、可迈达尔、阿玉锡等号，供奉石楼金殿，香灯朝礼。"

按，其中"达喇额、可迈达尔"间的顿号当移至"可"字后，"达喇额可"亦作"达喇额肯"，系蒙古语，意为"度母"①。度母是藏传佛教神系中观世音菩萨的化身；"迈达尔"系梵语音译，藏传佛教中的佛名之一，指弥勒佛、弥勒菩萨。

---

① 那木斯来、何天明：《内蒙古古塔》，内蒙古人民出版社2003年版，第141页。

（16）《卫藏通志》卷十四下：“及能蒙古语之堪布、吹札、木索罗、咱娃、中译等留心经理，临时务宜禀请达赖喇嘛、济咙胡土克图定夺，勿稍懈怠。”（第490页）《清朝治藏典章研究》引此段材料，标点同上。①

按，“罗咱娃”为一词，系藏音 lo tsah ba 的汉译，是达赖喇嘛跟前从事翻译的人。又写作“罗藏娃”。《康輶纪行》卷五：“通传译语者，曰罗藏娃。”《西藏赋》：“罗藏娃司喉舌之异同（达赖喇嘛前通传译语者）。”《文硕驻藏奏稿·照抄稿禀四件》：“我等奉委到此，于番十月廿九日，先派蒙古罗藏娃并哈拉乌苏两营官等三员前往探查。……该罗藏娃等苦苦劝留，方准二日之限。”又作“洛赞哇”。《㳩林纪略》：“司执事者曰洛赞哇。”又作“洛藏娃”。《有泰日记》卷六：“午后，噶勒丹池巴、罗布藏坚参、佛公顿柱夺吉、洛藏娃、罗桑甲错均来谒见。”“吹札木索”是人名，即前文所言堪布。上句当标点为：“及能蒙古语之堪布吹札木索、罗咱娃、中译等留心经理。”

（17）2013年齐鲁书社《〈西藏赋〉校注》：“修因智果号苾刍，曰胡图克图。（今唐古特语名格隆盖戒，僧也。）”（第93页）

按，“今唐古特语名格隆盖戒，僧也”标点当为“今唐古特语名格隆，盖戒僧也”。“格隆”系藏语 dge slong 的音译，汉译“比丘”，指受戒的喇嘛僧人。《康輶纪行》卷五“西藏僧俗官名”：“格隆者，戒僧也。”《则例·乾隆朝·柔远清吏左前司下》：“京师番僧　札萨克大喇嘛一人，其徒众格隆六人，班第六人。”又译作“合楞”。《塞上杂记·打鬼歌序》：“合楞十人扮十地菩萨，花帽锦衣，继之而出；手执脑骨碗、骷髅棒、叉杵彩缕等物。”清代笔记中写作“哈楞”。《水曹清暇录》卷七“喇嘛打鬼”：“喇嘛最尊者为呼必辣吉……次为哈楞，次为哈丝规。”

（18）《进藏纪程·物产》：“以珍宝则……纳骨碗、阿布咱、丫碗等类。”（《汇编》第73页）今人所编《相公庄志》引《进藏纪程·物产》中的这段材料，标点同。②

按，“阿布咱、丫碗”不应点断。“阿布咱丫”又写作“札木札鸦”

① 张羽新：《清朝治藏典章研究》，中国藏学出版社2002年版，第1249页。
② 山东省章丘市相公庄志编纂委员会：《相公庄志》，济南出版社1998年版，第420页。

（详见下文），"阿布咱丫碗"为西藏出产的一种木碗。

（19）西藏人民出版社 1982 年版《西藏图考》（本章下文所引此书例句均出自此版本）卷八"西藏艺文考下·和宁《西藏赋注》"："又西名罗布岭，冈藏布江绕其下西流。"（第 239 页）

按，"冈"字属上句，"罗布岭冈"系藏语 nor bug ling ga 的音译，汉译"宝贝园林"，是园林名称，位于拉萨西郊，今称"罗布林卡"。《西藏赋注》："布达拉西南十五里，名罗卜岭冈。"

（20）《西藏图考》卷八"西藏艺文考下·和宁《西藏赋注》"："托度于肉，真人金绳觉路。求福于木，居士宝辇行城。"（第 249 页）

按，这是一对六四句式的骈句，而非四六句式，"肉，真人""木，居士"两词之间不应点断。佛教称证真理的人（即阿罗汉）为真人，"肉真人"指活佛；"木居士"是对木雕神像的戏称。例如《叙复谢中丞启》："二竖为膏肓不治之疾，固尝求福于木居士，亦复祈巧于天女孙。"①

（21）《西藏图考》卷八"西藏艺文考下·和宁《西藏赋注》"："达木珠而朗卜切兮，象与马之番语（冈底斯之东有泉流出，名达木珠喀巴普达。木珠者，马王也。喀者，口也。巴普者，盛糌粑木盒也。以山形似马，故名冈底斯。南有泉流出，名朗卜切喀巴普，朗卜切者，象也，以山形似象故名）。"（第 259 页）

按，上引注文中标点有两处错误。其一，释文中第二个"达"字，应属上句。标点当为："名达木珠喀巴普，达木珠者，马王也。"其二，"冈底斯"应属下句，标点当为："以山形似马，故名。冈底斯南有泉流出……"

（22）《卫藏通志》卷十二："中缺营官四十二缺，共五十九名（黑人四十名、喇嘛十九名）：洛隆宗、角木宗、打孜、桑萨、巴浪、仁本、仁孜、朗岭、宗喀、撒噶、作冈、达尔宗、江达、古浪、沃卡、冷竹宗、曲水、夺宗、杂仁、茹拖、锁庄、子夺、结登、直谷、硕板多、拉里、朗、沃隆、墨竹工、卡尔孜、文札卡、辖鲁、策堆得、达尔玛、聂母、拉噶孜、岭、纳布、岭喀尔、朗错、羊八井、麻尔江。"（第 240 页）王云五编

---

① 吴兴、王承治：《骈体文作法》，上海大东书局 1923 年版，第 93 页。

《万有文库》所收《卫藏通志》①、《西藏地方近代史资料选辑》所引上述资料标点同。②

按，其中"锁庄、子夺"标点不确。据《驻藏须知》中"锁庄子（俗人一名，喇嘛一名）、夺（俗人一名，喇嘛一名）"可知"锁庄子"是一个地名，"夺"是单音节的地名。又《清史稿》藩部八："前藏中营四十二：曰洛隆宗、曰角木宗、曰打孜、曰桑叶、曰巴浪、曰仁本、曰仁孜、曰朗岭、曰宗喀、曰撒噶、曰作冈、曰达尔宗、曰江达、曰古浪、曰沃卡、曰冷竹宗、曰曲水、曰突宗、曰僧宗、曰杂仁、曰茹拖、曰锁庄子、曰夺、曰结登、曰直谷、曰硕般多、曰拉里、曰朗、曰沃隆、曰墨竹宫、曰卡尔孜、曰文扎卡、曰辖鲁、曰策堆得、曰达尔玛、曰聂母、曰拉噶孜、曰岭、曰纳布、曰岭噶尔、曰错朗、曰羊八井、曰麻尔江。"标点不误。又《藏族大辞典》"索县"条释为"清代称锁庄子"③。锁庄子宗的治所在今西藏索县驻地亚拉镇。

（23）《则例·乾隆朝·银库》："十八年题准：外藩蒙古王、贝勒，各照内王、贝勒等，设长史、司仪、长护卫。"（第177页）

按，"长护卫"不是词，应标点为"设长史、司仪长、护卫"。同书第16、75、210、319页均作"司仪长"，"司仪长"是负责礼仪的官员。再举一例以证之。《东行日记》："又有长史、司仪长、护卫、典仪等官，长史三品，司仪长四品，护卫分三四五品，典仪分四五六品。"④

当断未断之例，如：

（1）张江华等点校《西藏奏疏·附录·前藏大招山门外石壁上征廓尔喀纪功碑》（本章以下所引此书例句均出自此校本）："七月庚子，复与贼战于噶勒拉、堆补木，夺怕朗古桥，直攻甲尔古拉集木集，深入贼境者七百余里，俘擒斩获凡三四千计。"（第197页）

按，"甲尔古拉、集木集"是两个地名，应点断。《廓》卷首四"天章四·御制文"："惟是该处大山层叠，而堆补木与甲尔古拉两山之间，又有

---

① 王云五：《卫藏通志》，商务印书馆1937年版，第209页。

② 许广智、达瓦：《西藏地方近代史资料选辑》，西藏人民出版社2004年版，第10页。

③ 丹珠昂奔、周润年等：《藏族大辞典》，甘肃人民出版社2003年版，第754页。

④ 吉同钧：《东行日记》，近代史资料总87号，中国社会科学出版社1996年版，第86页。

横河一道。"张校本《西藏纪游》卷四："直攻甲尔古拉、集木集。"

（2）《则例·乾隆朝·宾客清吏司》："随围骁骑、长枪手、鸟枪手、前锋、护军、领催、哈嘛尔向导、捕户等，共计千七百四十二人，各赏银六两。"（第87、88页）

按，"哈嘛尔向导"为两词，是参与木兰行围时不同身份的人，应点断。"哈嘛尔"又写作"哈玛尔"，系蒙古语音译，清帝行围时的前锋。《钦定辽史语解》卷七："哈玛尔，蒙古语行围前引人也。卷三作胡末里，又卷六作霞马，卷二十九作霞末……"《钦定理藩部则例》："喀喇沁王旗下应派管围塔布囊官员二十四员，哈玛尔十员，围甲二百十三名，近侍虎枪手三名，伙计鸟枪手二名，虎枪手四十名，向导二十七名……喀喇沁扎萨克贝子旗下应派管围塔布囊官员二十四员，哈玛尔十员，围甲二百十三名，近侍虎枪手三名，伙计鸟枪手二名，虎枪手四十名，向导二十六名……喀喇沁扎萨克塔布囊旗下应派管围台吉官员二十二员，哈玛尔十员，围甲二百十四名，近侍虎枪手四名，伙计鸟枪手二名，虎枪手四十名，向导二十七名……"[1] 根据这些材料的叙述，可知参加围猎时不同爵位、等级的蒙古官员各自配备的哈玛尔、向导人数不等，两词意义有别，所指不同。《清代边政通考》标点作"哈玛尔、向导、捕户等，共计一千七百四十二人，各赏银六两"[2]。《理藩院》卷九百九十"燕赉"："随围马甲长枪手、鸟枪手、前锋、护军、领催、哈玛尔、向导、捕户等……各赏银六两。"以上两书两词均点开，标点不误。又《则例·嘉庆朝〈大清会典〉中的理藩院资料》："分管哈玛尔枪手、杭爱之台吉官员，及管索伦默尔根、察哈尔默尔根之官员等，赏官缎一。哈玛尔枪手，银六两，杭爱兵及王等之护卫从役等，银三两，毛青布一。"（第342页）其中的"哈玛尔枪手"亦应点断，"哈玛尔""枪手"职任不同。

（3）《则例·乾隆朝·录勋清吏司》："在京选用者，由院将蒙古八旗之护军校、骁骑校、中书笔帖式、护军内遴选精通满洲、蒙古文义，办事去得者，咨送吏部，以应升之官即用。若系中书、笔帖式、护军，则授为

---

[1] 张荣铮、刘勇强等：《钦定理藩部则例》，天津古籍出版社1998年版，第210页。

[2] 陈炳光：《清代边政通考》，台北南天书局有限公司1981年版，第281页。

主事。"（第 20 页）第 21 页又标点为"中书、笔帖式"。这种标点方式容易让人疑惑："中书笔帖式"究竟是一个官职名还是两个官职名？

按，"中书"是官名，掌撰拟、缮写之事；"笔帖式"系满语 bithesi 的音译，亦为官名，掌翻译，汉译为"书记官"，意为办理档案、文书的人。① 故"中书笔帖式"当点断。《竹叶亭杂记》卷一："嘉庆四年正月：定为满、汉章京各十六，缺由内阁、六部、理藩院堂官于司员、中书、笔帖式内，选择品方年富、字画端楷者，送军机带领引见。"标点不误。

不当断而断开，如：

（1）《西藏纪游》卷三："王司农鸿绪《明史稿》：乌斯藏在云南西徼外，其地多僧。无城郭，群居大土台上。不食肉，娶妻，无刑罚，亦无兵革，鲜疾病。佛书甚多，《楞伽经》至万卷云云。"（第 91 页）

按，此句引自《明史稿》，原文后面还有一句："其土台外，僧有食肉娶妻者。"以此为参照，可知上句"不食肉，娶妻"不应点断，标点当为"不食肉娶妻"。意思是，居住在大土台上的僧人不吃肉、不娶妻。

（2）《西藏奏疏·附录·前藏大招山门外石壁上征廓尔喀纪功碑》："贼众愕眙，惕息不敢仰视。"（第 197 页）

按，"愕眙"状惊愕互视之貌，"惕息"谓心跳气喘，两词均形容极度恐惧。"愕眙惕息"为联合结构，不必点断。

（3）《西藏奏疏·附录·前藏大招山门外石壁上征廓尔喀纪功碑》："大将军勒部曲、严号令、备器械、裹糇粮，绕行博尔东拉山巅，分前队为三，参赞大臣、公海兰察统之。……参赞大臣、公海兰察亦绕出城上，与大将军合。"（第 197 页）

按，据其后碑文落款"御前大臣、领侍卫内大臣、正白旗蒙古都统、一等超勇公、参赞大臣海兰察"可知，海兰察也是参赞大臣。"公"是爵位，古代五等爵位的第一等。据此，"参赞大臣"与"公海兰察"之间不应点断。张校本《西藏纪游》卷四："分前队为三，参赞大臣公海兰察统之。"又："参赞大臣公海兰察亦绕出城上，与大将军合。"标点不误。

（4）清法式善著、许征整理《梧门诗话》："乾隆辛亥，廓尔喀之役，

---

① 高亚军：《〈儿女英雄传〉中的满语词汇研究》，《现代语文》2013 年第 4 期。

金匮杨荔裳方伯以中书从嘉勇公福康安戎幕，遂遍经沙度绳行之地，足之所历，形之歌咏，前人从军诗所未有也。……《青海道中赠方葆岩》云：'飞书然夜烛，凿雪事晨餐。'……如见冰山、雪峤、磨盾、草檄也。"（第190页）

按，"冰山、雪峤"与"磨盾、草檄"中间不应断开。"冰山"指冰冻形成的山；"雪峤"即雪山。两词常牵连使用，如明高濂《遵生八笺·东郊玩蚕山》："初成蚕箔，白茧团团，玉砌银铺，高下丛簇，丝联蓓蕾，俨对雪峤生寒，冰山耀日。"[1]"磨盾"是"磨盾鼻"的略称，指在盾牌把手上磨墨草檄。典出《北史·荀济传》，后因此称在军队里做文书工作为"磨盾鼻"；"草檄"即起草文书。"磨盾草檄"意为在军队里从事文书工作。

同一段资料在《〈梧门诗话〉研究》中标点为："乾隆辛亥，廓尔喀之役，金匮杨荔裳方伯以中书从嘉勇公相福康安戎幕，遂遍经沙，度绳行之地，足之所历，形之歌咏，前人从军诗所未有也。……如见冰山雪峤、磨盾草檄也。"（第318页）

按，"遂遍经沙，度绳行之地"不应断开。标点当为："遂遍经沙度绳行之地"。沙度，指通过松软陷人的沙地；绳行，指依靠绳索牵攀，通过陡峻的山岭。形容路途的艰险。《后汉书·西域列传》："梯山栈谷绳行沙度之道。"

（5）《清代藏事奏牍·张荫棠驻藏奏稿·颁发训俗浅言》："长兄行在前，幼弟行在后，各循次序。兄勿欺凌其弟弟，当推让其兄，勿因分家产而相争。"（第1353页）

按，标点者误以"弟弟"为一词，从而造成下句主语的残缺。当标点为"兄勿欺凌其弟，弟当推让其兄"。

杂合词语，是指非词以为词，如：

（1）《西藏纪游》卷二："糌粑屑，青稞、荞麦为面，番民资为日食之需。"（第56页）

按，"屑"字应属下句。当标点为"糌粑，屑青稞、荞麦为面"。

---

[1]　转引自邢玉瑞等《心有灵犀一点通　中外长寿秘诀》，三秦出版社2000年版，第172页。

"屑"是动词，指把（青稞、荞麦）研成碎末。《百一山房赴藏诗集·糌粑》诗题下注："屑青稞如面，团捻如拳，和酥茶食之。"《雪桥诗话续集》卷七："蕃民屑青稞为面，手捏而食之，名曰糌粑。"其中的"屑"字皆用如动词。

（2）《进藏纪程·察木多（又名昌都即头藏）》："所居背倚南山，碉房深邃，洞宇纡回，下临土埠，番民环集于其上，三面河坝，中隆起，而顶平幅员，约计数里。"（《汇编》第 65 页）

按，上句前面分述村落地形，后面说明广狭。"幅员"一词应属下句。标点当为"中隆起而顶平，幅员约计数里"。

（3）《百一山房赴藏诗集·奉命驻扎打箭炉筹办征调事宜》："斜日柳杨风力紧，薄人多向竹关驰。（……炉人呼番民为薄疑，即僰字之讹。）"（《汇编》第 189 页）

按，"僰"是古代西南少数民族名，分布在今川南及滇东一带；"薄人"即"僰人"。上句标点当为："炉人呼番民为薄，疑即僰字之讹。"

（4）梁章钜《称谓录·喇嘛·呼必勒罕　呼土克图》："当呼必勒罕未出之前，彼教于佛前诵经祈祷，广为访觅，各指近似之幼孩于佛前纳穆吹忠，择一聪慧有福相者，定为呼必勒罕，幼而习之，长成乃称呼必勒罕。"这段材料又见于梁章钜《退庵随笔》卷八，标点同。《大词典》的"呼图克图"条中第二条引例为上述《称谓录·喇嘛》条。

按，"纳穆吹忠"是藏传佛教神职人员名目，当属下句，为下句"择一聪慧有福相者"的主语。"纳穆吹忠"又作"拉穆曲迥"，"拉穆"是地名，在拉萨东部拉萨河南岸，甘丹寺东北方，该地有一规模较大的建筑，名拉穆角。"拉穆"汉文又写作"纳穆"；"曲迥"汉文又译为"吹忠"，即"护法神"之意。"拉穆曲迥"（纳穆吹忠）即"拉穆地区的护法神"之意。藏传佛教徒认为此地的护法神（由住在拉穆角的特定喇嘛充任）最有神通，能预卜未来。[1]《清朝野史大观》亦引用了这段材料，所引标点不误。[2]

---

[1]　参见西北民族学院历史系民族研究所编《西北民族文丛》，西北民族学院历史系民族研究所 1983 年版，第 167 页。

[2]　参见李秉新等校勘《清朝野史大观》，河北人民出版社 1997 年版，第 1291 页。

（5）《廓》卷三十九："贼匪在木城放枪、投石，迎拒甚力。木城系以大木竖立，用竹篦、藤条扎缚坚固。乾清门侍卫墨尔根保、侍卫图尔岱、参将张占魁攀援木城，径上中枪阵亡。"（第607页）

按，"径上"应属上句，此句当为"……攀援木城径上，中枪阵亡"。"攀援木城径上"意即攀爬木城而径直向上。"木城"是用木材搭建的防御工事。同书卷三十五："其二座、三座木城贼匪，俱即出至树林内攒集，吹号呐喊，乘高扑下，而木城两旁石卡内贼匪亦来邀截。"卷三十九："木城系以大木竖立，用竹篦、藤条扎缚坚固。"《例案》下卷："木城边墙，修砌入土三四寸，以平为度，排木入土二尺。"

（6）《西藏图考》卷六："居常戴红绿栽绒之尖顶小帽，脚履，康（下）著卍字黑红褐裙，名东波。"（第192页）

按，"脚履"不成句，"康"字应属上句，当标点为"脚履康"。"康"字下括号内"下"字原书无，为校注者所加。"履"有穿（鞋）义，"脚履康"即脚穿康，"康"系藏语lham的音译，汉译靴子。《里塘志略·风俗》："足著用白皮造软底靴，毪氆厢饰，其名为康。"《百一山房赴藏诗集·蛮方日用与内地迥殊……革康》题记："以革为之，状如袜履相连，平头平底，五色相杂，番民谓鞾为康。"《卫藏图识》下卷："左插短刃，足履革鞾（番称康）。"《康𬨎纪行》卷一"蕃人服制"："足著履，连袜如靴，以毡子或皮为之，其名曰康，男妇皆然。"又作"杭"。《章谷屯志略·夷人风俗》："严寒时穿杭（读上声），形制诡异，底面俱革，与汉人袜相类，而后不合缝。"早期写作"巷"。《西藏见闻录》卷上"服制"："足履香牛皮靴，名曰巷。"《西藏见闻录》卷上"服制"："下衣青褐百折裙，名曰郭在，足著皮巷。""皮巷"即皮靴子，在《藏族大辞典》中写作"皮夯"。[①]

（7）《西藏图考》卷八"西藏艺文考下·和宁《西藏赋注》"："梵言傧茶波，又曰傧茶夜，华言团团者，食团，行乞食也。"（第241页）

按，"华言团团者"两个"团"字中间应点断，当标点为"又曰傧茶夜，华言团。团者，食团，行乞食也"。《辞源续编》"团堕"条引《翻译

名义斋法四食篇》："正言傧茶波多人，此云团堕，言食堕在钵中也。或云傧茶夜，此云团。团者，食团，谓行乞食也。"[1] 标点正确。

（8）《西藏图考》卷八"西藏艺文考下·和宁《西藏赋注》"："法会皈依于狮座，能容三万二千。（……〔维摩经〕：文殊师利来，见其室中无有床座，维摩现神通，力须弥灯王遣三万二千狮子座来，入维摩方丈室。）"（第243页）

按，"力须弥灯王"不成词，"力"字应属上句，标点当为"维摩现神通力，须弥灯王遣三万二千狮子座来"。"神通力"是佛教语，谓佛、菩萨、阿罗汉等通过修持禅定所得到的神秘法力。"须弥灯王"为佛号。

（9）《西藏志·衣冠》："过节令或公事，噶隆将发分作两股，于顶上左右各绾一髻，身穿蟒衣，上披片子。褚巴、牒巴将发亦绾成一髻，戴无翅白纱帽，乃唐之遗制也。"（第25页）

按，"褚巴"应属上句，标点当为"身穿蟒衣，上披片子、褚巴"。"褚巴"系藏语 phyu pa 的音译，汉译袍子。《西藏见闻录》卷上："燕居，衣大领齐袖无衩之服，名曰褚巴。"《西藏志·衣冠》："居常穿大领无衩小袖衣，名曰褚巴，皆以五色缎锦或片子为之，亦用各色皮为里。"《康𬸚纪行》卷一"蕃人服制"："衣毡子，如短袍而窄袖，谓之褚巴。"《西藏纪游》卷二："番丁笑庐胡，卒岁一褚巴（褚巴，华言单衣也）。"《百一山房赴藏诗集·蛮方日用与内地迥殊……褚巴》题记："单衣也，以牛羊皮织成之，大襟阔领，男女皆衣此。"又作"楮巴"。《西域遗闻·风俗》："衣大领平袖，下无衩，名曰楮巴。"《西藏竹枝词》："斜著楮巴似绛罗（藏女衣赤𧚢之服，曰楮巴）。""牒巴"系藏音 sde pa 的汉译，部落酋长、头人之义，是掌管地方事务的官员。点校者可能误以褚巴、牒巴为同一义类词语而导致了误点。

（10）《清代藏事辑要》卷七"咸丰朝"："此次大行皇太后大事，颁发达赖喇嘛、班禅额尔德尼恩诏布施诵经……再赏给达赖喇嘛商上镀金六十两，重银茶桶一个、满镀金银瓶一个、银杯一个、大哈达五个、小哈达四十个、缎二十四匹，赏班禅额尔德尼三十两重银茶桶一个……俱照前次

---

① 王云五：《辞源续编》，商务印书馆1931年版，第67页。

数目办理。"（第 475 页）

按，"再赏给达赖喇嘛商上镀金六十两，重银茶桶一个"不应点断，"镀金六十两重"是"银茶桶"的修饰语，"镀金六十两重银茶桶"是说重达六十两的镀金银质茶桶。

二　因误解句义而致误

误解句义，即在句子结构方面有误拆误合的现象。

（1）《西藏纪游》卷二：明人集云："崇祯辛巳，同姜如须过后湖，入一庵后殿，封鐍具施乃开。"（第 37、38 页）

按，"入一庵后殿，封鐍具施乃开"当标点为："入一庵，后殿封鐍，具施乃开。""封鐍"指后殿封闭上锁；"具施乃开"言游客以钱财布施于和尚，方肯开锁，以便观览。这段材料引自明方以智《物理小识》卷一二"异像"条。

（2）《西藏纪游》卷二："其字亦有真、草二种，若察木多以外及金川诸番，字形虽同藏中，亦多不识所云，康巴字盖另一体也。"（第 43 页）

按，"所云"应属下句，当标点为"字形虽同藏中，亦多不识。所云康巴字，盖另一体也"。其中"所云康巴字，盖另一体也"句，意思是，所说的康巴字，大概是另一种文字体式。

（3）《西藏纪游》卷二："西藏之有黄教、红教，犹中土之有南宗、北宗。黄教传自前藏之宗喀巴，红教传自后藏之多尔济，以方术名彼，道中已为外道。"（第 65 页）

按，"彼"字应属下句，当标点为"红教传自后藏之多尔济，以方术名，彼道中已为外道"。

（4）《西藏纪游》卷二："此鼠夏日老者即变为小鸟头，仍鼠毛，仍居旧穴，与雏鼠出入一穴。始悟鸟鼠同穴，实有其事。其实鸟即鼠也。"（第 74 页）

按，"此鼠夏日老者即变为小鸟头，仍鼠毛"句义不明，参照下文"鸟鼠同穴"的描述，"头"字应属下句。当标点为："此鼠夏日即变为小鸟，头仍鼠毛。始悟鸟鼠同穴，实有其事。"意思是，这种鼠到夏天就变成小鸟，头部仍然是鼠毛。这种记述当然只是一种传闻而已。

（5）《西藏纪游》卷三："夫人至圣人而极矣，然亦有时而没不闻，转生后复为圣人也。使转生之后将袭前生之所为欤？则一见再见，涉于繁复；将补前生之未备欤？则莫殚莫究何所穷期。"（第96页）

按，"然亦有时而没不闻，转生后复为圣人也"句义不通，"不闻"当属下句，此句当标点为："夫人至圣人而极矣，然亦有时而没，不闻转生后复为圣人也。""不闻"即没有听说，这句大意是：人做到圣人已经到达极点了，然而也有死的时候，没有听说死后又转生为圣人的。

（6）《西藏纪游》卷三："自是迄正统末，入贡者八已。法王卒，久不奉贡。"（第98页）同卷："正德五年，遣其徒绰吉我些儿等从河州卫入贡已。绰吉我些儿有宠于帝，亦封'大德法王'。"（第98、99页）

按，这两段材料中"已"字应独立成句。"已"表示时间靠后的，相当于"已而""随后"。上述第一段材料又见于吉林人民出版社2005年版《明史·列传第二一九·西域三》，其标点为："自是，迄正统末，入贡者八。已，法王卒，久不奉贡。"标点不误。

（7）《西藏纪游》卷四："演时牛头山支黑帐，中贮羊一只，不欲命中云，是年若中羊只，则大不利也。"（第118页）

按，"不欲命中云"句，"云"字应属下句，当标点为"中贮羊一只，不欲命中。云是年若中羊只，则大不利也"。此处"云"字义为"说""据说"，为动词。《西藏的文明》一书亦引此句，标点为："演时，牛山支黑帐，贮羊一只不欲命中，云是年若中羊只，则大不利也。"[①] 标点不误。

（8）《百一山房赴藏诗集·大雪山》："问汝雪山高，但见马蹄下，踏星辰色问汝雪山白，但见沙上行人人影黑，明朝欲踏层城冰，隔夜寒光已相逼。"（《汇编》第203页）《清人咏藏诗词选注》标点为"问汝雪山高，但见马蹄下。踏星辰色问汝雪山白，但见沙上行人人影黑"。（第134页）

按，两书标点有误。这是两个结构类同的排比句，当标点为"问汝雪山高，但见马蹄下踏星辰色；问汝雪山白，但见沙上行人人影黑"。

（9）《百一山房赴藏诗集·松林口》："其上横巴山，其下有海子，中

---

① ［法］石安泰：《西藏的文明》，耿升译，中国藏学出版社1999年版，第253页。

纤线道通,越巂千古行人不到此。"(《汇编》第 203 页)

按,后两句是两个七言句,标点当为"中纤线道通越巂,千古行人不到此"。"越巂"是地名,在四川省境内。

(10)《百一山房赴藏诗集·二郎湾道中度雪岭数层》:"山中生石不生树,石色搀天如卷浪,有时青天影落溪,水底乱石磊砢宛然,星辰倒嵌青天上。"(《汇编》第 203 页)

按,这首诗属于杂言诗。诗句标点当为"有时青天影落溪水底,乱石磊砢,宛然星辰倒嵌青天上"。"磊砢"状乱石众多委积貌。如《游居柿录》:"梁山两山,据两岸若双眉。至采石,舣舟其下,乱石磊砢。"①

(11)《西藏往返日记》:"十一日,出府南门上坡西南行,山势峥嵘,林木丛箐,阴蒙细雨,屈折蚁封,间赤泥如膏,马蹄黏涩,行步以寸计。"(《汇编》第 83 页)

按,"间"字应属上句。"蚁封"即蚁垤土,是指蚂蚁在洞口积成的小土堆。《朱子语类》中有描述:"如小山子,如蚁穴地,其泥坟起如丘垤,中间屈曲如小巷道。古语云:'乘马折旋于蚁封之间。'言蚁封之间,巷路屈曲狭小,而能乘马折旋于其间,不失其驰骤之节,所以为难也。"② 这里比喻人在雨天的山路上行走,犹如阴雨天蚂蚁盘旋于蚁封间。

(12)《听雨楼随笔》卷三:"呜呼,我兵信勇决飞骞,不管苍崖裂月黑风严,虎豹藏蚁盘,猿挂登山缺。……下扫罗博瓦鄂博奔建,所至无余坚。"(第 168 页)

按,此句标点较为混乱。"飞骞"义为飞行,应属下句;"月黑风严"应属下句;"蚁盘"与"猿挂"并列,与上句中的"月黑风严"均为两个"名词+谓词"构成的并列词组,形成对仗,蚁、猿均为名词作状语,分别修饰后面的动词盘、挂,意思是,像蚂蚁那样盘旋,像猿猴那样悬挂。"下扫罗博瓦鄂博"中"奔建"应属下句,"奔建"之"建"误,当为"霆"字。此句后人标点多有失误。如《绥靖屯志》卷九下"艺文(诗续辑)"中"我兵信勇决飞腾,不管苍崖裂月黑风严。虎豹藏蚁盘,猨挂登

---

① (明)袁中道:《游居柿录》,刘如溪、谢蔚点评,青岛出版社 2005 年版,第 44 页。
② (宋)朱熹:《朱子语类》,王星贤点校,中华书局 1986 年版,第 2634、2635 页。

山缺"。武云清《王昶诗歌研究》中"我兵信勇决飞腾,不管苍崖裂月黑。"① 张羽新校注本《喇穆及登古之北为达尔札克……》标点为:"呜呼我兵信勇决,飞腾不管苍崖裂,月黑风严虎豹藏,蚁盘猿挂登山缺。……下扫罗博瓦鄂博,奔霆所至无余坚。"② 以开头"呜呼"二字入句,全诗按七言句点开,前四句押入声韵,标点甚是。

(13)《金川案·金川六种合刊》本《蜀徼纪闻》:"是日,相国移至阿喀木雅,盖在得尔迷山址,山形隋寨,正在隋处巉岩下,碉楼层迭,径路陡折仄细,力攻断不能取也。"(第 444 页)

按,"隋寨"不词,"寨"字应属下句。《说文·山部》:"隋,山之隋隋者。"段玉裁注:"隋隋,狭长之貌。"上句标点当为"山形隋,寨正在隋处巉岩下"。意思是,山形狭长,寨子位于山体最狭窄处的险峻山岩下。

(14)西藏学文献丛书别辑本《西藏见闻录》(以下所引此书例句均出自此版本)卷上"服制":"达子妇女头不戴饰,发两面分开辫,辫子以青缎或布带,宽寸余,长二尺许,笼辫子上银钩,挂垂两膊下。"(第 21 页)

按,此句当标点为"达子妇女头不戴饰,发两面分开辫辫子,以青缎或布带——宽寸余,长二尺许——笼辫子上,银钩挂垂两膊下。""辫辫子"即"编辫子",前一"辫"是动词。"宽寸余,长二尺许"是插入成分,是对"布带"所做的描述,"以青缎或布带"是"笼"的状语。

(15)《西藏见闻录》卷下"嫁娶":"然此惟第巴之族或素封之家间。有待父母之命,同媒妁之言者。"(第 96 页)

按,"间"字表示"间或",应属下句,作状语。当标点为:"然此惟第巴之族,或素封之家,间有待父母之命,同媒妁之言者。"

(16)《西藏图考》卷八"西藏艺文考下·和宁《西藏赋注》":"土俗,斑毛虫来者多岁,则大熟。"(第 256 页)

按,"多岁"不词,"岁"字应属下句。"岁"即年景,指的是一年的农业收获。"斑毛虫来者多,岁则大熟"意思是,斑蝥出现多了,预示着

① 武云清:《王昶诗歌研究》,硕士学位论文,西北师范大学,2010 年,第 48 页。
② 张羽新:《中国西藏及甘青川滇藏区方志汇编》,学苑出版社 2003 年版,第 268 页。

农业的大丰收。

此外，点校者断句无失误但标点符号使用有误，如：

（1）《六世·内务府奉旨成做赏班禅及章嘉呼图克图毡帽》："奉旨：将交出珊瑚顶，在黄猩猩毡大帽一项上嵌安，其金托、梅洗见新。"（第103页）

按，"金托""梅洗"并非并列关系，而是主谓关系，其间的顿号应改为逗号。"梅洗"是指将金属器皿翻新。同书"内务府奉旨为银轮配木座安供须弥福寿庙"："首领曹进忠交银轮二件，传旨：着配木座，梅洗见新，得时在须弥福寿之庙内安供。""梅洗见新"就是将金属器皿翻新。

（2）《则例·乾隆朝·银库》："每年十一月起至次年十月止，将一年所发廪给薪刍银细数，及宾客人数姓氏，造册二本进呈，并将旧管、新收、开除、实在、银数、汇疏随册奏闻。"（第174页）

按，"实在、银数、汇疏随册奏闻"中"实在"与"银数"不应点断，"银数"即"金额"，是前四项的中心语，其后顿号误，应用逗号。标点当为"并将旧管、新收、开除、实在银数，汇疏随册奏闻"。"旧管、新收、开除、实在、银数"五词不是并列关系，前四词即所谓"四柱册"，是用以记载钱粮款项期初结存、本期收入、本期支出和期末余额等因素及其变化情况的账籍。近代文献中记载较多，如《至正直记》卷三"出纳财货"："计算私籍，其式有四：一曰旧管、二曰新收、三曰开除、四曰实在。"又《十驾斋养新录·四柱》："今官司钱粮交代，必造四柱册。四柱者：旧管、新收、开除、实在也。"

（3）《西藏赋》："朱尔亥衍玉甗之文，卜法游于鹿苑。（又尽出大招库贮、宝供、乐器、幡幢，奇形怪状，鼓吹绕行布达拉，谓之亮宝。）"（《〈西藏赋〉校注》第142页）

按，"库贮"后面的顿号应删去，此词与其后"宝供、乐器、幡幢"并非并列关系，而是总分关系。"库贮"意即库存，"宝供"即供应佛、菩萨的宝物。这句是说，又全部拿出布达拉宫中库存的宝物、乐器、幡幢。

（4）《〈西藏赋〉校注》："无上空称，喇嘛缙改。（《梵书》：释子勤佛行者曰德士，又曰无上士，谓空也。唐古特谓上曰喇，谓无曰嘛，喇嘛者，无上也。）"（第27页）同书第53页："佛心无漏于恒沙，奚止九百六十。（《佛书》：心窍九百六十，毛孔八万四千。）"第 61 页："麨蝉，音热沙，碎麦也。均出《释典》。"第 62 页："锢锁阿闷，宝供珠龛。（《释典》：阿闷，佛名，见《释藏》。）"

按，上例中的"佛书""释典""梵书"，均指佛教的经典，是对佛经文献的笼统泛称，不是专书，不应加书名号。《校注》第 64、70、76、99、110 页出现的梵书、佛书、释典这三个词亦加有书名号，当改。

第二节　字形讹误

古谚曰："书三写，鲁成鱼，帝成虎。"说的是书籍在传抄、转载刊印过程中出现的文字谬误。今人整理的藏学文献中，字形方面的失误主要是字形近似而导致的。其中的一些古语词，在现代汉语里使用甚少，或者已经不用，今人难免生疏，因此在整理时往往会发生字形讹误的现象。举数例如下。

（1）《西藏纪游》卷一："文靖公诗：'……坟起突在胸，此中储糇餐。'"（第 2、3 页）此句在《竺国纪游》本（下文简称《竺》本）及《汇编》本《百一山房赴藏诗集·褚巴》中写作"糇糌"。

按，"餐""糌"字误，当为"粢"。"糇"是炒熟的米麦，泛指干粮。"粢"同"糍"，是用糯米粉、黍米粉制成的糕饼，"糇粢"在上述诗句中指糌粑粉。

（2）《西藏纪游》卷一："番人每用长桶贮酒，呼群至野外或水边踞地坐卧，牛饮尽欢，呜呜筊歌，亦有以射棚赌酒者。"（第 6 页）

按，"筊"字误，当为"笑"。"笑"的异体为"咲"，与"筊"字形近似。"筊"是用以装书或它物便于背负携带的小箱子。《中国酒文化》中引此句，亦作"呜呜笑歌"①。

（3）《西藏纪游》卷一："南客使船如使马，坳堂一勺筊卢胡。"（第 9 页）张校本释："筊（pō），竹笼取鱼具。"

按，"筊"字误，当为"笑"。依据讹误的字形，从而导致了误释。

---

① 傅允生、徐吉军：《中国酒文化》，中国广播电视出版社 1992 年版，第 61 页。

"卢胡"同"胡卢",意为笑声。"笑卢胡"谓笑声发于喉间。这是作者与友人在游览罗卜岭冈时写的诗句,罗卜岭冈建有温泉池(为达赖、班禅沐浴之所)。诗句中"坳堂"一词源于《庄子·逍遥游》。诗句上文说温泉池中系有一舟,作者在游览时可能与友人在池中泛舟而行。"南客使船如使马,坳堂一勺笑卢胡"描绘的是驾舟嬉水的情形,大意是说南人(作者为南方人)驾舟与北人骑马一样技艺娴熟,就好像处在堂中低洼处一勺水中的芥草那样平稳自如,得意而笑。

(4)《西藏纪游》卷二:"谁驮加拉(蛮语什物也)呷嚷来,双栈丁丁两边琢。"(第42页)《西藏学汉文文献汇刻》本《西藏纪游》(以下简称《汇刻》本)亦写作"栈"。

按,"栈"字误,当为"杙"。《竺》本作"杙"。"杙"是一头尖的短木桩,"双杙"亦指木桩。

(5)《西藏纪游》卷二:"书毕则簪其管于发间。"(第43页)

按,"发"字《汇刻》本作"髾","髾"同"鬓",指脸旁靠近耳朵的头发。"鬓"与"髪"字形近似,张校本误以"鬓"为"髪",又简化为"发"。后文有"书毕或尚有思索,则簪笔于鬓,始悟古人簪笔之义"句亦可证,上句"发"字误,当为"鬓"。

(6)《西藏纪游》卷二:"予游莎绿园,见番童各执一木版,一喇嘛书一两行于上,其徒仿而习之。亦有睨视沉思似临摹而未窥其妙者。"(第43页)

按,"睨视"不成词,当为"睨视"。《竺》本作"睨",字形不误。"睨视"指斜视,旁观;"晲"指日过午偏斜。

(7)《西藏纪游》卷二:"缠头花由卡契回人携至,花如红花,娇艳过之,亦有香味,其汁能毒人。项午晴云即檐蔔花。然簷蔔系栀子花,此红色,恐非。"(第45页)

按,"簷"字误,"簷"同"檐",此处当为"薝"字。《竺》本、《汇刻》本皆作"薝"。张本释簷蔔(yán bó)为:"植物名。产于西域,花香浓郁。"释义可补。"薝蔔"音 zhān bó,是梵语 Campaka 的音译,意译为郁金花。

(8)《西藏纪游》卷二:"予自西藏回至察木多有诗云:'……江坝山

头帝释居，法螺法鼓替钟鱼，哪知鬼面邪义国，选就僧雏玉不如。'"（第48 页）

按，"邪义国"不词，"邪义"当为"邪叉"，即"夜叉"。"夜叉"是梵语 yaksa 的译音，指佛教传说中一种吃人的恶鬼；"夜叉国"是传说中的国名，其国人皆为夜叉。"夜叉"之"夜"，《竺》本、《汇刻》本皆作"邪（音 yé)"。"邪"是"夜"的同音替代字；"义"是"叉"的俗体。

（9）《西藏纪游》卷二："羚羊挂角山巅，盘羊角重于身，可作箭鉋。"（第74 页）

按，"箭鉋"当为"箭钯"，"钯"是箭头的一种。《方言》卷九："凡箭……其广而薄镰（者）谓之锌，或谓之钯。"《广雅·释器》："钯，镝也。""鉋"字今作"铇"，是木工刨平木料的用具。

（10）《西藏纪游》卷三："其俗薙发蓄小辫，以金珠镶花缎两耳以布缠头，贱者用白，贵者用红。"（第89 页）

按，"以金珠镶花缎两耳以布缠头"句义不明，源于"缎"字讹误，当为"缀"。《竺》本、《汇刻》本亦误作"缎"。《西藏纪闻·巴勒布番民番妇》亦引此句："用金珠镶花缀两耳以布缠头。"参此，上句当标点为"以金珠镶花缀两耳，以布缠头"。"缀"又作"坠"。《康輶纪行》卷五"西藏外部落"："用金珠镶花，坠两耳，以布缠头。"《卫藏图识》下卷："巴勒布……用金珠镶花缀两耳，以布缠头。"字形不误。

（11）《巴》卷二十一："现在兵既撤回，朕亦不好黩武，况今天下幅帧广远，即得此巴勒布区区部落，亦复何增毫末？"（第306 页）

按，"幅帧"不词，"帧"字误，当为"帧"，"幅帧"即"幅员"，指疆域。

（12）《廓》卷首二"天章二·御制诗·福康安奏攻克热索桥进剿贼境，诗以志慰"："飞章披阅怜为慰，戒满教霚伟绩收。"（第23 页）同书卷首三"天章三·御制诗·紫光阁赐宴外藩作"："战图又得重增册，天眷十全教益霚。"（第47 页）

按，"霚"字误。检《汉语大字典》（以下简称《大字典》）无"霚"字，当为"蘉"，音 máng，有"勉力"义。《玉篇·茻部》："蘉，勉也。"《御制诗文十全集》卷五十"再定廓尔喀第十之四·紫光阁赐宴外藩作"

中"天眷十全敬益覆"①，字形不误。

（13）《则例·乾隆朝·录勋清吏司下》："马不烙印不拴名牌者，罚牥牛一头。"（第35页）同书："又定：凡罚以九论者，马二，犍牛二，乳牛二，牥牛（二岁牛）二，犙牛（三岁牛）一。"（第153页）同书第154、420、436、466页均写作"牥牛"。

按，"牥"字误，当为"牥"，音 bèi。《说文·牛部》："牥，二岁牛。从牛，巿声。""巿"音 fú。检《大字典》无"牥"字。《蒙古律例》卷四有类似的记述："马不烙印不拴号牌者，罚两岁牛一只，给付举发之人。"②可证"牥牛"即二岁牛。《中国古代军事散文精选·清代卷》释"牥牛"为"二岁牛。一作体长之牛"③。参之上述第2段引文，此释两说并存，而此处"牥牛"含义确定，指二岁牛，应删去"一作体长之牛"。

（14）《则例·乾隆朝·宾客清吏司》："康熙六十一年奏准：蒙古随围之多罗郡王四人，各赏……毡靴、皮靴各一双。……贝勒四人，贝子二人，公四人，各赏给……毡靴、皮靴如前。"（第87页）

按，"毡靴"当为"毡袜"。下文写作"韤"。"韤"字同"袜"，指袜子。《理藩院》卷九百九十"燕赉"写作"毡袜、皮靴各一双""毡袜、皮靴如前"。字形不误。

（15）《则例·乾隆朝·柔远清吏司上》："十六年，议设噶卜伦四人……第巴三人，塔布一人，均给本院执照，分辖藏务，受驻藏大臣及达赖喇嘛管辖。"（第101页）

按，"塔布"不词，当为"堪布"。"堪布"系藏语 mkhan po 的音译，是达赖、班禅的高级侍从，握有大权。类似材料亦见于清人笔记中。如《听雨丛谈》卷二"西藏蒙古藩封"："辅国公二人，一等台吉一人……堪布一人，听驻藏大臣节制。"

（16）《则例·乾隆朝·柔远清吏左前司下》："赐帕克巴拉丹拜尼玛胡图

---

① （清）爱新觉罗·弘历撰，彭元瑞编：《高宗诗文十全集》，商务印书馆1936年版，第627页。

② 佚名：《蒙古律例》，台北广文书局1972年版，第34页。

③ 王凯符选评：《中国古代军事散文精选　清代卷》，解放军文艺出版社2001年版，第165页。

克图，重三十两银茶桶一，各色大缎十有二，大小麦帕各七。"（第 124 页）

按，"麦帕"当为"寿帕"。"寿帕"系藏语哈达 gan dar 的汉译名。同书第 121、122 页写作"寿帕"，不误。此当为排校者误认整理者使用的简体字所致。

（17）《则例·乾隆朝·柔远清吏右后司》："康熙三十年奏准：喀尔喀多罗贝勒初次进贡，应赏给备漆鞍马一匹，银茶盆一具，狐皮蟒袍一袭，熏貂帽一，镀金鞋带佩小刀手帕荷包一副，靴袜各一双，缎十有五，布百有五十。"（第 146 页）同书："喀尔喀多罗贝勒，初次请安进贡，赏给漆鞍马一匹，银茶盆一个，狐皮黑蟒一件，染貂帽一顶，镀金鞋带连小刀、手帕、荷包一副……"（第 246 页）

按，"鞋带"误，当为"鞓带"。"鞓带"是皮革制成的腰带，常与佩刀等物并提。《理藩院》卷八十一"兵制"写作"鞓带"。这是清代出现的一个新词，清代文献中常见。如《清史稿》卷二百十八："诏褒多铎功，赐嵌珠佩刀、镂金鞓带。"是词今已不用，故今人笔下屡见将"鞓带"讹误为"鞋带"的现象。如《理藩院奏报照例赏赉达赖喇嘛使者折》："赏台吉敦多布达希漆鞍马一匹……系有小刀、手绢、荷包铜金鞋带一条、加缎袜头等绿斜皮靴一双……"① 又《多尔衮大传》："当奏捷文书送到北京，多尔衮万分欣悦，当即下谕以功勋茂著赐给镶嵌宝石的佩刀、镀金鞋带。"②

（18）《则例·乾隆朝·理刑清吏司》："国初定：帽纬长出帽檐，及戴卧兔帽剪开沿毡帽，胁间系偏练垂，皆系违禁，被人见者，王、贝勒等罚马一匹，庶人罚犉牛一。"（第 167、168 页）

按，"卧兔帽"之"兔"字误，当为"卧兔帽"。《清代边政通考》第339 页所引此句亦误作"卧兔帽"。"卧兔帽"是一种皮帽子，再举一例以证之。清萧雄《西疆杂述诗》："又蒙古有卧兔帽，狐皮为之，极厚而暖，回人亦购以御寒，夏日特不戴此耳。……按蒙古卧兔帽'卧兔'二字，当即冒顿，原读作墨突，卧兔与墨突音谐。""卧兔帽"今已不用，仅作为戏曲表演的道具偶一见之。又，"及戴卧兔帽剪开沿毡帽"应点断，当为

---

① 王小虹等编译：《康熙朝满文朱批奏折全译》，中国社会科学出版社1996年版，第809页。

② 赵毅主编：《多尔衮大传》（第2版），黑龙江人民出版社2005年版，第286页。

"及戴卧兔帽、剪开沿毡帽","戴"为动词,"卧兔帽、剪开沿毡帽"是个并列式词组,共同充当其宾语成分。"剪开沿毡帽"又称"剪沿毡帽",指帽檐开口的毡帽。

(19)《则例·康熙朝〈大清会典〉中的理藩院资料》:"凡罚以九论者,马二匹,犍牛二头,乳牛二头,㸬牛一头,犙牛一头。以五论者,犍牛一头,乳牛一头,㸬牛一头,犙牛二头。"(第196页)同书第202、215、248、255页均写作"㸬牛"。

按,"㸬牛"不词,"㸬"字误,当为"牬"字。"牬"同上文"牬"。检《大词典》,"牬"是牵引犁、耙等农具的畜力单位,能拉动一张犁或耙的畜力称为一牬。"牬牛"是二岁牛,《本草纲目·兽一·牛》:"牛……生二岁曰牬,三岁曰犙。"《清代边政通考》第312页亦引上述资料,写作"牬牛"。《清代理藩院资料辑录·康熙朝〈大清会典〉中的理藩院资料》写作"牬"[1],字形不误。

(20)《则例·乾隆朝〈大清会典〉中的理藩院资料》:"凡奏销下嫁蒙古公主、郡主等馆于京师,擢侍御前之额驸台吉,及来朝公主、额驸、王公、台吉,给过糜饩薪刍,月要其数具奏,岁一会计,列册具疏以闻。"(第296页)

按,"糜饩"不词,当为"廪饩"。"廪饩"是指由公家供给的粮食之类的生活物资。

(21)《则例·嘉庆朝〈大清会典〉中的理藩院资料》:"札赉特之南为郭尔罗斯前旗,当嫩江与松花江相合之西岸,在吉林伊通边门外长春府之西,札萨克所居,曰固尔班笃洛噶。"(第298页)又:"其西为科尔沁左翼前旗,当法库边门外西北,养息牧场东,札萨克所居,曰鄂勒济布里特。"(第298页)又:"其西为阿噜科尔沁旗,哈奇尔河、傲木伦河、绰诺河于是合流为达布苏图河,札萨克所居,曰托果木台。"(第298页)"其东南为喀尔喀左翼旗,当养息牧河源,札萨克所居,曰察汉和硕。"(第298页)

---

① 中国社会科学院中国边疆史地研究中心:《清代理藩院资料辑录》,全国图书馆文献缩微复制中心1988年版,第22页。

按，以上句中"日"字当为"曰"字，是动词，不是地名的一部分。

（22）《则例·乾隆朝·柔远清吏右后司》："十七年，岷州圆觉寺等二十六寺，贡马、青木香等物。旧有画佛、舍利、珊瑚、枣、酥油、杆力麻、延寿果、雕翎诸物，后皆免进。"（第324页）

按，"杆力麻"之"杆"字误，当为"杵"。此段资料又见于《经济汇编食货典》第一百九十二卷贡献部，写作"杵力麻"①。"杵力麻"为西藏方物之一，明人笔记中写作"足力麻"，而且"足力麻、铁力麻"常常并现，且有"各色足力麻""各色铁力麻"的描述。《玉芝堂谈荟》卷二十六"职贡异物"："乌斯藏贡画佛……各色足力麻、各色铁力麻、各色氇氆……凡十六种。长河西、鱼通、宁远等处杂道长官司贡画佛、舍利、各色足力麻、各色铁力麻、各色氇氆……凡十一种。……洮岷等处番僧族贡铜佛……足力麻、铁力麻、氇氆、左髻、毛缨……此西戎之贡也。……铁力麻，即乌斯藏各色布也。"《殊域周咨录》卷十"吐蕃"："其贡：在乌思藏则画佛、铜佛、铜塔、刀剑为独异，外贡舍利、各色足力麻、各色铁力麻（汉俗云铁裹汉）、各色氇氆……之类。"明曹学铨《蜀中广记》卷三十五："乌思藏所产细画泥金……各色足力麻、铁力麻、氇氆……自雅州入京。"②《明史》卷三百三十一："所贡物有画佛……氇氆、左髻毛缨、足力麻、铁力麻、刀剑、明甲胄之属，诸王所贡亦如之。"《中国历代贡品大观》引用《明史》中这段材料，下注："所贡足力麻、铁力麻，详不可考。"③今人著作中转引上述材料，注释"足力麻"为："藏语，是游牧民族的一种美味点心。"④ 或注为："食品名称。"⑤ 注释均不确。今人研究成果中又将"足力麻"写作"角力麻"，认为"角力麻"即"延寿果"⑥，此说亦不确。据《玉芝堂谈荟》的记载，"铁力麻"

① （清）陈梦雷：《古今图书集成》第69册《经济汇编 食货典》，中华书局、巴蜀书社1986年版，第84097页。

② （明）曹学铨：《蜀中广记》，转引自贾大泉等《四川茶业史》，巴蜀书社1989年版，第165页。

③ 龚予等：《中国历代贡品大观》，上海社会科学院出版社1992年版，第782页。

④ 《土族简史》编写组：《土族简史》，青海人民出版社1982年版，第37页。

⑤ 芈一之：《撒拉族史》，四川民族出版社2004年版，第87页。

⑥ 芈一之：《黄河上游地区历史与文物》，重庆出版社1995年版，第455页。

是乌斯藏（今西藏）出产的一种毛布，那么"足力麻"也即"杵力麻"，应与氆氇、铁力麻为同类，亦是西藏出产的一种毛织物。

（23）《西藏奏疏·附西藏碑文》："丁未，师于济咙，挥椿喉之长戈，展攻心之上策。"（第 195 页）《西藏图考》卷七所录碑文亦写作"椿"。（第 215 页）

按，"椿"字当为"摏"。"摏"有撞击义，《辽史·刑法志上》："讪詈犯上者，以熟铁锥摏其口杀之。"《西藏纪游》卷四所记碑文中写作"摏"，不误。

（24）《清人咏藏诗词选注》引松筠《拉错海子》："复来宿旧野，汐满听新声。"（第 33 页）

按，"满"字误，当为"湍"。"汐湍"一词，《古代蒙古族汉文诗选》第 293 页释为"汹涌的波涛"，《古今山水名胜诗词辞典》第 1570 页释为"夜间的波浪和湍急的流水"，注释均不确。"汐"指晚上的潮水，"湍"有"水势急速"义，"汐湍"即夜间湍急的潮水。

（25）《西藏志·衣冠》："不绾发，戴白圈帽如箭簸子边样。"（第 25 页）

按，检《大字典》无"簸"字，当为"簸"，音 dú，同"韇"。藏弓箭的器具。"箭簸子"也即箭袋、箭囊。"戴白圈帽如箭簸子边样"即所戴白圈帽如箭袋子边的形状。1978 年中央民族学院油印本《西藏志》第 16 页写作"箭簸子"，簸音 gǔ，同"鼓"。亦误。

（26）《金川案·亨·祭祀仪注、祭品、祭文》："祭品：……脾拆、豚拆、酒（三爵）、灼二、灯十盏。"（第 94 页）

按，"脾拆"误，当为"脾析"。中国科学院民族研究所、四川少数民族社会历史调查组 1963 年版《金川案》同条写作"脾拆、豚貊"，亦误。"脾析"即牛胃。《周礼·天官·醢人》："馈食之豆，其实葵菹、蠃醢、脾析。"郑玄注引郑司农曰："脾析，牛百叶也。"上文"豚拆""豚貊"误，当为"豚拍"，指的是猪肋肉。"拍"字同"膊"。《周礼·天官·醢人》："豚拍鱼醢。"郑玄注："郑大夫、杜子春皆以拍为膊，谓胁也。或曰：豚拍，肩也。今河间名豚胁。""拍"又作"胉"。《绥靖屯志》卷五："仪注：……脾析、豚胉。"不误。

（27）《西藏见闻录》卷下"疆域"："工布之南，中隔一河，即是珞瑜。珞瑜乃野人名，曰老卡止，黥其觜而湟以五彩，穴居卉服，见生人则群捉而啖之。"（第8页）

按，"湟"字当为"涅"。"涅"本指在人体上刺涂黑色的文字或图纹，这里与"黥"对举，表示刺涂。"黥其觜而涅以五彩"是说，在嘴上刺图纹，并涂上五彩。

（28）《藏族史料》："乾隆三十八年［癸巳］十月乙未谕：……阿桂等于攻复美诺等处时，必当严密布置，勿使喙脱。"（第2192页）

按，"脱"字误，当为"駾"。《说文》："駾，马行疾来皃。从马，兑声。"《诗·大雅·绵》："混夷駾矣，维其喙矣。"毛传："駾，突。喙，困也。""喙駾"形容惊恐逃窜而极度疲困。今人整理的清代其他文献中亦有此类失误。如《大清历朝实录四川史料》："阿桂等于攻复美诺等处时，必当严密布置，勿使喙脱。"[①]《王伦起义史料》："或系闻八旗劲旅前往，声势甚盛，不敢接锋，为此悉众而来，作铤而走险之计，以冀喙脱偷生。"[②] 也有字形不误的，如《秦边纪略》卷一："黑番駾喙于此，谁曰不宜而输。"

（29）《进藏纪程》："居于藏之西偏，碉楼穹窿，拾级而登，凡五层高插云表，内设毡毯跌坐，寔王之巢窟也。"（《汇编》第70页）《百一山房赴藏诗集·月夜乘皮船渡乌苏江》："西行乘此已在历，跌坐稳比安乐窝。"（《汇编》第214页）又《西藏志·宴会》："散时，男女团聚，携手跌坐而歌之，至门外街中，歌唱而散。"（第31页）

按，三句中的"跌坐"不词，当为"趺坐"。"趺坐"谓盘腿端坐。

（30）《桐华吟馆卫藏诗稿·蚂蝗山》："尤善钉（去声）马腹，嘬啮成溃疽。可怜拳毛騧，顿作汗血驹。"（《汇编》第165页）

按，"拳毛騧"当为"拳毛騧"。拳毛騧是骏马名，为昭陵六骏之一。

（31）《百一山房赴藏诗集·万里桥是武侯送邓芝使吴处》："可惜当时乏将才，典午三马儿郎并三国。"（《汇编》第190页）

---

① 王纲：《大清历朝实录四川史料》，电子科技大学出版社1991年版，第1569页。

② 李印元：《王伦起义史料》，齐鲁书社1995年版，第404页。

按，"三马"当为"司马"。典，即司，执掌之义；午，生肖为马，"典午"隐指司马，源自《三国志·蜀·谯周传》。这是注文"司马"混入正文而致误。

（32）《百一山房赴藏诗集·郭将军庙》："余威千载尚血食，桐酒亦有鸡与豚。赞府低头主簿拜，蛮姬跳舞吹青唇。"（《汇编》第197页）

按，"桐酒"不词，"桐"当为"挏"。"挏酒"即挏马酒，马酪。

（33）《西藏图考》卷八"西藏艺文考下·和宁《西藏赋注》"："温郁逊（精通梵典者）石屏咒显，山入芥而海成酥。"（第247页）

按，"郁"字误，当为"都"。《西藏图考》1965年版、《中国少数民族古籍集成》均写作"温都逊"。"温都逊"系梵语，是指精通梵典的僧侣。例如《丁巳秋阅吟·班禅》："幼龄说法莲花座，（班禅年甫十六，勤经典，晓温都逊，且能与众僧裸衣讲禅，可谓再来人也。梵语温都逊，乃诸经源流。）奕世传经仙鹿年。"

（34）《西藏图考》卷八"西藏艺文考下·和宁《西藏赋注》"："掬溢归遗，次颖人之云箫。"（第248页）

按，"掬"字当为"掬"。"掬溢"是量词，一手盛之为溢，两手谓之掬。"遗"是赠送的意思。[1] 1965年版《西藏图考》写作"掬溢"，不误。

（35）《西藏图考》卷八"西藏艺文考下·和宁《西藏赋注》"："俯地讶似伏章，叩额连如春忝。"（第249页）

按，"忝"字当为"黍"。《八旗文经》本《西藏赋注》作"黍"。"春"是用杵臼捣去谷物的皮壳，"叩额连如春忝"是用杵捣谷物的动作来形容众人连连磕头的情状。

（36）《西藏志·夫妇》："凡做买卖亦属妇人，如种田禾、纺毛线、织辫子、当乌拉，人皆笑其无能。"（第28页）又《西藏志·市肆》："其他藏茧、藏绸、毡子、氆氇、藏布以及食物诸项，藏番男女皆卖。"（第32页）

按，"辫子""毡子"皆误，当为"氇子"。此段材料又见于《西藏纪闻》，写作"氇子"。"氇子"是四川西部藏族地区常见的毛织衣料，为氆

---

① 郭伯南等：《华夏风物探源》，上海三联书店1991年版，第132页。

氆中较粗的一种，用未加分梳的羊毛为原料织造，通常为白色，甘孜一带藏族居民多用来缝制衣服，藏语称"囊普"①。文献用例颇多，如《西域遗闻》："妇女以经营商贾为最。若纺毛线、织毪子、勤耕种、当乌拉，人皆笑之。"《章谷屯志略·夷民风俗》："稍暇，击筘笼，捻毛线，织毪子，以供衣服。"《康輶纪行》卷二"蕃妇衣饰"："蕃民无冬夏皆衣氆褐，谓之毪子。"《里塘志略》卷上"风俗"："长官土司头人著大领衫，番名楮巴……营官亦有缘貂皮者，民家则多著毪子楮巴，不能如头人也。"又写作"毱子"。《巴塘志略·物产》："羊毛毱子、牛毛毯……"民国文献中亦见。《道孚县风俗纪略·服饰》："地多羊毛，毛长者，捆载出关。毪毪者，集抽为丝，丝成，用机织而为布，宽一尺零，曰毪子。"

（37）《金川纪略》卷一："衙署、监狱、仓库、兵民房屋、城垣、桥梁、盐场、井烘、烟墩、哨楼，并冲塌，毙人无数。"

按，"井烘"误，当为"井灶"。"井灶"是熬制食盐的灶具。上句前言"盐场"，后言"井灶"，语义上有承接关系。《大词典》有例：《清史稿·食货志一》："盐场井灶，另编排甲。""盐场井灶"当为一词。

（38）《〈西藏赋〉校注》："刍尼子之孟年，已具食牛之量。（野鹊子。《传灯录》：二十四祖母梦吞明暗二珠而孕，一罗汉曰当生二子，一即祖，二即刍尼。昔如来在雪山修炼，刍尼巢于顶上。佛成道，刍尼受报为那提国王。《佛记》曰：汝后与圣同脱。今不爽矣。）"（第90页）

按，"汝后与圣同脱"之"同脱"不词，当为"同胞"，同父母所生为"同胞"。此段材料引自《景德传灯录》卷二。②《佛光大藏经》中所收《景德传灯录》亦作"胞"③。

（39）松筠《罗罗塘》："清晓越层峨，波绒顿九河。"《古代蒙古族汉文诗选》写作"顿九阿"，释为："'顿'，困顿，劳顿。'九阿'，漫长的山路。"（第292页）

按，"阿"字误，当为"河"。《汇编》本作"九河"，第128页自注：

<hr />

① 李廷芝：《中国服饰大辞典》，山西人民出版社1992年版，第89页。
② （宋）释道元：《景德传灯录》，妙音·文雄点校，成都古籍书店2000年版，第22页。
③ 佛光大藏经编修委员会：《佛光大藏经·禅藏·史传部景德传灯录一》，台湾佛光出版社1994年版，第67页。

"有波绒巴者，相传为唐古忒大家。世居游牧甲错山阳，有九山九河，即其东界。"《清人咏藏诗词选注》第 26 页释为："顿：止宿，屯驻。九河：人谓波绒巴家族的牧地有九山九河。我国古代曾有按九种不同的地形治理其赋税的记载。"注释不误。

（40）《百一山房赴藏诗集·小诏寺》："从姑又见称甥舅，成佛当时有弟兄。（寺中塑佛，日珠多吉云，即觉释迦牟尼之弟，八龄成佛。）"（《汇编》第 223 页）

按，"日"字误，当为"曰"；"云"字当属下句。"珠多吉"是佛名，后人因不明这一专有名词的含义，引用时常常出现失误。如《清人咏藏诗词选注》引此诗，注释："作者原注：'寺中塑佛，日珠多吉云，即释迦牟尼之弟，八龄成佛。'"《中国名胜诗词大辞典》注："成佛句：作者自注：'寺中塑佛，曰珠多吉云，即释迦牟尼之弟，八龄成佛。'"[1]"云"字都应该属下。

第三节　释义问题

今人除了对藏学文献中的诗词歌赋进行集中注释外，也对一些史料、笔记等文献中的少量词语作了释义。这些释义既方便了一般读者的阅读，也为藏学研究提供了便利，其中的大部分注释是正确的，但值得商榷的条目亦为数不少。分析其致误的原因，可归纳为因依据讹误的字形而误释，因割裂词语而误释，因不明古语词、典故词、民族语词、佛教词语以及名物词、专有名词、术语的含义而误释等。

一　因依据讹误的字形而误释

（1）《西藏纪游》卷一："其人多健壮，赤足，犊鼻禅，佩刀，动讲争斗。"张校本释："犊鼻禅（dān）：一种围裙式反穿单衣。犊鼻，即围裙，形如犊鼻，故名。禅，单衣。"（第 4 页）

按，"禅"字误，当为"裈"。系形近而误。《竺》本作"褌"，字形

---

① 杨刚：《中国名胜诗词大辞典》（增补本），浙江大学出版社 2007 年版，1332 页。

简化为"裈",指满裆裤,短裤。《中国历代文学作品选》注:"犊鼻裈,长不过膝的围裙。"①《大词典》"犊鼻裈"条释义中"短裤"和"围裙"两说并存。据《西藏纪游》卷二:"有全家携帐房于水边男女同浴者,或著一犊鼻短绔入水。""短绔"即"短裤",此处"犊鼻短绔"可证前文"犊鼻裈"当为"犊鼻裈",指的是短裤。

(2)《西藏纪游》卷二:"男妇老少同川而浴,解衣入水,拍浮甚乐。弥望不绝,观者如渚,略不羞涩。"张校本注释:"渚(zhǔ):水停聚处。"(第52页)

按,"渚"字当为"堵"。《汇刻》本作"渚",《竺》本作"堵"。因依据错误的字形,从而导致了误释。上句又见于《万历野获编》卷二十四"同川浴":"见老少男妇,俱解衣入水,拍浮甚乐,弥望不绝,观者如堵,略不羞涩。"

(3)孙士毅《阿咱山下海子歌》:"或云深处通蛟宫,金堂贝阙辉瞳眬。"《清人咏藏诗词选注》注释:"瞳眬:太阳初出由暗而明的景象。"(第141页)

按,"瞳眬"字误,当为"曈昽"。"曈昽"本义为日初出渐明貌,引申为泛指光线微弱貌。"瞳眬"不词,当为"眬瞳",目不明貌。

(4)孙士毅《丹达山神祠并序》:"依稀转饟老六诏,其事传自康熙年。"《清人咏藏诗词选注》注释:"饟:原为波斯语。西域烤饼。此处为食物的代称。"(第139页)

按,"饟"字误,当为"饟",简化字形为"饷","饟""饟"系形似而误。"转饷"义为转运军粮。《汇编》本《丹达山神祠并序》诗中写作"饟"。又杨揆《桐花吟馆卫藏诗稿·军行粮运不继,士卒苦饥,日采苞谷南瓜杂野草充食,感赋四律》:"转饟千山力易疲,经秋辛苦傍征旗。"《清人咏藏诗词选注》因为依据了讹误的字形,从而导致了误释。

(5)《雪原文史》1995年第4期艾农《旧诗新注》引清曹三选《咂酒》:"不知何毒药,趜蘖严且疾。醞合一器中,酒成不十日。"注释:"趜[jú]蘖[niè]趜,穷奔。蘖,开端、萌生。"(第44页)

---

① 朱东润:《中国历代文学作品选》(上编第二册),上海古籍出版社2002年版,第496页。

按，"趣蘖"即"曲蘖"，意为酒母，即酒曲。上句大意是说，不知是什么样的辛烈的药物，使得酒曲急剧而猛烈，不到十日青稞酒就酿造成功了。

注者有时囿于字形，也会导致误释。如：

（6）马若虚《西藏杂诗》："无端作呓语，释闷非程材。"《清人咏藏诗词选注》注释："非程材：程是规章。非程材即不是合乎要求的人才。"（第72页）

按，"程材"亦作"程才"，指呈现才能。《文选·张衡〈西京赋〉》："侲僮程材，上下翩翻。"薛综注："程，犹见也；材，伎能也。""释闷非程材"是说写作这首诗是为了解闷而非呈现自己的才能。

（7）沈叔埏《藏香酬袁春圃方伯》："厥篚包栝皮，其国枕苇箬。"《清人咏藏诗词选注》释为："栝：音枯。不坚固。引申为脆，嫩。"（第78页）《历代咏藏诗选》释为："栝：本为一种木名，这里泛指作篚的各种木类。"（第38页）

按，两释囿于"栝"字的字形，导致误释。楮树又名构，其皮可造纸；楮皮又称构皮、谷皮。上引咏藏诗中的"栝皮"当即构皮，"栝"为记音字，字同构、谷。《西藏纪游》卷一："吴白华师《藏枣》诗：'……藏产推果珍，栝皮（番纸名）裹成腊。'"可知"栝皮"是藏纸中一种包装用纸，西藏很早就使用瑞香科植物所造的纸了。又称"藏纸"。《西藏纪游》卷一："藏纸似茧而坚韧过之，有广至三四丈者。余曾购得一副，约长一丈二三尺，纹理坚致如高丽纸。……藏纸即藏经纸。彼地有一种草，叶如槐，花如红花，以其根浸捣浇造，如造皮纸法，常用不禁。"《西康图经·番纸与汉纸》："近世西康书写藏文所用之纸，自稻成县境输入，系一种构皮所制，厚如铜钱，恰似内地构皮纸十张粘合而成。"

（8）杨揆《桐华吟馆卫藏诗稿·蚂蝗山》："由来山泽间，毒厉所蓄潴。"《清人咏藏诗词选注》释"厉"为"凶猛"。（第113页）

按，此处"厉"的本字当为"疠"，指疫气。又杨揆《飞越岭》："蝮蛇何蓁蓁，吐瘴昏旦错。毒厉能中人，奚敢试徒搏。"上句言"吐瘴"，下句言"毒厉"，古文献中把南方山林间湿热蒸郁致人疾病的毒气称为"瘴"，可知"毒厉"即导致疫病之毒气。

(9)《西藏赋》: "展金渠之榻,开花花之帏。"《〈西藏赋〉校注》: "这两句意为:展开金马、石渠之床,打开绣有各种花卉的帏帐。金渠: 即金马门、石渠。金马门为待诏之处,石渠为汉代国家藏书之所。"(第105页)

按,"金渠"即"金蕖",谓莲之美者。清阎尔梅《题云台峰》诗: "星潭水响金蕖舞,箭笴风摇铁锁惊。"① 和宁《班禅额尔德尼燕毕款留精舍茶话》: "金花榻并狮子床,有如嶒景对若光。""金花榻"同上"金渠之榻",是指雕有金莲花饰的床榻。

二 因割裂词语而误释

(1)《西藏纪游》卷一: "长林处处绝罥蹄,风色温暾日色低。输与墙阴粗衲子,华胥国里梦斯齐。"张校本注释: "衲子:僧人。"(第9页)

按,"衲"指僧衣,"粗衲子"为一词,指穿粗劣僧衣的僧人。

(2)《西藏纪游》卷一: "孙文靖公《客么甲木蚩吞诗》……蹇卫与骏足,负重蹩蹩走。"张注: "蹇:行动不便利,特指跛劣的驴马。"(第33页)

按,"蹇卫"为一词,指驽钝的驴子,"蹇卫"与"骏足"(指良马)形成句中对仗。

(3)《西藏纪游》卷二: "虽云经磨咙,入口辄龃龉。"张注: "咙(lóng):脱去稻壳的农具。亦作'砻'。"(第57页)

按,"磨咙"指磨石。

(4)《西藏纪游》卷三: "结屋数椽,仅蔽风雨,池无甃石,沙砾轧趾,拍浮恐其灭顶。"张释: "甃,修砌。"(第86页)

按,"甃石"即砌石、垒石为壁。

(5)《西藏纪游》卷三: "著革鞮,佩短刀,状如牛角。"张校本释: "鞮(di):皮鞋的古称。"(第89页)

按,"革鞮"指皮鞋。

以上这几个词的释义存在的问题是一致的,即只解释了合成词中的一

---

① 段宪文、周鹏飞等辑注:《三秦胜迹诗选》,陕西人民出版社1987年版,第37页。

个语素的意义。对于合成词来说，大多数词义都不是与语素义之和相等的，反而很多是相去甚远的，解释了语素义并不能完全说明词义，语素义是通过增加意义、减少意义或改变意义而与词义建立联系的。因此，注释应以词为单位，而不应割裂词语对语素进行释义。

（6）查礼《藏纸》："日捣柘皮浆，帘漾金精浪。……佛国技艺能，天远不筹创。"《历代咏藏诗选》释"帘漾：比喻液浆表面皱波如同帘影斜照，随风摇曳，犹如波纹。……这句是说造纸的浆液皱成细纹，如同掀动着一道道金色玉浆的波浪。以上两句写藏纸生产方式。"（第28页）

按，"帘漾"不词，"帘"指抄纸帘。据《中国古代造纸工程技术史》，清代西藏抄纸用的是麻布帘浇纸法，麻布帘一般长3米左右，造纸时将其置于水面，倒进纸浆，慢慢晃动框架，让浆液变得均匀平整，轻提框架，等水滴完，再靠墙斜放晾干，最后把纸从纸框上揭下，用石头磨光纸面，就可以使用了。① "日捣柘皮浆，帘漾金精浪"是说，日日在石臼中将柘皮捶打成浆状物，抄纸帘内的纸浆荡漾起水晶般的波浪。

（7）杨揆《鲁工喇》："冰柱森槎枒，袖手莫敢扪。愿借九火辆，畀以一炬燔。"《历代咏藏诗选》释"炬燔：大火。以上两句是说，借得大火车，载来燃料，点燃起大火烤山。"（第119页）

按，"炬燔"不词。"炬"有"火把"义，汉王充《论衡·感虚》："使在地之火，附一把炬，人从旁射之，虽中，安能灭之？""燔"有"焚烧"义，《庄子·盗跖》："子推怒而去，抱木而燔死。"诗中"畀以一炬燔"意即付之一炬。

（8）杨揆《丹达山》："昔闻兹山奇，绝险今始遭。玉龙作之而，势欲与天斗。"《历代咏藏诗选》释"玉龙：剑。这里指山形如刀剑直立。之：指丹达山。而：表示感叹的语气词，犹如'啊'。"《论语·微子》：'已而！已而！今之从政者殆而！'这句是说，这丹达山简直像刀剑立起来的啊！"（第122页）

按，"玉龙"是传说中的神龙，宋刘克庄《清平乐·五月十五夜玩月》

---

① 参见吉尔印象《璀璨中华：中国非物质文化遗产完全档案》，金城出版社2009年版，第623页。

词："醉跨玉龙游八极，历历天青海碧。"诗人将丹达山比作玉龙。"作"指振作，"之而"指须毛。《周礼·考工记·梓人》："深其爪，出其目，作其鳞之而。"戴震补注："颊侧上出者曰之，下垂者曰而，须鬣属也。"王引之《经义述闻·周官下》："而，颊毛也；之，犹与也。作其鳞之而，谓起其鳞与颊毛也……然则之为语词，非实义所在矣。"与戴说不同。后人诗文中多用以形容须毛状物，或指雕刻的鸟、兽、龙等的须毛鬣鬣。"玉龙作之而，势欲与天斗"是将丹达山比作神龙振作须毛，气势欲与天比高。《巴蜀古诗选解》释为："玉龙两句：形容丹达山白雪皑皑，如一条玉龙，欲与天公比斗。"① 注释不误。

（9）李若虚《后藏》："泉喷石桥冲马过，山盘云磴倩猿探。"《历代咏藏诗选注》注释"倩猿"为"敏捷的猿猴"。（第150页）

按，"倩猿"不词，释义有误。"倩"有"请，恳求"义，与上句"冲马"中的"冲"字对仗。"山盘云磴倩猿探"是说，高山上盘绕着石级，请猿猴去探求。诗人用善于攀援的猿猴来反衬后藏的山之险峻、登山石阶之陡峭。

（10）《定日阅操》："阗阓千载靖，长兹赓旅獒。"《清人咏藏诗词选注》释"赓旅獒：赓，连续。旅，军队。獒，大犬。此句意为保持军队的勇猛"。（第29页）

按，"旅獒"是古代西戎旅国产的大犬，用以借指西戎各国。

（11）马若虚《西招杂咏》："自把都梁熏袖口，等身祈福正清和。"《清人咏藏诗词选注》注释："都梁：'都'是漂亮。《诗经·郑风·有女同车》有'洵美且都'句。'梁'是身体的突出部。此处之'都梁'似指漂亮的鼻子，因藏族妇女爱用袖口掩鼻。"（第67页）

按，"都梁"是兰草的别名，因其香，故有香也叫都梁。三国魏曹植《妾薄命》诗："中有霍纳都梁，鸡舌五味杂香。"

（12）马若虚《西藏杂诗》："熙熙乐无涯，独醒支其颐。"《清人咏藏诗词选注》注释："支：通肢。颐字疑误，因独有此字不押韵。"（第72页）

---

① 王朝谦、林惠君：《巴蜀古诗选解》，四川大学出版社1998年版，第355页。

按，"支"非"肢"的通假字，"支颐"为一词，义指以手托下巴。唐白居易《除夜》诗："薄晚支颐坐，中宵枕臂眠。"此小节韵脚字分别是灾、莱、台、杯、颐、垓、孩、材，这八字同为《广韵》之部字，同韵部字可以互相押韵，故"颐"字不误。

（13）吴省钦《藏氆氇》："宾罽番驼尼，考校昧前录。"《清人咏藏诗词选注》注释："罽，音计。一种毛织品。尼：阻止。"（第 80 页）《历代咏藏诗选》释"宾罽"为："指西藏地方政权作为宾客之礼的氆氇。罽是毛织品毯、毡之类。番驼：骆驼。尼：近。这句是说，西藏离中原近，其地方政权在古代给中央王朝送的礼物氆氇肯定用骆驼驮来过。""考校昧前录"注释为："这句是说，考证检核前人著作，对藏氆氇记载不多，因而也不清。"（第 140 页）

按，"宾罽"系一词不应割裂释义。张校本《西藏纪游》卷二亦载此诗，释为："应为罽宾。汉、魏时西域国名，即今克什米尔。其织物细羊绒闻名于世。"此释不误。罽宾是青藏高原地区古邦国和吐蕃与中亚、南亚、西亚等地相互交往的重要关口。公元前 115 年与汉朝开始往来，双方曾派使者携地方特产互访。《康輶纪行》卷十二"海国古今异名"："北印度克什弥尔国，一作乞石米尔，一作伽湿弥罗，古曰罽宾。"罽宾比较出名的纺织品是"罽"，上面有精美的刺绣。"宾罽番驼尼，考校昧前录"，是说罽宾国的骆驼曾到过青藏高原，考证检核前人著作，而前人这方面的记载又不甚清楚。另，旧称少数民族或外国为"番"，"番驼"指的是自外国来到藏地的骆驼。这句是说罽宾国的骆驼曾到过青藏高原（可能将氆氇运到西藏），考证检核前人著作，而前人这方面的记载又不甚清楚。

（14）吴省钦《藏氆氇》："扈夷徕捆浆，准部资考牧。"《清人咏藏诗词选注》释为："扈：此处指仆役。徕，此处同来。""资考：贩卖；资助。"（第 81 页）

按，三词释义有误。"扈"为部族名，诗中"扈夷"指于乾隆三十六年自伏尔加河流域东归的土尔扈特部落，在诗中与下句的"准部"相对。"徕"音 lái，招待。"资考"不词，诗中的"资考牧"，"资"当"依靠"讲；"考牧"为一词，指核定地域，进行游牧。这句是说，用马奶酒（和平方式）招来了土尔扈特人，借助划定牧区稳定了准噶尔部。

（15）孙士毅《常多道中居人以树皮为屋》："容膝得自然，安身亦聊且。"《清人咏藏诗词选注》注释："聊且：聊，此处义为依赖。且，语助词。"（第 142 页）

按，"聊"有"姑且""暂且"义，《诗·桧风·素冠》："我心伤悲兮，聊与子同归兮。"郑玄笺："聊，犹且也。""聊且"为同义复词，"安身亦聊且"即"聊且安身"。

（16）徐玉崖《折多大雪》："行远在登高，仆夫易况瘁。"《清人咏藏诗词选注》注释："况：更加。"（第 158 页）

按，"况瘁"为一词。况瘁，谓憔悴。"况"的本字为"怳"，音 huǎng，状心神不定貌，失意貌。《诗·小雅·出车》："忧心悄悄，仆夫况瘁。"陈奂传疏："《楚辞·九叹》云：'顾仆夫之憔悴'，又云：'仆夫慌悴'，并与《诗》'况瘁'同。"

（17）颜检《卫藏》："乞食沙瓶钵，搜山鹿野畈。"《清人咏藏诗词选注》注释："畈：音贩。成片的田。"（第 87 页）钱仲联《清诗纪事》中引此诗，写作"畋"。（第 7003 页）

按，"沙瓶钵"又名"沙瓶"或"沙钵"，是用陶土和沙烧制的钵头，用作盛器或餐具。"鹿野"即"鹿野苑"，为佛教地名，在中天竺波罗奈国。"鹿野畋"之"畋"字误，当为"畈"。"鹿野畈"即"鹿野苑"。

三 因不明古语词、典故词的意义而误

（1）《西藏纪游》卷二："予和诗云：'……方圆随意向背垂，略辟榛芜迹交托。二分贴地镇卷石，半面阖门钉（去）斜紴。'"张校本释"紴"为："毛织的布。"（第 42 页）

按，此句下文有描述："帐房以人字式为最善，不存雨不透风，上加风绳布绷，虽大风雨可住，今内地军中皆用之。""紴"字《大字典》有二义：①大绳索。②一种丝织物。结合下文语境，可知诗句中的"紴"当指大绳索，而非毛织的布。"斜紴"即斜绳，是固定帐篷用的绳索。

（2）杜昌丁《雪坝感怀》："一肩犹剩西归履，八月空随误泛槎。"《清人咏藏诗词选注》注释："泛槎：意为不定之行程。"（第 8 页）

　　按，"泛槎"系典故词，典出《博物志》卷三："旧说云，天河与海通。近世有人居海渚者。年年八月有浮槎，去来不失期。人有奇志，立飞阁于槎上，多赍粮，乘槎而去。十余日中，犹观星月日辰，自后芒芒忽忽，亦不觉昼夜。去十余日，奄至一处，有城郭状，屋舍甚严，遥望宫中多织妇，见一丈夫，牵牛渚次饮之。牵牛人乃惊问曰：'何由至此？'此人见说来意，并问此是何处，答曰：'君还至蜀郡，访严君平则知之。'竟不上岸，因还如期。后至蜀问君平，曰：'某年月日，有客星犯牵牛宿。'计年月，正是此人到天河时也。"后以"泛槎"比喻远游。

　　（3）马若虚《西藏杂诗》："渴羌难用武，樽酒比琼液。"《清人咏藏诗词选注》注释："羌：此处为藏语音译，即青稞酒。"（第71页）

　　按，"渴羌"用姚馥典故。《拾遗记》卷九"晋时事"："有一羌人，姓姚名馥。……馥好读书，嗜酒。……好啜浊糟，常言渴于醇酒。群辈常弄狎之，呼为渴羌。"《汇编》所录《百一山房赴藏诗集·纳呛》诗中亦用此典："曲噶（蛮民）等疯汉，那么（蛮女）皆渴羌（蛮乡妇女亦嗜酒）。"意思是，喝了酒，男子等同疯汉（言语行动癫狂的人），妇女都成渴羌（好酒的羌人姚馥）。

　　（4）方积鱼《廓尔喀入贡》："辞家月窟天根外，学步尧封禹甸中。"《清人咏藏诗词选注》注释："窆：音脆。挖地造墓穴。"（第65页）

　　按，"月窟"即月窟，指极西之地。《文选·颜延之〈宋郊祀歌〉之一》："月窟来宾，日际丰土。"吕延济注："窟，窟也。月窟，西极。"此句中"天根"是星名，即氐宿，东方七宿的第三宿；尧封、禹甸均为典故词，代指中国的疆域。学步，化用"邯郸学步"典故，指学习异域文化。这句是说，（廓尔喀入贡的使者）从极西之处的家乡辞别，在中国的疆域内学习中华文化。

　　（5）马若虚《西招杂咏》："我讶身轻一鸟过，人言亦似脱鞲鹰。"《清人咏藏诗词选注》注释："鞲：音沟。活塞。"（第67页）

　　按，"鞲"又作"鞲"，指臂套，用皮制成，射箭、架鹰时套在左臂，或套于两臂。"脱鞲鹰"指从臂套上脱出自由飞翔的鹰。这句是说，我惊讶于竿戏表演者身轻如鸟飞过，他人也说就像鹰脱离鞲那样快。

　　（6）马若虚《登龙冈雪后观猎》："腰弓臂鹰亦常事，达披丽龟逊飘

瞀。"《清人咏藏诗词选注》注释："达掖：郑玄注：'达，羊子也。'即小羊。掖，通腋。"（第74页）

按，"达掖"义即通到腋下。"掖"同"腋"，这里指禽兽翅膀与腹部连接处。丽龟，谓射中禽兽背部隆起的中心处。《左传·宣公十二年》："麇兴于前，射麇丽龟。"杜预曰："丽，著也。龟，背之隆高当心。"这句是说，腰挎弓、臂架鹰也是常事，射箭能迅速射穿猎物腋下或背部。

（7）马若虚《西藏杂诗》："绔褶骑塞马，迢递向荒服。"《清人咏藏诗词选注》释："荒服：服是服役，引申为王畿以外之地。"（第71页）

按，服，古代指王畿以外的地方。《书·益稷》："弼成五服，至于五千。"孔传："五服，侯甸绥要荒服也。服，五百里。""荒服"为古"五服"之一，称离京师两千里到两千五百里的边远地方，亦泛指边远地区。

（8）马若虚《台城路·唐柳》："蝉翼轻摹，古香生茧纸。"《清人咏藏诗词选注》注释："茧纸，用蚕茧做成的纸。传说晋朝王羲之曾用蚕茧纸、鼠须笔写成《兰亭序》。"（第75页）

按，"茧纸"《大词典》亦释为"用蚕茧制作的纸"，不确。古文献中所谓茧纸，多是对植物纤维纸的一种美称，用以形容纸质的精良、名贵。这种纸多为平薄透明、白细发光，交织如蚕丝。传说王羲之用茧纸，泛指名贵良纸。①

（9）颜检《卫藏》："地原章步外，人在阆风巅。"《清人咏藏诗词选注》注释："章步：章，同蔀字，古代历法名，十九年为章。章步意为正规的里程。"注释："阆：音郎。空旷。"（第87页）。《古今山水名胜诗词辞典》亦引此诗，释"章步"为"即章部，步历以十九年为一步，四章为一部。此指中原地区文化"。（第1557页）

按，"章步"源于大章步测大地的神话。《淮南子·地形训》："禹乃使大章，步自东极，至于西极。"后来发展出"以步测量土地"的意义，如《甘州府志校注·古迹·冢墓附》："况引养引恬，日新日盛，安知地灵蒸郁，不复为他年之都会也？若因未经章步，群说混淆，概从删汰，是足不

① 参见张文玲《茧纸不是蚕丝制造的》，《书法研究》第六辑，上海书画出版社1981年版，第30页。

逾阈，辄云无此大观，则吾岂敢。"其中的"未经章步"指未经大章测量的地区，即偏远的化外之域。① "阆风巅"是山名，传说中神仙居住的地方，在昆仑之巅。《海内十洲记·昆仑》："山三角：其一角正北，干辰之辉，名曰阆风巅。……其一角正东，名曰昆仑宫。"② "地原章步外，人在阆风巅"，意思是土地原本在王道教化之外（化外），人处在昆仑山之巅（世外）。

（10）孙士毅《赛瓦合山》："竟无寸草萌，何况盛蔓莽。"《清人咏藏诗词选注》释"蔓莽"为"音爱奉。芜菁"。（第138页）

按，"蔓莽"状草木茂盛貌。《文选·张衡〈西京赋〉》："嘉卉灌丛，蔚若邓林；郁蓊蔓莽，橚爽櫹椮。"薛综注："皆草木盛貌也。"

（11）孙士毅《丹达山神祠　并序》："浮埃不上温序须，握爪还擎苏武节。"《清人咏藏诗词选注》注释："温序：温暖的胡须。形容死者虽死如生。"（第139页）

按，"温序须"是个典故词，典出《后汉书·温序传》："温序字次房，太原祁人也。……（光武帝）建武六年，拜谒者，迁护羌校尉。序行部至襄武，为隗嚣别将苟宇所拘劫。宇谓序曰：'子若与我并威同力，天下可图矣。'序曰：'受国任重，分当效死，义不贪生，苟背恩德。'……贼众争欲杀之。宇止之曰：'此义士死节，可赐以剑。'序受剑，衔须于口，顾左右曰：'既为贼所迫杀，无令须污土。'遂伏剑而死。""温序须"由是成为忠贞守节、慷慨就义的典故，在诗中与"苏武节"对仗。

（12）杨揆《自宗喀赴察木，骋马疾驰……因作长句纪之》："前驱壮士惨不骄，什什伍伍空连镳。""惨不骄"《历代咏藏诗选》释为："不因为遇到困难而怠慢。骄指士兵怠慢，军纪不严肃。"释"镳"为"马鞍等骑具"。（第106页）

按，"惨不骄"系运用前人成句，出自唐杜甫《后出塞之二》："悲笳数声动，壮士惨不骄。"王锳先生释为："此言军令森严，将士惧而不敢骄横违令。"③ 此说是。又，"镳"是勒马口具，与衔连用，衔在口内，镳在

---

① （清）钟赓起：《甘州府志校注》，甘肃文化出版社2008年版，第126页。
② 转引自董乃斌、黄霖等撰《古代小说鉴赏辞典》，上海辞书出版社2004年版，第47页。
③ 王锳：《诗词曲语辞例释》，中华书局2005年版，第31页。

口旁。

（13）杨揆《丹达山》："人言山之神，灵爽兹妥侑。"《历代咏藏诗选》释："灵爽：神灵爽验。"（第 124 页）

按，"灵爽"指神灵，神明。晋袁宏《后汉纪·献帝纪三》："朕遭艰难，越在西都，感惟宗庙灵爽，何日不叹。"

（14）和瑛《班禅额尔德尼燕毕款留精舍茶话》："趻踔应节和锵锵，和南捧佛币未将。哈达江噶加缥缃，花球霞甤兜罗黄。"《历代咏藏诗选》注释："币未将：不详。"（第 159 页）

按，"币未将"典出《孟子·尽心上》："恭敬者，币之未将者也。"意思是，恭敬之心，是在致送礼物之前就应具备的。诗中引此为典，用"币未将"表示"恭敬"，属修辞格中的藏头。

（15）项应莲《西昭竹枝词》："百尺长绳百丈低，翼张手足肉仙飞。"《历代咏藏诗选》释为："肉仙：指演飞绳的演员。"（第 169 页）

按，"肉仙"即"肉飞仙"，道教指通过修行以使肉身飞升天界的仙人。喻称善于攀高，能凌空而下、矫捷如飞的人，有出典。上引诗句中的"肉仙"指的是在布达拉宫前表演飞绳戏的演员。《隋书》卷六四"列传第二九·沈光传"："光少骁捷……初建禅定寺，其中幡竿高十余丈，适遇绳绝，非人力所及，诸僧患之。光见而谓僧曰：'可持绳来，当相为上耳。'诸僧惊喜，因取而与之。光以口衔索，拍竿而上，直至龙头。系绳毕，手足皆放，透空而下，以掌拒地，倒行数十步。观者骇悦，莫不嗟异，时人号为'肉飞仙'。"

（16）《西藏赋》："班禅之居于扎什伦布也，招提结蟹螯之穴，祖山依龙背之阳。"《〈西藏赋〉校注》释"祖山"为"祖宗坟地"。（第 76 页）

按，这个释义是受了《大词典》的影响。《大词典》释"祖山"为"祖宗坟地"，引清陈天华《警世钟》："有甘心做各国的奴隶，不替祖宗报仇的，生不准进祖祠，死不准进祖山。"依赋中自注："其寺依山麓起阁，山形如蟹螯夹抱。其后山自西北来，蜿蜒隆突，如蜀栈之龙洞背也。"这里讲的是扎什伦布寺的地理位置及其后山的山脉形势，寺庙所依之山为周围群山之祖，众山依此山分出支脉，故称其为"祖山"。

（17）《西藏赋》："静观抚序，顽空即是真空；与物皆春，行乐岂如胜乐。"《校注》释为："静观岁月流逝，彻悟顽空即为真空；与世间万物同享春光，游戏人间哪比得上参悟佛理。"释"抚序"为"形容岁月流逝"。（第 77 页）

按，"抚"有顺应、依循义；"序"指时序、时令；"抚序"即顺应时节。此句承接前句"鹿野华池，鸡园花萼。浴象游鱼，语鹦舞鹤"而来，"静观抚序"即静观时令（变化）。是词频见于清人笔下。如陈宝琛《贺新凉》词："秋至谁先省。看宫厨、饳饠颁下，夏时犹准。袅袅风将凉一味，付与汤官管领。却夺得、银床片片。抚序易生长年感，听哀蝉、还忆莲花饼。"①"抚序易生长年感"意即顺应时令，容易让人滋生年老的感慨。此外，传统书信中常见"抚序凝厖"的颂语，意思是"随时护福"②。王统照诗《丁卯集·息机（二）》："抚序沉沉消意绪，天空海阔付沉沦。"注者释为："抚，按，摸：序，中堂两旁的墙。《说文》：'序，东西墙也。'亦指东西厢，《书·顾命》：'牖序东向。'又'东序西向'。抚序，谓抚摸着住室的墙壁。"③ 注释不确。"抚序沉沉消意绪"是说依顺时令，心事沉重，意绪全无。

（18）清曹三选《咂酒》："蛮家酿法殊，不借黍与秫。"《雪原文史》1995 年第 4 期所录艾农《旧诗新注》注云："殊，特出。清姚鼐《观飞来峰》诗：'俯视群山卑，乃知所立殊。'"（第 44 页）

按，"特出"一词《大词典》释为"格外突出；特别出众"。而这里的"殊"，意指"不同"。诗中是说咂酒的酿造方法（与内地）不同，酿酒原料不用黍与秫（而用青稞）。

（19）曹三选《咂酒》："腰腹围葩华，觚棱锲蝉蛭。"《雪原文史》1995 年第 4 期所录艾农《旧诗新注》注释："葩华，鲜艳貌。宋王明清《挥麈录余语》卷一：'澄竹山茶，崇兰香苣，葩华而纷郁。'"释"觚棱"为"棱角。清纪昀《阅微草堂笔记·滦阳消夏录》五：'时河冰方结，觚棱如锋刃'"。（第 45 页）

按，《说文》："葩，华也。"上句中葩、华同义连文，"葩华"指花

---

① 尤振中等：《清词纪事会评》，黄山书社 1995 年版，第 895 页。
② 魏吉玉：《传统书信文解》，香港中国文化馆 2010 年版，第 32 页。
③ 王立鹏注评：《王统照诗词注评》，山东师范大学学报发行组 1989 年版，第 243 页。

朵。"觚棱"指酒坛子的边角、棱角，其上常有纹饰，有的是蝉纹。器物上的觚棱和各种鸟兽形的立体装饰，可以增强器物的华贵感。

（20）曹三选《咂酒》："始知空桑中，别有杜康术。寄言王无功，酒经当附笔。"《雪原文史》1995年第4期所录艾农《旧诗新注》注释："空桑：空心桑树。《吕氏春秋·本味》：'有先氏女子采桑得婴儿于空桑之中，献之其君，其君令庖养之。'后亦指非父母所生之者。此借喻来历不明。'"注释："王，司类中最特出者。"注释："功：功劳、功绩。"（第45页）

按，最初的酒是置于空桑中的饭经天然发酵而形成的。虞世南《北堂书钞》："空桑秽饭，酒之始也。""空桑"之说源于此，而非喻指来历不明。"饭"字不同于今义，是指商人采集而食的桑葚。① 杜康是古史传说中的人物，传说是酒的发明者。晋江统《酒诰》："酒之所兴，肇自上皇。一曰仪狄，一曰杜康。有饭不尽，委于空桑。郁积成味，久蓄成芳。本出于此，不由奇方。"② 后人因以杜康代指酒，如曹操《短歌行》："何以解忧？唯有杜康。""杜康术"指酿酒术。"始知空桑中，别有杜康术"大意是说，才知道酿酒还有别的方法。"王无功"即唐人王绩，以好酒著称，曾写过《醉乡记》，据说也写了《酒经》。

四　因不明民族语词、佛教词语的含义而误释

（1）尤侗《乌思藏竹枝词》："拂庐大小上碉房，氇氇缝衣瑟瑟装。"《历代咏藏诗选》释为"大大小小的帐篷又搭于碉房之上"，"藏族所穿衣服由氇氇缝成，上面再点缀上许多珍珠玛瑙，十分漂亮"。（第17页）

按，尤侗没有到过西藏，但阅读过《明史·西域传》等史志著作，谙熟边地历史文化，并著有《外国竹枝词》百首，《乌思藏竹枝词》便是其中之一。他在"自序"中说："余与修《明史》，既纂外国传十卷，以其余暇复谱为竹枝词百首，附土谣十首，使寄象鞮译，烂然与十五国风同。"③《新唐书·吐蕃传》："其赞普居跋布川，或逻娑川，有城郭庐舍不肯处，

---

① 参见周清泉《文字考古》，四川人民出版社2003年版，第173页。
② 同上书，第172、173页。
③ 雷梦水等：《中华竹枝词》，北京古籍出版社1997年版，第4031页。

联氈帐以居，号大拂庐，容数百人。……部人处小拂庐。……其官之章
饰，最上瑟瑟，金次之，银涂金又次之，银又次之，最下至铜，差大小，
缀臂前以辨贵贱。屋皆平上，高至数丈。"上述两句诗的内容显然脱胎于
《新唐书·吐蕃传》，歌咏的是吐蕃旧俗。"拂庐大小上碉房"这句中间有
一个时间跨度问题。"拂庐"即帐篷，吐蕃时期赞普的住地叫"大拂庐"，
普通臣民居住的是"小拂庐"，虽有城郭庐舍，但不喜居住。碉房的产生
由来已久，但碉房的名称清代才见，随着宫室的日益发展和豪华化，吐蕃
贵族逐渐在碉房中安居下来。下句"瑟瑟"不是普通人的衣饰，而是吐蕃
官员佩戴的章饰。章饰似近代军队官员的肩章，由不同质料制成，用以表
示职位的高低。第一等为瑟瑟翡翠，《万历野获编》卷三十"乌斯藏"：
"其官章饰最上瑟瑟。瑟瑟者，绿珠也。""臂章钉在方圆 9 厘米见方的粗
毛布上，悬在臂前，这是吐蕃奴隶社会等级制度下的官职制度在服饰上的
一个反映。"[1] 上述两句诗意思是，原来居于大小拂庐中的吐蕃人住进了碉
房，（他们）用氆氇缝制成衣服，用瑟瑟作为肩章。

（2）和瑛《嘉平月护送参赞海公统军赴藏》："家家唐古特，别蚌属
庭枭。"《古代蒙古族汉文诗选》注释："'唐古特'，藏族的一支，也作
图伯特或者唐兀惕。'别蚌'，寺名，在拉萨附近。'庭枭'，西藏地区的
部落名。以上二句谓居民都是唐古特部，别蚌寺属庭枭部。"（第 268
页）《中国历代少数民族汉文诗选》注释："唐古特：藏族中的一个部
落，一作唐兀惕、图伯特。别蚌：寺庙名，在拉萨附近。庭枭：藏族中
的一个部落。这二句言居民都是属于唐古特部落，而别蚌寺是属于庭枭部
落。"（第 235 页）《中国名胜诗词大辞典》注释："唐古特：藏族中的一
支，也作图伯特，或唐兀惕。别蚌：寺名，在拉萨附近，即今之哲蚌寺。
庭枭：西藏地区部落名。家家二句：谓居民都是唐古特部，别蚌寺则属庭
枭部。"（第 1328 页）

按，"唐古特"为藏语 tanguts 的音译，是清代文献中对青藏地区及当
地藏族的称谓，并非藏族的一支。作者在《西藏赋》中写道："其人民疆
域之殊也，图伯特其旧名，唐古特其今号。"《康輶纪行》卷三"前后藏事

---

① 徐海荣：《中国服饰大典》，华夏出版社 2000 年版，第 256 页。

始末"："盖其俗以刺麻立床处为布达拉，以藏王所居为诏，称国曰图伯特，又曰唐古忒。"别蚌 bal po 是尼泊尔的藏语称谓，而非指哲蚌寺，清代汉文文献中译为"巴勒布"。《西招纪行诗》注："巴勒布俗名别蚌。"《西藏赋》："乃有别蚌行商，缠头居市（此两部落番回，常川赴藏贸易）。"《史料汇编·德泰复奏巡视边隘查明防守疏懈并陈管见折》："然该夷所属来藏各处贸易之人，名曰别蚌子，已有三千上下之众。""庭枭"并非西藏地区部落名。"庭"古指少数民族所辖区域或建都会之处，亦泛指边疆地区；"枭"本义指猫头鹰一类的鸟，引申为骁勇、豪雄，常含有强横悖逆之意。"庭枭"为偏正结构的自由短语，意为边庭上的强横悖逆之徒。姑举一例以证之。清谢清扬《送邑尊刘明府人都序》："六年来庭枭化而野雉驯，乱羊除而害马息。"① 句中"庭枭"对"野雉"，结构、意义对仗工整。

（3）和瑛《嘉平月护送参赞海公统军赴藏四》："百骑巴图鲁，千员默尔庚。"《古代蒙古族汉文诗选》释"默尔庚"为"清代军队中的一种称号"。（第 270 页）

按，释义可补。"默尔庚"为蒙古语音译词，指擅长射箭者。《元史》卷一二四："挪阿精骑射，帝甚爱之，号为默尔杰，华言善射之尤者也。"其中"杰""根"音转。清代文献中作"墨尔根"，是官职名，清初满语官号中称蒙古侍卫为"墨尔根虾"。《郎潜纪闻初笔》卷五"国初清语官号"："国初官号，清语居多。如……墨尔根虾，即今蒙古侍卫。""虾"是满语音译，汉译"侍卫"。"失策凭垂仲，抛戈耻戴绷"句，《古代蒙古族汉文诗选》第 271 页释为"以上二句谓清廷入藏部队得到西藏地区僧俗的归附"。此释有误。清乾隆五十六年廓尔喀二次入侵后藏并进驻扎什伦布寺，寺内喇嘛占卜惑众，导致藏兵及各寺庙喇嘛纷纷溃逃，这首诗是在这样的历史背景下创作的。《史料汇编·鄂辉奏廓尔喀入侵时占卜惑众之喇嘛分别审办折》："据罗布藏丹巴供称：该喇嘛庙内原供吉祥天母，于贼匪未至之前，该喇嘛起意占卜，写作'打仗好''不打仗好'两条，将糌粑裹和为丸，放入瓷碗求卜，占得'不打仗好'一丸，一面禀知仲巴呼图克

---

① （清）谢清扬：《愈愚斋诗文集》，张禹点校，上海古籍出版社 2005 年版，第 79 页。

图，一面即令小喇嘛吹伊丹将占卦缘由告知众人，无庸打仗，众皆听信，随将派出堵御各喇嘛全行撤散。罗卜藏策登等四人，又复起意与贼讲和，复至吉祥天母前占卜，占得'讲和为好'，即令诸聂尔前往贼营说和。""失策凭垂仲，抛戈耻戴绸"即指此事而言。两句是说，（廓尔喀人侵后藏时）凭借垂仲占卜来决策实为失策，领兵的戴绸因临阵抛弃武器脱逃而感到羞愧。

（4）项应莲《西昭竹枝词》："于思凹眼印缠头，窄袖金花卡契绸。别有面花歪物子，硇砂阿魏药笼裒。""歪物子"《历代咏藏诗选》释为"藏语音译，尼泊尔一部分"。（第186页）《西藏纪游》卷三："又有歪物子专贩牛黄、阿魏（歪物子不知隶何部落，予未亲睹其人）。"张校本释为："应为新疆维吾尔族人。"（第94页）

按，是词在清代藏学汉文文献中多次出现。《西藏志·市肆》："有歪物子专卖牛黄、阿魏等物。"《西藏见闻录》卷下"经营"："贸易货殖，男妇皆习其业，就地铺设货物，以作闹市，蓄贾辐辏。外来者缠头回回、歪物子。"可知"歪物子"是在西藏经营药材生意的外来商人，来自邻近西藏的一个部族。《康輶纪行》卷九"《西藏赋》言疆域"："……一名札什顶，小寺十五座，辖地七处。其方亦呼小西天，与布噜克巴连界，中隔大江，名巴隆江，南至歪物子，西至巴勒布，北至后藏日喀孜。"又《西域遗闻·与国》："小西天在后藏之西，程一月。大西天又在小西天之西，程两月，名毘罗国。滨南海，航海至粤，风利，期半年，否则一年，地万里周行匝五月。……彼地民有到炉中贸易者，以珊瑚、珠玑，称歪胡子，又称札卡拉。"其中"歪胡子"同上"歪物子"。"歪物子"所属部族在白木戎境内。《国朝柔远记》卷四："巴尔布即巴勒布，亦作库尔卡，又称白布或称白木戎。""白木戎"是清代汉文典籍译名，即今尼泊尔。另据《西藏志 附录》："西藏拉萨昭到后藏塞尔地方，紧走十日，系白木戎交界。……所属百姓繁杂，一种名唤蒙身，穿布衣不遵佛教，不行善事。一种名唤总一，生子幼时，即以五色涂面成花面。……从此上海船，由海中行半月，即至大西天矣。其地所集人民曰土蕃，曰缠头、曰卡契、曰白布、曰西洋、曰歪物子、曰达子、曰蒙古，种类繁多不能殚述。"其中"生子幼时，即以五色涂面成花面"句可与《西昭竹枝词》中"别有面花歪物子"诗句相互印证。故"歪物子"是指尼泊尔人。

（5）马若虚《西招杂咏》："唵吧微燕影婆娑，千佛龛前百叩多。"《清人咏藏诗词选注》注释："唵吧：佛教咒语转化而成的六字真言'唵嘛呢吧咪吽'的缩写。"（第66、67页）

按，"唵吧"即"唵吧香"。唵吧香以胆八树的果实榨油制成，能辟恶气，又称胆八香。《五杂组·物部二》："唵吧香出唵吧国，色黑，爇之不甚香，而可和诸香，亦能辟邪魅。"《西藏纪游》卷二："唵吧香形如木柿，爇之气亦馥烈。按：雁门文震亨《长物志》云：'唵吧香香腻甚，着衣袂，可经日不散……'"另外，句中"燕"字误，当为"爇"。

（6）乾隆《攻克热索桥之图》诗："索拉直进大剿彼，峨绿上游绕压他。"《清人咏藏诗词选注》释"索拉"为"拉着绳索"，释"峨绿"为"雅鲁藏布"。（第165页）

按，"索拉"即"索喇拉山"，为藏语音译；"峨绿"又作"峩绿"，亦为藏语音译，山名。两词又见于《廓》卷三十四："贼匪过河，浮搭木板为桥，并于北岸三四里外索喇拉山上砌石卡一处，南岸临河砌大石卡二处，据险拒御。"又同卷："查峩绿山与济咙、热索桥一带大山连接，峻岭巉岩，树林茂密之处，有一线僻径可上。"

（7）松筠《曲水塘》："曲水即褚湑，汉音非蛮语。"《清人咏藏诗词选注》注释："曲水：地名，即今曲水县。在拉萨西南，雅鲁藏布江畔。褚湑：褚，音主，通储；湑，滤过的酒，引申为清澈。"（第15页）

按，《汇编》第123页亦收此句："曲水即褚湑，汉音非蛮语。（曲水地名，唐古忒语，水曰褚，旋流曰湑。）"以上两句谓"曲水"又称"褚湑"，是汉语地名，而非藏语地名。

（8）杨揆《出师卫藏》："闻到乌斯国，遥连舍卫城。"《清人咏藏诗词选注》注释："乌斯国：乌斯是元、明两代对前藏的称谓，此处借指西藏。西藏地区在唐代曾建立吐蕃王国，元代以后正式归入中国版图，从未有过'乌斯国'。此处之'国'字系中国之乌斯（藏）地区，犹言南国、北国。"注释："舍卫城：舍，放弃。卫：清代称乌斯曰卫。"（第90页）

按，乌斯 dbus 一作乌斯藏 dbus gtsang，系藏语音译词，是元、明两代对西藏前藏、后藏的称谓。"乌斯国"是史书对西藏的旧称。如《西藏志·事迹》："西藏一隅，诸书多未详载。考其地，即西吐蕃也。唐曰乌斯国，明曰乌斯藏，今曰图伯特，又曰唐古忒。"诗人在此沿用了这一旧称。"乌斯国"与下句中的"舍卫城"相互对仗。舍卫城本是一处佛教圣地，原为北印度峤萨罗国的都城，释迦牟尼曾在那里弘扬佛法达 25 年之久。后来就有了超越地名的意义，成为佛教文化的象征，清代圆明园也建有舍卫城。诗句大意是说，听说到了乌斯国，就与舍卫城远远相连。

（9）吴省钦《藏枣》诗："采经乌拉驮，饱饲曩宋吃。"《清人咏藏诗词选注》释为："曩：音囊。从前。宋：宋代。"（第 78 页）

按，释义有误。《金川纪事诗·美笃寺》："曩宋莎罗奔，（土司嫡子出家曰莎罗奔，庶子出家曰曩宋。）出家擅利录。"其中的"曩"同"曩"。《西藏纪游》卷一："吴白华师《藏枣》诗：'……来经乌拉（番语牲）驮，饱同曩宋（番语庶子出家者）吃。'"上句"乌拉"为蒙古语，指供差役的牲畜；下句"曩宋"为藏语音译词，指寺庙的僧侣，相互对仗。另，其中的"采"字误，当为"来"；"饲"字误，当为"同"。"来经乌拉驮，饱同曩宋吃"意指经牲畜驮来，让曩宋吃饱。

（10）《西藏赋》："沙弥班第，尊者阿难，骈头罗狱，钉坐团圞。"《〈西藏赋〉校注》释"班第"为"班第达的简称"。（第 60 页）

按，"班第"系藏音 ban de 汉译，指初出家的男性僧人，义同"沙弥"。清代文献中用例颇多。如《前后藏考》："胡土克图者，师也。其弟子曰班第。"《理藩院》卷九百七十四："驻京喇嘛……教习苏拉喇嘛六人，额外教习苏拉喇嘛四人，德木齐三十一人，格斯贵五十人。其徒众曰格隆，曰班第。"字形又作"班鸠"。《巴塘志略·杂职》："小沙弥曰班鸠，如有人念经熬茶，则齐赴大诏吃酥茶，并散给糌粑、茶、菜。"又作"班菊"。《章谷屯志略·夷人风俗》："子弟不尚读书，为僧者送喇嘛，与为班菊（读去声），即汉呼弟子也。"

（11）《西藏赋》："兜罗哈达讯檀越如何；富珠礼䏝答兰奢遮莫。"《〈西藏赋〉校注》释"兜罗"为"笼络"。（第 74 页）

按，此句下注："唐古特礼，凡宾主相见俱手持白绢哈达，互相慰问。兜罗绵，极细软之物。"此处"兜罗"为"兜罗绵"的省称，检《大词典》，"兜罗绵"是梵语 tūla 音译，指棉，亦为草木花絮之总称。亦省称"兜罗"，常用于喻云或雪。上句中的"兜罗哈达"是指兜罗棉布做的哈达。又和宁《班禅额尔德尼燕毕款留精舍茶话》："哈达江噶加缥绡，花球霞甦兜罗黄。"其中的"兜罗黄"指黄色哈达。

(12)《西藏赋》："金刹青鸳，占仍仲宁翁之脉。(《旧志》：此寺名仍仲宁翁结巴寺。)"《〈西藏赋〉校注》释为："覆盖着青鸳瓦的宝塔，占据着扎什伦布寺的主脉；宝塔下的石门内，蕴藏着班禅额尔德尼的灵光。金刹：寺庙中悬挂着经幡的塔柱，佛塔。青鸳：即青鸳瓦，黑色的屋瓦。屋瓦一俯一仰，因称鸳鸯瓦。"(第 80 页)

按，"金刹"原指佛地悬幡的塔柱，后引申指佛寺。如唐白居易《重修香山寺毕题十二韵以纪之》："再莹新金刹，重装旧石楼。""青鸳"是"青鸳刹"的省称，谓佛寺。寺宇建筑屋顶两角高翘似青鸳鸟（类凤凰），因称。[1]"金刹青鸳"是同位短语，均指佛寺。参照此句后的自注，"金刹青鸳，占仍仲宁翁之脉"是说，佛寺建在仍仲宁翁山上。

(13)《西藏赋》："啖牢丸而嚙粗粝，答狸奴白牯之施。"《〈西藏赋〉校注》释为："狸奴：也作鸒奴，猫的别称。白牯：白牛。施：布施。"(第 108 页)

按，"狸奴白牯"是化用禅宗文献典故。禅宗中的"狸奴白牯"代指野兽家畜，用无知的动物比喻根机卑下、不解佛法的人。《景德传灯录》卷十"池州甘贽行者"："又于南泉设粥，云：'请和尚念诵。'南泉云：'甘贽行者设粥，请大众为狸奴、白牯念《摩诃般若波罗蜜》。'甘乃礼拜，便出去。"[2]"答狸奴白牯之施"即化用此典而来，大意是说，报答众僧念经的布施。

(14)《西藏赋》："坚固庵罗，传不昧十万高僧。"《〈西藏赋〉校注》："庵罗，即庵摩勒果。"(第 117、118 页)

按，"坚固庵罗"为"坚固林""庵罗园"的省并称谓。这里运用了佛典故事。南朝谢灵运《山居赋》："企坚固之贞林，希庵罗之芳园。"自

---

① 华夫：《中国名物大典》，济南出版社 1993 年版，第 751、752 页。
② (宋) 道原：《景德传灯录译注》(2)，顾宏义译注，上海书店出版社 2010 年版，第 688 页。

注："坚固林，说泥洹处。庵罗园，说不思议处。"① "坚固林"是娑罗树的别名，此树冬夏不凋，故意为坚固。相传释迦牟尼在此林下说《泥洹（涅槃）经》。"庵罗园"在古天竺毗耶离，佛教传说为佛说《维摩诘经》处。② "坚固庵罗"代指活佛讲经说法。"高僧"泛指僧，"不昧"修饰"高僧"，是说懂得修因证果的僧人。上句大意是，活佛将佛经传授给懂得修因证果的众僧。

（15）《西藏赋》："哱啰杂吼，梵贝喧声。"《〈西藏赋〉校注》串讲为"号角乱吼，法螺喧闹"，释"梵贝"为"佛教名词，意译为'赞叹'，指僧人以短偈形式赞唱佛、菩萨之颂歌"。（第 132 页）

按，两释歧出。"梵贝"《大词典》释为："指法螺。贝，螺壳。"引《文献通考·乐考十二》："贝之为物，其大可容数升，蠡之大者也……今之梵乐用之，以和铜钹。释氏所谓法螺，赤土国吹之以迎隋使是也。梁武之乐，有童子伎倚歌梵贝。""梵呗"《大词典》释为："佛教谓作法事时的歌咏赞颂之声。"首引南朝梁慧皎《高僧传·经师论》："原夫梵呗之起，亦肇自陈思。"校注者可能是受了"梵呗"一词的干扰，而导致释义前后不一。

（16）《西藏赋》："藏香贵盛安贡恰，木碗重札木札鸦。"《〈西藏赋〉校注》串讲句意为："盛安贡恰的藏香，札木札鸦的木碗最为贵重。"（第 185 页）

按，细体校注者的解释，似乎是把"札木札鸦"当作地名来理解了。前句"盛安贡恰"确为地名，《西藏纪游》卷二："藏香以后藏入贡者为佳，有红黄二色，其细者一种名盛安工卡最胜，香内以唵吧、吉吉诸香加藏红花为之，故香甜触鼻。""札木札鸦"系藏音 gra mo gra ya 的汉译，是木名，而非地名。其木质纹理坚细，木或根瘤可剜制成碗。《西藏纪游》卷一："札木札雅，木名，猎古尔树之瘿也。淡黄色，以制椀云可辟毒，毒入则沸。制较碟子略深。亦有以瘿木为之者。无贵贱，男女怀中各蓄一椀，食糌粑、酥茶皆用之，食毕舐之以舌。有用金、银、绿松石、宝石镶

---

① 余开亮：《六朝园林美学》，重庆出版社 2007 年版，第 222 页。
② 王宝才：《生活中的佛教术语采撷》，兰州大学出版社 2009 年版，第 186 页。

嵌者，以花纹周身匀细者为贵，价或数十金。盖藏地无瓷器，以木代之。椀无大小，统名之曰'札木札雅'。"又作"杂不杂呀"。《西藏见闻录》卷上："物产：……阿里噶尔妥产粟米、枣子、杏子、拉姑儿木碗、杂不杂呀木碗（一碗价值数金）。"又作"杂木杂雅""杂木杂鸦"。《松湉、桂丰驻藏奏稿·前藏专差巴雅尔堪布由川赴京进贡折》："噶布伦等呈进恭请圣安奏书一分，哈达一方，璃玛古佛一尊，珊瑚珠一串，蜜蜡珠一串，红花五十两，杂木杂雅碗一个，内装红花。"《有泰日记》卷十："王永福拿来杂木杂鸦盌三个……王永福送前收拾杂木杂鸦盌两个，来又带一酒盅，亦系杂木杂鸦，乃一木所下。据云须有眼，云有眼者可去毒，如眼正或有多眼，则百数十金皆可卖。"又作"札木札牙""札木札呀"。《西藏志·朝贡》："其木碗有二种：一曰札木札牙，木色微黄，坚润有细纹，云能避诸毒，每一个价值数十金，以至数十金者。"《里塘志略·杂记》："至西藏所出札木札呀及浑拉尔木盌，惟堪布土官有之，余人不能得也。札木札呀木色微黄，坚润有细纹……皆能避毒，价值昂贵，至有数十金一具者。"清代笔记中亦有记录，写作"札卜札雅"。《养吉斋丛录》卷二十六："札卜札雅木碗，西藏所贡。云草根结成者，能解诸毒，镂铁为室，彼中贡品，此为最珍物也。"

（17）《西藏赋》："冈洞鸣而巴陵送，夸幻术之离奇。"《〈西藏赋〉校注》释"巴陵"为"酥油花"。（第102页）

按，《赋》中自注："巴陵者，以酥油和面为之，高四尺，如火焰形。""巴陵"系蒙古语音译，是指藏传佛教仪式上用酥油和面做成的人兽形供品，佛事结束送出烧掉，以示送祟之意，汉译"面鬼"。又写作"巴灵"。《金川案·利·供佛香灯等项部文》："每逢皇上万寿圣节，自八月初十日起至本月十六日止，需羊四十五支……做巴灵需用炒面四十五斤。"全称"胡郎八令"。《水曹清暇录》卷七"喇嘛打鬼"："几案上设胡郎八令，盖以醴醐拌面，像人兽形，以供鬼食。"又作"胡朗叭令"。《十朝诗乘》卷五"喇嘛打鬼"引揆叙《归化城观打鬼》诗："几陈鬼食用诱鬼，麦麸抟挠醴醐滋。胡朗叭令甘且美，故鬼新鬼群来窥。"清宫崇佛，清代皇宫内有"撂巴苓"之俗。《十朝诗乘》卷二十三"撂巴苓"："宝文靖诗云：'雨华峻阁插青冥，法鼓金铙震百霞。佛意去邪期务尽，鸳鸯桥畔撂巴苓。'所谓撂巴苓者，宫中年例，腊八日于中正殿送祟，召喇嘛襄事，铙鼓杂作，排当甚盛，以面作鬼怪状，送至神武门西弃之，盖即驱傩之意。"当代蒙古族小说中写作"别郎"。玛拉沁夫《青青大草滩——忆童年》："喇嘛们把面鬼叫作'别郎'。"① 又作"白扔"。《喀左·东蒙民间故事·二喇嘛驱鬼》："到了那个牧民家里，他盘腿坐在条毡上，让'徒弟'和牧民要点黄油、白面，捏了一个'白扔'，也叫面鬼。"②

（18）周蔼联《和文靖〈察木多望雨〉》："经楼不少弥天释，盍试盆中洗鲊方？"《清人咏藏诗词选注》注释："鲊：音眨。经过加工的鱼类食品。"诗后"题记"中又说："既然到处是寺院、佛经、佛法，何不效仿洗干鱼的方法搬运来神水将察木多泡在盆里呢？"（第157页）

按，《西藏纪游》卷三亦引此诗，下注："鲊答即札答，牛马狗腹皆有之。形如青黑色石卵，亦有长可三寸，黑色一角尤贵重。喇嘛得之置水中，以梵语咒之，即可致雨。"此处"鲊"即"鲊答"，指的是某些兽畜的内脏结石。又作"鲊荅"。《辍耕录》卷四"祷雨"："往往见蒙古人之祷雨者……惟取净水一盆，浸石子数枚而已。其大者若鸡卵，小者不等。然后默持密咒，将石子淘漉玩弄，如此良久，辄有雨……石子名曰鲊荅，乃走兽腹中所产，独牛马者最妙。恐亦是牛黄、狗宝之属耳。"清代写作"札达"。《平定两金川方略》卷一百五："正当围裹紧要之时，风雨大作，甚为可恨。看此情形，贼中必有善用札达者。但此等究属邪法，不能胜正，将军等总以镇静处之，并晓谕将佐弁兵，不必视以为事，其术自然无所施，所谓见怪不怪其怪自败也。"《阅微草堂笔记·滦阳消夏录五》："洗鲊答诵梵咒者，亦立致风雨，天地之气能如是之刻期乎？"

（19）《西藏纪游》卷一："又有浪子鰕，如内地之刑官。番人不法者交令惩治，其刑甚酷……时见浪子鰕憧憧出入，似案牍亦甚繁冗。"张校本释："浪子鰕：即朗孜厦。原西藏地方政府时，维持旧拉萨环路以内市区治安和行使法律的机关。"（第28页）

按，"浪子鰕"不是政府机关名称，而是官职名称，亦称"朗仔辖"，

---

① 玛拉沁夫：《青青大草滩——童年忆》，《当代蒙古族短篇小说选》，民族出版社1990年版，第276页。

② 刘学军：《喀左·东蒙民间故事5》，辽宁民族出版社2008年版，第157页。

五品。掌管街道，治理拉萨藏民，其性质与内地警察相同。《巴》卷二十二："查西藏遇有鼠牙争讼之事，向设有管理刑法头人，番语呼为朗仔辖。"又作"浪子暇"。《西藏见闻录》卷上："其下设有噶隆、高觉、昌诸、浪子暇……（浪子虾数名，管理刑法差徭。）"又作"浪子辖"。《张荫棠驻藏奏稿·致外部电请代奏参藏中吏治积弊请旨革除惩办》："浪子辖番官阳买贪酷素著，民怨沸腾，均请先行革职查办。"《西域遗闻·政教》："噶隆之下……宣号令者曰浪子虾。"又作"浪子沙"。《西藏纪游》卷四："浪子沙（沙音如虾）数名，分理刑名，并供徭役。"《旃林纪略》："藏中平素管番民者为浪子沙……蛮家构讼，在浪子沙衙门，以钱之多寡定输赢，大约案案俱罚，亦有不值讼而私辩曲直者。"

（20）《则例·嘉庆朝〈大清会典〉中的理藩院资料》："凡内札萨克王以下，各以其班觐于山庄，以备木兰行围，曰围班……巴林枪手二十六人，喀喇沁、土默特、翁牛特杭爱车二百辆。"（第341页）同页释"杭爱车"为"没有帐篷的车"。《理藩院》第311页注释"杭爱车"同上，《钦定理藩部则例》第214页写作"杭霭车"，注释亦同上。

按，"杭爱"为满语，指清帝木兰行围时围场管理牲兽的人或机构。《养吉斋丛录》卷十六："凡随围大臣，有派管锡伯甲者，派管买卖街者，派管杭爱车者。……围场行围，蒙古王公台吉获兽，二品以上官在御前跪献，三品以下交杭爱处。（杭爱，清语也，管牲兽者。）""清语"即满语。"杭爱车"就是清代皇帝木兰行围时所用的（骆驼、牛等）牲畜拉的车。《黑龙江省满族、朝鲜族、回族、蒙古族、柯尔克孜族社会历史调查》："从前游牧时，蒙古人以乘马为主要交通工具，不论男女老幼，凡是访亲探友、出牧游猎均骑马。后来，农业生产发展起来后，开始用车。车的种类有大铁车、钢轴车、杭爱车、美罕车、哈萨克车、大轱辘车。大型铁车载重三至四吨，钢轴车载重一至二吨，其他类车载重量较少，以载人为主，各类车主要用马、牛拉……杭爱车每辆套一头牛，车与车用牛头绳牵连在一起，一个人可带十几辆。"[①] 这段材料显示，

① 《民族问题五种丛书》黑龙江省编辑组：《黑龙江省满族、朝鲜族、回族、蒙古族、柯尔克孜族社会历史调查》，黑龙江朝鲜民族出版社1987年版，第151页。

"杭爱车"就是牛拉的车，新中国成立前还见使用。今人有释"杭爱车"为"驼车"①，亦是。由于不明"杭爱"一词的含义，有关"杭爱车"的资料在被引用时，常出现误点的情况。如《清代边疆史地学》引清张穆《蒙古游牧记》："木兰围场……凡用喀喇沁、翁牛特围兵一千人……哈喇沁、土默特、翁牛特、杭爱、车二百辆。"② 其中"杭爱、车二百辆"中间的顿号应删去。

（21）和瑛《班禅额尔德尼燕毕款留精舍茶话》："藤根割割刱干羊，鸠盘茶杵牛酥浆。"《古代蒙古族汉文诗选》注释："'鸠盘'，一种有鸠饰的容器。'茶杵牛酥浆'，砖茶与牛奶煮在一起，即奶茶。上一句写割取藤根一样的干羊肉，下一句写用鸠盘盛着奶茶。"（第 278 页）《历代咏藏诗选注》注释："鸠盘：精制的茶盘。茶杵：指特制的用以挟茶叶、吃饭的筷子。"《西藏赋》："食则麦屑毡根（糌粑牛羊），饮则鸠盘牛酪（茶块酥油）。"（第 158 页）

按，这是对"鸠盘茶"的理解有偏差而导致了误释。"鸠盘茶"本为梵语音译，佛书中谓瞰人精气之鬼，常用以喻妇人丑状。作者截取"鸠盘茶"中"茶"字义，"鸠盘"为冗余成分，这属于"断取"（即"断章取义"，写作者或斩头或去尾，任意截取其中个别的字句来做文章）的修辞方式。作者在《西藏赋注》中写道："食则麦屑毡根（糌粑牛羊），饮则鸠盘牛酪（茶块酥油）。""鸠盘牛酪"一句未见"茶"字，以自注的形式作了语义补充。"鸠盘茶"与紧接其后的诗句"龙脑钵盛云子粮""金花榻并狮子床"中龙脑钵、云子粮、金花榻、狮子床这些佛教术语，既描写了班禅活佛筵席上所设的精美器具与饭食，又烘托出浓郁的宗教气氛。从格式上看，这三句诗的韵律节拍均为三一三式，如"鸠盘茶—杵—牛酥浆"。故"茶杵"不词，"鸠盘"也并非精美的茶盘。"杵"有"捣"义，"鸠盘茶杵牛酥浆"意思是茶捣酥油制成酥油茶。

（22）李若虚《西招杂诗》："万口喧腾响法螺，沙门梵面舞婆娑。十年又踏毡乡路，梵呗声中看大傩。"《历代咏藏诗选》释："沙门：僧徒。

---

① 侯德仁：《清代边疆史地学》，群言出版社 2006 年版，第 223 页。
② 袁森坡：《康雍乾经营与开发北疆》，中国社会科学出版社 1991 年版，第 182 页。

梵文音译。梵面：藏族人的脸孔。梵本印度指与佛有关系的事物。这里指藏族佛教信徒。"（第 148 页）

按，"梵面"并非藏族人的脸孔，而是指头戴面具的僧侣。这首诗描述的是西藏寺院佛教僧侣"万口"诵经、"梵面"跳神驱鬼逐疫仪式的热闹场景。凡与佛教有关的事物，皆称"梵"；"面"指跳神的僧侣头戴的面具。藏传佛教跳神仪式中所用面具种类较多，有神佛、法王、骷髅、金刚和十余种神兽（虎、豹、狮、牛、羊、鹿、熊、龙、鹰、狼、象、猴等），皆为神灵面具，不同的角色使用不同的面具。这些面具在装饰上具有强烈的宗教色彩，借以衬托神秘而庄严的宗教气氛。"梵面"又作"假面"。《中华竹枝词全编》中引此诗，写作："万口喧腾响法螺，沙门假面舞婆娑。"①

（23）毛振翧《番人悬经于索竿，风吹动，云如口诵，谓之的著》："鸟语山光尽是禅，如来佛法本空传。"《历代咏藏诗选》释为："这句是说，有关佛教的种种讲法本来就是空洞不实际的。"（第 23 页）

按，宋代禅宗对佛教进行改革，主张不立文字，教外别传，甚至一度出现重口传心授、执空传空、故作神秘而反对语言文字的激进思潮。上句中"空传"是说佛法的传扬不借助于语言文字。

（24）孙士毅《宗角》："长见蔓云护，定有法雨濯。"《历代咏藏诗选注》注释："蔓云：缭绕如蔓藤一样的云。这句是说祥云一直绕护着花木。"（第 65 页）

按，"蔓"并非"蔓藤"义，本字作"蔓"。《汇编》第 224 页引此诗，写作"蔓云"。"蔓"是梵文 soma 译音的省称，璎珞之类的装饰品。印度风俗，男女多取花朵相贯，以饰首或身。下句与之对仗的"法雨"本为佛教语，喻佛法。佛法普度众生，如雨之滋润万物，故称。作者用带有佛教气息的蔓、法两构词语素修饰自然界的云与雨，"蔓云"指如花朵般的云彩。以"蔓"修饰云朵又见于作者另一首诗《哲蚌寺二首》："雨丝飘法乳，云叶聚华蔓。"上句是说天空飘落的雨丝如同法乳。"法乳"为佛教语，佛教谓以佛法哺育弟子的法身，犹如以母乳哺育幼儿。下句"云叶"

---

① 《中华竹枝词全编》，北京出版社 2007 年版，第 171 页。

即云片、云朵。其中"华蔓"同"华鬘"，与"鬘"义同（义见上文）。"华蔓"又作"花蔓""华鬘"。"云叶聚华蔓"意思是云彩聚集如同华鬘。有学者释"华蔓""即蔓华，郁金香花"①，不确。藏民族普遍崇信佛教，或许是弥漫西藏的宗教精神给诗人所造成的心理定式，使诗人动辄表达出这种最普遍、最现实的感受，因之其笔下所记藏地的一草一木都浸透着佛教的光辉。

（25）杨揆《扎什伦布》："岹峣法界试登临，一载重来祇树林。贝叶吹香翻白氎，昙华现影散青琳。"《历代咏藏诗选注》注释"白氎：用野丝织成的细布。《大清一统志》：'哈密出白氎，本野蚕结网，丝如细纩，取织为布，因以市易。'这一句其实写的经幡，经幡上的白布上印有经文，在风中飘动。"（第114页）注释："青琳（líng）：美好的青烟。琳是玉，形容寺中烟气的美。"（第115页）

按，"贝叶"原指古代印度人用以写经的树叶，此处借指佛经；"吹香"即发散着香气。"贝叶吹香幡白氎"是说，印有佛经经文的白色经幡在香风中飘动。"青琳"为"青琳宇"的省称，是寺庙的别称。杜光庭《金母元君》："所谓玉阙堕天，绿台承霄，青琳之宇，朱紫之房，连琳彩帐，明月四朗。""琳"指美玉，青碧色的玉；"宇"指房屋，住所。"青琳之宇"是指青碧色的玉砌成的房屋。唐吴筠《步虚词》："煌煌青琳宫，璀璨列玉华。"②"青琳"又作"青林"。《释氏要览·住持》："禅门别号：丛林……青林。"

（26）和宁《大招寺》："古柳盟碑在，昙云法象传。"《历代咏藏诗选》注释："昙云：吉祥的云彩。"（第152页）

按，"昙"指密布的云气。《说文新附·日部》："昙，云布也。""昙云"指密布的云朵。《钦定日下旧闻考》卷六十："山门内为大雄宝殿，皇上御书额曰：法海真源。联曰：慧雨昙云，清净契无为之旨；金乘珠藏，通明开不二之门。"其中的"慧雨"为佛教语，谓佛菩萨普度众生，如雨之润泽万物。清章永康《瑟庐诗草》中卷"七律·无题"："平生心事话瑶

---

① 李时人：《中华山水名胜旅游文学大观诗词卷》，三秦出版社1998年版，第1446页。

② （唐）吴筠：《步虚词》，转引自（宋）郭茂倩《乐府诗集》，聂世美、仓阳卿点校，上海古籍出版社1998年版，第828页。

琴，不向昙云诉恨词。"①

（27）杜昌丁《阿敦子雪山道中》："自笑何缘经绝域，此行兼为谒空王。"《清人咏藏诗词选注》注释："空王：极高之处。"（第 7 页）

按，"空王"为佛教语，佛的尊称。佛说世间一切皆空，故称"空王"。《旧唐书·刘瞻传》："伏望陛下尽释系囚，易怒为喜，虔奉空王之教，以资爱主之灵。"诗句大意是，自笑因何到此极远之地，此行同时也是为了拜佛（拜见达赖喇嘛）。

（28）松筠《丁巳秋阅吟·迭古芦》："迤南聂拉木，旋转住浮屠。"《清人咏藏诗词选注》注释："浮屠：梵语译音。意为佛陀，原指释迦牟尼。因古时曾误译为佛塔，故又称佛塔为浮屠。此处具体指峨拉喇嘛寺。"（第 33 页）

按，释义有误。"浮屠"为佛教语，梵语音译词，原指佛陀、佛，引申指和尚。

（29）颜检《卫藏》："富厚俨都护，真空姑舍旃。……祇树遥敷座，明驼缓著鞭。偏单披凤阙，革履步花砖。"《清人咏藏诗词选注》注释："旃：此处同'毡'。"注释："祇树：全称为'祇树给孤独园'，印度佛教圣地之一。"注释："偏单：祖露一臂。"（第 86 页）

按，三词释义有误。旃，"之焉"的合音。舍旃，即舍弃，不放在心上。皮日休《哀陇民》："吾闻古圣王，珍禽皆舍旃。""富厚俨都护，真空姑舍旃"是说，（掌权的僧侣）财富雄厚犹如西域地区最高长官，佛教所言真空暂且被舍弃。"祇树"即"祇园"，全称为"祇树给孤独园"，为梵语意译，其是古印度佛教圣地之一。相传释迦牟尼成道后，憍萨罗国给孤独长者用大量黄金购置舍卫城南祇陀太子园地，建筑精舍，请释迦说法。祇陀太子也奉献了园内的树木，故以二人名字命名，后成为佛寺的代称。"偏单"是西藏僧侣服饰，指披绕肩头和上体的长幅单衣。如《康辅纪行》卷一"蕃人服制"："打箭炉剌麻极多，街市皆满，衣败红布衣，祖其背，外加偏单。偏单者，以红布丈许缠其身，左右搭肩上，西域皆然，内地僧之袈裟盖即仿此。""偏单披凤阙，革履步花砖"是说，身披偏单的僧人走

---

① 顾久：《黔南丛书》点校本第 5 辑，贵州人民出版社 2009 年版，第 263 页。

入皇宫，脚着靴子步行于皇宫的花砖之上。《校注》释"偏单"为"偏向一边"。（第 132 页）释义亦不确。

（30）杨揆《渡藏江》："弹指去来今，羁怀共谁语？"《清人咏藏诗词选注》注释："今：恐系'兮'字之误。"（第 117 页）

按，"今"字不误。"去来今"为佛教语，指过去、未来、现在。"弹指去来今"是说弹指的瞬间，有过去、未来和今天，用于形容时间过得快。古人诗文中常见此句。如《船山诗草》补遗卷第四"寄蜀僧"："慧珠常在手，弹指去来今。"①

（31）《百一山房赴藏诗集·自东俄洛至卧龙石得诗八首》："梯田耕罢去梯房，疾比都卢鸳鸟翔。不奈老夫筋力缓，也从初地上初栿。（番人好楼居，梯木上下，官府往来皆寓焉。）"《清人咏藏诗词选注》注释："栿音逛。像线一样绕着上。"（第 137 页）

按，"初栿"在清代用例颇多。《百一山房赴藏诗集·瑶圃制军同大将军敬斋相国希斋司空公谦即席四首》："不用初栿登顿难，四围亭幔障宵寒。"又同书《瓦合山》诗："层层初栿上，面面围屏迎。"《西藏纪游》卷一载周霭联和孙士毅《改咱》诗："初栿莫漫愁登顿，新向梯山缒谷来。"但今人释义歧出，如清王维新《登天峡》："旁室浅可坐，欲上无初栿。"今人释："初栿 guàng：开门闩。"② 张作楠《仙都纪游》："旁有石门，劈崖而进，为上山初栿。"释"初栿"为"第一道门。栿，横木"③。冯桂芬《苏州试院记》："二百年来登大魁者，一郡至二十余人，科第之盛，甲于海内。而溯其初栿发轫，必自试院始。"注释："初栿：发轫。栿，车上的横木。"④ 上述诸用例中，"栿"指梯栿。《大词典》义项②释为"门、几、车、船、梯、床、织机等物上的横木。梯子上的供人踩踏上升的横木。亦指梯子"。"初栿"指梯子最下一层的横木，或登楼、登山的第一级台阶。《大藏经·释经论部》卷八七："譬如缘梯，从一初栿，渐上

---

① （清）张问陶：《船山诗草》，转引自成镜深主编《船山诗草全注 4》，巴蜀书社 2010 年版，第 1931 页。

② 黄蝶红：《王维新诗选注》，国际炎黄文化出版社 2008 年版，第 91、92 页。

③ 曹文趣等：《两浙游记选·光绪〈处州府志·古迹〉》，浙江古籍出版社 1987 年版，第 350 页。

④ 杨镜如：《紫阳书院志 1713—1904》，苏州大学出版社 2006 年版，第 403、404 页。

上处。虽高虽难，亦能得至。"亦喻指某一领域的基本知识。民国时期有《医学初桄》《地理初桄》等著作。

（32）颜检《卫藏》："卑禾百战地，秦汉尚遗镞。"《清人咏藏诗词选注》释"卑禾"为："恐系'卑末'之误。卑末为地位低下者，此处指普通士兵。"（第 94 页）

按，"卑禾"词形不误。古称青海湖为卑禾羌海，因卑禾种羌居于此。《锦绣中华历代诗词选》释为："青海湖，蒙古语称为库库淖尔，古称仙海，亦曰卑禾羌海。此处泛指青海湖周围之地。"①《历代咏青诗选》释为："卑禾羌海即青海湖。因为汉时青海湖畔居住有卑禾羌部落，故称。《水经注》：'临羌县（今湟中多巴镇）西南有卑禾羌海，谓之青海。'"②两释不误。

五　因不明名物词、专有名词、术语等的含义而误释

（1）《则例·乾隆朝·录勋清吏司下》："梅针大箭兔叉骲头上无名字者，罚犍牛一头，各给拿获之人。"（第 35 页）

按，"梅针大箭兔叉骲头"为不同种类箭的名称，应点断。同书第327 页标点为："梅针箭、兔叉、骲头箭上无号记者，马不烙印不拴号记者，皆论罚。"标点不误。《蒙古律例》卷四："梅针、大披子、兔儿叉、骲头各色箭上不书记号者，罚三岁牛一只，给付摘发之人。"其中的"梅针……各色箭"指明梅针等为各种箭的名称，其义甚明。"梅针大箭"是箭体细而尖的箭。《例案》下卷："箭四十七万八千五百余枝，梅针箭二万枝。"《黑龙江外记》卷四："八旗兵每名例弓一张，梅针箭五十枝，腰刀一把，皆官物，而橐鞬自备。……从军用梅针箭，行猎用骨披箭。骨披箭，骲头衔铁簇，阔梅针箭簇数倍……""兔叉"是镞有四叉如虎爪形、可射雉兔的箭；"骲头"并非箭头，而是一种装有骨或角质的骲镞的响箭。《钦定理藩部则例》卷二十九"军政"亦引此段材料，写作"骲头箭"："马不烙印，不系号牌，梅针大箭、兔叉骲头箭上无名字者，

---

① 张还吾：《锦绣中华历代诗词选》，西苑出版社 1999 年版，第 666 页。
② 赵宗福：《历代咏青诗选》，青海人民出版社 1986 年版，第 171 页。

扎萨克罚俸六个月。"《中国古代军事散文精选·清代卷》:"梅针大箭:箭名;兔叉:似为投掷武器。骲头:箭头,叉头。骲:骨镞,骨质箭头。此处泛指箭叉之尖头。"① 其中"兔叉""骲头"两释不确。

(2)《则例·乾隆朝·理刑清吏司》:"国初定:帽纬长出帽檐,及戴卧兔帽剪开沿毡帽,胁间系偏练垂,皆系违禁,被人见者,王、贝勒等罚马一匹,庶人罚惨牛一。"(第167、168页)同页下注释:"帽纬:应为纬帽。清代的一种凉帽,无帽檐。"

按,此句释义、字形及标点均有可商之处。首先,"帽纬"并非倒文,而是指帽缨,是冠帽顶部的装饰物,一般以丝绦或红缎子裁成。"帽纬长出帽檐"是说帽顶的红色饰物长度超过了帽檐,而"纬帽"是清代的一种凉帽,无帽檐,以竹丝或藤做胎,面料用纱。《清代边政通考·刑法》第339页亦引此句,作"帽纬"。"帽纬"可作为赏赐之物于人。《康輶纪行》卷一"赏蕃茶物":"自打箭炉至藏中,赏诸土司蕃目,皆以绸缎、衣料、帽纬、荷包、小刀、鼻烟壶、烟、茶、布、佛头哈达。"清末的市场亦有销售。《成都通览·成都之土产及各属之土产》:"营销之货物……铁器、帽纬、冰白糖……"此词清代文献中常见。《梼杌萃编》第二十二回:"他帽子上花翎的翎线都要理得一条一条、舒舒坦坦的;帽纬也要理得又齐又匀。"

(3)马若虚《西招杂咏》:"上林曾见猱升木,传是都卢绝域撞。"《清人咏藏诗词选注》注释:"上林:此处当指山上的林木。"(第67页)

按,"上林"原为古宫苑名,后泛指帝王的园囿。这句是说,曾在上林苑见过猱攀爬树木,传说这是从极远之地的都卢国传来的竿戏。

(4)颜检《卫藏》:"秃发开羌俗,唐蕀慕汉篇。乐诗朱辅奏,国号鹋提传。"《清人咏藏诗词选注》释为:"唐蕀:可引申此二字之义为'广大田野'。"注释:"朱辅:辅是书法术语。意为用红色着力书写。"(第85页)

按,唐蕀为历史人物,是东汉永平间(58—59年)西南一带白狼部落的首领,明帝永平年间曾到洛阳见汉帝并献诗三首。朱辅,亦人名。据《后汉书·西南夷传·筰都夷》载:"永平中,益州刺史梁国朱辅,好立功

---

① 王凯符选评:《中国古代军事散文精选·清代卷》,解放军文艺出版社2001年版,第165页。

名，慷慨有大略。……白狼、盘木、唐菆等百余国，户百三十余万，口六百万以上，举种奉贡，称为臣仆。辅上疏曰：……今白狼王唐菆等慕化归义，作诗三章。"

（5）颜检《卫藏》："鸞鸞远翘首，桓蒲思比肩。遣论瞻上国，奉表译蛮笺。"《清人咏藏诗词选注》释为："桓蒲：桓是四根柱子支起来的草盖的圆屋。蒲是水生植物，蒲柳。桓蒲指住房简陋，意为落后。"（第85页）

按，"桓蒲"为西域古国名，是单桓国、蒲类国的省称，《汉书》卷九十六"西域传"中有记载。

（6）颜检《卫藏》："越宋仍牙帐，其渠有董毡。"《清人咏藏诗词选注》注释："董：大。"（第86页）

按，据《宋史·列传·外国八·吐蕃》载，董毡是人名，唃厮啰第三子，曾在洮、岷胁迫新附羌众攻扰宋州县，后遣使请降。上句诗意思是，宋朝以后藏地战事频仍，卫藏地区的首领有董毡。

（7）杨揆《星宿海歌》："我闻导河出昆仑，贯纳忽兰兼赤宾。"《清人咏藏诗词选注》注释："忽兰，即忽兰忽失温，在蒙古乌兰巴托东南。此处作为远的代称。赤宾：唐、宋、元时京都所治为赤县。宾，此处作为近的代称。"（第100页）

按，"忽兰""赤宾"，均是黄河源头河名，汇入黄河。《辍耕录》卷二十二"黄河源"引元潘昂霄《河源记》："自西徂东，连属吞噬，广轮马行一日程，迤逦东骛成川，号赤宾河。二三日程，水西南来，出合赤宾。三四日程，南来，名忽兰。……其流寖大，始名黄河。"

（8）杨揆《星宿海歌》："车舍旛积勾陈垣，大若悬瓮小覆樽。"《清人咏藏诗词选注》注释："勾陈垣：陈是列，垣是墙。意为勾勒轮廓。"（第100页）

按，"勾陈"即"钩陈"，星名，在紫微垣内北极之处，为天帝的后宫。垣，星空区域名。晋葛洪《四非歌》："朝发汗漫府，暮宿勾陈垣。"①

（9）张问陶《西征曲》四："乌斯藏外说征蛮，一海风沙十万山。"

---

① （晋）葛洪：《四非歌》，转引自逯钦立《先秦汉魏晋南北朝诗》，中华书局1983年版，第1093页。

《历代咏藏诗选》释"征蛮"为"征伐野蛮的侵略者。蛮指廓尔喀"。（第135页）

按，"蛮"可指"外国"，如"蛮舶""蛮船"指的是外国商船。诗句中"蛮"指廓尔喀，即外国，为西藏的近邻，而非"野蛮"之义。

（10）和瑛《班禅额尔德尼燕毕款留精舍茶话》："榮蒲伊兰螺甲香，主人顾客乐未央。"《历代咏藏诗选》作"榮蒲"，释为："即馨蒲，一种多年生草木，生于沼中，花艳丽，花粉味香，茎嫩时也能吃。又叫香蒲、甘蒲。"释"螺甲"为："古代一种香。宋黄庭坚《帐中香》：'螺甲割昆仑耳，香材屑鹧鸪斑。'"（第160页）《古代蒙古族汉文诗选》"榮蒲"写作"盘蒲"，注为"用蒲草编的圆形坐垫"。"螺甲"写作"螺果"，注为"槟榔的别名"。（第279页）

按，两释歧出。据《文海披沙》卷二"伊兰"条："伊兰，他无所见，独两见于佛书。一云譬如牛头旃檀，生伊兰丛中，未及长大，在地下时，芽茎枝叶，如阎浮提竹笋，众人不知，言此山中纯是伊兰，无有旃檀。而伊兰臭若胖尸，熏四十里，若有食者，发狂而死。据此则伊兰为极臭恶之草。又云：天末香莫若牛头旃檀，天泽香莫若詹糖熏陆，天华香莫若榮蒲伊兰，则伊兰又似草香。杨用修遽以蜀中赛兰香当之，恐亦未有据也。"可知"馨"本字为"榮"。上句中哈达、江噶、缥缃为丝帛类，花球、霞氍、兜罗为毛织物，榮蒲、伊兰、螺甲为香的品类，这三句诗中词语意义对仗工整。故"榮蒲"为香品名，"螺果"之"果"为"甲"字讹误，"螺甲"亦为香品名。《十朝诗乘》卷十三"达赖班禅"亦引此诗，写作"螺甲"。

（11）松筠《朗噶子》："官寨惟僧主，番民好听经。（朗噶孜本名那噶尔孜，番语即鼻也，噶尔白也，孜高也，白山鼻上迭砌营官寨，形似佛头。）"《历代咏藏诗选注》释"官寨"为"藏民村落"。（第163页）

按，"官寨"是藏族土司的住宅。《金川琐记》卷二"官寨"："夷俗称土司署所谓之官寨，民居曰寨子。"又称"营官寨"，是负责地方武备与治安的土目的住所。《西藏图考·洛隆宗》："官寨（即名洛隆宗，藏委碟巴住坐之所，本处居民在官寨对门小河岸居住，俱筑土为室）。"

（12）松筠《拉错海子》："红香布微惘，哈达代帛呈。"《清代蒙古族汉文诗选》注释："'红香'，鲜花的香味。'布'，展示。'恫'，至诚。以上两句形容湖畔的鲜花好像在热诚地欢迎远方来的客人，一片片代替了丝帛的哈达。"（第293页）《中国古代少数民族诗词曲评注》释："布：展示。微恫：真挚的诚意。哈达：藏族和部分蒙古族人民表示敬意和祝贺用的长条丝巾或纱巾，多为白色，也有黄色、蓝色等。两句是说湖畔红花的浓郁香味，表达了藏族人民的真挚心意，雪白的哈达代替了丝帛的礼品。"（第314、315页）

按，《汇编》第133页引此诗后作者自注："山野宿处，遇有海子，应以藏香哈达致礼。"可知"红香"并非鲜花的香味，而是指红色的藏香。诗句大意是：用红色的香枝表达内心的虔诚，呈上哈达作为见面的礼物。

六 其他

有些释义的问题是不明古汉语语法而造成的。如：

（1）《西藏赋》："丰冠山之层碉，奥转螺之架阁。"《〈西藏赋〉校注》："冠山：借指蓬莱仙山。《列子》卷五'汤问'……"又释："架阁：建造楼阁。"（第69页）

按，"冠"有"覆盖"义，"冠山"为动宾结构；"架阁"为偏正结构，意指层出高耸的楼阁。诗句大意为：覆盖于（布达拉）山上的碉楼与楼阁繁多而幽深。

（2）《西藏赋》："其山川，冈底斯郁其岩峣兮，西条山之祖脉（冈底斯者，阿里东北大雪山也）。周一百四十余里，峰峦陡绝，积雪如悬崖，千年不消。山顶百泉聚流，至山麓仍入地中。乃诸山之祖脉。"《〈西藏赋〉校注》注释："祖脉：祖先和血脉，借指源头。"（第216页）

按，"祖脉"并非联合式词，而是偏正式词，意指地脉的缘起。明清文献中常见。如《西游记》卷一："海中有一名山，唤为花果山，此乃十洲之祖脉，三岛之来龙。"

（3）钱杜《花将军营中驼罗骢马……》："星精未许俗手貌，诸公况复为新诗。"《历代咏藏诗选》释："俗手貌：凡世的画手画作。俗手是指平凡的画技。"（第146页）

按，"俗手"指技艺平庸的画手；"貌"是动词，描绘。唐杜甫《丹青引赠曹将军霸》："即今漂泊干戈际，屡貌寻常行路人。"

有些释义的问题在串讲诗文句意时出错，归根结底还是对于个别词语意义把握不准确。如：

（1）《西藏赋》："无上空称，喇嘛翻改。（《梵书》：释子勤佛行者曰德士，又曰无上士，谓空也。唐古特谓上曰喇，谓无曰嘛，喇嘛者，无上也。）"《〈西藏赋〉校注》注释："翻改：改正。这里指在宗喀巴宗教改革的影响下，僧人们改变了过去的不良习惯，重新回到了佛教修行的正途，清除了藏传佛教的很多弊端，恢复了宗教的本来面目。"（第29页）

按，注释有增字为训的问题。"翻"指翻译，"翻改"即翻译改造，"无上空称，喇嘛翻改"意思是："'无上'是佛门的称呼，'喇嘛'是翻译改造的名称。"

（2）《西藏赋》："陈宝丛林，献花翠巘。"《〈西藏赋〉校注》注："这两句意为：在丛林中陈列各种珍宝，在高山上贡献鲜花。"（第141页）

按，此句是承接前句"挂三禅之绣佛，日慧云慈；现十丈之金身，风行草偃"而来。"陈宝丛林"是说寺庙中陈列着宝物，是实写；"献花翠巘"是虚写，有出典。明陈沂《献花岩志》载，金陵牛头山"山之南五里有峰起相垺，自麓至巅皆碧石被藓，藤树杂糅，与石相生。崖之半一石窟，曰献花岩，释氏书谓唐释师法融居此，雪中有奇花，又有鸟衔花之异，岩因以名。而山亦以岩显。故金陵称丛林必曰牛首献花岩"①。用这样的典故是为了烘托法会期间晒佛仪式上庄严而吉祥的气氛。"丛林"原指茂密的树林，后引申指佛教僧众聚居的处所，又泛称寺院为丛林。此处"丛林"并非字面含义，《校注》未出注，当补。

（3）《西藏赋》："优婆夷之锦绣金银，优婆塞之璎珠贝。生之年，愿干没于僧牢；死之日，尽输将于佛会也。"《〈西藏赋〉校注》串讲前两句为"善男善女们一个个披金戴银，喜用珍珠玉石装饰"。串讲后两句为"活着的时候，愿意竭力奉祀寺庙以求保佑；死了之后，把自己的财产全都捐给寺庙作法会"。释"干没"为"竭力"。（第179页）

---

① 蓝吉富：《大藏经补编》（24），华宇出版社1985年版，第555页。

按，这四句应该放在一起讲，是说男女佛教徒的锦绣、金银、玉珠之饰，活着的时候，愿意被寺庙尽取；死了之后，全都为寺庙占有。“干没”始见于《史记·酷吏·张汤传》，是个多义词。《通俗编》二三“货财”：“而世俗又以掩人财物为干没，其言则自唐以后始。”《西藏赋》中的“干没”是被动用法，中性词义，即被他人占有。

（4）和宁《再游罗卜岭岗》：“且向空门看活水，漫劳依岸渡迷径。”《中国山水名胜诗文鉴赏辞典》释为：“这是一联双关的句子，有实有虚，作者是煞费了苦心的。上联已暗点出佛家‘空’的理论，这里又实指出‘空门’，即权且走向未关的空洞的门去观赏池中流动着的春水，再慢悠悠地劳驾你佛爷带我经过迷人的花径渡到池子的那一岸去玩玩。作者自注：‘达赖步行导游园景一匝。’可‘空门’和‘彼岸’又是佛教名词，因而具有了另一层意思。空门即佛教宣扬我空、法空，‘诸法皆空’，以悟‘空’为进入涅槃之门，故世俗称佛教本身即为‘空门’；而彼岸即佛教宣扬脱离苦难的此岸，达到幸福的彼岸——也就是达到佛的境界，这里的‘彼岸’应当作为八世达赖的代名词，是指达到佛境的人。这样一连起来，这两句就具有相当的讽喻意义，意思是说，权且通过你们藏传佛教看到了水之所以不腐，就因为它是活的，随着时代潮流在前进，如果你认为不然，以为‘活水’也是‘空’的，只有佛家理论是永恒不变的，那么就劳驾你这个已达到彼岸的活佛，带我渡过苦海的迷径而达到幸福之境吧！实际上，你带不过我去，因为连你自己也还没有脱离苦海呀——参与政治太多啦！”（第1066页）

按，这段解释增字为训。“空门”可指某一具体的佛寺、寺院。明华察《游善卷碧仙岩》诗：“落日下空门，斋钟出林莽。”① “活水”指静流之水。“且向空门看活水，漫劳依岸渡迷径”是说，暂且于佛门看看流水，姑且烦劳你（指达赖活佛）沿着水岸引导我（指诗人）走出迷途。

（5）和瑛《班禅额尔德尼燕毕款留精舍茶话》：“�应节和锵锵，和南捧佛币未将。哈达江噶加缥缃，花球霞氎兜罗黄。”《历代咏藏诗选》串

① （明）华察：《游善卷碧仙岩》，转引自李明权《佛门典故》，汉语大词典出版社2001年版，第240页。

讲"哈达江噶加缥缃,花球霞氍兜罗黄",句意为:"以上两句写舞蹈时各种衣服布绢的色彩五光十色,斑斓漂亮。"(第 160 页)

按,江噶系藏语 byang tar 的音译,是班禅活佛手腕上缠绕的红色小哈达,给信徒摩顶时搭在其脖子上,信徒视之为最珍贵的礼物。又作"江卡"。《西藏纪游》:"又有一种曰江卡,较哈达略小,以红色绸绢为之。"《里塘志略·风俗》:"顶戴哈达或江卡,拴佛窖,加以念珠。"又作"姜嘎"。夏尚志《打茶》诗:"一幅绡,不盈尺,绾成结子印圆朗(喇嘛相见,其最尊礼者必递哈打。哈打者素绢也。其送人缩成结子者曰姜嘎,上有释氏印信)。"前句写宴会上跳钺斧的舞蹈场景,后句写宾主双方互送哈达、江噶等礼物。《西藏赋注》:"兜罗哈达,讯檀越如何。(唐古特礼,凡宾主相见俱手持白绢哈达,互相慰问。兜罗绵,极细软之物。檀越,施主也。)"此段描述可与上引诗句相互印证。《古代蒙古族汉文诗选》解释为:"以上两句写送给客人的各种礼品。"(第 279 页)其释义是可靠的。

(6)《木鹿寺经园》:"何如苍颉字,传到梵王居。"《古代蒙古族汉文诗选》释:"'苍颉字',指汉字,苍颉是我国古代传说中的造字者。'梵王居',指佛寺。末二句谓应该用汉字书写佛经。"(第 276 页)

按,此句是说,汉字若是传播到西藏的寺庙中会怎么样呢?这只是作者的设想而已,并非"应该用汉字书写佛经"。"何如"意即如何,怎么样,用于陈述或设问。

有些词句的释义有疏略,可作增补,对读者准确理解文本有帮助。如:

(1)《西藏赋》:"月昼隐而故躔留,寸丝不挂。(……师云:犹是阶下汉。)"《〈西藏赋〉校注》释"阶下汉"为"比喻尚未入门"。(第 81 页)

按,"阶下汉"比喻对某门学问或技艺尚不熟悉、还未入门的人。

(2)《西藏赋》:"掌握明珠之衬,说岂荒唐。(……师曰:吾前生有童子名婆舍,吾赴西海斋受衬珠,付之,今见还矣。)"《〈西藏赋〉校注》注释:"衬:施舍。"(第 84 页)

按,"吾赴西海斋受衬珠"当标点为"吾赴西海斋,受衬珠付之"[①]。意思是,我前往西海行斋礼,得到施舍的珠子给他。另,校注者释"衬"

---

① (宋)释道元:《景德传灯录》,妙音·文雄点校,成都古籍书店 2000 年版,第 25 页。

为"施舍",这是"衬"字的假借义,本字作"䞋"或"嚫"。

(3)《西藏赋》:"仡老羌童,賨男嫫女,口洒洒而噤寒,手林林而高举,俯地讶似伏章,叩额连如舂黍。"《〈西藏赋〉校注》释"嫫女"为"即嫫母,黄帝的第四个妃子"。(第 125 页)

按,"嫫母"为黄帝第四妃,貌甚丑,后省称为"嫫",成为丑女的代称。如唐白居易《杏园中枣树》:"枣亦在其间,如嫫对西子。"赋中用以指异族妇女。

(4)《西藏赋》"辣冰莱菔,甜玉蔓菁。"《〈西藏赋〉校注》解释为:"辣玉一般的萝卜,甜冰似的蔓菁。"(第 190 页)

按,这句是化用前人诗句而来。宋杨万里《春菜》诗:"雪白芦菔非芦菔,吃来自是辣底玉;花叶蔓菁非蔓菁,吃来自是甜底冰。"萝卜有辣味,而色白如玉,故称"辣玉";"甜冰"则成了蔓菁(俗称大头菜)的代称。清赵翼《野蔌》诗:"辣玉甜冰常馈足,不知世有乳蒸豚。"为了取得表达上的新鲜的、陌生化的效果,《西藏赋》将"辣玉""甜冰"的搭配重新做了调整,写作"辣冰""甜玉"。

(5)《西藏赋》:"尔其卓书特之西鄙兮,大金沙之神泷。"《校注》释"鄙"为"西边"。(第 229 页)

按,"鄙"的本义指边邑,即边境上的小城镇,先秦已用。如《左传·隐公元年》:"既而大叔命西鄙北鄙贰于己。""西鄙"即西部边邑。

(6)钱杜《花将军营中驼罗骢马……》:"四蹄蹴踏砂石裂,项下髑髅如贯珠。"《历代咏藏诗选》注释:"项:脖项。髑髅:死人头骨。贯珠:连贯起来的珍珠串。这句写驼罗骢驮着花将军英勇杀敌,斩获很多。"(第 146 页)

按,"项下髑髅如贯珠"是说驼罗骢马项下悬挂的穿起来的人头骨密如珍珠。马头项下悬挂的骷髅既是战利品,也是炫耀战功的一种方式。中国古代有以斩获敌人首级的多少为军人论功行赏凭据的制度。东汉蔡琰《悲愤诗》中的"马边悬男头,马后载妇女",就是北方少数民族以人头炫耀战功的真实记录。诗中项挂骷髅并非闲来之笔,有着很深的佛教渊源。在《西游记》第二十二回中描写沙和尚"项下骷髅悬九个,手持宝杖甚峥嵘"。沙和尚项挂骷髅,是得道高僧的头骨。在佛教密宗中,金刚、明王、护法神等神佛造像大都有骷髅装饰品，有的戴骷髅冠，有的戴骷髅璎珞（项链）。"据说佩戴人骨、骷髅一方面象征世事无常，另一方面象征战胜恶魔和死亡。"① 这样的注释虽非必要，但可使阅读者产生联想，从而加深对诗句意蕴的理解。

以上列举了清代藏学汉文文献整理本中有问题的校释206条，分析了其致误的原因，这些失误基本上都是对词义的理解偏差所造成的。清代藏学汉文文献的用语与现代汉语差别不大，要读懂这些文献资料似乎也不难，但是，这类文献中也有许多难解的词语，容易造成阅读的障碍。清代藏学汉文文献是从事西藏历史、政治、宗教、文化等研究的必不可少的资料，清代藏学汉文文献词汇的研究对整理和使用这类文献具有实用价值。因此，为了更好地利用这类文献，就必须研究其中的语言词汇。加大清代藏学汉文文献语言词汇研究的力度，有利于提高文献整理工作的质量。如果缺乏准确的校释，不但会误导读者的解读，而且会以讹传讹，误导后学。当然，清代藏学汉文文献卷帙浩繁，经过现代人整理校释的毕竟只是少数，大量的文本，包括一批孤本或稿本，亟待今人的整理。这些未经整理校释的文献中，仍存在不少费解的词语，它们为读者的解读设置了重重障碍，需要予以注释，否则，连基本的文意理解都有一定的困难，就更无法进行深层次的文本阐述。所以说，做好清代藏学汉文文献整理与文本校释的基础性工作，无论对于藏学研究，还是对于汉语历史词汇的研究，都具有非常重要的作用。

---

① 李鳞：《中国历史未解之谜》，内蒙古人民出版社2008年版，第91页。

第三章 清代藏学汉文文献中的藏语词汇集

我国自古以来，就有使用汉字来音译兄弟民族语言的词语并加以注释而汇编成词汇或语解，以方便民族间沟通和使用的传统。这些工作对促进各民族之间的语言文化交流和加强民族团结，都起过积极的作用。在清代，随着朝廷对西藏地区管理的加强，大批内地官兵、商人进入藏区，为适应当地人文和语言环境，他们在生活过程中学习藏族语言，经过长期的总结、积累，也编写了一些藏语词汇集。比较突出的是乾隆年间四译馆编写的九种《西番译语》，这是在政府有组织的语言调查基础上形成的一套少数民族语言教材，其体例取法元末明初火源洁所编汉蒙对照《华夷译语》，正文以义类编次，分20门，凡740条。[①] 在一些记录清代西藏地理风土的著作中，也附有藏语方言的汉字记音词汇集，清代笔记中也有类似的零星资料。这些材料仅用汉字记录而没有加注藏文，由于清廷又编纂有《御制五体清文鉴》《唐古特文鉴》等语文工具书，因而，这些私人著述中的小型汉藏对照词汇集目前尚未被学人措意。从语言学的角度看，这些近三百年前形成的汉藏语对译资料，能够为语言历史研究提供新的材料。

以下对这些藏语词汇集进行分类描述，并参照今人整理、编写的藏汉对照词典以及我们的藏语方言调查资料，[②] 为词语标注藏文的拉丁转写形

---

① 聂鸿音、孙伯君：《〈西番译语〉校录及汇编》，社会科学文献出版社2010年版，第20页。

② 本章所参词典类著作主要有：聂鸿音、孙伯君《〈西番译语〉校录及汇编》，社会科学文献出版社2010年版；孔江平《藏语方言调查表》，商务印书馆2011年版；张怡荪《藏汉大辞典》，民族出版社2013年版；民族出版社编译《汉藏对照词汇》，民族出版社1976年版。我们主要在西藏民族大学藏族大学生中对藏语方言作了多次调查，又前赴拉萨，在文学院拉萨函授班学员中展开调查。将清人的汉字记音与上述藏汉词典及藏语调查三方面相结合，形成了本书的藏文拉丁转写形式。

式。个别词语不见于以上诸辞书，且于方言中已少用或不用的，藏文转写部分暂付阙如。（注：藏文采用拉丁字母转写，按藏文字母表的顺序为：k、kh、g、ng；c、ch、j、ny；t、th、d、n；p、ph、b、m；ts、tsh、dz、w；zh、z、v、y；r、l、sh、s；h、a；i、u、e、o。）

第一节　《西藏见闻录》及其所记录的"方语"

《西藏见闻录》共上、下两卷，作者萧腾麟是江西峡江县人，是康熙年间武举人，书前有自序："乾隆二年，统领官兵驻镇察木多，督理西藏台站也。瓜期当代，时准噶尔奏准进藏熬茶，又以熟悉夷情，留驻二年，盖五载于兹。"作者对西藏民情、风俗较为熟悉，据其亲历见闻和档册记载，约于乾隆八年（1743）撰成此书。乾隆二十四年（1759）萧腾麟卒后，由其子萧锡珀将是书付诸刊行。全书分事迹、疆域、山川、贡赋、时节、物产、喇嘛、方语等 20 目，冠序文 7 篇。作者以亲身经历及所见所闻，记录编次成书，为初至藏地的商贾、官兵、驿使了解藏情提供了参考，所记多为第一手资料，有一定的实用价值。下卷有《方语》一篇，不见录于乾隆时期的《西藏志》及此前各书。作者在此篇篇首"凡例"中说："天下语音之清浊轻重，系风气水土不同，中原四方，已多互异，鴃舌莫辨，凭通事之传达，保无舛误，因即日用常言，细心译出，便可审而知之矣。"《方语》释词体例采用训诂学"某，某"的训释体式，先列出汉语言中的字、词，再根据藏语的发音，在汉语中找到发音相同或相近的汉字与之对译，用小字标注。由于主要用于口语通译，往往不录民族文字，这一点与《华夷译语》相似。此书今传有中央民族学院图书馆繁体竖行排版本（1978 年 6 月），另外，还有辛约点校的简体字本，收于中国藏学出版社《西藏学文献丛书别辑》第一函。

以下列举《西藏见闻录》中的"方语"条的具体内容。原文所列举的454 个词语连接书写，未有标点或间隔。下文为了表义的清晰，每条先列汉语词，次列相应的藏语汉字记音形式，其间用逗号隔开，再根据清人的藏语记音，结合现代藏语的发音，为每个条目附上藏文的拉丁转写形式。藏文拟音材料是在西藏民族大学藏族学生（以昌都籍学生为主）及西藏民族大学文学院 2012 级、2013 级拉萨函授班学员（成员主要为西藏各地区基层的中小学藏族教师）中反复调查得来的，同时参考了《藏汉大辞典》《汉藏对照词典》等辞书及格桑居冕、格桑央京的《藏语方言概论》等著作。限于学识及精力，个别词语既不见于典籍记录，亦不见用于当今的藏语口语，其转写形式暂付阙如。

天，朗 gnam

地，撒 sa

日，尼吗 nyi ma

月，达瓦 ta ua

星，噶吗 skar ma

风，隆 rlung

云，拯 sprin

雷，箸 thog

雨，槎霸 char pa

雪，卡门 kha ba

冷子，塞门 ser ba

黄沙，撒暴 gser bye

雾，纳瓮 na sphun

露，习霸 zil pa

霜，拔慕 ba mo

日食，尼吗撒 nyi ma zas

月食，达瓦撒 ta ua zas

春，急卡 dbyid kha

夏，哑卡 dbyar kha

秋，登卡 ston kha

冬，工卡 dgun kha

冷，卡雄 vkhyags byung

热，擦慕 tsha po

东，暇雀 shar phyog

南，拖雀 lho phyog

西，洛雀 nub phyog

北，雄雀 byang phyog

昼，凝工 nyin dkar

夜，村明 mtshan mo

天明，些慕 shar ba

天暗，梅六 mun rub

过年，乐洒 lo gsar

冬至，尼吗猓 nyi ma log

海，锉 mtsho

河，处卡 chu bo

沟，窳 yur

水，处禾 chu

泉，穷课 chu mgo

山，纳 ri

洞，扎普 brag khung

崖，扎 dza

坑，董 dong

坡，纳偷 la thur

坎，革霸 gad vobas

窝，丛 tshang

坪，坦木 thang

坝，雄桶 gshong thang

石，多罗 rdo ba

树，行鑥 shing sdong

木，冬嘛 lcong ma

草，杂 rtswa

树林，那 nags

城池，宗 rdzong

卡仑，锁把 so pa

地方，撒卡 sa cha

途路，狼噶 lam ka

山崩，热道窘 ri thor srubs

地裂，撒额窘 ser srubs

神仙，拉松结 lha bzang skyad

文官，颇本 phogs dpon

武官，麻本 dmag dpon

祖父，阿呢 a mes

祖母，阿歪 a yas

父亲，阿八 a pha

母亲，阿妈 a ma

叔叔，阿库 a khu

姑娘，阿奶 a ne

娘舅，阿襄 a shang

哥哥，兵兵 span spun

弟弟，脚脚 co co

儿子，布 bu

女儿，薄慕 bu mo

外甥，擦污 tsha bo

孩童，压牛 nyog

男子，眉暇 smad shad

妇人，那慕 na mo

朋友，杀呢 sha spu

客商，葱巴 tshong pa

兵丁，麻媚 dmag mi

百姓，灭些 mi ser

头目，干波 gde pa

瞽者，隆瓦 long ba

瘸子，狎窝 zha bo

哑子，姑巴 lkugs pa

医生，恶木气 em chi

画工，拉若 lha bzo

木匠，审若 shing bzo bo

石匠，夺戈 rdo bzo

铁匠，额哇 mgar ba

男僧，喇嘛 bla ma

女尼，觉慕 jo mo

巫师，垂仲 chos skyong

年老，格布 rgas po

幼小，穷穷 chung chung

人，媚 mi

你，雀浪 khyod rang

我，额浪 nga rang

头，俄 mgo

发，渣 bskra

辫子，打渣 btag bskra

脸，冬把 gdong kha

鬓，张把 vgram pa

耳，位绞 am chog

额，托巴 thod pa

眉，蜜补 mi spud

眼，魏 mig

眼泪，魏革 mig chu

鼻，罗 sna

口，卡 kha

舌，姐 lce

齿，锁 so

颔颌，麦里 ma ne

喉，窝革 mid ka

胡须，卡布 kha spu

膊项，革多 ske ba

肩，擦巴 phrag pa

脊，革巴 sgal pa

胸脖，中 brang

身，肉补 lus pho

手，拿罢 lag pa

手掌，拿企 lag mthil

大指，特暮 theb mo

三指，京宗 dkyil mdzub

五指，卒宠 mdzub thung

髀股，汪多 ngar gdong

腿，工巴 rkang pa

脚，速盖 je ke

心，然 sem

肝，迁巴 mchin pa

腑，诺哇 glo ba

肾，开马 mkhal ma

腰，盖巴 sked pa

小溺，景冬 gcin gtong ba

粪，夹罢冬 skyag pa

帽，匣 zhwa

穿衣，各管 gos gon

绵衣，夹马 vjam ma

夹衣，尼滓 nyis rtseg

单衣，江虾 phyang shag

马褂，登驳 ting pong

皮褂，擦鹿登驳 tsha ru ting pong

袍，褚巴 phyu pa

短袄，文肘 vog phyug

袖，蒲弄 phu ring

衣面，启虾 phyi sha

衣里，郎虾 nang sha

裤，躺卜 snam bu

裙，郭在 sked kris

围裙，班代 pong gdan

帽，匣 zhwa

袜，翁木苏 u mu su

鞋，杭 lham

靴，巷 lham

带子，格拉 sked rags

纽子，卓姑 sgro gu

耳环，兵当 bad vdab，一名工纳 kong rna

手镯，则隆 sgrog gdub

戒指，慈姑 tshags gebs

被，捏哥 nyal chas

褥，澄 gdan

毯，资母 rtse mo

枕头，哀 sngas

手巾，勒西 lag phyis

米，折 vbras

面，卓藏 gro zan

盐，擦 tsha

茶叶，甲 ja

香油，麻拉 mar nag

酒，仓 chang

肉，夏 sha

酥油，嘛 mar

面包，工加 go re

果子，卡热 kha zas

小麦，卓 gro

青稞，勒勒 nas nas

· 95 ·

粟米，扯 khre

冰豆，先工 shan ku

黄豆，甲先 sran ser

牛奶，鹅骂 vo ma

猪，拔 phag

羊，六 lug

牛，刻马 mjo mo

犏牛，作 mdzo

毛牛，哑 gyag

黄牛，舥安 glang

马，打 rta

骡，这 drel

驴，姑六 gu ru

狗，起 khyi

猫，里哥 lo kho

鱼，牙 nya

鸡，甲 bya

蛋，工庵 sgong nga

葡萄，更中 rgun vbrum

枣，卡茹那呢 kha sur

杏，利亢布 li kham bu

白糖，习骂噶拉 bye ma ka ra

烟，独凹 du ba

蒜苗，各坝罗骂 sgog pa lo ma

蒜薹，各东 sgog dung

蒜，各坝 sgog pa

滋味，行布 bro ba

苦，卡暮 kha mo

甜，额暮 mngar mo

酸，许暮 skyur po

辣，卡擦 kha tsha

咸，哈 che

灶，他噶 thab ka

锅，杂安 rdza nga

铁杓，加学 lcags gzar

木碗，普路 phor ba

瓷碗，噶盂 dkar yol

茶壶，得差 dem ja

酒壶，虾当 chang dem

盅子，冲冲噶盂 chung chung dkar yol

箸，卡夺 kha thur

筲帚，夺打 sdud ma

笊篱，夹擦 ja tshags

锅盖，卡奈 kha leb

簸箕，左吗 khrol ma

火，灭 me

烧火，灭普 me vbud po

劈柴，兴腮 shing bshags pa

做饭，穰骂作 za ma bzo

蒸饭，折卡 vbras brtsos

择菜，哦些 sngo gses

吃，浙 za

嗑，通 vthung

烧茶，甲格 ja skol bo

房，空巴 khang pa

门，各 sgo

门楄，各列 sgo glegs

开门，各起 sgo phye

闭门，各缴 sgo brgyab

睡房，仍空 gzim khang

厨房，踏聪 thab tshong

床，捏车 nyal khri

板，然白 leb

棍，遥届 yog ced

桩，噶瓦 ga ba

钉，则房 vdzer ma

刀，直 gri

斧，打里 sta re

锄，角 mjor

镰，索拉 zor ba

绳，踏罢 thag pa

扛，直务 phrag gdang

箱子，缸工 ko sgam

柜子，哭老 vkhur lag

衣架，国东 gos stegs

火盆，麦角 me ko

盆子，角界 ko lding

盒子，巴里 pa ri

笔，拟卓 smyig

墨，拉杂 snag tsha

纸，学姑 shog gu

书，益盖 yig mkhan

锁，色马 za ma

钥匙，口 khog

烟袋，缸擦 tha khug

针，靠 khab

线，各巴 skug pa

轿，将扯 cvo khre

轿衣，将拉约拉 vgyogs byams yol

轿杆，将欣 cvo shing

轿顶，将扯泄多 cvo khre sbyin vdo

坐轿，将拉六 cvo lam lum

轿夫，将讲开密 vgyogs byam khur mkhan

骑马，打甲 rta kya

马鞍，锅滓 sga chas

屉，打垫 rta gdan

鞦，买 rmed

辔，打扫 rta srab

扯手，扫他 sor thag

镫，摇 yob

镫扎皮，摇他 yob thag

捆肚，诺勒 glo len

偏缰，归他 mgo thag

笼头，免鲁 mthur mduv

缰绳，免他 mthur thag

喂料，色马碟 za ma ster

饮水，区桶 chu vthung

草厂，滓卡 rtsawa kha

铡刀，滓直 rtswa gri

铡草，滓都 rtswa gtub

刷抱，打却 rta shad

钉掌，米加缴 rmig lcags

弓，与 gzhu

箭，大 mdav

撒袋，杀答 sag thag

弓弦，与替 gzhu rgyud

靶子，奔 vben

射箭，答交答 mdav rgyag pa

打箭，大林着 mdav lugs

炮，驳庆麻 sgyogs mdav

鸟枪，鸣打 me mdav

火药，鸣则 me rdzas

铅弹，的五 mdav

火绳，墨更 me rta

九龙袋，则箍 rdzas khug

青，哦哦 sngo sngo

黄，色色 ser ser

红，妈妈 dmar dmar

白，各各 dkar dkar

黑，纳纳 nag nag

绿，江革 ljang gu

蓝，鹅下 sngon

紫，逞卡麻 rgya smug

染色，区作 tshos rgyag pa

深，顶拉 gting ba

浅，处丈 phran tsam

上，牙里 jar

中，及呼 dkyil khug

下，麻里 mar

前，恩 mdun

后，交 rgyab

大，茄卜里 chen po

小，虫虫的 chung chung

方，竹系 gru bzhi

圆，各各的 sgor sgor

直，些播的 vdrong po

斜，居耳 kyar kyor

歪，摇摇的 khyom khyom

远，他凌 thag ring

近，尼暮 nye mo

高，拖 mtho

低，马 dmav

长，忍 ring

短，同 thung

厚，拖卜 mthug bo

薄，撒暮 srab mo

轻，容 yang

重，疾 che

两，中贡 srang gang

钱，学贡 zho gang

分，噶贡 sgar gang

厘，里贡 li gang

一，鸡 gcig

二，呢 gnyis

三，松 gsum

四，日 bzhi

五，庵 lnga

六，竹 drug

七，登 bdun

八，结 brgyad

九，谷 dgu

十，居 bcu

百，夹 brgya

千，东查 stong phrag

万，扯碣 khri rco

金，些 gser

银，偶 dngul

铜，穰 zangs

铁，加 lcags

锡，虾乃 zha nye

铅，热利 sha nye

布，热 ras

氆氇，褚 phrug

藏茧，木列 vbur ras

珍珠，莫地 mu tig

松尔石，育 gyu

青金石，莫麦 mu men

珊瑚，局类 byu ru

蜜蜡，卑西 phi shel

琥珀，贺喜 spos shel

砗磲，洞 dung

玛瑙，槎木 khra man

麝香，拉资 gla rtsi

藏香，减杯 rgya spos

红花，卡茄虾刚吗 kha che sha ka ma

牛黄，翁布楼 dbang po ru lu

阿魏，辛固 shing gu

檀香，簪得 tsan dan

松，通审 thang shing

柏，速蘯 shug pa

杨柳，江马 ltang ma

桃，亢布行蘯 kham bu shing tog

梨，古俗行蘯 ri su shing tog

梅，牙须行蘯 ya shu shing tog

竹，吽马 smyug ma

花，墨斗 me tog

龙，逐 klu

虎，挞 stag

豹，入 gzigs

狐，娃 wa

猞猁狲，倚 gyi

鹿，虾吴 sha ba

麝，拉哇 gla ba

狼，香口 spyang gu

熊，折暮 dom

雕，割 rgod

喜鹊，霞噶加格 sha khi cag cag

乌鸦，卡打 khwa ta

鹰，诈 khra

鸽，骨堵 gu du

蝴蝶，普烈 phye ma leb

蜂，着吗 sprang ma

蝇，章木 sbyang bu

虫，木 vbu

蛇，屡 sbrul

臭虫，折喜 vdre shig

贵贱，噶木杂木 dgav mo vdzav mo

好歹，押暮阿噶 yag va kag

善恶，娘宠恩把 bzang po ngan pa

迟慢，期革利 ga ler

多少，忙布牛牛 mang po nyung nyung

强弱，咱行 drag zhan

看，他 btas

听，凝 nyan

动静，额卡搂 gans tshul

安闲，额得勒墨 las med skyid sdod

紧急，约卒折 tsha drag

买卖，幼纵 nyo tshong

收放，林桶 glod sdud

输赢，膀结 vpham rgyal

下跪，箕母租 pus mo vdzugs ba

磕头，摺披 phyag vtshal

走去，着耸 vgro song

回来，诺学 log shog

坐，独 vdug

起，来狼 ar langs

问候，德行有 bde mo

请安，亢亢 khang khang

热闹，斗母打 vdu mo dag

冷淡，气墨格 khrel vgod

吵闹，无渣 vur sgra

喊叫，麦把 mbe

叫骂，们家 smad ra

睡卧，仔母歪 gzims

勤谨，额扬 nge yang

懒惰，恩旦 gyeng bag

老实，颠巴且 bden pa

说话，卡咱 kha cha

讲理，党歪 bden ba

思想，桑路董 sam blo dang

行善，雀歪 mchod

作恶，的巴歪 sdug pyed

打仗，马缴 dmag rgyag

抢夺，戳松 vphrog song

运粮，桑锅寫着 za vbru skyel ba

解饷，偶的 dngul gted

接应，数着 bsu ba

成功，讨提 thob rgyal

凯旋，汤扯猓雄 dpung vbrel log shog

荣升，逞布惹提 tshon po re thigs

恩赏，偷及且 thugs rdze che

好相与，匣布 gyogs po

坐生意，葱吉 tshong sgyed

有体面，枉尤 dbang yod

没廉耻，枉灭 dbang med

没规矩，者眉色里 vbri med sri lan

朝廷王法，工马结布逞 gong ma rgyal povo khrims

往那里去，噶着 gab vgrog

不知好歹，哈墨奇 ham pa tshe

《方语》共收词 454 条，所列词语未标明门类，列词顺序基本上按照《华夷译语》的体例编排，属于同一意义范畴的词语放在一起，内容涉及天文、地理、时令、人物、身体、宫殿、器用、饮食、衣服、声色、文史、方隅、花木、鸟兽、珍宝、香药、数目、人事、通用 19 个门类。与《西番译语》相比，《方语》中没有经部门。与九种《西番译语》中的《打箭炉译语》相比，《方语》所收词目（454 条）少于《打箭炉译语》（742 条）。《方语》所立部分词条如黄沙、日食、月食、崖、坑、坡、坎、窝、坪、坝、洞、厚、薄、轻、重、天明、天暗、冷等，不见于《打箭炉译语》。作者选择的被释词具有一定的偏向性，涉及宗教的词语仅有神仙、男僧、女尼、巫师 4 条，而涉及官场、军旅生活的词语较多。器用门中，《打箭炉译语》仅列轿，《方语》则有轿、轿衣、轿杆、轿顶、坐轿、轿夫 6 条；涉及马的词条《打箭炉译语》仅列鞍，《方语》列骑马、屉、鞦、辔、扯手、镫、镫扎皮、捆肚、偏缰、笼头、缰绳、喂料、铡草、刷抱、钉掌 15 条；有关弓箭枪炮的词语《打箭炉译语》仅列弓、箭、炮、兵器 4 条，《方语》列有弓、箭、弓弦、撒袋、靶子、射箭、打箭、炮、鸟枪、火药、铅弹、火绳、九龙袋 13 条；另有输赢、打仗、抢夺、运粮、解饷、接应、成功、凯旋、荣升、恩赏 10 条不见于《打箭炉译语》，这与作者驻藏期间的军人身份有很大的关系。

《方语》所拟定的词条大多为当时的常用词语，其中包括以下词汇成分。

1. 方言口语词。如冷子（冰雹）、面包（火烤的面饼）、睡房（卧室）、松尔石（绿松石）、筲帚（扫帚）、火盆（盛炭火取暖的盆子）、冰豆（扁豆）、姑娘（姑姑）、娘舅、女尼、瘸子、睡房、厨房、靶子、辫子、弟弟、颔颏、胸脯（胸）、膊项、骒马（骡马）、嗑（喝）等。与后出的《卫藏图识》中的《蛮语》篇（见下文）相比，《方语》的释词也带有方言色彩，如用来记录藏语音节的汉字，体现出作者前后鼻音不分（如图 1 所示），声母"n、l"不分（如图 2 所示）的特点：

被释词	藏文转写	方语	蛮语
云	sprin pa	拯	真
秋	ston kha	登卡	段卡
冬	dgun kha	工卡	棍卡
七	bdun	登	顿
长	ring	忍	零

图 1

被释词	藏文转写	方语	蛮语
山	la	纳	拉
手	lag pa	拿罢	喇巴
腑/肺	glo ba	诺哇	落牙
墨	snag tsha	拉杂	纳咱
风	rlung	隆	弄

图 2

2. 清代特有的词语。如解饷、扯手（马缰绳）、镫扎皮（把马蹬和马鞍连接在一起的牛皮带子）、捆肚（马肚带）、九龙袋（子弹袋）、马褂、烟袋等。

3. 代表中原满汉文化的词语。如撒袋（蒙古语，箭袋）、卡仑（满语，哨所）、恩赏、请安、荣升等。

4. 日常简短的口语句子。如好相与、没规矩、没廉耻、坐生意（做买卖）、往那里去、朝廷王法、不知好歹等。所收短语大多为日常用语，小部分是当时官府用语的转译。这些资料"对研究藏汉语言文字有重要参考价值"①。

与《卫藏图识》中的《蛮语》相比，两者用来记录藏语的汉字词，少数译词相同或者读音相近，如刀 gri，记音为"直"；盐 tsha，记音为"擦"；部分译词往往因为记录者的发音习惯不同而造成同一意义用了不同的汉字来表示，如肝 mchin pa，《方语》记音为"迁巴"，《蛮语》为"称巴"。个别译词在音节上相去甚远，如"妇人"，《方语》记音为纳慕 nag mo，《蛮语》记音为鸡灭 skye dman，又曰阿甲 a ce，这是由于不同作者记录的是不同地点藏语方言的缘故。

---

① 丹珠昂奔：《藏族大辞典》，甘肃人民出版社 2003 年版，第 833 页。

　　蒋世铨在此书序中说："此《见闻》一录，乃驻察木多而作者也。"结合《方语》所记的译词，可知其所记大致为今昌都一带的藏语发音。拿《方语》的记音与今天的昌都话相比较，有以下几种情况。

　　1.《方语》所记音大部分如今在昌都话里仍能找到，以上的藏文转写就是笔者在西藏民族大学昌都籍学生中调查得来的。个别词语的发音，与今天的昌都话口语略有不同。如：行善，雀歪 mchod；作恶，的巴歪 sdug pyed，汉语译音中的成分"歪"仅见于口语，书写中不出现。

　　2. 藏语昌都话内部较为复杂，如今在一些地理位置较为偏僻的乡村，仍在使用只有本乡本村人能听懂的方言进行交流。《方语》所记个别词语的藏语发音可能就是昌都话里的某一方言点的方音，如"喜鹊"，今嘉戎语发音为 sha khi cag cag,① 与《方语》所记"霞噶加格"的语音接近，而藏语拉萨话里读音为 skya ka。又如炮，驳庆麻；动静，额卡搂；柜子，哭老；迟慢，期革利；贵贱，噶木杂木，这些藏语记音和今天的发音相去甚远。

　　3.《方语》所记部分词语，随着时代的变迁，在今天的昌都话里已经找不到踪迹，如轿、轿衣、轿杆、轿顶、坐轿、轿夫、荣升、运粮等词本身在昌都话里已经不再使用，其清代的藏语记音因而也就无从考察了。

　　4. 与今天的藏语发音相比较，《方语》所记个别词语有失误。如《方语》"男子，眉暇"，"男子"疑为"女子"之误。眉暇 sman shar，藏语意为青年女子、少女，《蛮语》的"男子"记音为"结巴 skye pa"。又如"弟弟"，为"脚脚 co co"，今藏语称哥哥为"co co"。

第二节 《卫藏图识》中的"蛮语"

　　《卫藏图识》有中国藏学出版社影印本，收在《西藏学文献丛书别辑》第一函。此书分为五卷，为马揭、盛绳祖合编，有乾隆五十七年（1792）刻本。内容以介绍藏区概况和宗教、历史为主，是一部有关西藏的汉文

---

　　① 黄良荣、孙宏开：《汉嘉戎语词典》，民族出版社 2002 年版，第 536 页的"喜鹊"标音为 ça²² khi³³ tçak⁵⁵ tçak⁵²。

"百科全书"。马揭在清军入藏打击廓尔喀侵略之际由川进藏，盛绳祖随祖父之任在打箭炉居住十一年，由于居川年久，得悉藏事，两人合采《四川通志》中《西域》一卷及无名氏《西域纪事》《西藏志》等的记载，删聚成书，备行军之用。此书卷首鲁华祝序："卷末载'蛮语'一则，则杨升庵《丹铅录》之遗意，土音也，方言也，一而已矣。异日者，大功告藏，平番作颂，上以备圣天子辖轩之采，下以为士大夫搜辑之资。"《蛮语》卷首弁言称："自炉城抵藏数千里，风物不同，语言亦异。第即音韵呼吸之间而细绎之，则亦大概从同。有音之转者，如'阿丫'为'阿娘'，'革哇'为'额凹'，'昌'为'叉'之类是也。有音之急读、缓读而可通者，如'阿务'为'奥木'，'多'为'都'之类是也。跙缩蛮陬若难骤辨，亦无不可推类而知也。若方言之小异，时亦有之，兹恐履其地者之迷于听也，故附《蛮语》一卷，分类而辑之。"川藏线是清代由内地进入西藏的主要通道，也是清代驻藏大臣的进藏路线，这一沿线分布的村落中，语言状况复杂，《蛮语》所记，大多为这一带的藏语。

《蛮语》在内容上，分天文、地理、时令、人物、身体、宫室、器用、饮食、衣服、声色、释教、文史、方隅、花木、鸟兽、珍宝、香药、数目、人事19类，共473条。与《西番译语》相比，缺少通用门。释词体例为：先列举汉语的词，然后用双行小字作注，以汉字注明藏语的发音。以下列举《卫藏图识》中"蛮语"条的具体内容。（说明：个别词语的又音由于资料缺乏，其藏文转写形式暂缺。）

一　天文门

天，浪 gnam

日，尼嘛 nyi ma

月，大瓦，达哇同 ta ua

星，噶儿嘛 skar ma，藏曰宿米 tsu ri

云，真 sprin，藏称风包 sprin pa

雷，托 thog，藏曰音独

电，律 klog vod

霜，八木 ba mo，藏曰咔 kha bad

雪，咔哇 kha ba

雾，木罢 smug pa

露，孜儿罢 zil pa

雨，岔耳罢 char pa

雹，谢耳哇 ser ba

风，弄 rlung

烟，毒哇 du ba

日出，尼嘛贡 nyi ma shar

日落，尼嘛浪所 nyi ma nub pa

月出，达哇贡儿 ta ua shar

月落，达哇浪索 ta ua nub pa

金星，八哇桑 pa wa sangs

木星，卜耳不 phur bu

水星，呐巴 lhag pa

火星，迷墨儿 mig dmar

土星，冰巴 spyen pa

霜降，拔息拔 ba mo vbab

风起，弄浪 rlung lang

风住，弄扯 rlung vgag

虚空，半浪 bar snang

法界，棹音 chos dbyings

天晴，浪当 gnam dwangs

天阴，浪簇 gnam tshub

云厚，真秃 sprin vthug

云薄，真索 sprin sab

有雨，岔约 char yod

无雨，岔灭 char med

风慢，弄达耳 rlung dal

风寒，纳巴扯 lhag pa med

日照，尼嘛坡 nyi ma phog

日遮，尼嘛交 nyi ma sgrib

二 地理门

地，萨 sa

世界，只顶 vjig rten

皇图，甲恩 rgyem srid

天下，甲亢 rgyal kham

中国，育密 yul dbus

地方，萨刺 sa cha

水，出，楮同 chu

火，迷 me

石，夺 rdevu

山，拉，喇同 la

沙，杰嘛 bye ma

海，江错 rgya mtsho

江，出称 chu chen

河，出窝 chu bo

泉，出迷 chu mig

井，称罢 khron pa

墙，姜 gyang

园，喇瓦 ra ba

道，朗 lam

桥，散罢，三坝同 zam pa

长，零 ring

短，同 thung

远，地零 thag ring

近，同他 thag thung

深，丁饶 gting zab

浅，没饶 me zab

高，讬 mtho

低，慢 dmav

宽，羊 yangs

窄，夺 dog

广，甲扯 rgya ches

四方，竹目 gru bzhi

动，约 gyov

软，腻 rnyid

硬，撒 bsra

流，瀑 vbab

佛地，拉撒 lha sa

佛教，桑结旦巴 sa rgyes brten

黄河，骂出 dmar chu

好水，出戎 chu bzang

恶水，出恩 chu ngan

尘，毒耳 rdul

街，松夺 gsum mdo

沟，龙巴 lung pa

边，塔 mthav

三 时令门

春，吉卡 dbyid kha

夏，约卡 dbyar kha

秋，段卡 ston kha

冬，棍卡 dgun kha

年，洛 lo

月，达 ta

日，尼 nyin

时，菊 dus

昼夜，尼参 nyin tshan

热，擦 tsha po

寒，章 grang

暖，卓 rgrod

凉，昔 bsil

冻，恰 vkhyag

温，擦章仰 tsha grang gnyis

时节，菊错 du tsho

夜长，泽零 mtshan ring

夜短，泽同 mtshan thung

今日，达零 de ring

明日，送逆 sang nyin

今年，达洛 da lo

明年，送迫 sang pho

昔，莪马 sngon ma

今时，达达 da ltar

永远，于苓 yun ring

昼，尼么 nyin mo

夜，泽么 mtshan mo

早，阿卓 sngar drod

晚，赤卓 phyi drod，藏曰尼嘛拉盖 nyi ma nub khavi

半日，尼扯 nyen phyed

半夜，朗扯 nam phyi

新年，洛鳃 lo gsar

旧年，洛逆 lo rnying

四　人物门

大人，安奔 am ban

汉官，甲奔 rgya dpon

宰相，鸾播 blon po

王子，甲薛 rgyal sras

土官，密本 mi dpon

地方官，育本 yul dpon

头目，牒巴 gde pa

文官，破本 phogs dpon

武官，嘛本 dmag dpon

师傅，洛本 slob dpon

徒弟，索嘛 slob ma

僧人，更登 dge vdun

道士，滚巴 sgom pa，藏曰朱巴 sgye pa

兵，马米 dmag mi，藏曰甲米 rgya mi

百姓，葱巴 tshong pa

喇嘛，喇嘛 bla ma

奴婢，约因 gyog po

聪明，洛孺 blo rig

亲，业瓦 nye ba

曾祖，羊灭 yang med

祖，灭播 mes po

叔，库窝 khu ba

伯，库窝扯哇 khu va gri va

父，拔 pha

母，妈 ma

舅，阿戎 a zhang

女，卜磨 bu mo

子，不 bu

兄，扑窝 phu bo，藏曰冰冰 span spun

弟，洛窝 nu vo，藏曰角角 co co

侄，造窝 tsha bo

孙，羊擦 nyog

男子，结巴 skye pa

妇人，鸡灭 skye dman，又曰阿甲 a cag

妻，钦巴 khyi pa

・113・

富，出波 phyug po

贫，物波 dbus po

紧，角巴 mgyog po

主，达波 bdag po

岁，拿梭 na so

老，洛波 rgas po

贼，甲巴，夹坝同 jag pa

和尚，札巴 grwa pa

尼姑，觉么 jo mo，藏曰阿妮子 a ne

继父，拔牙 pha gyar

继母，妈牙 ma gyar

兄弟，朴奴 phu nu

朋友，杂窝 grogs po

伶俐，江波 spyang po

懒惰，共泽 vgul tsher

五　身体门

身，虑 lus

头，俄 mgo

顶，吉窝 spyi bo

发，匝 bskra

眼，密 mig，又曰雪密 spyan mig

眉，密布 mi spud

耳，纳瓦 rna ba

鼻，纳 sna

口，噶 kha

唇，出 mchu

齿，索 so

乳，吴麻 vo ma

手，喇巴 lag pa

肚，辞巴 gsus pa

心，桑巴 sems

脚，工巴 rkang pa

气，物 dbug

疮，孰瓦 shu ba，又曰独 dug，又曰筋支

舌，结 lce

模样，衣足 lce bzo

筋，菊 bgyud pa

力气，涉磨 shed mo

面，峨 ngo

福禄，望荡 dbang thang

念，端 vdon

心性，性尼 sems nyin

想，颡 bsam

胸，章 brang

指，梭磨 sor mo

肝，称巴 mchin pa

肺，落牙 glo ba

骨，入巴 rus pa

毛，布 spu

血，刹 khrag

强，望 dbang ches

弱，念虫哇 nye chung ba

六　宫室门

宫殿，拨章 pho krang

房，亢罢 khang pa，又曰空罢

寺院，喇亢 lha khang

库，作 mtshod，又曰商 phyag

书房，中译亢 drung yig khang

衙门，本亢 dpon khang

梁，破 phong

柱，葛瓦 ka ba

椽，栋马 gdung ma

门，郭 sgo

窗，格亢 sge khung

寨，宗 rdzong

塔，车邓 mchod rten

营盘，马噶 dmag sgar

七 器用门

印，汤噶 tham ga，又曰替 tha

碗，大曰卓哇，小曰冲哇底

小楪，楪麻 sder ma

酒盏，冲筒 chong tung

斗，薄铳 vbog chung，又曰克 khal

盆，戎罢 gzhong pa，又曰札波 tung ban

辔头，打札 rta srab

锅，绒 vzung，又曰拉阿 sla nga

杓，角 skyogs，又曰小

锁，郭甲 sgo lcang

钥匙，的 lde mig

车，申答 shing rta

刀，直 gri

剑，热直 ral gri

矛，东 mdung

牌，朴 phub

弓，茹 gzhu

箭，达 mdav

枪，明达 me mdav

旗，达儿 tar

甲，超 khrab

盔，磨 rmog

船，佳 mnyan

鼓，阿 rnga

钹，刹嘲 cha lang

铃杵，夺折 rdo rje

香炉，箔破 spos phor

幡，绊 vphan

锣，卡阿 mkhar rnga

绳，搭巴 thag pa

伞，稍斗 gdung

鞍，哈 sga，又曰打甲 rta sga

笛，令卜 dril bu

铙，渣居 gra sdyug

螺，冬 dung

座，丁赤 gdan khri

镫，麻灭 mar me，又曰雪灭 bzhu mar

梯，格 skas

八　饮食门

饮食，萨冻 bzav btung

吃，萨 za

吃饭，萨嘛 za ma

面，直 gro，又曰土巴 thug pa

米，折 vbras

酒，昌，呛同 chang，又曰冲 chong

茶，扎 ja，又曰甲大

炒面，糌粑 tsam pa

酥油，脉儿 mar

蜜，章孜 sbrang rtsi

肉，沙 sha

黄酒，甲昌 rgyar chang

清酒，脉约 mar nag

盐，擦 tsha

甜，艾 mngar，又曰拨浪 bu ram

苦，渴 kha

麦，卓洗 gro zhib

九　衣服门

官服，挐萨 gzab gos

民衣，郭 gos，又曰褚巴 phyu pa

帽，热 zhwa

官帽，物热 dbu zhwa

靴，康 lham，又曰夯

袜，番人无袜，同汉语

褛，播 vbol gdan，又曰替 gdan

缎子，葛巾 gos chen

绫，达 dar

麻绳，索麻纳杂 so ma ra tsa

氆氇，抒 phrug，又曰浪布 snam bu

线，孤巴 skud pa，又曰葛巾 ko rgyun

法衣，辍郭 chos gos

十　声色门

白，该布 dkar po，又曰葛葛 dkar dkar

蓝，烘布 sngon po，又曰拉拉

黄，谢布 ser po，又曰温布

红，脉布 dmar po

紫，墨纳 dmar nag

五彩，卡夺 kha dog

油绿，江纳 ljang　nag

十一　释教门

如来，诏 chos

然灯，嘛绒节 mar me mdzad

释伽，沙加兔巴 sha kya thub pa

神，呐 lha

鬼，折 dre

藏经，葛菊 bkav vgyur，又曰益盖 yig mkhan

目录，当罢 dum pa

卷，班播 bam po

品，列吾 le vu

佛像，喇谷 lha sku

三宝，工却桑 dkon mchog gsum

罗汉，勒顶（"勒顶"是藏语音译），又曰勒角 gnas brtan

妙法，丹辙 dam chos

十二　文史门

书，别岔 dpe cha

经，哆 mdo

纸，杓谷 shog gu

墨，纳咱 snag tsha

笔，奴谷 snyu gu

图书，体物 thi vu

真字，萨遗 za yig

番字，播遗 bod yig

医书，幔遗 sman yig

语录，旦菊 bstan vgul

十三 方隅门

东，厦耳 shar

西，奴 nub

南，洛 lho

北，降 byang

上，项 sgang

下，卧 vug

左，怨 gyon

右，叶 gyas

前，顿 mdun

后，交 rgyab

内，囊 nang

外，且 phyi

中间，拔耳 bar

内外，且囊 phyi nang

十四 花木门

花，密朵 me tog

木，申 shing，又曰极

树，申卜 shing phung，又曰酉 yog

林，纳 nags

草，咱 rtswa

竹，奴麻 smyug ma

莲花，百麻 pad ma

根，咱瓦 rtsa ba

枝，腋 yal ga

叶，罗麻 lo ma

果品，甚夺 shing tog

茜，萃 btsod

杏，阿立看布 mngav ri kha bu

桃，看布 kham bu

十五　鸟兽门

虎，答 stag

豹，席 gzigs

狮子，新革 seng ge

麒麟，出心 chu srin

彪，供 gung

熊，夺 dom

狐，瓦 wa

鹿，沙瓦 sha ba

狼，章谷 spyang gu

鼠，蛙哇 byi ba

鹰，郭 rgo

驼，安亩 rnga mo

牛，作 mdzo，又曰克嘛 mjo mo

兔，耳工，又曰日工 ri bung

龙，律 klu

蛇，直 sbrul

马，达 rta

羊，路 lug

猴，折 sprevu，又曰毕武 pu bu

鸡，甲 bya

狗，气 khyi

猪，怕，（怕、拔音同）拔同 phag

水牛，么亥 ma he

凤凰，穷穷 khyung khyung

孔雀，卵甲 rma bya

鹅，昂巴 ngang ba

鱼，念 nya，又曰阿
飞，朴耳 vphur
鸣，哑 sgrog pa
宿，厦 zhag
食，寻 zin
骟马，坡达 pho rta
骡马，郭嘛 rgod ma
猫，速迷 shi mi

十六　珍宝门

珍珠，木的 mu tig
玛瑙，席 gzi
珊瑚，菊六 byu ru
琥珀，不奢 spos shel
玉，舍耳 shel
金，谢儿，又曰塞 gser
银，硬，又曰藕 dngul
铜，纳，又曰拉 rag
锡，然宜 zha nyes
铁，渣 lcags
水晶，出奢 chu shel
水银，硬出 dngul chu
银钱，章喀 tang ga
象牙，拔梭 ba so

十七　香药门

藏香，菪 spod
檀香，赞丹 tsan dan
沉香，阿葛卢 a ga ru
甘草，甚艾 shing mngar

冰片，噶布鲁 ga bur

豆蔻，杂的 tsha ti

杏仁，看厌 kham yag

白芨，素罢 zug pa

阿魏，胜棍 shing kun

朱砂，擦郭 mtshal rgo

黄丹，黎赤 li khri

牛黄，吉望 gi wang

十八　数目门

一，吉 gcig

二，逆 gnyis

三，桑 gsum

四，日 bzhi

五，阿 lnga

六，竹 drug

七，项 bdun

八，杰 brgyad

九，固 dgu

十，菊 bcu

百，甲 brgya

千，冻 stong

万，赤 khri

多，忙 mang

少，浓 nyung

一斤，甲扛 rgya gang，又曰甲嘛 rgya ma

一两，松扛，又曰张扛 srang gang

一钱，若扛 srang gang

一分，喀吗扛 skar ma gang

一厘，厘扛 li gang

十九 人事门

我，额 nga

你，却 khyod

他，空 khong

谁，扛 gang

自，朗 lang

舞，葛儿 gar

唱，六朝 glu dgyer

喜，噶 dgav

叩头，长情，又曰义丕 phyag vtshal

笑，棕 vjum

乐，楪瓦 bde ba

去，送 song

来，弱 yong

请，准 gyon

到，列 slebs

袭职，拔挫 pha tshab

寻，栽 btsal

起，浪 lang

借，更 gyar

知，含 shes

在，悦 yod

肯，念 nyin

回，入哇 lo ba

真，丁 dngos

假，尊 rdzan

迟，赤 vphyis

快，角 mgyogs po

商量，早夺 gros sdur

可惜，胖 phrog po

见，通 mthong

不见，麻通 me mthong，又曰门东

太平，笃得 dub de ba

背夫，乌拉 vu lag

驮畜，乌拉 vu lag

公干，端聂儿 dan gnye

跟随，查赤 phyag phyi，又曰约古 gyog vkhor

打，董 rgyob

投诚，俄达 mgo btags

管待，丹连 tang len

保佑，官脚 skyabs vjug

誊，谢 bshu ba

同，占 vdra ba

全，仓瓦 tshang ma

赏，嘲 gnang

罚，辙罢 gcod pa

新，鳃 gsar

旧，宁 rnyings

才情，元登 yon can

反叛，俄洛 ngo log

团圆，亨藏 mnyam vdzom

在收词立目上，《蛮语》比《打箭炉译语》少了269条，但也新增了一些条目，如地理门"佛地"，人物门"尼姑"，器用门"錾头"，饮食门"清酒"，衣服门"官服"，鸟兽门"猫、骡马"，数目门"一钱、一分、一厘"等。《蛮语》对《打箭炉译语》的被释词也有改动。如《打箭炉译语》的"冠帽"，《蛮语》写作"官帽"；《打箭炉译语》的"军"，《蛮语》写作"兵"，用语更为通俗。其他如：

门类	打箭炉译语	蛮语
时令门	今	今时
衣服门	衣	民衣
珍宝门	钱	银钱
香药门	香	藏香

《蛮语》对于个别词目的归属也有所调整，如"麦"《打箭炉译语》放在花木门，《蛮语》调整到了饮食门。

释义方面，《蛮语》比《打箭炉译语》多了"又音（即别读）"，如：

被释词	打箭炉译语	蛮语
月	达瓦	大瓦，达哇同
云	真	真，藏曰风包
雷	托	托，藏曰音独
晚	赤卓	赤卓，藏曰尼嘛拉盖
妇人	跛灭	鸡灭，又曰阿甲
道士	滚巴	滚巴，藏曰朱巴
兄	卜窝	扑窝，藏曰冰冰
疮	靵瓦	靵瓦，又曰独，又曰筋支
叩头	擦前	长情，又曰义丕
酒	昌	昌，呛同，又曰冲

这里的"藏曰"，指的是卫藏地区的发音。传统上，藏族的居住地域分为卫藏、安多和康三部分，这三者既是藏族传统的三大地理区划，也是藏语三大方言区。[①]"又曰"所记音即"又音"，是某一方言区的发音，如《蛮语》："猴，折，又曰毕武。"今昌都话读为折 sprevu，拉萨话读为毕武 pu bu；再如《蛮语》："白，该布，又曰葛葛。"今拉萨话仍读该布 dkar po，德格话仍读 dkar dkar。[②]

通过以上比对分析，可知《蛮语》是对《西番译语》词目进行删减、

---

① 石硕、姚乐野：《我国现代藏学的发轫：民国时期康藏研究三种学术期刊及其价值——〈康藏前锋〉、〈康导月刊〉、〈康藏研究月刊〉》，《藏学研究》2012 年第 2 期。

② 格桑居冕、格桑央金：《藏语方言概论》，民族出版社 2002 年版，第 112 页。

增订而成的一个汉藏对照词汇集，"为汉文记藏语较早之作"①。"据考，其对音系采用拉萨方言音系"②，对于藏语史、藏语方言等的研究是不可多得的历史材料。③

第三节　《康輶纪行》中的"蕃尔雅"

姚莹的《康輶纪行》是其于 1844—1846 年两次奉使西藏所写的日记，其中卷五《蕃尔雅》是在《卫藏图识·蛮语》条的基础上略加改造而成的，目的是让汉人了解藏语，是一部用汉语来解读藏语文的字书。其前有序言曰："往读佛经，中多梵语，不可晓。唐僧元应《一切经音义》多所解释，又有《佛尔雅》一书，尝见之矣。《卫藏图识》载《蛮语》一卷，颇近梵语，有可通释者，今采之为《蕃尔雅》十九篇，以资考证，备方言。"《蕃尔雅》就是依汉代义书《尔雅》的编写体例而撰成的一部藏语字书。姚莹仿照《尔雅》的编排体例，分 19 门，释词 475 条，便于汉人学习藏语，更好地了解西藏。其中释词体例为"某，某也"，如"释食"曰："萨冻，饮食也。萨，吃也。萨嘛，吃饭也。直，一曰土巴，面也。"被释词为藏音汉译形式，释词为汉语。具体内容如下。（说明：由于《蕃尔雅》的内容与《蛮语》近似，故下文不再列举其藏文转写形式。）

一　释天曰

浪，天也

尼嘛，日也

大瓦，一曰达哇，月也

噶儿嘛，藏曰宿米，星也

真，藏曰风包，云也

托，藏曰音独，雷也

---

① 姜自力：《中国史志之最》，宁夏人民出版社 1996 年版，第 189、190 页。

② 高文德：《中国少数民族史大辞典》，吉林教育出版社 1995 年版，第 139 页。

③ 王启龙：《萌芽时期的中国藏学研究》，《青海民族学院学报》2003 年第 1 期。

律，电也

八木，藏曰咔，霜也

咔哇，雪也

木罢，雾也

孜尔罢，露也

岔尔罢，雨也

谢耳哇，雹也

弄，风也

毒哇，烟也

尼嘛贡，日出也

尼嘛浪所，日落也

达哇贡儿，月出也

达哇浪所，月落也

八哇桑，金星也

卜耳不，木星也

呐巴，水星也

迷墨儿，火星也

水巴，土星也

拔息拔，霜降也

弄浪，风起也

弄拉，风住也

半浪，虚空也

擢音，法界也

浪当，天晴也

浪簇，天阴也

真秃，云厚也

真索，云薄也

岔约，有雨也

岔灭，无雨也

弄达耳，风慢也

纳巴拉，风寒也

尼嘛波，日照也

尼嘛交，日遮也

二　释地曰

萨，地也

只顶，世界也

甲息，皇图也

甲宄，天下也

育密，中国也

萨刹，地方也

出，一曰楮，水也

迷，火也

夺，石也

拉，一曰喇，山也

杰嘛，沙也

江错，海也

出称，江也

出窝，河也

出迷，泉也

称罢，井也

姜，墙也

喇瓦，园也

朗，道也

散罢，一曰三坝，桥也

零，长也

同，知也

地零，远也

同他，近也

丁饶，深也

没饶，浅也

托，高也

慢，低也

羊，宽也

夺，窄也

甲扯，广也

竹目，四方也

约，动也

腻，软也

撒，硬也

瀑，流也

拉撒，佛地也

桑结旦巴，佛教也

骂出，黄河也

出戎，好水也

出恩，恶水也

毒耳，尘也

松夺，街也

龙巴，沟也

塔，边也

三　释时日

吉卡，春也

约卡，夏也

段卡，秋也

棍卡，冬也

洛，年也

达，月也

尼，日也

菊，时也

尼参，昼夜也

擦，热也

章，寒也

卓，暖也

昔，凉也

恰，冻也

擦章仰，温也

菊错，时节也

泽零，夜长也

则同，夜短也

达零，今日也

送逆，明日也

达洛，今年也

送迫，明年也

峨马，昔也

达达，今时也

于苓，永远也

尼么，昼也

泽么，夜也

阿卓，早也

赤卓，藏曰尼嘛拉盖，晚也

郎拉，半夜也

洛鳃，新年也

洛逆，旧年也

四　释名曰

安奔，大人也

甲李，汉官也

鸢播，宰相也

甲薛，王子也

密本，土官也

育本，地方官也

喋巴，头目也

破本，文官也

嘛本，武官也

洛本，师傅也

索嘛，徒弟也

更登，僧人也

滚巴，藏曰朱巴，道士也

马米，藏曰甲米，兵也

葱巴，百姓也

剌麻，有道僧也

约因，奴婢也

洛孺，聪明也

业瓦，亲也

羊灭，曾祖也

灭播，祖也

拔，父也

妈，母也

库窝扯哇，伯也

库窝，叔也

阿戎，舅也

不，子也

卜磨，女也

扑窝，藏曰冰冰，兄也

洛商，藏曰角角，弟也

造窝，侄也

羊擦，孙也

结巴，男子也

鸡灭，一曰阿甲，妇人也

钦巴，妻也

出波，富也

物波，贫也

角巴，紧也

达波，主也

拿梭，岁也

格波，老也

甲巴，一曰夹坝，贼也

札巴，和尚也

觉么，藏曰阿妮子，尼姑也

拔牙，继父也

妈牙，继母也

朴奴，兄弟也

杂窝，朋友也

江波，伶俐也

共泽，懒惰也

五　释体曰

虑，身也

饿，头也

吉窝，顶也

匝，发也

密，一曰雪密，眼也

密布，眉也

纳瓦，耳也

纳，鼻也

噶，口也

出，唇也

索，齿也

吴麻，乳也

喇巴，手也

辟巴，肚也

桑巴，心也

工巴，脚也

物，气也

孰瓦，一曰独，又曰筋支，疮也

结，舌也

衣足，模样也

菊，筋也

涉磨，力气也

峨，面也

望荡，福气也

端，念也

性尼，心性也

颡，想也

章，胸也

梭磨，指也

称巴，肝也

落牙，肺也

入巴，骨也

布，毛也

刹，血也

望辄，强也

念虫哇，弱也

六　释宫曰

拨章，宫殿也

亢罢，一曰空罢，房也

喇亢，寺院也

商，一曰作，库也

中译亢，书房也

本亢，衙门也

破，梁也

葛元，瓦也

栋马，椽也

郭，门也

格亢，窗也

宗，寨也

车邓，塔也

马噶，营盘也

七　释器曰

汤噶，一曰替，印也

卓哇，大碗也

冲哇底，小碗也

楪麻，碟也

冲筒，酒盏也

薄铳，一曰克，斗也

戎罢，一曰扎波，盆也

打扎，碻也

绒，一曰拉阿，锅也

角，一曰小，杓也

郭甲，锁也

的，钥匙也

申答，车也

直，刀也

热直，剑也

东，矛也

朴，牌也

茹，弓也

达，箭也

明达，枪也

达儿，旗也

超，甲也

磨，盔也

佳，船也

阿，鼓也

刹嘲，钹也

夺折，铃杵也

箔破，香炉也

绊，幡也

卡阿，锣也

搭巴，绳也

稍斗，伞也

哈，一曰打甲，鞍也

令卜，笛也

渣居，铙也

冬，螺也

丁赤，座也

麻灭，一曰雪灭，镫也

格，梯也

八　释食曰

萨冻，饮食也

萨，吃也

萨嘛，吃饭也

直，一曰土巴，面也

折，米也

昌，一曰呛，又曰冲，酒也

札，一曰甲大，茶也

糌粑，炒面也

脉儿，酥油也

章孜，蜜也

沙，肉也

甲昌，黄酒也

脉约，清酒也

擦，盐也

艾，一曰拨浪，甜也

渴，苦也

卓洗，麦也

九　释服曰

拿萨，官服也

郭，一曰楮巴，民服也

热，帽也

物热，官帽也

康，一曰夯，靴也

播，又曰晉，褥也

蕃无袜，与汉语同

葛巾，缎子也

达，绫也

索麻纳杂，麻绳也

杼，一曰浪布，氆氇也

孤巴，一曰葛巾，线也

辍郭，法衣也

十　释色曰

该布，一曰葛葛，白也

烘布，一曰拉拉，蓝也

谢布，一曰温布，黄也

脉布，红也

黑纳，紫也

卡夺，五彩也

江纳，油绿也

十一　释佛曰

诏，如来也

嘛绒节，然灯也

沙加兔巴，释迦也

呐，神也

折，鬼也

剌，上也

麻，无也

剌麻，无上之称也

葛菊，一曰益盖，藏经也

当罢，目录也

班播，卷也

列吾，品也

剌谷，佛像也

工却桑，三宝也

勒顶，一曰勒角，罗汉也

丹辙，妙法也

十二　释文曰

别岔，书也

哆，经也

杓谷，纸也

纳咱，墨也

奴谷，笔也

体物，图书也

萨遗，真字也

播遗，蕃字也

幔遗，医书也

旦菊，语录也

十三　释方曰

厦耳，东也

奴，西也

洛，南也

降，北也

顶，上也

卧，下也

怨，左也

叶，右也

顿，前也

交，后也

囊，内也

且，外也

拔耳，中也

囊且，内外也

十四　释卉曰

密朵，花也

申，一曰极，木也

申卜，一曰酉，树也

纳，林也

咱，草也

奴麻，竹也

百麻，莲花也

咱瓦，根也

腋，枝也

罗麻，叶也

甚夺，果品也

萃，茜也

阿立看布，杏也

看布，桃也

十五　释禽日

答，虎也

席，豹也

新革，狮子也

出心，麒麟也

供，彪也

夺，熊也

瓦，狐也

沙瓦，鹿也

章谷，狼也

蛀哇，鼠也

郭，鹰也

安亩，驼也

作，一曰克嘛，牛也

耳工，一曰日工，兔也

律，龙也

直，蛇也

达，马也

路，羊也

折，一曰毕武，猴也

气，狗也

怕，一曰拔，猪也

么亥，水牛也

坡达，骟马也

郭嘛，骡马也

速迷，猫也

穷穷，凤凰也

卯甲，孔雀也

甲，鸡也

昂巴，鹅也

念，一曰阿，鱼也

朴耳，飞也

哑，鸣也

厦，宿也

寻，食也

十六　释货曰

木的，珍珠也

席，玛瑙也

菊六，珊瑚也

不奢，琥珀也

舍耳，玉也

谢儿，一曰塞，金也

硬，一曰藕，银也

纳，一曰拉，铜也

然宜，锡也

渣，铁也

出奢，水晶也

硬出，水银也

章卡，银钱也

拔梭，象牙也

十七　释药曰

菭，藏香也

赞丹，檀香也

阿葛卢，沉香也

甚艾，甘草也

噶布鲁，冰片也

杂的，豆蔻也

看压，杏仁也

素罢，白芨也

胜棍，阿魏也

擦郭，朱砂也

黎赤，黄丹也

吉望，牛黄也

十八　释数曰

吉，一也

逆，二也

桑，三也

日，四也

阿，五也

竹，六也

顷，七也

杰，八也

固，九也

菊，十也

甲，百也

冻，千也

赤，万也

忙，多也

浓，少也

甲杠，一曰甲嘛，一斤也

松杠，一曰张杠，一两也

若杠，一钱也

喀吗杠，一分也

厘杠，一厘也

十九　释人曰

额，我也

却，尔也

空，他也

扛，谁也

朗，自也

葛儿，舞也

六朝，唱也

噶，喜也

长情，一曰义丕，叩头也

棕，笑也

楪瓦，乐也

送，去也

弱，来也

准，请也

列，刻也

拔挫，世职也

栽，寻也

浪，起也

曳，借也

含，知也

悦，在也

念，肯也

入哇，回也

丁，真也

尊，假也

赤，迟也

角，快也

早夺，商量也

胖，可惜也

通，见也

麻通，一曰门通，不见也

笃得，太平也

乌拉，背夫也；又驮畜也

端聂儿，公干也

查赤，一曰约古，跟随也

董，打也

俄达，投诚也

丹连，管待也

官脚，保佑也

谢，誉也

占，同也

仓瓦，全也

嘲，赏也

辄罢，罚也

鳃，新也

宁，旧也

元登，才情也

俄洛，反叛也

亨藏，团圆也

《蕃尔雅》是从《蛮语》脱胎而来，其门类名称、收词数量与《蛮语》对比如下图：

蛮语 473	天文门 39	地理门 45	时令门 33	人物门 50	身体门 36	宫室门 14	器用门 38	饮食门 17	衣服门 13	声色门 7	释教门 13	文史门 10	方隅门 14	花木门 14	鸟兽门 34	珍宝门 14	香药门 12	数目门 20	人事门 50
蕃尔雅 475	释天 39	释地 45	释时 32	释名 50	释体 36	释宫 14	释器 39	释食 17	释服 13	释色 7	释佛 16	释文 10	释方 14	释卉 14	释禽 34	释货 14	释药 12	释数 20	释人 49

与《蛮语》相比，《蕃尔雅》的"释时"缺"半日"条。《蕃尔雅》将《蛮语》"碗，大曰卓哇，小曰冲哇底"分立为"卓哇，大碗也；冲哇底，小碗也"二条，《蕃尔雅》的"释佛"中多出"刺，上也；麻，无也；刺麻，无上之称也"三条。个别词目稍有改动。如《蛮语》作"民衣"，《蕃尔雅》作"民服"；《蛮语》作"辔头"，《蕃尔雅》作"辔"。

清代笔记之作《竺国纪游》（又名《西藏纪游》）四卷，作者周霭联，他两度从打箭炉（今四川康定县）西行入藏，为时八月，后追忆藏地风土人情、地方物产等见闻，于嘉庆九年写成此书，今有民国二年江安傅氏活字本。此书卷四亦收有《蛮语》①，前序曰："自打箭炉出口至西藏，皆唐古忒语，侏僇任昧，非译不通，其番地所无而中土所有者，则呼如汉音。兹将旧志所载《蛮语》，及予徧询而得之者，录于左方。其中或小有舛异，因番语本无正音，又番人呼之缓急轻重各殊也。"《竺国纪游》中的《蛮语》，内容上承袭了《卫藏图识》中的《蛮语》。释词体例如：

花曰密朵　木曰甲，亦曰极　树曰申卜，亦曰醒　林曰纳　草曰咱

个别词语的释词比较详细，如："水曰出，亦曰褚，番地呼某褚河者甚多，盖褚即水，而河字为复见耳。"又如："酒曰昌，亦如枪去声，冲去声。"

此外，成书于光绪十一年、黄沛翘撰写的《西藏图考》亦附录《蛮语》，其内容是将《卫藏图识》中的《蛮语》19门合并为四大类，合并情况如下表：

---

①　（清）周霭联：《竺国纪游》，文海出版社 1984 年版，第 258—265 页。

卫藏图识	天文门	时令门	地理门	方隅门	人物门	身体门	宫室门	数目门	释教门	人事门	饮食门	衣服门	声色门	器用门	文史门	花木门	鸟兽门	珍宝门	香药门
西藏图考	天时类		地利类		人事类						物产类								

其释词体例是，被释词为汉语词，释词为汉字记录的藏语音读，如"人事类"：

大人安奔　汉官甲本　宰相鸾播　王子甲薛　土官密本

《续修四库全书提要》中有对《西藏图考》所附《蛮语》的评介："皆汉字为纲，汉字代书藏语为目，与明茅元仪《武备志》及其所引《蓟门防御考》之蒙汉译语体例相同，惟其中多有藏地各方土语，与书传所纪不尽相合者……其谓天曰浪，谓星曰宿米，各语皆属异地方言，与书传不合。设用西番合璧传写，加以校订，未始非译学中一种有用书也。"①

第四节　清人笔记中的藏汉对照词汇资料

清人对于边疆之事甚为关心，一些到过藏地的文人将他们的见闻笔之于书，一些虽未亲临西藏的内地文人，亦从文献中抄录了不少有关藏事的资料，其中包括藏语词汇的纂集。前者如玉山房居士（即郑光祖）的《西藏纪闻》，作者曾亲临西藏，记录所见所闻，此书约成于道光年间。其中"土语"条解释了 20 个藏语词，具体为（被释词后藏文拉丁转写为笔者所加）。

达赖喇嘛 dalal lama，活佛之长；班禅额尔德尼 pan chen erdni，次于达赖；胡土克图 hu thug tu、胡必勒罕 hu bil gan、沙布隆 zhabs drung，三者皆众活佛之称；拉撒 lha sa，佛地；诏 chos，如来；喋巴 gde pa，头目；朱巴 chos pa，道士；哈达 kha btags，三尺许素帛，用作柬帖；康 lham，靴；褚巴 phyu pa，民衣；糌粑 tsam pa，炒面为之；乌拉 u lag，背夫、驮畜之称；商上 tshang，纳赋税之公所；三坝 zam pa，桥；密本 mi dpon，土官；葱巴 tshong pa，百姓；俄洛 ngo log，反叛；江错 rgya tshovi，海子。

所记内容虽说不长，但有几处疏漏，诚如前人所言："达赖喇嘛、班

---

①　中国科学院图书馆：《续修四库全书总目提要·经部》，中华书局 1993 年版，第 1058 页。

禅额尔德尼、胡土克图、胡必勒罕、沙布隆等活佛之名，称为土语，殊非通达藏情者。其余如注解拉撒为佛地、哈达为用作柬帖，亦属有昧事实。考拉萨为前藏都城，虽为达赖喇嘛驻锡之地，然不当即称为佛地，哈达即如古人之用币帛，每事必持以为贽，藉申敬意，非作柬帖用也。"①

清人陈康祺的《郎潜纪闻三笔》卷五"有裨实用之国语"条，记录了唐古特语 39 条（被释词后藏文拉丁转写为笔者所加），具体如下：

伊实 ye shes，智慧也；达什 bkra shi，吉祥也；札实 bkra shi，亦吉祥也；多尔济 rdo rje，金刚也；帕克斯巴 vphags pa，圣也；僧格 seng ge，狮也；昌 chang，酒也；通 thung，饮也；诺尔布 nor bu，财也；苏陇 su rong，守护也；裕勒 yul，地方也；绰尔济 chosrje，法师也；鄂特色尔 vod zer，金光也；敏珠尔 smi grol，无违之谓也；额琳沁 erinchin，宝也；佐特 mtshod，库也；凌 ring，长也；藏布 gtsang po，美好也；云丹 yon tan，才也；索诺木 bson nams，福也；策 tse，寿也；贝实勒 spos shel，琥珀也；众密克 rdo mig，智慧眼也；足克戬 rgyan chas，首饰也；古尔 gur，帐房也；嘉勒斡 rgyal kha，胜也；扎巴 grwa ba，徒弟也；默 me，火也；沙 sha，肉也；明埒 ming legs，好名也；栋 dung，砗磲也；阿 lnga，五数也；年 snyan po，妙也；图沁 shugs chen，大力也；绰斯 chos，法也；安布 yag po，不善之谓也；古拉 ku la，身也；纳克楚 nag chu，黑水也；嘉木阳 vjam dbyangs，文殊菩萨也。

作者其后写道："已上皆唐古特语。夫稽询故实，必先由语言文字入门，今日士大夫苟留心世故，讲求西法，虽习李耳戎言，学郝隆蛮语，亦复何嫌。"清人所言"唐古特语"即藏语，唐古特语在当时亦被视为"国语"的一部分。作者足迹未至西藏，所列词语皆从前代史籍中抄录而来，如"敏珠尔，无违之谓也"；"足克戬，首饰也"；"古尔，帐房也"；"嘉勒斡，胜也"；"扎巴，徒弟也"；"额琳沁，宝也"；"诺尔布，财也"等词语亦见于《日下旧闻考》。作者并未对这些词语做任何的甄别和考证，因此疏漏在所难免。如"伊实，智慧也"，"伊实"为契丹语，见于《钦定金史语解》卷七，此处用藏语 ye shes（今汉文译写为"益西"）来比附，

---

① 中国科学院图书馆：《续修四库全书总目提要·经部》，中华书局 1993 年版，第 2552 页。

不确。①

这种用汉字译写民族语的方式，简便易记，实用性较高，便于由内地进入藏区的各阶层人士识记，因而此法延续不衰。在清末民初，打箭炉地区的陕西商号就曾编写过一本汉藏语言对译课本，便于记忆。如，"天叫朗，地叫撒，驴子孤日马叫打"②。这些对译资料在今天看来不一定适用，有些藏语注音也不一定准确，但是有了这个基础，再与藏民直接接触、交谈，纠正发音，便可快速掌握藏语。"读此书者，以韵叶音，则能得其七八；再与土人谈话厘正，即可得其什九；于是名动各词，记忆大半，通辞达意，自无大难矣。"③ 这类有韵读物，后人评价颇高，"盛绳祖《藏卫识略》（按，即《卫藏图识》）亦曾取藏语463字（按，统计字数有误），分天文……人事19门，上列汉文，下以汉字注音，以飨世人；然数百年来，并无一人餐其实惠。盖其次字零乱，复无音韵，读者漫无把握，尤难记忆；此盛氏之书所以成为废纸，反不如陕商简法能济实用也"④。在20世纪50年代，人民解放军初入藏地，部队官兵学习藏语文时，编写了便于记忆藏语词的快板诗，如，"天叫'囊木'地叫'萨'，天上星星叫'嘎玛'"。这类普及性的读本，收词以名词为主，也有以形容词、动词等为对象的诗句，在此基础上形成了部队官兵学习藏语文的正式教材。⑤ "在不同民族交往中，善意地习用对方的语言，可以缩小双方心理上的距离感。"⑥ 从民族文化交流的角度看，这些汉藏对照学习材料是藏汉文化密切接触时期的产物，在一定程度上促进了藏汉民族的交融，具有一定的史料价值与文化价值。

从语言学的角度看，首先，考察译语用字的不同，可以发现不同的记音者在审音的工作上有精粗的差别。如羊，藏文为 lug，《方语》译音"六"，《蛮语》译音"路"。"六"是中古入声屋韵字，"路"是去声暮韵

① 参见孙伯君、聂鸿音《契丹语研究》，中国社会科学出版社2008年版，第11页。
② 任乃强：《西康图经》，西藏藏文古籍出版社2000年版，第418页。
③ 同上。
④ 同上。
⑤ 西藏军区政治部：《世界屋脊风云》，解放军文艺出版社1991年版，第262—265页。
⑥ 石硕、邹立波：《近代康区陕商在汉藏互动与文化交流中的角色》，《四川大学学报》2011年第3期。

字，结合今天藏语羊 lug 的发音，是带有浊音后加字的，因此汉译"六"比较接近藏语的实际。其次，考察这些汉藏对照资料，可以发现不同语言间相互借用的现象。如《方语》的恶木气 am chi（医生），为蒙古语借词；《方语》的翁木苏 u mu su（袜子）、《蛮语》的么亥 ma he（水牛），为印度语借词。① 有些藏语词与汉语的发音非常接近，是借自汉语的词，如《方语》中轿译为将扯 cvo khre；《蛮语》中墙译为姜 gyang，骡马（即骒马）译为郭嘛 rgod ma 等。藏语在吸收汉语词时亦有改造，如楪，《蛮语》译为楪麻 sder ma，"楪"是汉语译音，"麻"是藏语音素。有些直接表明了借用关系，如《蛮语》："番人无袜，同汉语。"有些则是半音译半意译词，如铁杓，《方语》译音"加学"，加 lcags 是藏语译音；"学"音近"杓"，是汉语借音。汉语亦吸收了藏语的成分，如《方语》中的"喇嘛 bla ma，喇嘛"。《方语》与《蛮语》的镭镭是藏语 phrugs 的译音，很早已进入汉语。② 从这个意义来说，清代藏学汉文文献中的汉藏对照词汇资料的语言学价值，自不待言。

附　　　　　　　　　　《方语》《蛮语》《蕃尔雅》对照表

汉义	《方语》	《蛮语》	《蕃尔雅》
天	朗 gnam	浪 gnam	浪 gnam
日	尼吗 nyi ma	尼嘛 nyi ma	尼嘛 nyi ma
月	达瓦 ta ua	大瓦，达哇同 ta ua	大瓦，一曰达哇 ta ua
星	噶吗 skar ma	噶儿嘛 skar ma，藏曰宿米 tsu ri	噶儿嘛 skar ma，藏曰宿米 tsu ri
云	拯 sprin	真 sprin，藏曰风包 sprin pa	真 sprin，藏曰风包 sprin pa
雷	箸 thog	托 thog，藏曰音独	托 thog，藏曰音独
电		律 klog vod	律 klog vod
霜	拔慕 ba mo	八木 ba mo，藏曰咔 kha bad	八木 ba mo，藏曰咔 kha bad
雪	卡门 kha ba	咔哇 kha ba	咔哇 kha ba
雾	纳瓮 na bun	木罢 smug pa	木罢 smug pa
露	习霸 zil pa	孜尔罢 zil pa	孜尔罢 zil pa

---

① 瞿霭堂：《藏族的语言和文字》，中国藏学出版社 1996 年版，第 69 页。
② 邢公畹：《邢公畹语言学论文集》，商务印书馆 2000 年版，第 43 页。

续表

汉义	《方语》	《蛮语》	《蕃尔雅》
雨	槎霸 char pa	岔尔罢 char pa	岔耳罢 char pa
雹/冷子	塞门 ser ba	谢耳哇 ser ba	谢耳哇 ser ba
风	隆 rlung	弄 rlung	弄 rlung
黄沙	撒暴 gser bye		
烟	毒凹 du ba	毒哇 du ba	毒哇 du ba
日出		尼嘛贡 nyi ma shar	尼嘛贡 nyi ma shar
日落		尼嘛浪所 nyi ma nub pa	尼嘛浪所 nyi ma nub pa
月出		达哇贡儿 ta ua shar	达哇贡儿 ta ua shar
月落		达哇浪所 ta ua nub	达哇浪所 ta ua nub
金星		八哇桑 pa wa sangs	八哇桑 pa wa sangs
木星		卜耳不 phur bu	卜耳不 phur bu
水星		呐巴 lhag pa	呐巴 lhag pa
火星		迷墨儿 mig dmar	迷墨儿 mig dmar
土星		冰巴 spyen pa	冰巴 spyen pa
霜降		拔息拔 ba mo lbab	拔息拔 ba mo lbab
风起		弄浪 rlung lang	弄浪 rlung lang
风住		弄扯 rlung vgag	弄拉 rlung vgag
虚空		半浪 bar snang	半浪 bar snang
法界		擢音 chos dbyings	擢音 chos dbyings
天晴		浪当 gnam dwangs	浪当 gnam dwangs
天阴		浪簇 gnam tshub	浪簇 gnam tshub
日食	尼吗撒 nyi ma ldzin		
月食	达瓦撒 ta ua vdzin		
云厚		真秃 sprin vthug	真秃 sprin vthug
云薄		真索 sprin sab	真索 sprin sab
有雨		岔约 char yod	岔约 char yod
无雨		岔灭 char	岔灭 char med
风幔（慢）		弄达耳 rlung dal	弄达耳 rlung dal
风寒		纳巴扯 lhag pa med	纳巴拉 lhag pa med
日照		尼嘛坡 nyi ma phog	尼嘛波 nyi ma phog
日遮		尼嘛交 nyi ma sgrib	尼嘛交 nyi ma sgrib

续表

汉义	《方语》	《蛮语》	《蕃尔雅》
地	撒 sa	萨 sa	萨 sa
世界		只顶 vjig rten	只顶 vjig rten
皇图		甲息 rgyem srid	甲息 rgyem srid
天下		甲亢 rgyal kham	甲亢 rgyal kham
中国		育密 yul dbus	育密 yul dbus
城池/寨	宗 rdzong	宗 rdzong	宗 rdzong
卡仑	锁把 so pa		
地方	撒卡 sa cha	萨刹 sa cha	萨刹 sa cha
途路	狼噶 lam ka		
山崩	热道窘 ri thor srubs		
地裂	撒额窘 ser srubs		
水	处禾 chu	出，一曰楮 chu	出，一曰楮 chu
火	灭 me	迷 me	迷 me
石	多罗 rdevu	夺 rdevu	夺 rdevu
山	纳 la	拉，喇同 la	拉，一曰喇 la
崖	扎 dza		
坑	董 dong		
坡	纳偷 la thur		
坎	革霸 gad vobas		
窝	丛 tshang		
坪	坦木 thang		
坝	雄桶 gshong thang		
沙		杰嘛 bye ma	杰嘛 bye ma
海	锉 mtsho	江错 rgya mtsho	江错 rgya mtsho
江		出称 chu chen	出称 chu chen
河	处卡 chu bo	出窝 chu bo	出窝 chu bo
泉	穷课 chu mgo	出迷 chu mig	出迷 chu mig
井		称罢 khron pa	称罢 khron pa
墙		姜 gyang	姜 gyang
园		喇瓦 ra ba	喇瓦 ra ba
道		朗 lam	朗 lam

汉义	《方语》	《蛮语》	《蕃尔雅》
桥		散罢，三坝同 zam pa	散罢，一曰三坝 zam pa
长	忍 ring	零 ring	零 ring
短	同 thung	同 thung	同 thung
厚	拖卜 mthug bo		
薄	撒暮 srab mo		
轻	容 yang		
重	疾 che		
远	他凌 thag ring	地零 thag ring	地零 thag ring
近	尼暮 nye mo	同他 thag thung	同他 thag thung
深	顶拉 gting ba	丁饶 gting zab	丁饶 gting zab
浅	处丈 phran tsam	没饶 me zab	没饶 me zab
高	拖 mtho	讬 mtho	托 mtho
低	马 dmav	慢 dmav bo	慢 dmav bo
宽		羊 yangs	羊 yangs
窄		夺 dog	夺 dog
广		甲扯 rgya ches	甲扯 rgya ches
四方		竹目 gru bzhi	竹目 gru bzhi
动		约 gyov	约 gyov
软		腻 rnyid	腻 rnyid
硬		撒 bsra	撒 bsra
流		瀑 vbab	瀑 vbab
佛地		拉撒 lha sa	拉撒 lha sa
佛教		桑结旦巴 sa rgyas brten	桑结旦巴 sa rgyas brten
黄河		骂出 dmar chu	骂出 dmar chu
好水		出戎 chu bzang	出戎 chu bzang
恶水		出恩 chu ngan	出恩 chu ngan
尘		毒耳 rdul	毒耳 rdul
街		松夺 gsum mdo	松夺 gsum mdo
沟	窳 yur	龙巴 lung pa	龙巴 lung pa
边		塔 mthav	塔 mthav
洞	扎普 brag khung		

续表

汉义	《方语》	《蛮语》	《蕃尔雅》
春	急卡 dbyid kha	吉卡 dbyid kha	吉卡 dbyid kha
夏	哑卡 dbyar kha	约卡 dbyar kha	约卡 dbyar kha
秋	登卡 ston kha	段卡 ston kha	段卡 ston kha
冬	工卡 dgun kha	棍卡 dgun kha	棍卡 dgun kha
年		洛 lo	洛 lo
月		达 ta	达 ta
日		尼 nyin	尼 nyin
时		菊 dus	菊 dus
昼夜		尼参 nyin tshan	尼参 nyin tshan
天明	些慕 shar ba		
天暗	梅六 mun rub		
热	擦慕 tsha po	擦 tsha	擦 tsha
冷	卡雄 vkhyags byung		
寒		章 grang	章 grang
暖		卓 rgrod	卓 rgrod
凉		昔 bsil	昔 bsil
冻		恰 vkhyag	恰 vkhyag
温		擦章仰 tsha grang gnyis	擦章仰 tsha grang gnyis
时节		菊错 dus tshod	菊错 dus tshod
夜长		泽零 mtshan ring	泽零 mtshan ring
夜短		泽同 mtshan thung	泽同 mtshan thung
今日		达零 de ring	达零 de ring
明日		达逆 sang nyin	送逆 sang nyin
今年		达洛 da lo	达洛 da lo
明年		送迫 sang pho	送迫 sang pho
昔		莪马 sngon ma	峨马 sngon ma
今时		达达 da ltar	达达 da ltar
永远		于苓 yun ring	于苓 yun ring
昼	凝工 nyin dkar	尼么 nyin mo	尼么 nyin mo
夜	村明 mtshan mo	泽么 mtshan mo	泽么 mtshan mo
早		阿卓 sngar drod	阿卓 sngar drod

续表

汉义	《方语》	《蛮语》	《蕃尔雅》
晚		赤卓 phyi drod, 藏曰尼嘛拉盖 nyi ma nub khavi	赤卓 phyi drod, 藏曰尼嘛拉盖 nyi ma nub khavi
半日		尼扯 nyen phyed	
半夜		朗扯 nam phyi	朗拉 nam phyi
过年/新年	乐洒 lo gsar	洛腮 lo gsar	洛腮 lo gsar
旧年		洛逆 lo rnying	洛逆 lo rnying
冬至	尼吗猓 nyi ma log		
大人		安奔 am ban	安奔 am ban
汉官		甲本 rgya dpon	甲本 rgya dpon
宰相		弯播 blon po	弯播 blon po
王子		甲薛 rgyal sras	甲薛 rgyal sras
土官		密本 mi dpon	密本 mi dpon
地方官		育本 yul dpon	育本 yul dpon
头目	干波 gde pa	牒巴 gde pa	牒巴 gde pa
文官	颇本 phogs dpon	破本 phogs dpon	破本 phogs dpon
武官	麻本 dmag dpon	嘛本 dmag dpon	嘛本 dmag dpon
师傅		洛本 slob dpon	洛本 slob dpon
徒弟		索嘛 slob ma	索嘛 slob ma
僧人		更登 dge vdun	更登 dge vdun
道士		滚巴 sgom pa, 藏曰朱巴 sgye pa	滚巴, 藏曰朱巴 sgye pa
神仙	拉松结 lha bzang skyad		
兵丁/兵	麻媚 dmag mi	马米 dmag mi, 藏曰甲米 rgya mi	马米 dmag mi, 藏曰甲米 rgya mi
百姓	灭些 mi ser	葱巴 tshong pa	葱巴 tshong pa
客商	葱巴 tshong pa		
男僧/喇嘛	喇嘛 bla ma	喇嘛 bla ma	剌 bla, 上也; 麻 ma, 无也, 剌麻 bla ma, 无上之称也
奴婢		约因 gyog po	约因 gyog po
聪明		洛孺 blo rig	洛孺 blo rig
亲		业瓦 nye ba	业瓦 nye ba
曾祖		羊灭 yang med	羊灭 yang med

续表

汉义	《方语》	《蛮语》	《蕃尔雅》
祖		灭播 mes po	灭播 mes po
祖父	阿呢 a mes		
祖母	阿歪 a yas		
叔叔/叔	阿库 a khu	库窝 khu ba	库窝 khu ba
伯		库窝扯哇 khu va gri va	库窝扯哇 khu va gri va
父亲/父	阿八 a pha	拔 pha	拔 pha
母亲/母	阿妈 a ma	妈 ma	妈 ma
姑娘	阿奶 a ne		
娘舅/舅	阿襄 a shang	阿戎 a zhang	阿戎 a zhang
女儿/女	薄慕 bu mo	卜磨 bu mo	卜磨 bu mo
儿子/子	布 bu	不 bu	不 bu
哥哥/兄	兵兵 span spun	扑窝 phu bo，藏曰冰冰 span spun	扑窝 phu bo，藏曰冰冰 span spun
弟弟/弟	脚脚 co co	洛窝 nu vo，藏曰角角 co co	洛窝 nu vo，藏曰角角 co co
外甥/侄	擦污 tsha bo	造窝 tsha bo	造窝 tsha bo
孩童	压牛 nyog		
孙		羊擦 yang tsha	羊擦 yang tsha
男子	眉暖 skye pa	结巴 skye pa	结巴 skye pa
妇人	纳慕 sna mo	鸡灭 skye dman，又曰阿甲 a cag	鸡灭 skye dman，一曰阿甲 a cag
妻		钦巴 khyi pa	钦巴 khyi pa
富		出波 phyug po	出波 phyug po
贫		物波 dbus po	物波 dbus po
紧		角巴 mgyog po	角巴 mgyog po
主		达波 bdag po	达波 bdag po
岁		拿梭 na so	拿梭 na so
年老/老	格布 rgas po	格波 rgas po	格波 rgas po
贼		甲巴，一曰夹坝 jag pa	甲巴，一曰夹坝 jag pa
和尚		札巴 grwa pa	札巴 grwa pa
女尼/尼姑	觉慕 jo mo	觉么 jo mo，藏曰阿尼子 a ne	觉么 jo mo，藏曰阿妮子 a ne
继父		拔牙 pha gyar	拔牙 pha gyar

续表

汉义	《方语》	《蛮语》	《蕃尔雅》
继母		妈牙 ma gyar	妈牙 ma gyar
兄弟		朴奴 phu nu	朴奴 phu nu
朋友	杀呢 sha spu	杂窝 grogs po	杂窝 grogs po
伶俐		江波 spyang po	江波 spyang po
懒惰	恩旦 gyeng bag	共泽 vgul tsher	共泽 vgul tsher
聋者	隆瓦 long ba		
瘸子	狎窝 zha bo		
哑子	姑巴 lkugs pa		
医生	恶木气 em chi		
画工	拉若 lha bzo		
木匠	审若 shing bzo bo		
石匠	夺戈 rdo bzo		
铁匠	额哇 mgar ba		
巫师	垂仲 chos skyong		
幼小	穷穷 chung chung		
人	媚 mi		
你	雀浪 khyod		
我	额浪 nga rang		
身	肉补 lus pho	虑 lus	虑 lus
头	俄 mgo	俄 mgo	俄 mgo
顶		吉窝 spyi bo	吉窝 spyi bo
发	渣 bskra	匝 bskra	匝 bskra
辫子	打渣 btag bskra		
脸	冬把 gdong kha		
鬓	张把 vgram pa		
眼	魏 mig	密 mig，又曰雪密 spyan mig	密 mig，一曰雪密 spyan mig
眼泪	魏革 mig chu		
眉	蜜补 mi spud	密布 mi spud	密布 mi spud
耳	位绞 am chog	纳瓦 rna ba	纳瓦 rna ba
额	托巴 thod pa		

续表

汉义	《方语》	《蛮语》	《蕃尔雅》
鼻	罗 sna	纳 sna	纳 sna
口	卡 kha	噶 kha	噶 kha
舌	姐 lce	结 lce	结 lce
唇		出 mchu	出 mchu
齿	锁 so	索 so	索 so
颔颏	麦里 ma ne		
喉	窝革 gre ba		
胡须	卡布 kha spu		
膊项	革多 ske ba		
肩	擦巴 phrag pa		
脊	革巴 sgal pa		
乳		吴麻 vo ma	吴麻 vo ma
手	拿罢 lag pa	喇巴 lag pa	喇巴 lag pa
手掌	拿企 lag mthil		
大指	特暮 theb mo		
三指	京宗 dkyil mdzub		
五指	卒宠 mdzub thung		
髀股	汪多 ngar gdong		
肚		辞巴 gsus pa	辞巴 gsus pa
心	然 snying	桑巴 sems	桑巴 sems
腿	工巴 rkang pa		
脚	速盖① sug mthil	工巴 rkang pa	工巴 rkang pa
气		物 dbug	物 dbug
疮		孰瓦 shu ba，又曰独 dug，又曰筋支	孰瓦 shu ba，一曰独 dug，又曰筋支
模样		衣足 lce bzo	衣足 lce bzo
筋		菊 bgyud pa	菊 bgyud pa
力气		涉磨 shed mo	涉磨 shed mo
面		峨 ngo	峨 ngo

---

① 指猪、牛、羊等动物的蹄子。

汉义	《方语》	《蛮语》	《蕃尔雅》
福禄/福气		望荡 dbang thang	望荡 dbang thang
念		端 vdon	端 vdon
心性		性尼 sems nyin	性尼 sems nyin
思想/想	桑路董 sam blo dang	颡 bsam	颡 bsam
胸脖/胸	中 brang	章 brang	章 brang
指		梭磨 sor mo	梭磨 sor mo
肝	迁巴 mchin pa	称巴 mchin pa	称巴 mchin pa
腑/肺	诺哇 glo ba	落牙 glo ba	落牙 glo ba
肾	开马 mkhal ma		
腰	盖巴 sked pa		
骨		入巴 rus pa	入巴 rus pa
毛		布 spu	布 spu
血		刹 khrag	刹 khrag
粪	夹罢冬 skyag pa		
强		望辄 dbang ches	望辄 dbang ches
弱		念虫哇 nye chung ba	念虫哇 nye chung ba
强弱	咱行 drag zhan		
宫殿		拨章 pho krang	拨章 pho krang
房	空巴 khang pa	亢罢 khang pa，又曰空罢	亢罢 khang pa，一曰空罢
寺院		喇亢 lha khang	喇亢 lha khang
库		商 phyag，一曰作 vdzod	商，一曰作 vdzod
书房		中译亢 drung yig khang	中译亢 drung yig khang
衙门		本亢 dpon khang	本亢 dpon khang
瓦		葛元	葛元
梁		破 phong	破 phong
桩/柱	噶瓦 ka ba	葛瓦 ka ba	
钉	则庤 vdzer ma		
椽		栋马 gdung ma	栋马 gdung ma
门	各 sgo	郭 sgo	郭 sgo
门榍	各列 sgo glegs		
开门	各起 sgo phye		

续表

汉义	《方语》	《蛮语》	《蕃尔雅》
闭门	各缴 sgo brgyab		
睡房	仍空 gzim khang		
厨房	踏聪 thab tshong		
窗		格亢 sge khung	格亢 sge khung
床	捏车 nyal khri		
板	然白 leb		
棍	遥届 yog ced		
塔		车邓 mchod rten	车邓 mchod rten
营盘		马噶 dmag sgar	马噶 dmag sgar
印		汤噶 tham ga，一曰替 tha	汤噶 dma rgya，一曰替 tha
木碗/椀	普路 phor ba	大曰卓哇，小曰冲哇底	卓哇，大椀也；冲哇底，小盌也
瓷碗	噶盂 dkar yol		
小楪/碟		楪麻 sder ma	楪麻 sder ma
酒壶	虾当 ja dam		
酒盏		冲筒 chang tung	冲筒 chang tung
茶壶	得差 dem ja		
盅子	冲冲噶盂 chung chung dkar yol		
斗		薄铳 vbog chung，一曰克 khal	薄铳 vbog chung，一曰克 khal
盆子/盆	角界 ko lding	戎罢 gzhong pa，一曰札波 tung ban	戎罢 phru ba，一曰札波 tung ban
锅	杂安 rdza nga	绒 vzung，一曰拉阿 sla nga	绒 vzung，一曰拉阿 sla nga
锅盖	卡奈 kha leb		
杓		角 skyogs，一曰小	角 skyogs，一曰小
铁杓	加学 lcags gzar		
箸	卡夺 kha thur		
灶	他噶 thab ka		
笤帚	夺打 bsdu da		
笊篱	夹擦 ja tshags		
簸箕	左吗 khrol ma		
烧火	灭普 me vbud po		

续表

汉义	《方语》	《蛮语》	《蕃尔雅》
劈柴	兴腮 shing bshags pa		
做饭	穰骂作 za ma bzo		
蒸饭	折卡 vbras brtsos		
择菜	哦些 sngo gses		
锁	色马 gzer	郭甲 sgo lcang	郭甲 sgo lcang
锁匙/钥匙	口 khog	的 lde mig	的 lde mig
烟袋	缸擦 tha khug		
车		申答 shing rta	申答 shing rta
轿	将扯 cvo khre		
轿衣	将拉约拉 vgyogs byams yol		
轿杆	将欣 vgyogs shing		
轿顶	将扯泄多 cvo khre sbyin vdo		
坐轿	将拉六 vgyogs lam lum		
轿夫	将讲开密 vgyogs byam khur mkhan		
刀	直 gri	直 gri	直 gri
斧	打里 sta re		
锄	角 mjor		
镰	索拉 zor ba		
剑		热直 ral gri	热直 ral gri
矛		东 mdung	东 mdung
牌		朴 phub	朴 phub
弓	与 gzhu	茹 gzhu	茹 gzhu
弓弦	与替 gzhu rgyud		
箭	大 mdav	达 mdav	达 mdav
撒袋	杀答 sag thag		
靶子	奔 vben		
射箭	答交答 mdav rgyag pa		
打箭	大林着 mdav lugs		

续表

汉义	《方语》	《蛮语》	《蕃尔雅》
炮	驳庆麻 sgyogs mdav		
鸟枪/枪	鸣打 me mdav	明达 me mdav	明达 me mdav
火药	鸣则 me rdzas		
铅弹	的五 mdav		
火绳	墨更 me rta		
九龙袋	则箍 rdzas khug		
旗		达儿 tar	达儿 tar
甲		超 khrab	超 khrab
盔		磨 rmog	磨 rmog
船		佳 mnyan	佳 mnyan
鼓		阿 rnga	阿 rnga
钹		刹朗 cha lang	刹朗 cha lang
铃杵		夺折 rdo rje	夺折 rdo rje
香炉		箔破 spos phor	箔破 spos phor
幡		绊 vphan	绊 vphan
锣		卡阿 mkhar rnga	卡阿 mkhar rnga
绳	踏罢 thag pa	搭巴 thag pa	搭巴 thag pa
扛（杠）	直务 vdren bo		
箱子	扛工 ko sgam		
柜子	哭老 vkhur lag		
衣架	国东 gos stegs		
火盆	麦角 me phor/sgor		
盒子	巴里 pa ri		
伞		稍斗 gdung	稍斗 gdung
骑马	打甲 rta kya		
马鞍/鞍	锅滓 sga chas	哈 sga，一曰打甲 rta sga	哈 sga，一曰打甲 rta sga
屉	打垫 rta gdan		
秋	买 rmed		
辔/辔头	打扫 rta srab	打扎 rta srab	打札 rta srab
扯手	扫他 sor thag		
镫	摇 yob		

汉义	《方语》	《蛮语》	《蕃尔雅》
镫扎皮	摇他 yob thag		
捆肚	诺勒 glo len		
偏缰	归他 mgo thag		
笼头	免鲁 mthur mduv		
缰绳	免他 mthur thag		
喂料	色马碟 za ma ster		
饮水	区桶 chu vthung		
草厂	淬卡 rtsawa kha		
铡刀	淬直 rtswa gri		
铡草	淬都 rtswa gtub		
刷抱	打缺 rta shad		
钉掌	米加缴 rmig lcags		
笛		令卜 dril bu	令卜 dril bu
铙		渣居 gra sbug	渣居 gra sdyug
螺		冬 dung	冬 dung
座		丁赤 gdan khri	丁赤 gdan khri
灯		麻灭 mar me，一曰雪灭 bzhu mar	麻灭 mar me，一曰雪灭 bzhu mar
梯		格 skas	格 skas
饮食		萨冻 bzav btung	萨冻 bzav btung
吃	浙 za	萨 za	萨 za
吃饭		萨嘛 za ma	萨嘛 za ma
嗑	通 vthung		
烧茶	甲格 ja skol bo		
面	卓藏 gro zan	直 gro，又曰土巴 thug pa	直 gro，一曰土巴 thug pa
米	折 vbras	折 vbras	折 vbras
酒	仓 chang	昌 chang，呛同，又曰冲 khrung	昌 chang，一曰呛，又曰冲 khrung
茶叶/茶	甲 ja	札 ja，又曰甲大	札 ja，一曰甲大
炒面		糌粑 tsam pa	糌粑 tsam pa
酥油	嘛 mar	脉儿 mar	脉儿 mar
香油	麻拉 mar nag		

续表

汉义	《方语》	《蛮语》	《蕃尔雅》
清酒①		脉约 mar nag	脉约 mar nag
蜜		章孜 sbrang rtsi	章孜 sbrang rtsi
肉	厦 sha	沙 sha	沙 sha
黄酒		甲昌 rgyar chang	甲昌 rgyar chang
蛋	工庵 sgong nga		
盐	擦 tsha	擦 tsha	擦 tsha
滋味	行布 bro ba		
甜	额暮 mngar mo	艾 mngar，又曰拨浪 bu ram	艾 mngar，一曰拨浪 bu ram
苦	卡暮 kha mo	渴 kha	渴 kha
酸	许暮 skyur po		
辣	卡擦 kha tsha		
咸	哈 che		
小麦/麦	卓 gro	卓洗 gro zhib	卓洗 gro zhib
面包	工加 gro kha		
果子	卡热 kha zas		
青稞	勒勒 nas nas		
粟米	扯 khre		
冰豆	先工 shan ku		
黄豆	甲先 sran ser		
牛奶	鹅骂 vo ma		
官服		拿萨 las zhwa	拿萨 las zhwa
民衣	衣服 phyu pa	郭 gos，又曰褚巴 phyu pa	郭 gos，一曰褚巴 phyu pa
穿衣	各管 gos gon		
绵衣	夹马 vjam ma		
夹衣	尼淬 nyis rtseg		
单衣	江虾 phyang shag		
马褂	登驳 ting pong		
皮褂	擦鹿登驳 tsha ru ting pong		
袍	褚巴 phyu pa		

---

① "清酒"之"酒"字误，当为"油"。

续表

汉义	《方语》	《蛮语》	《蕃尔雅》
短袄	文肘 vog phyug		
袖	蒲弄 phu ring		
衣面	启虾 phyi sha		
衣里	郎虾 nang sha		
裤	躺卜 snam bu		
裙	郭在 gos tsi		
围裙	班代 pong gdan		
帽	匣 zhwa	热 zhwa	热 zhwa
官帽		物热 dbu zhwa	物热 dbu zhwa
靴	巷 lham	康，又曰夯 lham	康，一曰夯 lham
鞋	杭 lham		
袜	翁木苏 u mu su	番人无袜，同汉语	番无袜，与汉语同
带子	格拉 sked rags		
纽子	卓姑 sgro gu		
耳环	兵当 bad vdab，一名工纳 kong rna		
手镯	则隆 sgrog gdub		
戒指	慈姑 tshags gebs		
被	捏哥 nyal chas		
褥	澄 gdan	播 vbol gdan，又曰替 gdan	播 vbol gdan，又曰替 gdan
毯	资母 rtse mo		
枕头	哀 sngas		
手巾	勒西 lag phyis		
缎子		葛巾 gos chen	葛巾 gos chen
绫		达 dar	达 dar
麻绳		索麻纳杂 so ma ra tsa①	索麻纳杂 so ma ra tsa
氆氇	褚 phrug	抒 phrug，又曰浪布 snam po	抒 phrug，一曰浪布 snam po
藏茧	木列 vbur ras		

---

① 《汉藏对照词典》第 1321 页译作"线麻"，《藏汉大辞典》第 2956 页译作"麻、大麻"，据《藏汉大辞典》的解释，so ma ra tsa 系借自梵音。

续表

汉义	《方语》	《蛮语》	《蕃尔雅》
布	热 ras		
针	靠 khab		
线	各色 skug pa	孤巴 skud pa，又曰葛巾 ko rgyun	孤巴 skud pa，一曰葛巾 ko rgyun
法衣		辍郭 chos gos	辍郭 chos gos
白	各各 dkar dkar	该布 dkar po，又曰葛葛 dkar dkar	该布 dkar po，一曰葛葛 dkar dkar
蓝		烘布 sngon po，又曰拉拉	烘布 sngon po，一曰拉拉
黄	色色 ser ser	谢布 ser po，又曰温布	谢布 ser po，一曰温布
红	妈妈 dmar dmar	脉布 dmar po	脉布 dmar po
紫	逗卡麻 rgya smug	墨纳 dmar nag	黑纳 dmar nag
五彩		卡夺 kha dog	卡夺 kha dog
绿/油绿	江革 ljang gu	江纳 ljang nag	江纳 ljang nag
青	哦哦 sngo sngo		
黑	纳纳 nag nag		
染色	区作 tshos rgyag pa		
如来		诏 chos	诏 chos
燃灯		嘛绒节 mar me mdzad	嘛绒节 mar me mdzad
释迦		沙加兔巴 sha kya thub pa	沙加兔巴 sha kya thub pa
神		呐 lha	呐 lha
鬼		折 dre	折 dre
藏经		葛菊 bkav vgyur，又曰益盖 yig mkhan	葛菊 bkav vgyur，又曰益盖 yig mkhan
目录		当罢 dum pa	当罢 dum pa
卷		班播 bam po	班播 bam po
品		列吾 le vu	列吾 le vu
佛像		喇谷 lha sku	喇谷 lha sku
三宝		工却桑 dkon mchog gsum	工却桑 dkon mchog gsum
罗汉		勒顶 gnas brtan，又曰勒角	勒顶 gnas brtan，一曰勒角
妙法		丹辙 dam chos	丹辙 dam chos
书	益盖 yig mkhan	别岔 dpe cha	别岔 dpe cha
经		哆 mdo	哆 mdo

续表

汉义	《方语》	《蛮语》	《蕃尔雅》
纸	学姑 shog gu	杓谷 shog gu	杓谷 shog gu
墨	拉杂 snag tsha	纳咱 snag tsha	纳咱 snag tsha
笔	拟卓 smyig	奴谷 snyu gu	奴谷 snyu gu
图书		体物 thi vu	体物 thi vu
真字		萨遗 za yig	萨遗 za yig
蕃字		播遗 bod yig	播遗 bod yig
医书		幔遗 sman yig	幔遗 sman yig
语录		旦菊 bstan vgul	旦菊 bstan vgul
东	暇雀 shar phyog	厦耳 shar	厦耳 shar
西	洛雀 nub phyog	奴 nub	奴 nub
南	拖雀 lho phyog	洛 lho	洛 lho
北	雄雀 byang phyog	降 byang	降 byang
上	牙里 jar	顶 sgang	顶 sgang
下	麻里 mar	卧 vug	卧 vug
左		怨 gyon	怨 gyon
右		叶 gyas	叶 gyas
前	恩 mdun	顿 mdun	顿 mdun
后	交 rgyab	交 rgyab	交 rgyab
内		囊 nang	囊 nang
外		且 phyi	且 phyi
中/中间	及呼 dkyil khug	拔耳 bar	拔耳 bar
内外		囊且 phyi nang	囊且 phyi nang
大	茄卜里 chen po		
小	虫虫的 chung chung		
方	竹系 gru bzhi		
圆	各各的 sgor sgor		
直	些播的 vdrong po		
斜	居耳 kyar kyor		
歪	摇摇的 khyom khyom		
花	墨斗 me tog	密朵 me tog	密朵 me tog
木	冬嘛 lcong ma	申 shing，又曰极	申 shing，一曰极

续表

汉义	《方语》	《蛮语》	《蕃尔雅》
树	行蠡 shing sdong	申卜 shing phung，又曰酉 yog	申卜 shing phung，一曰酉 yog
树林/林	那 nags	纳 nags	纳 nags
草	杂 rtswa	咱 rtswa	咱 rtswa
竹	吽马 smyug ma	奴麻 smyug ma	奴麻 smyug ma
莲花		百麻 pad ma	百麻 pad ma
根		咱瓦 rtsa ba	咱瓦 rtsa ba
枝		腋 yal ga	腋 yal ga
叶		罗麻 lo ma	罗麻 lo ma
果品		甚夺 shing tog	甚夺 shing tog
葡萄	更中 rgun vbrum		
枣	卡茹那呢 kha sur		
茜		萃 btsod	萃 btsod
杏	利亢布 li kham bu	阿立看布 mngav ri kha bu	阿立看布 mngav ri kha bu
桃	亢布行蜂 kham bu shing tog	看布 kham bu	看布 kham bu
梨	古俗行蜂 ri su shing tog		
梅	牙须行蜂 ya shu shing tog		
白糖	习骂噶拉 bye ma ka ra		
蒜苗	各坝罗骂 sgog pa lo ma		
蒜薹	各东 sgog tung		
蒜	各坝 sgog pa		
虎	挞 stag	苔 stag	答 stag
豹	入 gzigs	席 gzig	席 gzig
狮子		新革 seng ge	新革 seng ge
麒麟		出心 chu srin	出心 chu srin
彪		供 gung	供 gung
熊	折暮 dom	夺 dom	夺 dom
狐	娃 wa	瓦 wa	瓦 wa
猞猁狲	倚 gyi		

续表

汉义	《方语》	《蛮语》	《蕃尔雅》
麂	虾吴 sha ba	沙瓦 sha ba	沙瓦 sha ba
麝	拉哇 gla ba		
狼	香口 spyang gu	章谷 spyang gu	章谷 spyang gu
鼠		蚌哇 byi ba	蚌哇 byi ba
鹰	诈 khra	郭 rgo	郭 rgo
驼		安亩 rnga mo	安亩 rnga mo
牛	刻马 mjo mo	作 mdzo，又曰克嘛 mjo mo	作 mdzo，一曰克嘛 mjo mo
犏牛	作 mdzo		
毛牛	哑 gyag		
黄牛	舥安 glang		
骡	这 drel		
驴	姑六 ku ru		
兔		耳工，又曰日工 ri bung	耳工，一曰日工 ri bung
龙	逐 vbrug	律 klu	律 klu
蛇	屡 sbrul	直 sbrul	直 sbrul
马	打 rta	达 rta	达 rta
羊	六 lug	路 lug	路 lug
猴		折 sprevu，又曰毕武 pu bu	折 sprevu，又曰毕武 pu bu
鸡	甲 bya	甲 bya	甲 bya
狗	起 khyi	气 khyi	气 khyi
猪	拔 phag	怕，拔同 phag	怕，一曰拔 phag
水牛		么亥 ma he	么亥 ma he
凤凰		穷穷 khyung khyung	穷穷 khyung khyung
孔雀		卯甲 rma bya	卯甲 rma bya
鹅		昂巴 ngang ba	昂巴 ngang ba
鱼		念，又曰阿 nya	念，一曰阿 nya
飞		朴耳 vphur	朴耳 vphur
鸣		唖 sgrog pa	唖 sgrog pa
宿		厦 zhag	厦 zhag
食		寻 zin	寻 zin
骟马		坡达 pho rta	坡达 pho rta

续表

汉义	《方语》	《蛮语》	《蕃尔雅》
骡马		郭嘛 rgod ma	郭嘛 rgod ma
猫	里哥 lo kho	速迷 shi mi	速迷 shi mi
珍珠	莫地 mu tig	木的 mu tig	木的 mu tig
玛瑙	槎木 khra man	席 gzi	席 gzi
珊瑚	局类 byu ru	菊六 byu ru	菊六 byu ru
琥珀	贺喜 spos shel	不奢 spos shel	不奢 spos shel
麝香	拉资 gla rtsi		
玉		舍耳 shel	舍耳 shel
金	些 gser	谢儿，又曰塞 gser	谢儿，一曰塞 gser
银	偶 dngul	硬，又曰藕 dngul	硬，一曰藕 dngul
铜	穰 zangs	纳，又曰拉 rag	纳，一曰拉 rag
锡	虾乃 zha nye	然宜 zha nyes	然宜 zha nyes
铁	加 lcags	渣 lcags	渣 lcags
铅	热利 sha nye		
水晶		出奢 chu shel	出奢 chu shel
水银		硬出 dngul chu	硬出 dngul chu
银钱		章喀 tang ga	章卡 tang ga
象牙		拔梭 ba so	拔梭 ba so
藏香	减杯 rgya spos	茈 spod	茈 spod
檀香	簪得 tsan dan	赞丹 tsan dan	赞丹 tsan dan
沉香		阿葛卢 a ga ru	阿葛卢 a ga ru
甘草		甚艾 shing mngar	甚艾 shing mngar
冰片		噶布鲁 ga bur	噶布鲁 ga bur
豆蔻		杂的 tsha ti	杂的 tsha ti
杏仁		看压 khams yag	看压 kham yag
白芨		素罢 zug pa	素罢 zug pa
阿魏	辛固 shing gu	胜棍 shing kun	胜棍 shing kun
朱砂		擦郭 mtshal rgo	擦郭 mtshal rgo
黄丹		黎赤 li khri	黎赤 li khri
牛黄	翁布楼 dbang po ru lu	吉望 gi wang	吉望 gi wang

续表

汉义	《方语》	《蛮语》	《蕃尔雅》
一	鸡 gcig	吉 gcig	吉 gcig
二	呢 gnyis	逆 gnyis	逆 gnyis
三	松 gsum	桑 gsum	桑 gsum
四	日 bzhi	日 bzhi	日 bzhi
五	阿 lnga	阿 lnga	阿 lnga
六	竹 drug	竹 drug	竹 drug
七	登 bdun	顿 bdun	顿 bdun
八	结 brgyad	杰 brgyad	杰 brgyad
九	谷 dgu	固 dgu	固 dgu
十	居 bcu	菊 bcu	菊 bcu
百	夹 brgya	甲 brgya	甲 brgya
千	东查 stong phrag	冻 stong	冻 stong
万	扯磋 khri rco	赤 khri	赤 khri
多		忙 mang	忙 mang
少		浓 nyung	浓 nyung
一斤		甲扛 rgya khang，又曰甲嘛 rgya ma	甲杠 rgya khang，一曰甲嘛 rgya ma
两/一两	中贡 srang gang	松扛 srang gang，又曰张扛 srang gang	松杠 srang gang，一曰张杠 srang khang
钱/一钱	学贡 zho gang	若扛 zho gang	若杠 zho gang
分/一分	噶贡 sgar gang	喀吗扛 skar ma gang	喀吗杠 skar ma gang
厘/一厘	里贡 li gang	厘扛 li gang	厘杠 li gang
我	额浪 nga rang	额 nga	额 nga
你/尔	雀浪 khyod rang	却 khyod	却 khyod
他		空 khong	空 khong
谁		扛 gang	杠 gang
自		朗 lang	朗 lang
舞		葛儿 gar	葛儿 gar
唱		六朝 glu dgyer	六朝 glu dgyer
喜		噶 dgav	噶 dgav

续表

汉义	《方语》	《蛮语》	《蕃尔雅》
磕头/叩头	掐拔 phyag vtshal	长情，又曰义丕① phyag vtshal	长情，一曰义丕 phyag vtshal
笑		棕 vjum	棕 vjum
乐		楪瓦 bde ba	楪瓦 bde ba
去		送 song	送 song
来		弱 yong	弱 yong
请		准 gyon	准 gyon
到		列 slebs	列 slebs
袭职		拔挫 pha tshab	拔挫 pha tshab
寻		栽 btsal	栽 btsal
起	狼 lang	浪 lang	浪 lang
借		曳 gyar	曳 gyar
知		含 shes	含 shes
在		悦 yod	悦 yod
肯		念 nyin	念 nyin
回		入哇 lo ba	入哇 lo ba
真		丁 dngos	丁 dngos
假		尊 rdzan	尊 rdzan
迟		赤 vphyis	赤 vphyis
快		角 mgyogs po	角 mgyogs po
商量		早夺 gros sdur	早夺 gros sdur
可惜		胖 phrog lang	胖 phrog po
见		通 mthong	通 mthong
不见		麻通，又曰门东 me mthong	麻通，一曰门通 me mthong
太平		笃得 dub de ba	笃得 dub de ba
背夫		乌拉 vu lag	乌拉 vu lag
驮畜		乌拉 vu lag	乌拉 vu lag
公干		端聂儿 dan gnye	端聂儿 dan gnye
跟随		查赤 phyag phyi，又曰约古 gyog vkhor	查赤 phyag phyi，一曰约古 gyog vkhor

---

① 据藏语的发音，"义丕"之"义"当为"叉"，"义"与"叉"系形近而误。

续表

汉义	《方语》	《蛮语》	《蕃尔雅》
打		董 bstung	董 bstung
投诚		俄达 mgo btags	俄达 mgo btags
管待		丹连 tang len	丹连 tang len
保佑		官脚 skyabs vjug	官脚 skyabs vjug
誉		谢 bshu ba	谢 bshu ba
同		占 vdra ba	占 vdra ba
全		仓瓦 tshang ma	仓瓦 tshang ma
赏		朗 gnang	嘲 gnang
罚		辙罢 gcod pa	辙罢 gcod pa
新		鳃 gsar	鳃 gsar
旧		宁 rnyings	宁 rnyings
才情		元登 yon can	元登 yon can
反叛		俄洛 ngo log	俄洛 ngo log
团圆		亨藏 mnyam vdzom	亨藏 mnyam vdzom
松尔石	育 gyu		
青金石	莫麦 mu men		
蜜蜡	卑西 phi shel		
砗磲	洞 dung		
红花	卡茄虾刚吗 kha che sha ka ma		
松	通审 thang shing		
柏	速蠡 shug pa		
杨柳	江马 ltang ma		
雕	割 rgod		
喜鹊	霞噶加格 sha khi cag cag		
乌鸦	卡打 khwa ta		
鸽	骨堵 gu du		
蝴蝶	普烈 phye ma leb		
蜂	着吗 sprang ma		
蝇	章木 sbyang bu		
虫	木 vbu		

续表

汉义	《方语》	《蛮语》	《蕃尔雅》
臭虫	折喜 vdre shig		
贵贱	噶木杂木 dgav mo vdzav mo		
好歹	押暮阿噶 ja po jak		
善恶	娘宠恩把 bzang po ngan pa		
迟慢	期革利 ga ler		
多少	忙布牛牛 mang po nyung nyung		
看	他 lta		
听	凝 nyan		
动静	额卡楼 gans tshul		
安闲	额得勒墨 las med skyid sdod		
紧急	约卒折 tsha drag		
买卖	幼纵 nyo tshong		
收放	林桶 glod sdud		
输赢	胪结 vpham rgyal		
下跪	箕母租 pus mo vdzugs ba		
走去	着耸 vgro song		
回来	诺学 log shog		
坐	独 vdug		
起	来狼 ar langs		
问候	德行有 bde mo		
请安	亢亢 khang khang		
热闹	斗母打 vdu mo dag		
冷淡	气墨格 khrel vgod		
吵闹	无渣 vur sgra		
喊叫	麦把 vbod pa		
叫骂	们家 smad ra		
睡卧	仔母歪 gzims		
勤谨	额扬 nge yang		

续表

汉义	《方语》	《蛮语》	《蕃尔雅》
老实	颠巴且 bden pa		
说话	卡咱 kha cha		
讲理	党歪 bden ba		
行善	雀歪 mchod		
作恶	的巴歪 sdug pyed		
打仗	马缴 dmag rgyag		
抢夺	戳松 vphrogs song		
运粮	桑锅鸯着 za vbru skyel ba		
解饷	偶的 dngul gted		
接应	数着 bsu ba		
成功	讨提 thob rgyal		
凯旋	汤扯猓雄 dpung vbrel log shog		
荣升	逞布惹提 tshon po re thigs		
恩赏	偷及且 thugs rdze che		
好相与	匣布 sha spu		
坐生意	葱吉 tshong sgyed		
有体面	枉尤 dbang yod		
没廉耻	枉灭 dbang med		
没规矩	者眉色里 vbri med sri lan		
朝廷王法	工马结布逞 gong ma rgyal povo khrims		
往那里去	噶着 gab vgrog		
不知好歹	哈墨奇 ham sphyog		

第四章　清代藏学汉文文献中的民族语词及外来语

第一节　藏语词

一　藏语言的记录概况

翻译有音译、意译二法，音译就是照着原文的读音翻译，对于原语独有而译语没有的词语，如部族名、人名、地名、机构、官职等专名多采用音译。那些在生产、生活中常见事物的通名，常常采用意译。清代藏学汉文文献中保存了大量的有关藏语词的零散资料，这些词语大多以音译为主，并以汉字译写的方式进入文献。本章主要分析出现于清代藏学汉文文献中的藏语汉译成分，并参照藏汉对照词典以及我们的藏语方言调查资料，为词语标注出藏文的拉丁转写形式。由于社会生活以及藏语言词汇的发展变化，个别词语暂时未能找到相应的藏语词，故其拉丁转写形式暂付阙如。

（一）藏语成分的记录方式

清代藏学汉文文献中记录藏语言的方式，可分为三种情况：一是行文中夹杂使用藏音汉译词，随即用汉语作了解释；二是直接使用藏语词或短语；三是讨论藏语的语音、语法问题。

1. 夹杂使用并随文释义的藏音汉译词

（1）释义为正文的一部分。

"作者记叙事物的始末，中间偶值某一专词或专项，即环绕之而赘加解释。"① 这种随文释义的藏语词，其前多冠以"番语""土称""蛮言"等术语。如：

【沙迦图巴（沙伽吐巴、沙加兔巴）】sha kyat hub bavi 释迦牟尼佛。《卫藏通志》卷一："释迦牟尼佛，唐古特语名沙迦图巴。"卷六："藏地信佛诚，事佛谨，历数十年。其佛像曰沙迦图巴、江赛孜格……，供奉石楼金殿，香灯朝礼。"又作"沙伽吐巴"。《西藏赋》："厥维沙伽吐巴绰尔济，传写贝多（唐古特谓释迦牟尼佛曰沙伽吐巴）。"又作"沙加兔巴"。《康輶纪行》卷五"蕃尔雅"："释佛：……沙加兔巴，释迦也。"

【钱逋】btsan po 唐时吐蕃王朝君主的称号，通常写作"赞普"。《卫藏图识·识略》上卷"西藏源流考"："有唝斯罗者，名斯南陵温钱逋。钱逋者，犹言赞普也。貌奇伟，部族强盛。""赞普"的写法明代已见。《夜航船》卷十五"外国部·夷语"："赞普，吐蕃俗谓强雄曰赞，谓丈夫曰普，故号其君长曰赞普。"

【论逋】blon po 宰相。《卫藏图识·识略》上卷"西藏源流考"："立李立遵为论逋，佐之。论逋者，相也。"《百一山房赴藏诗集·凯歌》："身经百战黑云都，此日论逋胆落无。"

【珠巴（朱巴、朱巴哇）】sgom pa 道士。《西藏志·医药》："然不论病之轻重，必延喇嘛念经，或珠巴念诵祈禳，珠巴即道士之类，或令童男女唱佛歌以祛之。"又作"朱巴"。《西域遗闻·风俗》："病重……必延喇嘛诵经，或延朱巴祈祷。朱巴即内地黄冠也。"又作"朱巴哇"。《西藏纪游》卷二："惟朱巴哇（即番中红教道士）吹鬼则用极小之帐，如蚊帱然，一木悬之。"

【尺盖哇（扯界、掠造娃）】"尺盖"系藏音 phyed ka 汉译，原指物品的一半，"尺盖哇"指驻藏满（或汉）兵与当地藏族妇女结婚所生的子女。《西藏纪游》卷一："凡华人狎番女者……或生子女，呼曰尺盖哇，子可携归，女则不能，盖重男轻女习俗使然也。"又作"扯界"。《西昭竹枝词》："未讲价钱先捏手，全亏扯界两边通。"又作"掠造娃"。《文硕驻藏奏稿·致续侍郎（昌）函详陈藏事颠末及筹划苦心》："顶补之人，率皆换防兵

---

① 邓锐龄：《读〈西藏志〉札记》，《中国藏学》2005 年第 2 期。

丁、贸易客民私与番妇奸生之子，姓仍从父，性与番同。川中所谓掠造娃者也。"

【麻金】ma chen 厨子。《巴塘志略·杂职》："土司家……厨役曰麻金。"

【改咱】skas sgam 简易木梯。由一根圆木凿成，每阶可容半足。孙士毅《改咱》诗题记："碉房之旁倚圆木一枝，略具层级，缘以上下，番名改咱。"

【唐加】tang ga 藏地铸造发行的银质货币。《藏辅随记》："藏银形式略如各省所铸铜元，质轻而薄，成色低劣，银约十分之六，掺铜十分之四。面刻花纹，环列八小圆圈，名曰唐加。"

【纲】rkang 汉译人户。《丁巳秋阅吟·僧格隆》："巡方为省敛，差役减从纲。（此地户少，粮差过重，因饬后藏卓呢尔同营官查明，谕以班禅慈悲，各按实户纳粮。唐古忒谓户为纲。）"

【曲迷】chu mig 汉译水井。《藏辅随记》："约中所谓江孜堡垒者，即江孜营官寨，一山崛起平阳中，番官兵营即据其上，曲迷荡桑者，尼庵也，建于山峡。番语水井曰曲迷，庵旁有井，故名。"

【拉（喇）】la 汉译山。《卫藏图识·识略》上卷："凡砂碛地无草木者，番人谓之锅壁。呼拉者，译言山也。"又作"喇"。《西域遗闻·疆域》："番俗，呼山为喇，河为楮。"

【置嘎】rtse zhwa 汉译尖帽。置 rtse 汉译尖，顶峰；嘎 zhwa 汉译帽子。《里塘志略·山川》："南面曰梭龙山，又名尖山，俗呼为喇嘛帽山，蛮言置嘎也。"

【冈底斯】gangs ti se 山脉名，意为众山之主。《藏纪概》卷初："梵书言，四大水出于阿耨达山下，有阿耨达池。以今考之，意即冈底斯。是唐古特称冈底斯者，犹言众山水之根。"

【喜玛来山】今称喜马拉雅山，坐落在西藏南部。"喜玛来"系藏音 hi ma la ya 汉译。《升泰驻藏奏稿·英领事伊来函订会晤日期》："雪峰遥望，势若连城，即泰西所谓天下第一高峰喜玛来山之枝干也。"又《大雪封山会议需时并筹办情形折》："惟其地非系藏界，既未审英人能否听从，且地在喜玛来山脊，气候奇冷，积雪太深，通商殊非善地。"

【朗磋（那木错）】bla mtsho 天池，神湖。今作"纳木错"，为西藏第一大湖，我国第二大咸水湖。《西藏纪述》："由正北过拉根山，即滕格那儿，土人呼为朗磋，即天海也。"亦作"那木错"。《镇抚事宜·丁巳秋阅吟》："问讯天池（自阿木岭东行七十里有海子，唐古忒呼为那木错，乃番语天池也）际，惩奸慰良善。"

【色卜色尔】zur gsum 三角。《蜀徼纪闻》："先是，五公本欲从色卜色尔往袭沃日旧寨，色卜色尔者，番语三角之谓。"

【朋博（蓬婆、溯普）】phung po 汉译堆阜。《平定两金川方略》卷首四："又蓬婆亦唐古特语朋博之转。朋博者，堆阜之谓。今之色溯普为贼番就堆阜筑碉之所，则溯普当即朋博之讹。"

【色尔（色）】gser 金子。《平定两金川方略》卷首四："（色溯普之）色，盖色尔，番语所谓金也。"

【扎什伦布】bkra shis lhun po 即今扎什伦布寺，藏传佛教格鲁派六大寺院之一，为历代班禅大师的驻锡地。《热河日记·扎什伦布》："见班禅额尔德尼于扎什伦布。扎什伦布者，西番语，犹言大僧居也。"

【拉布齐】gnam rgyan 天棚。《有泰日记》卷十三："连日床上有拉布齐（汉语天棚），以各色缎成长方形，用各色绸走水……活佛体制，恭敬之意也。"

【四（姿儿）】gzi 藏族的一种珠料佩饰，又称亚玛瑙、猫睛石。《有泰日记》卷七："午后鹤孙拿珠子、子母绿来看，其子母绿块不小，未曾见过。……最怪者，有似玛瑙，自成黑地白文，作汉文式，内有白圈，名曰四。（四名作尖音，有儿字在内。记幼时家内念珠曾系此物，颇小，形文似如此，名姿儿，想四字之转音。蒙古亦重此，闻姿儿乃口外所得也……）藏中及别处皆有，然不易得，生长土内，长如橄榄，形亦有稍圆者。其圈以单数为贵，其中有三圈者，可值银七十文，如至九圈，可值千文矣。如二四六等双圈，则价大减。闻佩之可避邪祟，恐故神其说，然此物甚奇。"又："王永福拿来四儿三枚，两枚不齐整，只有一枚极小尚整，惟无纹，仅有三圈，作白地大灰圈，两头亦作浅灰色，中穿眼，细看似玛瑙，又有骨意，真不可解，价六文钱。因小或从廉，且不见纹细故也。"据今人考证，这种名为 gzi 的料珠通常为橄榄形，两头截平，或为圆形、六方形等，中间穿绳。上面的纹饰有圆圈形（被称为"眼"，一般为单线圆圈，偶见两圈者）、平行竖条纹、莲花纹、虎皮斑纹、万字纹、日月等。藏人喜欢佩戴这种饰品，戴在身上不仅象征着财富、地位，或表露爱美之心等，更重要的是它们具有禳灾祛祸、避邪驱魔的功用。①

【鸠】byivu 麻雀。《有泰日记》卷七："众委忽送寿礼十二色，未免太费事。然最奇者，寿桃上插多少签子，头上均有一面圈，作尖形，谓之鸠，番语即麻雀也。"

【哪杂俄么】dbyar rtswa dgun vbu 冬虫夏草。《里塘志略·杂记》："博浪工山中生异药，曰冬虫夏草，谓冬蛰为虫，夏苗为草也，蛮人呼为哪杂俄么。"

【批】pre【克】khal 藏地量器名和质量单位。20 批为 1 克，1 克约 14 公斤。《巴塘志略·杂识》："挈量粮食之具形如小鼓，名曰批。每批约制升八合，二十批为一克，形如斗，纳赋完租，均以此为准。"《景纹驻藏奏稿·西藏丰收阖藏公请达赖喇嘛下山攒招折》："每克籽粒播种之后，迨秋收成熟，计收粮食七八克，即称为年岁丰收。"

【纵（宗）】rdzong【噶】mkhar "纵"原意为"城堡""营寨"，为酋长驻地。元代统一西藏后始设官管理，成为西藏地方一级行政机构，相当于内地的县。"噶"意为"城堡""山寨""碉楼"，与"宗"相对。《西藏纪游》卷三："凡官舍在平地者，番名噶。碉房傍山者，番名纵。碉房为碟巴头人据险之所。"《西域遗闻·政教》："凡设险守隘之官署，曰纵。"《西藏志·疆圉》："至德庆有纵。凡所谓纵者，系傍山碉房，乃其头目牒巴据险守隘之所，俱是官署。""纵"后来写作"宗"。《文硕驻藏奏稿·加具藏南舆图说帖》："按和瑛亦是当时原奏立界之人，其赋中注释悉皆援依档案，言为足据。日纳即热纳之转音。宗者，唐古特语，凡山水分歧会合三面犄角形势地基处，皆谓之宗。"

【擦擦】tsha tsha 梵语借词。用模型印制的小泥佛像，也有用糌粑粉制成者。《西藏纪游》卷二："糌粑佛即擦擦佛。相传定日通拉大山有地藏王所造者，其色白而坚过瓷质。小者不及寸，大者二三寸，极珍贵，彼中世家不能多藏。云以之缚于羊角，可避枪炮，为护身之宝。……今之易碎

---

①　汤惠生：《藏族饰珠"Gzi"考略》，《中国藏学》1996 年第 2 期。

者，多掫用黄土搏成，以应酬赠人之用耳。"

【曲登（却登、棹等）】mchod rten 道旁土塔，藏塔。《西藏纪述》："砌土塔于路旁，以镇鬼祟，名曰曲登。"又作"却登"。《里塘志略》卷下"杂记"："装经塔及装舍利塔，或用铜铸，或用巨石垒，均涂以金，番名却登。巍然道周，闪烁映日，蛮人过者，必礼拜乃去。"《里塘志略》卷下"杂记"："高山平原，乱石成堆，镌番书，上插木杆，悬哈哒者，蛮语谓之却登。其石来自西藏，所镌番书，经典文也。"又作"棹等"。《章谷屯志略·夷人风俗》："至道傍，必累石为浮屠（名为棹等），高六七尺，间镌夷字几满，无地无之，难以数计，行者不敢径过，必纡其后而行，归途则否。遇有事端，必围绕数十百遍，虽疾风暴雨不少息。"今称"嘛呢达却"。今青海藏区仍存此俗，民和土族中有立"嘛呢达却"的传统，其目的为驱除一切灾难病魔，保佑家中人畜平安。①

【纳怵】la rdzas 石堆。《里塘志略》卷下"杂记"："高山平原，乱石成堆，镌番书，上插木杆，悬哈哒者，蛮语谓之却登。……亦有无番书石堆，蛮语谓之纳怵，云皆有神佛栖其中。凡蛮人飞马骤驰过其傍，必去帽以示敬。"

【搭卜切多】dar po che 街巷边直立的经幡。《西藏纪述》："街巷多立桅杆，以布写经，名曰搭卜切多。"

【默朗穆勒布】smon lam chen po【错曲勒布】tshogs mchod 藏传佛教祈愿法会。"默朗穆勒布"俗称"攒大招"，"错曲勒布"俗称"攒小招"。《廓》卷四十七："计算用项，每年正月内，布达拉与各处大寺庙大、小众喇嘛及前后藏各处喇嘛数万人会集大昭念经二十日，谓之默朗穆勒布。二月内复集大昭念经八日，谓之错曲勒布。"

【垂仲（吹忠）】chos skyong 巫师。《西藏见闻录》卷下"喇嘛"："有娶妻生子、世袭其术之喇嘛，名曰垂仲，假神附体，以欺惑无知。"《西藏见闻录》卷下"梵刹"："噶吗霞在大召东里许，内塑神像狰狞。寺中喇嘛娶妻生子，世袭其术，名曰垂仲。……它寺亦有垂仲，又有妇人而为垂仲者。"《西藏纪游》卷三："垂仲者，装束如喇嘛，娶妻育子，世传其术，

---

① 文忠祥：《藏传佛教在民和土族地区的传播与文化整合》，《青海民族研究》2002年第2期。

当如中土巫觋之类。……惟此寺垂仲不娶妻，与他寺异。"和宁《辛亥嘉平月护送参赞海公统军赴西藏四首》："失策凭垂仲（喇嘛能卜者名垂仲），抛戈耻戴绷（番目领兵者名戴绷）。"又作"吹忠"。《西藏纪游》卷一："吹忠亦名垂仲，与内地师巫相类。"

【恶木气（厄木气、阿木气）】em chi 医生。《西藏见闻录》卷下"医卜"："蕃呼医曰恶木气，亦知诊视，辨症用药，多系丸散，或针灸，讲论穴道，颇亦详细。"又作"厄木气"。《西藏志·医药》："西藏医名厄木气，药不炮制，皆系丸散，亦诊视，而后用药。"又作"阿木气"。《西域遗闻·风俗》："患病亦有医药，名其医曰阿木气，亦诊脉息，不知何所宗也。"西藏当代小说中写作"额木其"。严肃《驼铃千里》："他们正翻越着大沙梁，忽听背后传来一声声呼唤：'解放军额木其等一等！'回头一看，原来是生产队长加仁和托娅骑着骆驼赶来了。"① 从语源上看，em chi 是蒙古语借词，藏语称作 man pa，但在藏语中，这个蒙古语借词的使用频率高过藏语词，这是由于在西藏，蒙古语的声望超越了藏语，也反映了历史上一段时间内蒙古与西藏的紧密关系。②

【哈达（哈打、哈怛、哈塔、哈丹、界单）】gan dar 藏族和部分蒙古族人表示敬意和祝贺用的丝巾或纱巾，多用于迎送、馈赠、敬神以及日常交往礼节。长短不一，以白色为主，也有红、黄、浅蓝等色，以绫、绢为之，为贡品、见面礼、礼佛用。有的有佛头图像，有的没有。孙士毅《哈达》诗题记："绫绸数尺或丈余，名曰哈达。喇嘛进见时，手捧哈达，如投刺然。"《康辅纪行》卷一："哈达者，织素绫为之，每方约二尺，中织佛头六方，为一连。凡蕃目及剌麻见贵客，不用名柬，奉哈达为礼。大剌麻则奉素绫一长幅，或无佛头，即古人束帛相见之意也，客受而还之，亦予以哈达，蕃礼神佛亦然。……寻常小番所用哈达，则绢为之，而无佛头。每方一尺五寸，十方为一连，皆织自成都及西宁焉。"《西域遗闻·风俗》："哈达以绫绢为之，长者丈余，短者盈尺，来自成都之市，夷人相见之柬也。遇贵者跪而递，平者互递，下者挂其颈。文书往来必折哈达于

---

① 兰州部队政治部宣传部：《驼铃千里》，天津人民出版社 1975 年版，第 67 页。
② ［美］丁·J. 诺尔布：《藏语中的蒙古语借词及它们之间的社会文化联系》，何一兵译，《蒙古学资料与情报》1988 年第 3 期。

内，所拜神必挂哈达，故神像皆垂哈达满体。"也作"哈打"。夏尚志《打茶》："喇嘛相见，其最尊礼者必递哈打。哈打者，素绢也。"清初写作"哈怛"。《藏纪概》卷尾"招迹"："凡僧俗人相见，必用古尔班绢，呼为哈怛。"清代笔记中亦见。《养吉斋丛录》卷二十六："迨入宫启合，则若作扶服顶礼状。爰赐以哈达（国语素帛也），敕号曰仙。"又作"界单""哈塔"。《水曹清暇录》卷七"喇嘛打鬼"："观者皆膜拜，奉界单于神，以问休咎。界单者，绢巾也，又名哈塔。"元明文献中写作"哈丹"。《大元圣政国朝典章·使臣冒起铺马罪例》："更吾思藏宣慰司官人每根底取要了金子毛子哈丹段疋等物。"《明史》列传第二百十九卷"明太祖洪武七年和林献舍利"："又有和林国师朵儿只怯烈夫思巴藏卜，亦遣其讲主汝奴汪叔来朝献铜佛、舍利、白哈丹布及元所授玉印一、玉图书一、银印四、铜印五、金字牌三，令宴赍遣还。"

在《绥靖屯志》卷十"杂志"条中，作者记录了当地藏族歌曲的歌词，并用汉语作了解释。原文为：

蛮俗跳歌队之戏，男女牵手而歌。歌曰："咦喟阿恩吞博，嗦哑啴叭，力那甘错，力那甘错，嗦哑咄么。甘错勒末，甘错勒末。咀哑咦喟，札得吞博，札得吞博，嗦哑啴叭，札甲革博，札甲革博，嗦哑咄么，休卓勒末，休卓勒末。咀哑咦喟，甲中葛末，甲中葛末，嗦哑啴叭，爬汤渴恶，爬汤渴恶，嗦哑咄么，布当擦约，布当擦约，咀哑。"按，阿恩，天也。吞博，高也。力，日也。那，月也。甘错，星宿也。勒末，来也。札得，石山也。札甲，鹰也。革博，雕也。休卓，飞也。甲中葛末，百姓人家也。爬汤渴恶，父母也。布当擦约，儿女也。因戏为译之曰：维天盖高，日月昭昭，星光有曜。维山盖高，有鹰有雕，飞止于巢。民庶斯处，曰父曰母，爰及儿女。按，此亦白狼夷歌之遗意也。

作者解释的大部分词语今仍使用，以下参照现代藏汉辞典对其中的词语标出藏文转写形式及意义：阿恩 a sngon，汉译天。吞博 mtho ba，汉译高。力那 nyi zla，汉译日月。甘错 skar tshogs，汉译星团、星群。勒末 lam me ba，汉译闪耀；闪烁；灿烂。札得 brag，汉译岩；山岩；岩石。札甲 khra bya，汉译鹰隼。革博 rgod，汉译雕。休卓 gshog sgro，汉译飞翔。爬汤渴恶 pha dang um，汉译父母。布当擦约 bu dang tsha bo，汉译子侄。根据清人的解释，甲中葛末 khyim grong dkyus ma 汉译普通人家，与清人所记音稍有出入。

（2）正文中直接使用藏语词，随以双行小字作注。为便于行文，注释文字以括注形式表示。

【桑堆】gsang vdus【德木楚克】bde mchog 梵音藏译，藏传佛教佛号。"桑堆"汉译集密金刚，通称"阴阳佛"或"秘密佛"。"德木楚克"是"秘密佛"的一种，又名"上乐金刚""胜乐金刚"。《卫藏通志》卷六："拉撒东五十里噶勒丹山，宗喀巴先在大昭率众喇嘛攒昭诵经燃灯，众喇嘛求立寺院，宗喀巴乃手举金刚菩萨云：宜在旺固尔山创建。遂造大经堂，内塑桑堆（即阴阳佛）、德木楚克（即安乐佛）、多尔影佛像。"《西藏赋》："德木楚克乃阴阳之秘密（阴阳佛也），雅满达噶实心性之真笙。桑堆满座（安乐佛也），天王接肩。盖奇颜谲状，累盈万千，名不可以阐述，义不可以言传也。"这两段文字描述有出入，《西藏赋》释"桑堆"为"安乐佛"，"德木楚克"为"阴阳佛"，疑有错倒。

【笼官】唐时吐蕃将职名。"笼"原是驿传的里程单位，[①]藏音为 slungs dpon（dpon 汉译"官"），是音译加意译的词。《百一山房赴藏诗集·道中杂述六首》："精卒三千人，百战无不克。赞普为结缨，笼官来侍侧。"又《凯歌》："笼官争拜小夫人（谓从征诸土司）。"《西藏赋》："排舍卫之笼官，魁头膜拜。"前代文献中亦见，用以指称吐蕃军官。《新唐书·吐蕃传下》："吐蕃不得志，入掠黎雅，于是剑南兵合南诏与战，破之，禽大笼官论器然。"

【加弥】rgya mi 汉人。《有泰日记》卷六："本庙有戏台，应归张统领办，一切唱戏人，即营兵。戏尚整，行头尚可，惟有戏谓之送加弥（汉人也），大为可笑。"

【伯把】bar pa 媒人。《章谷屯志略·夷人风俗》："明正夷人议婚，壻家倩伯把（媒妁名）往女家通殷勤，取女年庚，求工巴推算吉凶。"

【薛大蛮】zhal ta ma，年长女仆。《有泰日记》卷六："穿号衣，带腰

---

① 陈践践：《笼馆与笼官初探》，《藏学研究》，中央民族学院出版社 1993 年版，第 171 页。

刀下台，在各人面前辞行，自余以此均赏之，随告其丫头并薛大蛮（老婆子）二人，无不哭者。"

【苦库】gu gul 西藏出产的一种线香，亦称安息香、俺吧香。《西藏赋》："苦库俺巴（苦库，黑香也；俺巴，白香也）。"

【吉吉】dri zhim 西藏出产的一种线香，又称白妙香。《卫藏图识》卷下"物产"："藏香（有紫、黄二种，真者焚时烟凌霄汉，盖以珍宝屑成之）、黑白香（白香亦名吉吉香）。"《西藏纪游》卷二："藏香以后藏入贡者为佳，有红黄二色。……香内以俺叭、吉吉诸香加藏红花为之，故香甜触鼻。"又："俺叭香色黑，其白者名吉吉香。"清代笔记中亦见。《养吉斋丛录》卷二十四："四川督年贡进：黄藏香一千枝，红藏香一千枝，俺吧香三匣，吉吉香三匣……"

【朗噶孜（那噶尔孜）】sna dkar rtse 白鼻山。那（朗）sna 汉译鼻子；噶尔 dkar 汉译白色；孜 rtse 汉译高。《丁巳秋阅吟·朗噶孜》："层巅朗噶孜，高耸佛头青。（朗噶孜本名那噶尔孜。番语那，鼻也；噶尔，白也；孜，高也。白山鼻上迭砌营官寨，形似佛头。）"

【巴则（巴孜）】【羊卓云角（羊卓云错）】巴 spo 汉译山峰；则 rtse 汉译高；巴则 spo rtse 汉译高峰。羊卓云角 yar vbrog gyu mtsho 汉译碧玉湖。《丁巳秋阅吟·巴则》："巴谷（巴则，唐古忒本呼巴孜。巴，峰也；孜，高也）羊肠路。……旁临不测渊。（巴则山阳有大海子，番名羊卓云角，又名云错。梵语错，海也，环山四百余里。）""羊卓云角"今作羊卓雍错，被尊称为西藏高原的三大圣湖之一。

【晓叶桑】zhabs gas zam ba 藏地桥梁名，在今西藏洛隆县境内。《藏行纪程·叹所乘马》："初六日，行六十里，至晓叶桑宿（译言鹊桥也）。"

【蜜涂】me tog 花。今写作"梅朵"。《藏行纪程·十二阑干道中》："途中所见花卉，四时皆备，多中国所未见。一种似菊而小，五色，叶如芝麻，番名鹤来蜜涂（蜜涂，译言花也，鹤来，则不得其解）。"

【工加（工架）】go re 饼类食物。汉语称"饽饦"。《西藏见闻录》卷下"方语"："面包，工加。"又作"工架"。《章谷屯志略·夷人风俗》："议既成，订期，延女父及亲好至壻家，具咂酒、烧酒、猪膘、工架（饽饦）相款洽，尽欢而散。"又："主人具咂酒于寨中，瓶口植竹竿数枝，猪膘、工架分布于地，环坐吸饮，厌而后止。"

【得木鸟】一种以小麦和青稞面做成、烘烤而食的面饼。《章谷屯志略·夷人风俗》："糌粑以数觔，馅以猪膘，作得木鸟一圆（汉人毕锣）。"又："宅垄夷性嗜茶，辰、午、晚三餐俱以茶入锅，煮数十沸，去渣，入酥油、糌粑、食盐各少许，盛以木桶，麦面、荞面等物用作饼锣，中馅以薑（呼为得木鸟），入灰火中炙令熟，男女团坐于地，手擘以食。……惟各布猪膘、牛肉、得木鸟，醉饱而散。"《汉嘉戎词典》的"饼"条释义为"各种面饼的总称"，所记录的嘉戎语的发音为 $tə^{22} mŋok^{33}$，[①] 与清人笔下的"得木鸟"语音接近，所指当为同一物。

清代咏藏诗词中，以这种方式保存了大量的藏语词，如：

【逐即】bro chas 赠送给出行者路途消费的礼物。《巴塘志略·巴塘竹枝词四十首》："鞭棰如雨索骑驮，通事还需逐即多。（逐即，程仪也。）"

【噶斋】sgo khral 税。《丁巳秋阅吟·桑萨》："前苛除未尽，今议养无依。[乙卯年曾除此地苛税，尚有噶斋（牛羊税）办理未妥。]"

【骨丕】gur phub po 张设帐篷。孙士毅《呀那》诗："骨丕（蛮语安设帐房）得腜壤，如农逢新畬。"

【加拉（嘉拉）】ca lag 东西，什物。《西藏纪游》卷二："予和诗云：……谁驮加拉（蛮语什物也）咿嚘来，双栈丁丁两边琢。"今写作"嘉拉"："再说家具和东西，总称'嘉拉'。"[②]

【曲噶、那么】曲噶 khyo ga，汉译男人。那么 sna mo，汉译妇女，女主人。《西藏纪游》卷一："文靖公诗：'……曲噶（蛮民）等风汉，那么（蛮女）皆渴羌（蛮女皆嗜酒）。'"

【力则】lan tshar 辫子。《番行杂咏》："双垂力则尚深闺，三辫平分迆吉兮。（辫子谓之力则，女子两辫，妇人三辫。）"

【班吗】bad ma 首饰。《番行杂咏》："班吗青铜镇发箍，辫垂璎珞杂珊瑚。（班吗，首饰也。）"

【竖扛（学扛）】zho gang 一钱。《西昭竹枝词》："各样银钱钱五分，

---

①　黄良荣、孙宏开：《汉嘉戎词典》，民族出版社 2002 年版，第 32 页。

②　王贵：《创作快板诗　攻克藏语关——进藏初期学习藏语文的情况片段》，《西藏党史通讯》1986 年第 3 期。

麻丫竖扛用纷纷。（剪钱三分之一曰夹麻丫，三分之二曰竖扛。）"又作"学扛"。《藏輶随记》："四卡扛为一学扛。"

【色楮】汉译金沙江。色 gser 汉译金，楮 chu 汉译水。《巴塘竹枝词》："拾翠来游色楮滨，蛮靴步去不生尘（金沙江番名色楮）。""色楮滨"意即金沙江边。

清人咏藏诗部分诗作者喜用藏语音译词入诗来表情达意，点缀润色，亦有句句嵌入藏语词的情况。如和琳《藏中杂感四首》一：

"纵有安奔（大人也）难变俗，竟无奴古（笔也）亦能书（蛮家以竹作字）。一长堪取尤堪笑，阿甲（妇人也）人人善积储。（蛮女凭人拣择，方言曰坐，皆能理家，防兵有致富者。）"

《芸香堂诗集·藏中杂感四首》三：

"一声冈冻（人胫骨，吹之声似喇叭）僧茶罢（番人日熬茶数次），半万更登（僧也）鸟食残。"

其中的安奔 am ban、奴古 snyu gu、阿甲 a ce、冈冻 rkang dung、更登 dge vdun 均为藏音汉译词。

和宁的《西藏赋》在清代疆域大赋中属于上乘之作内容十分广泛，涉及西藏的历史沿革、疆域演变、官制沿革，"凡佛教寺庙、官制风俗、物产地界，无一不详。而山水尤晰"。[①] 作者遵循"名从主人"的原则，将涉及的西藏山水风物名称全部采用音译的方式展示出来，又在赋的正文或注释中，对译名作了解释。其中有关藏传佛教僧职名称、僧人等级称谓以及俗官官职的名称有："桑堆、喇嘛、堪布、岁瑭、森本、曲瑭、孜仲、垂仲、卓尼、孜瑭、密本、达本、第巴、商上、噶厦、浪孜辖、协尔邦、噶布伦、仓储巴、绰尔济、沙布咙、文咱特、卓尼尔、罗藏娃、宗喀巴、朱尔亥、罗公甲布、希约第巴、业尔仓巴、沙伽吐巴、江来孜格、德木楚克、雅满达噶、多尔济帕姆"等。所涉及的藏传佛教寺庙及建筑名称有"桑鸢、别蚌、甘丹、札古、冈坚、禄康、札什伦布、仍仲宁翁"等。藏地多山，《西藏赋》在描写西藏山川时，记录了很多山川、山岭的藏语名称，如"僧格、浪荡、色拉、根柏、洞噶、脚孜、奔巴、鲁工、丹达、朔马、鼻奔、洛纳、支木、

① 转引自云峰《蒙汉文学关系史》，新疆人民出版社 1997 年版，第 149 页。

巴则、帕尔、结隆、通拉、札拉、巩汤、萨尔、江纳、常桑、浪卡、日蚌、拉古、硕布、帕甲、彭错、甘坝、甲错、布达拉、喇根拉、冈底斯、札洋宗、锅拉纳、都毕纳、达木珠、朗卜切、僧格喀、玛卜伽、擦木卡、甘布拉、锅噶拉、墨羽拉、噶勒丹、扎拉罗布、阿拉柏桑、达木楚克、札什纳雅、札洞日洞、丈结雅纳、波底羊玛、杏撒热卡、纳汝克喀、嘛里噶布、巴图鄂色、沙羽克冈"等。涉及的河流、湖泊名称，有"登龙、聂党、藏布、机楮、色楮、麻楮、冈噶、澜沧、雅龙、彭楚、鄂木楮、阿耨达、洋卓雍错、雅鲁藏布、布哈鄂模"等。地名及程站名称有"定日、巴塘、里塘、宗喀、波密、拉里、边坝、济咙、瞻对、帕里、喇里、濯拉、喀木、阿足、夹坝、黎树、江卡、古树、莽里、三坝、工布、达布、江达、春奔、边卡、曲水、噶押、咱义、定结、乍丫、桑艾、达木、阿咱、帕里、洛隆宗、类伍齐、察木多、聂拉木、日纳宗、硕板多、克里野、纳克产、达克喇、协噶尔、噶尔藏骨坌"等。西藏及其周边的国家、部族名称有"乌斯、拉萨、狢㺄、卡契、赛尔、拉达、库努、别蚌、廓尔喀、巴勒布、甲噶尔、额讷克、拜木戎、哲孟雄、作木朗、洛敏汤、卓书特、布噜巴、第里巴察、噶里噶达、罗喀布占"等。它如"苦库、唵巴、札木札鸦"等物产名以及"冈洞、巴陵、哈达"等藏传佛教器物名，等等。

和宁在西藏生活了相当长的时间，熟悉藏语，因此在创作时融入了大量的藏语词汇，为作品增添了浓郁的民族色彩。

在和琳、和宁二人的唱和诗歌集《卫藏和声集》①中，收有和宁的《蛮讴行》一诗。全诗吸收了57个藏语词（其中"锅庄"一词未加注释，"擢卡"一词出现两次）入诗，并在后面用小一号的字体注明了汉语的意思，全文如下（为了行文的方便，以下将诗人自注以括注形式展示）：

博穆（女）恨不生中原，世为墨赛（百姓）隶西番。阿叭（父）阿妈（母）尽老死，捞乌角角（弟兄）趋沙门。剩有密商（单身）年十五，早学锅庄踏地舞。胭脂粉黛通麻琼（不见），拉萨（佛地）认通（永远）充役苦。苏银（谁）欢乐柳林湾，连臂叶通（唱）声关关。自寻擢卡（夫）索诺木（造化），几迷（妻）坐就时开颜。上者确布（富者）饶塞

---

① 《卫藏和声集》为清抄本，一册，现藏于广东省立中山图书馆。

藕（金银），木的（珍珠）角鹿（珊瑚）缀囚首。萨通（饮食）丰盈褚巴（衣服）新，甲呛（黄酒）阿拉（清酒）不离口。次者买布（贫者）嫁农商，毕噶（春）动噶（秋）勤稞秧。闲时出玛（街市）售囊布（氆氇），贡达（晚）樵汲无灯光。一朝擢卡（夫）还育密（中国），亢罢（房屋）萧条谁悯恤。生儿携去塔戎布（远方），陈各尼参（昼夜）泪如泮。忽听传呼朗仔辖（管地方头目），安奔（大人）达洛（今年）修官衙。划泥筑土莫共泽（懒惰），鸠工火速董（打）来加。阿卓（早晨）胖胝落呢马（日落），费尽涉磨（气力）萨糌粑（食炒面）。更番倘惧端聂儿（公干），章喀（银钱）亲交业尔把（管事人）。达楞（今日）无奈起蛮讴，相思苦楚端（情）交愁。播依（番音）那用吹令卜（笛），咿唔救勒动高楼。高楼索勒银钱赏，棕棕（笑也）越唱青云朗。来朝忙布（多多）买玛拉（酥油），燃灯喇谷（佛像）前供养。祷祝来生多抢错（叩头），男身宫脚（保佑）转中华。不然约古（跟随）河伯妇，乌拉（差徭）躲却随鱼虾。

全诗共 22 句，每句基本上都融入了一两个藏语词。下面依次注出每个词语的藏文转写方式及汉语意思：

博穆 bo mo，女；墨赛 mi ser，百姓；阿叭 a pha，父；阿妈 a ma，母；捞乌 nu vo、角角 co co，弟兄；密商 mi rkyang，单身；麻琼 ma mthong，不见；拉萨 lha sa，佛地；认通 yu gtan，永远；苏银 su，谁；叶通 gzhas gtong，唱；索诺木 bsod nams，造化；几迷 skye dman，妻；确布 phyug po，富者；塞 gser，金；藕 dngul，银；木的 mu tig，珍珠；角鹿 byu ru，珊瑚；萨通 bzav btung，饮食；褚巴 phyu pa，衣服；甲呛 rgyar chang，黄酒；阿拉 a rag，清酒；买布 dbus po，贫者；毕噶 dbyid kha，春；动噶 ston kha，秋；出玛 khrom ra，街市；囊布 snam po，氆氇；贡达 dgong da，晚；擢卡 khyo ga，夫；育密 yul dbus，中国；亢罢 khang pa，房屋；塔戎布 thag ring，远方；陈各 mtshan mo，夜；尼参 nyin mtshan，昼；朗仔辖 snang rtse shag，管地方头目；安奔 am ban，大人；达洛 da lo，今年；共泽 vgul tsher，懒惰；董 bstung，打；阿卓 sngar drod，早晨；呢马 nyi ma，日落。涉磨 shed mo，气力；萨 za，食；糌粑 tsam pa，炒面；端聂儿 dan gnye，公干；章喀 tang ga，银钱；业尔把 gnyer pa，管事人；达楞 de ring，今日；端 brtse dung，情；播依 bod yig，番音；令卜 dril bu，笛；棕棕 vjum vjum，

笑嘻嘻；忙布 mang po，多；玛拉 mar，酥油；喇谷 lha sku，佛像；抢错
phyag vtshal，叩头；宫脚 skyabs vjug，保佑；约古 gyog vkhor，跟随；乌拉
vu lag，差徭。

这些词语绝大多数见于同时期文人所编的藏汉对照词汇集。这说明
了，作者和宁曾接触过，并且相当熟悉这些词汇集，因此能够在诗作中融
入这么多的藏语词。

藏语与汉语是不同的语言，清代赴藏诗人们入乡随俗，喜欢采撷藏语
词入诗表情达意，点缀润饰。"音译藏字的入诗，从语言方面润饰了藏地
的特色，也表现出诗人们对藏语的了解与掌握。"①

此外，有些藏语词在正文中未见使用，仅见于双行小字的注释中。如
《有泰日记》卷七："二十五日，令田德买来木碗，系喇嘛所用，与寻常桦
木所作不同，因令王永福与其商酌，照作木碗、木碟，可带往京送人，乃
实系藏中土产也。（宅白［北音］珀巴［碗，喇嘛用］。铁巴，楪子也。）"
其中的"珀巴"系 bor pa 音译，汉译"木碗"；"铁巴"系 sder ma 音译，
词形由汉语语素"碟"加上藏音后缀构成。

2. 行文中直接使用的藏语词

在清代藏学汉文文献中，西藏地名、人名、寺庙名称以及官职、机构
等名称，一般直接用藏语音译词来表示，如：

【江赉孜格、曼殊舍利、雅满达噶（呀吗达嘎）、玛哈噶拉、迈达尔
（迈达）】江赉孜格 spyan ras gzags kyi，即观音菩萨；曼殊舍利 man zu si ri，
即文殊菩萨；雅满达噶 ya man ta ka 汉译"怖畏金刚"；玛哈噶拉 ma hwa
ga la 是藏传佛教护法神之一，为军神或战神；迈达尔 me triv，即弥勒佛。
五词均为梵音藏译。《卫藏通志》卷六："佛，西方之教也。藏地信佛诚，
事佛谨，历数十年。其佛像曰沙迦图巴、江赉孜格、曼殊舍利、雅满达
噶、德木楚克、骡子天王、玛哈噶拉、达喇额可、迈达尔、阿玉锡等号，
供奉石楼金殿，香灯朝礼。""江赉孜格"又作"江来孜格"。《西藏赋》：
"厥维沙伽吐巴绰尔济，传写贝多；江来孜格陀罗尼，降摄妖魔。（唐古特
谓观音菩萨曰江来孜格。陀罗尼，咒也。）""雅满达噶"又写作"呀吗达

①　顾浙秦：《清朝前期咏藏诗初探》，《西藏民族学院学报》1993 年第 4 期。

嘎"。《六世·内务府奉旨将绣上乐王等佛轴换边换帘备班禅递丹书克时赏给》:"员外郎四德、五德,催氏大达色来说,太监鄂鲁里交:绣上乐王佛一轴、秘密佛一轴、呀吗达嘎一轴,各镶蓝洋锦包首,红黄洋锦牙子,银轴头,俱系佛堂。"

"迈达尔"又写作"迈达"。《西藏赋》:"迈达装严,螺发偏单而磊落。"

【洛琫】lo pon,译师,大师。《裕钢驻藏奏稿·班禅来藏受戒日期折》:"窃奴才等接据班禅额尔德尼咨内称:本年壬寅,我班禅年至二十岁,应照经规敬请洛琫传授格隆大戒。"

【朗赛哇】nang bzan 家奴。《驻藏须知》:"(赏)朗赛哇及乌拉等,三钱银牌一面。"

【康呢(康尼、康尼儿、康尼尔)】khang gnyer 房屋管理者。《驻藏须知》:"(赏)朗赛哇及乌拉等,三钱银牌一面;康呢,布一疋。"又作"康尼"。《有泰日记》卷五:"午后登楼,至后院看地势……可支帐房两架,在柳阴内外,令康尼打扫。"又卷七:"下楼后至马号看康尼将院内铺平,用沙子垫满一层,颇觉干净。"又作"康尼儿"。《有泰日记》卷十二:"院内康尼儿男女拔草,赏之。"又作"康尼尔"。《史料汇编·琦善等奏酌拟裁禁商上积弊章程二十八条折 附酌拟唐古特裁禁章程》:"其七品者,噶厦俗人小中译三名……管理造香及经理供献第巴各一名,看守大昭及洛尔布岭岗房屋康尼尔各一名。"

【举嘛(居麻、举麻)】dkyus ma 一般的或普通的贵族,常充任无品级官员。《十三·寿耆等奏代达赖喇嘛离京回藏赏赐谢恩折稿》:"举嘛、跟役、兵丁等二百十五名,每名潞绸一匹、银十两。"同书《达赖为回藏由京至西宁沿途支应口食器具夫马等项列单致理藩部呈稿》:"居麻九十九名,每日每名白面一斤、白米一斤半、羊肉二斤、茶六两、黄油一斤、汃〔奶〕子一碗、盐一两。"又《理藩部为抄录宝棻电知达赖进京随员人数致军机处片呈稿》:"达赖进京随从人数,两次文催,尚未见复。顷据雁平道呈阅堪布致该道文称,计大堪布四员……举麻九十九名、跟役一百十六名。""举麻"同"居麻"。

【颇章】pho brang 宫殿。《文海驻藏奏稿·会衔代达赖喇嘛谢恩折》:

"后荷蒙颁发敕书、佛尊……，于光绪二十五年六月十七日赍到，罗布岭岗改桑颇章当即恭设香案，望阙叩谢天恩，敬谨祇领讫。"《张荫棠驻藏奏稿·附录藏众答词》："即照此出具图记及噶厦以及大众图记，在布达拉颇章，当同驻藏大臣有，并廓布英藏齐集所盖图订约先后，并非藏人擅敢轻立条约。"

【拉章】bla brang 大活佛居室。依其经济力量，有大小之分。《文硕驻藏奏稿·谕僧俗番官及各领袖喇嘛界外通商一事不宜拒绝》："抑知此言，亦尔等僧俗番官及大小拉章寺院领袖喇嘛三数十人臆度云尔。其实人数众多，良莠不齐，必谓人人一心，殊难深信。"

【格尔】gur 帐房，蒙古包。《西藏志·房舍》："凡乡居之民，多傍山坡而住。惟甲贡地方有草房，其蒙古住格尔，牛羊场住黑帐房。"

【雪】shol 西藏地方政府机构名。《有泰日记》卷八："忽布达拉山走水……乃雪里上写经房失火，现已扑灭。"又："三十日辰刻，冠带赴雪里房间，曲折整齐，今日系布达拉山晾宝。"又："王永福由雪里喇嘛拿来敬造护身铜佛像一百余尊，留如来佛等五尊……""雪"是康熙十四年（1675）创设，原指布达拉宫山下的一小片地方，其居民由布达拉宫管辖，后来其权限扩大到管理"雪"及拉萨附近几个"宗"的事务。

【奔布尔】bon po 西藏本土的固有宗教。《平定两金川方略》卷一百十九："至戌刻，风雨雪雹交作，贼人黑夜奔逃，官兵设伏防范，贼为枪箭所毙者不少。比至天明，即将其寺焚烧，以绝奔布尔邪教。"《金川纪事诗·美笃寺》："何况奔布尔，像设示诛戮。"《金川案·利·特派堪布桑载敖特咱尔赴金川》："且伊等向来俱系红帽奔布尔教，若概令其归入黄教，恐伊等未必诚服。"他例如清吴省钦《成都重建灵应寺碑记》："红教传自后藏之多尔济，以方术名，彼道中已为外道。至布鲁思古以达尔党为道场，以色丹巴为初祖，以札达克（诅咒之术）、奔布尔（杀戮之术）为梵行，其毒恼尤甚。"[①]

---

① （清）吴省钦：《成都重建灵应寺碑记》，转引自吴世昌著，吴令华编《吴世昌全集》第2册第2卷《文史杂著》，河北教育出版社 2003 年版，第 191、192 页。

【宁玛】rnying ma 意译"旧"或"古",指宁玛派,是藏传佛教最古老的宗派。

【老工夹布(老工札布、罗工甲布、鲁贡加布、鲁公加布)】glud vgong rgyal po 汉译打牛魔王,藏传佛教仪式之一。《康輶纪行》卷七:"三十日讽经毕,送老工夹布,即《通志》所谓打牛魔王也。"《卫藏通志》卷三:"牛魔山(藏江之南,高二百余丈,为布达拉屏障,达赖喇嘛每岁送老工夹布于其上)。"又作"老工札布"。《巴塘志略·风俗》:"正月三十日,两土司家送老工札布。扎纸人高丈许,延喇嘛百余人,诵经焚化。头人、土兵皆蟒袍盔甲,施放枪炮,驱除疫疠,九月下旬亦如之。"又作"罗工甲布"。《西藏纪游》卷一:"百喇么即白纳么,系女相,为彼地财帛之神,相传其夫即罗工甲布。"《西藏赋》:"乃有克马魔王,厥号罗公甲布。""克马"系藏音 mjo mo 汉译,"克马魔王"即牛魔王。"克马"又作"克嘛""客么"。《康輶纪行》卷五"蕃尔雅":"释禽曰:……作,一曰克嘛,牛也。"孙士毅《客么甲木虫吞》诗题记:"番民呼牛为客么。"又作"鲁贡加布"。《有泰日记》卷五:"(光绪三十年二月)二十九日记载中有打牛魔王之说,即系今日。后询之,乃赶鲁贡加布。盖此人为藏中地生,曾与某辈达赖斗法,故今时有一扮达赖者(此人必穷无赖,然后扮之),一扮鲁贡加布者,在大招前赌色子,用骨为之,极大。达赖所用六面皆红,鲁贡加布所用六面皆黑。达赖自无不胜者,遂因其败,赶出藏河对岸。俟明日挂大佛,则前行过南山,住七日而回。盖当日驱逐,曰彼不肯骤行。第二日见布达拉山有与山齐大佛,故不敢争而去之,乃此地一掌故也。惟扮鲁贡加布者,沿途皆周恤之,如得铜钱,可作银钱买物,无人敢不售。其形面作半黑半白,翻穿羊皮袄,手持牛尾一、木棒一,如棒打人着身,一年必丧大气,故番子怕极,是舍财者舍财,卖物者卖物,不敢违也。"同书卷八:"(二月二十九日)因送鲁公加布,娥珠等皆往东院房上观看。"

清代咏藏诗中亦有不少描写此俗的诗句。如《西昭竹枝词》:"老工夹布是牛魔,要夺灵山佛子窝。"清周建屏《西藏杂咏》:"老工夹布太胡涂,花面空分太极图。真假不知争胜负,尽他六面去呼庐。(相传藏地昔日魔王老工夹布所据,面生太极图,自谓能识阴阳,达赖喇嘛卓锡至此，用计夺之，相约以博分胜负，达赖制骰子各一，自藏面面皆庐者，以面面皆雉者贻魔王，三掷三负，耻而遁去，达赖遂有其地，至今演此故事。)"①清邹志路《读〈西藏志〉六十首》："老工夹布傲难驯，牛鬼登场异说纷。棒喝当头飞六子，枭卢分处走魔君。(正月三十日，送老工夹布，即所谓打牛魔王也。以喇嘛一人为达赖喇嘛，以藏民一人为魔王，两相辩论，因各出骰掷之，达赖三掷皆卢。魔王三掷皆枭，魔王乃惊惧而遁。)"②

一说，"老工夹布"是藏语"鲁恭杰波"的译音，"鲁"意为"替身"，"杰波"意为"国王"，此即"替死鬼国王"的意思。因此这个活动可译为"驱替死鬼"仪式。所谓"国王"，其实是两个(有时为一个)充当替死鬼的乞丐或卑贱者，由他们把附在拉萨居民身上的污祟带走。③

【池巴(出哇)】khri pa 法台，类似于寺院中的方丈。《酌拟唐古特裁禁章程》："掌办印务威权已重，而一兼师傅，达赖喇嘛即须推让，其噶勒丹池巴又系喇嘛中最尊职分，权要并于一人，易滋舞弊，而莫敢谁何。应请嗣后掌办商上事务之人，不准保充正、副师傅及噶勒丹池巴，以昭限制。""噶勒丹池巴"即噶尔丹寺住持。《有泰驻藏奏稿·致外务部抄陈英送条约十章电》："不意又动兵衅，致失和好。此次议和，妥立十条，以期与干殿池巴(达赖喇嘛，即黄教首领)、噶布伦、三大寺僧俗大众人等，与本英国边务大臣荣会商，立约盖印，从此修好。""干殿"又作"甘奠"，指甘丹寺。《有泰日记》卷六："刘巡捕回甘奠池巴并佛公，欲谒见，传于明日下午四点钟。""池巴"又作"出哇"。《番行杂咏》："讲经讲法两途升，盖洛同参最上乘。郎俊阐经那楞法，于中选得坐床僧。(番僧谓之班第，搭千佛衣者谓之盖洛。……就二者之中推所共服者为坐床僧，谓之喇嘛出哇。喇嘛者，高僧；出哇者，法台也。)"

【曼巴】sman pa 医生。《钦定理藩部则例》卷五十六："教习苏拉喇嘛六缺，系雍和宫擦呢特学二缺，扎年阿克学二缺，巨特巴学二缺，曼巴学一缺。""曼巴学"指清代北京雍和宫中的医学殿。

① 参见沈不沉辑注《温州戏曲题咏》，温州市戏曲志编辑室 1986 年版，第 14 页。
② 参见赵杏根《历代风俗诗选》，岳麓书社 1990 年版，第 343、344 页。
③ 郭净：《幻面》，海天出版社、江西教育出版社 1999 年版，第 70 页。

【星衮】shing gu 阿魏，药名。《西藏志·外番》："叶楞罕奏书曰……奏书微仪：哈达一个……星衮一包，黑香一包，阿鲁拉三包。"

【松堆】gsang skud 丝线编结的戴在脖子上的附身符。马若虚《西招杂咏》："五纹杂组挂丝丝，佛赐松堆辫作绥。不惜黄金铸麻咪，蛮靴正是走山时。"

【色荣】gser rong 藏传佛教僧人所用的法物。《有泰日记》卷十二："午后，罗通事前因告假至桑鸢寺朝佛来叩见，送小石子一小包，为莲花祖师打妖之物，又江卡一小包，为坐静喇嘛所挽。"又同卷："伊当面送色荣一个，江卡一个。"

【卡扛（加刚）】kha gang 藏元，西藏地区铸造发行的铜币。《有泰日记》卷九："少韩送乾隆嘉庆道光三藏钱，藏中寻之，须一元一卡扛换一文，系人家所存，不易得也。"卷十："销放青稞差，贫民甚多，比从前人数加增，多放出钱五十余文（因青稞不足），一名不过一卡扛，六人分一文而已。"又作"加刚"。《张荫棠驻藏奏稿·咨外部为西藏议设交涉等九局并附办事草章》："又须分小包零卖，或每包一加刚，或两包一加刚，以便贫民零卖。"

（二）记录藏语短语及句子

一些笔记、诗歌的作者，因为驻藏年久，谙熟藏语，在其作品中还记录了不少的藏语短语及句子，如：

《有泰日记》卷七："因令其歌阿那缩，盖此曲似七字一句，末必阿那缩，即内地太平年之流。……两般人一班歌之，一班和之，同是一句，颇有古意。"其中"阿那缩"是藏语歌曲中的感叹句，一般单独用于句前或句后，类似汉语中的啊、哎、哎嗨等，无实际意义。

《巴塘志略·巴塘竹枝词四十首》："谁家抱母（闺女）貌如花，出水双芙白脚丫。结伴山头砍柴去，尼麻浪索（日落）便还家。"抱母 bu mo 意即女孩，尼麻浪索 nyi ma log 意即日落。

《百一山房赴藏诗集·客么甲木蛀吞》诗题记："凡肩舆陟岭，俱用双牛牵百丈，以佐丁夫之力。番民呼牛为客么，拽纤为甲木蛀吞。"客么 mjo mo 汉译牛，甲木蛀吞 gru thag vthen po 汉译拉纤。

《百一山房赴藏诗集·札不札雅普啰》诗题记："札不札雅，木名，普啰，盌也。蛮俗以此纳怀哺啜，并云可祛毒淫。"札不札雅 gra mo gra ya 为西藏生长的一种树木，普啰 phor 汉译碗。"札不札雅普啰"即木碗（详见第二章"札木扎呀"条）。

《百一山房赴藏诗集·奉命驻打箭炉筹办征调事宜》："伫听托湫蛮语好（托湫，蛮言剿贼得胜也），偏师早报过多工。"托湫 thob sha 汉译得胜。

《易简斋诗钞》卷二"辖载道上口占"："江流金甐水，石点赤钱苔。步步阑干密（蛮语阑干密，看道也），声声亚古抬（用力曳纤）。跕波蛮队唱，音似断猿哀。"阑干密 lam ka ta 汉译看道；亚古抬 yag po vthen 汉译用力拉。

《西藏纪游》卷一："跳锅庄者，殆踏歌之遗意也。男女数人或数十人携手围绕顿足歌笑。每歌一句则曲踊三四以为节，无老幼皆能之。其首句云：'达赖喇嘛邛邛倚。'询之则云邛邛，小也，犹言小底也，达赖喇嘛为小底所倚仗也。以下歌声噂沓不可辨矣，大约以七字为句。"邛邛 chung chung，汉译幼小。

《西藏见闻录》卷下"丧葬"："迨余奉檄旋师，临行之日，蕃民咸挈榼提筐垂泣送曰：'麻本押暮雀歪汤拉猤雄耸灭些凝土村桑路董诺学（译：老爷心肠好，撤兵回去，百姓昼夜思想，老爷再来）。'言词谆恳。"按，麻本 dmag dpon，汉译武官；押暮 yag pha，汉译好、善；雀歪 mchod，汉译行善；汤拉猤雄 dpung vbrel log shog，汉译凯旋；耸 song，汉译去；灭些 mi ser，汉译百姓；凝土村 nyin tshan，汉译昼夜；桑路董 sam blo dang，汉译思想；诺学 log shog，汉译回来。

清人在诗文作品中嵌入藏语短语以及句子的写作方法，并非"遣词用语之猎奇，它实是民族地区历来存在的当地民族语言和汉语在社会运用方面的双语二元模式现象的反映。从一定意义上说，它从社会语言这一重要侧面，展现了中国统一多民族国家的'多元一体'的历史演进"[1]。

（三）对藏语相关问题的探讨

1. 藏文的书写习惯以及藏文字母的发音

藏文是表音体系的文字，书写工具、书写习惯与汉字不同。其书写

---

[1]　顾浙秦：《钱召棠和他的〈巴塘竹枝词〉》，《中国藏学》2004 年第 2 期。

规则是从左向右横写，书写工具为竹制尖笔。《西藏纪游》卷一中对藏文字母略有涉及："池上一亭，番童十数辈席地学书，无几案、笔研之设。一番僧往来指示，似是其师。……字母平分三十六，番儿也上学堂来（按：唐古忒字体，仄行分母三十六字）。"同书卷二："唐古忒字横行，自右而左，有三十六字母，凡字皆从此生。贮墨汁于小筒（如内地木匠墨斗之形），削竹五寸余，锐其首以当笔。左手执纸，右手蘸墨，作字甚速，如春蚕食叶声。书毕则簪其管于发间。凡缮写之人曰中义。予游莎绿园，见番童各执一版，一喇嘛书一两行于其上，其徒仿而习之。……（其字亦有真、草二种，若察木多以外及金川诸番，字形虽同藏中，亦多不识。）"

清人对于藏文的书写体式亦有记录。《巴塘志略·杂识》："哈字番字以竹签蘸墨汁，自左而右，平列成行，细如游丝。亦有开馆聚徒，所授皆佛经，别无他书。"《巴塘竹枝词》："哈字萦行涎篆蜗，卓书瘦硬折金钗。儿童三五团团坐，下笔先描白粉牌。（字细如游丝，莫寻起讫。公私文字用之，曰哈。笔画停匀，以写梵经者曰卓，若汉书之有真、草。幼童席地坐，以竹签画粉牌学字。）""哈"系藏文 gzab ma 的译写，汉译真书，楷书；藏文"卓"系藏文 vkhyug 的译写，汉译草字，是藏文的手写体。对于藏文的创制时间，清人亦有讨论。《康輶纪行》卷九"唐书·吐蕃传"："今自打箭炉至后藏，皆有文字。以细木为笔，引墨横书如发，字皆右行，谓之唐古忒字，略如西洋夷书。不知始自何代，何人为之，大约宋元间也。"

公元7世纪，吐蕃大臣吞弥·桑布扎在吐蕃赞普松赞干布的全力支持下，创制了藏文，并向藏族社会推广。藏文是一种脱胎于梵文字母系统的拼音文字，有30个辅音字母。《绥靖屯志》卷十"杂识"条列举了藏文的30个辅音字母的手写体，将其与中古汉语36字母逐一比拟，对其发音作了描写：

蛮书皆佛经也，字同唐古忒，别有文移，私书谓之黑字，形象不同，声音训诂如一。凡经典文移之首必有闲文，似字非字，末必有图章，大如鹅眼。……书者墨渍铜瓶之内，竹笔蘸墨，自左向右横书之。童蒙学识字，先教三十字母，熟其笔画，加以变化，千万字可通矣。其字母曰：᠁（藏文字母手写体）。可音葛，即见母正

音；巴音渴，即溪母正音；叩音葛，即郡母正音；乀音栌，即疑母正音；戈
音甲，即见母副音；ひ音帕，即溪母副音；夕音桀，即群母副音；万音捻，
即泥母副音；八音怚，即端母正音；日音獭，即透母正音；丿音达，即定母
正音；刃音疤，即泥母正音；凵音八，即邦母正音；刖音汜，即滂母正音；
囗音拔，即并母正音；从音抹，即明母正音；圮音匝，即精母正音；圡音
闸，即清母正音；今音杂，即从母正音；园音挖，即疑母合口正音；冂
音屑，即心母副音；彐音萨，即心母正音；八音圖，即影母正音；从音
压，即影母副音；乚音热，即日母正音；儿音拉，即来母正音；耳音洽，
即晓母副音；从音掇，即审母副音；仄音倄，即匣母正音；兴音遏，即喻
母正音。

清人又将藏语词的发音与汉语的读音相比附，试图寻找藏、汉两种语
言在语音上的联系。如《绥靖屯志》卷十"杂识"："蛮语有与中音仿佛
者，一为极，二为腻，四为意，六为竹，皆同韵。三为竦，五为阿，九为
古，皆同母。今江浙人呼二为腻，闽粤人呼九为苟，惟蛮呼七为邓，八为
节，十为角，大不类耳。其父曰阿爸，母曰阿妈，内地亦有此称。"

2. 藏语的语序

藏语的偏正结构一般是中心语在前，修饰语在后，语序与汉语不同，
清人也注意到了这一点。如：

《西藏纪游》卷一："番人称好曰雅古（藏地本无汉字，今就其音而笔
之。雅古或作亚古，或作孤，无不可也。余音仿此），不好曰雅古麻力，
犹云以言好则不也。藏语大抵实字居上，虚字居下。"雅古麻力 yag pha ma
red 意即不好。"雅古"又写作"呀部"。《藏行纪程·鹊桥七夕》："夜半，
忽有哨声传来，亟呼估倧，不应。自起，拔刀叱之，见两骑隐隐渡河而
去。有顷，估倧始以手加额，曰：'呀部！呀部！'译言好也。"

《绥靖屯志》卷十"杂言"："蛮语多倒置，一为贡，二为夺，呼一两
曰竦贡，二两为竦夺，一钱曰硕贡，二钱曰硕夺，一分曰敢麻贡，二分曰
敢麻夺，是两钱分之数在上，而一二之数在下也。其译汉语亦然，饭吃、
酒喝、银钱一个、有东西一个，找语皆颠倒。"

3. 西藏地区的语言文字使用情况

西藏各地方言情况复杂，《有泰日记》卷十四中曾写道："由打箭炉至

藏，六七种蛮语，惟麻盖大差，然沿途番民多通藏语，似官话。"藏语中亦掺杂了外族语的成分。《清稗类钞·方言类·藏语》转引《郎潜纪闻三笔》卷五"有裨实用之国语"条，前面加有小序："藏语杂有梵音，东境多参用汉语，东北多参用蒙古语，南境多参用印度语。"从上文诸例可以看出，藏传佛教的一些专门用语（如佛号）多借自印度梵语，有些名称借自蒙古语，在与四川交界的地区，藏语中又杂有汉语的成分。

和英《木鹿寺经园》诗："华夏龙蛇外，天西备六书。羌戎刊木鹿，儒墨辨虫鱼。"原注："唐古特字、甲噶尔字、廓尔喀字、厄讷特克字、帕尔西字，合之蒙古字，重译六书。"木鹿寺经园是藏传佛教印刷经文的主要场所和传播藏文化的重要机构。其规模宏大，佛经典藏丰富。① 作者在这座寺庙中见到了用唐古特字（藏文）、甲噶尔字（一种印度文）、廓尔喀字（尼泊尔文）、厄讷特克字（一种印度文）、帕尔西字（波斯文）、蒙古字重译的佛教经典。多种文字翻译的佛经存于一地，这也是民族文化交流频繁的见证之一。

（四）藏语词的汉译特点

藏语词的译写方式，以音译为主。用汉字译写时，由于作者的方言差别，或音转为汉字时，不同的作者选用了不同的汉字字形，而且囿于各地的习惯性写法，译语用字不统一，一词常有多个译写形式。如：

【酻（呛、抢、冲、穷、仓、昌、穹）】chang，青稞酿成的酒。《西昭竹枝词》："喇嘛拨姆各摩挲，裸身壶酻相传灌。"《西昭竹枝词》："说道转昭还转角，纷纷却自酻房回。"

字形又写作"呛"。《西藏见闻录》卷下"饮食"："其土语呼酒曰呛。有青稞烧，有牛乳酿，不知曲糵所自，味俱辛辣不醇。"

又作"抢"。《西藏纪游》卷一："酿青稞为酒，色淡黄，味甚薄劣。隔夜酿之，次早即可出沽。迟至暮间，则白沫浮浮，渐同秽水。番人呼如抢，去声，亦如冲去声。"

又作"冲"。《里塘志略·风俗》："所饮酒乃青稞酿成，淡而微酸，其名为冲。"冲 khrung 是藏语昌都话的发音。

---

① 张还吾：《锦绣中华历代诗词选》，西苑出版社 1999 年版，第 609 页。

又作"穷"。《西藏志·饮食》："男女老少，皆日饮蛮酒，乃青稞所酿，淡而微酸，名曰穷。"穷 chong 是古藏语的发音。

又作"仓"。《西域遗闻·风俗》："蛮酒以青稞蒸熟，盛于酒坛，饮时取置于瓶，泡以热水，插细竹签于内，群坐吸之，水尽复注，至味尽而止，藏内名曰仓，他处名曰蛮冲。"

又作"昌"。《西藏图考》卷六："蛮酒乃青稞所酿，淡而微酸，名呛。亦有青稞烧酒。"同卷"蛮语附"："酒（昌，呛同，又曰冲）。"《郎潜纪闻三笔》卷五"有裨实用之国语"："昌，酒也。……已上皆唐古特语。"

青稞酒，藏语呼作"酗"，藏语康方言呼为"穷"。我国古代习惯称酒为"酿"，"酗"与"酿"音极近，可能是"酿"的借词音变。清代以来，一些汉文书籍中常将青稞酒称作"蛮冲酒"，"蛮冲"实即"穷"的音译；青稞酒的酿造过程要冲水，故有的汉文献称为"冲酒"。有的地方饮青稞酒时用麦管、竹管吸咂，故又称为"咂酒"。①

【呼必勒罕（虎必尔汗、呼弼勒罕、呼必尔罕、呼必勒罕、虎毕尔罕、忽必尔罕、胡毕尔汉、瑚毕勒罕、呼毕尔罕）】hu bil gan 转世或化身，指藏传佛教中活佛的转世灵童。《关陇舆中偶忆编》："哲布尊丹巴呼图克图之呼毕勒罕，自西藏至库伦坐床，由京差派大臣蒙古王等迎接，兵部颁给路票。"

字形又写作"虎必尔汗"。《藏纪概》卷尾"招迹"："现在活佛名虎必尔汗。"《西域遗闻·西藏》："时第六辈达赖名虎必尔汗者（绍按，虎必尔汗即呼必勒罕，转生之谓，非人名……）降生里塘，远近翕然宗之。"

又作"呼弼勒罕"。《康輶纪行》卷三"理藩院查呼图克图源流"："呼弼勒罕者，剌麻转世年幼之称。言其甫生，仅其魂魄，尚未成人也。"

又作"呼必勒罕"。《西藏纪游》卷一："呼必尔（亦作勒）罕，犹言再来之人也。"

又作"虎毕尔罕"。《西藏记述》："青海诸王称达赖喇嘛为虎毕尔罕，土人称甲凹革桑姜错。"

又作"忽必尔罕"。《西藏纪闻》："其余众弟子学道，能转世者达赖班

---

① 参见李士靖《中华食苑》第三集，中国社会科学出版社 1996 年版，第 344 页。

禅印证之，或称胡土克图，或称忽必尔罕（并言再来人，亦活佛也）。"

又作"胡毕尔汉"。《金川纪事诗·美笃寺》："其胡毕尔汉（神魂之谓），转轮每来夏。"

清代笔记中写作"瑚毕勒罕"。《簷曝杂记》卷一"蒙古尊奉喇嘛"："（达赖喇嘛）将死，则自托言生处，其弟子如期往，奉以归，谓之瑚毕勒罕。"

又作"呼毕尔罕"。《啸亭杂录》卷二"活佛掣签"："西藏喇嘛自宗卡卜兴扬黄教，其徒达赖喇嘛、班禅额尔德尼率言永远转生以嗣其教。行之日久，其徒众稍有道行为人推许者，亦必踵其转生之说，以致呼毕尔罕多如牛毛。"

【谷操（鼓噪、鼓操、古操、估操、古噪）】sku tsha ba 差役一类的官府人员，地位在小头人之下。《卫藏图识》上卷"头目"："至于出使头人，称谷操。"《西藏见闻录》卷上："其下设有噶隆、高觉……谷操……（至于出使之头目，名曰谷操。）"

字形又写作"鼓噪"。《西征日记》："酉刻，三暗巴鼓噪始至。……小头人及鼓噪勒索赏需，极刁顽。"

又作"鼓操"。《西辖日记》："至擦拉，遂登石崖，半系偏桥，赖两鼓操扶掖而行。"《雪桥诗话续集》卷七："藏中各部设营官，次则为头人，皆管理地方，有碟巴、热傲诸名目。其护送行旅者为鼓操，悉番民为之。"

又作"古操"。《巴塘志略·杂职》："土司家……听差遣者曰古操（如差役之类）。"

又作"估操"。《里塘志略·杂记》："土官跟役谓之估操。凡一切差遣皆用之，然下乡多凌虐百姓，苛索金帛，闾阎苦之。"

又作"古噪"。《凤全驻藏奏稿·粮员吴锡珍禀川督凤全及法司铎等遇害情形》："卑职连日饬令正、副土司及丁林寺公项喇嘛，各派得力古噪多名，百端劝解，喻以利害，并允从优犒赏。"

有些词语则采用了半音译半意译的方式。如：

【马明亮（马名粮）、步明亮（步名粮）】"明亮"系藏语 mi gla 的译写，汉译雇工。"马明亮"是指旅途中走在马前引路的人，"步明亮"是跟随马后听候使唤的人。《讷钦驻藏奏牍·札打箭炉厅赵丞入藏需用夫马开单饬备并戒从人不得沿途扰累番民》："计开：头起实用夫马数目……通事骑马六匹、驮马二匹、驮牛三只、马明亮二名。共用骑驮一百五十八只、马明亮二名。"又："二起实用夫马数目：上用驮马六十匹、骑马二十三匹、驮牛五十六只、纤牛六只、马明亮二十名、纤夫四十名、步明亮四十五名。"《川藏哲印水陆记异》："十月初三日由炉城起身，余一人用马明亮一名，步明亮一名，马明亮系引道，步明亮随从马后，临时使唤。""马明亮""步明亮"合称"马步明亮"。《川藏哲印水陆记异》："第十六站；住巴塘。亦在松林中行三十五里至小坝冲，有蛮户，此地应换乌拉、马步明亮。"《炉藏道里最新考》："拉里设粮员一员，藏设番官一员，照例大臣过境，夫马归三十九族予备，而马步明亮、纤夫、围牛等，皆归该处番官办理。"又作"马名粮""步名粮"。《有泰日记》卷三："今日牵夫男女皆有，隋炀帝不能专美于前矣。且马名粮、步名粮亦男女不分，大有上古之风。""明亮"又写作"明粮"。《有泰日记》卷十三："今晨将灰面赏给明粮、牵夫等，看其作疙瘩汤。"民国文献中亦有记载。《道孚县风俗纪略·差徭》："蛮荒差徭之名有三，一乌拉，一汤役，一打役。……间有呼为明亮者，系军政界行囊内，有驮运防损之物，使肩荷之，与之偕行。"

【噶布拉鼓（嘎布拉鼓）】藏传佛教法器，鼓体用人头盖骨制成，双面蒙皮。噶布拉 ka pav la 汉译颅器。《廓》卷三十一："所有御赐达赖喇嘛、班禅额尔德尼哈达、手串、铃杵、噶布拉鼓、大小荷包等物，臣一一赏给。""噶布拉"又作"嘎布拉"。《六世·内务府奉旨将班禅在法喜楼供奉铃杵等配套写签》："太监厄勒里交：铜铃杵二分，鞔皮画金嘎布拉鼓一件。"清代笔记中写作"噶巴里"。《扬州画舫录》卷四："八大刹佛作媲美苏州，而重宁寺佛作则照内工做法。……连环圈番草宝珠、哈搭棒、仙枕、经板、哈巴里鼓、噶巴里蜿（碗）雕江洋血水、骷髅棒、羽扇皆为雕銮之职。"

亦有"噶布拉数珠"，是用人头骨做成的佛珠。《清代藏事辑要》卷三"乾隆朝"："今闻圆寂，朕心深为悯恻，着加恩赏银五百两作好事，令雅满泰前往祭奠，并赏大哈达一个，噶布拉数珠一串……永远供于萨玛第巴克什塔前。"又称"嘎布拉念珠"。《六世·内务府奉旨将班禅呈进嘎布拉念珠等盛装写签》："催长大达色、金江将嘎布拉念珠一盘，配得鞔皮画金合牌匣样，交太监鄂鲁里呈览。"

亦有"葛巴剌碗"，是用人头骨做成的碗。《帝京景物略》卷四"城隍庙寺"："外夷贡者，有乌斯藏佛，有西洋耶稣像、有幡幛、有倭扇、有葛巴剌碗。"又卷五"西域双林寺"："葛巴剌碗者，解顶颅骨而金络，瓣棱尖如莲房也。"《髑髅饮器考》中有描述："'哈巴喇盌'又作'葛巴剌盌'，是梵语、巴利语和西藏语等，是意味髑髅或脑骨的 ka pa la 一语的音译。"① 一说，"噶布拉"为蒙古语。《钦定日下旧闻考》卷九十七："噶布拉，蒙古语天灵盖也，旧作葛巴剌。"

【转阁落（格兰、郭拉、阁落、廓罗、葛拉阁、渴鲁、科洛）】藏地民俗。围绕山、水或寺庙绕转，每一转可抵诵佛经一遍，谓可祈福除灾。《西藏纪游》卷二："番人男女携帐住山中念经、转阁落，云可祈来生仍生藏地。"同书卷三："别蚌子之在西藏者……亦有一二人，装束作女身者，绕市而行，或绕布达拉转阁落，云是伊部落节气。"

又作"转格栏"。《㳺林纪略》："番妇每于午后转绕，名曰转格栏，谓可祈福除灾。其转大格栏者，由藏大路上行三步，即全身伏地，口诵唵嘛呢叭咪吽，两手向顶上一合，右手持牛骨一枝，向头上一画，起身，三步如前。三十余里数日方可转完。"

又作"转郭拉"。《有泰日记》卷九："今日放工皆去点酥灯、烧香。闻昨夜转郭拉一夜，早间噶布伦等亦须转郭拉一次——年例也，不准骑马。"又卷十一："园内登台一望，转小廓拉者不少，大廓拉不问可知。据云今日灯节，真佛必带真经而来，如转廓拉，比寻常功德数加倍。"又卷十二："过桥一望，见有拜郭拉者，磕大头，头前画一道，两步迈至道上，又一头，诚敬非常。"

又作"拜阁落"，指手摇转经筒围绕神湖转经。《西藏纪游》卷一："海子之大者，以浪噶孜为最巨……番人有步行拜阁落者，周回须月余之程。"

"阁落"是藏音 vkhor lo 的汉译，又写作"廓罗"，今称嘛呢柯洛。《百一山房赴藏诗集·廓罗》诗题记："实土于皮，作枣轴状，纳梵夹其中，手推旋转，谓可代颂佛号。"《西藏纪游》卷二："廓罗，实土于皮作

---

① ［日］重松俊章：《髑髅饮器考》，朱子容译，《新中华》1947 年复刊第 5 卷第 1 期。

枣轴状，高四五尺。其外有施朱色者，纳梵夹其中，用木架排竖檐下，手推旋转，谓可代颂佛号，施列门外，如官衙之转筒然。……亦有铸铜肖其形，高五六寸，手转之而诵佛者。"

又作"葛拉阁"。《西藏纪述》："凡寺院墙垣廊下，多设经桶，随手撺转，男女老少早晚绕大小招数十匝，谓之葛拉阁。"又作"渴鲁"。《章谷屯志略·夷人风俗》："老夷手中多持一铜物，圆如竹筒，长三寸，柄称之（名为渴鲁），中放藏经，外绳寸许，系小珠一粒，竟日持摇如鼗鼓，代口诵，以徼福消灾。"

又作"科洛"。《里塘志略》卷下"杂记"："又有法轮，装经典于其中，大者置屋内，小者持手上，番名科洛。日常转之，亦以代讽经，即佛所谓法轮常转也。"元代文献中写作"科尔罗"。《钦定元史语解》卷二十四："唐古特语，科尔罗，法轮也。"

【放桑】烧香（祭祀）。桑 bsang，汉译香。《丁巳秋阅吟·霍尔岭》："也是喇嘛虔祀好（随来之噶布伦系喇嘛，每过大山，必放桑度祷。余至鄂博，亦拈香叩祝，献以哈达。山野荒径，由来如此，过者咸宜至敬），征人处处稳行巡。"藏民转经时，"每逢鄂博、塔锁、本元、坛社之处，由领队人放桑（与汉族烧香相仿），诵经祷告"[1]。一说，"放桑"是将松柏枝叶点燃起火后，加放酥油、炒面，是藏民迎接活佛的隆重礼仪。[2]

唵嘛呢叭咪吽 o ma ni bad mi hvu 为藏传佛教六字真言，源自梵语。《绥靖屯志》卷十"杂识"："蛮俗无论男女，胸前必挂素珠或铜佛、糌粑佛一尊……凡墙头、瓦角、山腰、水岸，咸植杆其上，悬布幡、绸片，书'唵嘛呢叭咪吽'六字，或一行，或数十行，风起飕飕有声，云代口诵矣。又工刻'唵嘛呢叭咪吽'于石，或一石一字，或一石数十百字，聚道左右如墓，俾过者拱手而呼之。又纸裱圆筒如灯笼状，上书'唵嘛呢叭咪吽'，林立架上，俾过者引手而转之，亦云代口诵矣。"《有泰日记》卷十四："因见路中麻密堆，堆多刻'唵嘛呢吧咪吽'（六字真言。番音欧吗尼摆吗

① 张茂华、亓宏昌：《中华传统文化粹典》，山东人民出版社1996年版，第579页。
② 黄英：《忧满黄河　邓宝珊传》，甘肃少年儿童出版社1989年版，第237页。

吽），石甚大。"藏地普遍信仰藏传佛教，六字真言使用广泛。"唵嘛呢叭咪吽"可缩减为"嘛咪"或"嘛咮"。

【嘛咪（玛密、麻嚜、玛弥吽、吗哩、摩呢、玛尼）】ma mi，其含义有三。

①藏传佛教器物名，汉译转经筒。《西藏纪游》卷二："番人转经之筒，大者以皮遍列庙宇廊下，或银铸作二寸转轮，皆呼嘛咪。所诵亦只此一句，日可万遍。"又作"玛密"。《有泰日记》卷七："昨得小海螺，询之莲芳，此地转郭拉所用，每一叩，将海螺在头上一栏叩其上。转郭拉有大小之分。大郭拉大招、布达拉山皆转，小郭拉惟大招而已。所谓郭拉，如北地拜香之意，然亦有不拜者，仅手持玛密转走。"又作"麻嚜"。马若虚《西招杂咏》："不惜黄金铸麻嚜，蛮靴正是走山时。"又作"玛弥吽"。《有泰日记》卷八："王永福打来玛弥吽，银胎木把，并带木座二架，送给鹤孙一架，工不粗也。"又作"吗哩"。《番行杂咏》："吗哩巴浑证佛机，风来舞作梵音飞。传将法语凭天籁，更拜高高吗哩旗。（唵吗哩巴吗浑，佛之真言也。番人刳木中空，长径尺，围圆数寸如轴，承以四耳，中穿铁钉贯上下，两端悬置木坊，或置之寺庙。绕栏多者数十，少者三五。每风至，则四耳冲激，圆转作声。其声为唵吗哩巴吗浑，如代众僧念经者然，谓之吗哩。）"又写作"摩呢"。《西域遗闻·佛氏》："番僧持摩呢，口诵其文。曰：嘛呢边边吽，译以汉音，即南无阿弥陀佛也。"今仍存有清乾隆年间掐丝珐琅转心玛尼。[1]

②代指念诵的佛经。《西藏纪游》卷二："番人转经之筒，大者以皮遍列庙宇廊下，或银铸作二寸转轮，皆呼嘛咪，所诵亦只此一句，日可万遍。""嘛咪"是藏传佛教六字真言的略称，信众口诵六字真言与念诵佛经的功德相同，因之"嘛咪"亦可代指念诵佛经。《西藏赋》："于焉毗卢会罢，玛尼功成。"其中的"玛尼"代指藏传佛教徒所诵读的佛经，"玛尼功成"即念诵佛经之功德已成。

③指玛尼堆。《西藏纪游》卷二："吗密一作吗咪，即蒙古人所称鄂博也。堆上或以白石砌作梵字，或刻石为之，番人念作吗咪扁边佛，即华音

---

① 参见陈丽华《你应该知道的 200 件珐琅器》，紫禁城出版社 2008 年版，第 179 页。

南无阿弥陀佛也。"民国笔记中亦载。戴传贤《康行日记》："通衢刻石之经咒，积累成堆，土人所谓嘛哩者，亦所在多有。居民常以转法轮，绕嘛哩、塔、庙，或延请喇嘛诵经为事。"①

"嘛咪"可进一步语素化，与汉语素结合构成新词，如：

【嘛哟堆（玛密堆）】《绥靖屯志》卷九"艺文"引清曹三选《蛮中新乐府六首·嘛密旗》："磊磊嘛哟堆，乱石涌出莲花台。……嘛哟堆前再稽首，及时宰牛先挏酒。"《有泰日记》卷四："途中多有蛮栅子，其形以二木架一横匾，木上刻番字，与玛密堆、玛密旗相等，不过佛号而已。"《大词典》写作"嘛呢堆"，释为："藏传佛教徒在石块或石片上刻六字真言，置山口道旁，过路的信徒不断往上添加石块，日久成堆，故名。路人过此，顺时针方向绕转一周，以积'功德'。"引《泽玛吉·夏林塞和路令赛莫》："你们三个人都到对面嘛呢堆站住，然后转过身向我这儿跑来。"书证晚出。

【嘛哟旗（吗密旗）】《绥靖屯志》卷九"艺文"引清曹三选《蛮中新乐府六首·嘛哟旗》："缘缘嘛哟旗，尺布写作贝叶词。"《百一山房赴藏诗集·自东俄洛至卧龙石得诗八首》："瓦切（寨名）平冈路透迟，沿山楼阁压危碉。喜他康把（屋名）苔花满，不插双竿吗密旗。"《大词典》写作"嘛呢旗"，释为："也称经幡。藏传佛教徒祈祷用的法物。用白布或彩纸制成长条状小旗，上写'六字真言'及其他经文，扎制成串，以竿揭诸屋顶，或竖立于山头及嘛呢堆上，表示祈祷。"无书证。

【皮巷】巷 lham 汉译靴子，因多以香牛皮制成，故称"皮巷"。《西藏见闻录》卷上"服制"："足履香牛皮靴，名曰巷。"《西藏见闻录》卷上"服制"："下衣青褐百折裙，名曰郭在，足著皮巷。"《西域遗闻·风俗》："靴以香牛皮，名曰巷。"《藏族大辞典》立目为"皮夯"②。

【蛮冲】冲 chung 汉译酒，"蛮"是汉语素。《百一山房赴藏诗集·纳呛（蛮语青稞曰纳，酒曰呛，色微黄，味之苦冽）》："蛮冲闻自昔（汉人目口外烧酒为蛮冲，言其冲肠有力也），腾觚如酪浆。"

---

① 戴传贤：《康行日记》，转引自中国第二历史档案馆、中国藏学研究中心编《黄慕松　吴忠信　赵守钰　戴传贤奉使办理藏事报告书》，中国藏学出版社 1993 年版，第 531 页。
② 张怡荪：《藏族大辞典》，民族出版社 2013 年版，第 575 页。

有些词语采用音译加部分意译的方式。藏学汉文文献中，习惯于将西藏地区的山川、河流名称加以音译，再缀上汉语的类名，如：

僧格拉山，僧格 seng ge 汉译狮，拉 la，汉译山。因山形似狮，故名。《西藏赋》："其阳则牛魔僧格，摩云蔽天。（前藏南面山高二百余丈，名牛魔山。连冈环抱者，名僧格拉山。唐古特谓狮曰僧格，以山形似狮，故名。）"《西藏志·疆圉》："凡呼拉者，即华言山也。"

色拉山，色 gser 汉译金，拉 la 汉译山，色拉 gser la 汉译金山。色拉山因产金而得名。《西藏赋》："其阴则浪荡色拉，精金韫其渊。（其东名色拉山。唐古特谓金曰色，山曰拉，以山产金，故名。）"

洞噶拉山，洞噶 dung 汉译海螺，因山形似海螺而得名。《西藏通志》卷三："洞噶拉山（布达拉西三十里，耸峻连霄，高四百余丈。唐古忒语谓海螺曰洞噶，山形似螺，故名）。"

奔巴拉山，奔巴 bum pa 汉译瓶，因山形似瓶而得名。《西藏通志》卷三："奔巴拉山（前藏东南，唐古忒语谓瓶曰奔巴，山形如奔巴瓶，故名）。"

机楮河，机 gcig 汉译一，chu 汉译水、河。"机楮河"汉译一道河。《西藏赋》："机楮涌智慧之泉。（机楮河发北山下，东北经布达拉前，上建琉璃桥。其水澄澈莹碧，南入藏布江。唐古特谓水曰楮，一曰机，言一道河也。）"

有些采用音译加意译的方式，如：

【呛酒】呛 chang 汉译"酒"，"呛酒"并称。《有泰日记》卷四："回时遇程副巡捕，以呛酒，令本地人跳锅庄。"

【图替】"图"为汉语"图章"的省称，替 tha 汉译印章。《凤全驻藏奏稿·粮员吴锡珍禀川督凤全及法司铎等遇害情形》："是日未刻，巴塘各乡村众番等递具公禀四份，盖用正副土司印信及各乡村图替，恳请转禀前来。"

【褚袍】"褚"是褚巴 phyu pa 的音节缩略，"袍"是"褚巴"的汉译。《巴》卷十二："臣按照弁练二百二十三名，各制给毾毲褚袍一件、皮履一双，俾可御寒。"

【别蚌子（哔咩子、别蜂子、毕绷子）】别蚌 bal po 是尼泊尔的藏称，清代文献中通译为"巴勒布"，音节经压缩而成"别蚌"，加上汉语词尾语素"子"，指在西藏定居，从事商业、铸造佛像、制造金银器皿的尼泊尔人。《廓》卷二十六："至贼占之地方，即系巴勒布。因驻藏汉兵不谙番语，称巴勒布为别布，复讹为别蚌子。"《康輶纪行》卷五："乾隆五十三年，廓尔喀首喇纳巴都与西藏以交易构兵。六师远涉……遣使入贡今已五十三年。贡道由川入陕至京师，川人犹称为别蚌子，沿其旧称。"同书卷十六"《西藏外各国地形图》说"："廓尔喀本亦东印度小国，兼并各国，今皆名廓尔喀，藏人呼为别蚌子。"《西昭竹枝词》二十一："帽如膝裤折成缝，当额猩猩点的浓。跣足拖鞋别蚌子，鬓边花插一枝红。"《有泰日记》卷七："又有赞普之妾别蚌子女像，唐公主像并不美。"又写作"哔咔子"。《西藏纪游》卷一："哔咔子戴小帽，以毡片为之，锐顶无檐，面前略有褶迭痕。……哔咔子在藏地，置售氆氇、细毡等物，亦能制造金银诸器，不用模范，工巧胜于内地。……哔咔子，即巴勒布之遗民……"又写作"毕棒子"。《西藏图考·附录》："廓尔喀一名泥泡耳，藏人则称为毕棒子，本巴勒布，即巴尔布，亦名别蚌，又名阳布中一小部落。"《卫藏图识》下卷："巴勒布即巴尔布，亦名别蚌，在藏地西南，与聂拉木接壤。"又作"别蟒子"。《有泰日记》卷六："惠臣拿来别蟒子画藏丫头、布达拉山，似洋画，小有意味。"民国文献中写作"毕绷子"。《西康图经·民俗篇·便溺异俗》："廓尔喀人，番汉呼为'毕绷子'。"

【觉母子（觉魔子）】藏传佛教的女性教徒（即尼僧）。觉母 jo mo 汉译尼姑，"子"是汉语词缀。《巴塘志略·风俗》："有女为尼者，名觉母子，居于本家，无庙宇栖止。"又作"觉魔子"。《旃林纪略》："藏卫崇信佛教，所生子女出家者多于在家，男为喇嘛，女为觉魔子，即比丘尼，随处皆是，当以数十万计。即豪富如噶布伦家厚拥巨资，而女子皆觉魔也。"

【阿尼子】藏传佛教的女性教徒（即尼僧）。阿尼 a ne 汉译尼姑。《有泰日记》卷九："藏内尼姑呼为阿尼子，有薙发，有不薙发，满留头，则披于头上。询之为红教中阿尼子，三五成群，化小缘，人家不过施给半个钱而已。彼亦有庙，在上路，乃与喇嘛庙相对，均系红教，彼此配偶，生男当喇嘛，生女当阿尼子，由来久矣。"卷十二："午后至外院，看王永福等用藏香沫找一阿尼子印佛像。"又："晚饭后至少韩屋同鹤孙谈，言及德隆胡图克图，其女人系阿尼子打扮，亦奇。"从语源上看，"尼"是梵语"比丘尼"的音译，指出家的女性佛教徒。受汉语影响，音节语素化为"尼"。"阿尼"是"尼"与首缀"阿"构成的附加式词，再加上汉语词缀语素"子"。藏语称尼姑为"阿尼子"，源于汉语音译。

汉文文献中出现的藏语词，是不同时代累积而形成的。从时间上看，有些词语很早就进入汉文文献记载，如"论""赞普""拂庐"等，有些在清代才进入汉文文献。从使用范围看，有些词不光藏学汉文文献中用，同时期其他文献中也用，有些词语则只见于藏学汉文文献中。从接受程度上看，有些藏语词已进入社会语言生活，有些词语则是为了注释某个意译词或汉语固有词才临时提供参考的藏语的汉字音写形式。不管以何种方式进入汉文文献，搜集整理这些音译词，并与今天的藏语词相对比，可以看出藏语词在这百年间的变化情况。

二　清代藏学汉文文献中的称谓词

（一）藏传佛教称谓词

藏地民众普遍信仰宗教，清代藏学汉文文献中出现了不少有关藏传佛教僧侣等级称谓的词语。如：

【古庶轮布气（固呼林木车）、出成林木车】古庶 gu ru 汉译为上师、师尊、老师；轮布气 rin po che 汉译珍宝，"古庶轮布气"是对达赖的敬称。《西藏纪游》卷一："称达赖喇嘛曰古庶轮布气。"又作"固呼林木车"。《西域遗闻·佛氏》："达赖、班禅、叭吧，皆蒙古音译。以西番语，则达赖曰固呼林木车，班禅曰出成林木车，叭吧曰叭木牙。凡言车者，皆最大之词。"出成林木车 pan chen rin po che 即班禅轮布气，今称班禅额尔德尼，简称"班禅"。

【帕帕佛】昌都大活佛帕巴拉呼图克图（藏音 vphags pa lha hu thog thu）的简称。"帕帕"系藏音 vphags pa lha 的汉译。《西藏纪游》卷二："帕帕佛者，察木多附近各部落崇奉之喇嘛也。"《百一山房赴藏诗集·酬昌都呼图克图并序》："昌都呼图克图，土民称为帕帕佛。……帕翁将毋同，紫衲迎霜蹄。"此称"帕帕佛"为"帕翁"，这是仿照汉语的称呼。

【利玛佛（琍玛佛、璃玛佛）】用铜或合金材料制成的佛像。"利玛"

系藏语 li ma 的音译，藏传佛教艺术造像材料之一，是铜或几种金属合制而成的材料，广泛运用于造像艺术中。①《廓》卷四十五："谨具大哈达一方、金无量寿佛一尊、松石镶嵌观音一尊、梵铜利玛佛四尊、珊瑚珠一串、蜜蜡珠一串，恳祈将军到京时恭进，稍尽微忱。"《西藏纪游》卷二："藏佛以甲噶利玛佛为最重，传系唐时甲噶尔山忽崩出铜数千斤，铸佛像若干，流传至今，见者甚希。"又作"琍玛佛"。《松溎、桂丰驻藏奏稿·前藏专差巴雅尔堪布由川赴京进贡折》："谨将前藏商上呈进贡物敬缮清单，恭呈御览。计开：掌办商上事务通善济咙呼图克图阿旺班垫曲吉坚参代替达赖喇嘛生前敬备呈进大行皇帝宾天作善贡物：奏书一份……琍玛佛一尊，铜镀金古佛一尊，定光舍利子二颗，镶嵌松石金造法轮一个，银吉祥八宝八件，七珍俱全均有套……"又作"璃玛佛"。《孟保、海朴驻藏奏稿·达赖喇嘛等应递贡物交章嘉带京折》："噶勒丹锡勒图萨玛第巴克什另备叩谢天恩贡物：奏书一份，吉祥大哈达一方，璃玛佛一尊，壮藏香二十束，氆氇三十匹。"《联豫驻藏奏稿·德宗景皇帝大事布施熬茶事竣代奏谢恩折》："谨备奏书哈达，连衣璃玛佛，敬谨跪进。"

【轮布气（楞布气、人布谦）】rin po che 汉译珍宝。"轮布气"常用于各种宗教人物专名中。《西藏纪游》卷一："称达赖喇嘛曰古庶轮布气，班禅额尔德尼曰班禅轮布气（盖云宝贝也）。"又作"楞布气"。《西藏志·事迹》："封甲操楞布气、褒玉楞布气二人为灌顶禅师。"《西藏志·寺庙》："有达赖喇嘛拣派掌黄教之呼图克图北萨楞布气居此。"《西藏志·寺庙》："今承袭衣钵者一名扎哇楞布气，一名革桑楞布气。"又作"人布谦"。《西藏见闻录》卷下"梵刹"："寺左有桑鸢庙，层甍複阁，内供关圣神像，建自唐时。蕃民岁时封牲醮币祷者应愿而往，蕃人称其神曰郭撒人布谦。""郭撒"是"关圣"的藏语发音，"郭撒人布谦"是藏地对关帝庙中供奉的关公神像的敬称。

【呼图克图（呼图克兔、胡土克、呼图兔、胡土克图、枯独格兔）】ho thug thu 汉译有寿者，是清王朝授予藏传佛教大活佛的称号。源自蒙古语。《康𬇙纪行》卷一"乍雅两呼图克图缘起"："呼图克图者，大蕃僧历转世

---

① 参见丹珠昂奔等编《藏族大辞典》"利玛"条，甘肃人民出版社 2003 年版，第 456 页。

间不迷本性之称。呼一作胡。"又作"呼图克兔"。《西藏记述》:"西藏……其方番民尊崇亲信者达赖喇嘛、班诚喇嘛,撒家板陈噶立麻吗纱吗纳,其不迷性之呼图克兔,在在皆有,不能枚举。……凡所为呼图克兔者,甫生之时,即知前生事,番民奉之,顶戴如灵佛,敬爱如父母。"又作"胡土克"。《日下旧闻考译语总目》:"胡土克,唐古特语再来人也。"又作"呼图兔"。《西域遗闻·佛氏》:"凡喇嘛生而不昧前生者,名呼图兔。"《里塘志略·建置》:"班禅呼图克兔所属为藏地,合三地为三危耳。"陈克绳《西藏竹枝词》:"千僧黄帽出王城,最是呼图兔有名。"自注:"番僧高行者名呼图兔,汉语转生不昧也。"①又作"胡土克图"。《前后藏考》:"自前后藏东至里塘,司其地者,皆以僧与民长杂治之,而僧尤重。在前藏者,曰达赖喇嘛;在后藏者,曰班禅喇嘛。此其尤尊者,呼曰胡土克图。胡土克图者,师也。"《檐曝杂记》卷一"蒙古尊奉喇嘛":"喇嘛之首号胡土克图,犹内地所称大和尚也。"清代早期写作"枯独格兔"。《清太宗实录稿本·实录稿三十八卷自崇德七年壬午九月二十五日》:"十月初二日,土北特国达赖喇嘛乙勒孤格参枯独格兔。"

【札苍(乍仓、扎聪、札仓、伽仓)】grwa tshang,含义有二。

①藏传佛教寺院的住持人。《廓》卷首一:"而仲巴呼图克图一闻贼至,不率众喇嘛竭力守御,乃携带细软先期逃避,遂至济仲、札苍等复托占词惑众,以致众心离散,守御无人,贼匪竟至占据庙宇,肆行抢掠,并将历辈金塔残毁。是以将为首之济仲,即令在彼剥黄正法,其余札苍解京究治。"《西藏纪游》卷三:"壬子春,予在打箭炉见札苍喇嘛四人:一名罗卜藏策登……系随同占卜惑众之人。"又作"乍仓"。《里塘志略·喇嘛》:"里塘长青春科尔寺大喇嘛曰堪布,主持黄教,阐讲正法……其侍者曰若尼,传出入之命曰乍仓。"《里塘志略·杂记》:"喇嘛入寺,蓄积甚富,堪布三年一换,以所积交新堪布,乍仓亦然,示无私财也。"又作"扎聪"。《西藏纪述》:"雍正四年,清分疆界,奏请土地夷赋仍给呼图克兔,设喇嘛营官一名,昌诸巴管办事务。又有扎聪喇嘛五名,协同料理夷务。"《康輶纪行》卷六"察木

---

① 钱仲联:《清诗纪事》(八),江苏古籍出版社 1989 年版,第 5017 页。

多":"其副呼图克图住坐边坝之西甲喇大寺,有昌储巴五家,扎聪所管大小寺院五十座。"

②指僧房。写作"札仓"。《卫藏通志》卷四:"喇嘛居住之所,曰札仓。"又卷六:"宗喀巴令其在色拉建立大寺,所供佛像系由内地带檀香雕刻释迦佛、十八罗汉及诸佛像,又修上下札仓。(札仓,译言僧房也。)"又作"伽仓"。《西藏赋》:"皆由创三身之偈颂,启四大之伽蓝也。(今考卫藏,凡喇嘛所居,名曰伽仓。)"

【喇嘛(剌麻、拉马)】bla ma 藏传佛教对有道行的僧侣的尊称。《西藏纪闻》:"喇嘛冬衣氆氇,夏衣细毡,一件价有四五十金者。"又作"剌麻"。《康𬨎纪行》卷三"明时有号番僧世袭":"'剌麻'二字,当时以为禅师名号,本不甚尊崇。至达赖剌麻,乃加'达赖'二字于剌麻之上,今为蕃僧最大之称。而众蕃僧仍皆名剌麻,如称僧、称和尚耳。"又作"拉马"。《永宪录》卷二上:"乌斯藏自元时有达赖拉马之称。"元代文献中写作"剌马"或"剌麻"。《山居新语》:"闻有此说,未尝目击,问之剌马可也(剌马即帝师)。"《析津志辑佚·岁记》:"是月八日,帝师剌麻堂下暨白塔、青塔、黑塔两城僧寺,俱为浴佛会,宫中佛殿亦严祀云。"明代文献中已写作"喇嘛"。《广志绎》卷五:"乌思藏所重在僧,官亦僧为之,其贡道自川入,俗称喇嘛僧。"

【沙布隆(沙布伦)】zhabs drung 大活佛的侍从,活佛中地位最低者。《康𬨎纪行》卷五"西藏僧俗官名":"格隆之熟悉经典者,曰格喜。初转一二世者,曰沙布隆。"又作"沙布伦"。《驻藏须知》:"西藏所属大呼图克图九名,小呼图克图十名,大沙布伦十二名,小沙布伦九十一名,均系转世入册。"

【格喜(格晰、格昔)】dge bshes 藏传佛教学位名称,指的是通晓经典、为达赖喇嘛所取中者。原意为善知识、善友。《康𬨎纪行》卷五"西藏僧俗官名":"格隆之熟悉经典者,曰格喜。"又作"格晰"。《巴塘志略·杂职》:"巴塘合境额定黄教喇嘛一千一百九十五众……堪布出缺,土司番众公保素相敬服之呼图克图及格晰喇嘛(通晓经典为达赖喇嘛所取中者),由台站文武会详,大宪给照承充。"又作"格昔"。《酌拟唐古特裁禁章程》:"各寺补放堪布,大寺拣拟五名至七名,小寺拣拟三四名至五名不等，以及拣补、调补、轮署等项，各寺均向有成规，应仍其旧外，应请嗣后必须查其出家实在已逾二十余年，确系经典深通，攒大、小昭时曾经考取格昔、蓝占巴名色者，方准开单呈请补放。不准以年轻资浅、经典欠深、并未考取格昔、蓝占巴者越次补放，致启夤缘之弊。"

【朝尔吉（曲结、绰尔济）】chos rje 法师，精通佛经并能讲解佛法的高僧，负责主管寺院教义的喇嘛。《水曹清暇录》卷七"喇嘛打鬼"："喇嘛最尊者为呼必辣吉……次为朝尔吉……"俗称"曲结"。《西藏赋》："厥维沙伽吐巴绰尔济，传写贝多。（……绰尔济，通经典之称，俗名曲结。）"又写作"绰尔济"。《日下旧闻考译语总目》："绰尔济鄂特色尔（绰尔济，唐古特语法师也）。"当代民族文学作品中写作"却吉"。《草原烽火》第二章："喇叭的吹奏声，引来一列成排的喇嘛：头顶鸡冠帽、身披大红袍的普通喇嘛，摇着金铃的却吉喇嘛，黄色金衣、桃状经帽的大喇嘛爷，坐在花轿里的小活佛……"[①]

【噶布楚（噶卜处、噶布褚）】bkah bcu 粗通藏传佛教经典的格西。《理藩院》卷九百八十七："道光十九年定：章嘉呼图克图、噶勒丹锡呼图呼图克图、敏珠勒呼图克图、济咙呼图克图四人前辈俱曾驻京……随带噶布楚、兰占巴二十名……其应食钱粮等项，一体照前支给。"又作"噶卜处"。《水曹清暇录》卷七"喇嘛打鬼"："喇嘛最尊者为呼必辣吉……次为喇木占巴，次为噶卜处……"清初写作"噶布褚"。《清太宗实录稿本·实录稿三十八卷》："乙勒孤格参枯独格兔与同来喇嘛各献土产：……噶布褚喇嘛马十五匹、驼二只、菩提珠一盘、褐子包袱两个。"

【蓝占巴（兰昝巴、喇木占巴、郎俊巴）】rab hbyams pa 喇嘛学位名称，旧西藏地方政府五品僧俗官员名。《西域遗闻·事迹》："至是由里、巴、昌都鼓行前进擒巨贼蓝占巴驼驼宰桑、黑喇嘛。（绍按，蓝占巴，喇嘛初进之学位，系如前清之秀才，非人名。）"《西藏奏疏》卷十："本年，在大招同众喇嘛念经考取蓝占巴，现年二十一岁，照例由噶勒丹池巴受格咙大戒。"清初写作"兰昝巴"。《西藏见闻录》卷下"喇嘛"："凡为喇

---

① 乌兰巴干：《草原烽火》，中国国际广播出版社1996年版，第86页。

嘛，披剃后，必赴中藏、后藏熬茶受戒，考较经典，分别受衔，平等者命名兰昝巴。"又作"喇木占巴"。《水曹清暇录》卷七"喇嘛打鬼"："喇嘛最尊者为呼必辣吉……次为朝尔吉，次为勺撒，次为喇木占巴，次为噶卜处……"又作"郎俊巴"。《番行杂咏》："讲经讲法两途升，盖洛同参最上乘。郎俊阐经那楞法，于中选得坐床僧。（番僧谓之班第，搭千佛衣者谓之盖洛，即汉语之罗汉，犹云入门也。盖洛之阐明经旨者，谓之郎俊巴，犹言文才。）"

【文咱特（翁宰、翁则、温则忒）】dbu mdsad 藏传佛教第六级喇嘛。大经堂管理经典、指导念经的僧官。《西藏赋》："文咱特（诵经声音最洪大者）鸟毂音洪。"又作"翁宰"。《巴塘志略·杂职》："巴塘合境……堪布出缺，土司番众公保素相敬服之呼图克图及格晰喇嘛，由台站文武会详，大宪给照承充。其下首座掌坛者，曰翁宰。"又作"翁则"。《景纹驻藏奏稿·审讯要犯吐多卜降巴请处决并请赏给夷喜罗布汪曲公爵折》："又聚会色拉结巴堪布及翁则喇嘛纪锁等各领袖，邀恳说明。"清代笔记中写作"温则忒"。《水曹清暇录》卷七"喇嘛打鬼"："喇嘛最尊者为呼必辣吉……次为噶卜处，次为温则忒……"又译作"蚊子喇嘛"。《清稗类钞·爵秩类·喇嘛官职》："蚊子喇嘛为诵经喇嘛之领袖，诵经时，彼先倡，徒众和之。"

【勺撒（札萨）】dza sag 藏传佛教寺庙中的大喇嘛。《水曹清暇录》卷七"喇嘛打鬼"："喇嘛最尊者为呼必辣吉……次为朝尔吉，次为勺撒……"《俚俗集·喇嘛打鬼（徐兰打鬼歌题序）》："喇嘛最尊者为呼必辣吉……次朝尔吉，次勺撒……"《瓦剌史》注文引清徐兰《塞上集·打鬼歌序》，"勺撒"写作"札萨"，"札萨"源自蒙古语"札萨克（执政官）"。

【德穆齐（得木奇）】demchi 蒙古地区藏传佛教寺庙管理人员。借自蒙古语。《则例·乾隆朝·柔远清吏右后司》："闲散台吉日给银六钱，属下台吉日给银四钱，斋桑、斋桑格隆各日给银二钱，护卫、格苏尔各日给银一钱五分，仆从各日给银五分。"《桥西杂记·塞上六歌》："喇嘛最尊者为呼必辣吉……次温则忒，次德穆齐……"又作"得木奇"。《金川案·利·理藩院具奏堪布禀请得木奇、格思贵同往》："但彼处夷人，且素尚奔布邪教者甚多，未识真正黄教之道。今初立学堂，收聚番僧等，若不时刻巡查教训，于事无益。是以必须得木奇、格斯贵方妥。"

《则例·乾隆朝·柔远清吏左前司下》："京师番僧……格思规四十九人，其徒众班第各一人。"又作"格居"。《巴塘志略·杂职》："其下……执铁棒以警众者曰格居。"清代笔记中写作"哈丝规"。《水曹清暇录》卷七"喇嘛打鬼"："喇嘛最尊者为呼必辣吉……次为哈楞，次为哈丝规……"又作"格死鬼"。《康辎纪行》卷十五"察木多跳神"："场之四角，各立剌麻一人，执铁棒，谓之格死鬼，以镇压游观者。"

【格苏尔（格素勒、格素尔、哈素尔）】dge tshul 初入寺庙的小喇嘛。《则例·乾隆朝·柔远清吏右后司》："闲散台吉日给银六钱，属下台吉日给银四钱，……护卫、格苏尔各日给银一钱五分，仆从各日给银五分。"又作"格素勒"。《则例·嘉庆朝〈大清会典〉中的理藩院资料》："副扎萨克大喇嘛随格隆、班第、从役，坐马同，每日禀给银七钱三分，米同，草料银同。……德木齐、格思规、格隆随班第二人，从役二人，坐马同……格素勒班第坐马同。"又作"格素尔"。《钦定理藩部则例》卷十五："格素尔班第本身，每日给银七分，米一升，拴马一匹。"又作"哈素尔"。《水曹清暇录》卷七"喇嘛打鬼"："喇嘛最尊者为呼必辣吉……次为哈丝规，次哈素尔……"

【哈由巴（合由巴）】dge gog 藏传佛教僧职称谓，协助格斯贵处理犯戒的僧众，维持僧纪。《水曹清暇录》卷七"喇嘛打鬼"："喇嘛最尊者为呼必辣吉……次哈由巴，次戳由巴……"又作"合由巴"。《桥西杂记·塞上六歌》引徐兰《打鬼歌序》："跳舞毕，合由巴以糖一钵候于户外，抹众喇嘛之口，而佛事终焉。"今作"格由"。"格贵每任视寺院大小为一至二人，在一些较大规模的活动中，往往由其临时指定僧侣数人，称之为'格由'，充任保卫人员，负责维持秩序。"① 其中的"格贵"同上文"格斯贵"。

【绰由巴（戳由巴）】藏传佛教僧职称谓，佛事活动中的执事喇嘛。《桥西杂记·塞上六歌》引《打鬼歌序》："是日，喇嘛庙中，殿上燃灯

---

① 杨学政：《藏族纳西族普米族的藏传佛教——地域民族宗教研究》，云南人民出版社1994年版，第145、146页。

数百盏，树大旗于殿之四角，旗画四天王像，命绰由巴鸣金传执事者齐集，设大喇嘛座于殿之东，朝尔吉以下皆列坐。"又作"戳由巴"。《水曹清暇录》卷七"喇嘛打鬼"："喇嘛最尊者为呼必辣吉……次哈由巴，次戳由巴……"

【骨捻尔】dkon gnye 管理寺庙财物的人，汉语中称香灯师、庙祝等。《桥西杂记·塞上六歌》引《打鬼歌序》："番僧最尊者呼必辣吉……次骨捻尔、次颤马。"《瓦剌史》注文的引文中写作"骨捻子"①。

【乃冲】gnas chong 藏传佛教中专司降神问卜的僧人。《桥西杂记·塞上六歌》引《打鬼歌序》："复有一僧曰乃冲，戎装执戟，吐火吞刀，云神附于身。观者皆膜拜，奉单（绅巾）于神，以问休咎。"

【颤马（颤吗）】zan ma 厨子。《桥西杂记·塞上六歌》引《打鬼歌序》："番僧最尊者呼必辣吉……次骨捻尔、次颤马。"《水曹清暇录》卷七"喇嘛打鬼"条中写作"颤吗"。今作"扎玛""札玛"。蒙古族史诗《江格尔·浩顺·乌兰娶亲》："他转到扎玛的粥锅旁边，巨大的黑锅里煮着七十匹牝马的马肉，有一个脾气暴烈的扎玛头目，向小秃子发怒……"②《科尔沁右翼中旗志·宗教活动·喇嘛等级》："札玛，管理庙仓生活安排和法会期间的饮食等。"③

（二）僧官称谓

【堪布】mkhan po 西藏地方政府僧官名。是达赖、班禅的高级侍从，握有大权。《康辅纪行》卷五"西藏僧俗官名"："藏中管理寺院、讲习经典之僧官皆名堪布，最大者曰总堪布，次曰通巴堪布、达尔罕堪布，品级大小有差。"亦指西藏地方上藏传佛教寺庙的住持。《里塘志略·建置》："我朝定鼎后，率土奉贡赋，遂立大喇嘛寺，掌管阐讲黄教，名曰堪布，为一方崇事之尊。"《里塘志略·喇嘛》："里塘长青春科尔寺大喇嘛曰堪布，主持黄教，阐讲正法，三年一换，由粮务官察举其详。"《西域遗闻·佛氏》："呼图兔之下曰堪布，次曰高脚哇，次曰罗业，分主各寺。"《西藏

①　白翠琴：《瓦剌史》，广西师范大学出版社 2006 年版，第 152 页。
②　霍尔查译：《江格尔》，新疆人民出版社 1988 年版，第 794 页。
③　科尔沁右翼中旗志编纂委员会：《科尔沁右翼中旗志》，内蒙古人民出版社 1993 年版，第 256 页。

纪游》卷二："长青春科尔寺在里塘，堪布（即大喇嘛）居之。"《卫藏图识·图考》上卷"程站"："里塘……俗信喇嘛，有掌管黄教之大喇嘛曰堪布，为一方崇祀之尊。"

【岁琫（岁本）】gsol dpon 负责达赖喇嘛日常起居的近侍。《康𬨎纪行》卷五"西藏僧俗官名"："岁琫者，达赖剌麻起居之内侍也。"又作"岁本"。《西藏赋》："乃有岁本、森本，巢释门之鸠鹊。（岁本，近侍之最大者，森本次之。）《西藏图考》卷六："岁本者，达赖起居之内侍也。"

【森琫（森本）】gzim dpon 达赖的近侍，职衔次于岁琫。《康𬨎纪行》卷五"西藏僧俗官名"："其次曰森琫，又次曰曲琫，职司经卷。"《西藏赋》："乃有岁本、森本，巢释门之鸠鹊。（岁本，近侍之最大者，森本次之。）《西藏图考》卷六："岁本者，达赖起居之内侍也。其次曰森本。"

【曲琫（曲本）】mchad dpon 达赖内侍，管理经卷。《康𬨎纪行》卷五"西藏僧俗官名"："岁琫者，达赖剌麻起居之内侍也。其次曰森琫，又次曰曲琫，职司经卷。"又作"曲本"。《西藏赋》："曲本孜仲，结法侣之鸳鸿。（曲本司经卷、作佛事；孜仲服役及奉差委各庙宇作佛会。）"

【孜仲（仔仲）】rtse drung 达赖内侍，管理熬茶事务。《西藏赋》："曲本孜仲，结法侣之鸳鸿。（曲本司经卷、作佛事；孜仲服役及奉差委各庙宇作佛会。）"《西藏图考》卷六："岁本者，达赖起居之内侍也。其次曰森本……又次曰孜仲，职司熬茶。"唐金鉴《金瓶掣签十一世达赖喇嘛》："大招分遣孜仲迎，境上乌拉莫停止。"又作"仔仲"。《旃林纪略》："达赖喇嘛管事者曰仔仲。"

【商卓特巴（仓储巴、昌诸、昌诸巴）】phyag mdzod pa 西藏地方政府管理仓储财务的官。俗称"仓储巴"。《康𬨎纪行》卷一"乍丫两呼图克图缘起"："仓储巴者，管地方刑名钱粮之大蕃目也。"又卷三"前后藏事始末"："又议藏内大小蕃目缺出，立定等级，驻藏大臣会同达赖剌麻拣放。如……商上仔琫及商卓特巴，总司出纳。"又卷五"西藏僧俗官名"："达赖剌麻山上贮金银、缎匹、珍宝之内库曰商上，主库之僧官曰商卓特巴，曰仔琫，皆四品。商卓特巴本即仓储巴，以诸处皆有，故特异其名。"《西藏赋》："仓储巴综五库之藏储，职等京仓之掌。（商卓特巴俗名仓储巴，系四品衔，管理商上及大招库藏。）"《西域遗闻·佛氏》："呼图兔之下曰堪布，次曰高脚哇，次曰罗业，分主各寺。其掌事者曰仓储巴，皆嗜利，食荤腥，无所为清静寂灭也。"早期写作"昌诸"。《西藏见闻录》卷上："昌诸数名，专司钱粮。"又作"昌诸巴"。《西藏纪述》："察木多古称前藏……雍正四年，清分疆界，奏请土地夷赋仍给呼图克兔，设喇嘛营官一名，昌诸巴管办事务。"《清代藏事辑要》卷四"乾隆朝"："惟折内所称仓储巴字样，已用朱笔点出，藏内所管仓库事物之人，向俱称为商卓特巴，今卫藏事务俱系驻藏大臣督帅管理，遇有陈奏之折，自应以商卓特巴字样声叙，不应相沿旧时承袭之语仍称为仓储巴，即如噶布伦之称为噶伦等类，亦皆应一律按照唐古特音译正。"

【商上】phyag mdsod 达赖的内库。《康輶纪行》卷五"西藏僧俗官名"："达赖剌麻山上贮金银、缎匹、珍宝之内库，曰商上。"《西藏志·赋役》："西藏税赋随其出产，或牛羊、柴草……酒诸类，皆随所产上纳。设有公所，名曰商上。"《旂林纪略》："四家噶布伦如汉之大学士，分管藏务，在大诏设立分所，司银物一切支应各处名曰商上，番名噶厦。"亦指管理内库的僧官。颜检《卫藏》诗："噶隆遵约束，商上待衡铨。"《西藏图考》卷六："其收藏金银、缎疋、珍宝之内库，曰商上（今商上之权颇重）。"《景纹驻藏奏稿·查办披布两造大概情形并报起程日期及捐廉赏给布番物件片》："奴才再四思维，若令商上筹办此款，上年商上因瞻对事务耗费三十余万之多，每称商库告竭。"

【卓尼尔（卓呢尔、若尼尔、卓念、若尼、若泥）】gnyer 达赖的管家，负责寺院及活佛财产管理等事务。《康輶纪行》卷五"西藏僧俗官名"："卓尼尔，达赖之传事者也。"《西藏赋》："卓尼尔效茶斋之奔走（司商上用度者）。……卓尼奔走，凫侣维勤（系六品衔供杂职事）。"《西藏纪游》卷一："卓尼尔者，达赖喇嘛亲随管事之人也。"又作"卓呢尔"。《西域遗闻·政教》："随侍达赖之官有卓呢尔、商卓特巴、曾本各名目。"又作"若尼尔"。《西藏纪闻·官爵》："传事头人曰若尼尔。"又作"卓念"。《巴塘志略·杂职》："土司家……传事者曰卓念。"又作"若尼"。《里塘志略·喇嘛》："里塘长青春科尔寺大喇嘛曰堪布……其侍者曰若尼。"清初写作"若泥"。《西藏见闻录》卷上："今上御极之六年，沛恩藩服，多罗贝勒颇罗鼐晋封郡王，其下设有噶隆、高觉……谷操、若泥……（传宣之头目，名曰若泥）。"

【中译（卓义、中义、仲意）】drung yig 负责缮写和管理文书的官员。《康輶纪行》卷五"西藏僧俗官名"："主文书者曰大中译，六品；曰小中译，七品。"《西藏赋》："中译书记于公廨，其阶有两。（司书写计算者。大中译六品衔，小中译七品衔。）"又作"卓义"。《西域遗闻·政教》："随侍达赖之官有卓呢尔、商卓特巴、曾本各名目。其噶隆，只设卓义二员。"又作"中义"。《西藏纪游》卷二："凡缮写之人曰中义。"又作"仲意"。《西藏见闻录》卷上"事迹"："于是大兵凯旋，论功褒劳……台吉颇罗鼐等五人共理西藏，以统蕃众。（康金鼐，拉藏罕之仲意也，因能努力坚守阿里以待官兵，封为贝勒，管理拉萨一带地方，统辖拉藏罕旧属台吉阿灵登都纳尔等三十余人及土达兵二千名。）"

【孜本（仔本、则本）】rtsis dpon 掌管库藏出纳簿籍的官员。《西藏赋》："孜本会要，漆书无爽（系四品衔，掌库藏出纳簿籍）。"又作"仔本"。《西藏图考》卷六："主库之僧官曰商卓特巴、曰仔本，皆四品。商卓特巴本即仓储巴，以诸处皆有，故特异其名。"又作"则本"。《康輶纪行》卷一"乍丫两呼图克图缘起"："又有中译、则本、岁本、达本诸职事刺麻。"

【葱本（聪本、葱琫）】tsong dpon 经纪人，商人。《巴塘志略·杂职》："土司家……主贸易者曰葱本。"《有泰日记》卷十一："闻番人聪本（即商人）来信，因里、巴塘平后，马军门（维骐）赵观察（尔丰）已饬知番众各安本业。"又作"葱琫"。《升泰驻藏奏稿·复赫政税司函请转达保政司将禁茶入关订明约内》："且藏中茶务系由商上发本交葱本（专司商上贸易之官）承办，例缴茶差。"

【乃兴巴（乃新巴、乃心巴）】sne shan pa 西藏地方政府负责接待事务的官员。《卫藏图识》上卷"头目"："听役头人称乃兴巴。"《西藏见闻录》卷上："今上御极之六年，沛恩藩服，多罗贝勒颇罗鼐晋封郡王，其下设有噶隆、高觉……业尔巴、乃兴巴……（听差之头目，名曰乃兴巴）。"《文硕驻藏奏稿·第穆呼图克图函遵派妥差探迎升大臣》："二月间，即已照例拣派乃新巴携带达赖喇嘛及第穆呼图克图应递信函、禀帖、礼物、哈达，驰赴江卡首站伺候。"《西藏纪游》卷四："听役头人，曰乃兴巴。"又作"乃心巴"。《有泰日记》卷八："拟明日赏给糌粑牛肉熬萝卜，锅由乃心巴已借得。"民国文献中仍用。《吴忠信入藏日记》："此人为现任噶伦彭休之弟，藏政府所派四乃兴巴（招待员之意）之一，亦四品官也，其职责系专任由亚东至拉萨之迎护事宜。"①

（三）官职称谓

【噶隆（噶布伦、噶伦）】bkav blon 西藏地方政府主管行政事务的官员，由清政府驻藏大臣会同达赖喇嘛挑选具奏任命。《西藏见闻录》卷上："今上御极之六年，沛恩藩服，多罗贝勒颇罗鼐晋封郡王。其下设有噶隆……等头目，各司其事（噶隆数名，总理各处地方）。"又作"噶布伦""噶隆"。《康輏纪行》卷五"西藏僧俗官名"："统理兵马刑名者曰噶布伦，又作噶隆，三品。噶布伦凡四人。"《西藏赋》："噶布伦领四方之政治，权居岳牧之尊。（噶布伦四名，总理通藏钱谷、刑名、兵马及升调大小番目，悉禀于钦差衙门，以定行止。乾隆五十八年钦定章程：内外番目议给三品至七品顶带。噶布伦系三品衔，岁支俸银缎匹，由京理藩院按年支领。）"《西域遗闻·政教》："主事之大官曰噶隆（绍按，噶隆即噶伦，一作噶布伦），体如内地之相，向设四员，分司夷务。"清代咏藏诗中亦用。颜检《卫藏》诗："噶隆遵约束，商上待衡铨。"《西昭竹枝词》："宰相尊严噶布伦，将军次第戴如奔。"

【高爵（高觉、高脚哇、箕脚娃）】skor dbye 负责拉萨治安的官员，位居噶隆之下。《西藏志·头目》："查郡王之下，设噶隆数人，总管各处事宜；地方设高爵一名，察核境内各项事务。"又作"高觉"。《西藏见闻录》卷上："今上御极之六年，沛恩藩服，多罗贝勒颇罗鼐晋封郡王，其下设有噶隆、高觉……（噶隆数名，总理各处地方；高觉一名，察核境内。）"又作"高脚哇"。《西域遗闻·佛氏》："呼图兔之下曰堪布，次曰高脚哇，次曰罗业，分主各寺。"又作"箕脚娃"。《有泰日记》卷十三："箕脚娃带领前次将牛只驮面落水头人及其赶牛人拿来卢比赔价，仅留其五文，以示惩罚。"

---

① 中国第二历史档案馆、中国藏学研究中心：《奉使办理藏事报告书》，中国藏学出版社 1993 年版，第 235 页。

【协尔帮（胁尔邦）】bsher dpong 掌民刑诉讼的官。《康辅纪行》卷五"西藏僧俗官名"："主刑名词讼者曰噶厦，曰协尔帮，五品。"又作"胁尔邦"。《西藏赋注》："胁尔邦听闾阎之直枉。（亦系五品衔，听番民词讼。）"

【第巴（谛巴、碟巴）】sde pa 本指部落酋长、头人。清代文献中用以指称掌管地方事务的官员。《藏纪概》卷尾"招迹"："彼中官目，名曰第巴。"《康辅纪行》卷五"西藏僧俗官名"："代达赖理事者曰第巴。"《西藏赋》："第巴分治于外寨，厥品维三（分管各寨落地方事务，即营官也，分大中小三等缺。大第巴五品，中第巴六品，小第巴七品，俱依次升调）。"又作"谛巴"。《西藏纪闻》："班禅惟住持寺庙，不辖地，故于达赖所属之戴啐谛巴（各职事名号）等及守藏之唐古忒兵皆外视之，亦无施予。"又作"碟巴"。《西藏纪闻·官爵》："其地各大头人，称碟巴。"《西域遗闻·政教》："噶隆之下，分管地土者，曰碟巴。"

【希约第巴（硕第巴）】zhol sde pa 管理前藏民事的官员。《康辅纪行》卷五"西藏僧俗官名"："分管地方曰希约第巴，曰郎仔辖第巴，皆五品。"《清代藏事辑要》卷六"道光朝"："其业尔仓巴、希约第巴两项，向有喇嘛者，亦准挑选喇嘛补用。"又作"硕第巴"。《清代藏事辑要》卷六"道光朝"："其五品者，商上仔仲卓尼尔十名……又俗人业尔仓巴三名、协尔邦二名、僧俗硕第巴二名、俗人密本二名。"

【密本（密琫）】mi dpon 地方上管理户籍的官。《西藏赋》："密本司版户之登。（亦五品衔，掌番民户口册。）"《清代藏事辑要》卷六"道光朝"："希约第巴、密本、达本缺出，以大缺、边缺营官及噶厦卓尼尔升补。"又作"密琫"。《康辅纪行》卷五"西藏僧俗官名"："掌户口册者，曰密琫，五品。"

【按本（安本）】am ban 钦差大臣，驻藏大臣。借自满语，义为钦差。①《卫藏图识》卷上："雍正七年颁给僧俗营官印信，俗官安本授为宣抚司僧营官。"《西藏纪游》卷一："钦差大臣，曰按本。"又作"安本"。《雪桥诗话续集》卷七："蕃俗，呼驻藏大臣为安本。"

---

① 张怡苏：《藏汉大辞典》，民族出版社 2013 年版，第 1849 页。

【本布（奔布）】dpon po 官，宦，老爷。《西藏纪游》卷一："武职及杂职，皆称本布。"又作"奔布"。《番行杂咏》："拾苏拉日未分明，奔布昌阿夹岸迎（番言大员之称）。"当代藏族小说中仍用。陈希平《羚羊角》："你快去替我找本布——一号本布就是送猎枪给你的那个本布啊，叫他们今天晚上特别注意一百三十二号大桥！"①

【破本（颇琫）】phogs dpon 管理军粮的官员。《西藏纪闻》："由尖城十余日至三立国，其人呼……官为破本。"《康𬨎纪行》卷五："破本，文官也。"《西藏纪游》卷一："粮员，曰破本。"《巴塘志略·巴塘竹枝词四十首》："青旗红盖马前开，夹道争看破本来（称文官曰破本）。"又称"颇琫"。《凤全驻藏奏稿·巴塘百姓禀打箭炉颇琫已将凤全及法国教士杀害》："缘因颇琫上司在台之际，随有吴统领到巴之后，奉文武上司会衔之谕，系奉旨开办垦务。"

【协敖】zhal ngo 即"定本"，西藏政府军队里领兵 50 名的军官。《里塘志略·夷职》："里塘……土把总、土百户、协敖以下，或本台文武官，或正副营官，随才委放，本无一定之程也。"《喀木西南纪程》："至于冲要之区，皆有碉堡，土人称为官寨。左贡设营官二，同驻中察洼冈。协敖二，一驻邦达，一驻札夷。"

【宗本】rdzong dpon "宗"的长官，又译称"宗堆"，汉译"营官"。相当于县官。《西藏纪述》："正西即后藏，有碟巴、宗本二名，一名吗工达结，一名察六奈，辖管人民三万余户。"

【业尔巴（业巴、业坝、捏巴）】gnyer pa 管家。负责寺院及活佛财产的管理等事务。《酌拟唐古特裁禁章程》："补放布赍绷寺、色拉寺、噶勒丹寺格斯贵之缺，向由各寺内拣拟僧人三名、五名至七名不等，或以本寺之人补放，或以他寺之人轮流充当，均向有成规，应仍其旧外，应请嗣后必须查其出家实逾二十余年，确系通晓清规、众心悦服、曾经管事无误及充业尔巴，较量卸事日期先后，或博窝、贡茹二班轮充者，方准秉公开单，呈送补放。"《西藏纪闻·官爵》："管理家事头人，称业尔巴。"《卫藏图识》上卷"头目"："管理家计头人曰业尔巴。"又称

---

① 陈希平：《雪的家乡》，新文艺出版社 1958 年版，第 33 页。

"业巴"。《丁宝桢藏事奏牍·拟定乍丫贡品人数折》:"今拟选派大堪布一名,随带跟役四名,官家郎索一名……业巴一名……共二十四名。"《巴塘志略·巴塘竹枝词四十首》:"祖父流传是业巴,敢将门户自矜夸。(管事大头人号业巴,亦论家世。结牛毛绳如盖,竖立房顶,名夹仓。土官缘布三道,业巴二道,余人不许用。)"又作"业坝"。《凤全驻藏奏稿·粮员吴锡珍禀川督凤全及法司铎等遇害情形》:"该业坝邀同古噪及小娃子二十余人,又汉民二十余人,并力扼守,幸未失陷。"又作"捏巴"。《有泰日记》卷九:"化臣带领捏巴、木匠、石匠,即作小工乌拉等跪一院,磕头谢赏。"西藏当代小说中作"涅巴"。泽呷《血染差途仇恨冲天》四:"这事很快被土司知道了,急忙派涅巴带着土兵把阿爸抓了回去。"①

【业尔仓巴】dner tshang pa 管理征收赋税等杂事的地方官。《康𫐓纪行》卷一:"其次曰业尔仓巴,为呼图克图及仓储巴管理杂事。"又卷五"西藏僧俗官名":"其主征收者,曰业尔仓巴,五品。"《西藏赋》:"业尔仓巴廪糈给养。(亦系五品衔,管理支给各僧众口粮。)"《西藏图考》卷六:"其主征收者,曰业尔仓巴。"

【代奔(戴琫、戴绷、戴本、打本)】mdav dpon 意为"带兵人",相当于团长,是西藏军队最高级的官员。《西藏见闻录》卷上:"统领兵马之大酋长曰代奔,总理军旅,节制如奔众头目也。"《西域遗闻·政教》:"统纳兵马之大官名代奔。"《西藏纪述》:"后藏向设代奔一名,管辖其地。"又作"戴琫"。《廓》卷四十七:"查藏内管兵番目,不但戴琫一项徒为虚设,即戴琫以下之如琫、甲琫、定琫等目亦只空有其名,无裨实用。"又作"戴绷"。《卫藏图识》上卷"封爵":"(乾隆)十六年奉旨,凡藏地均属达赖喇嘛所有,辅国公三人,一等台吉一人,噶布伦四人,各颁给饬谕。戴绷五人(藏地领兵镇将),……均给理藩院执照,分司藏务,受驻藏大臣及达赖喇嘛管辖。"《西藏纪游》卷一:"武职之最尊者称戴绷,如内地将军。"又作"戴本"。《西藏图考》卷六:"凡统领兵马之官有五,

---

① 甘孜藏族自治州文教局、四川师范大学中文系:《不屈的农奴 甘孜藏族农奴家史》,四川民族出版社 1977 年版,第 21 页。

总统之大头人称戴本。"又作"打本"。《巴塘志略·杂职》："土司家……管兵马者曰打本。"《大词典》写作"代本",无书证。

【如琫（如奔、如本、儒本）】ru dpon 相当于营长,位在代本之下。《廓》卷四十七："于戴琫之下设立如琫十二名,每名管兵二百五十名。"又作"如奔"。《西藏见闻录》卷上："兵以十人为一伍……以五伍为一队……四队以上,设如奔一名管之。"又作"如本"。《西藏图考》卷六："凡统领兵马之官有五……次称如本,管兵一百名。"又作"儒本"。《雪桥诗话续集》卷七："惟昌储巴僧俗皆有,前藏更有噶布伦及儒本、定本等官。"

【甲奔（甲琫、甲绷、甲本）】brgya dpon 相当于连长,位在如本之下。《西藏见闻录》卷上："兵以十人为一伍……以五伍为一队……二队以上,设甲奔一名管之。"又作"甲琫"。《廓》卷四十七："查藏内管兵番目,不但戴琫一项徒为虚设,即戴琫以下之如琫、甲琫、定琫等目亦只空有其名,无裨实用。"又作"甲绷"。《西藏纪游》卷四："戴绷者,总统兵马之官也。其等有五:一曰戴绷,次曰甲绷,管兵二百名。"又作"甲本"。《西藏图考》卷六："凡统领兵马之官有五……其次称甲本,管兵二百名。"《巴塘志略·杂职》："土司家……管民户者曰甲本（如乡约之类）。"

【定琫（定本）】lding dpon 比甲奔低一级的军官。《廓》卷四十七："甲琫之下设立定琫一百二十名,每名管兵二十五名,与绿营兵目相似。"《西藏奏疏》卷一："除前次派往番兵一千三百名外,着再行拣派如琫二名、甲琫四名、定琫二十名、前后藏番兵五百名,兼程前往。"又作"定本"。《西域遗闻·政教》："统纳兵马之大官名代奔,次曰甲奔,三等曰定本。"

【赖本】las dpon 比定本低一级的军官。《西藏志·头目》："其统领兵马之官有五:……曰赖本,管兵四十五名。"《西藏图考》卷六："凡统领兵马之官有五:……称赖本,管兵四十五名。"

【局奔（局本、朱奔）】bcu dpon 比赖本低一级的军官,管兵十名。《西藏见闻录》卷上"兵戎"："兵以十人为一伍,设什长一名,曰局奔。"又作"局本"。《西藏图考》卷六："凡统领兵马之官有五……称局本,管兵十名。"又作"朱奔"。《西域遗闻·政教》:"统纳兵马之大官名代奔,次曰甲奔……再下曰朱奔。"

【马本】dmag dpon 武职官员。《西藏纪游》卷一:"马兵曰马本。"《雪桥诗话续集》卷七:"蕃俗,呼……武员为马本,兵弁则呼为甲米。"

【达本(达琫、打本)】rta dpon 管理马厂的军职官员。《西藏赋》:"达本任马闲之长(系六品衔,管理马厩)。"《西藏图考》卷六:"主马厂者曰达本,六品。"又作"达琫"。《康𬨎纪行》卷五"西藏僧俗官名":"主马厂者,曰达琫。"又作"打本"。《西藏纪闻》:"由尖城十余日至三立国,其人呼天为亮,呼地为泥巴浪送的,呼官为破本,跟役为本头,呼兵为打本。"

【郭波(郭度、郭渡)】mgo pho 统领兵马的小头目。《西藏见闻录》卷上:"今上御极之六年,沛恩藩服,多罗贝勒颇罗鼐晋封郡王,其下设有噶隆……热敖、干布、代奔、郭波等头目,各司其事。(其统领兵马之大头目,名曰代奔。小头目,名曰郭波。)"又作"郭度"。《西藏纪闻·官爵》:"凡统领兵马之官有五,总统之大头人称戴绷……又有小头人,称郭度。"又作"郭渡"。《西藏志·头目》:"其统领兵马之官有五……又有小头人,曰郭渡。"

【干布(干波、干绊、甘布)】gde pa 管家,地方上的小头目。相当于乡长。《西藏见闻录》卷上:"其下设有噶隆、高觉……第巴、热敖、干布……(各地方之大头目名曰碟巴,次曰热敖,再次曰干布。)"又作"干波"。《西藏见闻录》卷下"方语":"头目,干波。"又作"干绊"。《巴塘志略·杂职》:"土司家……乡间管民户者曰甲本,其次曰干绊。"又作"甘布"。《藏行纪程·鹊桥七夕》:"至晓叶桑,宿甘布家。(甘布,头人名色。)"此词形元代已见。《钦定元史语解》卷二十:"〔甘布〕唐古特语,老叟也。"《西藏志·头目》:"其各地大头人名碟巴,次曰热敖,再曰千布。"《西藏纪闻·官爵》:"次称热敖,称十布。"按,"千布""十布"字形有误,当为"干布"。由于不同地区译音用字的不同,或方言音变,也有写作"干保""格布"的;又因各地、各代文人在汉译时处理方式的不同,此词亦有"老民""长者""头领""头目""小头人""族长"等的意译形式。在不同地区,用此称呼的头目在部落官员层次中的等级并无统一的指认。①

【郭家哇（郭佳哇）】skor vchag pa 负责巡查拉萨街道治安的差役。《西藏见闻录》卷下"服制"："巡街之役，名曰郭家哇。遇公事不绾发，头戴白布圈，服缎短衣，青褐裙，带腰刀，手执木棍巡查。"《西藏志·衣冠》："其巡街之役，名曰郭家哇。"《旃林纪略》："差人，曰郭家哇。"《西藏纪游》卷二："汉人烹饪，番人中至贵如班禅、济咙胡图克图、噶布伦等皆喜食之，至贱如小哇子、郭家哇之类皆能食之。"又作"郭佳哇"。《西域遗闻·风俗》："其巡查之役曰郭佳哇者，逢令节亦服短锦衣，带腰刀、缎袋，而不披偏单。"

三　生活用语

（一）衣饰、饮食类词语

【褚巴（褚巴）】phyu pa 袍子。《西藏见闻录》卷上："燕居，衣大领齐袖无岔之服，名曰褚巴。"《康輶纪行》卷一"蕃人服制"："衣毪子，如短袍而窄袖，谓之褚巴。"《西藏志·衣冠》："居长穿大领无衩小袖衣，名曰褚巴，皆以五色缎锦或片子为之，亦用各色皮为里。"《西藏纪游》卷二："番丁笑庐胡，卒岁一褚巴（褚巴，华言单衣也）。"《巴塘志略·巴塘竹枝词四十首》："赶会南墩少褚巴，天寒十月雪飞花（褚巴，衣也）。"又作"楮巴"。《西域遗闻·风俗》："衣大领平袖，下无岔，名曰楮巴。"《里塘志略·风俗》："长官司头人著大领衫，番名楮巴。以氆氇、细毡，或䌷缎、锦绣、哆啰呢、哔吱为之，缘以獭皮或豹皮，营官亦有缘貂皮者。民家则多著毪子，楮巴不能如头人也。"

【郭在】gong gzig 男式藏袍。《西藏见闻录》卷上："下衣青褐百折［褶］裙，曰郭在。"《西域遗闻·风俗》："碟巴衣红绿织金短衣，袖以锦，缘以獭皮，下服黑褐百褶裙，名曰郭在。"

【康（杭、巷）】lham 藏式靴子。《里塘志略·风俗》："足著用白皮造软底靴，氆氇厢饰，其名为康。"孙士毅《革康》诗题记："以革为之，状如袜履相连，平头平底，五色相杂，番民谓靴为康。"《卫藏图识》下卷：

---

① 参见张济民《青海藏区部落习惯法资料集》，青海人民出版社 1993 年版，第 272 页。

"左插短刃，足履革鞮（番称康）。"《康輶纪行》卷一"蕃人服制"："足著履，连袜如靴，以毡子或皮为之，其名曰康，男妇皆然。"又作"杭"。《章谷屯志略·夷人风俗》："严寒时穿杭（读上声），形制诡异，底面俱革，与汉人袜相类，而后不合缝。"清代早期写作"巷"。《西藏见闻录》卷上"服制"："足履香牛皮靴，名曰巷。"

【模格】smad dkris 细褶桶裙。《巴塘志略·巴塘竹枝词四十首》："笼头小帽染黄羊，窄袖东波模格长（细褶桶裙名模格）。"

【班带（班、绷开）】pang gdan 用五色氆氇做成的女式围裙。今写作"邦典"。《西藏志·衣冠》："前穿围裙，或红褐或各色绸缎为之，镶花边，名曰班带。"《西藏图考》卷六："前著或红褐或各色绸缎围裙，镶锦花边，名班带。"《西域遗闻·风俗》："裙百折……前加围裙，以红褐为之，缘以锦，名曰班带。"早期写作"班"。《西藏见闻录》卷下"服制"："至妇女服饰……服十字花、红、黑、褐百折［褶］裙，名曰冬拨；前有围裙或红褐，或绸缎镶以锦边，名曰班。"又作"绷开"。《巴塘志略·巴塘竹枝词四十首》："绷开五色绉留仙。（以五色彩帛系裙上，下垂排穗，名绷开。）"

【伞（伞下、伞手）】zam sha 西藏妇女背部所披偏单。《西藏志·衣冠》："上穿小袖短衣，长齐腰间，名曰文肘……上披栽绒小方单，名伞。"《西藏图考》卷六："外披栽绒小方单，如衲子袈裟，名伞。"又作"伞下"。《西藏见闻录》卷下："至妇女服饰……上衣短袄，或缎或布……披红栽毛小单，名曰伞下。"又作"伞手"。《西域遗闻·风俗》："背披红栽毛小毯偏单，名曰伞手。"

【东波（东坡、冬拨）】gdong po 女式小袖短衣。《百一山房赴藏诗集·杨柳铺作塞外柳枝词》："耳上瑸珰额上黄，东波裙褶郁金香。"《巴塘志略·巴塘竹枝词四十首》："笼头小帽染黄羊，窄袖东波模格长（妇女穿小袖短衣名东波）。"《西域遗闻·风俗》："裙百折，以十字花黑褐为之，名曰东波。"《西藏图考》卷六："著卍字黑红褐裙，名东波。"又作"东坡"。《西藏志·衣冠》："妇女……脚穿布靴，或皮巷，下穿十字花黑红氆裙，名曰东坡。"又作"冬拨"。《西藏见闻录》卷下"服制"："至妇女服饰……服十字花、红、黑、褐百折［褶］裙，名曰冬拨。"

【瑸珰】bad vdab 单耳坠。清代西藏政府高级官员的一种装束。《西藏见闻录》卷上："左耳垂金镶绿松石坠，约盅口大，形似菊花，名曰瑸珰。"《西域遗闻·风俗》："噶隆衣蟒，外罩以褐，左耳坠金镶绿松石，作鸟兽以口爪衔物之形，名曰瑸珰。"

【辛布】mching bu 琉璃首饰，假宝石。颜检《卫藏》诗："辛布当胸挂，重环缀耳穿。"

【工纳】kong rna① 珊瑚耳坠。《西藏见闻录》卷上："右耳垂金镶大珊瑚两颗，名曰工纳。"《西域遗闻·风俗》："噶隆衣蟒，外罩以褐……右耳坠珊瑚，大如李，两颗相缀，镶以金，名曰工纳。"《西藏志·衣冠》："右耳垂珊瑚坠，用李大珊瑚两颗，上下金镶，名曰工绸。"按，"绸"字误，当为"纳"。

【慈姑】tshags gebs 戒指。《西藏志·衣冠》："手戴银镶珊瑚戒指，名慈姑。"《西藏见闻录》卷下"服制"："手戴戒指，名曰慈姑。"《西域遗闻·风俗》："以银镶珊瑚作戒指，名曰慈姑。"《读〈西藏志〉六十首》之一："垂肩七寸紫珊瑚，约鬓还添一串珠。戒指拈来私自慰，佳名赢得是慈姑。（西藏妇女戴银镶戒指，名慈姑。）"②

【则笼（则隆）】rtse lod 银镯子。《西藏志·衣冠》："左手戴银钏，名曰则笼。"《西藏图考》卷六："左手戴银钏，名则笼。"又作"则隆"。《西藏见闻录》卷下"服制"："左手戴金银镯，曰则隆。"

【同箍（铜箍）】dung sgor 饰品，手腕上戴戴的砗磲圈。《西藏志·衣冠》："右手戴砗磲圈，宽约二寸，名同箍。乃小时戴者，至磨断方已，无论贫富必戴之，云死后不迷路。"又作"铜箍"。《西域遗闻·风俗》："右手佩砗磲圈，约宽二寸，曰铜箍。"

【额哥（额歌）】a kor 耳坠。《西藏志·衣冠》："耳带金银镶绿松石坠，长寸余，宽七八分，后有小钩穿于耳上，名额歌。"《西藏图考》卷六："耳带金银镶绿松石坠，长寸余，宽七八分，后有小钩穿于耳，名额歌。"

【吞达】thod vdav 用珍珠、珊瑚等串结起来戴在头发上的饰物。《西藏志·衣冠》："耳带金银镶绿松石坠……上连珍珠珊瑚串，缀以银钩挂发

---

① 张怡荪《藏汉大辞典》第 31 页释为："工布耳坠。初由工布地区开始流行的耳饰。"
② （清）邹志路：《读〈西藏志〉六十首》，《历代风俗诗选》，岳麓书社 1990 年版，第 344 页。

上，名曰吞达。"《西域遗闻·风俗》："联明珠珊瑚，上以银钩系于发，名曰吞达。"

【重杂】垂于两肩的耳坠。《西藏志·衣冠》："耳戴金银镶绿松石坠……下以连珍珠珊瑚串，长六七寸，垂两肩，名曰重杂。"《西藏见闻录》卷下"服制"："耳以绿松石为坠……下连珠宝，垂诸两肩，名重杂。"《读〈西藏志〉六十首》之一："垂肩七寸紫珊瑚，约鬓还添一串珠。（西藏妇女带……珊瑚珍珠串，名重杂。）"

【的拉（的流、滴溜）】bde log 胸前佩戴的用于钩束偏单的玉石环。《西藏志·衣冠》："胸前必挂银镶珠石环，长有三四寸，宽寸余，两头有钩，乃挂衣扣者，名曰的拉，不拘贵贱皆有之。"《西域遗闻·风俗》："其前纫石玉环，两头有钩，束偏单于胸前，名的拉。"又作"的流"。《西藏见闻录》卷下"服制"："胸前挂银镶珠石环，长三四寸，宽寸许，两头有钩，乃挂披单者，名曰的流。"清周建屏《西藏杂咏》："弦索铮铮脚步忙，腰间滴流响丁当。"自注："的流，以银索为之。"①又作"滴溜"。《卫藏图识》上卷"衣冠"："胸前必挂银镶珠石环，长约有三四寸，宽寸余，两头有钩。凡披方单，自两肩以其环扣著于胸，名滴溜。"

【巴珠（八柱）】spa phrug 藏族妇女的一种三角形头饰。《有泰日记》卷七："午后绕东院转后院一游，见作工者将一男娃作丫头装束，梳两辫，带巴珠，众人群笑之。"卷八："丫头须穿花衣服，戴真珠巴珠，主人须赏汉银卅两。"又作"八柱"。《入藏程站》："江卡头人戴宽缘金缎帽，足履草鞋。妇首辫发戴八柱，如翠围式。"

【哪咙】rna long 耳环。《入藏程站》："江卡……妇首辫发戴八柱，如翠围式。耳贯哪咙大圈，系红珠于下，复以线缚于耳。"

【呀拢】a lung 耳环。《里塘志略·风俗》："左耳垂珊瑚坠，用大珊瑚珠，上下镶金玉及绿松蕊石，名曰呀拢。"

【玉老】gyu ra 妇女额上所戴镶嵌珠石的碗口状饰物。《西藏志·风俗》："干巴尔极一带，妇女嫁有夫，以绿松石、金、银镶圆花如镜大，如汤碗口带于额上，名曰玉老。"《卫藏图识》卷下："拉里女嫁，则以绿松

---

① 参见沈不沉辑注《温州戏曲题咏》，温州市戏曲志编辑室 1986 年版，第 13 页。

石镶团花如镜，戴额上，名玉老。"

【阿务（告）】skevu gvu 胸佩佛盒，内装神像或活佛喇嘛所赐物品。《西藏志·衣冠》："又带一银盒，名曰阿务。内装护身佛、子母药。"《西域遗闻·风俗》："腰佩小银盒，名曰阿务，内藏护身佛及子母药。"又作"告"。《有泰日记》卷七："丁乾三二尹家内女告（番女所用，悬胸前）一件，其松石如浅翠色。"汉译"佛窖"。《里塘志略·风俗》："顶戴哈达或江卡，拴佛窖，加以念珠。"

【白玉】dbad gyu 老年妇女头上所戴绿松石饰品。《西藏志·衣冠》："老年妇人以金镶绿松石一片如镜，约汤碗口大，立戴于额上，名曰白玉。凡戴白玉，亲友作贺宴客。"《西藏见闻录》卷下"服制"："老年之妇，以绿松石一片立戴顶上，名曰白玉。凡戴白玉，则亲友皆贺。"

【色贾】gseng skya① 藏族的一种订婚仪式，由媒人将金镶绿松石插于受聘女子发上，表示聘定。《西藏见闻录》卷下"嫁娶"："男家浼媒持哈达往，致辞曰，某家之男，行止好年纪好，又识字，求为婿可乎，允则交换哈达。次日女家遍召亲友，以候其媒。媒携男家酒并哈达至，向亲友致辞如初。共曰善，各饮其酒，受其哈达。另卜日，媒持婿家金镶绿松石一枚，往加于女之笄，名曰色贾。"《西藏志·婚嫁》："如两姓各知子女好否，男家以一哈达托亲友一二人，云我有男，愿与某家女联姻。其亲友持哈达至女家，云某家有男，欲求汝女为妇，将哈达递上，彼此相乐。如不推谢，则云我于某日来说。于是日，女家遍招亲友以候，其媒乃携男家酒并哈达至，云其子弟行止年岁。女家父母、亲友喜允，则饮其酒，各受哈达。另日，媒人则将下聘之金镶绿松石戴于女子头上，名曰色贾。"

【糌粑（纂巴、稽巴、馇粑、展粑）】rtsam pha 炒面。由青稞粉炒制而成，是藏族人的主食。《蜀徼纪闻》："居恒磨粮作粉，杂糠面渍水饤之，名糌粑。圆径寸许，日食二三以果腹。"《廓》卷五十三："至本年二月，凯旋官兵过藏，止应付盐菜、口粮、夫马工价，并采买糌粑、米面、牛羊、料豆价值转运乌拉脚价及马价、草干、恩赏等项。"《西藏见闻录》卷

① 参见丹朱昂奔等《藏族大辞典》，甘肃人民出版社 2003 年版，第 679 页。

下"饮食":"糌粑,即炒熟之青稞粉也。"《西藏纪述》:"炒面,土名糌粑。"《巴塘志略·风俗》:"其居常饮食,则炒青稞磨粉,名曰糌粑。酥油熬茶,和木碗内,用手抟食。"早期写作"纂巴"。《藏纪概》卷尾"招迹":"炒面加水略拌,手捏成块而食,即纂巴也。"《西藏纪游》卷二:"予陪孙文靖赴藏,食用之需皆自裹带。途中绝粮,不得已以糌粑充食,梗塞喉间不能下咽……按:'糌粑'字书无此字,当亦就蛮语而译之者,其音如昝(子敢切)如巴而各加以米旁。如郭忠恕所云,飞禽即须安鸟,水族便应著鱼之类。"又作"稽巴"。《里塘志略》卷下"杂记":"预用酥油和稽巴塑耗鬼像,众鬼卒争异而出。"又作"馇粑"。《金川琐记·馇粑》:"番地无米谷,夷人日食馇粑,炒青稞磨粉,或用大麦、小麦、豌豆为之,入牛乳酥少许,用手搅和,捻成团子。"又作"展粑"。《西藏纪闻》:"食青稞牛羊,青稞即展粑也。"

【土巴(土粑)】tu pha 用米粉、牛羊肉加水合煮的粥。《有泰日记》卷十三:"今晨将灰面赏给明粮牵夫等,看其作疙瘩汤,秽不可解。并有作土巴者,与面糊无异也。"又称"土巴汤"。《西藏见闻录》卷下"饮食":"塞外五谷不生,青稞熟以为岁。丰裕之家,间有以米和牛羊肉作粥者,名曰土巴汤。"《西域遗闻·饮食》:"良辰令节,贝勒设宴,或于家,或于柳林上。……先饮茶,次土巴汤,次抓饭,次酒。土巴汤者,以米和肉为粥也。"《里塘志略·风俗》:"饮茶食稽巴,或肉面粥,名曰土巴汤。""土巴汤"之"汤"是汉语素成分,指带汁水的菜肴。以上资料均描述"土巴"为肉米粥,而"土巴"在清代藏语里可指面食。《西藏图考》卷六"蛮语附":"面(直,又曰土巴)。"又作"土粑"。《西昭竹枝词》:"熬得峒茶捏糌粑。(小麦面曰土粑,吃者甚少。)""土巴"写法今仍存。马丽华《藏北游历》第三章:"有人升火烧茶,做土巴稀饭。想略微改善一下,就往土巴锅里削一些干羊肉,黄昏时就可以围坐在帐篷里开晚饭了。"[1]《藏族大辞典》收"图巴","意为面糊羹。藏族日常食品之一。流行于西藏、四川、青海、甘肃等藏族地区"[2]。

---

① 马丽华:《藏北游历》,解放军文艺出版社1990年版,第73页。
② 丹珠昂奔等:《藏族大辞典》,甘肃人民出版社2003年版,第775页。

（二）生活用语散释

【氆氇（普鲁、氇锣、氁氌）】phru 用牛、羊毛织成的布料。尤侗《乌斯藏竹枝词》："大小拂庐上碉房，氆氇缝衣瑟瑟装。"把整幅氆氇联结起来做成毡帐，唐代称为"拂庐"。《西域遗闻·物产》："藏外所产之羊，质柔而毛纯白，织为屬。以帚刷之，令其毛蓬然起，柔滑细致，呼曰氆氇。"字又作"普鲁"。《听雨楼随笔》卷一"蜀学使吴省钦"："更有《藏香》《藏枣》《藏普鲁》诸诗，足征土物。"又作"氇锣"。《藏纪概》卷尾"西藏种类"："靴用白皮造底，软而不硬，氇锣为之。"

"氆氇"花色繁多，有黄十字花氆氇、黄素氆氇、绿素氆氇、红青素氆氇、红素氆氇、红十字花氆氇等品类。《裕钢驻藏奏稿·乘舆西巡长安西藏进呈方物折》："谨将达赖喇嘛呈进各物开单恭呈御览。计开……黄十字花氆氇十三根、黄素氆氇八根、绿素氆氇八根、红青素氆氇八根、红素氆氇八根、红十字花氆氇八根、红青十字花氆氇十六根、白十字花氆氇十三根。"

又有"鹰嘴氆氇"。《藏纪概》卷尾"产作"："鹰嘴氆氇，红色，长毛，招中人用之御寒，以代裘，亦为被。"

又有花氆氇，是指带有不同颜色与花纹的氆氇。《进藏纪程·土俗》："川省多土司，蛮苗倮倮，种类不一，花绒毡褐，衣服各殊。……则西南夷，正打箭炉以外诸番地也，男女皆衣毡裘。……其富者则衣花氆氇。"《百一山房赴藏诗集·跳钺斧》："跳钺斧，胸前花氆氇，耳后玉瑸珰。"《卫藏图识》上卷"朝贡"："又灌顶国师及灌顶圆通妙济国师大悉都遣僧斋番字印表并进方物，道由云南。阐化王所进方物：镀金铜佛、画佛、铜塔、舍利子、珊瑚、犀角、黄左髻帽、各色花氆氇、各色氆氌绵、阿魏、黑香、白海螺、黑白缨子。"又作"花氁氌"。《西康图经·氆子与氁氌》："又有以线结氁氌，染成花点纹，或以指涂染为不规则之红绿色条纹者，称为花氁氌，制各种装饰物与小儿衣用。"

"氆氇"又称为"毛氆氇"。《进藏纪程》："至毛氆氇、绒边、绒褐、藏绸，又番人之所以为衣者。"《皋兰载笔》："毛氆氇似羊毳，鹰爪环脚，蒙茸若裘，殆不可辨，五十尺贱者七八百。"

又称为"氆氇布"。《蒙古考略》："用氆氇布、各色毡物，差堪御寒，文饰不存焉。"

又称为"藏氆氇"。清人吴省钦写有《藏氆氇》诗。清檀萃《滇海虞衡志》卷五:"藏氆氇自中甸来,藏人多居其地。"①

【锡迭(锡铁、锡贴、细牦、细毯、细贴、毪甋、细甋、趙氆、削毯)】西藏出产的一种毛织物名。《西藏见闻录》卷上"物产":"拉萨、察木多、洛隆宗等处……货物之属产氆氇、毯子、毛毡、锡迭、栽绒。"此处的"氆氇、毯子、毛毡、锡迭、栽绒"均是西藏出产的毛织物。

又作"锡铁"。1976年中央民族学院油印本《西藏志·物产》:"服物则毡子、氆鲁、毛毯、锡铁(非造器皿之锡铁,乃一种毛毯别名)、栽绒。"《西藏记·物产》:"服物则毡子、氆鲁、毛毯、锡铁(非熔器皿之锡铁,乃一种毛毯别名)、栽绒。"中国数字方志库(影像版)录清抄本《西藏记·物产》:"服物则毡子、氆鲁、毡、锡铁(非熔器皿之铁锡,乃以种毛之锡铁)、栽绒。"

又作"锡贴"。《讷钦驻藏奏稿·咨理藩院西宁大臣陕甘总督商上专差赴京采办绸缎请给路照》:"今据噶布伦等禀称,拣派古竹巴札巴曲增前赴京都黄寺地方采办光绪十七及二十等年分绸缎,随带从人十二名,口粮、糌粑、豆料共计五十包,书信、礼物、锡贴、躲布帽檐、藏香、药材等项七十五包,并货物锡贴、躲布帽檐、藏香、大部藏经、藏枣、茜草、皮张等项共计七百五十包。"按,躲布系藏音 snam po 汉译,是藏氆氇的总称,锡贴、躲布并举,可知锡贴与氆氇有别。

又作"细牦"。《西藏图考》卷六:"番民著大领无衩褚巴,或氆氇细牦,视其贫富为之。"

又作"细毯"。《卫藏图识》卷下"图考":"里塘附近炉城渐习礼法,土司衣冠亦遵国制,头人著氆氇、细毯、褚巴。"《西藏纪闻·里塘番民番妇》:"头人著氆氇、细毯、褚巴,余自中渡以外,多著毡子。""细毯"是个使用频率较高的词形。《里塘志略》卷上"风俗":"长官司头人著大领衫,番名褚巴,以氆氇、细毯,或绌缎、锦绣、哆呢、哔吱为之,缘以獭皮或豹皮。"《西藏纪游》中多次提到"细毯",如卷一:"氆氇、大绵、细

---

① (清)檀萃:《滇海虞衡志》,转引自唐锡仁主编《中国科学技术典籍通汇 地学卷》(第5分册),河南教育出版社1995年版,第982页。

毡，皆以羊毛为之，藏地随处皆织之，山南出者为最细。"同书卷二："藏地……其所产氆氇、细毡之类，皆用牛羊毛织成。"同卷："又有大绵一种，似氆氇而不起珠，细毡则似羽毛，皆羊毛所织，佳者价亦不轻云。""毡"字《大字典》不收，当是个记音俗字。张校本《西藏纪游》将"细毡"径改为"细毯"，并释为："细毯（xiǎn）：细牛羊绒毛织物，轻似鸟羽。"

又作"细贴"。《西域遗闻·物产》："细贴产于藏西之沙鹿海牙国，如粤中哔叽。"《西域遗闻·物产》："拉撒物产……于服物也，氆氇、毡子、毛毡、细贴、栽毛绒。"按，沙鹿海牙在今乌兹别克斯坦锡尔河北岸。

又作"细甎"。《壬午赴藏纪程诗·初十日晓行》题记："班禅处借用穹庐，周围上下及床几铺陈，皆饰细甎、五色锦，北地所未睹也。"

又有"毢毹"。《西藏纪闻·朝贡》："十七年，如来大宝法王遣使赍汉字印表，并进方物（释迦佛、舍利子、番像、铜佛、金轮……各色毢毹、各色甎、青白缨、花褐、花氆氇）。"《卫藏图识》上卷"朝贡"亦引用了这段材料，字亦作"毢毹"。《永宪录》卷一："乌斯藏产异宝，其宫室、服饰、器具，中国帝王有不及也。……以时朝贡珍珠、珊瑚、宝石、各色氆氇、各色氇毹绵、各色毢毹、花褐布、花绵毡、慈兽皮、梵祖红等贵重之物。"

清代其他文献中又作"毪甎"。《古今图书集成·方舆汇编·边裔典》第八十四卷"番僧部"："《清会典》：顺治十七年，云南督府题称番僧进贡……贡物：……各色毪甎四端，各色甎四端，白缨一束，青缨一束，花褐一端，花氆氇二端。"[1] 又作"削毡"。《道光云南志钞·边裔志下·西藏载记》："中甸距前藏凡四十七站……所产则藏绸、藏茧、削毡、氆氇、皮革、茜草、红花、催生石。"

明清之际，云南丽江府是川、滇、藏商业贸易的交汇点，在《滇南闻见录》下卷有如下一段记载："丽江、鹤庆、剑川之行贾其地者，每岁二月往，次岁六月始归，皆获厚利，藉以起家，所产则藏绸、藏茧、厮毯、氆氇、皮革、茜草、红花、催生石。"[2] 比照异文，可知"削毡"与"厮

---

① 陈梦雷：《古今图书集成·方舆汇编·边裔典》，中华书局、巴蜀书社 1940 年版，第25671 页。

② （清）吴大勋：《滇南闻见录》，转引自云南省编辑委员会《纳西族社会历史调查》，云南民族出版社 1983 年版，第 176 页。

毯"同为一物。

在清人咏藏诗中又写作"铁褐"。吴存楷《从观察使者循行夷寨编列户版纪事》："铁褐罽有文（夷人以毛织布，有方罽纹，名曰铁褐云），糌粑米杂糙。"① 《十朝诗乘》卷十四"吴缦云番寨纪事诗"亦收此诗："铁褐罽有文……衣以毛织，曰铁褐。""铁褐罽有文"即铁褐上织有方格形图案。据此，"铁褐"乃一种带有方格形图案的毛织物，可做衣服用。"铁褐"可视为"锡铁"的倒文。

清人有一种看法，认为"细毯"为"天竺贵布"，即一种来自印度的贵重布料。《西藏纪游》卷一："细毯似哔叽，而理较粗，幅甚窄。紫色、红色者多，可为蓐。按：细毯即致氎，天竺贵布也。见《涅槃经》。（字书无氎字，土人呼如铁音。）"又《西藏纪闻·物产》："……藏茧、藏绸、氆氇、栽绒、细毯（即致氎，天竺贵布也，见《涅槃经》）……"又《卫藏图识》卷下"物产"："青稞、毛毡……栽绒、细毯（即致氎，天竺贵布也，见《涅槃经》）……"检《大般涅槃经》，已见"细氎"，如卷中："佛言：阿难！供养转轮圣王之法，用新净绵及以细氎，合缠其身，如是乃至积满千重，内金棺中。"② 又《大般涅槃经》卷三："诸力士以新净绵及以细氎缠如来身，然后内以金棺之中。"③ 《佛说大般泥洹经》卷一："其宝华盖广一由旬，彩画细迭以为图像三十二由旬。"下注："迭＝氎"。④ 而未见"致氎"的词形。清人所言"致氎""天竺贵布"的说法，是沿袭唐人成说。唐王勃《释迦如来成道记》："率以兜罗致氎，圣火自焚。"⑤ 《〈释迦如来成道记〉注》卷下："毕以兜罗致氎，圣火自焚。"注："兜罗者，天竺绵也。致氎者，天竺贵布也。"⑥ "天竺"是印度的别称；"致"有细密、精密义；"氎"字不见录于《大字典》，应是"氎"的异

---

① （清）吴存楷：《从观察使者循行夷寨编列户版纪事》，转引自张应昌编《清诗铎》，中华书局 1960 年版，第 425 页。

② 日本刊刻、（中国）台湾原版影印《大正新修大藏经》第一卷阿含部上，1990 年版，第 199、200 页。

③ 同上书，第 206 页。

④ 同上书，第 854 页。

⑤ （清）蒋清翊：《王子安集注》，上海古籍出版社 1995 年版，第 295 页。

⑥ （唐）道诚：《〈释迦如来成道记〉注》，《卍续藏经》第 130 册，新文丰出版公司 1994 年版，第 233 页。

体，指细棉布；"致氎"也即细棉布。张秀清认为，"氎"只有一个义项，当"棉布"讲。[①]"细氎""致氎"同义，均指细棉布。"致氎者，天竺贵布也"，是说致氎是产自印度的一种贵重布料。清人用前人成说来比附藏地出产的这种精致毛织物，而"细毯"（细毛布）与"致氎"（细棉布）是有区别的。据文献记载，元时乌思藏出产一种精致细氆氇，称作"西天布"，是西藏纳给元政府的贡品之一，[②]"西天"是我国古代对印度的通称，清人周霭联的《竺国纪游》，记载作者在藏区见闻，"竺国"本是印度别称，此书用以指称西藏。由于古人对西藏的地理环境、民风土俗诸问题认识不足，因此会用"西天""竺国"这样的名称来指称西藏。因此，清人所言"细毯即致氎，天竺贵布也"是笼统的说法，"天竺"是套用前人成说，实指西藏而言。可见，不了解这些情况，就会被清人误导，因而也会在阅读、理解藏学汉文文献时，产生障碍。

　　关于"细毯"在藏语中的对应词形，《藏族服饰史》引西藏人民出版社 1982 年版《西藏志·物产》中的材料："服物则毡子、氆鲁、毛毯、锡、铁（非造器皿之锡铁，乃一种毛毯别名）、裁绒。"并释为："此处所谓'锡、铁'，原文注云'非造器皿之锡铁，乃一种毛毯别名'。今按，'锡'当系藏文 zhud 的汉文音译，可细分为 zhud-ma（胥玛，即绒面毡子，刷毛未剪的上品细毛呢）、zhud-vog（胥沃，即浅绒毡子，刷毛未剪的中等毡子）等；'铁'当指藏区的 ther-ma，即明代汉文文献中所谓'铁力麻/铁哩麻'，是一种细软的毛哔叽。"[③] 民国学者在谈及西藏人民生活时写道："平民著大领无衩褚巴，或氆氇细绒，视其贫富为之。"[④] 这段文字显然脱胎于《卫藏图识》的记载（具体见上文），并将"细毯"改成了"细绒"。《民族词典》"褚巴"条释为："亦译为'秋巴''处巴'，藏语音译。汉语俗称'藏袍'。藏族、门巴族的主要服装。多以氆氇缝制，考究者用'细贴'（高级氆氇）或机制哔叽为面……"[⑤] 又"氆氇"条释为："甘、青藏

①　张秀清：《"氎"辨》，《乐山师范学院学报》2010 年第 5 期。
②　李罗力等：《中华历史通鉴》，国际文化出版公司 1997 年版，第 674 页。
③　杨清凡：《藏族服饰史》，青海人民出版社 2003 年版，第 186 页。
④　胡朴安：《中华全国风俗志》，上海科学技术文献出版社 2011 年版，第 702 页。
⑤　陈永龄：《民族词典》，上海辞书出版社 1987 年版，第 1147 页。

区称'普珠'。藏语音译。藏族传统毛织物的统称。有粗细多种，精细的'细贴'可与机制哔叽相媲美；较粗而未经染色的称为'囊普'。"① 参照民国文献中的异文以及上述"锡迭""锡贴""细贴"诸用例，可知"锡、铁"实系一词，不应点断。这种建立在误点基础上的释义，是不准确的。综上，"细毪"可释为，清代西藏出产的一种细牛羊绒毛织物，是藏氆氇中质地精细的品类，可缝制衣物或加工成毯子。根据上面所列举的材料，可初步判定"锡迭"为藏语的汉语译音词，具体在藏文中对应哪个词，还有待进一步研究。

【铁力麻（氎毲绵、氎毲绵、特尔麻、特尔莫）】ther ma 一种毛呢织物，为中等氆氇，汉语称"毛哔叽"，又称作"毛料子"②，是明清时期西藏地方送给中央王朝的贡品。《道光云南志钞·边裔志下·西藏载记》："（西番）所贡物有画佛、铜佛、铜塔、珊瑚、犀角、氆氇、左髻毛缨、足力麻、铁力麻、刀剑、明甲胄之属。"明代已见。《谷山笔麈》卷十八"夷考"："今西域贡物有铁力麻，初不省其义。及考敕勒国名一号铁勒，当是铁勒麻也。"明徐应秋《玉芝堂谈荟》卷二六"职贡异物"："铁力麻，即乌藏各色布也。"③

又写作"铁哩麻"。明代《西番馆译语》来文二中有："今差头目也舍领占等一百五十人照年例进贡铸像、画像、舍利、驼马、盔甲、氆氇、铁哩麻、酥油等物。"④

又作"铁骊绵"。《太祖实录》卷一四二："洪武十五年二月丙寅乌思藏指挥同知监藏巴藏卜、宣慰司官朵儿只令真……遣镇抚汝奴藏卜僧哈麻剌来朝贡兜罗帽、铁骊绵等物。"⑤

又作"贴里绵"。《益部谈资》卷上："番物名不一，志载惟足力麻、

---

① 陈永龄：《民族词典》，上海辞书出版社1987年版，第1231页。
② 《汉藏对照词汇》，民族出版社1976年版，第602页。
③ （明）徐应秋：《玉芝堂谈荟》，转引自梁方仲《梁方仲读书札记》，中华书局2008年版，第139页。
④ 转引自任小波《明代〈西番馆来文〉研究释例》，《中国边疆民族研究》第1辑，中央民族大学出版社2008年版，第204页。
⑤ 转引自多杰才旦等《元以来西藏地方与中央政府关系研究》，中国藏学出版社2005年版，第208页。

铁力麻、氆氇三种。而自蜀人言者，有曰细毯工布、氊毯工布、绒边工毯、姜纳大货贴里绵，惟凭粗细颜色定价值。"

又作"铁力绵"。《古今图书集成·经济汇编·食货典》第三卷"食货部汇考三·明"："明设内承运、内府、天财等库，以收诸色食货……臧罚库以收钱钞、纻丝、绫罗、䌷绢、氆氇、铁力绵布、衣服、花绒等。"

又作"氆氌绵"。《卫藏图识》上卷"朝贡"："阐化王所进方物：镀金铜佛、画佛……黄左髻帽、各色花氆氇、各色氆氌绵、阿魏……"

又作"氆氊绵"。《永宪录》卷一："乌斯藏……以时朝贡珍珠、珊瑚、宝石、各色氆氇、各色氆氊绵、各色㲄氊、花褐布……等贵重之物。"

明清文献中写作"特尔默"。《钦定元史语解》卷十三："特尔默，褐也。卷十五作帖列灭。"《礼部志稿》卷三十五"朵甘司"："隆庆三年奏，定阐教阐化辅教三王大乘大宝二法王俱三年一贡，每贡各一千人内五百人全赏……贡物：画佛、铜佛、铜塔、舍利、各色珠勒玛、各色特尔默、各色氆氇……"

又作"特尔麻"。《十三·理藩部奏达赖祝嘏进呈贡物清单折》（光绪三十四年（1908）十月初九日）中记载："各色氆氇十五匹、红黄特尔麻二十匹。"《十三世达赖北京行纪》："达赖亲递瓷盘内盛黄缎包净水瓶、长寿瓶……各色氆氇十五疋，红黄特尔麻二十疋。……谨将十一月初九日达赖进贡物品恭录于后。计开：……上等红色氆氇五疋，各色花氆氇二十疋，红色特尔麻五十疋。"[1]

又译作"特尔莫"。《抚远大将军允禵奏稿》卷十八："内达赖喇嘛商上卖钱漕二百五十驮，氆氇、特尔莫三十驮，羊皮二十驮外，各人卖钱漕、氆氇、特尔莫、羊皮用五百三十一牛驮。"按，允禵奏稿原为满文，民国时由蒙藏院属员译为汉文。其中的"特尔莫"，是"铁力麻"后起的译写方式。

今作"泰尔玛"或"特玛"。《藏族大辞典》收"泰尔玛"，释为："又称梯珠。系中等氆氇，用羊毛制成。此种氆氇均染成棕、黑二色，宜做藏袍或僧服，也可用原色氆氇制成衣服。"[2] 王贵《创作快板诗　攻克藏语

---

① 转引自蔡美彪《庆祝王钟翰先生八十寿辰学术论文集》，辽宁大学出版社 1993 年版，第 613、614 页。

② 丹珠昂奔等：《藏族大辞典》，甘肃人民出版社 2003 年版，第 762 页。

关——进藏初期学习藏语文的情况片段》："哔叽叫特玛。"①

【毪布（毪卜、浪布）】snam bu 褐子。氆氇中较粗的一种，用未加分梳的羊毛织造，通常为本白色，甘孜一带藏民多用来缝制衣服。《史料汇编·赫特贺奏报廓尔喀复占边地拟定断碑八款饬令遵断撤兵情形折　附二》："所失银器、银钱、毪布等物，共变价银三百四十五元，合纹银三十四两五钱。"《讷钦驻藏奏牍·咨理藩院西宁大臣陕甘总督商上专差赴京采办绸缎请给路照》："今据噶布伦等禀称，拣派古竹巴札巴曲增前赴京都黄寺地方采办光绪十七及二十等年分绸缎，随带从人十二名，口粮、糌粑、豆料共计五十包，书信、礼物、锡贴、毪布帽檐、藏香、药材等项七十五包，并货物锡贴、毪布帽檐……等项，共计七百五十包。"《裕钢驻藏奏稿·乘舆西巡长安西藏进呈方物折》："为西藏敬备方物，进呈行在，吁恳天恩赏收，以备应用……谨将班禅额尔德尼呈进各物开单恭呈御览。计开……黄氆氇十根、红氆氇十根、十字花黄蓝白紫绿黑青及杏黄毪布共六十根……"《有泰日记》卷五："过年，布达拉山摆宴，未去。旋送藏香、毪布等，收之。"《十三·有泰抄录噶伦等请派员送物照料达赖入觐清单致理藩院咨》："附清单计开：拟派随侍达赖佛爷供差僧俗主仆人名、年岁、各物包驮清单：随用零星各物木箱十七口，乾经、丹经、松绷经等共一百七十七包、锡帖六十三包、毪布一百零四包、藏香一百七十七包。……随带鸟枪三十杆、腰刀四十把、长矛七根，毪布、藏香等共一千四百包。"又作"毪卜"。《西藏见闻录》卷下"方语"："裤，毪卜。"又作"浪布"。《卫藏图识·蛮语》："氆氇，抒，又曰浪布。"唐金鉴《西藏竹枝词》："人织羊毛不织麻，织成氆氇染成霞。试看阿甲卜磨辈，浪布同穿十字花。"编者注："浪布，西藏地区自织的土布。"② 民国文献中写作"郎薄"。《西康图经·毪子与氆氇》："番人自织之毛布曰郎薄，汉人呼之为毪子。"

【纳哇】lwa ba 未经漂洗加工的粗羊毛织物，汉译"褐子"或"毡子"。《巴塘志略·巴塘竹枝词四十首》："当窗手捻羊毛线，隔夜为郎织纳

---

① 王贵：《创作快板诗　攻克藏语关——进藏初期学习藏语文的情况片段》，载《西藏党史通讯》1986 年第 3 期。
② 转引自《中华竹枝词全编》（七），北京出版社 2007 年版，第 171 页。

哇。（十月内，汉番商贩，齐集南墩贸易，若内地之庙会。褚巴，衣也；纳哇，即氁子。）"《雪桥诗话续集》卷七："番地无蚕桑，织牛毛为布，粗者为毪子，次为大绵纳哇，极细为氆氇，以米星为最贵。"按，"氁"字《康熙字典》《大字典》未载，这是作者写的俗字，是"毪"的异体字形。《清代治藏要论》引此诗，并注："纳哇即袜子。"① 注释不确。"纳哇"今作"拉瓦"。《格桑梅朵》第一章："不要说皮袍，氆氇，连一件像样的粗羊毛织的拉瓦袍子也没有穿过。"②

【波里凹】bar ras 察木多（今昌都）出产的一种粗毛织物，氆氇的一种。《西藏图考》卷五："察木多〔出产〕波里凹、牛绒、牦牛、山羊、青稞大麦、圆根……"《康輶纪行》卷十五"西域物产"："曰波里凹、曰牛绒，曰牦牛……察木多产也。"《西域遗闻·物产》："氍氀即今之藏毯氆氇等，细罽也；曰罽毺，即今之波里凹等，粗罽也；曰金缕织成，即今之卡契缎也。"又"邻番"："（察木多）织罽曰波里凹，曰牛绒。"《西藏纪闻》："物产：杭稻、生姜、黄连、麝香、熊胆、波里凹、牛绒……核桃、松蕊石。"《雅州府志》卷十二"察木多"："土产：波里凹、牛绒、牦牛、山羊、青稞。"

【左髻（黄左髻、黄左髻帽、黄左髻冠）】藏传佛教僧侣服饰，一种黄色僧帽。《道光云南志钞·边裔志下·西藏载记》："（西番）所贡物有画佛、铜佛、铜塔、珊瑚、犀角、氆氇、左髻、毛缨、足力麻、铁力麻、刀剑、明甲胄之属，诸王所贡亦如之。"《岷州志·番贡》："前明《会典》：洮州等处番僧每年一供，番族二年一贡。应贡方物一十有五：马、铜佛、画佛、舍利子、酥油、青盐、氆氇、左髻……"③ 其中与"左髻"并列的贡品，均为西藏特产。

又有"黄左髻"。《明会典》卷一百八"礼部六十六·朝贡四·西戎下"条，明代乌思藏（元、明两代对西藏前、后藏的称谓），长河西鱼通宁远（明、清时四川藏区土司）、朵甘思（元、明两代对今昌都东和四川

---

① 张羽新：《清代治藏要论》，中国藏学出版社 2003 年版，第 480 页。
② 降边嘉措：《格桑梅朵》，人民文学出版社 1980 年版，第 5 页。
③ 参见岷县志编纂委员会办公室编《岷州志校注》，岷县志编纂委员会办公室 1988 年版，第 399 页。

甘孜藏族自治州西北部的称谓)、董卜韩胡(在今四川雅安地区宝兴县境内)三个安抚司,金川寺,杂谷安抚司(治所在今四川理县)这几个官方机构输送给明朝的贡品中,均有"左髻"或"黄左髻":"乌思藏……贡物:画佛……左髻、毛缨……(长河西鱼通宁远等处)贡物:……犀角、左髻……(朵甘思)贡物:……各色氆氇、左髻……(董卜韩胡)贡物:……黑毛缨、黄左髻、红毛缨。……(金川寺番僧)贡物:……左髻、毛衣。……(杂谷安抚司)贡物:……海螺、左髻。"①类似记载在明代文献中屡屡见到,如《广皇舆考》卷十八"西夷西番国":"其贡,在乌思藏则画佛、铜佛、铜塔、舍利、各色足力麻、铁力麻、氆氇、珊瑚、犀角、左髻、毛缨、酥油、明盔明甲、刀剑。在长河西、鱼通、宁远诸处则各色足力麻、铁力麻(汉俗云铁里汉)、氆氇、珊瑚、舍利、犀角、左髻、明盔、明甲刀、画佛、毛缨。在朵耳思则各色足力麻、铁力麻、氆氇、左髻、明盔、长刀。在董卜韩胡则各色氆氇、足力麻、铁力麻……红毛缨、黑毛缨、黄左髻。"②

清初文献中有"黄左髻帽""黄左髻冠"。《西藏纪闻·朝贡》:"顺治五年,阐化王遣使入贡,缴明季所给诰敕、银印……十年、十三年又遣使入贡,缴明季敕书、玉印(所贡镀金铜佛、画佛……犀角、黄左髻帽、各色花氆氇……)。"又《古今图书集成·经济汇编·食货典》第一百九十二卷"贡献部":"按乌藏即吐蕃地,顺治五年阐化王入贡,定贡期三年一次,贡道由陕西。十七年,大宝法王灌顶国师圆通妙济国师从云南进贡。贡物:……黄左髻帽十六顶,各色氆氇二百十八疋,各色花氆氇五十疋……"又作"黄左髻冠"。《热河日记·扎什伦布》:"时方竹桃盛开,喇嘛数千人皆曳红色禅衣,戴黄左髻冠,而袒臂跣足,骈阗匝沓。"

结合上述资料的记载,"左髻""黄左髻""黄左髻帽""黄左髻冠"均为一物,是一种黄色僧帽。目前的研究成果中,很少有论及这一词语的,仅《藏族服饰史》有简单的释义:"'左髻毛缨'的'左'古通'佐',明清妇女发式,盛行加戴假发髻称'鬏髻''义髻'等,式样颇

---

① (明)申时行等:《明会典》(万历朝重修本),中华书局 1989 年版,第 581、582 页。

② (明)张天复:《广皇舆考》,《四库禁毁书丛刊 史部 17》,北京出版社 2000 年版,第 355、356 页。

多。此处'左髻毛缨'当即指用以编制假发髻的牛、马尾等。"① "毛缨"是马尾和牦牛尾，可供军帽、枪缨、马具装饰等之用，与"左髻"同为西藏的土特产，作者未将"左髻毛缨"断开，而当作一个语言单位整体进行解释，误释当然不可避免。

这种黄色僧帽，清人据其形状又称为"桃儿帽"。《听雨丛谈》卷七"喇嘛"："其做法事时，又有桃儿帽及如鱼翅之黄毡帽，如渔婆之风笠，种目甚多。"在今天的藏区，各个藏传佛教教区僧尼所戴帽子品种比较多，有一种名卓孜玛（sgrog rtse ma），格鲁派执事僧人所戴为黄色卓孜玛，俗称鸡冠帽。② 其他教派有戴红色卓孜玛的。根据清代藏学汉文文献中的用例，以及"左髻"与"卓孜玛"发音上比较接近，可以确定，元、明、清人笔下的"左髻"，即今藏语中的"卓孜玛"。这种僧帽一般是藏传佛教高级僧侣的服物，在约翰·麦格雷格的《西藏探险》一书中，对六世班禅有这样的描述："班禅喇嘛端坐在木雕的镀金宝座上，宝座上铺着一些软垫。他盘着双腿，头戴一顶黄色细毛织物制成的僧帽。"③ 结合上述材料，"左髻"是一种黄色细毛织物制成的僧帽。

【锅庄】skor gzhas 含义有三。

①供前来打箭炉贸易的汉藏族商人使用的旅馆、货栈，原为明正土司下属头人的住所。《金川纪略》卷一："本朝康熙初，通乌斯藏。乃于雅州府口外取雅纳河之南者多山之北地，设隘曰打箭炉，内置十二锅庄，炉之外俱新土司环列而居。以雅州府同知驻其地，司茶马出入，征收夷税，民番杂处，日渐殷穰，遂同内地，为西藏咽喉。"《西藏纪述》："（明正）周围约计三千余里，地广人稀，辖正副安抚司土千、百户五十五员，十三锅庄头目一十三名。"《西藏赋》："明正司衣冠内附，树六诏之风标。（……国朝因之。其宣抚司管辖十三锅庄番民，约束新附土司及土千、百户五十六员，上纳贡马，征解杂粮。）"《有泰日记》卷十四："午后敬亭携少少来，伊……痛谈时事甚明白，于锅庄延师教汉书，颇有道理。""锅庄"在清末民初文献中有更细致的描述。《边藏风土记》卷一"小成都"："凡汉

① 杨清凡：《藏族服饰史》，青海人民出版社 2003 年版，第 132、133 页。
② 同上书，第 213 页。
③ ［美］约翰·麦格雷格：《西藏探险》，向红笳译，西藏人民出版社 1985 年版，第 125 页。

人建筑，咸卑微。供明正土司役者，称锅庄。昔年四十余家，大半夷首蛮酋居之。锅庄特为蛮商及贡使往来设，以故多宏大轩敞。……且锅庄多以夷妇为主，经纪商务、传译语言、明习夷汉之情，过于男子。……锅庄实便旅人炊爨。"又："炉城锅庄，砌石为垣，架木为之，形式如高楼。"

②用于炊爨的灶。其制：挖一土坑，置石三块，石上架锅。《章谷屯志略》："（石碉）悉以乱石砌成，碉底方广丈余，中栈以木，下卧牲畜，中置锅庄（即炊馔之所），上数层贮粮糗、什物。……惟牲畜处外，室家处内。凡入锅庄，必由牛畜圈中经过。……作灶于寨中，掘土坑深尺许，方二尺许，以石三条，琢如牛角，峙立三隅，承鼎釜，所谓锅庄也。……锅庄之傍为妇女所寝处。"

③在锅庄里跳的一种圆圈形集体舞。《平定金川方略·金川图说》："男女相悦，则携手唱番歌，饮酒为乐，名曰跳锅庄。"《巴塘志略·风俗》："收获事毕，酿赍具牛酒，户出男女一人。男戴白锅圈帽，穿蟒袍，佩刀。女戴黄羊皮帽，项挂珊瑚松石珠串，以多为贵。皆借自头人之家，于广场空地，旋绕歌唱，踢足相应，昼夜不止，旬日方罢，名曰跳锅庄，亦吹幽钦蜡之意。"《巴塘志略·巴塘竹枝词四十首》："笼头小帽染黄羊，窄袖东波模格长。满饮葡萄沉醉后，好携纤手跳锅庄。（……每逢筵会，戴黄羊皮帽，联声唱歌，以足踏地为节，曰跳锅庄。）"《听雨楼随笔》卷四"蜀都鸿爪集"："《跳锅庄》云：'青稞酿甘芦酒熟，细竿吸满春盈腹。跳丸舞剑那足称，锅设中庭竞驰逐。豹尾冠，牛革屦，双脚高腾如筑杵。……跳锅庄，开琼筵。'"《有泰日记》卷三："甲土司弟兄约看锅庄，乃熬茶之处，男女皆历锅庄，有四十八处，非尊客不跳舞也。（甚有意思。男十数人，女十数人。男则头戴似朝帽，无顶，身穿各色大领衣，亦有金花者。脚有各色靴，亦有红袜白鞋似靴者。女则梳辫盘于内，后有金圆饼，皆珠宝所镶，据云南山有女神，此神装也。）头戴草帽，上安珠翠，身穿绿衣彩裙，脚下花鞋靴均有，挂三二朝珠，皆珊瑚松石等贵重之物，或云一身可值千金，不诬也。……彼此歌舞，男则大跳，女则微跳，其歌舞总以感戴天恩及钦使升官之词，亦颂扬之意，惜乎不能知其所以然。"又卷四："回时遇程副巡捕，以呛酒，令本地人跳锅庄，与明正土司处大同小异，有拉手时所歌，未悉何词，声音实有太平景象，非郑卫之比。"卷六："又

有鼓声，乃柳林中跳锅庄、唱蛮戏者，系看布扎后，到此闲消遣，不知又有何解。"又作"锅装"。《金川琐记》卷二"跳锅装"："俗喜跳锅装。嘉会日，里党中男女各衣新衣，包巾帕之属，馨家所有，杂佩其身，以为华赡。男女纷沓，连臂踏歌，俱欣欣有喜色，腔调诘诵无一可解。然观其手舞足蹈，长吟咏叹，文似有一定节族（奏）。"又作"歌籹"。《里塘志略·风俗》："娶亲之日，群妇赴女家饮酒歌舞以乐之，谓跳歌籹。饮毕，送到男家亦如之。"又作"襄妆"。《西域遗闻·里巴二塘》："巴塘……岁收获，男女群居公所为襄妆戏。"又作"歌妆"。《卫藏图识》卷下："俗有跳歌妆之戏。盖以妇女十余人，首戴白布圈帽，如箭鹄。著五色彩衣，携手成围，腾足于空，团圆歌舞，度曲亦靡靡可听，所谓异方之乐也。岁时伏腊以及宴会，多以此为乐。"

"跳锅庄"所唱歌词的内容，清人文献中亦有详细记述。《章谷屯志略·夷民风俗》："夷俗每逢喜庆，辄跳歌妆。自七八人至一二百人，无分男女，附肩联臂，绕径而歌。所歌者数十百种，首尾有定局。其中所歌，在人变换之巧拙。其语有颂扬者，有言日月星辰者，有论阴晴风雨者，有念稼穑之艰者，有谓织衽之辛勤者，有肖鹿麋之儦俟者，有状牛羊之濈湿者，有诮惰而称勤者，有男女相爱悦者，有互相赠答者，有互相讥讪者，有叙离合忧思者，有怀野田草露者。悉以足之疾徐轻重为节，呕哑啁哳，虽难为听，周折转旋，颇甚寓目，亦歌舞中之别派也。"其中的"歌妆"同"锅庄"。《西藏纪游》卷一："跳锅庄者，殆踏歌之遗意也。男女数人或数十人携手围绕顿足歌笑，每歌一句，则曲踊三四以为节，无老幼皆能之。其首句云：'达赖喇嘛邛邛倚。'询之，则云：邛邛小也，犹言小底也。达赖喇嘛为小底所倚仗也。以下歌声噂沓，不可辨矣。大约以七字为句，亦有弹琵琶（形似琵琶而小）傍立和歌者，往往自夜达旦，啰咪不绝。（所弹如琵琶者名扎木杨。亦有铜铁弦各二，配丝弦二，共四弦，有似今之胡琴。其声低而哀，云即胡笳也。……其踏歌亦有二种：一种多赞佛之曲，一种则男女相慰之词。询之译者，亦多有文义。）"又称"跳歌队"。《绥靖屯志》卷十"杂志"："夷人跳锅装，有云跳歌队者。京山李太初元《乍丫日程琐记》云：民间婚期暖房，为跳歌队之戏，中爇杉薪一堆，火光照耀如昼，群男女十余人牵手绕火而歌。初转徐行，次转小跃行，三转大跃行，跃已，辄大笑。每歌，则男二声女二声，无杂乱者……有歌有队，故云跳歌队。"清代笔记中亦有记载。《南皋笔记》卷二"狐仙"："西番风俗，每遇会期，则男妇老少，各盛装艳服，相聚于野，唱蛮歌，跳锅庄，歌音杂错，舞袖郎当，亦颇觉别有风致。"

黄显铭《锅庄浅说》一文认为，锅庄"系藏语 sku-drag 的音译，意为贵族"。锅庄约起于明代。彼时藏人来到康定之西的营官寨，做大营官、二营官者，以后世袭其职，其属下六十多家头目，都叫作 sku-drag。后明正土司也把他的头目叫作 sku-drag。当时康定就有四十八个 sku-drag，此后人们把对他们的尊称，变为称呼他们住宅的名字，于是康定旧日就有四十八家锅庄。其中不少康藏客商货物买卖皆在其地，变为饭店，就起了旅社、客栈的作用。锅者，多以铁制成、圆形中凹之炊事用具也；庄者，此处指规模较大或做批发生意之商店也，如钱庄、布庄、茶庄、饭庄等。锅庄就是生火烧锅、煮饭熬茶供客商食宿做生意买卖的客栈。四十八家锅庄各自举行跳舞会以供娱乐，后来就把在锅庄里举行的舞会称为跳锅庄舞，或说跳锅庄。《现代汉语词典》及《辞海》释"锅庄"为舞蹈、圆舞或圆圈舞，是欠妥当的。它未抓住"锅庄"的本义，仅就其引申义作了片面的解释。《辞海》说，"藏语称卓（bro）或果卓（sgor-bro）"，亦不确。锅庄并非藏语 bro 或者 sgor bro 的音译，而是 sku drag 的音译。①

【甲斯鲁】藏戏的一种。乾隆时征金川，将这种舞蹈带回宫廷，于宫廷庆贺时演出。《平定两金川方略》卷首六："夷乐宁须辟傈俅，俘歌合此奏置侲。（阿桂等所俘番童有习锅庄及甲斯鲁者，即番中傩戏也，亦命陈之宴次。）"《养吉斋丛录》卷十五："乾隆以后还师奏凯宴劳诸将在紫光阁。方平金川时所俘番童有习锅庄及甲斯鲁者，番中傩戏也，亦命陈之宴次。"《清史稿》卷一百一"志六十三·礼七"："乾隆中……及平两金川，赐宴紫光阁。其时所俘番童有习锅庄及甲斯鲁者，番神傩戏亦命陈宴次，后以为常。"

【丹书克】达赖喇嘛、班禅额尔德尼等进献给皇帝的表供，即附有礼品的庆祝表文，例于清帝喜庆典礼之日呈进以示祝贺。《松筠巡边记》：

---

① 黄显铭：《锅庄浅说》，《西藏研究》1989 年第 3 期。

"而达赖、班禅自崇德七年遣使恭进丹书克于盛京以来，各蒙古益加敬信，或遣人布施熬茶，或遣僧驻藏学艺，年年来之络绎。"《西藏图考》卷首"御制普陀宗乘之庙瞻礼纪事碑"："我朝太宗文皇帝崇德七年，达赖喇嘛差人恭诣盛京，呈递丹书克及方物，以后承受列圣恩施。"《松潇、桂丰驻藏奏稿·堪布囊素等由川赴京进贡折》："窃据掌办商上事务通善济咙呼图克图阿旺班垫曲吉坚参译称：前后藏例应轮流专差堪布赴京呈递丹书克、恭进贡品，原有定限。"又："此次届期轮应前藏商上专差堪布及囊素等呈进同治十二年年班，例贡呈递丹书克，恭祝大皇帝万福万寿。"《则例·嘉庆朝〈大清会典〉中的理藩院资料》："其前藏达赖喇嘛及由京派往西藏办事之呼图克图、四噶布伦、后藏班禅额尔德尼，各呈进庆祝之礼曰丹书克，所贡吉祥哈达、银曼达、吉祥佛、金字经、银塔、七珍八宝。"清代笔记中亦有记载。《养吉斋丛录》十三："新岁，前藏达赖喇嘛、后藏班禅额尔德尼进丹书克，番语谓吉祥物也。……按：前藏达赖喇嘛、后藏班禅额尔德尼间年遣使堪布入贡。每年十二月，念洞礼（亦作洞黎）经以前到京，候次年新正呈进丹书克。又万寿圣节，亦进丹书克。"

关于"丹书克"的语源，陆莲蒂认为，"丹书克"藏文书写为 zhuig rten 或 zhu yig gi rten 或 zhu rten。zhu yig 缩写为 zhuig，名词，汉义：呈上、上书。zhu yig 的藏音读紧喉音，藏音译克。rten 名词，汉义：依处，支柱，旧译所依。zhuig rten 应读书克丹，但自乾隆朝起译读为丹书克并一直延续了下来。[1] 而李凤珍认为，"丹书克"系藏文 brtan bzhugs 的汉译，原意为"长寿、永生、久住世间"，自乾隆后史籍中以此指称达赖、班禅在清廷朝贺典礼、元旦、冬至日、皇帝诞辰日以及遇有西藏重大典礼时递呈给清帝的请安奏书，僧俗官员可随附丹书克呈进贡物。[2]

【噶舒克】bkar shog 西藏地方政府颁发的执照，又称"马牌"，可填记支用牛马数量、路线，沿途第巴、头人均在自己的管辖范围内，可按照支换乌拉。[3]《西招图略·抑强》："此盖达赖班禅不知番庶疾苦，率与噶舒克

---

①　参见陆莲蒂《丹书克（丹舒克）释义——藏文补释》，《中国民族古文字研究》第 4 辑，天津古籍出版社 1994 年版，第 206 页。

②　李凤珍：《试论清代西藏递丹书克（བརྟན་བཞུགས）制》，《西藏民族学院学报》1997 年第 1 期。

③　陈一石：《川边藏区交通"乌拉"差徭考索》，《西藏研究》1984 年第 1 期。

（即印照）之所致也。"《史料汇编·松筠等奏查明西藏大小活佛转世概入金瓶掣签定无人私令吹忠作法等情折》："乃穹吹忠占地后，向达赖喇嘛求取噶舒克一份，作为田契。查得此情，奴才等当即索取噶舒克销毁，并晓示达赖喇嘛停发噶舒克。"

【乌斯藏】dbus gtsang 元明时期对西藏的称谓，清代文献中仍沿此称。乌斯 dbus 指前藏，藏 gtsang 指后藏。《藏纪概》卷尾"藏土则"："乌斯藏地，田有水旱，土地平衍，现在活佛及藏王所都，活佛立床处为布达拉，藏王所居为招。"《西域遗闻·政教》："前藏曰诏，后藏曰藏。明时称乌斯藏，又曰唐古忒，后遂称诏为前藏，称藏为后藏，又称藏为卫，则或因明时设卫之故也。"明代笔记中写作"乌思藏"。《广志绎》卷五："乌思藏所重在僧官，亦僧为之。"《万历野获编》卷三十："乌思藏，彼国止称乌藏，入贡陆行一万八千里始至雅州，入京师。"元代文献中写作"吾思藏"。《大元圣政国朝典章·使臣冒起铺马罪例》："更吾思藏宣慰司官人每根底取要了金子、毛子、哈丹、缎匹等物回来，又问买卖的人每要了钱物添了三十四匹铺马。"

【卡契（卡吉）】kha che 克什米尔。《西藏纪游》卷一："卡契，回回部落之名。"《西藏志·寺庙》："卡契园在布达拉西五里许劳湖柳林内，乃缠头回民礼拜之所。"《西域遗闻·与国》："卡契，在扎什伦布西南，乃缠头回民所居。……按《明史》所载，哈烈天方坤城诸国，其风俗与卡契相似，呼曰卡契，殆哈烈转音之误，犹捐毒谓之天竺也。"又作"卡吉"。《西域遗闻·风俗》："胡贾赀巨万，善识珍宝，所携货如绸缎、布皆以卡吉名。卡吉者，其地也。"

【披楞】phyi gling 本指外国的，外域的，是当时西藏对外来陌生势力的统称，后专指英国在东印度的殖民者。① 《康輶纪行》卷三"廓尔喀披楞"："后藏南有廓尔喀，西渡小海港，地名披楞，即东印度。披楞之南，有地滨海，名孟加剌。"又卷八"前后藏非天竺"："余按甲噶尔者即《明史》之榜葛剌，一作孟加腊，其边城则披楞也，披楞一名噶哩噶

---

① 参见李晨升《"披楞"考——1840 年以前中国对英国在喜马拉雅山地区活动的反应》，载《历史与民族 中国边疆的政治、社会和文化》，社会科学文献出版社 2005 年版，第 262 页。

达，又云披楞久为英吉利属国。"又卷十六"西藏外各国地形图说"："又南即披楞，盖英吉利所并东印度之地也，披楞西南为孟加拉国。"清代笔记中亦见。《夷氛闻记》卷四："盖边西有小国曰廓尔喀，在我后藏之南，与披楞（藏语英人）部西隔小港。英夷据有孟阿腊时，以利诱披楞属焉。"

【乌拉】vu lag 从语源上看，"乌拉"源于蒙古语"兀剌"。蒙古语的"兀剌"主要指驿马或驿车，借入藏语后意义有所变化，有以下三个义项。

①西藏地区为官府或农奴主服劳役的牲畜。《西藏纪游》卷一："吴白华师《藏枣》诗：'……来经乌拉（番语，牲）驮，饱同囊宋（番语，庶子出家者）吃。'"《康𬨎纪行》卷五《蕃尔雅》："乌拉，背夫也；又驮畜也。""驮畜"指为官府驮运物资的牲畜。《听雨楼随笔》卷五："有宋乔林者，以未入分发，坐藏在边。值西域用兵，责土司供乌拉千头运军资。（乌拉，番牛。边地山险，非此不能登。）"

②西藏地区为官府或农奴主服劳役的人。《康𬨎纪行》卷五"蕃尔雅"："释人曰……乌拉，背夫也，又驮畜也。"《西藏志·赋役》："至于土民之服役者，名曰乌拉。凡有生业之人，毋论男女皆派，即他处来者，或仅妇女，但能自立烟灶、租房居住者，亦派，多寡量其贫富不等。"《康𬨎纪行》卷一"撻粑乌拉"："夫、马皆名乌拉。"《巴塘志略·杂职》："遇有命案，土司将凶手收押黑房，两造凭人讲论命价。自头人至乌拉（汉人奴婢之类），其价分上中下三等。"《里塘志略·杂记》："土民之服役者，名曰乌拉。凡有业之人，勿论男女，皆与焉。"

③指劳役。《里塘志略·杂记》："供应夫马定例，有大小之别。过一百只者谓之大乌拉，明正司直送里塘，里塘直送巴塘。不及百者，谓之小乌拉。"

【沙鸨（纱布）】shar ma 原意指青壮年女子，是清代打箭炉（今康定）一带对与内地茶商打交道的藏族女子的称谓。一说，"沙鸨"语源为梵文"萨陀婆诃"的转写。[①]《卫藏图识》卷下："商贾在炉，必役蛮女，曰沙鸨。交易货物，俱听沙鸨较价值，如牙行。而井臼箕帚之事，亦以身任

---

① ［美］劳费尔：《藏语中的汉语借词》，赵衍荪译，《西藏研究》1983 年第 3 期。

之，不为异。"《陇蜀余闻》："打箭炉在建昌西南，地与番蛮喇嘛相接，与雅州荣经名山亦近，江南、江西、湖广等茶商利彝货，多往焉。其俗女子不嫁，辄招中国商人与之通，谓之打沙鸨（或作卜）。商人流宕其地，多不思归，生女更为沙鸨。""打沙鸨"指主持贸易的藏族女子与内地茶商发生感情的瓜葛。"沙鸨"又作"纱布"。《西藏记》下卷"附录·自成都省城至西藏程途"："过此由杨柳深坑一路，共七十里至打箭炉。（……蛮妇名曰纱布，又名阿家。）"

【江古庶（江古学）】lcam sku zhabs 夫人、太太。对四品以上官员妻室的敬称。《西藏纪游》卷一："称有官职之妻曰江古庶。"又作"江古学"。《有泰日记》卷五："买湖绉两匹，送湘梅江古学（番语太太）。"又卷六："高玉贵娶江古学，送来羊肉菜数碗，只得笑而纳之。"

【纳古（拉姑哩、拉姑儿、拉库尔、浑拉尔、拉泽浑尔、拉弓）】用拉古尔木的瘿瘤雕成的碗，为木碗中最名贵者，清代西藏贡品之一。《进藏纪程·乌斯藏》："至藏佛中有舍利，固非易得；而纳古木碗，为番王职供，更称至宝焉。"又作"拉姑哩"。《藏纪概》卷尾："木碗最贵者曰拉姑哩，本千年老树之瘿瘤。藏人夜伺之，见有光者点记，斫为椀，遇毒物即浮白沫，以针钉之入木，旋即自出，亦异物也。"又作"拉姑儿"。《西藏见闻录》卷上："物产：……阿里噶尔妥产粟米、枣子、杏子、拉姑儿木碗、杂不杂呀木碗（一碗价值数金）。"《西域遗闻·番属》："木盌曰拉姑儿。"又作"拉库尔"。《西藏志·物产》："阿里噶尔渡一带产稻米、粟米、枣、杏、拉库尔碗，札木扎丫碗，其价值有数千金者。"《西藏志·朝贡》："其木碗有二种：……一曰拉库尔，木色微黄，花纹略大，云亦能避毒，亦价须数金。"又作"浑拉尔"。《里塘志略·杂记》："木盌以葡萄根为上，土官头人饰以金银，常人则否。至西藏所出札木札呀及浑拉尔木盌，惟堪布土官有之，余人不能得也。……浑拉尔木色亦微黄，花纹略大，皆能避毒，价值昂贵，至有数十金一具者。"又作"拉泽浑尔"。《西藏记·朝贡》："其木有二种：……一曰拉泽浑尔，木色微黄，花纹略大，云亦能辟毒，价亦须数金。"又作"拉弓"。《西藏竹枝词》："别有紫金腰下袋，拉弓一碗价连城。（藏人朝贺，盛饰冠，唐时腰悬木碗，盛以锦袋。碗以拉弓，为最贵。）"又作"札库儿"。《西藏纪游》卷四："番人所用木碗，自札木札雅外，又有一种札库儿，色微黄，其纹较札木札雅稍粗，云亦辟毒，价须数金。"清代其他文献中写作"拉古尔"。《西域闻见录》卷六"土尔扈特投诚纪略"："乃引乌巴锡谒见将军，因献玉器、自鸣钟、时刻表、定宣窑磁器、自来火鸟枪、拉古尔木碗、金钱等物，并献伊祖所受明永乐八年汉篆敕封玉印一颗。"伯希和认为，"拉古尔"似乎并不是一种树的名称，"拉古尔木"也可能是俄文 Lakirovan 的对音，译为"漆器"。①

【角玛（甲麻、脚吗、茄麻）】gro ma 长寿果。藏地沙土中生长的一种植物，其根可食。凡喜庆事皆用此果，取其吉祥义。《西藏赋注》："果则长生竞掬。（形如小螺，生地中，绛色，番名角玛，汉名长生，蒸熟拌糖食之，甚甘。达赖喇嘛以此果相敬。）"又作"甲麻"。《西藏纪游》卷一："长寿果一名甲麻，沙土中所生，大能补气，不知何物。浅黑色，形如麦蚕，煮而食之，不加五味。番人以之供佛，似甚珍惜。予曾一食之，味淡略苦。"又作"脚吗"。《里塘志略》卷上"物产"："菜之属有圆根、脚吗。"《里塘志略》卷上"杂记"："脚吗生沙土中，状如羊枣，味甘而香，蛮人取以当粮食。出口者常带回内地饷人，美其名曰仁寿果。然多食气闷而胀。"又作"茄麻"。《藏游日记》："其余带伤受饿，采茄麻度命，留残生而已。"

　　为了达到汉藏两个民族的人民能够自由交流的目的，清人进行了不懈的努力，试图把藏语词汇融进汉语的结构中。清代藏学汉文文献中所吸收的藏语词，人名、地名等专有名词，遵循"名从主人"的原则，较多采用了音译的方式。所记录的生活用语中，以珠宝佩饰类词语居多，且分类详细，反映了藏族人民的风俗好尚。相比之下，衣、食类词语数量较少，这与西藏特殊的地理环境密切相关。L. R. 帕默尔说："语言忠实地反映了一个民族的全部历史、文化，忠实地反映了它的各种游戏和娱乐，各种信仰和偏见。"② 这些资料给内地人提供了一个了解西藏的窗口，这些音译词随着汉文文献的传播而进入内地人的视野，加深了内地人对西藏的认识。

---

① ［法］伯希和：《卡尔梅克史评注》，耿升译，中华书局 1994 年版，第 146 页。
② ［英］L. R. 帕默尔：《语言学概论》，李荣等译，商务印书馆 1983 年版，第 139 页。

藏语音译词在清代藏学汉文文献中虽然使用较为普遍，但它们对汉语的影响远没有意译词和仿译词那样大，而且在现代汉语中留下的极少，特别是那些与旧西藏噶厦政府相关的词语，随着旧制度的消亡，也已退隐了，不再用于现代藏语。

藏语是拼音文字，通过对语言声音的描写来记录语言，而汉字是表意体系的文字，多数情况下，人们通过分析汉字的构件关系可以得出其意义。清人在用汉字译写藏语词的过程中，起初的译语用字随意性较大，这样就影响了使用，影响了交际。多个译名一旦出现在官方档案中，就会带来阅读上的障碍，为了避免语言使用上的混乱，清人也在努力探讨、确定藏语词音译的规范原则和标准。如：

《西藏纪游》卷一："而五十六年劫掠后藏扎什伦布（班禅额尔德尼坐床之所）则为廓尔科也。科字奉命改为廓。"又卷二："口外地名皆唐古忒语，而译以汉文，其略具文义者如乌苏江、蔡里、鹿马岭、嘉峪桥、石板沟、黎树、松林口、八角楼、南墩之类当亦系华人名之，非番语也。若油共有、乃安、乃党、耗（一字地名）、纳子、杂务、冈把择之类不可胜数。虽译为汉文，不成地名矣。"又："前藏地名拉撒。按：杜氏《通典》：'吐蕃在吐谷浑西南，其国都号为逻娑城。'《旧唐书·吐蕃传》号为罗些城。则拉撒或即逻娑、罗些之转音。……盖译音无定，或一地一物而称名各别，译以汉文而字又不同。入之纪传，辗转钞誊，又不能免伪脱离合之患。"卷四："自打箭庐出口至西藏，皆唐古忒语，侏离任昧，非译不通。其番地所无而中土所有者，则呼如汉音。谷梁子曰：号从中国，名从主人。……但以西藏之地名方物，一一改从中国，恐捍格而不能通尔。"

《平定两金川方略》卷十二："又番地名字，多系西番语音，如刮耳崖等名，其本音并不如此，皆系绿营字识信手妄书，遂至差之毫厘，谬以千里。方今一统同文，凡属旧部新藩地名，无不悉协本来音韵，岂有边徼诸番，转听其名译紊淆之理？此等西番字音，必当以清字对之，方能悉叶。此后应将番语译出清字，再由清字译出汉字，始不至如前此之鄙陋可笑。以上各件温福、桂林宜逐一留心查办，详细奏闻。"又卷十六："臣等查此五处山梁，俱系零星寨落，询之土人等云，名登依、噶冈、工茹、租乌、札哇寋五处，现就番音填注，俟考证再行绘入全图。"同卷："嗣后该处土音，为西番字所不能通者，并着询明该处土人，用清字对音，一并更定具奏。"

《蜀徼纪闻》："初二日，得旨：令预筹进讨金川事宜。又以四川边外诸番多用西藏语，而地名率与唐式特字音不合，命国师章嘉瑚土克图重译之，如沃日改为鄂克什，斑烂山改为巴朗拉，日耳改为资哩，余仿此。"又："十八日，得旨：言所进杂谷金川番字禀词，命章嘉国师复译，多有异同。且金川酋人既系索诺木，何以禀内复有莎罗奔之称，而复译作洛卜奔，又有札勒达克，究竟是一是二，令查询复奏。盖郎卡以三十五年死，女六人、子五人。长子亦死，第二、四、五子皆出家，惟三子仓朗娶巴底卓克基之女，有两妻。凡土司族姓为僧皆名莎罗奔。是时，仓朗尚未袭封土司事，仍与诸兄弟共决之，故仓朗不专列名。索诺木盖莎罗奔之讹也。"

《清实录·藏族历史资料汇编》："乾隆二十八年〔癸未〕七月甲申……谕军机大臣等：'前开泰将巴塘滋事之喇嘛、番人名字混行译汉，业已改正交发。昨于审拟折内，见有热敫名色，按番字对音应作沙尔鄂。此等译汉设使稍肯留心，即可不至舛讹若此。前已有旨传谕该督，于额设笔帖式二员内，改设理藩院熟谙番译笔帖式一员补授，现今拣选派往。着传谕阿尔泰，嗣后遇有关涉喇嘛、番人名字，务须留心斟酌音汉，勿蹈开泰故习。'"

上述这些探讨，为我们今天处理民族语言的汉译问题提供了参考。

第二节　蒙、满、维等民族语词

清朝是少数民族满族建立的政权，为了维护国家的统一与边疆的安定，清代前期在中央特设理藩院，管理蒙古、新疆、西藏等边疆民族事务，并制定了一整套行政法规。清代藏学汉文文献虽说是以记载藏事为主的文献，但也涉及了蒙、满、维等少数民族的事务，同时记录了蒙古族、满族、维吾尔族的语言词汇。

一　蒙古语词

清代藏学汉文文献中出现的蒙古语词，以官职称谓、部族、山川河流名称及文化词语为主。如：

【台吉、宰桑（寨桑、斋桑、宰生）、那彦（诺彦）】三词均为蒙语音译。"台吉"是蒙古王公的爵位名号,汉语"太子"的音转。"宰桑"是明清蒙古官号,汉语"宰相"的音转。"那彦"意指官员。《西藏志·头目》:"蒙古之头人名曰台吉,曰宰桑,曰那彦。"

"宰桑"是常见的书写形式。《西域遗闻·事迹》:"至是由里、巴、昌都鼓行前进,擒巨贼蓝占巴、驼驼宰桑、黑喇嘛(……驼驼宰桑系官名)。"又作"斋桑"。《则例·乾隆朝·柔远清吏司》:"青海亲王来京……闲散台吉日给银六钱,属下台吉日给银四钱,斋桑、斋桑格隆各日给银二钱。"又作"寨桑"。《亲征平定朔漠方略》卷二:"我国虽无部院而有寨桑,若使寨桑接收,是行中国之礼也。"又作"宰生"。《西域遗闻·事迹》:"车零敦多布分遣宰生(绍按,宰生,夷官)驻藏中要隘。……营官乃惊谋擒献宰生。"《大词典》写作"斋桑"。

"那彦"又作"诺彦"。《理》卷九百八十三:"理藩院大臣、鸿胪寺官员引导,喀尔喀汗济农诺彦大台吉众等,听排班奏乐,鸣赞官传赞,行三跪九叩礼毕,乐止。"明代已见,作"那颜"。明代笔记《夜航船》卷十五"外国部·夷语":"那颜,华言大人也。"

【可可脑儿】青海湖。"可可"汉译青色,"脑儿"汉译湖泊。《藏纪概》卷初:"次第八墩青海之波罗托洛海即可可脑儿。可可,华言青也;水聚不流,蒙古曰脑儿,即中国之湖也。"

【喀喇乌苏(哈喇乌苏、哈拉乌苏)】黑水。"喀喇"汉译黑色,"乌苏"汉译水口、河口。《西藏赋》:"喀喇乌苏兮,流沙之黑水。"又作"哈喇乌苏"。《西域遗闻·疆域》:"余渡金沙屡矣,碧色澄空,更无纤翳,不可为黑。黑水者,哈喇乌苏也。"《西域遗闻·疆域》:"哈喇译音黑也,乌苏译音水也,系黑水口。"又作"哈拉乌苏"。《卫藏通志》卷三:"哈拉乌苏(按,哈拉乌苏,蒙古语黑水,即潞江上游,番名鄂尼尔楮)。""乌苏"元代文献中已见。《钦定元史语解》卷七:"乌苏,水也。""喀喇"在元代文献中写作"哈喇"。《钦定元史语解》卷七:"哈喇和琳,哈喇,黑色也。"

【乌捏乌苏】乳牛山。金沙江的发源地。《藏纪概》卷初:"金沙江之源,自达赖喇嘛东北乌捏乌苏流出。乌捏乌苏,译言乳牛山也。"

【鄂布太、积布太】原为异兽名,后为恶人代称。《康輶纪行》卷九

"康熙上谕异域事"："后将军祁里德等来自军前，奏云：果有是兽，目在乳旁，口在脐旁，巡哨侍卫曾亲见之。蒙古名其兽为鄂布，又有飞者，名为积布；蒙古名恶人为鄂布太、积布太。"

【噶尔霸】犏牛的第二代。《藏纪概》卷下"产作"："犏牛产于青海，其形大于耕牛，藏人购而用之。犏牛无种，黄牛与毛牛配而生，犹中国之配赢也。其犏牛所生，蒙古名曰噶尔霸，力弱不堪用。"

【古尔板】（数字）三。《卫藏通志》卷三："哈拉答尔罕山水自南来会，番名古尔板索尔马，蒙古谓三为古尔板，以阿勒坦河合二水为三也。"

【鄂】青色。《卫藏通志》卷三："有哈拉河自东南来会，而注于鄂灵海，《元史》所谓阿剌脑儿是也。蒙古以青为鄂，言其水色青。"

【托音】蒙古族藏传佛教僧人称谓之一，源自汉语"道人"。《西藏赋》："堪布掌赤华佛事，托音充香界浮图（喇嘛弟子通称）。"

【诺们汗】指蒙古藏传佛教的法王，宗教首领，是由清帝赐予的位仅次于"呼图克图"的封号。《西藏赋》："诺们汗转全藏之秘奥（蒙古语。诺们，经也；汗，王也。盖通经典之称），沙布咙达一度之迷途。"

【赤巴甘赤（叉布干尺、齐巴罕察、齐罕察）】女僧人。《桥西杂记·塞上六歌》引《打鬼歌序》："赤巴甘赤、吴巴什夫妇执香环绕。"又作"叉布干尺"。《西藏纪游》卷二："番人生子女二三，必择其一二为喇嘛，殆利其不耕而食、不织而衣欤！……喇嘛称叉布干尺。"又作"齐巴罕察"。《则例·乾隆朝·柔远清吏左前司下》："又定：蒙古妇女，不准私为齐巴罕察（即尼僧），违者，亦照私为班第例罪之。"又作"齐罕察"。《则例·乾隆朝〈大清会典〉中的理藩院资料》："壮丁不务本业，私投喇嘛为徒，及为伍巴什者，罪之。妇女非年老残疾，不得为齐罕察。"

【吴巴什（五巴什、伍巴什）】居家男喇嘛。《桥西杂记·塞上六歌》引《打鬼歌序》："赤巴甘赤、吴巴什夫妇执香环绕。"又作"五巴什""伍巴什"。《则例·乾隆朝·柔远清吏左前司下》："又定：凡蒙古地方骁骑壮丁，不准私为五巴什，违者，照私为格隆、班第例治罪。其年老残废、丁册除名之人，愿为五巴什者听。"《则例·乾隆朝〈大清会典〉中的理藩院资料》："壮丁不务本业，私投喇嘛为徒，及为伍巴什者，罪之。"

【吴巴三气（乌巴三察）】居家女喇嘛。《桥西杂记·塞上六歌》引《打鬼歌序》："女僧为尺巴甘赤。有家室者，男为吴巴什，女为吴巴三气。"《则例·嘉庆朝〈大清会典〉中的理藩院资料》："喇嘛等服黄红色，班第等服红色，并用黄帽，余色不得服用，乌巴什、乌巴三察停其服黄红色，违者喇嘛论罚，班第以下鞭责。"

【敖其里】意为"金刚"。① 《六世·内务府奉旨将黄寺新建清净化城塔塔顶加高镀金及装脏》："于十一月十七日，将清净化城塔内装脏应用西番经一部，配得雕敖其里匣一件，楠木外套匣一件。"

【克哩野】乌鸦。《西藏赋》："克哩野兮沙屯。（克哩野者，乌鸦也，蒙古语，其地多大嘴乌鸦，故名。）"

【腾格哩诺尔（吞艮老儿）】天池。今称纳木错。《西藏赋》："腾格哩诺尔乃达木游牧之场。（过拉纳根山，即腾格里诺尔，蒙古语天池也。）"《卫藏通志》卷三："腾格尔池（蒙古呼天为腾格尔，即天池也）。"《西域遗闻·疆域》："北方之川……曰吞艮老儿河，即所谓天池也。"

【巴颜喀拉】汉译富饶黑色的山，地处青海省中部，昆仑山的支脉。"巴颜"汉译富饶，"喀拉"汉译黑色。《卫藏通志》卷三："黄河源出星宿海西，巴颜喀拉山东麓，山石色黑。蒙古谓富为巴颜，黑为喀拉。二泉浚发，东南流数里而汇，曰阿尔坦河，其水色黄。"

【额尔衮、巴雅尔】"额尔衮"汉译宽。"巴雅尔"汉译喜。《平定两金川方略》卷首七："喜峪宽沟肇锡名。（是地本名额尔衮沟，因得捷音，特赐巴雅尔之名。蒙古语谓喜为巴雅尔，额尔衮，宽也。）"

在松筠所著的《西招五种》中，收录的蒙古语词就更多了，作者在诗歌中巧妙地嵌入蒙古语词，接着又以双行小字作了注释。如：

【萨布、鄂博】"萨布"是指清代中俄两国边境哨卡之间的空地，其间以石堆为界标，称为"鄂博"。《镇抚事宜·绥服纪略》："北海画疆陲，萨布基鄂博（所设卡伦五十九座……其对面俄罗斯亦一体安设。所有两面卡伦适中隙地，蒙古语曰萨布，石堆曰鄂博。凡萨布处所皆立鄂博为界）。"

---

① 参见丹迥·冉纳班杂、李德成《名刹双黄寺》，宗教文化出版社1997年版，第80页。

【库伦】原意为圈子或营，实际上是指一个氏族共同占有的游牧圈。①《镇抚事宜·绥服纪略》："忆昔驻库伦，游牧地无垠。（所谓库伦者，蒙古语城圈也。该处有喇嘛木栅如城，故名库伦。）"

【规林亲】乞丐。《镇抚事宜·绥服纪略》："有诉盗马牛，无告规林亲。（蒙古语乞丐谓规林亲。）"

【哈屯、察罕】"哈屯"汉译夫人，元明文献中作"哈敦"，《北史》《旧唐书》中作"可贺敦"。"察罕"汉译白色。《镇抚事宜·绥服纪略》："铜城妄传述，巢穴水中央。（俄罗斯服食房舍与西洋无异，其部长女人居多，谓之哈屯汗。蒙古语哈屯，夫人也，如男子为部长，谓之察罕汗；蒙古语察罕，白也。）"

【库什固尔】汉译保障。《镇抚事宜·绥服纪略》："遍访岩疆势，小知扼塞频。（……卡伦以内，驻有库什固尔兵二百名，以资巡防。此兵系车臣汗部属。蒙古库什固尔，蒙古语保障也。）"

上述有释义的蒙古语词资料在清代藏学汉文文献中为数不多，大部分蒙古语词被直接吸收进入了汉文文献中。如《理藩院》卷九百七十六："二十年议准：杜尔伯特汗王属下之台吉，授以公及札萨克等爵，台吉属下之宰桑，授以梅楞、札兰、苏穆章京、昆都、拨什库、达鲁噶等职。"其中的"梅楞"，汉译副都统。"札兰"即"札兰章京"，札兰是旗的军制单位，"札兰章京"汉译参领。②"苏穆"又作"苏木"，汉译佐领。"昆都"汉译"骁骑校"，是佐领的副职。"拨什库"汉译"领催"，掌文书、俸饷等事务。"达鲁噶"汉译"什长"。③

散见于其他藏学文献的蒙古语词，如：

【玛哈沁】劫盗。《平定准噶尔方略》正编卷四十二："霍集占伯尔根等言，阿睦尔撒纳毫无依倚，我等何必留此一吗哈沁。若在我等游牧，岂有不行擒献之理；"又："上谕军机大臣曰：雅尔哈善等奏称，差往兆惠处赍送事件之人，被玛哈沁抢掠，询系巴图尔乌巴什之人，俟三格回兵搜捕等语。"此书中多处提及"玛哈沁"。《藏族史料》："乾隆三十九年〔甲

① 史继忠、侯绍庄：《中国封建社会结构研究》，云南大学出版社1992年版，第299页。
② 参见（清）梁章钜《称谓录》，福建人民出版社2003年版，第417页。
③ 参见袁森坡《康雍乾经营与开发北疆》，中国社会科学出版社1991年版，第273页。

午〕五月丁巳……夹坝贼匪与前准噶尔玛哈沁相似，即将来办理善后事宜，亦必将此尽去根株，不可略存姑息。"清代其他文献中有"玛哈沁"的释义资料。《御制诗文十全集》卷六《喇嘛行》诗注："蒙古谓'肉'为'吗哈'，厄鲁特中贫无赖觅肉食自活者，为'吗哈沁'。"厄鲁特为蒙古部落之一。对于"玛哈沁"的解释，以纪昀的释义最为详尽，可补官私正式记录之不足。《阅微草堂笔记》卷九："玛哈沁者，额鲁特之流民，无君长，无部族，或数十人为队，或数人为队，出没深山中，遇禽食禽，遇兽食兽，遇人即食人。"又卷十五注云："西番以劫盗为'夹坝'，犹额鲁特之'玛哈沁'也。"

【阿鲁拉】一种蒙药，汉名诃子，属于乔木树种，其果实为椭圆形。《西藏志·外番》："叶楞罕奏书曰……奏书微仪：哈达一个……星衮一包，黑香一包，阿鲁拉三包。"

【什榜】蒙古族音乐名，为清代国乐之一。《则例·嘉庆朝〈大清会典〉中的理藩院资料》："王会清吏司……乃进御燕于行在。（……燕日，设蒙古包六、白驼十八，鞍马十八……进爵者兴，复诣御座前接爵退，有旨赐进爵者，进爵者跪饮毕，复一叩兴，复原坐，什榜乐作。）"清代笔记中亦有记载。《养吉斋丛录》卷十六："什榜，蒙古乐名，其器用笳、管、筝、琶、弦、阮、火不思之类，将进酒于筵前，鞠踞奏之，鼓喉而歌，和啰应节。"《十朝诗乘·蒙古什榜》："蒙古之戏，又有所谓'什榜'者，见蒋苕生诗。其注谓：'什榜，为蒙古乐名，即俗称"十番"，杨万里所谓"全蕃长笛横腰鼓，一曲春风出塞声"者也。'蒙语称乐为'番'。'榜'者'番'之转讹。"

【巴尔虎】清代一个以游牧地而得名的部族名称，是蒙古族里最古老的一支，最早在贝加尔湖东北部的巴尔虎真河一带活动。《则例·乾隆朝·录勋清吏司上》："乾隆六年议准：谨按，康熙四十二年圣祖仁皇帝哨鹿围场时，曾点八旗游牧察哈尔之巴尔虎八十名。五十二年，点巴尔虎百名，又点人材强健谙于马步射之十名，与巴尔虎一同学习行走。"

二 满语词

满语是清代统治民族满族的语言，因此称为"国语"，又称为"清语"。满文则称"清文"或"清字""清书"。见于清代藏学汉文文献中的满语词，如：

【章京】汉译"官员"，是汉语"将军"的音译。清代军职人员及在各衙门办理文书人员多称"章京"。《平定金川方略》卷十七："上谕内阁曰：前因自京至金川，安设台站，递送文报稽迟，是以特命军机大臣等，定议分派章京笔帖式，前往坐台查察。"

【额娘】母亲。《有泰日记》卷一："十八日接蓉格禀（名寿蓉，升泰子）伊额娘于申时病故。"

【阿拉骟】烧酒名。满语写作 arzhan，[1] 可能源自阿拉伯语的 araq，满、蒙、藏等少数民族语言中都有此词。[2] 《百一山房赴藏诗集·纳呛》："北地阿拉骟（酒名），嗜者同索郎。穷荒昧方法，亦能造鹅黄。"元明文献中写作"阿剌吉"。元忽思慧《饮膳正要》卷三："阿剌吉酒味甘辣，大热，有大毒，主消冷坚积去寒气，用好酒蒸熬取露成阿剌吉。"明方以智《物理小识》："烧酒，元时始创其法，名阿剌吉。"

【布库】汉译"撩脚"，即今之摔跤。《则例·嘉庆朝〈大清会典〉中的理藩院资料》："王会清吏司……乃进御燕于行在。（……燕日，设蒙古包六、白驼十八，……什榜九十人，布库二个人……）"《旂林纪略》："郭家哇赤身，短中衣，以次献布库之戏，即华言相扑也。"

【笔帖式】官府各机构中负责翻译文书奏章、掌理簿籍的一种低品级官。源自汉语"博士"。《平定金川方略》卷十四："查从前西北两岸用兵时，北路安设四十七台，每台派笔帖式一员，西路自京至嘉峪关，安设十四台，每台相距四百里，中间每三十里，设腰站一处，每台派笔帖式一员，拨什库二名。自嘉峪关出口，预备六台，派笔帖式六员，拨什库十二名，跟随进剿大臣，酌量应安塘站地方安设。"

【固山大（固山达）】汉译协领，武官名。位在副都统之下，佐领之上。《西域遗闻·政教》："蒙古部落于草地游牧为生，其头目向由郡王加给，或称宰桑，或称台吉。今将现头目八人授为固山大（绍按，固山大，

---

① 参见尹鹏阁《满语酒类词语文化语义探析》，《满语研究》2013 年第 1 期。

② 参见徐时仪《阿剌吉考略》，《中文学术前沿》编辑委员会编《中文学术前沿》第 2 辑，浙江大学出版社 2011 年版，第 64 页。

满语即参领），次为佐领，次为骁骑校，各八人，递相管束。"又作"固山达"。《丁巳秋阅吟·达木观兵》："枪箭操乘马。（今固山达共攒骑兵五百，虽各习马枪马箭，向不期会操演，以致控驭生疏。）"

【乌拉齐】汉译站丁，对蒙古地区驿站服役者的称谓。《蜀徼纪闻》："二十一日得旨：言五岱本乌拉齐人。（乌拉齐，黑龙江所辖驭车者之称，盖贱之也。）"

【威虎（威呼）】独木船。孙士毅《除夕送惠瑶圃制军赴藏参赞军务》："戛鸠威虎旧弯弓。（戛鸠，江名。威虎，独木船也。）"《西藏纪游》卷一："孙文靖公诗：……威虎差堪拟（国语以独木船为威虎），蜻蛉每被嗤。"《黑龙江外记》卷四："威虎，又作威呼，独木船，长二丈，阔容膝，头尖尾锐，载数人，水不及舷尝寸许；而中流荡漾，驶如竹箭，此真刳木为舟，遇河水暴涨，则联二为一，以济车马。"

【阿尔萨朗】狮子。《例案》上卷："领队大臣副都统阿尔杭巴图鲁萨朗……遂破札古，既翘且英，人中狮子，实称其名。阿尔萨朗，国语谓狮子也。"

【洞礼（洞黎）】满族岁末袚去邪祟、迎接吉祥的佛事活动。《理藩院》卷九百八十四："准其来京朝觐，经卷熟习者，准其编入洞礼经。其洞礼经班定为六班，按年轮流于十一月中旬来京。"清代笔记中写作"洞黎"。《养吉斋丛录》卷十四："腊八日，中正殿下之左设小金殿，圣驾御焉。御前大臣左右侍，众喇嘛于殿下唪经。达赖喇嘛、章嘉胡图克图至圣驾前拂拭衣冠，申袚除之义，佛事毕乃散，谓之洞黎，清语吉祥也，俗谓之送岁。"

【戈什哈（郭什哈）】汉译"亲随"。凡将军、副都统名下，都以前锋、领催、马甲等承当。[1]《奎焕驻藏奏稿·札西藏游击守兵缺出分别募补》："据此，查驻藏督右守兵李文榜病故，遗守准以戈什哈余丁赵钰鑫募补。又换防前藏军左守兵杨世荣病故，遗守准以戈什哈余丁马恩荣募补。"《有泰日记》卷四："行四十里王坝冲早尖，裕子维遣巡捕二名、戈什哈八名到此来接。"又作"郭什哈"。《六世·御茶缮房

---

① 来新夏：《清语汉解拾零》，《紫禁城》1982 年第 4 期。

奉旨办理于承德宴赏班禅桌数用料》："两边跟来胡土克图、堪布喇嘛等、随营王（公）、郭什哈额附……郭什哈辖等，用鼓盒二十四副、攒盘饽饽五十盘。"

【卡伦】哨卡。《平定准噶尔方略》正编卷五十九："据称三更时分，有骑贼数百，出西门往沙雅尔，当由卡伦兵报知。"《则例·嘉庆朝〈大清会典〉中的理藩院资料》："凡外札萨克之游牧，各限以界。（以山河鄂博之名表其四至，如内札萨克。）若边裔，若禁地，则以卡伦守之（于要隘处设官兵瞭望曰卡伦）。"

【楚拉启勒】汉译沙蓬米。沙蓬为一年生草本野生植物，生长于沙丘和沙地，其种子叫沙蓬米。《理藩院》卷九百九十一："遵旨具奏：该处自蒙恩赈济以来并获雨泽，牲畜肥腯，各处就食之人回家乐业，即野外楚拉启勒亦滋生甚多，颇佐口食。（谨案，高宗纯皇帝御制诗注：楚拉启勒，即沙蓬米。生蒙古沙地，荒年采以充食。）"《康熙几暇格物编》："沙蓬米凡沙地皆有之，鄂尔多斯所产尤多。枝叶丛生如蓬米，似胡麻而小。性暖益脾胃，易于消化，好吐者食之多有益。作为粥滑腻可食，或为末，可充饼饵、茶汤之需。向来食之者少。自朕试用之知其宜人，今取之者众矣。"①

清代藏学汉文文献中亦使用了不少的汉藏、蒙藏合璧词。所谓合璧词，即一个词由两部分组成：一半音译一半意译。采用音译兼意译的方式，可以使词义更明确、易懂。清人在吸收藏、蒙、满等民族语词时，也采用了半音译半意译的造词方式，即一个词语中既有民族语的成分，又有汉语的构词成分，形成民族语与汉语的合璧。如：

【金奔巴瓶（奔巴金瓶、金本巴瓶、奔巴瓶、锛巴瓶）】即金瓶。"奔巴"系藏音 bum pa 译写，汉译"瓶"，前有汉语语素"金"作"奔巴"的修饰语。《廓》卷四十五："前发去金奔巴瓶，原为签掣呼毕勒罕之用，但不必俟该处大呼图克图转世方行试用。""金奔巴瓶"供清代拈定达赖和班禅额尔德尼两喇嘛及诸活佛的化身转世者时签掣之用。又作"奔巴金瓶"。《有泰日记》卷十："满语爱新奔巴，即金瓶二字，今均呼为奔巴金

---

① 李迪：《康熙几暇格物编译注》，上海古籍出版社 2007 年版，第 41 页。

瓶，或呼为金奔巴瓶。""奔巴"又作"本巴"。《喇嘛事例》二："蒙古各部落等处之呼弼勒罕、绰尔济喇嘛等系乾隆五十八年设立金本巴瓶以前出世奏准有案者，准其报部代奏请安。如在设立金本巴瓶以后出世，并无奏案者，不准请安。"又作"奔巴瓶"或"锛巴瓶"。《养吉斋丛录》卷七："此后大内所颁现存者如……甏奔巴瓶壶……藤掌扇等，不可殚述。"《清代匠作则例汇编：佛作、门神作》："番佛像执事……锛巴瓶每个旋匠二工。""本巴"的词形前代已见。《钦定金史语解》卷三："本巴，唐古特语净水瓶也。"

【跳步踏（跳布札）】藏传佛教习俗，在宗教节日里喇嘛装扮成神佛魔鬼等诵经跳舞，以驱除邪气。"步踏"又作"布扎"，蒙古语，"舞蹈"之义。《六世·内务府奉旨成做赏班禅跳布扎衣一分》："本月十二日接得中堂来札，所有奉旨赏班禅额尔德尼跳步踏衣一分，应否添造四大天王套头、衣等十五件全分赏给之处。此项跳步踏衣，既奉旨着赏给班禅额尔德尼一分，我等商酌，就成造一全分。"清代笔记中亦见。《郎潜纪闻》卷一："（喇嘛）其演法则有跳布札、放乌卜藏诸技。"

【放夹霸（夹坝、甲巴）】"放"是汉语语素；"夹霸"系藏音 jag pa 汉译，"强盗"之意。"放夹霸"含义有二：

①谓离群遭拦路抢劫。《金川琐记》卷四"黑帐房生番"："其地无盐茶布帛鼎碗之属，就近番民结数十人贩负，可博十倍利。其相失及一二人在后独行，每被抢劫，俗称放夹霸。""夹霸"又作"夹坝"。《里塘志略·杂记》："凡出行，必弢弓囊矢，身背鸟枪，腰悬库刀，结队而去，示威武也，或亦防夹坝。夹坝云者，译言强盗也。"《康輶纪行》卷一"麻盖"："山行四十里，一路深林，至麻盖，素称险恶，夹坝出入之区。夹坝，盗也。"又作"甲巴"。《康輶纪行》卷五"蕃尔雅"："甲巴，一曰夹坝，贼也。"民国文献中写作"夹棒"。《川边政屑·呈文·呈报拿获棒匪情形并请军队分驻分巡一案文》："惟松林口一带，素称夹棒出没之区，若不先事预防，终非拔本塞源之法，况路当孔道，别无支径可通，数年来贼匪潜踪，商民往往裹足。"

②谓结队拦路抢劫。清夏尚志《（西藏乐府）夹坝来（蛮子结队劫人，曰放夹坝）》："夹坝来，行人见之颜如灰。群山陡于壁，捷如猿猱驰崔嵬。

一人啸于前，众骑随于后，遥问客囊何所有，有物胁以威，无物褫其衣。人或苟抗之，不得令生归。"①

关于藏语词"夹坝"的语源，一说源自汉语词"劫盗"的音转。《茛楚斋随笔》卷三："西域人以劫盗为夹坝，见纪文达公《姑妄听之》自注。声木谨案：夹坝即劫盗之讹，非以劫盗为夹坝也。四川人以强盗为帽壳，实即暴客之讹，亦非以强盗为帽壳也。"

【放乌卜藏】藏传佛教重要宗教仪式之一，称烧施，或火祭，即焚烧规定的炭、松柏、木材、奶油及粮食、香灯，以祭神祈福禳灾。②《西藏纪闻·中藏》："其作法有曰跳布札，有曰放乌卜藏（与中土僧家佛事不同）。"清代其他文献中亦见。《养吉斋丛录》卷十四："中正殿为喇嘛唪经所，日有常课，其分往他处，或唪各种经，或放乌卜藏，或跳布扎，殆无虚日。"又卷十七："养心殿有佛堂，朔望以喇嘛十人放乌卜藏。"《钦定大清会典·嘉庆朝》："初八日，以一百八人在圆明园清净地放乌卜藏，唪十六罗汉经。"③《郎潜纪闻初笔》卷一"喇嘛教"："（喇嘛）其演法则有跳布札、放乌卜藏诸技。"同样的材料在《清朝野史大观》卷十二"清代述异·喇嘛教"中写作："其演法，则有跳布札、放鸟、卜藏诸技。"④ 标点、字形均有讹误。

【娄军】掌守禁门等处的护军。《则例·乾隆朝·银库》："书吏一人，皂隶三人，娄军五人。其皂隶三人一由本院娄军及工部皂隶娄军内拨充，其二皆隶本库行走。""娄军"之"娄"是蒙古语"哈喇娄"的缩称，"哈喇娄"为蒙古语，汉译"黑龙"。《日下旧闻考》卷一百五十四："哈喇娄，蒙古语黑龙也，旧作哈儿鲁。"

由于蒙、藏、满、汉各民族间的相互交往、接触，带来了语言上的相互借鉴，促使汉语中产生了一些具有不同民族语言成分的合璧词，主要是一些专有名词。如"达赖喇嘛"与"班禅额尔德尼"，是藏传佛教格鲁派

---

① （清）夏尚志：《西藏乐府》，转引自（清）张应昌《清诗铎》，中华书局1960年版，第303页。

② 奇文瑛：《满-通古斯语族民族宗教研究　宗教与历史》，中央民族大学出版社2005年版，第234页。

③ 托津等：《钦定大清会典（嘉庆朝）》，文海出版社1991年版，第3542页。

④ 小横香室主人：《清朝野史大观》，中央编译出版社2009年版，第1160页。

（黄教）中地位最高的两大活佛之一，其中"达赖"系蒙音汉译，意为"大海"；"喇嘛"系藏音汉译，意为"上师"。"班禅"是"班智达钦波"的简称；"班智达"为梵语，是通达五明的人的称号；"钦波"是藏语"大"的意思；合称义为"大学者"；"额尔德尼"系满语，意为"光明"；"班禅额尔德尼"汉语义为"大学者"。

又如，《理藩院》卷九百七十四："西藏及蒙古各部落游牧喇嘛驻京喇嘛设掌印札萨克大喇嘛一人，副札萨克大喇嘛一人，札萨克喇嘛四人，达喇嘛十七人，副达喇嘛四人，苏拉喇嘛十九人，教习苏拉喇嘛六人，额外教习苏拉喇嘛四人。"其中的"札萨克大喇嘛""达喇嘛""苏拉喇嘛"均是清代驻京以及蒙古地区藏传佛教寺庙的僧职名。"札萨克大喇嘛"是寺庙的首席喇嘛，"大喇嘛"亦称"达喇嘛"，"达"是满语，"首领"之义，"札萨克"是蒙古语，"执政官"之义，这是个蒙、满、藏合璧词。"达喇嘛"亦称大喇嘛，是藏传佛教的高级僧职名。"苏拉"是满语，即汉文的"散秩""闲散"或"没有一定专职"的意思，"苏拉喇嘛"是负责寺庙具体事务的僧人。

三　维吾尔语词

清代藏学汉文文献中有涉及新疆的内容，因此，也记录了少量的维吾尔语词，一般读者对这些词语颇多疑义，以下列举《平定准噶尔方略》《乾隆朝内府抄本〈理藩院则例〉》及《钦定大清会典事例·理藩院》中的部分维吾尔语词，并进行释义，以有助于阅读。

【普尔、腾格】"普尔"意为"钱"，是清代新疆、西藏地区通行的钱币名。"腾格"意为"小银币"，是普尔的计量单位，一腾格约合银一两。《则例·乾隆朝〈大清会典〉中的理藩院资料》："其钱曰普尔，计一普尔之重，得内地库平二钱，值银一分。每普尔百文为一腾格，直银一两。普尔以红铜为之，其轮廓、孔方、鼓铸之法，一如内地，面用乾隆通宝汉字，以叶尔羌、阿克苏诸地名回字附于背。"《则例·嘉庆朝〈大清会典〉中的理藩院资料》："凡伯克，皆制以俸。（各城伯克，皆给予俸地，喀什噶尔、叶尔羌、和阗兼给俸普尔。俸地计以巴特满，普尔计以腾格。）"

【察喇克（察拉克）】重量词。用于称量生丝、香料、药材或粮食。

《平定准噶尔方略》正编卷七十五："每年贡赋数目，查回人……一察喇克，准官秤十觔。"同书卷七十七："其叶尔羌贡赋，从前噶尔丹策零时，每年缴纳……棉花一千七百十五察喇克，红花四百二十八察喇克。"又作"察拉克"。《则例·嘉庆朝〈大清会典〉中的理藩院资料》："回俗不设量，米谷皆以轻重权之，十斤曰察拉克。"

【噶尔布尔】重量词。一噶尔布尔为八察拉克。《则例·嘉庆朝〈大清会典〉中的理藩院资料》："回俗不设量，米谷皆以轻重权之，十斤曰察拉克，八察拉克曰噶尔布尔，八噶尔布尔曰巴特满，一巴特满当仓斛五石三斗。"

【帕特玛（巴特满）】重量单位，也可作为土地面积单位，指需用同等重量种子播种的土地。《平定准噶尔方略》正编卷七十五："每年贡赋数目，查回人一帕特玛，准官石四石五斗。"《则例·乾隆朝〈大清会典〉中的理藩院资料》："凡回部王贝勒俸币，与蒙古之制同。伯克则按其品级而授之地。三品，给二百帕特玛籽种地，种地人百名。四品，百五十帕特玛籽种地，种地人五十名。"又作"巴特满"。《则例·嘉庆朝〈大清会典〉中的理藩院资料》："凡伯克，皆制以俸。（各城伯克，皆给予俸地……俸地计以巴特满。）"又："回俗不设量，米谷皆以轻重权之，十斤曰察拉克，八察拉克曰噶尔布尔，八噶尔布尔曰巴特满，一巴特满当仓斛五石三斗。"

【臌齐】意为"奴仆"，为伯克们种地、服役的维吾尔族贫困人户。《则例·嘉庆朝〈大清会典〉中的理藩院资料》："回地无顷亩，多寡即计以粮，每给俸地，即给以种地回子曰臌齐，多寡视其地。……俸地多者至二百巴特满，一百臌齐，少者止十巴特满，二臌齐。亦有不给地，止给臌齐者。"

【伯勒克】意为"礼品"。新疆各城的参赞大臣、办事大臣上任或过年、婚丧大事，所属城镇的阿奇木伯克必须呈献礼物，多为绸缎、玉器、马匹、皮张、牛羊等。哈萨克归顺清政府后，其首领每年向清政府纳贡之外，各部牧民每年还要缴纳一定的马匹充当税赋，亦称为"伯勒克"。《则例·嘉庆朝〈大清会典〉中的理藩院资料·徕远清吏司》："内附者各给以衔，而输马焉。（内附之布鲁特，每岁或一次或二次遣使来，喀什噶尔、乌什进马，曰伯勒克。）"

【玛什鲁、超达尔（朝塔尔）】"玛什鲁"是一种丝、棉混纺布，可用来制作帽子、护墙、鞍垫等。"超达尔"是地名，位于今新疆温宿县吐木秀克乡曲达村，以织布闻名。《则例·嘉庆朝〈大清会典〉中的理藩院资料》："凡回部札萨克之贡，以岁进。（吐鲁番，岁贡玛什鲁绸二，超达尔布二，佩刀四，手巾十，大葡萄二囊，小葡萄二囊，绿葡萄二囊，干瓜二筐。哈密，岁贡超达尔布四，佩刀二，鹰五，盘羊角十，砺石千方，瓜干二十盘。）"英和等《为班禅额尔德尼等进贡物数折赏》题本："吐鲁番郡王迈玛萨依特差梅楞迈玛呢雅斯进超达尔布十匹，每匹作银五钱；玛什鲁布二匹，每匹作银五钱。"① "超达尔"又作"朝塔尔"。《允禄等为察哈尔旗下大臣侍卫等进作马匹折赏》题本："该臣等查得乾隆八年正月初一日起至十二月二十九日，喀尔喀、虎枯诺尔、厄鲁特和托辉特、图尔古特、哈密、吐鲁番等处，蒙古王、台吉、喇嘛人等进贡等物内，共收五等马九十九匹、五等驼四只……喀齐缎七匹，朝塔尔布十二匹……"② 其他文献中写作"绰达尔"。《钦定西域同文志》卷三："绰达尔。（回语绰，木筏也；达尔，修筏匠也。居人多以修筏为业，故名。）"③ 其中的"回语"即维吾尔语。《〈钦定西域同文志〉校注》中写作"超达尔"。④

【伯克】维吾尔族特有的官名，下设各级伯克。《平定准噶尔方略》卷七十五中兆惠给朝廷的奏报中有一段资料："查回部头目，曰阿奇木伯克，总理一城，曰伊沙噶。协办阿奇木事，曰商伯克。……专管园林，曰明伯克，其职如千总。"《则例·乾隆朝〈大清会典〉中的理藩院资料》："其哈拉色拉以西诸回城，皆设伯克。伯克之秩，以三品至七品为差。其综理城村庶务者，曰阿奇木伯克，伊沙噶伯克贰之。掌田赋者，曰噶杂那齐伯克，尚伯克职掌同。回民买卖田宅产业，掌其质剂，平其争讼，兼收其税入者，曰密图瓦里伯克。整饬回教者，曰摩提沙布伯克。掌兵马册籍，兼递送文檄者，曰都管伯克。理刑名者，曰哈子伯克。导水泉以资灌溉者，

---

① 大连市图书馆文献研究室、辽宁社会科学院历史研究所：《清代内阁大库散佚档案选编》，天津古籍出版社1992年版，第355页。

② 同上书，第343页。

③ 大英博物馆所藏钞本：《钦定西域同文志》，笠井出版印刷社昭和1938年版，第128页。

④ 刘义棠校注：《〈钦定西域同文志〉校注》，（中国）台湾商务印书馆股份有限公司1984年版，第53页。

曰密拉布伯克。董匠作营造之事，曰纳克布伯克。又有明伯克，以分领回众头目。有阿尔把布伯克，以司征比。有巴济格尔伯克，以评市价。有克勒克雅拉克伯克，以榷商税。有杂布提摩克塔布伯克，以掌经典。有什呼尔伯克，以供行人刍粮路费。有巴克玛塔尔伯克，以典园林、蔬果。有达鲁罕伯克，以警斥堠。有帕提沙布伯克，以司巡逻、侦缉，及主守罪人。有塞衣得里伯克，以平治道途。"以上诸伯克的意义，在《〈钦定西域同文志〉校注》一书中有详细释义，此不赘述。此词元代已见。《钦定元史语解》卷十九："伯克，回官名。卷一百十八作必哥，卷一百三十五作字可，并改。"

【巴咱尔（八栅尔、巴匝尔）】市集、市场。《理藩院》卷九百九十六："四十三年谕：嗣后回子等有寻常命案，应照回子例绑于巴咱尔立行打死，即行办理，于年终汇奏，毋庸专折请旨。"清代其他文献中写作"八栅尔""巴匝尔"。《茶余客话》卷十三："阿克苏……人善攻玉，制器精巧，商民鳞集，街市交错。每逢八栅尔期会，货如云集。"《回疆风土记》："日中之市，谓之八栅尔。每七月一集，五方之货，服食所需，均于八栅尔交易。""巴匝尔伯克"职司管理集市贸易，相当于市场管理人员。《钦定西域同文志》："巴匝尔，回语，市集也，职司巡察市集细务。"①

第三节　梵语词

梵语词一般是指古印度的书面语词，藏地流行佛教，清代藏学汉文文献在记述藏地风土民情时，也适当吸收了一些跟佛教有关的梵语音译词。如：

【波旬】又称"魔波旬"，恶魔、魔王之义。② 《金川纪事诗·美笃寺》："御彼波旬徒，幻化免挠触。"此词在汉文佛经中常见。

【苾刍】即"比丘"，是受具足戒者的通称。《史料汇编·电寄刘秉璋

---

① 刘义棠校注：《〈钦定西域同文志〉校注》，（中国）台湾商务印书馆股份有限公司 1984 年版，第 128 页。

② 参见杜继文、黄明信编《佛教小辞典》，上海辞书出版社 2001 年版，第 512 页。

转升泰着开导藏众先行撤兵隆吐山属藏哲可徐辨明》："乃蠢兹苾莒，不量己力，越疆置卡，肇衅生端。"此词常见于唐代汉文译经。

【波罗蜜】原意为到彼岸，即由此岸（生死岸）度人到彼岸（涅槃、寂灭），汉文佛经中常见。这里代指诵经声。《巴塘志略·巴塘竹枝词四十首》："但听一片波罗蜜，勿药能占病体康。（患病不信医药，惟延喇嘛诵经。）"

清徐兰《塞上杂记》："合嗦尔十二人戴假面，扮马哈喇佛，备极殊怪，双双跳舞而出。其一曰厄利汗，文殊化身。二曰作嘛知，文殊之护法神。三曰嘛哈噶喇，四曰喇嘛，皆观音化身。五曰戚叉叭喇，六曰滋那咪喳，七曰著基阿拉喳，八曰冬琨著煞，九曰生合冬东，十曰出孙冬东，十一曰煞拉瓦，十二曰摸黑，皆观音之护法神也。惟厄利汗、拉瓦为牛、鹿扮面，余皆不可辨。"其中的厄利汗、作嘛知、嘛哈噶喇、喇嘛、戚叉叭喇、滋那咪喳、著基阿拉喳、冬琨著煞、生合冬东、出孙冬东、煞拉瓦、摸黑，均为哈喇佛名，由梵语音译而来。

在和宁的《西藏赋》及自注中，亦出现了诸多梵语音译词，如，沙弥、贝多、泥梨、曼陀、修罗、玉耶、阿魀、头陀、刍尼、迦陵、苾刍、维摩、瞿摩、摩提、般若、兜率、阿闷、庵罗、桑门、由旬、伽陀、毗卢、迈达、杜多、菩提、提陀、尸陀、罗汉、荼毗、弥勒、达摩、兜罗、兰奢、摩揭、须达、三摩地、侯茶波、陀罗尼、须菩提、阇黎耶、温都逊、庵摩果、伊蒲馔、宾头卢、波罗蜜、优婆夷、优婆塞、摩罗木。

清代藏学汉文文献中也有一些梵汉合璧词，如：

【萨埵石】指玛尼堆上刻有佛像及经文的石片。"萨埵"是"摩诃萨埵"的简称，意为大士、大菩萨。《百一山房赴藏诗集·麻利堆》："谁将萨埵石，遍刻般若经。"其他文献例如《曝书亭集·萨埵石》："朅来给孤园，玩此萨埵石。"

【菩提珠】即佛珠。"菩提"为梵文音译，意译"觉""智""道"等，佛教用以指豁然彻悟的境界，又指觉悟的智慧和觉悟的途径。《西域遗闻·里巴二塘》："菩提珠者，先有老僧手种菩提树三株，开白花，结子如茨实，有纹如眼。"

【弥天释】又称"弥天子"，指释子、高僧。"释"是"释迦牟尼"的略称。孙士毅《百一山房赴藏诗集·瑶圃制军寓斋同大将军敬斋相国希斋司空公谦即席四首》："香南雪北开精舍，只有弥天释道安。"周霭联《和文靖〈察木多望雨〉》："经楼不少弥天释，盍试盆中洗鲊方？"又作"释弥天"。《百一山房赴藏诗集·登布达拉诣圣容前行礼恭纪，兼示达赖喇嘛》："竺法僧归多宝志，禅宗雅重释弥天。""弥天"本指满天，极言其大，引申喻指志气高远。《晋书·习凿齿传》："（释道安）自北至荆州，与习凿齿相见。道安曰：'弥天释道安。'凿齿曰：'四海习凿齿。'时人以为佳对。"

"梵"是汉音译梵复音词"婆罗贺摩拿"经缩略而双音化为"婆摩"，继而又音节语素化为"梵"。[①]在汉语中，常与其他语素组合构成偏正式双音复合词，清代藏学汉文文献中，也出现了两例：

【梵寺】佛寺。《丁巳秋阅吟·还宿宗喀次日供奉帝君圣像于琼噶尔寺》："琼噶岩岩势，山巅梵寺空。（琼噶尔喇嘛寺高居山顶，势颇岩峻，在宗喀迤北，久无僧住，亦无佛像。）"

【梵碉】佛碉，佛楼。松筠《西招纪行诗》："中有曲江地，要隘筹新碉。（萨迦迤东沟内有两处要隘，一名曲多，一名江巩。余询悉从前廓尔喀经由此地，潜入后招，因即筑卡以为防御。有警，可由后招拨兵堵御，现令喇嘛住持，虽似梵碉，实作望楼耳。）"《丁巳秋阅吟·察咙》："新碉已落成，威重昭清平。（察咙西南相地砌卡三处，一曰曲多，二曰江巩，三曰阿尼巩，形如梵碉，所有碉墙，叠砌方洞，以便施放枪炮，势颇联络。）"

"佛"本是"佛陀"的音译，在汉语语境中，音节语素化为"佛"，表示"佛陀"的整体意义，常与其他语素构成复合词。清代藏学汉文文献中出现的这类词语如：

【佛公、佛母】"佛公"指藏传佛教大活佛的父亲；"佛母"指大活佛的母亲。《西藏纪闻》："所生活佛之父母，人称为佛公、佛母云。"

【佛尊】指佛像。"尊"为佛像的计量单位。《丁巳秋阅吟·还宿衮达》："况是木珠妻，劝义慰殷情。（该部长之妻，系宗喀营官萨木珠之姊，

---

① 陈宝勤：《汉语词汇的生成与演化》，商务印书馆 2011 年版，第 30 页。

并因赏其夫妇缎匹、香珠、哈达、佛尊。)"《文海驻藏奏稿·会衔代达赖喇嘛谢恩折》："后荷蒙颁发敕书、佛尊、银茶桶……等物，于光绪二十五年六月十七日赍到罗布岭岗改桑颇章，当即恭设香案，望阙叩谢天恩，敬谨祇领讫。"

【佛国】特指西藏。因藏地全民信教，故有此称。《进藏纪程·江达》："山川平旷，民安耕凿，有无怀葛天之风，盖近佛国，而风景顿殊矣。"查礼《藏纸》诗："佛国技艺能，无远不筹创。"

【泥佛】泥捏的小佛像，藏语称为"擦擦"。《西辖日记》："十五里至热水塘，有胡图克图为汉番所信服，颇解汉语，善占卜，赠黄丸七颗、泥佛一尊，长寸许。"

"僧"是梵语音译词"僧伽"单音语素化的结果。清代藏学汉文文献中以"僧"为语素构成的新兴复合词如：

【僧牢】寺庙。其中的《西藏赋》："生之年，愿干没于僧牢；死之日，尽输将于佛会也。"

【僧教、禅僧】"僧教"指藏传佛教。"禅僧"指藏传佛教僧侣。《西域遗闻·佛氏》："僧教以黄、红帽为别。黄帽者，真心修行，如中土之禅僧也；红帽者，娶妻生子而后独居于寺，为人诵经取利，如中土之应付僧也。""禅僧"亦见于清代笔记。《听雨丛谈》卷七"喇嘛"："或云，今之禅僧宽袍大袖，是效明季衣冠，喇嘛之袍褂，是效蒙古及本朝衣冠，皆非其本来面目。""禅僧"是用两个外来语素用汉语构词法构成的新词。

"禅"是梵语音译词"禅那"单音语素化的结果，清代藏学汉文文献中以"禅"为语素构成的新兴复合词如：

【禅戒】即念珠。《史料汇编·色楞额等奏代罗卜藏顿柱谢赏已故八世班禅哈达禅戒折》："着加恩赏给白哈达一方，禅戒一串，用副朕轸念宣勤呼图克图喇嘛等之至意。"

【禅翁】特指达赖喇嘛。"翁"是对年长者的尊称。《百一山房赴藏诗集·罗博岭冈是达赖喇嘛坐汤处》："禅翁此徜徉，方塘一泓水。无垢乃须浴，入定聊隐几。"

【坐禅】本指静坐息虑，凝心参究。在清代，指藏传佛教喇嘛活佛转世继位的仪式，同"坐床"。《史料汇编·萧格等奏达赖喇嘛坐禅事毕接领赏物谢恩情形折》："达赖喇嘛为圣上宝座坚固万万世，自十月十三日始坐禅，尚未事毕。……二月初八日，达赖喇嘛坐禅事毕，奴才等恭陈赏物于案，亲捧系哈达之曼达颁赏。"

【呗偈】"呗"是梵语音译"呗匿"的省称，意译为"歌咏、赞颂"。"偈"是梵语音译词"偈陀"的省称，是佛经中的一种体裁，广义指歌谣、圣歌；狭义指韵文形式的经文。"呗偈"意指念诵的经文。《百一山房赴藏诗集·甘丹寺》："香国三生悟，花城七宝攒。钟鱼消劫火，呗偈祝平安。"

还有一些并非源自原典语文的佛教用语，原本为汉语的固有词语，在使用过程中被赋予佛教义，如：

【宝网】即宝珠网，由众多宝珠金线串结成的网。《金川纪事诗·过楚卡戎葵山色绝胜书寄曹来殷吴冲之》："碧云兜罗绵，射目晕宝网。"又《美笃寺》："层楼三重高，宝网四阿甍。"又《秋霞幻丽诗以赋之》："或云此地迩佛土，交光宝网由蛾嵋。""宝网"经常用于指称佛家用的网状帷帐，明代已见。释来复《西湖绝句》："宝网金幢变劫灰，瞿昙寺里尽蒿莱。"①

【八吉祥】佛教常用的有吉祥寓意的八件供器，象征佛教威力。分别为法轮、法螺、宝伞、华盖、莲花、宝瓶、金鱼、盘长结。《卫藏图识·识略》上卷："额尔泽卜尊巴胡图克图遇有国家庆典，则进贡物有：佛像、金经、银塔、五色帖、八吉祥之属，各具奏书，遣使以闻。"《六世·内务府奉旨用白海螺等做八吉祥及七珍八宝备赏班禅》："传旨：用白海螺、木瓜、葛毛草三件，添配罐四件、镜一面，照东佛堂现供八吉祥一分，再照西佛堂现供七珍八宝样款，成做银珐琅莲花座一分，八宝一分，得时摆在红木盘内，班禅额尔德尼来时赏给。"

清代藏学汉文文献中记录的民族语词，以藏语音译词居多，且涉及清代西藏社会生活的各个方面，蒙、满、维等语言词汇的数量较少。其中所使用的梵语词，大多是沿袭前人的用语而来，不过，清人也创造性地使用了少量的佛教用语。清乾隆四十六年敕纂《辽金元三史国语解》，全书分《辽史语解》《金史语解》《元史语解》三部分，分类诠释了《辽史》《金

---

① 转引自（明）田汝成《西湖游览志余》，浙江人民出版社 1980 年版，第 252 页。

史》《元史》中所使用的民族语词，将清代藏学汉文文献中的民族语词资料与《辽金元三史国语解》进行比照，可以发现，有不少词语在辽、金、元时已进入汉文文献记载。随着时间的流逝，上述这些词语中的多数已经被废弃。然而，梳理分析这些词语，是有其积极意义的：首先，藏学汉文文献中的藏语音译词，是用读音相同或相近的汉字记录下来的，与藏语的实际发音还有些距离，借助这些资料，从微观上直接对清代藏语进行分析，是比较困难的。但是，汇集这些语言材料，可以揭示清代西藏的语言使用状况。其次，在清代，随着西藏与内地联系的不断加强，使得藏族更加紧密地融入统一的中国社会生活当中，大量带有浓郁异域色彩的藏语音译地名、山水名、官职人名以及文化词语直接进入汉文文献，扩展了内地人的眼界，这一地区也逐渐被内地人所熟悉。最后，藏学汉文文献中记录的民族语词也反映了我国各民族之间物质和精神文化交流的实际情况，以及统一的多民族国家一体化的过程。这些资料也为今人提供了一个彻底观察社会因素对语言要素施加影响的具体过程的窗口。

第五章 清代藏学汉文文献中的新词新义

在清代，随着内地与西藏在政治、经济、文化等层面交流的进一步深入，加深了人们对于西藏的认识。在记载藏事、反映藏汉经济文化交流进程的汉文文献中，也产生了不少的汉语词汇新兴成分。新词新义是词汇中的新兴成分，是词汇中的新质因素，反映了词汇的变化。从形式和意义的关系来看，用新形式所表达的新概念或旧概念，均属新词；用旧形式所表达的新概念或旧概念，均属新义。① 清代在汉语发展历史上属于近代汉语向现代汉语的过渡阶段，这个阶段正值文言文被白话文取代的前夜。清初到 19 世纪末这一段的语言（语法，尤其是词汇）和"五四"以后的语言（通常所说的"现代汉语"就是指"五四"以后的语言）还有若干的不同，研究这一段语言对于研究近代汉语如何发展到"五四"以后的语言是很有价值的。② 由于多数清代藏学汉文文献面世较晚，对于其中的新词和旧词新义，大型语文辞书往往疏于收录。以下参照《大词典》《大字典》等辞书的收词情况，对文献中的词汇新形式、新含义和新用法，予以排比说解。为了便于查检，新词新义均按音序排列。

第一节 清代藏学汉文文献中的新词

本节所言新词，是指以《汉语大词典》作为参照，未被辞书收录且不见于清代以前文献中的词语。以下列举部分见于清代藏学汉文文献中

---

① 俞理明：《汉语词汇复音化研究中的数据分析的思考》，《蜀语新声：四川省语言学会第十四届年会论文选》，四川出版集团 2009 年版，第 78 页。

② 转引自蒋绍愚《近代汉语研究概要》，北京大学出版社 2005 年版，第 6 页。

的新词。

【半背】短袖或无袖上衣。俗称坎肩。《藏纪概》卷尾"西藏种类"："活佛则著锦靴，内衣氆氇半背，外衣偏单。""半背"古称半臂，"背"是"臂"的音转。《西藏纪闻·衣冠》："内衣氆氇半臂，外衣紫羊绒偏单，以帛交缚于上。"

【绊带（缳带、条绊）】一端或两端分别固定在物件上的带子。《例案》下卷："过脊贴边一条，遮风走水二条，燕儿窝四个，绠绊带十二条，软绊二十八条……用布一百四十丈五尺，深八尺，连绷子，用布一百一十一丈四尺七寸。"此处的"绊带"是指用以加固帐篷的绳索。又作"缳带"。《卫藏通志》卷十四上："廓尔喀小臣拉特纳巴都尔、率领小臣之叔巴都尔萨野，叩首叩首。跪进：……番弯刀五把（缳带全），小番刀十把。"此处的"缳带"是指两头分别固定在枪身中间部位，便于把枪支撑在肩上的带子。清代其他文献中写作"绊系"。《云南史料丛刊·张允随奏稿下》："至此项挡牌，两傍俱有绊系，进攻之时，酌量地势宽窄，将挡牌或二面，或三面联成一处，即可多藏枪手，毋庸另制大牌，庶军器皆归实用，帑项不致虚糜矣。"① "绊带"为条状，故又称"条绊"。《例案》下卷："关庙布二幅，长一尺七寸五分，搭角四块，每块八寸，折宽二寸五分，用红布八寸，条绊用红布二寸二分，共用红布四尺五寸二分。"

【抱石】藏族节日游戏之一，大石上涂抹酥油，以能抱起者为胜。《有泰日记》卷八："抱石，石上亦抹酥油，与内地不同。"卷十一："在座前楼下先设白毡一块，黑石头子一个，重二百斤上下，随人抱起，绕毡三匝为上等。其次或抱起或抱不起为下等。上等以大哈达，下等以小哈达赏之。然抱之实不易，并无抠手，且极滑。"《旃林纪略》中亦记载了这种抱石游戏："有大石一块，约重六七十斤，第圆滑如卵，甚难着手，能举起者各官均赏哈达。"

【辫囊】蒙古族妇女头上所戴束发的套子。《西域遗闻·风俗》："蒙古妇女……分发为两辫，以青缎为辫囊，修广如其辫，上以银钩钩之，垂于膊。"

---

① 方国瑜：《云南史料丛刊》第 8 卷，云南大学出版社 2001 年版，第 744 页。

【背手】经济活动中，经办人获取的、正常开支之外的钱财。因不在账目之内，不被雇主所知，故称"背"。《史料汇编·满庆等奏为杜绝弊窦因时制宜筹议变通章程五款折》："纵有少积银茶之户，核计正数不敷，先要以此孝敬来人，名曰背手。"

【奔娄头、倭多眼】"奔娄头"谓前额或后脑勺突出。"倭多眼"是指由于前额突出而眼睛深陷。《有泰日记》卷十二："丹增大有趣，金八谓其为奔娄头，倭多眼，扁脑杓，四方脸。""奔娄"在清代白话小说中亦见。《狐狸缘全传》第四回："那脑袋似蚕豆，顶门儿上觚觚头，虽下雨淋不透。两个眼往里眍，木儿耳相配着前廊后厦的奔娄。"今陕西民间俚语有"奔颅奔颅，下雨不愁，人家打伞，我有奔颅"①。其中的"奔颅"同"奔娄"。

【瘟罗痧】痧症名目之一。《有泰日记》卷六："找少韩谈，竹君在座，谈及瘟罗痧，嚼古钱可愈。"清代医书中亦见。《倚云轩医话医案集·瘟罗痧说》："痧疫一症……其名甚多。如今之瘟罗痧，即古之霍乱也，病则上吐下泻，肢冷脉伏，肉削音低，以清浊升降之气，挥霍淆乱于中，故名霍乱。"

【饽饽桌（饽饽卓子）】"饽饽"是指用面粉做成的面饼、饺子、馒头之类的面食，是满族的传统食品。"饽饽桌"是满族宴席上用各种饽饽层叠堆成形如宝塔的糕点。《六世·勒尔谨奏赴塔尔寺筹办筵宴班禅派员沿途照料行李等情折》："奴才仍当亲赴塔尔寺详加查看，一切饽饽桌、羊肉等项俱丰为预备，届期遵旨无庸备酒。"又称"饽饽卓子"。《有泰日记》卷四："乍丫正仓储巴庆饶致美敬迎并来见，送释迦佛一尊，并柿饼、麻花似饽饽卓子一席，再三求收。"

【剥黄】开除藏传佛教僧人的教籍。喇嘛衣黄，若其犯罪，要剥去黄衣以正法。《廓》卷首四："因即令将为首之济仲拿至前藏，对众剥黄正法。"清代笔记中亦见。《癸巳存稿》卷十三："乾隆时，卫藏济仲喇嘛妄言误边事，剥黄正法。嘉庆十二年，达赖喇嘛罗卜藏的列科派粮物，逼死庄头郑国泰一家二命，复主使郑珂捏词具控，奉旨剥黄斥革。"

【草豹】雪豹的别称，又名艾叶豹。《金川琐记》卷五"放索子"：

---

① 伍尚勇：《原生态的西安话》，西安交通大学出版社 2007 年版，第 130 页。

"惟遇草豹，性灵狡，辄宛转啮断绳索逸去。夷人亦无如之，向用枪箭制之而已。"

【毳屋】同"毳帐"。游牧民族所居的毡帐。"毳"本指鸟兽身上生的细毛，也指用兽毛加工制成的毛织品。《西藏纪述》："（夷民）近草地，住毳屋，俗名黑帐房。……地属不毛，牧放资生，住居毳屋，并无定址，按四时水草便易居处。"清人文集中亦见。纪昀《皇太后八旬万寿天西效祝赋》："度水泉，相林麓。缝旃裘，葺毳屋。"①

【层峦峻岭】重叠而高峻的山峰。《卫藏图识》上卷"图考"："天时多寒少暑，层峦峻岭，峭壁悬崖，中隔泸河。"

【出青】马匹到野外牧放。《廓》卷八："查现在甘州、凉州、西宁等处尚有出青孳生马匹，应于此内挑补。"他例如《清史稿·兵志十二》："二十六年，令八旗牧马，春夏驱赴察哈尔牧放曰出青，秋冬回圈曰回青。"

【锄耳】锄头上安装木把的半圆形部位。"在安装木把的部位，北方叫做镐袢或镢袢，南方则对其部位称为锄脑或锄耳，工艺上多种多样。"② 《例案》下卷："锄耳半圆长四寸，折厚一寸，厚三分，重三斤二两四钱。"

【怵目惊心】即"触目惊心"。看到某种情况而内心震惊。《金川案·元·上谕严惩小金川土司示众》："僧格桑就获后，即当在军营严加刑讯，凌迟示众。仍传旨晓谕，使诸番怵目惊心，共知畏惧。"

【穿孝】为死去的亲人穿戴孝服。《景纹驻藏奏稿·生母在旗病故请先行回旗穿孝折》："为奴才接准部咨生母在旗因病身故，吁恳天恩逾格，可否准其先行回旗穿孝，俾得稍尽人子私情，恭折具奏，仰祈圣鉴事。"《松潓、桂丰驻藏奏稿·廓尔喀国王表文》："无奈地方遥远，不能稍尽微忱，只有恭设神位，望东北叩头焚香，穿孝念经，恭行善事，稍图报效于万一耳。"

【串诱】勾结引诱。"串"有"串通，勾结"义，"诱"指引诱。《则例·康熙朝〈大清会典〉中的理藩院资料》："诱买蒙古人为妻妾奴仆者，

---

① （清）纪昀：《纪晓岚文集》，孙致中等点校，河北教育出版社1995年版，第12页。

② 王再生等：《锻工操作技术》，解放军出版社1985年版，第177页。

为首人即绞，余照前例。串诱买卖者，鞭一百，罚三九，被诱人鞭一百。"他例如《清实录》卷一九六"道光十一年九月"："其装载私盐之艚船，向例不许入境。近则内装私盐，外坐被灾男妇幼孩，一经入境，即串诱灾民，卖盐放抢。"①

【疮瘰】皮肤表面所生的疮疖。《惠显、广庆、盛泰驻藏奏稿·译咨诺们汗拉达克来信着饬噶尔本营官妥为处理因病请开缺折》："惟自打箭炉出口后，经过各处雪山，多有山岚瘴气，奴才赶程心切，失于检点，以致身受瘴疠。到藏月余，调养稍痊，不期发之左腿，竟成疮瘰。嗣于去秋循例驰赴后藏等处，查阅营伍边界，途中疮瘰更发，溃至八处。"

【淳淳闷闷】宽厚诚朴貌，是"淳闷"一词的叠加式。《西藏纪游》卷三："即以人论，邃古之初，淳淳闷闷而已。"他例如清戴名世《蓼庄图记》："居民千余家，淳淳闷闷，浑乎太古之意。桑麻林麓，远近映带，婚姻嫁娶，不出其里。"②

【打野盘】旅途中夜晚在野外宿息。《有泰日记》卷九："张天衢等出差，走至鹿马岭为水阻，兵丁竟有落水者，幸无恙。赶不上宿头，打野盘。"他例如《使琉球记》卷一："去驿四十里，野宿，俗谓之打野盘。"《吉林外记》卷三："往来行旅，自裹糇粮，借宿卡伦。辎重车辆，间有露宿者，俗谓之打野盘。"

【打役】专管打柴放牧的差役。一说，"打"系"马"的藏语音译。③《康𫐐纪行》卷一："取薪之蕃曰打役。"《巴塘志略·巴塘竹枝词四十首》："明亮夫同汤打役，裹粮先去莫迟留。（人畜应差者皆为乌拉……司刍牧者为打役。）"民国文献中亦有记载。《道孚县风俗纪略·差徭》："打役，惟牧马一项，为其专责。"《川边政屑·呈文·呈为士兵彭占云枪毙乌拉娃曲登一案文》："况又迭奉钧令，勿许军队估住民房、估牵乌拉、虐待汤役、打役等令，均经知事出示晓谕所属，一体遵照，呈报在案。"

【灯草绒】布料名，棉质，条纹突起如灯草，故名"灯草绒"或"条

---

① 《清实录》第35册《宣宗成皇帝实录》，中华书局1986年版，第1091页。

② 石钟扬、蔡昌荣选注：《戴名世散文选集》，百花文艺出版社2009年版，第220页。

③ 赵心愚、秦和平：《康区藏族社会珍稀资料辑要》，巴蜀书社2006年版，第337页："'打役'则专门养马（西康称马为打）。"

绒"。《有泰日记》卷十："计泉拿来深香色灯草绒一卷，出印度，质甚厚，与吉林所出相仿，宽有二尺一方，索价藏钱七文，实不为贵。"又："王永福拿来红绿紫蓝四色灯草绒（与前买香色者有一半厚），因各留六方，不过两文半一方，虽薄不如吉林的，然价甚廉，共二十四方，钱六十六文。"他例如《清稗类钞·盗贼类》："胡匪之行劫也，既劫财又劫色，甚而置人于死，稍与抗即施以种种之酷刑：炽火于炉，捺人坐其上，谓之坐火车；或以铁线入火中，俟红，遍烙人身，谓之灯草绒背心。"其中的"灯草绒背心"是比喻的用法，指以铁条在人背部所烙印痕。

【等身拜】藏传佛教礼仪。一种磕头方式，磕头者全身着地，每磕一次头，用手在前额着地处画一条横线，下次磕头时脚尖齐线，再磕再画，连续下去。今俗称"磕长头"。《里塘志略·杂记》："蛮人男妇于正月、四月、七月、十月绕大招围墙，计周十里许，二步一拜首，所到处足蹑其迹，谓之等身拜。"《西藏纪游》卷二："四月初一日至十五日，番人男妇绕布达拉作等身拜者不下千余人，云此半月拜佛，一日可抵十日。"

【蒂欠】欠。《讷钦驻藏奏牍·札西藏游击严催马友龙将故丁存款呈缴》："着于七月十五日再行予限一个月，至日务令尽数缴清，不准蒂欠，以清公款。"又"札西藏游击前藏守备官柜存银申解来辕"："此系官款，不准稍有蒂欠。"

【店口】店铺，客栈。《理藩院》卷九百九十三："又定：喇嘛寺院，不准开设棚厂、店口。"清代小说中亦见。《施公案》第一八〇回："这座圣母庙叫作护国佑民宁河保运观，有船来往，再无不进香之理。人烟凑集，甚是热闹，房屋店口不好找。"

【独脚神】传说中的山魈。《金川琐记》卷六"山魈"："寻访得一兵，新自建昌假回，素事独脚神，疑其为祟，按法惩治，驱而远之。……独脚神即山魈木魅鬼怪之类。"《大词典》收有"独脚五通""独脚鬼"，未收"独脚神"。

【断牌】案件、纠纷处理完毕之后形成的断语。《康𫐐纪行》卷八"四讯曲济嘉木参"："今再明白教导，将来断牌，惟持公平，不能尽如尔意也。"《色楞额驻藏奏稿·用兵查办纳鲁噶鲁族了结请奖出力人员折》："该管百户长头目等，或严加惩处，或从宽记过，分别拟断缮发断牌，两造均各悦服。"《讷钦驻藏奏牍·译咨达赖廓王请勘绒辖界务应派员履勘》:"现在两方既均无确据,自应由本大臣拣派委员,带同番夷各官,前往勘验适中之地,从权断结。将来再由本大臣发给断牌,以期遵守,而息争端。"

【耳记(耳级)】战场上割取的敌人的耳朵,用作记功的凭证。《廓》卷十五:"与贼接仗,割获贼匪首级十三颗、耳记十二个。"《平定两金川方略》卷二:"金川堵御不及,弃城遁逃,被小金川赶杀,割取耳记二件。"卷五:"十一月十五日,乘夜突出百余人,被官兵截杀斩获首级耳记,贼畏惧不敢复出。"又作"耳级"。《联豫驻藏奏稿·批波匪来犯鲁郎督军击退详》:"冲锋直前,呼声动天,立毙波匪红衣大头目一名,匪兵数十名,割取首级、耳级多件。"《大词典》收有"耳级",未收"耳记"。

【伐马脚】民间俗信名目之一,谓巫者降神。《西域遗闻·佛氏》:"或未及预言,即祷于神,命人代言其地,曰伐马脚,如其言访之。""马脚"是指神附于体的巫者。《南越笔记·南越人好巫》:"安崖有二司神者,一曰降魂,童言曰:'欲与肖公斗法。'于是二司神各发马脚。马脚者,神所附之人也。"今陕西户县大良村仍有"伐马脚"祈雨的习俗。①

【犯醋】指因男女关系产生忌妒情绪而闹事。《有泰日记》卷五:"番地所谓江古学,皆醋海汪洋,如看跳弦子之类,如本夫与其调笑,则第二日即可带领多人至其家摔毁,甚至将人打伤,其恶劣非常。"

【放舍手】藏传佛教习俗。宗教领袖(如达赖喇嘛)以手抚摩教徒或信众的头顶,以示赐福。《西藏奏疏》卷二:"未及一岁,即能行走二三步,并与本处喇嘛等放舍手。"《史料汇编·七世班禅等请将春科土司丹怎吹忠之子作为九世达赖喇嘛灵童免于掣签奏书》:"此子于磕头之人一一放舍手,毫不怕生。"

【风饕雪虐】谓风雪暴烈。《平定金川方略·平定金川方略表》:"管敢穴巢,必探么,敢大夜郎作气于风饕雪虐之中,选锋于堕指裂肤之候。"《大词典》收"风饕",未收"风饕雪虐"。

【告人】原告。《则例·乾隆朝·理刑清吏司》:"国初定:凡王等审理

---

① 刘高明:《户县大良村"伐马角"祈雨的原始崇拜文化考察》,《咸阳师范学院学报》2012年第1期。

已决之事复行控告，复审无冤抑者罚妄告人一九，札萨克贝勒、贝子、公等所审者，罚告人牲畜五，官员所审者，罚告人马一匹。"《则例·康熙朝〈大清会典〉中的理藩院资料》："又定：凡王等审理已决之事，复行控告，复审无冤抑者，罚妄告人一九；札萨克贝勒、贝子、公等所审者，罚告人一五；官员所审者，罚告人马一匹。"

【干尖】用狐狸小腿皮制成的皮筒。《有泰日记》卷十："换染貂冠，干尖领灰鼠袍褂，棉衬衣，正合适。"清末笔记中亦见。《巢云簃日记》："拙修要大毛、小毛、冬帽各一顶，纬帽一顶，干尖领一条……"① 我国加工狐狸皮的历史悠久，裁制方法多种多样。用脊背部皮制成的皮筒，称狐脊皮筒……用腿部的皮制成的皮筒，称狐腿皮筒；用小腿皮制成的皮筒，称干尖。②

【估勒】强行勒索。《西藏奏疏》卷六："至该革弁收受各兵帮助银一百二十两，虽无估勒情事，究属卑鄙，应照官吏人等非因事而受财坐赃致罪，各主者通算折半科罪。"他例如《道光二年九月吕文富禀状》："前月廿日套唤蚁归，估勒和案，蚁不甘允，而世明更凶横，不由众剖。"③

【鬼难风灾】鬼怪及风带来的灾害。《百一山房赴藏诗集·赠杨荔裳观察》："白盐赤甲山河险，鬼难风灾瘴疠高。"又《凯歌》："朅来鬼难风灾地，膜拜多呼万岁声。"他例如《小仓山房诗集》卷二："惟有书藏胸臆间，鬼难风灾吹不去。"

【锅圈帽】一种顶上有圆孔的帽子。"锅圈"指坐锅的圆圈形器具，因帽形恰似锅圈，故有此称。《巴塘志略·风俗》："正月十五日，喇嘛具鼓乐旗仗……又有小喇嘛十数，带白锅圈帽，穿彩衣，执小铜斧，相率而舞，曰跳钺斧。"又："收获事毕，酿赏具牛酒，户出男女一人，男戴白锅圈帽，穿蟒袍，佩刀。……于广场空地旋绕歌唱，踢足相应，昼夜不止，旬日方罢，名曰跳锅庄。"

【蛤蟆菜】车前草属，多年生草本植物，嫩茎叶可做菜食用。《有泰日

---

① 许宝蘅：《许宝蘅日记》，中华书局 2010 年版，第 333 页。
② 韩清标：《毛皮化学及工艺学》，轻工业出版社 1990 年版，第 56 页。
③ 转引自四川省档案馆、四川大学历史系编《清代乾嘉道巴县档案选编》，四川大学出版社 1996 年版，第 57 页。

记》卷十三："见有番妇拾蛤蚂菜一篓，用米换之，热水抄后拌食。传云，如来佛曾食此物，并不难吃也。"蛤蚂菜亦是一种中草药，有一定疗效。今布依族《采药歌》："蛤蚂菜和金银花，海金沙和大青药，美人蕉和夜含苏，天青地白降肝火。"①

【汗帕】擦汗的巾帕。《西藏见闻录》卷下"宴会"："哈达系织成白绫一副，头尾有万字花纹者似汗帕，而宽大过之。"他例如洪秀全《天父诗》二百二十四："帕匙换教带玲珑，须面手汗帕不同。须面用新洁手旧，汗帕换开立锁封。"②

【花褐】带有花纹图案的毛织物。《卫藏图识·识略》上卷："大宝法王所贡方物：释迦佛、舍利子……青白缨、花褐、花氆氇。"《卫藏图识·图考》下卷："布鲁克巴……妇女……着红衣，系花褐长裙。"

【花绒】带有花纹图案的绒织物。《进藏纪程·土俗》："川省多土司，蛮苗㑩㑩，种类不一，花绒、毡褐，衣服各殊。"

【活套】大小可伸缩的绳套。《金川琐记》卷二"负任"："至金川夷人，辄用皮条长数尺，作活套束物系背，仍手持其端，劳顿时背就蹲石，手松其套可小憩。"《大词典》收"活套头"，不收"活套"。

【霍霍绎绎】往来倏忽貌。"霍绎"的重叠式。《平定两金川方略·艺文六·平定两金川赋》："走不及遁，潜不暇缅，焚巢毁碉，霍霍绎绎，他他藉藉，至于五十里。"

【喝搭】喝酒。"搭"为词缀，无实义。《有泰日记》卷十："忽见南门进来一群人，乃逛柳林喝搭而回者。"同卷："琉璃桥噶伦家唱蛮戏，外有喝搭之男女从而和之。"

【黑帐房】"帐房"指帐篷，蒙古包。"黑帐房"含义有二：

①黑色毡子搭起的帐篷，放牧时用。《里塘志略》卷尾"土则"："北方一带至瞻对界，地亦硗瘠，人无庐舍，皆栖息黑帐房，随水草而居。"

②指西藏的游牧部落，以其居住黑帐房而得名。《进藏纪程》："按大河阿兰多等处，系札仙空撒营官管辖，地方荒草蒙茸，牛羊千百成群，为

---

① 董一、姚福祥：《中国歌谣集成 贵州省黔南自治州 三都县卷》，三都水族自治县十大文艺集成志书办公室1990年版，第36页。

② 杨家骆：《太平天国文献汇编》，鼎文书局1973年版，第464页。

黑帐房住牧之地。"《金川琐记》卷四"黑帐房生番":"绥靖与绰斯甲部落交界,再进十数程,有一种生番,名黑帐房,其地不生五谷,性好剽杀,日以搏取禽兽为业。"《康輶纪行》卷八"三讯丹臻江错":"有四方之流番,日渐聚处无室庐者,谓之黑帐房。"

【荒麻】废纸。麻可造纸,因称。《例案》下卷:"冲天炮子,火绳每盘重三两,长一丈,径三分,用荒麻四两煮为三两。"清诗中亦见。郑板桥《署中无纸书状尾数十与佛上人》:"闲书状尾与山僧,乱纸荒麻叠几层。"①

【灰面】面粉。四川方言。《平定两金川方略》卷七十八:"并经预为办解灰面五万斤,以备裹带。昨又准督臣富勒浑咨,饬办灰面二千石,炒面一百石,盐二千斤运营,以供一万八千兵十日裹带之用等语。"《文硕驻藏奏稿·照抄商上原禀》:"随即微备土仪灰面一包,米一包,送去之时。此系我等两不相识,向不收受等语,退还前来。"《有泰日记》卷七:"文通来,适用灰面、糖作小炸食,令其携往数十枚,并送鹤孙。"

【饥寒交迫】饥饿与寒冷一齐逼来。形容无衣无食的困厄情境。《鹿传霖藏事奏牍·进剿瞻对迭克险隘筹攻瞻巢疏》:"适遇大雨,将士皆露立林中,衣裳尽湿,饥寒交迫。"《大词典》收有"饥寒交切",未收"饥寒交迫"。

【驾窝】一种古老的运输工具。结构简单,用约 6 米长的木架杆两根,顺置两侧,内侧底座以两根横杆络绳子,两木间以木弓为架,蒙以苇席,搭为载人或载物的窝棚,前后各驾一骡(或一马)。②《有泰日记》卷一:"女家人已坐三日驾窝矣。驾窝者,以杉条二根,间以横木,前后均如车辕,中以绳络衣箱,平铺二三只,再铺被褥,人坐其上,以芦席罩之,似小船之蓬,以两骡驮之而行,较比驮轿灵活也。"民国唾茸《五台山礼佛日记》:"壬子坐驾窝,从茅蓬左道登岭,既而循脊迤西行,折而东北,约三十里,至顶……丁未晨,坐架窝行,风砂击目,山枯路涩,六十里至曲

---

① 华耀祥笺注:《郑板桥诗词笺注》,广陵书社 2008 年版,第 202 页。
② 梁志祥、侯文正等:《山西通志》第 21 卷《交通志 公路水运篇》,中华书局 1999 年版,第 293 页。

阳县。"① 这种工具今已绝迹。

【尖风滑雪】刺人的寒风，滑溜的冰雪。形容气候严寒。《安成驻藏奏稿·年力已衰痰喘大作病势不支吁恳开缺折》："讵料时交冬令，边地尖风滑雪，冷冽异常，以致受寒过重，痰喘大作。"

【袷裤】夹裤，双层无棉絮的裤子。《有泰日记》卷十二："昨一夜雨，四山有见雪者，颇凉，棉衬衣、马褂、袷袍，至小袷袄、袷裤、棉套裤，虽伏天亦不能脱。"

【袷袜】夹袜，双层的袜子。《有泰日记》卷十一："午后，阴觉凉，换袷裤袷袜，尚不甚冷，然换棉袄珠毛背心，牙痛牙床肿，唇上亦起泡，皆因干燥所致。"

【脚齿】底部系有齿状物的鞋子，用以防滑。《金川纪略》卷三："上山路径险窄，又皆冻，马不能上，大学士自穿脚齿，奴才等以官兵俱穿脚齿，大学士身先奴才等，领侍卫亲军登陟良久至。"《御制五体清文鉴·靴袜类》收"脚齿"，藏语译为 rkang mdzer。②

【脚马】套在鞋子上防滑的用具。《西藏赋》："抵戏翘关，五指之神狮出观。御风追日，万回之脚马先登。"《易简斋诗钞》卷一"大关山"："初识关山险，人争脚马拖。（土人以铁束脚底，名脚马。）"

【金两、金锞】"金两"指金子，"金锞"指小型金锭。《平定两金川方略》卷一百三十五："候补知府曾承谟，因富德之母生辰，馈送金两，殊属不合，应请交部严加议处。"《六世·内务府奉旨铸造重二十五两金锞九个刻字赏班禅》："传旨：着归入现对化六成金之五成、六成、七成金内，一并均对六成金，成造二十五两重金锞九个，余剩金两交进。"《六世·内务府遵旨为班禅活佛成造金塔》："于初九日，奴才福隆安、舒文谨奏：为约估请领金两工料银两事。遵旨成造四成金塔一座，通高七尺七寸六分，下座见方五尺。"清代笔记中亦见。《榆巢杂识》下卷："新疆喀什噶尔回民……旧例每年纳贡金十两、金丝缎二匹，后增贡金四十两。……嘉庆四年谕，仍照初定章程呈进，其所增金两及葡萄折价，均着

---

① 转引自崔正森选注《五台山游记选注》，山西人民出版社 1989 年版，第 167、168、171 页。
② 古文义等：《御制五体清文鉴　汉藏文鉴专辑》，青海民族出版社 1990 年版，第 448 页。

宽免。"《郎潜纪闻初笔》卷五："盛京内务府尊藏典训、宗器，二百余年宝守维谨，屡有增加……以及各宫殿陈设，一切金玉铜瓷物件，金锞、金条、银锞、书籍、字画、册页，并文溯阁收存各书籍，每值大员更替，按照印册查点一次，专疏奏闻，盖慎重如此。"《大词典》收有"银两""银锞"，不收"金两""金锞"。

【九龙袋】绣有九龙图案的布袋。《六世·内务府奉旨将班禅呈进腰刀等物鞍鞘配匣写四样字白皮签》："（乾隆四十五年十月）二十六日，员外郎五德、催长大达色、金江来说，太监鄂鲁里交彩漆木壳线枪一杆，洋铜烘药葫芦一个，嵌米珠花穿金丝九龙袋一副，洋铜什件鞍紫天鹅绒鞘腰刀一把（俱班禅额尔德尼进）。"《西藏见闻录》卷下"方语"："九龙袋，则箍。"此处的"九龙袋"用于装盛子弹。

【具控】控告。《则例·乾隆朝·理刑清吏司》："又定：凡被盗之人，因人密告具控者……所告属虚，或别经寻获，罚密告之人三九牲畜，令前设誓之台吉及被诬之人平分。"《理藩院》卷九百九十四："又定：凡被盗之人，因人密告具控者，务将其人姓名指出。所告属虚，罚密告之人三九牲畜，令前设誓之台吉及被诬之人平分，罚具控人三九牲畜，全给被诬者。"

【卷刃】刀刃卷曲。《文硕驻藏奏稿·谕僧俗番官及各领袖喇嘛界外通商一事不宜拒绝》："譬之以刀砍石，石固损裂，而用力多猛，刀亦必致卷刃，以刚对刚故也。"清代小说中亦见。《狐狸缘全传》第十二回："这王半仙一面瞎诈着刺，一面便舞那卷刃不磨的宝剑去。"是词今北京、山西等地方言仍用。①

【峻岭层巘】重叠而高峻的山峰。《卫藏图识》上卷"程站"："里塘西南行三十里过大木桥，上阿喇柏桑山，峻岭层巘，日色与雪光交灿。"

【开捞】自夸，吹牛。"捞"本字作"嘹"。《有泰日记》卷十四："伊曾当中书，每谈朝政，群以为老妈妈开捞，又谈许久而去。"

【烤人】使人觉得像烤火一样热。《有泰日记》卷十三："天时较热，太阳出，觉烤人。"

---

① 参见《汉语方言大词典》第 3 卷第 3706 页 "卷刃" 条。

【坎头疮】头疽的俗称。《有泰日记》卷三："又任玉瑞信一封,问王顺在荥经县养病,所害实坎头疮症,甚可危也。"清末文献中常见。《一指定禅》:"坎头疮,在后颈之间。"①《小额》:"去年某公爷长坎头疮,十几个大夫都没瞧好,后来我这位妹妹,去了十几荡,就给瞧好啦。"

【看水盌】迷信占卜方法之一。《西藏纪游》卷一:"西藏占卜之术,有纸画八卦书番字而占者,有以青稞排卦抽五色线而占者,或画地,或掐数珠,或烧羊骨,或看水盌,其术不一,颇有验。""盌"字同"碗"。《拉萨厅志》卷上"风俗":"土人深信占卜,其术……或念珠数占者,或画占者,或羊骨烧之,或水椀验之等法。""椀"今作"碗"。清代笔记中写作"看水碗"。《墨余录》卷九"巫觋":"(女巫)最下则终日走街头,讬捉牙虫、看水碗、扒龟算命为活者。"

【稞粑】青稞粉做成的糌粑。《巴》卷二:"办运既派往多员采买,复申兹明谕增巢价,则番情踊跃供稞粑。""粑"是方言词,指饼类食物,如糯米饼称作"江米粑"。《有泰日记》卷九:"离茔地卅里有镇店,每见一妇人各食铺买江米粑,日久尝见纸灰,有留心者疑之,必以为此妇人所给,去即尾之。……因告明地方开看,乃一小儿骑其母身上,手内犹持粑而食。"或称"资粑""姿粑"。《有泰日记》卷十五:"曾买门外资粑,食之,不甚好。"卷十一:"晚饭馄饨,并午点心姿粑,皆分送而食之。""姿粑""资粑"同"粢粑",今称糌粑。

【磕索】敲诈,勒索。《文海驻藏奏稿·瞻对收复宜筹办法折》:"讵料该喇嘛鞭长莫及,历派番官均不免侵擅邻封,磕索百姓,屡经控告,皆经川督委员办结。"民国文献中亦见。《道孚公牍》卷三"下行":"如有以上包庇烟赌,藉案搕索各情事,无论军民人等,果具有真知灼见,准其指明证据,来署投诉。""磕"又作"搕",有敲击义。《西游记》第五六回:"这大圣把金箍棒晃一晃……搕着的骨折,擦着的皮伤。"在此意义基础上引申出敲诈义。光绪二十七年(1901)十二月,茂州黑虎乡霭紫关等处羌民十二人联名状诉土司罪状,其中有:"使吴廷芳具控吴贵生、吴太方二人,各打大板二千,又小板一千、搕钱二十三两,枷号五日方能脱法。……土差

---

① 转引自周信文主编《实用中医推拿学》,上海科学技术出版社 2002 年版,第 27 页。

搕钱一千二百文，方能脱活。……搕索钱十两、八两不等。……白光停具控杨麦工，土司看钱，不理民情，土差唆弄杨姓佔勒，反告搕害白光停，责打大板一千，小板六百，嘴巴二百，枷号五日，搕钱十两，猪子、货物、衣服浪尽，因此脱法。"①"搕钱"即敲诈钱财。

【拉条面】用手拉成的面条。又称拉面或拉条子。《有泰日记》卷十五："至宽川铺，自下店房，吃拉条面，程巡捕自作臊子，别有风味。"清代歌曲中亦见。《霓裳续谱》卷八"杂曲"："我问老西卖的是甚么货？无不是拉条面、酸辣面、菀豆包子、澄沙包子、攒馅包子。"

【沥诉】详细诉说。《十三·色楞额等代奏达赖谢准免追缴赔廓垫款折》："西藏地方，屡蒙大皇帝宠锡优隆，此次赔偿巴勒布偿款，前蒙由川拨借，亟应遵旨分年归还。实因地方穷苦，无款可筹，曾经迭次具禀，沥诉苦况。"《大词典》收有"沥陈""沥述"，未及"沥诉"。

【亮礮】天亮报时的炮声。"礮"字同"炮"。《有泰日记》卷十三："亮礮前，梦在京与同人相聚，似作诗又似对对。"

【炉齿】炉膛和炉底之间盛煤或柴火漏灰的铁屉子。《例案》下卷："铸炮料物……棕皮每斤（二分），大炉齿每付重十五斤，小炉齿（重十斤）。"

【炉食】烤制面食的总称。《六世·御茶膳房奉旨办理于承德宴赏班禅桌数用料》："以上六日，共用饭菜七桌，每桌八碗，内有外膳房二碗、素菜二碗……炉食一盘、米面一盘……炉食七盘，每盘用白面十四两、白糖三两、香油三两、澄沙一两、核桃仁二两。"《词典》收"炉食饽饽"，未收"炉食"。

【卤面（打卤面）】面食之一。用肉、蛋等做汤加淀粉做成的浓汁，用来浇在面条上。《有泰日记》卷七："惠臣在此下帐房，并备卤面，甚好。"卷十："始到，吃打卤面一盌，不过一口。"

【麻雀、麻雀牌】即麻将牌，前身为马吊牌。《有泰日记》卷六："渠至洋务局打麻雀，又留晚饭。"同书卷十三："鹤孙来，联大人约其打麻雀牌。"打麻雀、打麻雀牌，即打麻将。清代小说中亦见。《负曝闲谈》第十

---

① 转引自李鸣《碉楼与议话坪　羌族习惯法的田野调查》，中国法制出版社 2008 年版，第235 页。

四回："钱胡子当下叫娘姨撮台子，娘姨答应，拿出一副麻雀牌，派好筹码，扳了座位。"

【麻绒】未经纺织的麻纤维。可用于造船、修补船的空隙。《例案》下卷："船料各物：……竹绒每斤价银三分，麻绒每斤价银三分五厘。"又："麻绒、火麻每斤价银三分，麻绳每丈五斤。"又："石灰、麻绒各一十四两二钱四分六厘，或一十一两七钱三分五厘（照丈计算）。"

【毛硝】指芒硝初次煎炼而成的粗硝，是火枪的填装物。《例案》下卷："火药弹绳每毛硝一百斤，配磺二两，柳炭四两，毛硝每百斤用柴一百二十斤。"清代其他文献中亦见。《黄宗汉奏报委弁采办军需硝斤折》："溯查从前夷务案内，曾经采办军需硝十万斤，应即照案往购净硝十万斤，按八四成色计，应办毛硝十一万九千四十八斤。"①

【毛毡】兽毛经加工而制成的块片状材料。《卫藏图识》卷下"物产"："青稞、毛毡、青金石、大面氆氇……以上工布江达。"

【帽查】帽胎。《进藏纪程·土俗》："蛮娟名为打沙鸹，番汉交易，多此辈主之，在西藏者，以珍珠旋绕于帽查之上，精光夺目，有一帽而价值数千金者。"《淮关统志》卷七"徐国税银则例"："各色帽子行：藤帽查一个，一分；大凉帽查十个，五分；小凉帽查十个，二分五厘。"②

【蛮戏】藏族戏曲剧种。今称"藏戏"。清末驻藏大臣有泰喜听戏曲，在《有泰日记》中，记录了不少有关藏戏的资料。如卷十："十五日，拟唱蛮戏。"又："午后同鹤孙至西院看帐房，已搭四五架，备十五日听蛮戏。"又："八月十五日曾唱蛮戏，男女等到者三千余人，交刘巡捕办，不过数十金。"又："闻今日尚有来听戏者。盖街市谣传因蛮戏三班，一曰喇嘛班，二曰丫头班，三曰番子班，可发一笑。"卷十二："因到别蚌寺烧香，彼处有蛮戏，其乱无比，盖香会为虚，其实化布施而已。"

在卷十中，有泰还对藏戏的内容作了介绍："傍晚至西院，蛮戏各喇嘛皆至，如内地乡间所谓亮台。……有带鬼脸者五人（手持羽箭），用蓝毡所作，鼻眼口皆俱，且白须绕喙，上如蛾子形，中出一尖（作戟形），

---

① 中国第一历史档案馆：《清政府镇压太平天国档案史料》第 8 册，社会科学文献出版社 1993 年版，第 636 页。

② （清）杜琳、元成等：《淮关统志》，（中国）台湾成文出版社 1970 年版，第 155 页。

均金画。后垂一锦披，套在头上，身穿花布衣，腰系若干绳，缀以黑牛毛，以便舞时打圆。皆红袴花番靴，谓之天上下来之神。又有二人，如带葵花帽，加大多绒，身穿华衣，下番靴，手持竹板各一张为引。女角色者，女角五六人，头带五佛冠，左右如半开折扇，用红绿染之，身穿华衣、番靴。每歌，一人起头，众和之，后面有人打鼓钹随之。歌讫，则群转圆圈而舞之。舞讫又歌，不过如此。有时各人单转，竟有晕倒者，为众番所笑。"

又同卷："将巳初，赴西院看蛮戏，乃喇嘛班，颇闹热。……所演似在唐赞普通中国之先。（戏番名曲结洛桑，曲结贤王之意，洛桑即王名，凡正角皆手拿竹板一根，长三尺余，其打扮则五色缎，再五佛冠巴竹，且巴竹上有圈纸花，或古装凑笑，女角有公公头者。）有一南海子，即藏地，有一北海子，大约达木左右，北海龙王以其地国王无道，遂搬至南海，北王找红教喇嘛，至南海咒此龙王，欲害其命，可巧一渔夫龙王遇之，赠一宝剑，将红教喇嘛尽行诛戮。龙王遂赠其一宝，渔夫不识，找其朋友夫妇，亦不识。因有一坐静高寿喇嘛见之，说此物不如换一捆仙绳。捆得一仙女，欲乱之，仙女不肯，令其进与南国王，（称曲结洛桑，曲结乃贤王洛桑名也。）遂作小王子妃。先宫内众女，因小王子童身，且貌美，以此仙女为匹偶，众皆妒恨，欲害之。适有打卦喇嘛行贿赂，令在老王子前将小王子遣至北国出征，以便害此仙女。此喇嘛乃一丑角，打卦时偷羊肉偷糌粑，且不会骑马，作种种丑态，大为可笑。始则打卦，以其国内平安，继则必要小王子出兵，老王子新信之，其夫人来说不行，仙女亦说不行，遂出征。带一先锋，亦系丑角，与其丫头别，颇逗笑。小王子与仙女别，颇惨然。小王子走半路复回，乃嘱仙女要言，后复走。宫内欲害仙女，仙女遂腾空而去。小王子征北国，遇一放羊的，问其本国各事，不肯说，吓之方说。遂召集彼处多人，内有半黑半白脸妇人，因爱小王子，留于营内。因将彼处情形说知小王子，因平其国，丑妇亦死。得胜班师，遂皆成仙，为仙女之父带领上天，系一绿马首之神，不可解。且柳枝上挑一观音像朝正座，亦不可解。（藏中以得胜且成仙为吉祥戏，然节奏亦有意思。其离合悲欢，亦与内地无差，人心所同，又何分尔我也。）大家挂哈达、赏钱，竟有在房上亦掷哈达，上缀藏钱，盖此事本地以为吉祥，众人皆乐极。盖今年因达赖未回，不敢整日演之。余则不论。（向由初一日至初八日，山上及各处唱，过此不得再唱。）且仓竹巴将山上所存行头皆借来，外边亦未见过，皆啧啧称羡也。"这些记录，可为今天的藏戏研究工作提供宝贵的资料。

【迷迷瞪瞪】迷迷糊糊不清醒的样子。"迷瞪"一词的叠加式。《文硕驻藏奏稿·致升大臣函飞递总署夹板系补送译稿》："彼时迷迷瞪瞪，竟将总署川中漏却，兹补录送译稿，恐阁下不知其故。"

【苗线】矿苗。《金川案·亨·两金水道源流》："遍访土人，亦不知有苗线可寻。臣等留心访查，将来如果查有苗线，另行奏明酌办。"清末文献中亦见："摩根之矿师佘得立即日启程，由营口赴沈。俟勘准何处金银苗线果旺，再议章程。"①

【木靴】锁脚枷。在木段上剜两孔以套住双脚的刑具。《平定两金川方略》卷一百十六："伊欲乘间逃走，被人首告，脚上穿了木靴，不能逃脱。直至两月前，恳求头人当噶拉阿纳木将木靴除去，发在厨房使唤。"清末小说中有"檀木靴"，义同"木靴"。《儒林外史》第四十五回："我们衙门里拿到了强盗贼，穿着檀木靴还不肯招哩！"旧时凉山彝族贵族对奴隶最常见的处罚就是"穿木靴"，即用长约两米宽约半米的一段原木，中间凿两个孔，受刑者的双脚被放入孔中再用木闩钉牢。②

【南味】具有南方独特风味的食品。多指燕窝、海参等珍贵者。《藏族史料》："乾隆三十七年［壬辰］七月癸丑……但阿尔泰查封桂林随身货财折内列有食物一单，南酒、烧酒甚多，并有燕窝、海参等南味。"

【闹醋】指因"吃醋（男女关系方面的忌妒情绪）"而闹。《有泰日记》卷六："十八日拟至柳林备小酌，并跳弦子，恐有江古学者闹醋，皆不约，诸人必欲前往，盖遣将不如激将也。"又："因约委员统领夷情粮台午饭，先说明，凡有江古学者不约，恐其闹醋。"是词清末以来常见。清光绪间人文龙评《金瓶梅词话》第二回："金莲闹醋，直闹到无理无情，不知是同情常理也。"③

---

①　转引自顾廷龙、戴逸主编《李鸿章全集》，安徽教育出版社 2008 年版，第 373 页。

②　杨鹤书：《中国少数民族社会与文化》，中山大学出版社 1999 年版，第 187 页。

③　转引自黄霖《金瓶梅资料汇编》，中华书局 1987 年版，第 442 页。

【闹人】（草药）毒死人。"闹"为动词。《有泰日记》卷五："惟河岸边有玛弥堆，前两茎草，各开花一瓣，作葵色，据云毒极大，无人敢动，仅知其闹人，不知名。或云即野三七。""闹"字本为"瘄"。《方言》卷三："凡饮药傅药而毒，南楚之外谓之癒，北燕朝鲜之间谓之瘄。""瘄"郭注"音聊"，音稍变。今湖北、四川也都有毒药瘄人的说法。①

【捏手】商人通过在衣袖中互捏手指以讨价还价。《西昭竹枝词》十九："未讲价钱先捏手，全亏扯界两边通（讲价钱以手互捏而定）。"这种在袖筒里捏手洽谈生意的方式，具有很强的保密性，在旧中国市场十分流行，但在今天可能只有八廓街才能见到了。②

【掮担】扁担。《西征日记》："道光四年甲申后七月十三日建癸午刻，自成都皇华馆启程晋藏，共用驮骡二十二头，送至打箭炉，掮担一架。"

【籼板】即连枷，脱粒用的农具。《西藏纪游》卷一："时值五月青稞登场，番妇用籼板打之，和歌相答。"清诗中亦见。《晚晴簃诗汇》卷一百三十七："秋成属登稼，籼板响朝昏。"

【氍毹】毡毯。《百一山房赴藏诗集·道中杂述六首》："氐羌隶益部，醉舞红氍毹。一朝背恩德，敢作虎负嵎。"

【箭枝】箭。"枝"是箭的量词。《平定金川方略》卷十五："十一月辛亥，军机大臣等奏言，武备院收贮长铊箭五千枝，经略大学士傅恒带往一半赏给兵丁，尚存二千五百枝。此项箭枝，甚为得用，兵丁等不易购觅。"清代笔记中亦见。《竹叶亭杂记》卷一："嘉庆庚申二月，西司空成复请官造八旗兵应用箭枝、撒袋、腰刀等件。"

【胫项】脚脖子。《例案》下卷："惟时贼众拥上，用矛戳伤德尔森保胫项，落马被乱刀砍毙。"四川话有"颈项"一词，指脖子。

【敬神】拜神。《文硕驻藏奏稿·三大寺大众公禀英兵如恃众久留定即进兵攻打》："在前藏番众烧香敬神，乃系佛神卜定，祈求神天默佑西藏佛地，教生俱获清平。"清代笔记中亦见。《咫闻录》卷七："遂往街市酒肴，敬神过年。"

---

① 黄绮：《安庆方言古词例证》，《河北大学学报》1961年第1期。
② 何许：《雪域先民的足迹 西藏访古录》，四川教育出版社1996年版，第20页。

【卷站】撤掉台站。"卷"又作"捲",有"撤"义。《平定金川纪略》卷十九:"臣兆惠亲赴美诺沃日,督率台员,卷站疏通,班拦龙肋积米一万有余,急令站夫归并攒行,期无贻误。"卷二十二:"后经议拨,由京卷站之马,并山西湖广协济,马共七千匹,合计已有马一万五千匹。……所余之马,即照卷站之法,沿途递次分留下陕西河南直隶三省,以补营额之缺,毋庸另行动项购买。"

【木叉】即木杈,杈。农具名。《有泰日记》卷十二:"路上青稞已登场,农具未免太笨,无碾子,驱牛蹄之,木叉两股,颇不适用。"《汉语方言大词典》释为:"〈名〉杈。"用于胶辽官话、晋语、兰银官话及江淮官话中。

【毛毽】儿童玩具,以布或皮内包铜钱,孔中间植以鸡毛制成。《有泰日记》卷七:"见作工丫头均玩耍毛毽(用脚踢),回即令人买之,此处有现成者。"清代小说中亦见。《野叟曝言》第二十六回:"只有十四姨林氏,看着一只卖解船上两个女子对踢毛毽,也是头点、额碰、腮动、嘴拱、肩掮、臂耸、胸迎、腹顶、臀鞠、腿摇,那毽子都似浆糊粘成一般。"

【跑人】长跑比赛,西藏传统体育运动项目之一。《旐林纪略》:"(正月)二十五日,跑马跑人。……跑人亦如跑马,远近大小不一,赏亦如之,捷足者先得也。"《有泰日记》卷八:"闻明日系跑人跑马,因时太早,曾经请示问去否,似不必受此清风。跑马尚可观,跑人则山南并曲水苦人多,竟有跑至人即倒下不了,盖前几名可以得赏故也。"卷十一:"今日为弥勒佛出驾,跑人跑马,立刻散招。"

【片刀】刀具名。《金川纪略》卷一:"又请外国莽子教学邪法,造片刀、镖子、鸟枪、弩箭头等军器,商酌拒敌。"他例如《大清会典图》六十五《武备图》:"片刀,通长七尺一寸二分,刃长二尺,阔一寸三分。上锐而仰,銎厚二分,柄长四尺七寸,围四寸。"[1]

【热疖】夏天生的疖子,多患于头部。《廓》卷二十四:"同日,孙士毅奏言:'臣前因奎林出口时头患热疖未愈,幸精神尚能照常……'"清代医书中亦见。《急救广生集》:"热疖热疔,用白矾为细末,热水调涂即愈。"[2]

---

[1]　转引自裴锡荣等《中华古今兵械图考》,人民体育出版社 1999 年版,第 140 页。

[2]　(清)程鹏程辑:《急救广生集》,李静生等点校,中国中医药出版社 2008 年版,第 156 页。

【披单】披于身上的布单。《西藏见闻录》卷下"服制":"胸前挂银镶珠石环,长三四寸,宽寸许,两头有钩,乃挂披单者,名曰的流。"亦为藏传佛教僧侣服饰。《炉藏道里最新考》:"不知各寺原有定额,若令其于定额之外不准薙度,其未给披单者不得入藏朝佛,事亦简而易行,又何致有巴塘之变。"

【披领】又称披肩,清代的官服衣饰,加在颈部,披于肩上。《西藏见闻录》卷下"服制":"(郡王)朝贺之期,服蟒袍貂皮披领,束金丝缎一幅为带,腰系二围,无所不佩。"他例如《清太宗实录稿本》:"执役者夏用披领、凉帽,冬用虎豹褂、貂帽。"①

【披毯】披在身上御寒的毛毯。《金川琐记》卷三"披毯":"俗喜畜牛羊……衣服之外,横披大幅长毯,若释氏袈裟,日以蔽风雨,夜以代衾褥,寒暑不改服。"同卷"耐寒":"行旅往来,身携裹粮,托宿长林丰草间,蒙以披毯,虽遇冰雪,坐卧其中,曾不致疾。"

【棚筅】竹制的简便轿椅。《金川案·利·司道议详两金办理命案条规》:"又,口外路险站长,必须置备棚筅抬送,亦应请由该管屯员一体捐资备办等语。如解厅之后,审转解省,其在监在途,并棚筅、赭衣等项,应令该厅于赏需内支给,以昭平允。"

【荞黍】荞麦。《金川琐记》卷四"百谷":"其旱田只可种荞黍,间有以稻谷试种,秀而不实。"同卷"竹笕可培旱田":"绥靖屯属之双柏树,旱田十数顷,民番田亩错杂其间,每岁只种荞黍一熟,因不通水泉,山土常干也。"

【曲曲折折】弯曲貌。"曲折"一词的叠加式。《进藏纪程·江卡》:"再入沟,顺溪河,履草地,曲曲折折宽平无碍,直至乍丫。"

【裙边疮】脚踝部位所患的疮。《金川琐记》卷六"乩仙":"又有患留瘀踬年未愈者,祈求仙方。乩即示之,一试而痊。后历试裙边疮及一切肿毒,无不立效。"清代医书中亦见。《急救广生集》卷七"疡科":"臁疮并妇人裙边疮,水龙骨(即船上陈石灰炒干)为末,香油调搽,神效。"②

---

① 辽宁大学历史系编:《清太宗实录稿本》,辽宁大学历史系 1978 年印本,第 91 页。
② (清)程鹏程辑:《急救广生集》,李静生等点校,中国中医药出版社 2008 年版,第 161 页。

【三丁拐】一种前置两人后置一人的三人抬轿子。《有泰日记》卷一："又雇四人轿二乘，三人轿五乘，三人红桄一只（桄者三人或二人抬一竹箱，染红色为红桄，黑色为黑桄，统名曰哑巴桄，以盛零碎什物或食物），俗名三丁拐。轿夫皆用四川人。"清末文献中亦见。《跻春台·冬瓜女》："忽来一顶三丁拐轿，落平歇气，轿内人闻吵闹，出问何事。"《清稗类钞·舟车类》："滇中有三丁拐轿。轿以竹片编成，以前二人后一人舁之，滇人名三丁拐。盖滇省万山丛积，道路崎岖，行旅至艰，俗有路无三里平，家无三分银之谚。"

【三小】受管家仆人雇用差遣的仆役。《驻藏须知》："在雅砻江渡江时，交河口把总同巡捕查有印牌者，令官船渡此，印借用炉城军粮府印信，每官弁兵、家丁、轿夫、三小、小娃子每人一张。"清末小说中写作"三小子"。《品花宝鉴》第十八回："还有那些三小子们，以及车夫、马夫、厨子等类，时常来打个抽丰，一不应酬，就有人说起闲话来。"

【晒暵（晒暖）】晒太阳取暖。"暵"即"暖"，指太阳。《有泰日记》卷十："院内比屋内暖，番子亦讲晒暵。"卷十一："因上楼晒暖，见廓拉路上人不断绝。"

【山脊背】山脊，山梁。《西藏图考》卷三"由后藏帕克哩至珠拉巴里程路"："又下坡一里，从山脊背上走十五里，到山顶上，有一鄂博，向西望去，即是印度北边。"清代小说中亦用。《儿女英雄传》第八回："及至我上了房，隐在山脊背一看，正见那凶僧，手执尖刀，和你公子说那段话。"

【山尖雪滑】山岭陡雪地滑。《平定两金川方略》卷四十八："无如贼碉枪石如雨，又山尖雪滑，官兵难以直进。"

【山腿】山体向下延伸的支脉，小山。《平定两金川方略》卷一百七："但此一道山腿，陡峭异常，官兵鱼贯而登，如遇贼番阻截，稍有一人退步，即前后各兵拥挤，无可存身。"《例案》上卷："十月，进攻斯当安纳木底，进攻科布曲山腿，夺取达噶木山包，分路攻打西里山梁碉卡。"《廓》卷首二："贼人木城、碉卡不下数十处，而山腿木栅一道约长数里，守御极为险固。"《金川案·元·上谕各将军宣谕贼众出降者从宽免死》："今明亮等奏，拟从石真噶山腿乘虚进击，亦是一策。"

【烧方】用猪前腿的连皮肩肉烧制而成的肉食。《有泰日记》卷六："昨因杨桐冈送烧方，油腻皮坚，实在难吃，因谢其一诗，同人见之，无不笑者：君赐烧方到，无人不喜欢。割来中且正，谁识畏而难。油已全糊口，皮仍任跳丸。恐将教尊齿（张齿已豁），从此少平安。"

【烧喜纸】清代藏地风俗，开战前民间焚烧纸张以祈求胜利。《文硕驻藏奏稿·译行第穆呼图克图突闻哄传唐古特将与披楞开仗饬谕大众飞饬边界番官万勿轻出惹事》："四月初七日申酉间，突闻街市哄传，家家焚香烧喜纸，为十二三日尔唐古特将与披楞开仗，收复隆吐山暨取哲孟雄部大吉岭、布鲁克巴部波栋各等地方，祈求保得胜之意。"又："伊等若果未先关白，则藏中住户岂能家家焚香烧喜纸耶？"

【赏耗】指赏赐给人的物件。《兴科、隆文驻藏奏稿·粮员出缺查有亏短银两严追还款折》："该员行抵打箭炉，因闻口外蛮荒野地，山险雪深，所用骑驮马牛，概系番民办理，例给脚价不敷，必须重加赏耗，方能遄行，遂在打箭炉购买绸缎、布匹、茶包、哈达等物，以作赏需，用去银一千五百七十三两九钱二分……又因催提饷银紧急，恐致迟误，随雇蛮夫数百名背运，每日倍给脚价，优加赏耗，计用去银二千六百四十三两八钱六分五厘。"

【社谷】社仓中贮备的谷物。社仓是古代为防荒年而在乡社设置的粮仓，此法始于隋代。《平定两金川方略》卷一百一："臣又饬成都府属，再借碾社谷二万石，招商赶运，以资军食。"

【深林复嶂】山林的深远处。《平定两金川方略》卷五十九："惟距大营稍远，深林复嶂，官兵不及望见之地，尚有窥探踪迹。"

【牲力】同"畜力"，用于运输或牵引农具等方面的牲畜的力量。《巴》卷二十六："缘番地牲力有限，必需随处雇募，更番接替，方可资以遄行。"《大词典》收"畜力"，不收"牲力"。

【湿疮】即湿疹，是一种过敏性炎症性皮肤病。《金川纪事诗·附述庵先生年谱》："是月，上命纂《金川方略》，充总修官。月杪湿疮发，卧床第者三旬余。"

【石包】石堆，石岗。《平定两金川方略》卷一百七："惟北面另起石包，地名什扎古，上与琅谷相接，其下隔以深沟，别拖山腿一道。"又卷一百二："其西南下拖山腿，突起石包，贼于其后联络石卡依以为固。"卷一百九："下至山半，复陡起石包，贼人即在其上联络碉卡，以卫此一带寨落。"卷一百十一："惟是沿河山腿石包之上竖立坚碉，碉前又有木城遮护。"

【石腔】指石堆，因堆积在一起的石头之间有空隙，故称为"腔"。《进藏纪程·附录运饷事宜》："至更深，队伍或至混淆，若点收少数，须照字号，查明着落管解员役押带蛮大头人，连夜搜查于深沟石腔之中，蹑其牛迹，自可寻出。"

【属肖】是指用十二地支与十二种动物（鼠、牛、虎、兔、龙、蛇、马、羊、猴、鸡、犬、猪）相配合来纪年，也用以记人出生的年份，如子年出生则属鼠。《巴塘志略·杂识》："不知天干，但以地支属肖纪年，其人有生年而无月日时，如辰年生者则曰属龙年生，巳年生者则曰属蛇年生。"同书"巴塘竹枝词四十首"："衣皮食肉古无传，记得投诚属鼠年（番人以地支属肖纪年）。"

【水凫】鸭子。《巴塘志略·物产》："禽之属：鹦鹉、鹰、燕、红嘴鸦、雉、鸽、斑鸠、水凫、马鸡。"他例如《使西纪程》："山鸡彩文而头蓝色，或红色，善鸣。一种似水凫，头有毛一丛，甚长而细。"

【手珠】即数珠。佛教徒诵经时用来摄心计数的成串珠子，每串一般为一百零八颗。《西藏奏疏》卷二："应照成例庆贺筵宴，并馈送大人佛各一尊、氆氇各十个、珊瑚手珠各一串、金刚子手珠各一串……"

【首报】出首，报告。"首"有自首、告发义。《广韵·宥韵》："首，自首前罪。"《集韵·宥韵》："首，有罪自陈。"《巴》卷十三："又严谕该处领兵人等，各将所领兵丁分别记注，如有仍前怠玩，即行首报；倘有隐匿，一并治罪。"

【首发】告发。《则例·乾隆朝·理刑清吏司》："另户人及家奴偷采人参，其该管与家主不知情者，皆鞭一百，罚三九。旁人首发者，交户部照入官之参折半价给赏。"

【首明】出首、说明。《则例·康熙朝〈大清会典〉中的资料》："若无仇隙误伤致死者，首明情由，将所罚入官，死者亲属不准开出。"《则例·雍正朝〈大清会典〉中的理藩院资料》："若无仇隙误伤致死者，首明情由，将所罚入官，死者亲属不准开出。"

【首控】自首。《理藩院》卷九百九十四："又定：凡犯死罪于事未发觉之前来部首控者，免死，鞭一百，并妻子发遣邻境，给予效力之台吉等为奴，畜产给予事主。"

【四君子丸】由党参、白术、茯苓、甘草四味药制成的药剂。因其药效益气健脾，性皆平和，故名。《有泰日记》卷四："十九日，少愈，仍两胁作痛，昨服舒肝丸，今服四君子丸，游府大喇嘛仍欲送锅庄送戏，力却之。"又："本拟今日起身，因病拟歇两日，仍服四君子丸。"

【四足蛇】蝎虎的俗称。《使廓纪略》："四足蛇（俗名蝎虎，此物极毒）长尺余，突睛巉齿，蹑伏向人，军士每夜惊哗，防之犹如防盗。"清代笔记中亦见。《续客窗闲话》卷一"语怪七则"："昔某家有婢，闻空室丁当之声，趋视之，梁上一翠色四足蛇，方吐钱着地。"

【塔子头】沼泽地中地势较高的长草地面。《藏程纪略》："塔子头上，帐冷毡寒；水草滩中，人颠马仆。"《定藏纪程》："下六七里，都是塔子头，泥水陷路，甚难走，有石。"又："此站有塔子头五六处，过三道小河，下营处泥水塔子头……过二道河，一漫坡，好走，有三处塔子头路。"《御制五体清文鉴·地舆类》中收有"塔子头"，藏语译为 nevu gsing。①

【毯袍】覆盖在身上的毯子，形如长袍。《金川琐记》卷三"左插子"："男子喜佩刺刀，俗称左插子。身衣毯袍，长仅及胫。"

【汤役（汤徭）】供茶水等家内杂役的藏民。《康𬨎纪行》卷一："汲水之番曰汤役。"《有泰日记》卷六："下楼后无事，步踏院中，看汤役浇花。"《驻藏须知》："一俟差役到站，刻即应付前进，并公馆以及尖宿处所理宜打扫洁净应需黑白帐房、汤役、打役、柴草、豆料，均照向例一体应付，毋稍迟误干咎。"又作"汤徭"。《有泰日记》卷十二："旋令其拿来布遮檐、褥垫、桌子，约少韩、鹤孙吃牛羊肉，买去十五斤多，连随去汤徭皆饱矣，甚可乐。"民国文献中亦有记载。《道孚县风俗纪略·差徭》："汤役云何？担水烧火，总司其事也。"

---

① 古文义等：《御制五体清文鉴 汉藏文鉴专辑》，青海民族出版社 1990 年版，第 20 页。

【汤打役】汤役和打役的合称。①《讷钦驻藏奏牍·札沿途汉番员弁营官第巴头人等预备代巡》："所有沿途需用柴草、豆料、锅罐、水火夫、汤打役、铺垫、围幔一切，仍照委员代巡之例，妥为应付，不准藉口迟误。"又"牌给赴京当差仔仲喇嘛所需驮骑并准按站支领口粮"："查通事喇嘛一名及随从人等着给骑马十九匹、驮牛六十四只、人夫三名，尖宿处所照例支给汤打役、柴草、料、豆、口粮外，合行给牌。"《川藏哲印水陆记异》："到宿站各有汤打役各一名。汤役管取水负薪烧火各事，打役管放马，马步明亮随乌拉更换，汤打役逐日更换。"《西康纪事诗本事注》："支差之民，马曰乌拉，牛曰乌拉，人亦曰乌拉。照料牛马者，或称作乌拉娃。总之，凡当差均为乌拉。此外又有所谓汤打役，汤役倒茶水，打役供柴草。"清末段彭瑞《盐井乡土志》载："蛮民差徭之烦土司最甚。……今一律蠲免，即公所应需用汤打人役，皆给饭食工资。"②

【烫面角】用面片包馅蒸成的食品，即今蒸饺。《有泰日记》卷十："午饭吃化臣送来冬瓜，作烫面角尚好。"又："倭瓜作馅，蒸烫面角，竟不难吃，遂送江、余、吴三君以为好。""烫面"指用沸水和的面，"角"又写作"角子"，即今饺子。《有泰日记》卷十六："行四十里至白家店，同敬甫尖站。程品成包来角子，甚好。"

【讨舍手】藏传佛教信徒膜拜宗教首领以求其手抚摩头额，以示赐福。《西藏见闻录》卷下"喇嘛"："惟尊崇之法，自郡王下至藩民，见达赖喇嘛俱膜拜顶礼，膝行至法座前，求以手抹其额，谓之讨舍手，王以下尚求之不得。"《西藏遗闻·风俗》："谒呼图兔，贵贱皆去帽膜拜，三曲腰垂手至法座，呼图兔手抹其头，谓之讨舍手。"《里塘志略·风俗》："复垂手鞠躬屏息聚足至法座前，大喇嘛以手摩其顶，谓之讨舍手。"

【搪帐】借帐拖延不还。"帐"字同"账"。《有泰日记》卷十三："闻张处扎文须明日来，大有搪帐之意。"《逆序现代汉语词典》收有"搪帐"，释为"搪塞账目"。③

---

① 冯有寿：《清代巴塘藏族风情画——简介〈巴塘志略·附竹枝词四十首〉》，《青海民族学院学报》1981 年第 4 期。

② 同上。

③ 江天等：《逆序现代汉语词典》，辽宁大学出版社 1986 年版，第 893 页。

【铁千斤】铁条。《例案》下卷："铁千斤二根，共重八十斤，挽杆、扫耳、铲子共重三十斤。"

【土连纸】用土法制造的纸张。《例案》下卷："铸炮料物……土连纸每百张重半斤，棕皮每斤（二分），大炉齿每付重十五斤，小炉齿（重十斤）。"此纸新中国成立初期四川中江还有生产："1957年7月1日，在桥亭街成立手工业合作社联合造纸厂，雇请安县造纸工人9名作生产骨干……以慈竹为主料，松根（滑药）为辅料，经过10余道工序，制成土连纸。"①

【土香】土法制造的香枝。《进藏纪程·乌斯藏》："造土香，市珍珠、珊瑚、砗磲、蜜蜡、绿松石……之类。"此处指藏香。他例如《济公全传》第一百五十二回："王安士说：'我今天特意给我外甥李修缘跳墙还俗，求老方丈慈悲慈悲罢！'宝悦和尚点头，吩咐外面预备。众人来到大殿以前烧土香，在大殿前搁着一条板凳，就算是墙。"

【驮牛、驮羊】西藏地区用以长途驮运商品盐粮及行李的牛、羊。《廓》卷三十五："宗喀至济咙虽系新设台站，人夫、驮牛、驮羊足敷应用。"卷三十六："并催集人夫、采办驮羊，分段安设，相度地势修理山路、偏桥，以利军行而速挽运。"《西藏纪游》卷二："羊之健者施以鞍鞯，可驮米面二三斗。……征廓尔喀时，曾一用之，其羊驱至军营，即充兵食。（驮羊出宗喀边地北古堂，大逾食羊之半，其粪亦如牛矢，内甚粗。彼中以之驮盐，每羊可运三十余斤耳。）"按，这段注释资料中"内"字误，当为"肉"字。"内甚粗"当为"肉甚粗"，是说驮羊的肉粗，不堪食用。

【驮驴】用于驮运东西的驴。《西征日记》："初三日壬午，晴，巳初发巴塘，用驮驴四十七头。"《大词典》收"驮马"，释为"专门用来驮东西的马"；收"驮骡"，释为"专门用来驮东西的骡子"，未收驮牛、驮羊、驮驴三词。

【万民衣伞】万民衣、万民伞的合称。地方官离职时，当地绅民为褒扬其为政清廉而赠予的以资纪念的衣物。《有泰日记》卷十："生日要唱影

---

① 四川省中江县志编纂委员会：《中江县志》，四川人民出版社1994年版，第256页。

戏，又有送万民衣伞，拦之不住。"清代小说中常见。《二度梅全传》第三回："交盘之后，到第三日起程进京。众百姓已备下万民衣伞等物，送与梅公。"

【危峦迭嶂、望而却顾】危峦迭嶂，形容山峰险峻。望而却顾，谓面对艰险犹豫不前。《平定两金川方略》卷七十一："惟因雨雪连绵，危峦迭嶂，形势险峻。且官兵前经挫失，不免望而却顾。"

【文底】文稿的底稿，草稿。《有泰日记》卷七："倩其将票交韩税务司，并致意少韩拟文底，饬哈拉乌苏营官严防北路窜匪。"《大词典》收"信底"，不收"文底"。

【蚊刷】驱赶蚊蝇的用具，柄端扎马尾。又称拂尘。《有泰日记》卷八："旋由省内寄箱一只，先发到，内有清单二：蓝洋绸一匹，文具匣一个，竹笤一匣，靴掖一个，帽花两个，刷牙袋、蚊刷各一个……"他例如《成都通览·成都之土物呼名》之"蚊刷（蚊拂）"。

【下坝】指从山区到河谷平坝地区（务工）。《蜀徼纪闻》："又每岁冬，番人入内地佣工，谓之下坝。"又："二十五日得旨，开下坝之禁。乃为檄告卓尔玛，使所属番人入边佣工如故。"《平定金川方略》卷十："然蒙我皇上恩给价值，并无苦累，况伊等蛮民，山多田少，不敷口食，向有远赴内地，下坝佣工者。"

【笑人】使人发笑。《有泰日记》卷二："回拜安仁山都护，得晤谈，人甚爽朗，与裕子维大不和协，所谈子维行径，未免笑人。"四川方言，至今仍说。

【鞋脚】鞋子的泛称。《有泰日记》卷九："一切鞋脚，有卖的，不必再带，惟吃食短少。"

【悬崖峭岭】悬崖峭壁。《平定金川方略》卷十五："冰雪沍寒，瘴疠水毒之区，荷戈擐甲，昼夜弗息，暴露于悬崖峭岭间。"

【崖碥】山崖上陡峭的入口。《卫藏通志》卷四："业党亦顺河而行，经崖碥三，亦不甚险阻。""碥"指崖岸峻险倾斜之处。

【哑巴椅】清末民初四川地区二人或三人抬的放置旅客行李的竹箱。《有泰日记》卷一："又雇四人轿二乘，三人轿五乘，三人红椅一只。（椅者三人或二人抬一竹箱，染红色为红椅，黑色为黑椅，统名曰哑巴椅，以盛零碎什物或食物。)"民国笔记中亦见。《芙蓉话旧录》卷三"旅行":"(行李)一人担者曰挑子,重不过七十斤,两人合舁者曰槓担,中用粗竹篮,置箱筒其中,用二人轿式抬之。又有哑巴槓者,则用篾编巨箱,上有盖可开合,专置随行需用之零件,大致眷属较多者始适用之。每槓均不过一百二十斤,过重亦有三人式以抬者。"

【眼腔】眼窝。《西藏见闻录》卷上"刑法":"凡刭手、眼后,必以热油灌眼腔、肘骨。"他例如《清稗类钞·饮食类》:"(食河豚)然烹饪得宜,亦可无虑。盖必剪去其口腔、眼腔及上下鳍鬣之属。"

【一把速、什样锦】刀、锯、剪等连缀在一起的日常小件用物的总称。《有泰日记》卷八:"程巡捕拿来廓尔喀铺一物,四川呼为一把速,又名什样锦,有刀、锯、剪、错、小刀等件,附匙,又转锥、铜哨儿、钩子等约廿件,不过四寸长,索价卅三文。因留之,其物比内地精,比外国粗,然坚实似过之。……呼之曰廓尔喀一把速。"

【冤缠】冤仇。《文硕驻藏奏稿·谕僧俗番官及各领袖喇嘛界外通商一事不宜拒绝》:"此亦宿世之冤也。既为宿世冤缠,尔等若不深思权宜,善法默化解释之,则是不知解冤之道矣。"又"札噶布伦总堪布分晰正月初四日原谕意旨饬令传谕大众":"故又兼举佛法慈悲,冤缠宜解不宜结之义,开悟尔等心思。"

【圆根（元根）】蔓菁的俗称。《平定金川方略》卷十:"或刨圆根,或乞野菜根疗饥,或卖衣买食。"同书卷六写作"元根":"刮耳崖不过四五月之粮,属下番民止以元根充饥,甚多怨望。"《金川纪略》卷三"圆根":"圆根,即擘蓝,大头菜之属,比芦菔坚实,味如薯蓣,微带药气。夷人歉岁作粮食,叶可饲猪。"《章谷屯志略·土宜物产》:"圆根为夷人素茹之蔬,形如芦菔,白色而扁,其叶子以作齑。"

【一具】几头牲口组成一个耕作单位,为"一具"。《藏纪概》卷尾:"遇春和时水至,耕耘除耨水田旱地,各乘时力作,较中华农事不大殊异,只牛微小,有牛五只作一具者。"

【么师】四川话。对饭馆服务人员的称呼,今作"幺师"。《有泰日记》卷十五:"又廿里剑州西门自找店房宿站,吃黄豆芽汤并炒黄豆芽,姜醋鸡蛋糕皆佳,走堂呼为么师。"他例如《跻春台·川北栈》:"凡百事早与晚小心谨慎，当堂偣为幺师总要殷勤。"

【云头刀】尖端呈云头状的刀。《松溎、桂丰驻藏奏稿·将廓尔喀贡使名册贡品呈进片》："谨将叩贺天喜贡品译缮清单，恭呈预览：……矛头尖刀二把、粗把尖刀二把、千里眼二个、左插刀二把……"又："谨将年班贡品译缮清单，恭呈预览：……腰刀四把、云头刀二把、左插刀四把、尖刀二把……"

【咂酒】多人环坐用竹管吸饮的酒。《听雨楼随笔》卷三"咂酒"："蛮中造曲饼晒干，将饮酒，置罐中，沃以热汤，须臾成酒。以竹管通其节插于内，聚客环坐以口就吸，谓之咂酒。"《金川琐记》卷四"咂酒"："番地无六酒六浆之属，只有咂酒一味，以小麦青稞及黍子燕麦为之，将稞麦等入水锅内煮半熟，倒向沙地上曝干，然后拌酒曲入皮篓内，上用牛羊毛盖，暖数日后闻有酒气再入酒坛用牛粪封口，惟恐泄气，用时移贮铜瓶，入滚水少许，以细竹管数枝植其内（酒面味薄，酒底有沙土，故用竹管吸取中间）。男女数人可以杂吸，似吃烟。"《章谷屯志略·夷人风俗》："皇朝正朔除夕……次日邻右相往来，作吉语致颂，吸咂酒，叙寒暄焉。"

【灾梨祸枣】旧时刻版印书多用梨木或枣木，故以"梨枣"为书版的代称。因谓滥刻劣质书籍为"灾梨祸枣"。《卫藏通志》引清世宗"御制语录后序"："应知何在语录之流传兴否，与近代宗徒，动辄拾取他人涕唾，陈烂葛藤，串合弥缝，偷作自己法语，灾梨祸枣，诳惑人家男女。"他例如《吴门表隐·吴门表隐诗》："月露风云袭旧闻，灾梨祸枣太纷纷。一编《表隐》千秋业，此是人间有用文。"

【贼条】斜生的枝条。《有泰日记》卷四："到树林中，将出贼条削去。"新中国成立初期有民谣《拿贼条》："说贼条，道贼条，长得细来窜得高，贼条贼条不学好，扭着脖子弯着腰。贼条贼条真胡闹，让咱棉花长不好，要想棉花长得好，不留贼条把它铰。"[①]

【棕毡（棕毯）、棕单】棕毡，棕丝织成的毯子；棕单，棕丝织成的片状物，用于苫盖器物。《例案》下卷："铺地大棕毡一块，红团毡一块，宝

---

① 转引自中共北京市昌平区永丰屯乡委员会编《文化乡里好风光》，北京出版社1958年版，第24页。

顶牛皮一块，皮包二个，皮筒三个，皮套一个，棕单各一条。"又："棕苫单、油单每张（长四尺五寸，宽四尺。棕单用棕二十二张半，三层成造，重二斤十五两）价不过银一钱一分，每一年外始准更换一次。"又："装药器具篾包，每个三分，麻绳一分，棕单每条一钱二分。……麻绳、棕单价共四钱八分。""棕毡"又作"棕毯"。《有泰日记》卷十五："十六日，找人将棕毯包裹箱只，并上夹板，直忙一日。"

【毡呢】羊毛或其他兽毛制成的片块状材料。"呢"是一种较厚密的毛织品，多用来做制服、大衣等。《廓》卷四十二："兹于八月初八日遣办事大头目噶箕第乌达特塔巴、苏巴巴尔底曼喇纳甲、察布拉咱音达萨野、喀尔达尔巴拉巴达尔等四名恭赍表文进京，并虔备乐工、驯象、番马、孔雀，甲噶尔所制番轿、珠佩、珊瑚串、金银彩缎、金花缎、毡呢、象牙、犀角、孔雀尾、枪刀、药材等共二十九种随表呈进。"

【帐房娃】逐水草放牧扎帐篷而居的藏民。《文硕驻藏奏稿·照抄禀稿四件》："俄人由蒙穹起程，连走两大站，至乡登地方驻站。在左近帐房娃处觅买马匹，于初七日起行前进，我们随后跟探。"民国文献中亦见。《西康图经·民俗篇》："无房舍，亦无定处。春暖草长，则率其牛羊群向高山放牧。秋风起，又渐驱向河谷饲养。所至撑牛帐而居，故呼曰'帐房娃'。"

【蒸蒸向上】同"蒸蒸日上"。《卫藏图识》上卷"程站"："近浒摩王化益深，则更蒸蒸向上矣。"

【着风】受风寒，感冒。"着"有"遭受，遇上"义。《有泰日记》卷十二："早起，觉两目痛，大约昨日在河边着风之过。"

【着热】受热患病，热感冒。《有泰日记》卷十三："晚间，联大人头痛呕吐，想着热所致，天过燥也。"《大词典》收"着凉"，释为"受凉"，未收"着风""着热"。

【毡褶】毡制的褶子，为清兵军装。《例案》下卷："毡褶毡帽（将军温奏，给兵丁之用，新案无）褶子每件价银四钱五厘，毡帽每顶价银九分，由宁远及省城办解。""褶"字颜师古注《急就篇》云："为重衣之最在上者也，其形若袍，短身而广袖，一曰左衽之袍也。""褶子"是一种短上衣。

【珍罽】珍贵精细的毛织物。《金川纪略》卷一："盖是时，诸将在行者，羊马成群，香皮、细毡、珍罽之属不胜驮载。"他例如《钦定四库全书告成恭进表（乾隆四十七年）》："绣囊委佩，铤贮朱提；珍罽丰茸，帕裁白氍。"①

【珠石】珠子玉石，石指绿松石，泛指头饰。《西藏志·风俗》："羊卓白地、扎什伦布、三桑等处，女嫁则发纽细绳交顶上，以珠石等类穿盘挂头上。"《卫藏图识》下卷："布鲁克巴……妇女……顶垂珠石，璎珞围绕至背。"《六世·弘畅等奏报清查六库等处查得银库内备赏班禅银器并拟分于黄寺等处安设事折》："臣等奏请钥匙，查看银库匣内珠石、猫睛等项，数目亦属相符。"

【猪膘】风干的猪肉。《金川琐记》卷三"婚配"："至期，两家各延喇嘛诵经礼忏，亲戚邻里咸集，女家厌饫猪膘，吸咂酒。"卷四"猪膘"："夷地多荒山，畜牧既便，尤喜豢猪。与寻常刚鬣稍异，率皆红毛尖嘴，或红毛黑毛相杂，适均如邵阳之隔织布。……用时悬高处缢死，刲其背，去肠胃，用树条撑开风干，名曰猪膘。为极珍之物，非亲戚宴会不轻用也。"《章谷屯志略·夷人风俗》："议既成，订期，延女父及亲好至婿家，具咂酒、烧酒、猪膘、工架（即饼锣）相款洽，尽欢而散。"《绥靖屯志》卷十"杂识"："杀猪，带毛压扁，名曰猪膘。"今羌族民俗，猪肉则割成条块或整半边，腌制后吊在锅庄（火塘）上熏一段时间，到半干时，移至通风处，称为猪膘，随吃随取。②

【竹绒】竹器加工时通过刮削产生的细长柔软的纤维，是竹器加工的下脚料。用于造船、修补船只空隙。《例案》下卷："船料各物：……竹绒每斤价银三分，麻绒每斤价银三分五厘。""竹绒"亦可入药。《成都通览·成都之药》中列有"竹绒"。

【竹植】竹子。"木植"的仿词。《平定两金川方略》卷一百三："臣等已札饬藩司颜希深将造船物料先为预备，并令砍伐竹植存贮，赶造索桥，俟官兵隔河并下，即可用以济渡，速为会合。"

---

① 转引自（清）纪昀《纪晓岚文集》，孙致中等点校，河北教育出版社 1995 年版，第 118 页。
② 参见四川省文联《四川民俗大典》，四川人民出版社 1999 年版，第 535 页。

【转锥】改锥。《有泰日记》卷八："程巡捕拿来廓尔喀铺一物，四川呼为一把速，又名什样锦，有刀、锯、剪、错、小刀等件，附匙，又转锥、铜哨儿、钩子等，约廿件。"《大词典》收"改锥"，释为"装卸螺丝钉用的工具，尖端有'十'字、扁平等形状，适用于钉帽上有槽纹的螺丝钉。也叫螺丝刀、螺丝起子。"未收"转锥"。

【蔗饭】八宝饭的一种。《有泰日记》卷十五："昨席中有蔗饭一碗，乃川省资州所出，系甘蔗所成，如木耳之流，乃甜菜。"《成都通览》中所列八宝饭下有"蔗饭"的名目。

第二节　清代藏学汉文文献中的新义

义项是词义的分项。《大词典》的义项是从实际语言材料中分析提炼出来的，主要用以解释词语在不同语境和时代的意义，以及揭示词义的历史流变。《汉语大词典编写体例》中说："条目的义项要力求齐备。凡在古今著作中有用例，能概括确立的义项，都应尽量收列。"① 由于《大词典》在归纳部分词语义项时书证相对匮乏，采用的资料并不丰富，使义项的归纳出现疏失。清代藏学汉文文献中有着丰富的语料，其中的用例可以为《大词典》某些词目补充新的义项，使其释义更趋严密。示例如下。

【八宝】《大词典》释为"天子八种印玺的总称"。首引《唐律·诈伪》："诸伪造皇帝八宝者斩。"长孙无忌疏义："皇帝有传国神宝，有受命宝、皇帝三宝、天子三宝，是名八宝。"藏学文献中，指藏传佛教的八种法器。

《松溎、桂丰驻藏奏稿·前藏专差巴雅尔堪布由川赴京进贡折》："掌办商上事务通善济咙呼图克图阿旺班垫曲吉坚参代替达赖喇嘛生前敬备呈进大行皇帝宾天作善贡物：……镶嵌松石金造法轮一个，银吉祥八宝八件、七珍俱全均有套……"《丁宝桢藏事奏牍·拟定乍丫贡品人数折》："恭赍吉祥哈达一根，银曼达一个，璃玛万寿佛一尊，金字长寿经一部，金塔一座，银八宝一副……定于十二年敬谨呈进，以后照此。"

---

① 吴琦幸：《义项概说》，《辞书研究》1982 年第 3 期。

【八珍】《大词典》有两个义项：①古代八种烹饪法。②泛指珍馐美味。藏学文献中，指藏传佛教的八种法器。

《理藩院》卷九百八十六："达赖喇嘛、班禅额尔德尼，及由京派往办事之呼图克图、四噶布伦，各呈进庆祝之礼曰丹舒克，所贡吉祥佛、金字经、银塔、七宝、八珍。"《则例·嘉庆朝〈大清会典〉中的理藩院资料》："其前藏达赖喇嘛，及由京派往西藏办事之呼图克图、四噶布伦、后藏班禅额尔德尼，各呈进庆祝之礼，曰丹书克，所贡吉祥哈达、银曼达、吉祥佛、金字塔、银塔、七宝、八珍。""八珍"又作"八宝"（见上文），一说为法轮、法螺、宝伞、华盖、宝瓶、莲花、金鱼、盘长结。

【百户】《大词典》有两个义项：①犹百家。②官名。元代设百户为"百夫之长"，隶属于千户，为世袭军职。明清为低级军官。藏学文献中，指的是清政府在青海、蒙古地区蒙、藏等少数民族部落中设立的管理百人以上部落的土官名。

《理藩院》卷九百九十三："循化、贵德等处野番……番户众多，其部落在千人以上，设千户一名，百人以上，设百户一名。"

【保单】《大词典》释为："表示在一定期限及规定范围内对某事或某物负责的单据。如购买或修理钟表、收音机时，商店出具保单，倘或发现质量问题，商店给予免费修理。"无书证。在清代，指登记有经官员保举拟升职人员姓名的单子。

《文蔚、庆禄驻藏奏稿·剿办博窝出力人员请奖折》："兹于五月接据萨玛第巴克什、策垫夺结禀保单，奴才等汇同此次在事出力之文武汉官员弁综计详核。"《景纹驻藏奏稿·酌核办理披布和约案内出力人员折》："且查各员均经在事叠著劳绩，皆由奴才核实存记，始敢列入保单。"

【兵民】《大词典》有两个义项：①指壮丁。引宋苏舜钦《吴越大旱》诗："复闻籍兵民，驱以教战力。"②士兵和民众。引毛泽东《论持久战》："兵民是胜利之本。"藏学文献中，"兵民"义同"兵人"，指士兵。

《巴》卷二十二："又，严禁弁兵雇役番妇一节，查番俗因男番大半为僧，妇女闲寡者不少，唐古忒番妇向以服役谋生，且兵民等多有雇倩樵汲缝纫之事，若概行严禁，该番妇等养赡无资，势必穷蹙无归，不得不与兵民私相来往。"

【挫失】《大词典》释为"错过。挫，同'错'"。引《剪灯新话·金凤钗记》："崔家郎君一去十五载，不闻音耗，兴娘长成矣，不可执守前言，令其挫失时节也。"藏学文献中，谓闪失、失败。

《巴》卷一："雅满泰抵彼后，若聂拉木、济咙、宗喀一有挫失，即先将班禅额尔德尼迁移前藏。"卷三："又饬噶布伦札什端珠布，酌量情形，相机战守，勿致稍有挫失。"《藏族史料》："乾隆三十九年〔甲午〕六月甲申……倘贼番突来肆扰，官兵限于地势，恐有挫失。"《张荫棠驻藏奏稿·奏复西藏情形并善后事宜折》："西藏苟有挫失，蒙古、新疆、青海、川滇必不一日安枕。""挫"有"失败，毁损"义，"挫失"即闪失、失败。

【樏】《大词典》释为"鸟窝。亦指远古人类在树上搭成的简陋住处"。首引《文选·班昭〈东征赋〉》："谅不登樏而椓蠡兮，得不陈力而相追。"李善注："《礼记》曰：昔者未有宫室，夏则居樏巢。"藏学文献中，"樏"通"巢"，指敌人或盗贼盘踞之地。

《平定两金川方略·艺文一·平定两金川雅谨序》："功噶嶲嶲，昔岭峣峣。贼凭其樏，万仞横碉。"

【撤退】《大词典》有两个义项：①谓放弃阵地或所占据的地区。首引《二十年目睹之怪现状》第五九回："督抚衙门的防守兵也撤退了，算是解严了。"②指后退。引老舍《四世同堂》四三："她一会儿想往前闯去，一会儿想往后撤退，可是始终没有任何动作。"藏学文献中，指撤换官员。

《奎焕驻藏奏稿·译咨达赖喇嘛亚东关番目行为不端经王丞查实撤另委》："窃照本大臣前准亚东关税务司函称：亚东关外经理商房柴草之番目洒达夺吉，行为不端，劣迹种种……为此合咨贵达赖喇嘛烦为查照，转饬番官迅将洒达夺吉撤退，另派妥实番目经营商房，以杜衅端，而昭慎重。"

【埕】《大词典》义项①释为"坛子"，引元李文蔚《燕青博鱼》第二折："隔壁三家醉，开埕十里香，可知多主顾，称咱活杜康。"藏学文献中，用作量词，用以计量酒。

《则例·乾隆朝〈大清会典〉中的理藩院资料》："凡贡物每旗进羊一羫，乳酒一埕。"

【重罗】《大词典》有两个义项：①释为"重重罗网"，引唐司空图《喜山鹊初归》诗之一："翠衿红觜便知机，久避重罗稳处飞。"②释为

"器具名。即细罗筛"。藏学文献中，指用重罗筛过的面粉。

《巴塘竹枝词四十首》："宿顿先期备帐房，热熬几日费供张。重罗如雪酥如玉，更事征求羧觫羊。""重罗如雪"即用重罗筛过的面粉像雪一样白。

【打】《大词典》有四十个义项，藏学文献中，又指（毛、皮衣物被虫）蛀烂，咬破。

《有泰日记》卷十二："后因前买之黑羊皮筒，多被虫打，找皮匠改之，或马褂背心，整者仍改皮袄。此地如不作，穿些日，未有不被虫打者，只好作之。"

【倒】《大词典》有十五个义项，藏学文献中，又指（马匹）死亡。

《有泰日记》卷七："唐儿忽来，因前次蒙古王妃所送海溜马倒矣，即令其掩埋，可惜此马样子、本事均可取。""倒"原指扑倒、跌倒，引申指死亡。

【地理家】《大词典》释为"风水先生"，首引宋赵彦卫《云麓漫钞》卷四："地理家不知起于何时。自黄帝令大挠定甲子以支干相配而分五行，今地理家则有大五行之说，如壬属水地理家曰属火之类。"在清末，指研究地理的专家。

《康輶纪行》卷十六"《万国全图》说"："古来地理家，俱从西洋最西处为初度，即以过福岛子午规为始，仿天度自西而东十度为一规，以分东西之度。故画图，必先画东西南北之规，后考本地离赤道之南北，福岛之东西几何度分，乃置本地方位。"

【丢】《大词典》有十一个义项：①抛弃；扔。②搁置；放下。③遗留。④丢失；遗失。⑤施展，使出。⑥敲，打。⑦量词。犹支。⑧量词。犹串。用于成串之物。⑨量词。犹桩，件。⑩方言。羞，丢人。⑪方言。詈词。在清代，可指（小儿）夭折。

《有泰日记》卷十一："询鹤孙，佛保已丢去，甚可惜。像儿极好，平日多喘且痰盛，想系内热所致。"

【毒厉】《大词典》释为"恶疮"，首引宋苏舜钦《城南感怀呈永叔》："今乃有毒厉，肠胃生疮痏。"藏学文献中，指瘴气，同"毒疠"。

《桐华吟馆卫藏诗稿·蚂蝗山》："由来山泽间，毒厉所蓄潴。"又《飞越岭》："蝮蛇何蓁蓁，吐瘴昏旦错。毒厉能中人，奚敢试徒搏。"

【毒疠】《大词典》释为"导致疫病之毒气。疠，指疫气"。引《捕蛇者说》："触风雨，犯寒暑，呼嘘毒疠，往往而死者相藉也。"藏学文献中，指瘴气。

《丁宝桢藏事奏牍·黄懋材游历回川片》："至其经历雪山天险、野番山寨、瘴雾毒疠之区，往往旬日不见人烟，昼不粒食，夜即露宿，其坚忍耐苦之概，尤堪嘉尚。"

【肚】《大词典》有两个义项：①腹部。②指物体中间鼓出的部分。藏学文献中，可用作量词，用以计量奶酒。

《则例·乾隆朝·录勋清吏司下》："有三乳牛以上者，准取乳油一肚。有五乳牛以上者，准取乳酒一瓶。"

【法刀】《大词典》释为"刽子手行刑的刀"，首引《水浒传》第四四回："当时杨雄在中间走着，背后一个小牢子擎着鬼头靶法刀。"藏学文献中，指道士作法的道具。

《拉萨厅志》卷上"风俗"："三十日，讽经已毕，打牛魔王。或喇嘛一人，假扮达赖喇嘛，土人中择一黑色白色二人，各涂抹，牛魔王或带上法刀，周身掷转，各市街绕玩一圈，土人观者甚众。"

【方单】《大词典》释为"即地契"，例引《二十年目睹之怪现状》第一〇八回："谁知过得两天，厨下不戒于火，延烧起来，烧个罄尽，连田上的方单都烧掉了。"藏学文献中，指方形的披肩。

《西藏志·衣冠》："蒙古妇女……耳带累丝金镶松儿石坠或珊瑚坠，脸不敷糖脂，不披方单，冬夏俱带狐皮帽。"《西藏见闻录》卷下"服制"："达子妇女……耳带累丝金镶松儿石坠或珊瑚坠，不披方单。"

【分际】《大词典》有四个义项：①界限；分寸。②紧要关头。③犹程度；地步。④犹情分。在清代，可指职务，职位。

《裕钢驻藏奏稿·致外部电英派荣赫鹏为正办……致印方和衷缓商》："查有商上文案大中译罗布藏称勒花翎前藏戴琫汪曲结布二员，分际颇尊，刻在卓木，今就近派往会同何守面晤英员会议，其文凭现已发给等情前来。"又："致外部电英人持强藏番顽梗何光燮撤回派赵钰接办希代阻英员前进"："是以本大臣恐于事不利，将何守撤回，改派靖西游击赵钰，分际较尊，仍留巴尔会办。"

【分体】《大词典》释为："生物学上指在无性生殖中，亲体直接分裂为两个个体。"藏学文献中，指化身。

《西藏纪闻》："有高行喇嘛宗客巴者，生于永乐十五年，观时数当改，即会众弟子，令各自黄其衣冠，演大乘，教二弟子，一曰达赖喇嘛。云是观音分体，为世活佛；一曰班禅额尔德尼，云是金刚化身，世为活佛，并称死不迷性。"

【黄茶】《大词典》释为"茶礼。旧谓订婚时的聘礼"。引元童童学士《新水令·念远》套曲："好姻缘两意相答。你本是秋水无尘，我本是美玉无瑕。十字为媒，又不图红定黄茶。"藏学文献中，"黄茶"是指叶色发黄、汤色发黄的劣质茶。

《理藩院》卷九百八十三："私贩黄茶，应饬循化、贵德地方官暨隆福寺番僧，一体严拿，起出货物，分赏出力兵弁。"同书卷九百八十九："又定：西藏来使堪布并随来之兰占巴等跟役每日给米一升。正使每十日给蒙古羊十只，黄茶二十包，面二十斤……兰占巴等，日给羊肉二斤，间日给羊肉一盘，黄茶一包……"卷九百九十："又复准：赏年例来朝之王、贝勒、贝子、公、台吉等，缎、雕鞍、银茶筒、茶盆、黄茶等物，各照价值折银赏给。"

"黄茶"之称五代已见。《戒鉴录》卷四"得夫地"："其来也，载有青盐、紫草，蜀得其厚利焉；其去也，载白布、黄茶，秦得粗货矣。"《明会典》卷三十七载，隆庆五年"各商自备资本，执引前去各该衙门，比号相同，收买真细好茶。毋分黑黄正附，一例蒸晒，每篦重不过七斤"。"黑黄正附"分别指黑茶、黄茶、正茶与附茶，叶色自然发黄或汤色发黄的为黄茶。清纳亲等题《为茶封久积难销酌情再行减价以实孥项以疏壅滞事》："商人领取采办，每引一张，交黄茶五十斤为库茶，商人自办黑茶五十斤为商茶，黑茶色浓味厚，商人工本较重，而售价亦昂。黄茶色淡味薄，为夷番熬茶所需，民间买食者少，商人办本原轻，故售价仅可得黑茶之半。"①

---

① 转引自林永匡《清代的茶马贸易》，《清史论丛》第三辑，中华书局1982年版，第110页。

黄茶在清代亦远销至台湾地区。《台海使槎录》卷二"赤嵌笔谈·商贩":"至关东贩卖乌茶、黄茶、绸缎……回日则载药材、瓜子、松子、榛子、海参、银鱼、蛏干。"《藏汉词典》列有"黄茶",藏音 ja ser。

【黑人】《大词典》有五个义项:①色黑之人。②传说中的一种怪人。③黑种人。④姓名没有登记在户籍的人。⑤因触犯法律,隐匿行踪的人。藏学文献中,指与喇嘛僧相对的世俗男子。

《巴》卷三:"但现在带兵甚寡,所有喇嘛、黑人未免惊惶不定。"卷四:"且此次出兵,专因保全达赖喇嘛、班禅额尔德尼以及黄教、黑人,倘各惜粮石,不行接济,兵丁既不能剿杀贼匪,或被贼匪抢掠地方,性命亦未可保全。"《百一山房赴藏诗集·得鄂大司马军营书却寄》:"微调租庸愧不胜,蜡丸重送下巴陵。黑人审窃诛应亟,黄教庄严见未曾。"《卫藏通志》卷十二:"营官缺分。边缺营官十四缺,共二十三名,黑人廿二名,喇嘛一名。"《史料汇编·阿桂等奏遵旨议奏福康安等酌定善后事宜各款折》:"查藏内设立噶布伦四缺,原俱系从黑人内挑补,嗣经班第奏明添用喇嘛一人,由商上毕七克四人内择其有才具者充补,此后俱相沿办理。""黑人"又称"俗人"。《驻藏须知》:"六品中缺营官四十三缺:洛隆宗(俗人二名),角木宗(俗人一名),打孜(四人一名),桑叶(喇嘛一名)……"

【积毒】《大词典》释为"犹积恨",引明瞿式耜《三救五臣疏》:"顷臣接户部尚书吴贞毓等公书一封,抄揭一件,读之知五臣之积毒,盖至今日而发也。"藏学文献中,指藏地山间常年累积的瘴毒。

《进藏纪程·风景》:"至折多、拨浪工,山藏积毒,药气蒸人。"

【基图】《大词典》释为"谓基业。图,指皇图"。引清褚人获《坚瓠七集·吊王安石墓》:"四明李照以是吊王安石墓云:'……富韩国老缘谁去,汴宋基图自以摇'。"藏学文献中,指土木工程的图纸。

《史料汇编·岳钟琪奏报于泰宁寺建造达赖喇嘛移驻庙宇动工日期及料估银两折》:"并将建庙基图、料估清折,咨报前来。"又:"除现在如期起工外,所有起工日期以及料估缘由,理合缮折奏闻,并开料估清折,绘画建庙基图,恭呈御览。"

【记念】《大词典》有四个义项:①犹挂碍。②怀念;记挂。③用来表示纪念的物品。④犹记诵。藏学文献中，指记数用的佛念珠。

《廓》卷二："今特发大制帛一方，正珠记念一串，交成德等给与达赖喇嘛，志朕奖悦之意。"《西藏纪游》卷二："一喇嘛掐数珠，或一二颗，或七八颗，如是者数四，又掐记念（其珠较小，挂于数珠之旁，凡三串，串十颗，谓之记念）一二颗。"《有泰驻藏奏稿·廓尔喀王呈递表文译缮代奏折》中提到，清廷赏赐给廓尔喀（今尼泊尔）王穿戴中有"新珊瑚记捻、新翠背鱼坠角、粉石佛头"等物，其中的"记捻"即"记念"。《有泰日记》卷十："王永福买来铁铃杆二份，声音甚好，不过四文钱一份。又有铜记念四分钱的，并带小铃杆，略具其形而已。"

【金砂】《大词典》释为："亦作'金沙'。指古时道家以金石炼成的丹药。"首引《参同契》卷上："金砂入五内，雾散若风雨。"唐李白《代寿山答孟少府移文书》："饵之以金砂，既而童颜益春，真气愈茂。"王琦注："金砂，仙药也。"藏学文献中，指细碎的金子。

《张荫棠驻藏奏稿·咨驻藏大臣捐助各学堂汉文学生奖赏基金》："兹本大臣特将金砂拾包，计重伍十两，大宝银柒锭，计重三百伍十两，点交擦绒噶布伦带回拉萨，发交商上验收，妥为存放生息，作为本大臣捐备，分给拉萨现在已设及将来续开各学堂汉文学生年终大考奖赏之款。"

【九】《大词典》有九个义项：①数词。八加一所得。②泛指多数。③"九九"的简称。④"九日"的简称。指重阳节。⑤《周易》以阳爻为九。⑥《易》卦的"离"配南方，其数配"九"，故以九指南方。⑦古方言。背向。⑧通"久"。⑨姓。藏学文献中，为量词，是清代蒙古律中处罚赔偿牲畜以及进贡物品的单位。

《理藩院》卷九百八十六："康熙十三年题准：每年节进贡，科尔沁等十旗，共进十二九，计羊一百有八只，乳酒百有八瓶。鄂尔多斯六旗、乌喇特三旗，共进九九，计羊八十一只，乳酒八十一瓶。余二十五旗，共进三九，计羊二十七只，乳酒二十七瓶。"此例中，十二九，指羊一百零八只；九九，指羊八十一只；三九，指羊二十七只。同书卷九百八十六："康熙三十年复准：土谢图汗、车臣汗既留汗号，令仍旧进贡白驼一、白马八，其余概不得进贡九白。"卷九百九十四："又定：凡罚以九论者，马二，犍牛二，乳牛二，牸牛（二岁牛）二，犊牛（三岁牛）一。"

蒙古族尚九,故贡物亦多以"九"数为单位。清代蒙古王公有"九白"之贡,"九白"包括白驼一、白马八。今人由于不明"九"的这一文化含义,常常发生误释。如《中国古代军事散文精选·清代卷》引上述资料:"又题准:官员擅杀投降人者,为首绞,余人革职,罚三九。"注释"三九"为"指牲畜三十九头",[①]误。

【苦差】《大词典》释为"辛苦难办的差事",引赵树理《催粮差》:"二爷知道,催粮是苦差!我老了,不想多跑,才雇了那么一个人。"藏学文献中,指苦工、苦役。

《理藩院》卷九百九十四:"道光十九年定:各案首从贼犯应发遣者,均照例刺字交驿站充当苦差。"又:"其疏脱贼犯之骁骑校,皆着来京当苦差行走。"又:"窃一二牲为首之犯,发遣山东、河南等省,皆交各该处驿站充当苦差。"同书卷九百九十五:"偷窃四十两至七十两,为首者发遣山东、河南交驿充当苦差。"《锡良藏事奏稿·特参已革知县穆秉文片》:"请旨将已革知县穆秉文发往新疆充当苦差,以示大公而肃军纪。"上述四例中,"苦差"用于动词"充当"之后,是指人的名词,当苦役、苦工讲,前面与之搭配的动词"充当"义为担任某种职务或取得某种身份。

【民人】《大词典》释为"人民,百姓",首引《诗·大雅·瞻卬》:"人有土田,女反有之。人有民人,女覆夺之。"藏学文献中,特指与旗人相对的汉人。

《理藩院》卷九百七十八:"乾隆十三年议准:蒙古地方,民人寄居者日益繁多,贤愚难辨,应责成该处驻扎司员及该同知、通判,各将所属民人逐一稽考数目,择其善良者,立为乡长、总甲、牌头,专司稽查。"又:"又议准:蒙古、民人借耕种为由,互相容留,恐滋事端。嗣后蒙古部内所有民人,民人屯中所有蒙古,各将彼此附近地亩,照数换给,令各归其地。"卷九百九十四:"二十三年谕:嗣后蒙古地方抢劫案件,如俱系蒙古人,专用蒙古例;俱系民人,专用刑律。如蒙古人与民人伙同抢劫,核其罪名,蒙古例重于刑律者,蒙古与民人俱照蒙古例问拟;刑律重于蒙古例

① 王凯符:《中国古代军事散文精选·清代卷》,解放军文艺出版社2001年版,第164页。

者，蒙古与民人俱照刑律问拟。"

编入旗籍的人（特指满族人）称为"旗人"，在清代文献中"民人"常与"旗人"并现。如雍正年间曾有规定："旗人制造纸牌、骰子售卖者，照光棍为从例，拟绞监候。民人凡制卖赌具及赌博者，以充发、杖流分别者，以充发、杖流分别拟罪。"①

【梅花桩】《大词典》释为："亦称'梅花拳'。武术拳种。要求立于木桩上练习。故全名为'干枝五式梅花桩'。桩凡五根，植地成梅花形。基本技术为五种桩步的静力练习。套路无一定式，变化多端，活而不乱。势如行云流水。常见的布桩图形有：北斗桩、三星桩、繁星桩、天罡桩、八卦桩、五行桩、九宫桩等。"引老舍《四世同堂》十八："在少年，他踢过梅花桩，摔过私跤，扔过石锁，练过形意拳，而没有读过一本书。"藏学文献中，指埋设成梅花形的木桩，为防御工事之一。

《鹿传霖藏事奏牍·迭克瞻巢碉寨扑灭援贼剿抚兼施疏》："墙外掘有深壕，壕外梅花桩密布，杂以荆棘。韩国秀亲督弁兵，将梅花桩奋力拔去。"他例如《海国图志》卷九十："仍于台前河中，多立品字木桩，名梅花桩。中泓留一水道，甚狭，透迤曲折如之字样，使敌艘而得直入。若循道曲折而进，则两岸中流三台合攻，岂能飞越？"

【炮位】《大词典》有两个义项：①火炮安放的位置。②爆破作业时，预定的爆炸位置。藏学文献中，指大炮。

《平定金川方略》卷五："其枪炮手、弓箭手，并矛镗手，以及随带炮位器械，悉照督臣札开数目，拨派带往。"《廓》卷十三："其番练所需铅弹、火药及锣锅、帐房、炮位等项均须官为拨给。"《文蔚、庆禄驻藏奏稿·剿办博窝出力人员请奖折》："并监造添办火弹、铅药、刀矛，查催弁兵先期治装，行走得以迅速，又复亲身演放炮位，整顿炮架，此次攻打鲁郎汤堆卡寨前敌，均称灵便得力。""炮位"是名量式复合词，其中的"位"是炮的量词。

【飘淋】《大词典》释为"流泻"，引唐顾况《大茅岭东新居忆亡子从真》诗："赭景宣迭丽，绀波响飘淋。"藏学文献中，指（建筑物）被雨飘

①　转引自史松《清史编年》第4卷，中国人民大学出版社2000年版，第216页。

湿、淋湿。

《金川案·利·工部议复准修关帝庙》:"历今年久,风雨飘淋,将次倾颓,自当修整坚固,用肃观瞻。"

【七珍】《大词典》有两个义项:①同"七宝"。首引南朝梁沈约《弥陀佛铭》:"愿游彼国,晨翘暮想,七珍非羡,三达斯仰。"②泛指各种美味。唐柳泌《玉清行》:"七珍飞满座,九液酌如泉。"藏学文献中,指藏传佛教的七种珍宝。

《西藏奏疏》卷一:"今谨备叩谢天恩满达、佛尊、经部、塔座、八宝、七珍、法轮等项贡物。"《钦定理藩部则例》卷二十二:"哲布尊丹巴呼图克图进丹书克物件、迎手靠背坐褥、佛经、塔曼达、七珍、八宝、八吉祥、本巴、轮杵。"

【千户】《大词典》有三个义项:①即千户侯。②古代武官名。③特指富农。藏学文献中,指的是清政府在青海、蒙古地区蒙、藏等少数民族部落中设立的管理千人以上部落的土官名。

《理藩院》卷九百九十三:"循化、贵德等处野番……番户众多,其部落在千人以上,设千户一名,百人以上,设百户一名。"

【腔口】《大词典》有两个义项:①调子,音调。引清袁枚《随园诗话》卷一:"杨诚斋曰:'从来天分低拙之人,好谈格调,而不解风趣,何也? 格调是空架子,有腔口易描;风趣专写性灵,非天才不办。'"②口音、腔调。首引周立波《张满贞》:"真是江山易改,本性难移,他对哪一个讲话,都使用这同样的腔口。"藏学文献中,指枪支的口径。

《张荫棠驻藏奏稿·奏复西藏情形并善后事宜折》:"臣去年到藏,亲莅校阅枪弹,多半不和腔口。现计须有毛瑟枪万杆,格林炮、过山炮各数十尊,配足子药,方足备目前防守急需。"

【闪挫】《大词典》释为:"亦作'闪错'。扭伤。"首引《水浒传》第十八回:"黑影里不见路径,失脚走下野田里,滑倒了,闪挫了左腿。"藏学文献中,指闪失。

《藏族史料》:"乾隆三十九年〔甲午〕……但知轻率一往,而不知筹度万全,设或稍有闪挫,各路官兵必皆闻气馁,所关甚重。"

【手卷】《大词典》有两个义项:①只能卷舒而不能悬挂的横幅书画长

卷。首引元纪君祥《赵氏孤儿》第四折:"我如今将从前屈死的忠臣良将,画成一个手卷。"②指备签名用的长卷。首引《儒林外史》第二三回:"但建造这祠,须数千金。我裱了个手卷在此,愿捐的写在上面。"藏学文献中,指哈达。

松筠《丁巳秋阅吟·济咙》:"欸酬橄逊睦,要服守成章。(因好言抚之,答以锦缎、荷包、香珠、茶叶及手卷等项,并赏头人札木榜达哩玛亲达赖二人缎绸茶叶银两,及其兵役背夫一,亦分别赏以银钱茶布,无不欢欣感激。)"

【首出】《大词典》释为"杰出",首引南朝梁刘勰《文心雕龙·哀悼》:"自贾谊浮湘,发愤吊屈,体周而事核,辞清而理哀,盖首出之作也。"藏学文献中,"首"有"出首"义,"首出"为补充式合成词,指检举出来,告发上去。

《钦定理藩部则例》卷二十五:"内地民人不准聘娶内、外扎萨克等处蒙古妇女,如有私行婚嫁者,被人首出,将所娶之妇离异归宗,将主婚之蒙古并违禁之民人各枷号三个月,满日鞭一百,民人递解回籍。"《理藩院》卷九百九十三:"所罚牲畜,给首告人三分之一。如经属下家奴首出,即准开户,将私为班第及收留之喇嘛班第,勒令还俗,发回本旗,给还原主。"同书卷九百九十五:"如人犯在该旗地方藏匿,不行缚送,经归化城官员访获,或他人首出者,罚该扎萨克一九牲畜。"

【首罪】《大词典》释为"自首认罪",引《三国志·魏志·邓哀王冲传》:"太祖马鞍在库,而为鼠所啮,库吏惧必死,议欲面缚首罪,犹惧不免。"《续资治通鉴·宋真宗咸平三年》:"济州贼魏捷……自陈为恶党所胁制,愿首罪效力。"藏学文献中,指告发别人的罪行。

《理藩院》卷九百九十七:"又定:凡挟仇首罪而取牲畜者,王罚三九,贝勒、贝子、公罚二九,仇取牲畜给还原主,随所愿处发往。"

【搜】《大词典》有七个义项:①搜索;搜查。②寻求;找出。③聚集。④清除,消除。⑤萧疏貌。⑥清冷貌。⑦象声词。在清代,可指(小虫等)啃啮(树根等)。

《西藏纪游》卷二:"此鼠喜食树根,扶疏、虫柳,经其搜根啃食,无不立萎。"他例如《七侠五义》第十三回:"非是他务必要拔树搜根,只因见了不平之事，他便放不下。仿佛与自己的事一般，因此才不愧那个'侠'字。"
又作"叟"。近代陕西陇县歌谣《娃娃乖》："水咧？水上天咧。天咧？皮风
蚂叟塌咧。"①

【驮】《大词典》有八个义项：①牲口负物。②引申为背负。③指装载。
④架。⑤承受。⑥叠，一层加上一层。⑦用同"驼"。⑧见"驮驮"。藏学文
献中，用作量词，用于计算牲口所负物的数量。

《清代藏事辑要》卷二"乾隆朝"："六月壬午，谕军机大臣等：'据驻
藏侍郎拉布敦奏称：珠尔默特那木札勒将恭布等处火药携去四十九驮，调去
兵一千五百名，看此情形，藏务尚在未定，请将更换臣等之处，暂行停止'
等语。"

【屯备】《大词典》有两个义项：①驻防。引《汉书·赵充国传》："酒
泉太守辛武贤奏言：'郡兵皆屯备南山，北边空虚，势不可久。'"②指屯军
的武备。引《后汉书·顺帝纪》："严敕障塞，缮设屯备，立秋之后，简习戎
马。"藏学文献中，指官职，即屯的守备。

《廓》卷十九："被屯备色木哩雍忠用枪打倒，即被屯把总角布割下首
级。"卷二十一："并据堵御木萨桥地方之屯备木塔尔禀称，该处一带下雪更
大，各卡帐房大半被雪压倒，幸屯兵等俱各无恙。"

【围圆】《大词典》释为"圆形或类圆形物体的周长"，引《西游
记》第四九回："众人近前观看，有四丈围圆的一个大白盖。"藏学文献
中，指四周。

《西招图略·审隘》："此卫藏围圆大概，仅述要隘，绘图以示汛官，
以重操防也。"

【饩羊】《大词典》有三个义项：①古代用为祭品的羊。②比喻礼
仪。③比喻徒具之形式。藏学文献中，指蒙古驿站为过往官兵提供的食
用羊只。

《理藩院》卷九百八十二："又复准：蒙古部落照本院所发印文，供应
差马饩羊，不许规避。如不供应差马者，罚牲畜三九，不供应饩羊者，罚
牛一头。"《则例·乾隆朝〈大清会典〉中的理藩院资料》："饩羊按日散

---

① 北大《歌谣》周刊，1925 年第 82 期第 7 版。

给，薪米之属代以白金。"

【外套】《大词典》有两个义项：①外衣。②比喻表面的伪装。藏学文献中，指做成一定形状、罩在物件外面的套子。

《孟保、钟方驻藏奏稿附录·查办孟保等滥提官物案》："又二十三年六月初八、初九日，孟保因作令箭外套，先后提取红缎二匹。"

【斜岔】《大词典》立目为"斜岔儿"，释为"斜形的块儿"。藏学文献中，谓从侧面斜向岔开。

《平定两金川方略》卷一百二十八："查阿穰曲左手斜岔山腿下寨落三处，业于十五日攻得其一。"卷一百二十九："查瓦喇占一处，即系阿穰曲斜岔山腿之下。"

【斜眼】《大词典》有四个义项：①斜着眼睛。②斜视。③患斜视的眼睛。④患斜视的人。藏学汉文文献中，可指（墙壁上）斜开（放射状）的眼孔。

《藏族史料》："乾隆三十八年［癸巳］七月癸未……又谕（军机大臣等）：闻贼人碉墙皆系斜眼，贼在碉内由上望下，窥视我兵放枪，甚便而准。"其中的"眼"指孔，洞穴。

【小票】《大词典》有两个义项：①小纸条。引《说岳全传》第六一回："王氏道：'相公可将这柑子捞空了，写一小票藏在里面。'"②票面金额比本位币小的钞票，如五角票、一角票等。亦指可兑现成货币的票证中票面金额较小者。藏学文献中，指出入关口的短期凭证。

《理藩院》卷九百八十三："又定：库伦街市商民往各旗贸易者，不准用三个月小票，概于库伦商民事务章京处请领印票，由该章京量其道路远近，酌定限期，将前往何旗贸易何货物，并年貌注明票内给发。"

【行茶】《大词典》有两个义项：①递送茶水。首引唐白居易《春尽劝客酒》诗："尝酒留闲客，行茶使小娃。"②旧指婚约决定后男方送定礼。引明杨柔胜《玉环记·提领央媒》："下礼行茶都莫提，我自有施为。"藏学文献中，指进行茶叶贸易。

《鹿传霖藏事奏牍·会筹保川图藏并议复吴光奎疏》："而藏番赋性愚顽，罔知时务，画界行茶，不遵开导。"《史料汇编·升泰奏后三款改议商上已具结遵办折》："赫政函内复称，印度欲向西藏行茶，且引藏番前次夷禀西藏盐茶向行西金，请仍照旧一语，以为藏中之茶可行西金，印度之茶自亦可行西藏，方为平允。"

【悬注】《大词典》释为"倾流而下；从高处下注"，首引北魏郦道元《水经注·锺水》："山壁高耸，三面特峻，石泉悬注，瀑布而下。"藏学文献中，谓挂念。

《平定两金川方略》卷六十九："朕此时悬注，觉防守丰升额后路较之收复小金川，尤为紧要。"

"悬"有牵挂、挂念义，"注"有关注、系念义，"悬注"即挂念。

【凶具】《大词典》释为"棺材"，首引晋干宝《搜神记》卷十："须臾如厕，便倒气绝。谢为凶具，一如其梦。"藏学文献中，指兵器。

《金川琐记》卷三"金川往事十三则"："且曰：择日于交界地方会议，彼此不得携凶器，革布什咱信之，惟恐中悔食言，皆欣欣然拱手俟命，并不虞有他变。先密令痤藏凶具，至日，率其头人百姓赴会，遍令去衣服以示无廷，使不我备。"

【摇鼓】《大词典》有两个义项：①摇动。②见"摇唇鼓舌"。藏学文献中，指手摇的转经筒。

《清代藏事辑要》卷五"嘉庆朝"："着派阳春祭奠，仍自京赏发大哈达一个，噶卜拉念珠一串，铃杵一分，摇鼓一个，在于济咙呼图克图塔前永远陈设。"

【游牧】《大词典》释为"居无定处，从事畜牧"，引《新唐书·西域传下·大食》："居你诃温多城，宜马羊，俗柔宽，故大食常游牧于此。"清魏源《圣武记》卷八："天下有城郭之国，有游牧之国，有舟楫之国。"范文澜、蔡美彪等《中国通史》第二编第六章第一节："鲜卑拓跋部一向在北荒游牧。"藏学文献中，为名词，指游牧之地。

《平定准噶尔方略》正编卷五十："凡游牧之内属者，曰土默特。"又："公主下嫁后，非奉特旨留京者，其自游牧来京，亦俟奏闻奉旨。"《理藩院》卷九百八十三："先是图什业图汗杀其札萨克图汗德克德赫墨尔根阿海，从此起衅构兵，失其游牧，先后来归。"同书卷九百九十三："格格等回游牧后，札萨克亦将格格到游牧日期声明报院。"

【油刷】《大词典》释为"用油、漆等涂抹"，引瞿秋白《赤都心史》十六："新媳妇进门不到两三天，立刻就要把大俄农村家庭整顿一番，油刷裱糊都是新媳妇极力主张的。"藏学文献中，指用于涂抹油漆的刷子。

《例案》下卷："铺地大棕毡一块，红团毡一块，宝顶牛皮一块，皮包二个，皮筒三个，皮套一个，棕单各一条，皮匠五工，麻线半斤，油刷□□。"

【银牌】《大词典》有三个义项：①银字牌。古代凡发兵、出使、乘驿用之。②银质名牌。唐官妓所佩。③银质奖牌。藏学文献中，指赏赐给兵丁夫役的银质牌。

《平定金川方略》卷十七："上幸丰泽园，赐将弁兵丁等筵宴，并颁赏棉甲，奖金、银牌有差，后遣兵皆如之。"《巴》卷二十二："今将三十九族每年所交例马银三百九十余两，买办缎疋、烟茶、银牌，按年奖赏达木官兵一次，此外再无别款。"《进藏纪程·土俗》："汉官亦赏之以哈达，次送奶茶，亦赏之以茶块，并颁及银牌、绫缎之类。"《有泰驻藏奏稿·起行赴藏沿途查看情形通筹藏务折》："再查历任驻藏大臣赴任时，皆须在川预办犒赏藏番绸缎、银牌各物，盖所以广朝廷德意，示番部绥怀。"李殿图《番行杂咏》："翩翩帽上炫银牌，烟茗缠腰笑语谐。（头目番众来迎，给以银牌则悬诸首，烟茗则缠诸腰，肉脯则纳诸怀。）"

【甑】《大词典》有两个义项：①蒸食炊器。其底有孔，古用陶制，殷周时代有以青铜制，后多用木制。俗叫甑子。②蒸馏或使物体分解用的器皿。在清代，甑为蒸茶器皿，在此义基础上，发展出计算茶叶的量词的用法。

《康辅纪行》卷一"赏蕃茶物"："皆以甑蒸而捣之成饼，每饼七斤或六斤，谓之一甑。裹以纸，惟竹档茶贴金而加图记，以示贵重，余则无。"《卫藏通志》卷十四上："锅焙茶一甑，合算银钱二两五钱；邛州茶一甑，合算银钱二两五钱；线茶一甑，合算银钱一两五钱。"《驻藏须知》："每年春秋二季，大操完毕，在教场当场赏放皇赏对象：游击一员，缎一疋，宫绸二疋……八队目兵，茶八甑……教习二名，茶二甑，领队目兵，茶六甑……"这个用法今仍保留。白马错《大女儿的惨死》："第二天，伪县政府一个烂兵把一张烂牛皮拖来放在我家门口，丢下四甑茶叶，走了。"①

【子母】《大词典》有五个义项：①母子。亦指母女。②指大小、主从关系。③古称钱币轻而币值低者为子，重而币值高者为母。④犹言本利。子，利息；母，本金。⑤指杯盘。藏学文献中，指枪支配备的子弹。

《讷钦驻藏奏牍·咨川督请拨后膛马枪》："相应借用成都将军印信，咨行贵督部堂，请饬该局将枪支检齐并配带子母四百颗，以便备价派差领取可也。"又"移复川藩等已领洋枪备用"："六月初六日据差弁千总马全骥持领到局，领取后膛洋枪八支，子母四百粒。"

【主国】《大词典》有三个义项：①古代诸侯国相互聘问，受聘国称为"主国"。②公主的封国。③国都。藏学文献中，指主权国。

《张荫棠驻藏奏稿·致外部电请代奏办事艰难情形吁恳收回成命》："英人借口于我在西藏不能尽主国义务，日图煽诱。"又"致外部电陈治藏刍议"："体制事权，一如印督用王礼，则主国名义自定。"

【种植】《大词典》有两个义项：①栽种培植。首引唐翁洮《苇丛》诗："得地自成丛，那因种植功。"②引申为积累功德。引宋叶适《东塘处士墓志铭》："其行常损己益物，种植甚远，积累可称纪者众矣。"藏学文献中，指种植的农作物。

《平定准噶尔方略》正编卷五十六："今大兵虽暂时休息，来年仍必进剿，亦定将田野种植，尽行蹂践，务获二贼方止。"又卷五十八："且官兵数次剿贼，及回城田野种植，俱应有收获，何必筹及撤兵？"

上述油刷、游牧、种植三词在使用过程中，词义所涵盖的范围逐渐扩大，在其动词用法的基础上，衍生出名词的用法，词义引申的方向相同。

【遮】《大词典》有八个义项：①遏止；阻拦。②谓一物体处在另一物体的某一方位，使后者不显露。③掩护；防护。④掩盖；掩饰。⑤代词。相当于"这"。⑥通"斥"。古代进行侦察的士兵。⑦指军队侦察敌情。⑧通"庶"。藏学文献中，指被俘。

《平定金川方略》卷九十七："至买国正所供之署护军参领尼三泰，为

---

① 甘孜藏族自治州文教局、四川师范学院中文系：《不屈的农奴 甘孜藏族农奴家史》，四川民族出版社 1977 年版，第 192 页。

贼所遮，乘空投水而死等语，尚属可悯，已有旨交部，照阵亡例减半赏恤矣。"《平定两金川方略》卷四十九："我皇上以大员为国捐躯倍加轸惜，前于薛琮被遮，谕令带兵将领知难而退，兹马虎之殁，复谕将军遣派将领当加斟酌。"《例案》下卷："打仗未出被遮及因公殒命兵丁，俱照阵亡例减半赏给。"

【帐户】《大词典》释为"会计用语。指账簿中对各种资金运用、来源和周转过程等设置的分类"。藏学文献中，指帐房、帐篷。

《金川案·利·松、建二道议详善后事宜》："两道及同知二员、佐杂八员，往来办事，共留夫二百名，背运行李帐户之用。"

第三节　清代藏学汉文文献的新词新义与辞书编纂

一　可为辞书补充词形或书证

【低洼】地势低下。《升泰驻藏奏稿·保政司来函分晰陈明印度完结后三款》："在亚东，地方狭窄，地势低洼，潮湿过重，人易生病。"《词典》作"低凹"，释为"低于四周"，首引徐迟《狂欢之夜》。

【锅腔】土灶。《喇嘛事例》二："筵宴，达喇嘛二人桌一张……小喇嘛三人桌一张，番人共桌一张，陪筵官桌一张，大蒙古羊二只，奶茶三桶……煮肉大铁锅一口，铁杓一把，砖砌锅腔一座。"清代小说中亦见，写作"锅腔儿"。《永庆升平后传》第二十九回："但只见前面山坡以下松林之中，有两个小道童儿，旁边放着一捆柴、半口袋米、一个灯笼、一口大锅，小童儿手拿铁正在那里要挖锅腔儿。"《大词典》不收"锅腔"，收"锅腔子"，释为："土灶。比大灶小，无烟囱，多用土或陶制。"《汉语方言大词典》收有"锅腔"，释为："〈名〉用泥和稻草做成的筒形土灶。江淮官话。"

【海肥】即"海蚆"。《西藏纪游》卷二："维西一带与唐古忒连界，男皆与汉人无异，妇女装束全似番人，背负一羊皮，必连羊尾。上缀海肥，自背至腰，行动有声，此又唐古忒之所无也。"《尔雅·释鱼》："蚆，博而頯。"清郝懿行义疏"云南人呼贝为海肥，肥、贝声转也。肌与肥皆蚆之别体"。《大词典》收"海蚆"，释为："贝子。软体动物的一种"。不收"海肥"。

【面果（面菓）】油炸的面食。《西藏志·宴会》："前设矮方桌一二张，上摆面果长尺许，生熟牛羊肉等类，各一二盘。"《藏行纪程》："其下喇嘛数百，皆偏袒右臂，红氆氇为衣，念经则宰牛羊进香，人至鸣角伐鼓以迎，糌粑、面果、葡萄、珊瑚果之属为供，米饭加饴糖，席地而坐。"《西域见闻录》卷下"宴会"："至筵席……郡王座前设矮方桌二张……上列冰糖、面菓、缠头果、焦糖等品。"《西域遗闻·风俗》："前设短几二，置面菓长尺许，牛羊生熟之肉为一大盘……"《大词典》收"面菓子"，引《红楼梦》第四一回："又看那一样是奶油炸的各色小面菓子，也不喜欢。"不收"面果"。

【开衩】在衣服下部边缘开口儿。《卫藏图识》上卷"衣冠"："其裾于裆内开衩，腰两旁亦开衩，襞积腰间。"《大词典》收"开叉"，张天翼《春风》四为唯一书证。不收"开衩"。

【枯瘺】同"枯偏"。指半边肢体有伤、病。《平定两金川方略·艺文三·平定两金川诗》："孤豚出窜复汝土，恩逾肉骨苏枯瘺。"《说文·病部》："枯瘺，半枯也。"《大词典》收"枯偏"，引康有为《京师晋阳寺下车伤足》诗："天下蹩者有万千，安得君等勤勤起枯偏。"不收"枯瘺"。

【嵤】【塙】同"碥"，地名用字。以之命名者，多为岩石倾斜、形势险峻之地。《西征日记》："上鲁贡拉山，摩空石径，雪厚冰坚，人马行崖隙中，颇嗟况瘁。中所谓阎王嵤者，更险恶。"字又作"塙"。《西藏纪闻》："山川：南无脊山（炉东高五百余丈）、金钗（炉东险窄巉岩）……"《卫藏通志》卷三："打箭炉……金钗塙，在炉东七里，险窄巉岩。"又作"碥"。《卫藏通志·寺庙·丹达庙》："相传云南某参军解饷过阎王碥，饷鞘落雪窖中，身与之俱坠，人无知之者。"又作"扁"。《雪桥诗话》卷八："阎王碥，今改名观音碥，极奇险，壁立万仞，湫临千丈，几无著足。"[1] 碥、塙、嵤三字从扁得声，声符含有不正、半义，[2] 三字的构造为会意兼形声。字又作"扁"，是个记音字。《有泰日记》卷十三："尖后即上阎王扁，有积雪，

---

① 杨仲羲：《雪桥诗话》，刘承干参校，北京古籍出版社 1989 年版，第 392 页。
② 殷寄明：《汉语同源字词丛考》，东方出版中心 2007 年版，第 406 页。

颇难行。"塥、嵋两字形《大字典》未收录。

【树叉】即树杈。《进藏纪程·土俗》:"死不哭,不变服,有火葬、水葬者,置山顶者,置树叉者。"《词典》收"树杈",释为"亦称'树杈把'。树枝的交汇处"。首引田汉《洪水》第二场:"谁想到我们今年要在屋顶上、树杈上和土堆上过中秋哩。"

【丫】【垭】【崖】【砑】【桠】地名用字。以之命名者多为两山之间的狭窄地方。《西藏日记》:"至风木丫,磴道转高,山禽练雀竦立,人行树底,面皱碧色。"字又作"垭"。《西藏归程记》:"次拉里山,迤逦而上,道尚宽平,惟到顶峰垭,高入青冥。"《卫藏图识》上卷"程站":"五里过对崖,十里过风木垭。"《有泰日记》卷十五:"又卅里瓦子垭,下舆同敬甫坐松树下饮茶。"又作"崖"。《古代游记选注·西藏归程记》:"又自二郎湾,历喇嘛崖,山形峭削,色杂青黄,毁立如屏,松杉万株,层层叠翠,于诸山另具一格。"① 又作"砑"。《西藏日记》:"二十九日,自武连南行,石磴曲折十里余。至山顶,曰瓦子砑,自砑循山行,山坡纡复似往。"又作"桠"。《三省入藏程站纪·成都入藏程站》:"上山五里过对崖,十里过风木桠,十里过八步石,十五里至观音铺。"

这几个字中,"丫"为本字,指两山之间似"V"字形的地形,也叫"丫口"。其他各字都是后起的形声字。"丫"原指物体上端分叉的部分。《集韵·麻韵》:"物之歧头者。"后引申指两山之间似"V"字形的地形。"桠"原指草木分枝处。《玉篇·木部》:"桠,木桠杈。"在清代文献中作了"丫"的假借字。"垭"字《大词典》释为"方言。两山之间的狭窄地方。多用于地名"。引克非《春潮急》二(例略)。"垭"字明代已见。明文秉《烈皇小识》六:"又追败之于留马垭。"一说,"垭"字是"坳"字的方言变体。② "崖"字不见于《大字典》。"砑"原为石名,《玉篇·石部》:"砑,石名。"亦指地土不平,《集韵·麻韵》:"砑,土不平谓之砑。"清代发展成为地名用字。

【袇】俗作"囮",坎肩。《则例·康熙朝〈大清会典〉中的理藩院资

---

① 刘操南、平慧善:《古代游记选注》,上海古籍出版社 1984 年版,第 117 页。
② 方平权:《坳字源流考》,《汉语词义探索》,岳麓书社 2006 年版,第 235 页。

料》："十八年题准：逃来喀尔喀人，遣还时，按时给予衣帽靴袜等物，冬时添给狢皮袘，无马者给马一匹。""皮袘"即皮坎肩。此段材料又见于《清代理藩院资料辑录》，《古今图书集成》本中作"裯"。"狢皮袘"之"狢"，字同"貉"，兽名，皮毛为珍贵的裘料。"袘"字在《清太宗实录稿本》卷三十八中写作"囤"："二十五日，赐锦州，松、杏山官员：赏正黄旗总兵祖大寿黑貂皮囤子一领、常号貂鼠庄袄一件……赏正蓝旗总兵祖大乐，厢白旗付将夏德成，每黑貂皮囤一领、常号貂皮袄一件……"《清史满语词典》"褡忽"释为："打呼、达呼。汉义为皮袘子、皮端罩。"①"袘"字不见于《大字典》。

【韂】同"韀"。《例案》下卷："驼鞍屉每付价银八钱，马笼韂每付价银三分。""韂"字《大字典》未收录。

【猞】同"猍"。"猞"的本义为狗吃食，《玉篇·犬部》："猞，犬食也。"《有泰日记》卷十三："有獐鹿，时闻枪声，土猞子遍山皆是。""猞"的这一用法未见于《大字典》。

【砟】同"榨"。《藏纪概》卷尾："蔬属：蔓菁、萝卜，青菜子可砟油。""砟油"即"榨油"。"砟"字不见于《大字典》。

【琐珉】《西藏考·御制平定西藏碑　附录》："麟得追随骥尾，欣附龙鳞，爰纪其事，勒诸琐珉，以永垂不朽。"《大词典》收"贞珉"，释为"石刻碑铭的美称"，首引元余阙《化城寺碑》："斫辞贞珉，永告无致。""琐"字不见于《大字典》，当是受"珉"字偏旁影响类化的结果。

【幅帧】同"幅员"。"员"字当是受"幅"字影响而增加了"巾"旁。《平定两金川方略》卷十一："且现在西北诸部，蒙古、回人尽为臣仆，幅帧不为不广，岂肯于蕞尔蛮陬，复轻黩武？"《卫藏图识·识略》上卷："惟我国朝幅帧之广，从古未闻。""帧"字不见于《大字典》。

【醯醯】树木的果实味道酸涩。"醯"为"醨"的异体。《章谷屯志略·土宜物产》："果木有梅，谷口溪边皆遍植，花亦清香，实垂垂，五月熟，核大肉薄，醯醯特甚，夷人不解食。""醯"字不见于《大字典》。

有些字形自秦汉时已用，《大字典》引用的是清代以前的用例，而这

---

① 商鸿逵等：《清史满语辞典》，上海古籍出版社1990年版，第48、49页。

些字形在清代仍用，可为辞书补充清代的例子。如：

【夾】同"闹"。《玉篇·人部》："夾，与闹同。"1978 年中央民院图书馆编油印本《西藏见闻录》卷上"经营"："贸易货殖，男妇皆习其业。就地铺设货物，以作夾市，蕃贾辐辏。"

【尒】同"尔"。《玉篇·人部》："尒，亦作尔。"《有泰日记》卷四："过山路，十五里至噶噶尒早尖。"

二　可为辞书补充词条

清代藏学汉文文献中使用的有些词语，前代文献中也在使用，而《大词典》未予收录。列举如下。

【熬饼】《有泰日记》卷十六："进灵宝县店房尖站，同敬甫在一小饭铺吃熬饼。""熬饼"即烧饼。明彭大翼《山堂肆考·饮食》："饼，面糍也。溲麦面，使合并为之也，然其状不一。入炉熬者名熬饼，亦曰烧饼。"① "熬饼"又作"鏊饼"。"鏊"是一种烙饼用的平底锅。

【菜鸡】供食用的肉鸡。《六世·御茶膳房奉旨办理于承德宴赏班禅桌数用料》："又行光禄寺添行猪肉三十六斤、菜鸡十二只、肘子十二个、肚子十二个（送一次）。……菜鸡、猪肉、肘子、肚子俱系外膳房行文。"

【菜马】不能役使供宰杀食用的马。《平定准噶尔方略》正编卷四十七："至乌鲁木齐一带屯田，需用牛马，甘省耕牛难购，骡马、菜马亦属无多，如晋省民马内，除买补营马外，有骡马及不堪骑乘之细小马匹，俱可酌量收买，或五六百匹，或千余匹，即行解赴甘省。"明代已见。《水浒传》第五十七回："三千连环甲马，有停半被钩镰枪拨倒，剥去皮甲，把来做菜马食。"《大词典》的"菜牛"，释为"指专供食用的牛"；"菜羊"释为"专供宰杀食用的羊"；"菜人"释为"旧时荒年有食人肉现象，市场上出卖的供食用的人"，而不收"菜鸡""菜马"。

【伏秋】指炎热的初秋天气。"伏"为时令名，指伏日，分初伏、中伏、末伏。立秋以后，伏日未尽，因称。《文硕驻藏奏稿·会奏拟调喇嘛开导藏番折》："适值伏秋大雨，山水不时暴发，蜀道崎岖，跋涉尤险。"

---

① 转引自于左编《皇帝的饭局》，东方出版社 2011 年版，第 102 页。

明代已见。《农政全书》卷二十五："又曰：北土最下地极苦涝，土人多种蜀秫，数岁而一收，因之困敝，余教之多艺麦，当不惧涝，涝必于伏秋间，弗及麦也。"《大词典》收"伏暑"，不收"伏秋"。

【舱匠】修理船只罅漏的工匠。《巴塘志略·饷银·台库支放》："舱匠一名，月支工食银一两二钱。"明代已见。《龙江船厂志》卷三："三厢出舱匠；四厢出棕蓬匠。……洪熙元年，该局奏准，行取舱匠作酒榨、饭槽等器。"又写作"捻匠"。《煨柮闲谈》："惟盛京……修船者曰捻匠。"

【嫩云】轻云，薄云。《三省入藏程站考》："十里上飞越岭颠，山势陡峻，怪石巉岩，逼人面起。终年积雪，嫩云下垂山足，行旅如在层霄，此内地第一险阻也。"宋代已见。宋张镃《烛影摇红（灯夕玉照堂梅花正开）》："嫩云扶日破新晴，旧碧寻芳草。"①"嫩"字《大词典》义项②释为"形容柔和，柔软"，在此义项基础上，唐宋诗词中已出现"嫩日""嫩风""嫩水"等词，《大词典》均收录，而未及"嫩云"。

【海菜】泛指海产食品。多指珍贵者。《藏族史料》："乾隆三十七年〔壬辰〕七月癸丑……至西路海菜各种，虽货自行商，但异味远携，人必求售，官兵月得盐菜几何，又岂宜听其糜耗？……嗣后川省军营供给海菜、南酒等项俱着停止，即商贩等赴营，亦不得携海菜、酒斤。"明代已见。《型世言》第二十五回："每日大小鱼船出海，管甚大鲸小鲵，一罟打来货卖。还又是石首、鲳鱼、鳓鱼、呼鱼、鳗鲡各样可以做鲞，乌贼、海菜、海僧可以做干。"

【海味】泛指海洋里出产的副产品。《藏族史料》："乾隆三十七年〔壬辰〕七月癸丑……并闻海味、南菜，西路自有商贩带往贸易，不另办送，南路竟系官为办送等语。"宋代笔记中已见。《唐语林》卷三："孔葵为华州刺史，奏江淮进海味，道路扰人，并其类十数条后上，不记其名。"

【耗鬼】使人财物虚耗的鬼怪，简称"耗"。《里塘志略》卷下"杂记"："腊月晦日喇嘛跳布扎，华言跳神也。众喇嘛齐集大招中庭，击鼓鸣金吹角，先扮护法神灵开场，次扮菩萨度世，次扮鬼王登殿，次扮鬼卒捉耗。预用酥油和糌粑塑耗鬼像，众鬼卒争异而出，菩萨讽经驱遣，鬼王监

---

① 转引自夏于金集注《唐诗宋词全集》第 4 部，华艺出版社 1997 年版，第 2381 页。

视，杀而屠之，送于荒郊。"

"耗"有祸乱、祸祟义，《元典章·户部十·租税》："两广这几年被草贼作耗，百姓失散了。"在此义基础上，引申指祸祟人或影响农作物收成的鬼怪。"耗鬼"前代已见。《文选》卷七扬雄《甘泉赋》："属堪舆以壁垒，捎夔魖而抶獝狂。"李善注引孟康曰："木石之怪曰夔，如龙有角，人面。魖，耗鬼也。"①"魖"是神话传说中的旱神。《闽书》卷一百三十七"方志外·汀州府·宋·系南"："韶病，无空往视，诚韶子曰：'有二耗鬼索馔，与之即愈。'"清代笔记小说中亦用。《小豆棚·雨钱》："子则曰：'耗鬼也，何也？耗尽则精散，禄绝则命促，何神之为？'"曲守约《近代辞释》释"耗鬼"为"死鬼"，引《警世通言》五："叵耐这贼秃常时来蒿恼我家，倒是我看家的一个耗鬼。"②

【荒铁】铁矿石。《例案》下卷："铸造铜铁，生铁每斤（军装例价银八厘）、荒铁每斤（军装例价银一分……）、铜斤，拨运滇铜厂铜各行报销。"明代已见。《明代辽东残档选编·自在州具报现存军需及各项物料数目册（万历三年）》："定辽前库支领荒铁一十六万四千八百斤，水牛角弓面捌百付。"③清卓炳森等《玉皇山庙志·署杭州府司狱吴廷康谨禀》："计开：铁缸……造净重千斤，每只核用：荒铁以前二百斤（每百斤市价钱二千文），计钱四拾八千文。"④《伊江汇览》："视其石之色赤者即为荒铁，连石挖取，敲推去石，锻炼成汁，入炉分之，亦三经手而成铁。计荒铁五斤，仅敲推净铁一斤，以净铁五斤入炉，仅得坚铁一斤，凡五分之中而得之一。"⑤此条中的"净铁"指生铁，"坚铁"指钢。

【留痰】痰咳。《金川琐记》卷六"乩仙"："又有患留痰踰年未愈者，祈求仙方。"明代已见。《本草纲目·草部》第十八卷："治湿风，口面㖞斜，手足拘痛，散留痰，肺气喘嗽。"

【柳炭】柳树烧成的木炭，是火枪的填装物。《例案》下卷："火药弹

---

① 转引自李之亮《欧阳修集编年笺注》，巴蜀书社 2007 年版，第 308 页。
② 曲守约：《近代辞释》，（中国）台北千华出版公司 1986 年版，第 534 页。
③ 转引自郑川水《明代辽东残档选编》，辽宁大学历史系 1979 年版，第 129 页。
④ 王国平：《西湖文献集成》第 25 册《西湖祠庙志专辑》，杭州出版社 2004 年版，第 1241 页。
⑤ 转引自赵嘉麒《伊犁研究》，新疆人民出版社 2006 年版，第 141 页。

绳，每毛硝一百斤，配磺二两，柳炭四两，毛硝每百斤用柴一百二十斤。"是词前代已见。《金史》卷一一六"蒲察官奴传"："长二尺许，实以柳炭。铁滓、磁末、硫黄、砒霜之属，以绳系枪端。"《呻吟语》："柳炭松弱无力，见火即尽。"

【绒单、绒褐】"绒单"是毛织物的一种，犹今地毯。"绒褐"指细毛布。绒，是毛织物的一种，《天工开物·乃服》："凡绵羊剪毳，粗者为毡，细者为绒。"《清代藏事辑要》卷一"崇德朝"："伊喇固克散胡图克图及同来喇嘛等各献驼马、番菩提数珠、黑狐皮、绒单绒褐、花毡、茶叶、狐裘、狼皮等物，酌纳之。""绒单"又作"羢单"。《西藏纪游》卷二："番人患病，则以清油、酥油涂其身而曝之，或覆以羢单，烧柏叶熏之。"两词明代笔记中已见。《长物志》卷八："绒单出陕西、甘肃。"《松窗梦语》卷四："西北之利，莫大于绒褐、毡裘，而关中为最。"

【梢手】水手。《康輶纪行》卷十二"佛兰西"："巨战舰三十六只，中战舰三十六只，火轮舟八只，各项水师船百八十六只。水师武官、梢手，共万有四千九百，商船梢手三十二万八千，营兵二十三万。"明代已见。《莆阳谳牍》卷上："审得尤明江自沙埕贩竹欲回泉州，赁黄岫船只，揽载者梢手吴瀛洲也。"

【暑毒】因暑热过甚而生的毒邪，可使人生病。《金川纪略》卷二："冰雪沍寒瘴疠暑毒之区，荷戈擐甲，昼夜暴露于悬崖峭壁间。"宋代已见。《唐语林》卷四："时暑毒方甚，上在凉殿，座后水激扇车，风猎衣襟。"

【斜皮】指用骡、马、驴臀部两股上方的皮制成的皮料。又称股子皮。《则例·雍正朝〈大清会典〉中的理藩院资料》："喀尔喀多罗贝勒，初次请安进贡，赏给漆鞍马一匹，银茶盆一个，狐皮黑蟒一件……头等斜皮净面靴及缎袜各一双，缎十五匹，毛青布一百五十匹。"元代已见。《元史》第八十五卷·志·第三十五"百官一"："掌出纳内府漆器、红瓮、捎只等，并在都局院造作镔铁、铜、钢、鍮石、东南简铁，两都支持皮毛、杂色羊毛、生熟斜皮、马牛等皮……"

【崖坡】山崖上的陡坡。《平定两金川方略》卷五十四："维时我兵尚在崖坡追击，其山梁上贼众俱集于卡内向南一面，往下放枪接应。"明代已见。《农政全书》卷五十一："沙参，一名知母……苗长一二尺，丛生崖坡间，叶似枸杞。"

【晕闷】头晕胸闷。《廓》卷十九："正月初一、初九等日降雪二次，约厚四五寸，兼有瘴气，早晚俱不免晕闷。"明代已见。《唐三藏西游释厄传》卷四丁集："一日刘洪远出，小姐在衙思慕前夫，在花亭上玩赏。忽然之间，身体困倦，腹内疼痛，晕闷在地。"

【棕刷】棕毛制成的刷子。《例案》下卷："棕刷每把（三分）、铁钻头每个（五分）、钻杆每根（二钱）……"宋代笔记中已见。《云笈七签》卷七十一"金丹部九"："其泥和稀稠得所，棕刷遍涂之，日曝令干，干后依前涂，曝干之。"

有些词语是由前代文献中的离词散句凝成的典故词，亦不见于《大词典》。如：

【蚁磨】《金川琐记》卷二"夏雪"："马上吟哦，率成绝句云：'风高飞雪欲浮空，人马盘旋蚁磨中。日午耸身凌绝顶，俯看积玉满群峰。'""人马盘旋蚁磨中"描述的是人在曲折的山岭间行走的缓慢状态，如蚂蚁在磨石上爬动。"蚁磨"典出《艺文类聚》卷九十七引《抱朴子》曰："周髀家云：天圆如张盖，地方如棋局。天旁转，如推磨而左行，日月右行，随天右转，故日月实东行，而天牵之以西没。譬之以蚁行磨之上，磨左旋而蚁右去，磨疾而蚁迟，故不得（不）随磨左回焉。"《大词典》收有"蚁旋磨"，未及"蚁磨"。

【楚国亡猨】楚国丢失了猿猴，使林木蒙受了祸害。比喻无缘无故受累遭灾。"猨"同"猿"。《金川纪事诗·移师至翁古尔垄》："楚国亡猨真足恨，塞翁失马亦须愁（余有马牧于色木则，贼至，为枪所毙）。"源自《淮南子·说山训》："楚王亡其猿于林，木为之残。宋王亡其珠于池，鱼为之殚。"

三　可为辞书补充书证

（一）为《大词典》某些词条引例为现、当代文献的词条提前书证时间

【背包】《大词典》释为"行军或外出时背在背上的衣被包裹"，首引郭小川《赠友人》诗。

按,《张荫棠驻藏奏稿·咨外部为西藏议设交涉等九局并附办事草章》:"每队兵须备棚帐、背包、粮袋、水壶、雨衣、雨帽、拆枪器具、短枪等。"

【背篼】《大词典》释为"方言。即背篓"。首引艾芜《还乡记》:"割草姑娘连忙把割好的草,装进大背篼,背在背上。"

按,《有泰日记》卷十一:"见丫头多背篼,询之,大半雪里人外来者,主人多不背,薛大曼背之。"

【仓房】《大词典》释为"贮藏粮食或其他物资的房屋",首引冰心《寂寞》:"有一个国王……盖了一间比天还大的仓房。"

按,《巴》卷二十六:"查从前雅满泰所住楼房,除改建仓房贮米外,其余无用房屋概行拆毁,盖造教场,尽可敷用。"明代已见。《农政全书》卷四十五:"以上各项仓房、厅舍,务期坚固经久,不在华美。"

【撮箕】《大词典》释为"撮垃圾的簸箕",引周立波《桐花没有开》:"〔张三爹〕看见她手里拿着空撮箕,他猜到她是做什么来的。"

按,《例案》下卷:"铸炮料物……簸箕重二斤(银四分),撮箕重一斤(银二分)。"

【冲风冒雨】《大词典》释为"谓不避风雨之苦",引周立波《暴风骤雨》第一部九:"'头年给你干一整年活,冲风冒雨,起早贪黑的。'郭全海说,气急眼了。"

按,《廓》卷三十九:"且自进兵以来,冲风冒雨,步行陟险,实属奋勉。"明代已见。《殊域周咨录》卷四"东夷":"询之舟人,乃半夜时至。法司亦夷官之尊者,路且遥,冲风冒雨而行,不辞艰险。"

【吃大户】《大词典》释为"旧时遇着荒年,饥民团结在一起到地主富豪家去吃饭或夺取粮食"。引朱德《母亲的回忆》:"庚子(1900)前后,四川连年旱灾……农民不得不成群结队去'吃大户'。"

按,《凤全驻藏奏稿·巴塘百姓禀打箭炉颇琫已将凤全及法国教士杀害》:"官民等万般无奈,即将养赡公粮一并呈徼空虚,自用亦无所存,又吩谕如有不卖者,定使兵勇、土工等去吃大户。"他例如《林公案》第十七回:"尚有别种生计,可资温饱,不愿随他们出去逃荒,土棍就率领无数难民赶来食宿,把你家中存储的米粮吃个干净,这个叫做吃大户,逼得你走投无路,不得不跟着他们去做。"

【纯净】《大词典》释为"纯粹洁净"，首引老舍《月牙儿》："月的微光把这团雪照成一半儿白亮，一半儿略带点灰影，显出难以想到的纯净。"

按，《平定两金川方略》卷五十七："铜斤一到，即行赶铸应用，自不肯多延时日，但铸炮期于经久，而购办铜斤，原难必期十分纯净，若镕炼不到，屡致炸裂。"

【抵销】《大词典》释为"相抵消除"，首引清平步青《霞外捃屑·时事·史恩涛》："孙诒经罚俸一年，不准抵销。"

按，《廓》卷四十："又奏称'沙玛尔巴及依什甲木参物件变价银两，或归于军需项下抵销，或入藏库充公备用'等语。"

【督篆】《大词典》释为"总督的大印。借指总督的官位"。引《官场现形记》第四三回："贾制台初署督篆，就有人说他坏话。"

按，《廓》卷四："臣彼时再当吁恳圣恩，出派邻近督、抚有声望者一人来川署理督篆。"

【对年】《大词典》释为"周年"，引张天民《"院士"》："'那……这个数据就要取一个对年才有参考价值。''是呀，就是取一年。一年四季，一天二十四小时，越是气候恶劣越要注意温度的变化。'"

按，《金川案·利·松、建二道议详善后事宜》："今口外存铁约仅三万斤，以对年折耗合算只足一万五千斤之用。"

【发辫】《大词典》释为"辫子"，首引章裕昆《文学社武昌首义纪实·蒋翊武拒绝王守愚实时起义之建议》："王蔡二人早去发辫，不便通行，仍匿居城内。"

按，《理藩院》卷九百九十三："又奏定：嗣后凡阿齐木伯克以下，至四品伯克今裁汰，及尽忠有功之子孙，方准蓄留发辫，其余均不准蓄留。"又卷九百九十六："断人发辫及帽缨，或以鞭杆殴人者，各罚牲畜五。"

【发麻】《大词典》释为"感到麻木"，首引马烽《"停止办公"》："气候突然变冷了，好像冬天一样，冻得人手指都有点发麻。"

按，《文硕驻藏奏稿·致升大臣函请速行赴任并请饬石飞龙先行来藏》："拟有恳者：鄙人前在科布多，左腿原有湿寒之症，每逢阴雨则作痛，左膀则因肝气有时发麻，习久亦不甚介意。"他例如《永庆升平后传》第五十回："走了约有三里之遥，只见前面有一座树林，巴德哩方进了这座树林，脊梁骨一发麻，打了一个冷战。"

【翻山越岭】《大词典》释为"形容野外工作或行进途中的辛苦"，首引姚雪垠《李自成》第一卷第六章："他的腿脚好，只要肚子里填饱瓢子，翻山越岭，跟年轻人一样。"

按，《文硕驻藏奏稿·再上醇王禀敬陈每次申辩藏界苦衷》："藏地乏无医药，惟冀到川调治。然相距七十余程，此七八十日之间，翻山越岭情形若何，殊不堪想。"

【服毒】《大词典》释为"吞服毒药"，引冰心《我的故乡》："她悄悄地买了一盒鸦片烟膏，藏在身上，准备一旦得到父亲阵亡的消息，她就服毒自尽。"

按，《巴》卷首一"天章·御制诗"："索诺木旺札勒虽已畏罪服毒身死，亦不准伊子承袭台吉。"《金川纪略》卷三："讷亲在狱，已知上不舍，服毒困惫，不能押赴军前。"

【浮伤】《大词典》释为"表层的轻伤"，引老舍《二马》第四段："伊太太虽然爱儿子，可是她决不会因为儿子受一点浮伤就这么生气。"

按，《平定两金川方略》卷二十七："五岱供称，去年十二月，官兵在巴朗拉打仗之后，温福令查枪子穿透，方准报伤。其浮伤、擦伤、石伤等项，尽皆不准。侍卫赓音苏得有浮伤，亦皆不算，因此众皆怨望。"

【放哨】《大词典》释为"在固定岗位执行守卫警戒任务或巡查警戒"，首引柳青《铜墙铁壁》第十二章："金树旺叫二木匠到沙家店南山上去放哨。"

按，《廓》卷十六："询之丹津班珠尔，始知三十日廓尔喀头人带兵前来，捏称唐古忒人在山放哨，又复拆断桥梁将聂拉木围住。"卷十九："随将鄂辉带来之达木蒙古兵一百二十名添拨安设，并经珠尔杭阿亲自指派安卡放哨处所，声威已极壮盛。"《平定两金川方略》卷九十八："有贼四五十人，从内突出，适遇放哨官兵，放枪攻压，贼番被伤溃散。"

【估计】《大词典》释为"根据情况，对事物的性质、数量、变化等做大概的推断"，首引周恩来《关于党的"六大"的研究。中国革命的性质、任务和前途》："当时我们不理解这个问题，没有把不平衡的问题同农民战争联系起来，对中国革命的长期性估计不足。"

按，《金川案·利·工部议复准修关帝庙》："所需工料，应请于茶息银内动支银五百两，余饬令一面估计，一面照建。"《丁宝桢藏事奏牍·拿获岩番分别严办片》："所劫各赃，除起获外，据该教堂估计应赔银一千九百三十五两七钱一分。"

【归案】《大词典》释为"将潜藏或逃走的罪犯逮捕、押解或引渡到司法机关审讯结案"，首引廖仲恺《通缉陈廉伯、陈恭受电》："业经呈奉大元帅核准立将陈廉伯通令查缉，归案惩办。"

按，《西藏奏疏》卷一："此外应提人证，著文庆等就近分别咨提，归案办理。"卷六："但究系一面之词，是否属实，无从质对，应请将商洋呼毕勒汉解交青海衙门，提同各族千百户等归案审办。"

【果干】《大词典》释为"由鲜果经过日晒或烘干而成的食品。水分在12%以内，便于保存。供直接食用或复制食品用"。引《新华半月刊》1958年第10期："河北密云县在深山里建设的果干厂只花了二百五十元，能够年产二十六万斤果干。"

按，《裕钢驻藏奏稿·乘舆西巡长安西藏进呈方物折》："藏地无他出产，各备佛尊、藏香、果干、氆氇诸物，请随同奏明，敬谨呈进，藉伸祝祷微忱，等由前来。"

【海椒】《大词典》释为"方言。辣椒"。首引郭沫若《宿楚雄》诗："海椒户户红成串，多彩欣看百货骈。"

按，《章谷屯志略·土宜物产》："蔬菜：……海椒……胡萝葍。"清代笔记中亦见。《南皋笔记》卷一"克梗克梗"："客有贸于草地之拉布郎寺者，途中见一骷髅，戏以海椒塞其口，问之曰：'克梗莫克梗？'"

【河汉】《大词典》释为"大河旁出的小河"，首引陈毅《东征初抵高淳》诗："波光荡漾水纹平，河汉沟渠纵复横。"

按，《有泰日记》卷九："出西院头门，至南门外一看，河汉水皆满。"

【河滩】《大词典》释为"河边水深时淹没，水浅时露出的地方"，首引杨朔《鸭绿江南北》："他正走在河滩上，一颗炸弹把他震倒，浑身被盖上一层浮土。"

按，《平定两金川方略》卷二十四："又十六日子刻，贼分三路，从河滩来扰南山下官兵，直至营外。"卷一百七："但崖磡高有三四丈，其下即河滩，官兵难以追杀而回。"

【黑糖】《大词典》释为"方言。红糖"，首引《人民文学》1982年第11期："他就给老汉沏了一碗盖碗茶，不但放了黑糖，还放了杏干、红枣。"

按，《西域遗闻·物产》："拉撒物产……于汉土所携之种也，白菜、莴苣、菠菜、苋韭、萝葡、四季豆；于他处之货也，白米、菉豆、黄豆、冰豆、黑糖、葡萄、枣、杏。"

【红糖】《大词典》释为"食用糖的一种。褐黄色、赤褐色或黑色，用甘蔗的糖浆熬过后搅拌、冷却而成，含有砂糖和糖蜜，具特殊香味。多为妇女产后食用"，首引冰心《张嫂》："我连忙上楼去，用红纸包了五十块钱的票子，交给老张，说：'给张嫂买点红糖吃。'"

按，《卫藏通志》卷十四下："该处百姓二十户，每年应交红糖六十克，为数过多，因谕达赖喇嘛慈悲，减免一半。"《驻藏须知》："药料清单：红花贰拾三两……红糖壹克重伍斤（熬水取其胶黏）……"

【红朽】《大词典》释为"谓米粟陈腐变红色"，首引中国近代史资料丛刊《太平天国·建天京于金陵论》："千廪万仓，积积而红朽者，米粟之余也。"

按，《廓》卷十一："余粮存贮日久，徒至红朽。"明代已见。《袁中郎文集·五言律·哭江进之》："且古人之诗，历千百年，读之如初出口；而今人一诗甫就，已若红朽之粟，何也？"

【绞脸】旧时妇女的修容术。用细线交互缠绞拔去脸上的汗毛。引梁斌《播火记》四："又到那头屋里，和严萍帮助金华梳头绞脸，穿上衣服。"

按，《有泰日记》卷六："惠臣忽要作江古学，早在洋务局看见此女，系察木多人，不过背水为极苦人，未刻说定，即送至粮务署，未逾一时，已成江古学矣。……鹤孙由惠臣处吃喜酒来，谈及此事，种种可笑：行礼以两只叉手，大有夜叉图形势；绞脸以炭灰抹之，不过胡掳而已。"其中的"作江古学"指驻藏的清廷官员娶藏女为妾。

【脚丫】《大词典》释为："亦作'脚丫子'。亦作'脚鸭'。亦作'脚鸭子'。方言。脚；脚趾头。"首引《中国民间故事选·渔童》："荷花上坐着一个小渔童——头上梳一对黑抓髻，红袄，绿裤，光着脚鸭，怀里抱着一棵钓鱼竿。"

按，《巴塘志略·巴塘竹枝词四十首》："谁家抱母（闺女）貌如花，出水双芙白脚丫。"

【诘询】《大词典》释为"追问，询问"，引龚振黄《青岛潮》第四章："英相佐治宣称此项问题，列国已有夙约，威氏诘询何约。"

按，《平定两金川方略》卷五十三："又口内之青云营漩口汛等处，俱往来必由之路，自应一体派弁拨兵，设卡盘诘。惟现当军兴之际，行人络绎载途，势不能逐名诘询，是必先定稽查之法，庶可杜逃脱之渐。"

【尽先】《大词典》释为"首先"，引柳青《狠透铁》："他预备尽先吸收贫农和下中农，其次再吸收比较进步的上中农。"

按，《西藏奏疏》卷一："又委审拉夷、森巴贼目亦属认真，前藏粮务觉罗宝钺，谨拟请旨，遇有四川知县缺出，无论繁简，尽先补用。"《景纹驻藏奏稿·粮员许觐光三年期满循例保奏折》："如果抚辑番民，经手钱粮等事，均能实心奋勉，并无贻误，分别保题以原衔尽先补用等因，历经遵办在案。"

【袷衫】《大词典》释为"夹衫"，引巴金《将军集·一个女人》："他出去的时候，只穿了一件袷衫，现在一定会觉得冷了。"

按，《西征日记》："忆出门时，友人相谓抵清溪必须重装，是日渴热异常，仅披单袷衫，尚挥汗不止。洵边疆气候，难以预定也。"

【羖䍽】《大词典》释为"山羊"，引《中国农村的社会主义高潮·民和县第五官亭农业生产合作社是怎样解决组织不纯的问题的》："社员普遍反映：'这一下可好了，绵羊、羖䍽分清了。'"原注："羖䍽，山羊。"

《西藏志·附录》："其地和暖，产米、青稞……水牛、黄牛、羊、大羖䍽羊、大耳猪……"又作"吉吕"。《章谷屯志略》："又章谷之西南境，毛牛、吕里诸寨妇女服饰如炉城，而背上必负吉吕羊皮一张，此又衣饰之赘疣也。"清代其他文献中又写作"居吕"。清王定邦《四言杂字》："山羊绵羊，羯羊羝羊。居吕羔儿，古历一群。"[1]清末《甘肃新通志》卷十一

① 转引自中国人民政治协商会议靖远县委员会文史资料研究委员会编《靖远县文史资料选辑》第3辑，1989年版，第30页。

"舆地志·风俗·方言"："羬羝，山羊也，羬如字，羝俗转为里音，或以羬为羧音，羝为卤音。"① 可知"羬羝"与"古历"所指相同。"古历"本作"羧𦍋"，是一种黑色长毛公羊。《北史·杨愔传》："白羊头翠秃，羧𦍋头生角。"《本草纲目·兽一·羊》："羧𦍋羊出陕西河东，尤狠健，毛最长而厚。""羧𦍋"当是"羬羝"的原词形，汉语语音里 j 声母字有一部分是从 g 声母字演变而来的，这个变化发生在明末。"羧𦍋"写作"羬羝"，是语音发生了变化的结果。语音变化了，随之产生了新的书写形式。

【烤火】《大词典》释为"向火取暖"，引巴金《长生塔·能言树》："我把身子缩做一团，伸出两只手去烤火。"

按，《金川琐记》卷二"地炉"："地炉四围，男女杂坐烤火，无间冬夏。"

【看透】《大词典》释为"彻底了解；透彻认识"，首引老舍《骆驼祥子》十："看透了自己，更无须小看别人。"

按，《凤全驻藏奏稿·巴塘百姓禀打箭炉颇瑲已将凤全及法国教士杀害》："上为国家公事，下为地方百姓，一毫全无，因此百姓看透此情。"宋代已见。南宋朱敦儒《念奴娇》："老来可喜，是历遍人间，谙知物外，看透虚空，将恨海愁山，一时揓碎。"②

【漏夜】《大词典》释为"深夜；连夜"，首引郭沫若《洪波曲》第八章六："桌上无隔宿的公文，杏坛有漏夜的弦歌。"

按，《景纹驻藏奏稿·查办披布两造大概情形并报起程日期及捐廉赏给布番物件片》："正料理起程之际，值噶布伦彭错策旺夺结由军营赶站回藏，面请核夺瞻对善后各事件，奴才因查在在均关紧要，必得稍羁数日，又恐贻误隘口事件，当于四月初二日先派噶布伦白玛结布、署守备秦玉贵带同汉番办事可靠数员，漏夜赶站，前往隘口，以资弹压。"

【里层】《大词典》释为"靠里的层次。指内部"。引夏衍《乐水》："因为本身强固，不为外物所动，所以应顺环境，深入任何物质的里层，也不会受所处环境影响，而改变它的本质。"

---

① 转引自莫超《西北方言文献研究》，北京大学出版社 2014 年版，第 111 页。
② 转引自周振甫《唐诗宋词元曲全集·唐宋全词》第 2 册，黄山书社 1999 年版，第 758、759 页。

按，《平定两金川方略》卷六十九："上谕军机大臣曰：闻贼人碉墙皆系斜眼，贼在碉内由上望下，窥视我兵放枪，甚便而准。我兵在外放枪击打，为上口里层斜墙所挡，不能直透。"

【撩荒】《大词典》释为"抛荒。土地空着不种"。引郭沫若《中国史稿》第二编第三章第三节："在土地的使用方面，撩荒的方式虽然还继续存在，但比较进步的休耕制，在生产发达的地区已在逐渐取得优势。"

按，《理藩院》卷九百七十八："又谕：敖汉旗牛牤营、小牛群、台阁山三处地亩，租给民人垦种，嗣因查明并未呈报入册，断令撩荒。惟念该民人等垦种成熟，业费工本，若令其迁徙他往，必致失业流离。既据该札萨克情愿换给印照，仍令民人耕种交租，着准免其撩荒。该都统惟当认真稽查，嗣后如再有私增户口，除将私垦撩荒民人驱逐外，仍将该札萨克暨该都统从重议处。"

【连台戏】《大词典》此条无单独释义，在"连台本戏"条中，释为"分日连演的整本大戏，每次演一两本。……亦省称'连台戏'"。引木青《不许收获的秋天》第八章："她认为：这和电话里说的事是一出连台戏里的两折。"

按，《六世·御茶膳房奉旨办理于承德宴赏班禅桌数用料》："七月二十四日，总管肖云鹏口奏，明日开连台戏，班禅额尔德尼进来看戏之期，伺候早晚饭果桌。"

【溜索】《大词典》释为"用青竹扭成的粗绳索在河的两岸以代桥梁"，首引孟食棋《在原始森林里勘测》："河上面没有桥，只有一根手腕粗的、用青竹编就的绳子，紧绷绷地拉在河的上空……这种桥，就叫溜索，有人把它叫'索桥'。"

按，《藏族史料》："署四川总督湖广总督富勒浑奏：'本月十九至二十一等日大雨，站员禀报山水陡发，该站木桥、索桥及东岸河坎俱被冲坍。现即赶修，并办溜索接递文报。'"明代已见。《禅真后史》第五十一回："这拿溜筒的放了瞿庆，双膝跪下。瞿琰扯开溜索，瞿庆探头伸颈，提起扁担朝那人肩膊便打。"

【马扎】《大词典》释为"一种小型的坐具。腿交叉，上面绷帆布或麻绳等，可以合拢，便于携带"。引川之《晚霞似锦的时候》诗："宿舍门前，有人坐着马扎，手拿新报看得聚精会神。"

按，《有泰日记》卷七："又遇鹤孙在敞厅前襄回，因将马扎去，坐谈良久。"又卷九："踏至后院，将马扎携去，坐于柳阴下。"

【漫坡】《大词典》释为"较缓的斜坡"，首引《人民日报》1952.1.11："桥头的陡岸已经被炸成漫坡，对岸的沙滩也被炸成河湾似的。"

按，《平定两金川方略》卷一百五："而贼人狡恶异常，因寨墙所塌之土石堆积墙下，已成漫坡。即于漫坡中间另挖沟壕一道，以限官兵前进。"《卫藏通志》卷四："三十里过破碉，行漫坡乱石中。"又卷十三："今酌中定拟，险阻之区，每日限行八十里；漫坡之路，每日限行九十里。"

【毛驴】《大词典》释为"驴的俗称。多指身体矮小的驴"。引周立波《暴风骤雨》第二部十七："租地主的地种，临了，两个毛驴都赔进去了。"

按，《藏游日记》："一连多天，收买粮食一万五千余斤，马二十五匹，骆驼三十二个，毛驴二十头。"

【煤渣】《大词典》释为"煤燃烧后剩下的东西"，引杨沫《青春之歌》第一部第二章："没有事，徐凤英不叫她进屋，她就成天在街上，和捡煤渣的小孩一起玩。"

按，《平定两金川方略》卷五十七："臣等实深焦急，查看炮裂之处，竟有一半黑似煤渣者，实因铜质不净，内多铅沙，是以不能坚久。"

【磨盘】《大词典》释为"托着磨的石头底盘"，首引《人民日报》1968.7.10："许多老太太，过去围着锅台磨盘转，为一家人忙白了头。"

按，《西藏志·寺庙》："招拉笔洞山寺，在布达拉西南山脚，亦系平地涌起石山，山顶建寺，形如磨盘，汉人呼为磨盘山。"《西藏纪闻》："招拉笔洞山，其巅建寺，形如磨盘。"

【密捕】《大词典》释为"秘密逮捕"，引胡也频《到莫斯科去》十八："因为这是市政府和市党部的意思，并且提议密捕和即行枪决的人就是徐大齐。"

按，《丁宝桢藏事奏牍·拿获岩番分别严惩片》："现经批饬该粮员嵇志文督饬该土司，随时购线，设法密捕，务将在逃余匪上紧弋获，尽法惩办……"

【棉衣】《大词典》释为"絮了棉花的衣服"，首引丁玲《母亲》二：

"只要是晴天，便暖烘烘的，穿薄棉衣还觉着热呢。"

按，《例案》下卷："又官运滚运军粮所需苫单口袋，装盛钢铁炮料，衣物包篓，办给夫役之棉衣，办解军营之盐茶等项，浮用银两题销案内，因与成例不符，是以未准入销。"《平定两金川方略》卷四十："饬谕各站员加意抚循，编竹伐木，添盖窝棚，以资栖息，制给棉衣，以备御寒。"

【耐苦】《大词典》释为"承受得住艰苦"，引鲁迅《二心集·〈进化和退化〉小引》："沙漠之逐渐南徙，营养之已难支持，都是中国人极重要，极切身的问题，倘不解决，所得的将是一个灭亡的结局。可以解中国古史难以探索的原因，可以破中国人最能耐苦的谬说。"

按，《丁宝桢藏事奏牍·黄懋材游历回川片》："至其经理雪山天险、野番山寨、瘴雾毒疠之区，往往旬日不见人烟，昼不粒食，夜即露宿，其坚忍耐苦之概，尤堪嘉尚。"

【牛油】《大词典》释为"牛脂的俗称。熬煮牛的内脏脂肪所得的油脂，可供食用，也是制肥皂和脂肪酸的重要原料"。引曹禺《北京人》第一幕："江泰想开一个一本万利的肥皂厂……熬开一大锅黄澄澄的浓汤，但制成时，一块块胰子软叽叽的像牛油。"

按，《例案》下卷："铸炮物料：……清油每斤（价三分），牛油烛每斤（价三分）……"《张荫棠驻藏奏稿·颁发训俗浅言》："又佛灯之酥油可设法烹炼，制成外国灌装牛油，以销售于外洋，又可制洋枧、洋蜡烛，以利民用。"明代已见。《天工开物·冶铸》："而就外模刻文后，以牛油滑之。"

【朋帮】《大词典》释为"一种群众互助合作的形式"，引《解放日报》1943.7.28："尽量提倡'朋帮''带头''捎驴'等互助形式，节省人力畜力，增加利润。"《解放日报》1944.7.5："现在运输队发展得很快，有四种形式……三、牲口朋帮；四、牛的朋帮。这是去年新创造的变工形式。"

按，《文硕驻藏奏稿·第穆呼图克图函请饬拉里等处支应兵差夫马并请发给罗布藏顿垫等护照》："嗣经同治二年剿办瞻对时，派令官兵陆续起程，当经仿照四起大差饬令三六村朋帮乌拉马牛人夫，妥为应付，勿得掣肘等因。"

【皮钱】《大词典》释为"明代所铸的一种薄而小的铜钱",引姚雪垠《李自成》第二卷第三章:"由各省所铸的钱,钱小而薄,且往往因铜的品质坏而带有麻子,俗称皮钱。"

按,《例案》下卷:"帐房皮钱每个径三寸,用麻线一分二厘五毫。"

【偏方】《大词典》义项④释为"民间流传,不见于医药经典著作的中药方",首引老舍《四世同堂》三十五:"他记得不少的草药偏方,从地上挖巴挖巴就能治病,既省钱又省事。"

按,《廓》卷二十三:"布鲁克巴等处部落既与廓尔喀不睦,经福康安檄谕该部落令其攻剿,不过如治病偏方,藉以牵缀贼势,原非仗其兵力以为捣穴擒渠之计。"《平定两金川方略》卷一百十一:"但此等究如治病偏方,有无皆不足恃。"

【欺哄】《大词典》释为"欺骗;哄骗",引冰心《到青龙桥去》:"也许阅历欺哄我,但弱小的我,却不敢欺哄世人!"

按,《色楞额驻藏奏稿·商上通善济咙等请阻洋人入藏游历禀》:"惟查洋人之性,实非善良之辈,侮灭佛教,欺哄愚人,实为冰炭,断难相处。"

【枪伤】《大词典》释为"谓为枪所伤。枪所伤后留下的伤痕"。引巴金《灭亡》第十九章:"他觉得没有一点痛苦,似乎并不曾受到枪伤。"

按,《廓》卷三十三:"巴图鲁三等侍卫定西鼎胸前得有枪伤,幸系穿过护身佛龛,枪子未能打入。"《藏族史料》:"乾隆三十八年〔癸巳〕六月丙申……又谕:'据丰升额等奏:梭磨头人格斗结屡次督催土兵前进,右膀得有枪伤等语。头人如此出力,甚属可嘉。'"《金川纪略》卷一:"世爵由绰斯甲一路进攻,因攻克对山哇山城卡,带枪伤。"

【枪支】《大词典》释为:"亦作'枪枝'。枪的总称。"首引陈其通《万水千山》第三幕第一场:"现在我们缺少枪支弹药。"

按,《张荫棠驻藏奏稿·传谕藏众善后问题二十四条 附录藏众答词》:"所需枪枝,前于此间曾造洋枪,约计一千杆。惟劲力不及外藩枪枝,加以数目不多,不敷散给。"《有泰日记》卷十四:"午后,传胡世銮问其枪支子码有无短少损坏,据云皆已收领到手。"

【青稞酒】《大词典》释为"用青稞酿造的酒",引陈其通《万水千山》第六幕第一场："篝火上正热腾腾地煮着牛肉和青稞酒。"

按,《入藏程站》："饮牛乳茶、青稞酒,食则糌粑、牛羊肉。"

【认捐】《大词典》释为"应承捐钱",引老舍《老张的哲学》第十九:"龙军官紧跟向一个中国人说:'把捐册拿出来,请张先生认捐。'"

按,《景纹驻藏奏稿·瞻对案内除达赖认捐不敷外请由川省筹拨片》:"各款共享银三十余万两,均商上垫办,现经达赖喇嘛认捐十五万两,所余亏项尚多。"

【入伍】《大词典》释为"参加部队",首引郭小川《山中》五诗:"一个新兵入伍了,我们很快就把他引进战斗的人生。"

按,《平定金川方略》卷二十四:"臣等将所献番民,讯明各土司所属,分别收领,官兵押发原籍,不许入伍。""入伍"也可指离队士兵归队。《平定两金川方略》卷七十三:"该兵丁等回营之后,如伤病已愈,尚可差操者,仍令其入伍。"

【山包】《大词典》释为"方言。小山,山冈"。首引程世才《包坐之战》:"这座山有许多小山包……我军冲到哪里,哪里的敌人就利用树林、山包或河坎作掩护。"

按,《例案》上卷:"八月,攻打河南噶咱普第一条山腿,木各卡卡脚,攻克石直噶达,克碉卡,占据山包。"又:"十月,进攻斯当安纳木底,进攻科布曲山腿,夺取达噶木山包,分路攻打西里山梁碉卡。"

【哨楼】《大词典》释为"岗楼",引郭澄清《大刀记》第十四章:"民兵们来到据点近前以后,先弄了个响动,见哨楼上没有反应,便剪断了铁丝网,破开鹿砦。"

按,《平定两金川方略》卷九十三:"当经护军校舒隆阿,督兵抵御,复上哨楼射贼。"《金川案·利·工部议复准修关帝庙》:"查新疆广法、胜因二寺,及建造各屯塘房、烟墩、哨楼所需工料银两,并跳演布扎佛寺香灯,均经先后咨明,在于茶息项下动支,造报请销。"

【受亏】《大词典》释为"吃亏,受损失",引鲁迅《热风·随感录三十八》:"胜了,我是一群中的人,自然也胜了;若败了时,群中有许多人,未必是我受亏。"

按,《廓》卷首一"天章一·御制诗":"乃廓尔喀往岁以与唐古特交易受亏，滋扰藏地边界，且闻大兵一至即复逃遁，且遣陪臣奉表进贡，因而曲加宽宥，封以王爵。"《平定两金川方略》卷五十一："必令官兵先审形势，方不至于受亏。"

【松光】《大词典》释为"指松明"，引熊伯涛《宁都兵暴前后》："军无斗志，甚至看到老百姓捕鱼的松光，也以为是红军来了。"

按，《巴塘志略·巴塘竹枝词四十首》："一泓热水浸方塘，扶起春酣似海棠。可惜荒城无蜡烛，故烧明烛照松光。（擦楮，土名热水塘。劈松木燃火以代油烛，名松光。）"

【酥油茶】《大词典》释为"用酥油、茶、盐等冲成的饮料"，引《人民日报》1959.4.29："酥油茶是酥油、茶、盐三种素料做成的。"

按，《藏行纪程》："是日蒋公至，营官喇嘛皆远接，俯伏道旁，递哈达进酥油茶，前引至旧营官三舅家住。"《金川琐记》卷四"熬茶"："熬茶用大叶茶，同牛乳煮至百沸，用长杓搅扬，沃之以盐，名曰酥油茶。"《康輶纪行》卷二："（青稞）打毕舂之，炒熟磨粉，贮之。男妇行，皆以二三升自随，复携酥油成块，及茶叶少许，佩一木盌，饥则熬茶，取青稞粉，以酥油茶调拌，手搏而食之，谓之糌粑。"明代已见。《涌幢小品》卷三十"赐经像"："使者始至，共酥油茶一盏，供佛，饭僧，皆设大藏。"

【讨口子】《大词典》释为"乞丐"，首引《人民文学》1980年第4期："这里漫山白银，社员反倒成了讨口子。"

按，《有泰日记》卷六："闻其中所调之兵，本家不能来，则雇讨口子，甚有夹坝在内，无怪其然也。"同卷："晚饭后至南门外看水，见讨口子喇嘛已入醉乡，且歌且走，殊堪笑。"又卷七："讨口子男女皆来歌舞，甚怪声怪态。"

【土生土长】《大词典》释为"在本地生长"，首引毛泽东《在中共八届二中全会上的讲话》："我们这些干部，大多数是好的，是土生土长，联系群众，经过长期斗争考验的。"

按，《丁宝桢藏事奏牍·筹备川省边防折》："藏中只出青稞一种，向惟本地土生土长之人惯于服食，外人则多不食。"

【囤积】《大词典》释为"聚集贮存"，引《广西壮族文学》第二编第四章："班氏女拿出她历年囤积起来的谷子送给马援作军粮。"

按，《西藏奏疏》卷六："查西藏地方汉番杂处，良莠不齐，虽无大伙囤积鸦片之区，难保无夷人入卡贸易夹带烟土、辗转售卖之事。"

【驮脚】《大词典》释为"赶着牲口从事驮运的人"，引李纳《刺绣者的花》第二一章："杨大爹现在替煤业公司当驮脚，前两天刚随马帮回来，不两天又要走。"

按，《有泰日记》卷六："意欲南路航海回川，乃自觅驮脚，不过官票洋照，可利遄行。"

【驮骑】《大词典》释为"驮畜"，引《南方周末》1992.6.12："〔金银珠宝〕全部用驮骑运送出境。"

按，《丁宝桢藏事奏牍·岩番劫杀洋人查拿办理片》："此次押运箱只、驮骑前往盐井，因不知会汉土台官土司派护，径行前往。迨蛮兵得信后，速行前往，再三劝阻，又复执意不肯转回，以致惨遭劫杀。"

【透雨】《大词典》释为"把田地里干土层湿透的雨"，首引《农谚选·气候与收成》："三伏要把透雨下，一亩地里打石八。"

按，《有泰驻藏奏稿·恭报到川日期并熟商进藏情形折》："陕西各省雨水调匀，四川川北较旱，省城近复透雨，稻苗颇旺。"

【万民伞】《大词典》释为"廉洁有政绩的官员离任时，治下绅民所赠予留作纪念的伞盖。伞上有许多小绸条，上书赠送人之名氏"。首引《糊涂世界》卷十："在任时第一要联络绅士，要晓得地方官这些万民伞，德政牌，并不是百姓送的，百姓一样出钱，却亦不能不出钱，出钱之后，绅士来还官的情。"

按，《平定金川方略》卷二十四："又为臣制万民伞，并欲建盖生祠，缘一时未及，先设长生禄位，附供诸葛祠中。"

【西士】《大词典》释为"欧美的知识分子"，首引《清史稿·选举志二》："中国欲讲求制造轮船、机器诸法，苟不藉西士为先导，师心自用，无裨实际。"

按，《康𬨎纪行》卷二"复设天主堂"："又曰天主教者，西士曰天主耶稣，汉哀帝元寿二年庚申，生于如德亚国，其书所云五经十诫，大都不离天堂地狱之说，而词特陋劣，较佛书尤甚。"

【斜坡】《大词典》释为"倾斜的地面"，首引巴金《春天里的秋天》

二："我们转了几个弯，走上一个斜坡。"

按，《平定金川方略》卷十一："讵料右梁与二道山梁，相隔深沟，俱系密箐峭壁，无路可登，其左路稍低，尚有斜坡可缘。"《金川案·利·安插屯弁给地一体屯垦》："查两金川地势延绵，分布绿营兵丁屯垦驻守之外，其余偏僻山坳斜坡，尚有可耕之地。"《西辖日记》："一路行斜坡乱石中，五十里至山顶。"

【形迹可疑】《大词典》释为"谓举止神情令人怀疑"，首引《二十年目睹之怪现状》第五八回："连我们也不知道，只听吩咐查察形迹可疑之人。"

按，《平定两金川方略》卷一百十九："设或无实迹可凭，即将寺内外地皮刨起数尺，遇有木石等物形迹可疑者，悉行取出焚烧，亦足以释众人之疑而壮其胆，于行军自更有益。"

【雪鸡】《大词典》释为"常年积雪的山地所产的一种鸡"，引碧野《雪路云程》："从这下去，你就可以看见雪鸡和雪莲了，那里的雪鸡每只都有八斤重。"

按，《西藏纪游》卷一："禽则灰鹤、天鹅、鸬鹚、野鸭、黄鸭、雪鸡、松鸡、石鸡、沙鸡、秧鸡、鱼鹰、信天翁……孔雀亦时有之。"《康辖纪行》卷十五"西域物产"："察木多之包礅山中有白鸡，似雉，能飞而无尾，名马鸡，即《西藏赋》所云'雪鸡大如鹅'也。"

【雪莲花】《大词典》释为"草本植物，叶子长椭圆形，花深红色，花瓣薄而狭长。生长在新疆、青海、西藏、云南等地高山中。花可以入药，有滋补、调经等作用。文学上作为英勇顽强例的象征"。引权宽浮《牧场雪莲花》："愿那株勇敢可爱的雪莲花，更光艳，更美丽，开放在遥远的昆仑雪乡，开放在塔吉克牧民中间。"

按，《西征日记》："昂地山高雪深，产雪莲花颇多。案花生积雪中，独茎无叶，其瓣作淡红色。"《塞外杂识》："雪莲花，千年不化元雪处有之，形似莲花，高可丈许。取以酿酒，倍增春色，盖阴极而阳生之意耳，产巴里坤等处。"清代笔记中亦见。《仕隐斋涉笔》卷五"蜀中异物"："蜀地多高山大壑，雪经年不化。中生奇卉，一干一柯，垂叶三两，顶开娬花，色红白不等，天然芙蓉也，名雪莲花。"

【垭口】《大词典》释为"方言。狭窄的山口。多为进山通道必经之处"。引魏巍《东方》第三部第七章："他们在山腰里穿行着，在一个山垭口碰上了撤退的敌人。"

按，《卫藏通志》卷四："清溪县出西门，下坡过沟，复折上山，十里过冷饭沟，十五里过四垭口，五里至富庄，俗名蛮庄。"

【养伤】《大词典》释为"因受伤而休息调治"，引《新民晚报》1992.5.29："报道说他'养伤一个月'，可见打得不轻，影响很大。"

按，《平定两金川方略》卷一百三："奎林平日打仗最为勇猛，今辫顶受伤，部位最关紧要，即幸而调养无虞，自不便仍带兵行走。惟是明亮处能带兵之人本属无多，今奎林现须养伤，则得力之人更少。"

【阴坡】《大词典》释为"北坡；阳光照不到的山坡"，首引侯金镜《漫游小五台·神游》："深山里郁郁苍苍的处女林，长在中台、北台的阴坡上。"

按，《平定两金川方略》卷十四："臣等次日起程行过巴朗拉山梁，阴坡积雪，深至二三尺不等。"卷一百十："至雪山根一站，地属阴坡，现已冰雪载途，山径冻滑，亦需砍凿开通。"《藏族史料》："乾隆三十九年［甲午］二月癸丑……山脚系日尔拉阴坡，积雪尤多，各夫松棚均在雪上搭盖。"

【营私舞弊】《大词典》释为"为谋私利而耍弄手段干违法乱纪的事"，首引《清史稿·安定亲王永璜传》："载铨营私舞弊，自谓操进退用人之权。"

按，《廓》卷首三："若辈倚势营私舞弊，至有私增税银、食盐掺土种种，侵扰边界。"卷四十七："如内地派藏官员或有营私舞弊、欺凌唐古忒兵丁等事，自应遵旨令该戴琫禀知驻藏大臣，随时严办。"

【灾区】《大词典》释为"受灾的地区"，引瞿秋白《饿乡纪程》一："我在窗子里看着他们吸烟谈笑，听来似乎有些是逃荒出去的——山东那年亦是灾区之一。"

按，《景纹驻藏奏稿·达赖喇嘛择吉讽经恭设覆锅大会折》："伏思方今逆氛未靖，正朝廷夙夜忧勤治理之时，兼以本年天时旱灾，农田失望，其轸念灾区一切，均属忧伤圣体。"

【涨落】《大词典》释为"水位的上升和下降。亦喻指物价的升降、情绪的起伏等"。首引薛暮桥《社会主义经济理论问题·价值规律和我们的价格政策》："在那里，价格的涨落像'寒暑表'一样，反映着资本主义经济情况特别是市场情况的各种变化。"

按，《张荫棠驻藏奏稿·奏复西藏情形并善后事宜折》："汉官商上定准仍以藏银三元作英卢比一元，高低虽随市价涨落，仍不准过三元半，违者罚办。"

【抓饭】《大词典》释为"维吾尔等族人民最喜爱的饭食之一。维吾尔语称朴劳。用大米和羊肉、羊油、胡萝卜、葡萄干等焖熟，净手抓食，故称。"引郭沫若《苏联纪行·七月十五日》："包饺食毕，重整席面，又有抓饭，以大盘盛出……主人以手抓而食之，客则侑以刀叉。"

按，《西藏志·宴会》："先饮油茶，次以土巴汤，再以奶茶抓饭，乃缠头回民所作，有黄白二种，用米作饭，水淘过，入沙糖、藏杏、藏枣、葡萄、牛羊肉饼等物，盘盛手抓而食。"

【滋闹】《大词典》释为"犹生事，闹事"，引郭孝成《湖南光复纪事》："时兑票人多，不服理喻，乃将乘风滋闹者杀二人，其风始熄。"

按，《西藏奏疏》卷三："道光二十三年七月初三日奉上谕：'孟保奏廓尔喀国人自相滋闹，以致该国头人畏罪，沿边逃窜，现已抚绥回巢等语。廓尔喀自相滋闹，究因何事，现在是否安静，抑仍有滋闹情事，着孟保拣派慎密精细之人侦探确实，不必张惶其事，俟访有确信，遇便奏闻。"

【棕丝】《大词典》"棕毛"条引《中国的土特产·棕》："棕丝俗称棕毛，乃由棕片中抽出之纤维。"

按，《藏纪概》卷尾："盔甲随人富贵，量资成造，有锁子、柳叶二式。又用柳叶铁造铺钉于棕丝，织成甲片，再加工货钉上柳叶片，用戴俱称适宜。"

【总共】《大词典》释为"一共，合计"，引《二十年目睹之怪现状》第二回："鼎臣来了，把帐目、银钱都交代出来，总共有八千两银子，还有十条十两重的赤金。"

按，《例案》上卷："官兵数目：先后派调七省及驻防并十八土司满汉土官兵，总共一十四万五千一百二十六员名。"

【坐失事机】《大词典》释为"同'坐失机宜'"，引王闿运《丁锐义传》："坐失事机，谁执其咎？"

按，《廓》卷六："乃鄂辉计不出此，成德已行走濡滞，而伊亦效尤按站缓行，坐失事机，实为可惜。"又卷七："如此迟缓，坐失事机，实为可惜！"

（二）为《大词典》只有释义而无书证的或自造例证的词条补充书证

【编号】《大词典》释为"按顺序编排号数。亦指编定的号数"。

按，《西招图略·练兵》："但字母除去重音，仅得二十，盖足江孜、定日两汛各定瑞二十名编号。"《孟保、海朴驻藏奏稿·达赖喇嘛进贡折》："奴才等随即出派粮务裴显忠、游击张协忠将堪布等正包余包秤视数目均各相符，包上编号，仍严饬该堪布不许额外私带包物，该堪布于四月十二日由藏起程等因。"

【大头菜】《大词典》释为"二年生草本植物，芥菜的变种，根部肥大，有辣味，花黄色。根块和嫩叶供食用。亦指这种植物的根块及其制品"。

按，《金川纪略》卷三"圆根"："圆根，即擘蓝，大头菜之属。"

【刀削面】《大词典》释为"面食之一。先将面加水和成硬面块，然后用刀削成片状，煮熟食用。此法盛行于山西一带"。

按，《有泰日记》卷一："原拟尖站，只得改为宿站自备，因山西有刀削面，家人皆未经食过，要而食之，皆乐不可支。"又卷三："饭店自作刀削面，以熬菠菜拌之，甚有味。"

【澄沙】《大词典》释为"过滤后较细腻的豆沙"。

按，《六世·御茶膳房奉旨办理于承德宴赏班禅桌数用料》："又行官仓八月二十四日，伺候班禅额尔德尼炉食二盒……每盒用白面四斤八两、白糖二斤、澄沙八两、核桃仁八两、晒干枣六两、香油八两。"

【冬麦】《大词典》释为"指秋天播种到第二年夏天收割的小麦"。

按，《章谷屯志略》卷下："粮食：小麦（俗名冬麦）、牟麦（俗名春麦）、青稞、荞麦、黄豆、黑豆、蚕豆、豌豆、芋麦、黍、粟、蜀黍、天粟米。"

【蛾子】《大词典》释为"昆虫。形似蝴蝶，体躯一般粗大，四翅，静止时平放体侧。多在夜间飞行。种类繁多，常见的有蚕蛾、天蛾、麦蛾、蟆蛾、毒蛾等。幼虫大多为农业害虫。蚕蛾、天蛾则为重要的资源昆虫"。

按，《有泰日记》卷十："傍晚至西院，蛮戏各喇嘛皆至，如内地乡间所谓亮台。……有带鬼脸者五人（手持羽箭），蓝毡所作鼻眼口皆具，且白须绕喙，上如蛾子形，中出一尖（作戟形），均金画。"

【噶厦】《大词典》释为："藏语。意为发布命令的机关。旧西藏地方政府。清乾隆时废原封郡王，命由噶布伦四人主持噶厦，秉承驻藏大臣和达赖喇嘛的旨意，共同管理西藏地方行政事务。1959 年西藏叛乱事件发生后解散。"

按，《西藏纪游》卷一："大召之内有楼数进，为噶布伦公同办事之所，名曰噶厦。"

【核销】《大词典》释为"审核后销账"。如，这笔账已核销。

按，《巴》卷十八："所有抄出银三千余两，就近交粮饷库支用，并行知四川总督归案核销。"

【黄水疮】《大词典》释为："中医外科病症名。皮肤病之一。起初如粟米，四周略有红晕，多痒少痛，破则出黄水。通称脓疱病。"

按，《西藏纪游》卷二："藏马皆不可至内地，过夏则遍体生黄水疮，无药可治，耐寒不耐暑也。"明代已见。《遵生八笺》卷十八："治黄水疮、漆疮、绞肠沙、急心疼，点眼角即愈。"①

【击毙】《大词典》释为"打死"。如，这场战斗，击毙敌人三十名，缴获步枪十支。

按，《平定两金川方略》卷五十："据巴旺、布拉克底土弁认明，击毙金川大头人二名，小头人二名。"

【坚硬】《大词典》释为"硬"。如，坚硬的山石。

按，《亲征平定朔漠方略·御制亲征朔漠纪略》："看来地稍坚硬处，一日仅可行三十余里，于砂碛坡岭之地，一日仅可行二十里。"《孟保、海朴驻藏奏稿·参劾卸任守备何砚田移交铅弹缺额折》："复经奏派守备周沛专教练习抬炮，常川演打，以致改铸炮子愈形多用，以及兵丁操演鸟枪，应拣七成，因靶后墙石坚硬，多被碰碎，未经拣全。"

---

① （明）高濂：《遵生八笺校注》，赵立勋等校注，人民卫生出版社 1993 年版，第 736 页。

【见新】《大词典》释为："方言。犹言整旧如新。"如，把门面油漆见新。

按，《六世·福隆安等奏成造更换须弥福寿庙及热河各庙仪仗折》："再查布达拉庙、普宁寺、安远庙、溥仁寺等四庙，原存陈设伞幡九对，嘛呢幡八首，扬幡四首，颜色糟旧，应更换见新，俾得一律鲜整适观。"

【口疮】《大词典》释为"口炎、口角炎的统称"。

按，《廓》卷三十七："复据塘迈供称：'沙玛尔巴于本年二月二十五六间得有腹泻、呕吐、口疮病症，我是知道的，后来是否服毒，没有听见人说'等语。"宋代已见。《鸡肋编》卷上："以松枝插枣糕，置门楣，呼为子推。留之经岁，云可以治口疮。"

【料酒】《大词典》释为"烹调时当作佐料用的酒"。

按，《有泰日记》卷十一："小瑾云，家乡作小鱼，剖后用料酒、酱油泡半日，油炸之后以糖醋一烹，即北方所谓酥鱼作法也。"

【煤窑】《大词典》释为"用手工开采的小型煤矿"。

按，《理藩院》卷九百八十："又定：归化城土默特煤窑二十二座，每年征钱千余串不等。"

【名单】《大词典》释为"记录人名的单子"。如，运动员名单；得奖名单。

按，《文蔚、庆禄驻藏奏稿·剿办博窝出力人员请奖折》："奴才等钦遵谕旨，择其尤为出力者，按照汉番次序另缮名单，填写实在劳绩，并将请旨加恩之处，分晰注明，恭候钦定。"

【皮货】《大词典》释为"毛皮货物的总称"。

按，《张荫棠驻藏奏稿·奏复西藏情形并善后事宜折》："西藏土货以药材、羊毛、牛皮及皮货为大宗。……白狐、猞猁诸皮货亦多霉坏。"

【片儿汤】《大词典》释为"一种将面擀为薄片，切成小块后煮成的带汤面食"。

按，《有泰日记》卷七："回时登楼，衣服未换中大毛，竟觉感冒，喝大曲酒，吃片儿汤。"卷十六："又廿里，至灵口小店内尖站，仅有片儿汤，食甚饱。"

【铺面房】《大词典》释为"临街的可以开设商店的房屋"。如，托人介绍订买隔壁的铺面房，预备开店。

按，《理藩院》卷九百八十：“嘉庆二十二年定：翁棍岭北荒地、归化城城根等处房屋铺面，及马甲固鲁格之妻呈进之铺面房，每年征租银五百七十余两。”

【受暑】《大词典》释为“即中暑。患中暑病。有的方言叫发痧”。

按，《有泰驻藏奏稿·致议约大臣张告噶布伦赴印日期函》：“该噶布伦生长西藏，久住寒地，印洋南近赤道，常多暑气，该噶布伦深以在彼受暑为虑，还希格外体恤。”

【四季豆】《大词典》释为“菜豆。通称芸豆……亦专指这种植物的荚果或种子”。

按，《西域遗闻·物产》：“拉撒物产……于汉土所携之种也，白菜、莴苣、菠菜、苋韭、萝葡、四季豆。”

【胎毒】《大词典》释为“初生婴儿所患疮疖等的病因，大多是母体内的热毒”。

按，《张荫棠驻藏奏稿·颁发训俗浅言》：“小孩周岁必须种牛痘，将胎毒发出。……中国从前不知种痘之法，小孩之死于痘毒者极多。”

【套裤】《大词典》释为“罩在裤子外面的，用以御寒或保护裤子的无腰裤”。

按，《有泰日记》卷十二：“昨一夜雨，四山有见雪者，颇凉，棉衬衣、马褂、袷袍，至小袷袄、袷裤、棉套裤，虽伏天亦不能脱。”

【跳绳】《大词典》释为“一种体育活动或儿童游戏。把绳子挥舞成圆圈，人趁绳子近地时跳过去”。

按，《有泰日记》卷五：“有小孩或女人，用两人对拉一绳，绳上拴石块铁片等，上下转之，令小孩在绳当中跃之，谓之跳绳。新年之戏也。”又卷十一：“沿途见有跳绳，两人扯一绳，东西相向，跳者亦东西向，随跳随走，未免可怕。跳不利则倒，此戏丫头小孩居多。”

【铁锹】《大词典》释为“掘土或铲东西的工具。头为板状长方形，用熟铁或钢打成。一端安有长的木把”。

按，《例案》下卷：“铁锹锤斧一套……铁锹每把长六寸，折宽五寸，厚三分，重三斤二两四钱。”《驻藏须知》：“锅镦四副，铁锹斧锄四套，每副套价银三钱五分，共银二两八钱。"

【向日葵】《大词典》释为："又名朝阳花或葵花。一年生草本植物，茎很高，开黄花，圆盘状头状花序，常朝向太阳，故名。种子叫葵花子，可以榨油。"

按，《有泰日记》卷十一："报中有名向日葵，系四川拣选知县，贵州贵筑县人，号藿忱，名甚奇，亦可笑。"此例中"向日葵"为人名，因与植物同名而可笑。

【信底】《大词典》释为"书信的草稿"。

按，《琦善驻藏奏稿·接廓尔喀国王禀称披楞战胜森巴恐觊觎藏地折》："又照钞披楞贸易头人，由广东寄彼信底一纸。"《有泰日记》卷五："复到鹤孙处，小瑾在座，湘梅来送信底。"

【鱼肝油】《大词典》释为"从鲨鱼、鳕鱼等的肝脏中提炼出来的脂肪，是稀薄的油状液体，黄色或深黄色，有腥味，主要含有维生素 A 和维生素 D。可药用，常用于夜盲症、佝偻病等"。

按，《有泰日记》卷六："何太守送一箱鱼肝油，收之赏之。"

【野驴】《大词典》释为"哺乳动物，体形似骡，毛深棕色，背中央有一条褐色细线，腹部毛白色。群栖于沙漠、草原地带"。

按，《藏牍随记》："二十六日，发堆浪，卓木拉里雪山及堪布雪山峰峦隐伏，不可复见，耀灵匿景，吐晕如环，野驴甚多，嬉游平野，毛作赭色，足甚长，奔走迅疾。"

【野兔】《大词典》释为"在野地里生活的兔类，比一般家兔略大，耳长大，毛很密，多为茶褐色或略带灰色。吃草、蔬菜等。有的地区叫野猫"。

按，《西藏纪游》卷一："青羊有重至数百斤者，味不甚佳。香獐、野兔，则道旁最多。"

【银洋】《大词典》释为"银圆"。

按，《有泰日记》卷三："在塘兵房外坐石上，并温茶喝，赏以银洋一元。乃夫妇二人年均六十以外，前数日已为夹坝所抢，正在无食之时，得此甚乐，逢人磕头。"

【藏红花】《大词典》释为"多年生草本植物。叶子细长，有鳞茎。

花淡紫色，可入药。原产欧洲，由西藏传入内地，故称。亦指这种植物的花"。

按，《西藏纪述》："西藏各货汇集，如氆氇、藏绸、藏布、藏毡、藏枣、藏杏、藏红花、藏核桃、石青、阿魏，则来自布鲁克巴。"《西藏纪游》卷二："香内以醮吧、吉吉诸香加藏红花为之，故香甜触鼻。"

（三）为《大词典》的自造例证或无书证的义项补充例证

【炒铁】《大词典》义项②释为"制造铁器；打铁"，引翟强《刘顺清》："我们从山上搬下来三口一千多斤的大铁钟，要请你去炒铁，给我们一连人打镢头、打斧子、倒铧叶子。"

按，《金川案·利·松、建二道议详善后事宜》："查熟铁一项，均系生铁炒成应用，与其再由内地采买熟铁打造锄、镰，运送出口，铁匠、运脚俱多糜费，似不如即将军营所存生铁，炒成熟铁，制造器具，更为妥便。至炒铁锅具等项，请即饬令成、华二县办解运营应用。除飞饬成、华二县再并办炒铁锅具，即令该道等携带赴营应用，并查道等查得行令派雇熟铁匠三十名，炒铁之人，如现在军营工匠夫役中有能办者，自可设炉炒用。"

【层次】《大词典》义项②释为："特指相属的各级机构。"如，减少层次，精简人员。逐层。

按，《金川案·利·上谕赏给屯练钱粮并降番袭职》："从前并未报部，令该督一并详造清册送部备案可也。等因。层次转行。"

【吃水】《大词典》义项③释为："指供饮用的水。"如，这里的吃水问题还没解决。

按，《廓》卷十九："据供：'……此时口粮、火药尚有存余，惟吃水实不可得'等语。"

【搀假】《大词典》释为"把假的混杂在真的里面或把质量差的混杂在质量好的里面"。

按，《巴》卷二十二："其盐系于山谷砂土之中刨出，穷番随处挖得，背负营销，本不洁净，其中更有搀假朦混者，亦皆事之所有。"

【防御】《大词典》义项⑤释为"清代驻防旗兵低级军官之名，设于佐领之下。"

按，《理藩院》卷九百七十七："八年，添设索伦部落左右两翼各防御二员。"

【管押】《大词典》义项②释为"临时拘押"。如：把他管押起来。

按，《金川案·利·司道复议各屯员遇事禀报衙门及应办事件、文武仪注》："至粮站地方，均有闲碉，可以管押，毋庸另议。"

【号】《大词典》义项⑪释为"量词。"如：百来号人；1990 年市政府第 1 号档。

按，《例案》下卷："红铜羊锅每口价银三两七钱五分，二号锣锅价银二两，三号一两二钱五分，四号……"《藏族史料》："乾隆三十八年〔癸巳〕正月己未……所铸食十六斤子之大炮，已于十八日造成，其三、四号炮位亦俱运到，逼近贼碉。"

【鸡心】《大词典》义项②释为"一种鸡心形饰品"。如：你这根鸡心项链值多少钱？

按，《六世·内务府奉旨将班禅呈进铁钵嘎布拉鼓等配套写签》："于本月二十日，催长大达色、金江将铁鸡心钵一件，系将钵里外火漆退去呈览。"

【开斋】《大词典》义项③释为"伊斯兰教徒结束封斋"。

按，《有泰日记》卷十："忽丁乾三二尹处送来菜八盘，每样皆双。据云开斋，回教礼也。"

【看管】《大词典》义项①释为"看守"。如：看管犯人。

按，《廓》卷十六："乃鄂辉将格哩等竟交噶布伦看管，噶布伦岂能自行管束，仍不过转交唐古忒人等。"

【棉袜】《大词典》义项①释为"絮了棉花的袜子"。如：他穿上一双很厚的棉袜，再不感到冻脚了。

按，《有泰日记》卷十："早因濯足，换棉袜，比此地毛袜暖多矣。"

【女王】《大词典》义项①释为"女性的国王"。

按，《康輶纪行》卷十六"夷酋颠林绘图进呈说"："俄罗斯女王，即西洋国之女，则其相去当不甚远，特地名、字音各别，或即所云罗沙即北叨思也。"又可指部落女首领。《有泰日记》卷五："青海女王所送海骝大马，今始备出，走甚快，不在黑马以下。"又："湘梅来，作《青海女王》

七古一章，颇有趣。"

【票】《大词典》义项③释为"适用于一定范围的纸片状的凭证"。如：车票；门票；选票。

按，《有泰日记》卷十六："踏雪至车栈等许久，忽来车，即上之，系往汉口去者。……又等，方有北车至，上之，自坐一房间，盖头等买者少，屋甚暖，有热气透过，茶房送果子、瓜子、点心等类。……到保定府，各持己票，先打有圆眼验票，又打方眼。"

【千金】《大词典》义项①释为"千斤顶的简称。参见'千斤顶'"。

按，《平定两金川方略》卷九十六："至碉根，抛掷火弹，及用千金撬其碉上枪眼石块，究因雨湿，火弹不能焚烧，攻至已刻，贼番并力死守，将兵渐次撤回。"

【砂眼】《大词典》义项②释为"铸件表面或内部因有气体或杂质等而形成的孔眼"。

按，《平定两金川方略》卷五十三："盖铜料必须镕炼净纯，不使稍存砂眼，方能匀整得用。"

【山地】《大词典》义项②释为"多山的地带"。

按，《耆英藏事奏稿·密陈英意不在西藏定界而在通商片》："缘西刻夷人，即臣等前奏与英夷构兵之塞哥国，在印度西北，距西藏有二千余里，均系山地，水路不通。"《赛冲阿、喜明、珂实克驻藏奏稿·披楞头人来禀》："向来廓尔喀系与内地并甲噶尔适中之山地居住，我们原无到他地方之意。"《藏輶随记》："至山地几居全境十分之八。"

【山羊】《大词典》释为"羊的一种。形似绵羊而体较小。牝牡都有角，角尖向后。毛直而不卷。牡羊额下有须。性活泼，喜登高，好采食短草、灌木和树叶等"。

按，《卫藏图识》卷下"物产"："物产：青稞、牦牛（长毛野牛）、山羊、酥油、圆根（似萝卜而圆，蛮种也）、白菜。以上打箭炉。"《卫藏通志》卷十四下："扎什伦布所管拉子、昂忍、彭错岭等处一年除出息，净粮食十六万一千零八十二克四批半……羊腔子五千八百一十个、山羊腔子五十八个，牛腔子二十八个半、金子三两五钱。"

【天花】《大词典》义项③释为"一种急性传染病。症状为先发高热，全身起红色丘疹，继而变成疱疹，最后成脓疱。十天左右结痂，痂脱后留有疤痕，俗称'麻子'。本病现已消灭"。

按，《西藏纪游》卷二："汉人烹饪，番人中至贵如班禅、济咙胡图克图、噶布伦等皆喜食之，至贱如小哇子、郭家哇之类皆能食之。其中等稍有身家之第巴、喇嘛皆不敢食，恐沾汉人气味出天花也。"

【仙人掌】《词典》义项③释为"植物名。原产美洲热带及亚洲热带干旱沙漠地区。茎为肉质，形如手掌，有刺，色青绿，花黄色，可供观赏。同属中其他品种，花色繁多，形状奇特，通常也泛称仙人掌。有仙人塔、仙人山、仙人鞭、仙人杖等"。

按，《有泰日记》卷十五："光绪三十三年（1907）……山多仙人掌并马缨花。"

【野生】《词典》义项①释为"动植物在野外自然生长而非经人工驯养或培植"。

按，《喀木西南纪程》："关外气候温和，以此为最。道旁野生兰草、芭蕉、海棠、椿树，山间产竹。"

【重案】《大词典》义项②释为"重大的案件"。

按，《丁宝桢藏事奏牍·拿获岩番分别严惩片》："又该处甲琫乌金泽旺本系岩人，两土司胆敢派令充当甲琫，以致内勾外结，出此重案。"

（四）为《大词典》的某个义项提前书证时代

【阿妈】《大词典》义项②释为"方言。母亲"。引吴组缃《山洪》一："今年春上才娶了亲，和他的阿妈，和他的哥哥大官、二官分了锅灶，单独成家立业。"

按，《孟保、海朴驻藏奏稿·查验达赖喇嘛之呼毕勒罕出世幼子切实灵异折》："嗣将数珠递与幼子手中，幼子似念阿弥陀佛经典语句。惟叫其母阿妈二字声音响亮。……此子生下时即能言阿妈二字。"

【报复】《大词典》义项②释为"报积怨、愤恨"，首引巴金《家·十版代序》："我更不愿意把小说作为报复的武器来攻击私人。"

按，《西藏奏疏》卷一："道光二十二年十二月初七日奏为森巴生番欲图报复，经官兵歼毙贼目，取据森巴及克什米尔各部落头目永不滋事甘结，现已撤兵归伍，恭折奏闻。"

【背】《大词典》义项㉕释为"量词",首引克非《春潮急》十二:"两个人把菜收拾进背篼里,装了满满一背。"

按,《平定两金川方略》卷六十五:"臣沿站晓谕,并出示背夫,运米一背,至明郭宗交收,赏银一两。"《卫藏通志》卷十四:"本年所割芦草,十五克一背者,才二千背,余皆十克一背。所割芦草山草,共一万七千一百一十六背,皆计路近者一半,每夫每日背五背,共享夫一千七百一十三名;路稍远者一半,每夫每日背四背,共享夫二千一百四十一名。"《驻藏须知》:"药料清单:红花贰拾三两……草饼子柒拾背(发火用)。"

【别】《大词典》义项⑯释为"插;揣",首引李劼人《死水微澜》第一部分五:"纂心扎的是粉红洋头绳,别了根碧玉簪子。"

按,《有泰日记》卷三:"其手持铁刀一把,刃甚厚,在胁下一别,则湾转而过。"又:"在前坐者荡桨而行,不用时将桨别入船内,一人负之可走,其轻捷非常。"

【草场】《大词典》义项①释为"长有牧草的大片土地",引《新华半月刊》1956 年第 9 期:"有些牧区去冬天旱,今春又有大雪,必须立即检查牧畜越冬度春的情况,适时转移草场,做好接羔保羔的工作。"

按,《西藏志·附录·自两河口分路至青海路程》:"五十里至大草场。"《藏游日记》:"十四日,百里站大草场。"

【沉闷】《大词典》义项②释为"天气、气氛等使人感到沉重而烦闷",首引叶圣陶《潘先生在难中》:"空气沉闷得很,人们略微感到呼吸受压迫,大概快要下雨了。"

按,《藏行纪程》:"二十九日,大雪,余性疏放,毡帏中四面蔽风,苦沉闷。"

【吃】《大词典》义项⑦释为"吞没",引老舍《四世同堂》三二:"我出两千五百块钱,你从中吃多少,我不管。"

按,《廓》卷二十三:"至贼匪交范忠带回禀内,有'恐怕是你二位大人吃了西藏人的钱'等语……是贼匪禀内吃钱之语并无确据,实系诬捏。"

【吃劲】《大词典》义项①释为"费劲;用力",首引《太平天国歌谣传说集·智捉妖头》:"原来这行李特别重。他俩虽然力气很大,但搬着还是很吃劲。"

按,《有泰日记》卷三:"尖后行波浪工山,皆满雪。用毛牛、人夫拉纤,颇吃劲。"

【疮疖】《大词典》义项②释为"小疮与热疖等皮肤疾患",引鲁迅《华盖集·夏三虫》:"苍蝇嗡嗡地闹了大半天,停下来也不过舐一点油汗,倘有伤痕或疮疖,自然更占一些便宜。"

按,《藏行纪程·出塞就道口占》:"二十二日,行七十里至吕合宿,有吕祖庙,祷之灵应。去村数里山脚,有仙人骨如水晶,能疗疮疖,相传仙人为吕祖所度,庙中有碑记题。"

【登峰造极】《大词典》义项①释为"登上山峰绝顶",引李广田《山之子》:"在'中天门'下边的人往往误认'中天门'为'南天门',于是心里想道这可好了,已经登峰造极了。"

按,《章谷屯志略》:"山阴为巴旺布拉巴底两土司界,望之若不甚高,而登峰造极,非一日可到。"

【豆花】《大词典》义项②释为"方言。即豆腐脑"。引郭沫若《我的童年》第二篇四:"雪嫩的豆花——这和豆腐一样的制作,是比豆腐还要简单,还要好吃。"

按,《有泰日记》卷三:"玉书送来豆花饭,甚佳。"又同卷:"问其豆花饭作法,颇省事,然清淡可食,养人之物也。"

【段落】《大词典》义项①释为"(文章、事情)根据内容划分成的部分",引刘师培《文说》:"自苏评《檀弓》,归评《史记》,五色标记,各为段落。"

按,《例案》上卷:"臣等俱系口外承办军需之人,以自行督办之事,自行核销,亲身目击,各分段落,互相比较,非特丝毫难容弊混,实有彼此不能稍涉通融。"

【肥田】《大词典》义项②释为"采用施肥等措施使土地肥沃",引茹志鹃《高高的白杨树·鱼圩边》:"看人家合作社里,都用粉面子肥田了,可我们还是拾粪,拾粪!"

按,《张荫棠驻藏奏稿·咨外部为西藏议设交涉等九局并附办事草章》:"研究灌溉培植之法,如粪尿兽骨,及硝黄化学电学制造各种肥田材料,收获必倍。"

【干】《大词典》义项③释为"加工制成的干的食品。如饼干、葡萄干"。引周立波《暴风骤雨》第一部十七:"屯子里,家家户户的窗户跟前,房檐底下,挂着一串一串的红辣椒……一穗一穗煮熟了留到冬天吃的嫩苞米干子。"

按,《则例·嘉庆朝〈大清会典〉中的理藩院资料》:"哈密,岁贡趋达尔布四,佩刀二,鹰五,监羊角十,砺石千方,瓜干二十盘。"《西藏图考》卷五"察木多"条所列察木多物产有"梨干、杏干、核干、波里凹"。

【各种】《大词典》义项①释为"犹言各式各样",首引周而复《上海的早晨》第一部七:"地上如同铺了一块一块不规则的各种形状的玻璃。"

按,《平定两金川方略》卷一百十二:"臣等已先将各种炮位排开,并令兵丁举枪以待,至时一齐点放,见击倒轰去之贼甚多。"

【跟踪】《大词典》义项①释为"紧紧跟在后面(追赶或监视)",首引黎少岑《在白色恐怖的日子里》:"他不知组织破获的消息,但已发现他身后有人跟踪。"

按,《廓》卷七:"乘其逗留观望进退无路之时跟踪追剿,痛加歼戮,方不致坐失事机。"又卷八:"若鄂辉、成德行程迅速,早抵藏内,即可跟踪追剿,歼戮无遗。"

【估】《大词典》义项⑥释为"方言。逼;纠缠"。首引艾芜《一个女人的悲剧》三:"该不是拿跟陈家驼背子拖着,估住要账吧!"

《文硕驻藏奏稿·照抄商上原禀》:"到彼之时,即由哈拉乌苏营官头目百姓等剀切劝阻,不但不听,估要进藏之说。"《奎焕驻藏奏稿·札察木多游击兵丁陈凤鸣等递解回籍》:"兹禀该丁等胆敢滋闹粮署,估要开复名粮,实属目无法纪。"《裕钢驻藏奏稿·英人已抵藏界番属不肯派员赴边饬界务委员何光燮由藏起程干坝阻英入边折》:"五月二十一日惠洋官等五人带兵一百余名估要过界,番目阻挡不住,干坝外委驰往界口,见纳金隘卡被拆,番人被逐……以备交兵等语。""估要"即不顾反对而强行要求。

又有"估踞",即强行占据。《文硕驻藏奏稿·开导藏番委员裕钢黄绍勋禀目下番情开导益难挽转》:"何则即以大吉岭而论,当日本系藏属部落哲孟雄土地,自洋人估踞噶里噶达之后,时来游牧乘凉,日久遂据为己有。"

又有"估长",即强迫增长(房租等)。《讷钦驻藏奏牍·致税务司函川省派李毓森由哲来藏布照拂缠头来藏制造军器碍难禁止》："番官估长房银，殊无情理，当集委员传集噶布伦等详加诘问。"

又有"估令"，即强行命令某人做某事。《满庆、恩庆驻藏奏稿·办理商上事务诺们汗汪曲结布呈请严禁法国教士入藏传教折》："更带有四川无赖之徒刘姓等，假充官长，帮同作威，既借故讹诈蛮民，又估令汉官与他制服蛮民。"

又有"估拆"，指强行拆开（密封的文件）。《文蔚、庆禄驻藏奏稿·博窝不服查办添兵剿捕折》："现值噶布伦带兵查办，尚敢威胁塘兵，估拆文件，倘将来于折报饷项事件，稍有疏虞，关系匪细。"

【锅】《大词典》义项③释为"用作量词"，引柳青《铜墙铁壁》第四章："石得富这才把他装起的那锅烟吃着。"

按，《理藩院》卷九百八十："顺治初年定：蒙古王公、台吉等每年征收所属，有五牛以上及有羊二十者，并收取一羊……有二羊者取米六锅，有一羊者取米一锅。"这里是以饭锅作为量器。

【国宝】《大词典》义项③释为"国币"，引郑观应《盛世危言·铸银》："中国钱币，古分金、银、铜三品，其行于世也，谓之国宝。"

按，《廓》卷四十七："福康安、孙士毅、惠龄、和琳又奏言：'伏思卫藏久隶版图，原应通行国宝，若有铜矿可采，无难就近采办，设炉鼓铸。'"

【狗熊】《大词典》义项①释为"熊的一种。又称黑熊。哺乳动物。身体肥大，会游泳，能爬树。熊掌可食"。引瞿秋白《现实·关于佐拉》："他的生活一直是很孤独的，'像狗熊躲在自己的洞儿里似的。'"

按，《金川琐记》卷五"熊"："有人熊、马熊、狗熊、猪熊四种，予所见惟狗熊。署中尝蓄其一，喜啖米饭饼饵，生才四五月，食兼数人。高已三尺余，每作人立，手足如人，遍体黑毛，惟心胸间有白毛如偃月。"《南越笔记》卷九："熊类不一，多出黎母山中，有人熊、猪熊、狗熊之名。"

【滑溜】《大词典》义项②释为"光滑"，首引鲁迅《故事新编·理水》："酒过三巡，大员们就讲了一些水乡沿途的风景，芦花似雪，泥水如金，黄鳝膏腴，青苔滑溜。"

按，《平定两金川方略》卷一百五："而秋深时候稍暖，阴雨稍寒，即当下坡，滑溜难施兵力。"

【换班】《大词典》义项②释为"指调换人员"，引《人民文学》1981年第1期："'文革'期间，进行了大换班，他被剥夺了出海权长达八年之久。"

按，《廓》卷二十七："其绿营官兵只有赴藏换班三千余名，为数本少。"《平定金川方略》卷七："应请于每夫日给口粮脚价外，各先给安家银二两，三月换班之时，再给银一两，庶粮夫无忧内顾，得以踊跃从公。"

【火盆】《大词典》义项②释为"盛炭火取暖或烘衣物等的盆子"。引周立波《暴风骤雨》第二部二九："郭全海拨开火盆里的热灰，点起烟袋。"

按，《六世·内务府奏奉旨成做须弥福寿庙设喇嘛念经应用各项器物工价银两数折》："大火盆一个，计银七钱一分二厘。"元代已见。《秘书监志》卷三："大锅一口，脚踏子一个，铁火盆一个，架子全。"

【混混沌沌】《大词典》义项①释为"迷糊不清醒貌"，首引《二十年目睹之怪现状》第五三回："〔罗荣统〕仍然是不知稼穑艰难，混混沌沌的过日子。"

按，《进藏纪程·夷情》："其余他番皆不识不知，混混沌沌，俯首顺化者也。"

【机局】《大词典》义项②释为"局势"，引孙中山《统一中国非北伐不为功》："两湖既促我出兵，则今日之机局，正如天造地设。"

按，《裕钢驻藏奏稿·致外部电详陈近议情况请电印督勿以小事饶舌》："英人既心怀叵测，故意生事，而唐古忒机局亦颇不佳。"

【架】《大词典》义项④释为"谓支起"，首引巴金《家》一："一个十八岁的青年……鼻子上架着一副金丝眼镜。"

按，《平定两金川方略》卷五十一："然在外架炮，便可直打噶拉依。"

"架"《大词典》义项㉑释为"量词。方言。用于山。犹座"。首引萧华《延安颂歌》："春风吹绿万架山，毛主席号召大生产。"

按，《进藏纪程·江卡》："由江卡入沟，行六十里过雪山一架。"《藏纪概》卷次："麻盖至羕洛山一架，上下九十里，有人户、柴草、水。羕洛至汉人桥，山三架，共一百里。汉人桥至里塘夹沟路山一架，共六十里。""架"字用作山的量词，在此书中用例颇多。

【紧身】《大词典》义项②释为"指瘦而紧的贴身上衣"，引李劼人《死水微澜》第六部分一："上上下下的人，除了棉套裤、棉紧身早已穿起之外，上人们还要穿羊皮袄，狐皮袍。"

按，《有泰日记》卷十四："整日两房间皆漏，竟穿两袷一棉一皮，复加棉紧身，并不为暖。"又卷十五："穿小毛皮袄紧身，大汗出。"

【口齿】《大词典》义项⑥释为"牲口的年龄"，首引赵树理《三里湾》三三："驴一头，身高三尺四，毛色青灰，口齿六年，售价一百八十万。"

按，《理藩院》卷九百八十一："惟马匹一项，如有赶赴何处售卖或作何使用之处，均应声明呈报各该盟长，由盟长报知将军、都统、大臣发给路票，添明马匹数目、口齿、毛色，饬知沿途地方官员一体认真稽核查验。"

【空白】《大词典》义项①释为"指空着、未填满或未被利用的部分"，首引浩然《艳阳天》第一二八章："他们把萧长春从垛上拆下来的麦穗头用杈子挑起来，就像絮棉被似的，均匀地摊晒在场板上的每一个空白的角落。"

按，《赛冲阿、喜明、珂实克驻藏奏稿·披廓讲和容当带兵回川片》："奴才赛冲阿带兵回川，沿途如有应奏应咨事件，即借用驻藏大臣印花空白备用。"

【另起炉灶】《大词典》义项①释为"比喻重新做起"，引鲁迅《准风月谈·查旧帐》："斩犯绑赴法场的时候，大叫道：'过了二十年，又是一条好汉！'为了另起炉灶，从新做人，非经过二十年不可。真是麻烦得很。"

按，《藏族史料》："乾隆三十八年［癸巳］六月辛卯……是现在所用尽为虚掷，又须另起炉灶，所费必更不赀，而办理倍难，谋国者断不应出此。"《平定两金川方略》卷七十五："收复小金川后，只须照所定之路添设数台，即能遄进，并无另起炉灶之烦。"

【驴打滚】《大词典》义项②释为"用黍面、豆粉等制成的一种甜食品"，引萧乾《一本褪色的相册》："有香甜可口的'驴打滚'，也有一个大子儿一碗的豆汁。"

按，《有泰日记》卷八："老左做驴打滚送给鹤孙，食后，始问名，不觉大笑。渠谓食而不知其名，盖川省、浙省均无此物也。""驴打滚"是形象的说法，是用糯米粉做的熟面团外沾上炒黄豆粉和糖屑而做成的。

【马掌】《大词典》义项②释为"马蹄铁"，首引周立波《暴风骤雨》第一部十八："〔老孙头对李大个子说〕你是打铁的，不下庄稼地，要一条马腿干啥？全屯的马掌归你钉，还忙不过来，哪能顾上喂马呢？"

按，《金川案·利·松、建二道议详善后事宜》："自桃关至美诺二十一站，相距内地甚近，所需草干照乍丫以东至打箭炉之例，每匹日支草干银八分，每匹月支马掌一副、价银四分，由崇庆州采买解送支给。"《里塘志略》卷下"杂记"："里塘台例，折色每米一石折银四两六钱五分，每面一石折银一两……马掌一副，折银四分。"

【帽花】《大词典》义项②释为"缀在帽上的珠宝类饰物"，引赵树理《登记》："当艾艾长到十五岁那一年，她拿出匣子来给艾艾找帽花，艾艾看见了戒指就要。"

按，《有泰日记》卷八："旋由省内寄箱一只，先发到，内有清单二：蓝洋绸一匹，文具匣一个，竹笋一匣，靴掖一个，帽花两个，刷牙袋、蚊刷各一个……"清代小说中亦见。《风月梦》第一回："头带宝蓝大呢盘金小帽，面前订着一个点翠赤金牡丹花，内嵌大红宝石帽花，大红线纬帽结，大红生丝京八寸帽须，铺在小帽后面。"

【密告】《大词典》义项②释为"秘密地告发"，引管桦《将军河》第一部第三九章："尤其是一想起刘栓儿密告周世忠那件事，古佩雄抑制不住地怒火升腾起来。"

按，《理藩院》卷九百九十四："又定：被盗牲畜，因人潜来密告，认出原物，即将藏牲畜者以盗论。……又定：凡被盗之人，因人密告具控者，务将其人姓名指出。所告属虚，罚密告之人三九牲畜，令前设誓之台吉及被诬之人平分，罚具控人三九牲畜，全给被诬者。"

【腻人】《大词典》义项①释为"食物中油脂过多，使人厌食"。如：吃这么肥的肉真腻人。

按，《金川琐记》卷五"熊"："熊掌因未得烹饪法，膻臊腻人，不堪下簕。"

【袍哥】《大词典》义项②释为"袍哥帮会成员",首引李劼人《死水微澜》第五部分二:"据说,袍哥刀客身上,纵就白刀子进、红刀子出、戳上几十个鲜红窟窿,倒不算什么,惟有被王法打了,不但辱没祖宗,就死了,也没脸变鬼。"

按,《有泰日记》卷七:"晚,鹤孙过谈,因及四川袍哥(即土匪之谓),是州县无处不有……此已不可闻。乃读书士绅竟有烧香拜会,称为大成会。余在省城曾见市售团扇,画铁路已开未开,图上写孔纪岁几千几百几十年,以孔纪作耶稣讲,即大成会内人所为,此比袍哥尤甚也。"

【炮眼】《大词典》义项①释为"掩蔽工事的火炮射击口",引杨朔《百花山》:"我又疑心打仗的时候,会拿我挡炮眼。"

按,《廓》卷三十三:"并于临河碉座及贼匪砌碉大石上设炮,对官寨炮眼并瞭望窗内两面轰入。"

【旗】《大词典》义项⑨释为"内蒙古自治区的行政区划单位,相当于县",引秦牧《长街灯语·愿借骆驼千里足》:"这个'旗'的面积有十一万四千多平方公里,和浙江省大小差不多。"

按,《则例·乾隆朝〈大清会典〉中的理藩院资料》:"凡贡物每旗进羊一腔,乳酒一埕。"

【前敌】《大词典》义项②释为"犹前线",首引《老残游记续集遗稿》第五回:"又看那出洋学生,或者看人两国打仗要去观战,或者自己请赴前敌。"

按,《平定两金川方略》卷三十八:"官兵一从墨垄沟进发,占据山梁,则前敌亦当合力攻取,以分贼势。"又卷一百十八:"随饬知随营粮员,于附近买卖各铺家,买办烧饼一万个,送赴前敌。并将备裹带灰面拨运一万余斤,分发各铺户,另起赶做面饼,运交头敌。"卷一百十九:"据驻防布咱纳副都统札尔桑报称,本日辰刻,有贼番在前敌喊叫,将索诺木兄弟等禀帖夹于树枝插地,遁入碉卡,土兵等取回呈报。"

【清油】《大词典》义项②释为:"方言。植物油;素油。"首引周立波《暴风骤雨》第一部二:"韩老六手忙脚乱,从炕上爬起来的时候,白绸衫的袖子把烟灯打翻,清油淌出来。"

按,《例案》下卷:"铸炮物料:……清油每斤(价三分),牛油烛每斤(价三分)……"《西藏纪游》卷二:"番人生子女不浴不剃发,其母以舌舐之。三日后以清油、酥油涂而晒之,灌以炒面汤,不与乳也。"

【人证】《大词典》义项②释为"泛指能证明有关事件真实情况的人",引高云览《小城春秋》。

按,《西藏奏疏》卷一:"此外应提人证,着文庆等就近分别咨提,归案办理。"又:"该革员等现在所供,恐有不实不尽,着文庆、宝兴、廉敬俟本案人证解齐,逐细研鞫,务期水落石出,毋任稍有掩饰狡卸。"又:"臣等督饬随带司员刑部员外郎上行走、怡昌候补主事郑敦谨,及委派成绵龙茂道徐有壬、川北道胡兴仁,提集前经到案一干人证与续行解案人证隔别研讯,令刘文蔚、沈暄按照原供逐层指出,各供已多吻合。"

【市面】《大词典》义项③释为"市场",首引欧阳予倩《越打越肥》:"又复居奇囤积,操纵市面,大发其国难之财。"

按,《文硕驻藏奏稿·三大寺等公禀大吉岭新修炮台显系诬赖》:"查大吉岭实系哲孟雄所辖地境,不但均被英人侵占,复敢越界屡次开设市面,新建铺房,修路造桥,种种恃强恶霸,横肆异常。"

【糖食】《大词典》义项②释为"糖制食品的统称",引郁达夫《春风沉醉的晚上》:"不等第二次的回想,我就寻着了一家卖糖食的店,进去买了一块钱巧格力、香蕉糖、鸡蛋糕等杂食。"

按,《廓》卷四十三:"并呈送水牛、食米、糖食、果品备犒兵丁,经成德等酌收水牛四只,赏给缎匹。"《卫藏通志》卷十三下:"奉上谕,福康安等奏廓尔喀遣头目苏必达巴依巴拉忻、喀瓦斯等,来营呈送牛羊、酒米、果品、糖食等物,备犒官兵。"

【铁丝】《大词典》义项①释为"用铁拉成的线状产品",引萧红《家族以外的人》:"最后一次那箱子的铜锁发着弹响的时候,我才知道他扭着的是一段铁丝。"

按,《例案》下卷:"铸炮料物……铁丝每斤(银一钱三分),土连纸每百张重半斤……"

【土窑】《大词典》义项①释为"窑洞",首引赵树理《李有才板话》一:"村西头是砖楼房,中间是平房,东头的老槐树下是一排二三十孔土窑。"

按，《有泰日记》卷十六："又十里廿里铺宿站，系土窑，挖极深，可以放车，并拴骡马。两旁各有土窑土炕，即客居，柜房在灶上。堆草亦有土窑，皆在一大窑内，走一大门，严紧非常，冬暖夏凉。"他例如《夜谭随录》卷一："新安赵给谏吉士《竹枝词》云：'三月山田长麦苗，村庄生计日萧条。羡他豪富城中客，住得砖窑胜土窑。'盖纪实也。"

【顽山】《大词典》释为"浑沦未破未被开发的山"，引阿英《记"铜井"》："因为单纯的说山，这里山是既不很高，也不很秀，树木尤其少，近乎'顽山'之类。"

按，《平定两金川方略》卷一百五："且当此一路，皆系顽山，并无庄稼，即前此逊克尔宗平田内略有些微稞麦，亦为大军蹂躏已尽。"明代已见。《解脱集》卷三："一路多顽山，无卷石可入目者。"

【下台】《大词典》义项③释为"比喻摆脱为难、窘迫的困境"，首引孙中山《民族主义》第四讲："他受了我这一番反驳，就怒不可遏……两人面面相对，许久不能下台。"

按，《文硕驻藏奏稿·译行第穆呼图克图改拟致颇当喇嘛等信稿》："今康萨卓尼尔来信言，披楞逞兵，是因通商事。伊兄弟意欲从中说和，亦为通商事。若回信概不提及通商事，如何能下台耶？"

【香包】《大词典》义项②释为"装钱物的小荷包"，引《中国民间故事选·一双彩虹》："他妻子用火热热的心和乖溜溜的双手，三天两头忙，才织成个'密褶'香包带在他身上。"

按，《金川纪事诗·望北路官军攻克宜喜二十六韵》："独怜国也中枪卒，空荷万里颁香包。（国兴，贵州大定人，捷书上时正值午日，上赐将军、参赞香包，国君与焉，比至而君已卒。）"

【下层】《大词典》义项①释为"建筑物的下面一层"，引《花月痕》第六回："到了这一日，彤云阁下层，早排设得锦天绣地一般。"此指物体。毛泽东《中共中央军事委员会关于整理抗大问题的指示》："教育他们决心深入下层实际工作，反对轻视实际工作经验。"此指机构、组织。

按，《廓》卷三十三："其石碉碉座距官寨较近，桑吉斯塔尔等带兵攻扑，抛入火弹焚毁上两层，将贼匪焚毙；惟下层周围皆系整块巨石，高宽数丈，官兵攀援登嶺，而石块陡滑不能即止。"前代已见。《旧唐书》卷九"玄宗纪下"："冬十月，毁东都明堂之上层，改拆下层为乾元殿。"①

【圆场】《大词典》义项②释为"为调解纠纷、缓和僵局而从中解说或提出折中办法"，引郭澄清《大刀记》开篇六："雒大爷觉得说磕了没好处，就想打个圆场揭过这一张去，可一时又想不出合适的话儿来。"

按，《刘秉璋藏事奏牍·抄致北洋大臣电》："因思尊处与公使素熟，能为理论打一圆场乎。"

【走水】《大词典》义项⑦释为"方言。指帏帐帘幕上方装饰的短横幅。亦指轿子四周的风帘"。引端木蕻良《曹雪芹》第十六章："一乘四人抬的绿走水蓝驼呢小轿，已经停在二门外。"

按，《例案》下卷："过脊贴边一条，遮风走水二条，燕儿窝四个，绠绊带十二条，软绊二十八条，滚绳布门帘二扇，绷子亦九幅。"《有泰日记》卷十三："连日床上有拉布齐（汉语天棚）以各色缎成长方形，用各色绸走水，中镶色拉寺所印陀罗经两方，中线冲内外及各色印花布印佛像布作围子，活佛体制，恭敬之意也。"

【斩杀】《词典》义项②释为"杀死；砍死"，首引郭沫若《洪波曲》第十三章一："'正义之剑'不仅斩杀了空中的鹰，而且还斩杀了水上的鲛。"

按，《平定金川方略》卷十二："游击王三元领兵策应，多有斩杀。"

【尊】《大词典》义项⑮释为"量词。称大炮"。引《清史稿·兵志六》："请令两广督臣，续购大小洋炮……凡八百尊。"

按，《廓》卷四十九："现于臣福康安进兵时所铸铜炮十三尊内拨给二尊，令于操演时试验准头，其余俱交布达拉存贮。"

（五）为《大词典》所收录的前代词语补充清代的例证

【戚速】《大词典》释为"疾速"，引《周礼·考工记序》："凡察车之道，欲其朴属而微至，不朴属，无以为完久也；不微至，无以为戚速也。"郑玄注："齐人有名疾为戚者。"

按，《金川纪事诗·过楚卡戎葵山色绝胜书寄曹来殷吴冲之》："我行

殊戚速，届此一停鞅。"

【杂布】《大词典》义项①释为"粗布"，引《荀子·赋》："杂布与锦，不知异也。"杨倞注："杂布，粗布。"

按，《金川纪略》卷二："广泗微时，负杂布呼售于市，夤缘入鄂相尔泰府，为之厮役。"

【蚖脂】《大词典》释为"即蚖膏"，引《淮南万毕术》："取蚖脂为灯，置水中，即见诸物。"

按，《西藏纪游》卷二："嗣在黔江道中守岁，有《采桑子》词纪之云：'大召忽变光明藏，万盏琉璃，燃起蚖脂。'"

【馥芬】《大词典》释为"犹芳香"，引《文选·苏武〈诗〉之四》"馥馥我兰芳"李善注引《韩诗》："馥芬孝祀。"

按，《金川纪事诗·二十七日圣驾幸黄新庄……》："折俎蒸骰，溢于鼎鼐。修铏脯胖，馥芬陈馈。"

【溢流】《大词典》释为"水声很大的急流"，引《文选·郭璞〈江赋〉》："圆渊九回以悬腾，溢流雷响而电激。"李善注："《苍颉篇》曰：'溢，水声也。'"

按，《平定两金川方略·艺文二·平定两金川诗》："高深黝倏氛，雾积溢流中。"

【俘擒】《大词典》释为"擒获或被擒获"，引南朝陈徐陵《与周冢宰宇文护论边境事书》："彼军人恃勇，遂致俘擒。"

按，《廓》卷二十五："即可乘势悉数俘擒，解京办理。"

【葱倩】《大词典》释为"草木青翠而茂盛"，引南朝谢灵运《山居赋》："当岩劲而葱倩，承和煦而芬腴。"

按，《西藏纪游》卷三："文靖诗：'……登楼拓八窗，山影失葱倩。'"

【偏桥】《大词典》释为"简陋的小桥"，引北魏郦道元《水经注·浊漳水》："崿路中断四五丈，中以木为偏桥，劣得通行。"

按，《廓》卷三十五："因贼匪焚毁偏桥，道路不通。"《例案》下卷："偏桥，每十丈用匠二工，三十丈用夫一工。"

【贮备】《大词典》释为"储备"，引《隋书·食货志》："在外有豫章仓、钓矶仓、钱塘仓，并是大贮备之处。"

按，《平定两金川方略》卷十："据称川省地丁正项，并盐茶耗羡各款，每年各有支销，所余无几，止有贮备银一百五万两，原因川省地处边陲，存为缓急之需，遇有要事，例得借支。"

【嵺岶】《大词典》释为"稠密貌"，引《文选·王褒〈洞箫赋〉》："处幽隐而奥屏兮，密漠泊以猭獤。"唐李善注："嵺岶，竹密貌……漠与嵺同，浦百切；泊与岶同，亡百切。"

按，《平定两金川方略·艺文六·平定两金川赋》："若夫谷噶西路，峩峩嶭嶭，伏旌籋于嵺岶。"

【搪撑】《大词典》释为"拄撑，填塞"，引唐韩愈《月蚀诗效玉川子作》："赤龙黑乌烧口热，翎鬣倒侧相搪撑。"

按，《金川纪事诗·破翁古尔垄》："麾兵直进拔其栅，骇走不敢还搪撑。"《金川纪事诗·克喇穆》："攻其不备首尾断，妖猭何地容搪撑。"

【嵺嵺】《大词典》释为"高峻貌"，引唐元结《登白云亭》诗："九疑千万峯，嵺嵺天外青。"

《平定两金川方略·艺文一·平定两金川雅谨序》："功噶嵺嵺，昔岭峣峣。贼凭其樔，万仞横碉。"

【烦煎】《大词典》释为"苦闷焦灼"，引宋苏轼《怀西湖寄晁美叔同年》诗："读我间壁诗，清凉洗烦煎。"

按，《桐华吟馆卫藏诗稿·番地杂诗八首》："倦来枕手我亦眠，魂梦惝恍心烦煎。"

【燎炉】《大词典》释为"燎祭用的大火炉"，引宋孟元老《东京梦华录·驾诣郊坛行礼》："南壝门外，去坛百余步，有燎炉高丈许，诸物上台，一人点唱，入炉焚之。"

按，《金川案·亨·祭祀仪注、祭品、祭文》："典仪唱捧祝帛恭诣燎位，捧祝帛官至案前行一跪三叩头礼，捧起祝帛，司香官跪捧不叩，依次送至燎炉。"

【挨牌】《大词典》释为"即盾牌"，引明李开先《词谑》十九引《黄莺儿·嘲村妇》："大花鞋不宽不窄，堪可做挨牌。"

按，《平定金川方略》卷八："目击官兵人人奋勇争先，竟至舍弃挨牌，挺身直入。"又："夜间用炮上击，令土兵俯伏蛇行，蹑近木城，用挨牌遮护。多带干柴，以备焚烧之用。"

【锛锄】《大词典》释为"锛子"，引明李实《蜀语》："鉥木器曰锛锄。锛音奔。"

按，《章谷屯志略·夷人风俗》："其锄甚小，范铁而成，与梓人锛锄不少异。"

在清代藏学汉文文献所记录的人名中，还能见到一些古老的姓氏仍在使用。如：

【国】《大词典》义项⑭释为"姓。春秋齐有国佐。见《左传·成公十八年》。"

按，《平定两金川方略》卷四十二："上又谕内阁曰：'阿桂奏云：南曲寻协守备国士豪，身先士卒，杀贼夺碉；东川营千总杨大山，挟炮击贼，踊险乘高，虽各得伤，不肯在营调理，实为奋勇出众。国士豪着赏戴花翎，杨大山着赏戴蓝翎。'"

【书】《大词典》义项⑯释为"姓。明有书永琇。见《万姓统谱·鱼韵》。"

按，《平定两金川方略》卷四十四："惟是西面山梁攻得各处，均须留兵分驻，现派副都统书经安，驻扎温古尔垄……"

【豆】《大词典》义项⑨释为"姓。汉有豆如意。见《汉书·卫青传》"。

按，《平定两金川方略》卷六十六："马全、牛天畀皆系出力有用之人，副都统巴朗、阿尔素讷屡经勇往立功，今皆力战死事，实堪轸惜。马全、牛天畀着交部照豆斌之例议恤。"

【侬】《大词典》义项⑤释为"姓。唐朝有侬金意。见《新唐书·南蛮传下·西原蛮》"。

按，《平定金川方略》卷十四："其添调汉兵二三万之内，云南可派广南府土官侬振裔，二官侬振冈，领精壮沙兵二千名，内带板蚌习水性者三百名。"

【冶】《大词典》义项⑨释为"姓。春秋卫有冶廑。见《左传·僖公三十年》"。

按，《平定金川方略》卷二十二："又总兵冶雄，曾经出兵，人甚老成，现今总理营盘事务，甚属妥协。"

【买】《大词典》义项⑧释为"姓。五代有买叔午，宋有进士买天英。见《正字通》"。

按，《金川纪略》卷二："又于三月内协同贵州续到副将唐开中并四川参将买国良等计获贼目生格，贼稍知畏，未敢轻出侵犯。"

上述诸词语在《大词典》里均引用了一条书证材料，属于孤证，孤证不利于看清词义发展的走向。辞书的"例证要注意不同历史时期的阶段性和文体类型的多样性"①，清代藏学汉文文献中的用例可以为《大词典》的孤证补充清代的用例。

四　可对《汉语大词典》的释义进行调整

参考清代藏学汉文文献中词语用例的含义，《汉语大词典》的某些条目的释义范围可作调整，分述如下。

（一）《大词典》释义偏窄，可放宽

【版】《大词典》义项⑮释为"量词。古代计量城墙的度量单位。每版高二尺，长八尺"。藏学文献中，用于计量毛毡的度量单位。

按，《孟保、海朴驻藏奏稿·廓尔喀王赍进例贡到藏起程折》："谨将廓尔喀额尔德尼王热尊达尔毕噶尔玛萨野年班贡物缮具清单，恭呈御览：珊瑚珠一串，金丝缎二匹，各色毡片十三版，卡契缎二十匹，卡契绸四匹……""版"又作"板"。《卫藏通志》卷十四上："廓尔喀小臣拉特纳巴都尔、率领小臣之叔巴都尔萨野，叩首叩首。跪进：……各色金花缎四十匹，各色坭十五板，各色毡五板，象牙十只。"

【绊】《大词典》义项⑥释为"方言。维系器物两端的环圈"，引黄侃《蕲春语》："今吾乡凡以一物系两端，皆谓之绊；如罐有罐绊，篮有篮绊。"藏学文献中，指衣物上可供手抓或系结的带子。

《例案》上卷："小绊长四寸五分，宽四分，厚一分六厘，重八钱三分。……每木船一只，长二丈五尺，宽八尺，用大钉三百，小钉三千，曲尺钉五百，桃钉五百，绊八十根。"又："领绊布二寸二分，每尺价银二分二厘，前后缀圆月两个，各径五寸四分。"其中"领绊"指衣领部

---

① 王云路：《辞书失误考略》，《古汉语研究》1993 年第 1 期。

位的带子。

【鼻子】《大词典》义项②释为"门或箱柜等上锁用的部件",引《歧路灯》第九六回:"盛希侨道:'叫一个小炉匠生发开他;十分开不得,把门鼻子起了,有什么难呢?'"藏学文献中,指器物上用来穿提绊的有孔圆环。

《六世·内务府奉旨将班禅呈进铁钵嘎布拉鼓等配套写签》:"奉旨:将嘎布拉鼓腰箍上鼻子,另改做竖安。"

【吃飞醋】《大词典》释为"比喻凭空炉忌",引欧阳予倩《越打越肥》:"哟,你这个家伙,真会吃飞醋,胖子是你的丈夫,我还有我的那个当家的。"在清末,可指为别人吃醋。

《有泰日记》卷五:"番地所谓江古学,皆醋海汪洋,如看跳弦子之类,如本夫与其调笑,则第二日即可带领多人至其家摔毁,甚至将人打伤,其恶劣非常。且有代别人犯醋,并非本夫,谓之吃飞醋,尤为可笑。"

【毳褐】《大词典》释为"毛制的僧衣",首引唐赵璘《因话录》卷五:"有士人退朝,诣其友生,见衲衣道人(僧人)在坐,不怿而去。他日,谓友生曰:'公好衣毳褐之夫,何也?吾不知其贤愚,且觉其臭。'友生应曰:'毳褐之臭,外也……吾视毳褐,愈于今之朱紫远矣。'"藏学文献中,指毛制的衣服。

《康輶纪行》卷二"蕃妇衣饰":"蕃民无冬夏皆衣毳褐,谓之毡子。"

【典当】《大词典》义项①释为"以物抵押换钱",引《后汉书·刘虞传》:"虞所赍赏,典当胡夷,瓒数抄夺之。"萧乾《一本褪色的相册》十:"可是三堂兄那时正失业,家里靠典当度日。"魏巍《壮行集·春天漫笔》:"生活穷得可怜,常常典当自己的衣服去做革命工作。"上引三例,均指出典行为。藏学文献中,指承典,就是付给地主一定数量的金钱,在一定期限内耕种其地亩并获得收益。包括出典与承典两种行为。

《理藩院》卷九百九十三:"二十八年复准:四川省西南通藏大路,及与土司草地连界等处,严定界址,不准商民越界典当夷地,以杜争端。"

【灯球】《大词典》释为"亦作'灯毬'",释"灯毬"为"球形的彩灯",引宋孟元老《东京梦华录·元宵》:"两朵楼各挂灯球一枚,约方圆丈余,内燃椽烛。"《古今小说·张舜美灯宵得丽女》:"太平时节元宵夜,千里灯球映月轮。"茅盾《尚未成功》二:"妈妈和你斗纸马,回头再糊一个红纸的灯球。"藏学文献中，指球形的灯。

《鹿传霖藏事奏牍·围攻瞻巢迭次获胜并续调营勇出关助剿疏》："四更后，贼寨齐燃灯球，队出碉外。"

【跌落】《大词典》义项①释为"物体往下掉"，首引蔡东藩《清史通俗演义》第六九回："胜保忍不住痛，跌落马下。"藏学文献中，指人从高处往下掉。

《平定两金川方略》卷五十九："贼番躲逃无路，多有跌落陡坡崖下者。"又卷一百十二："乌什哈达等督兵进扑，先将鹿角开砍，越过一重壕沟，贼人枪炮石块交下，官兵即用枪箭射击，共见伤毙贼番，跌落寨墙之内。"

【法驾】《大词典》释为"天子车驾的一种。天子的卤簿分大驾、法驾、小驾三种，其仪卫之繁简各有不同。"首引《史记·吕太后本纪》："乃奉天子法驾，迎代王于邸。"裴骃集解引蔡邕曰："天子有大驾、小驾、法驾。法驾上所乘，曰金根车，驾六马，有五时副车，皆驾四马，侍中参乘，属车三十六乘。"藏学文献中，指达赖喇嘛的车驾。

《张荫棠驻藏奏稿·复达赖函请善筹藏务》："本大臣此次奉命到藏，淹留仅数月，又赴印议订商约，惜未获仰观佛爷光仪，一伸款曲，良为憾事。所盼者，商约早定，边圉安宁，佛爷法驾早旋拉萨，本大臣得以从容前席，共商保民富强之政策，此则私衷日夜所祷者也。"

【番邦】《大词典》释为"旧称外国"，首引欧阳予倩《木兰从军》第三场："只因番邦造反，侵犯中华，元帅调齐大兵前去抵挡。"藏学文献中，特指西藏。

《进藏纪程》："余于壬子重九奉檄，有西藏之行，蓐食风餐，迢迢关河，经十五番邦而至乌斯藏，盖西域徼外，即司马相如所通之西南彝也。""经十五番邦"即后文所述作者到达拉萨所经历的打箭炉、里塘、巴塘、江卡、乍丫、察木多、洛龙宗、硕般多、冰坝、拉里、江达、墨竹工卡、得庆、乌斯藏十四个地区。这里的"乌斯藏"，代指拉萨。

【佛地】《大词典》有三个义项：①谓超脱生死、灭绝烦恼的境界。②犹佛。③指寺院。藏学文献中，特指拉萨。

《廓》卷七："保泰又以廓尔喀王子有'不可干犯佛地'之语，隐跃其词，曲为开释，似转欲偏袒贼匪。"《西藏志·事迹》："西藏大召之地，呼为拉萨。拉萨者，华言佛地也。"《西藏赋》："吐蕃别种，突厥流延。（又拉萨者，番语拉，山也；萨，地也。盖山中之平地，俗云佛地也。）"

【规费】《大词典》释为"按陈规所纳的费用贿赂"，引清薛福成《庸盦笔记·轶闻·学使旧宅》："刽子手下腰斩之犯，向索规费，得费则可令其速死，不得则故令其迟死。"范文澜《中国近代史》第一章第三节："海关监督又必用内务府旗人，替他搜括金银玩好。监督于正税外，勒索贿赂，称为'规费'。"藏学文献中，指正赋之外交纳的手续费，是一种固定的附加税形式。清代规费所得，部分上交国家，部分为税收部门私用。

《理藩院》卷九百八十三："又奏准：商人在恰克图交易，向于理藩院领取茶票。嗣后仍按旧章，每茶三百箱，作票一张，收规费银五十两。"同治元年甲戌上谕："刑部奏请革除库伦茶票陋规等语。商人在恰克图交易，向于理藩院领取茶票，乃该章京衙门，每票一张收规费银五十两，门丁、领催等规费尚不在内，并每月由商人供给月费砖茶三十箱，此外复有挑货借茶等名目，约计三年所得，即不下七八万两，除每年交理藩院二万两，作为蒙古王公廪饩之用以外，票规尚多赢余。"①

【回残】《大词典》释为"旧时官府在营建后将剩余物资变卖回缴国库之称"。首引唐元结《请收养孤弱状》："有孤儿投军者，许收驱使；有孤弱子弟者，许令存养。当军小儿先取回残及回易杂利给养。"在清代，指营建后回收剩余物资再利用。

《六世·内务府奉旨成做须弥福寿庙安设镀金吗呢杆顶火焰三宝珠》："并查须弥福寿之庙造铜瓦处现有回残铜斤，请即于此项内动用。"

【焦糖】《大词典》释为"用饴糖、蔗糖等熬成的黏稠液体或粉末，深褐色，有苦味，主要用于酱油、糖果、醋、啤酒等的着色"。藏学文献中，指酥油熬成的块状糖果。

按，《西域见闻录》卷下"宴会"："至筵席……郡王座前设矮方桌二

---

① 转引自邢亦尘《清季蒙古实录》（中辑），内蒙古社会科学院蒙古史研究所1981年版，第21页。

张……上列冰糖、面果、缠头果、焦糖等品。焦糖同酥油熬成者，长尺许，宽三寸。"《西域遗闻·风俗》："前设短几二，置面菓长尺许，牛羊生熟之肉为一大盘，杏、枣、核桃、葡萄、冰糖、焦糖、回回菓各一小盘，分设长座，列菓食如上之半。"

【麦籽】《大词典》释为"麦粒"，引李准《参观》："麦穗子长得肥实饱满，一颗颗麦籽长得像石榴籽一样。"藏学文献中，指麦子。

《金川案·利·松、建二道议详善后事宜》："查番地粮食只宜种播麦籽、青稞、莜子、胡豆、豌豆五种。"

【蛮民】《大词典》释为"泛指未开化的少数民族"，引鲁迅《汉文学史纲要》第一篇："试查今之蛮民，虽状极狂猱，未有衣服、宫室、文字，而颂神抒情之什，降灵召鬼之人，大抵有焉。"藏学文献中，指藏民。

按，《平定金川方略》卷十："然蒙我皇上恩给价值，并无苦累，况伊等蛮民，山多田少，不敷口食，向有远赴内地，下坝佣工者。"卷十三："陡物党噶之山坡下，有金川蛮民，及从木耳金冈逃出番子，共二十名口，俱倾心投诚，随每户赏银五十两，大银牌各一面，布各二疋。"《满庆、恩庆驻藏奏稿·办理商上事务诺们汗汪曲结布呈请严禁法国教士入藏传教折》："更带有四川无赖之徒刘姓等，假充官长，帮同作威，既借故讹诈蛮民，又怂令汉官与他制服蛮民。"

【牧厂】《大词典》释为"清代设在长城和柳边以外的牧马场所"，引清魏源《圣武记》卷三："布尔尼收溃卒战，复连败，以三千骑遁，为科尔沁兵射死，凡六阅月平空其故地，置牧厂，隶内务府太仆寺。"清龚自珍《拟进上蒙古图志表文》："今葱岭以内，古城郭之国，既有成书，而蒙古独灵丹呼图图灭为牧厂。"藏学文献中所记载的清代蒙古地区的牧厂有"牛羊群牧厂""驼厂""马厂"等，牧厂内放养的牲畜种类有骆、牛、羊等，并不限于马。

《理藩院》卷九百七十七："五十三年，察哈尔驼马厂，设四品总管一人。牛羊群牧厂，设五品副总管一人。嘉庆四年，察哈尔牛羊群牧厂，设四品总管一人。"同书卷九百八十一："牧厂……孳生驼厂，喀尔喀图什业图汗左翼中旗札萨克一人，管旗章京、副章京一人，兵七十二人；孳生马厂，三音诺彦部中右翼兵二十二人，皆不更代。"

【年班】《大词典》释为："清代蒙古王公及喇嘛等分班于每年十二月十五日以后，二十五日以前至京师参加元旦朝贺谓之年班。"引《清史稿·德宗本纪一》："〔光绪十九年正月〕甲辰，诏明年应来京祝嘏蒙古与内札萨克王、公、台吉等，除有年班外，俱止来京。"藏学文献中，参与年班的不限于蒙古王公及喇嘛。

《景纹驻藏奏稿·廓尔喀贡使行抵前藏恭报起程日期折》："今查仍照咸丰二年之例，专差噶箕咱噶达写热等，恭赍年班例贡，及庆贺登极表贡，于六月二十日自阳布起程。"可知在清末，廓尔喀亦有贡使至京师参与清宫的年班仪式。

【爬山虎】《大词典》义项①释为"方言。山轿"。引《晨报》1933.5.21："香客们到北安河以后，首先解决的就是'行'……'行'的方法可说是五花八门，有背着一束香一步步上山的，也有坐爬山虎的，或三步或九步一叩头到山顶上的。"义项②释为"即常春藤。落叶藤本植物，叶子互生，叶柄细长，花浅绿色。结浆果，球形。茎上有卷须，能附着在岩石或墙壁上"。在清代，可指武士或差官所穿的一种适于登山的轻便鞋子。

《藏行纪程·渡澜沧有感》："二十七日，蒋公祭雪山，然后迤逦上山，巉岩怪石，崚嶒崒屼，无一步可以循阶历级者，用爬山虎，攀藤附葛而上。《中国古代军事文化大辞典》释为："即'快鞋'。清代武士或差官所着的一种轻便鞋。亦名'爬山虎'。其形制与一般靴同，但底薄而筒短，轻趫利步。"①

【篷车】《大词典》释为："铁路上指有车顶的货车。也称棚车。如：经不起日晒或风吹雨打的货物，应装在篷车里运输。"藏学文献中，指有帷幕、顶棚的畜力车。

《有泰日记》卷十六："辰刻，发宝鸡，出东门，路多平坦，已见车路，郊外多牛骡篷车，大有乡风。"

【朋充】《大词典》释为"谓合伙蒙混冒充"，引《清会典事例·刑部·私充牙行埠头》："各处关口地方，有土棍人等，开立写船保载等行，合伙朋

① 陈高春：《中国古代军事文化大辞典》，长征出版社1992年版，第1026页。

充……枷号一月，杖八十。"清黄六鸿《福惠全书·钱谷·比较》："或当官报认，或私帮朋充。"藏学文献中，是指十余户人家集合在一起共同承担某项差事，无贬义。

《巴塘志略·杂职》："土马兵日领口粮银五分，并无马价草干，故十数户朋充一名，公喂马匹，以一人应差。"清代小说中亦见。《石点头》第三卷"王本立天涯求父"："自此富贵大家尽思规避，百计脱免。那下中户无能营为的，却金报充当。若一人力量不及，就令两人朋充。至于穷乡下里，尝有十人朋合。愿充者既少，奸徒遂得挨身就役。"

【闲散】《大词典》义项③释为"清代未授官职的满族人"，引《清会典·八旗都统·户口》："每户书氏族官爵，无职者曰闲散某，备载其父兄子弟。"《清史稿·世宗纪》："〔雍正〕三年乙巳春正月癸丑，诏以固安官地二百顷为井田，遣八旗闲散受耕。"清代蒙古、西藏地区官职与爵位分离，其中有爵位的王公贵族，未担任各级职务者，称为闲散王公台吉或闲散人。

《理藩院》卷九百七十六："其不管旗之闲散王公，惟兼任盟长者，仍准开列请简。"同书卷九百九十："牵驼马人及蒙古王等闲散随从人，共计五百八十五人，各赏银三两，毛青布一。"

藏传佛教僧人中无职务者为"闲散喇嘛"。《则例》："凡喇嘛，有驻京喇嘛（驻京喇嘛，大者曰掌印札萨克大喇嘛，曰副掌印札萨克大喇嘛，其次曰札萨克喇嘛，其次曰达喇嘛，曰副达喇嘛，其次曰闲散喇嘛）。"

"闲散"亦指清代贵族女子陪嫁的人户。《则例·乾隆朝·录勋清吏司下》："顺治初年定，蒙古亲王之女，照内亲王之女郡君陪嫁，除乳母夫妇外，侍女八人，闲散五户。郡王之女，照内郡王之女县主陪送，除乳母夫妇外，侍女七人，闲散四户。"

【牲饩】《大词典》释为"所献赠的生的牛羊豕"。语本《左传·僖公三十三年》："唯是脯资饩牵竭矣。"杜预注："生曰饩。"引《新五代史·杂传五·孔循》："循持两端，遣迎明宗于北门，迎庄宗于西门，供帐牲饩，其礼如一。"宋周密《武林旧事·人使到阙》："北使到阙，先遣伴使赐御筵于赤岸之班荆馆……明日赐牲饩，折博生罗十匹，绫十匹，绢布各二匹。"《宋史·乐志十二》："牲饩粢盛，俎篡铏笾。"藏学文献中，泛指生畜，活的牲口。

《理藩院》卷九百九十一："向者给产业买牲饫之事，皆委富户，富户苟且塞责，所给蒙古之物，浮报数倍，蒙古等并不得实惠。……再差大臣一人、司官一人，往郭尔罗斯旗下，将实在穷苦并无牲饫之人察明数目，按伊户口足用之数，给予乳牛羊只。"同书卷九百九十四："雍正元年谕：偷盗一二牲饫，即将蒙古立绞，人命重大，嗣后应该为拟绞监候，暂行一年。"《则例·乾隆朝·宾客清吏司》："雍正五年谕：闻索伦达虎里等处，两年马匹牲饫所有倒毙，丰欠不一，兵丁生计稍艰。"

【替身】《大词典》释为"替代别人的人。对正身而言。常指代人受罪的人"。引明陆采《明珠记·激乱》："贴我十万贯，顾我做替身去了罢。"《红楼梦》第十七回："因自幼多病，买了许多替身，皆不中用，到底这姑娘入了空门，方才好了，所以带发修行。"梁斌《红旗谱》二十："我老了，碾米做饭，没个替身。"藏学文献中，指酥油捏成的人形物，作为病人的替代物。

《金川琐记》卷三"信鬼"："俗又信鬼，人患病，延喇嘛诵经咒，复捻酥油肖病人形为替身，送诸荒野。"

又可指代表、代理人。

《奎焕驻藏奏稿·檄谕布鲁克巴部长派员赴靖西听剖断了结毋延》："奉文后，即派替身前赴靖西，听候委员秉公剖断了结，毋得藉故推延不到。"《文海驻藏奏稿·会衔代班禅谢恩折》："兹该故堪布替身转回之便，荷蒙颁发敕书、佛龛、佛像……香饼等各珍重物件，于光绪二十五年十二月十三日赍到札什伦布本寺。"《裕钢驻藏奏稿·掣定土观呼图克图之呼必勒罕折》："拣派得达赖喇嘛副荣增师傅罗布藏隆妥丹增作为达赖喇嘛替身，与奴才前赴大招会同掣签等情前来。"《班禅赴印纪略·班禅函藏臣详述英员逼迫情形并请设法维持俾免前往》："伊复引前言议论，且云国王替身信函到日，即速呈递，请在熟思为要。……饬令商卓特巴札萨克喇嘛及派替身等按照前言，即往伊处开导。"《西藏地方是中国不可分割的一部分·传谕藏众善后问题二十四条附录藏众答词（光绪三十三年二月）》："第六条，英藏交兵后，该英人以为此后必须和睦；或达赖替身，或噶勒丹池巴，或商上官阶较崇之员，若到甲噶尔谒见甲噶尔替身王子时，商务迅可了解，且与藏人甚有裨益。"现代汉语里，此义没有保留下来。

【团】《大词典》义项⑬释为"军队编制单位。今团一级，一般隶属于师，下辖若干营"。引《隋书·仪礼志三》："骑兵四十队，队百人置一纛。十队为团，团有偏将一人。"《新唐书·兵志》："士以三百人为团，团有校尉。"藏学文献中，指清代章谷屯地区屯民的编制单位，一般以某个居住地的总人户合称为一团。

《章谷屯志略·风俗》："约咱汛眷单兵丁二十五户，合为一团，男七十五丁，女六十一口，共男女一百三十六丁。……六甲屯民：第一甲上甲屯屯民六十五户，合为一团，男一百七十八丁，女一百五十二口，共男女三百三十口。第二甲阿娘沟屯民四十五户，合为一团，男一百二十八丁，女一百一十八口，共男女二百四十六丁口。……三街铺民：第一甲约咱街铺民一十三户，合为一团，男三十五丁，女三十二口，共男女六十七丁口。……以上兵民共二十四团，计烟户九百一十二户，男二千五百六十六丁，女一千八百一十四口，共计男女四千三百八十丁口。"清末四川章谷屯地区的"团"，其前身是驻守的兵丁，战事结束后在当地成家立业，成为屯民，身份有了变化，但仍沿袭"团"名。

【退租】《大词典》释为"地主把多收的租粮退还给农民"，引赵树理《李有才板话》十："老恒元，泄了气，退租退款又退地。"在清末，指退还租借的房屋。

《张荫棠驻藏奏稿·上外部议复驻藏赵大臣请改通商章程折》："原折内开，第六条云：英军撤退后，所有由印边界以达江孜一路英国所建旅舍等房屋，共计十一处，应由中国官照原价赎回，仍以公平租价租与印度政府等语，已觉情理不安。既不声明须立租借专约，又不明订年限及随时退租之办法，流弊所滋，仍与租借无异，应改云云。"

【雪窨】《大词典》义项①释为"积雪覆盖下的地窖"，引宋汪元量《浮丘道人招魂歌》："喈毡雪窨身不容，寸心耿耿摩苍穹。"藏学文献中，指积雪覆盖的山坳。

《进藏纪程》："吊战场则枕戈待旦，临雪窨则蹑足提心。"《西征日记》："庙在丹达山麓，极灵异，神为前明云南叶参军某，监饷晋乌思藏，过此坠雪窖中，迨春夏雪消，犹僵立鞘上，土人惊异，因奉其尸而崇祀焉。"

【烟子】《大词典》义项②释为"火烟或油烟凝聚成的黑色微粒。可以制墨，亦可作肥料"。引明沈榜《宛署杂记·经费上》："烟子十八斤，价三钱六分。"藏学文献中，指火烟或油烟凝聚成的黑色微粒，是铸造生铁炮位的原料。

《例案》下卷："炮子每毛铁百斤加折耗二十五斤，连正耗每斤用煤炸二斤，每百斤用炭三十，用苎麻一斤半，用烟子三斤，用磁末三十四斤。"

【羊腔】《大词典》释为"羊的肋肉"，引唐韩愈《病中赠张十八》诗："雌声吐款要，酒壶缀羊腔。"宋陆游《秋日郊居》诗："两翁儿女旧论姻，酒担羊腔喜色新。"藏学文献中，指去除了头及内脏风干贮存的整羊。

《理藩院》卷九百八十："又奏准：达赖喇嘛所属前藏地方，较为宽广，每年番民交纳，系各以粮石或碪氇、藏香、棉、盐、酥油、奶渣、羊腔、茶叶等项作为租赋。"又作"羊羫"。《百一山房赴藏诗集·寄泰庵阁部西藏》："马潼羊羫簇舞筵，晾鹰突过鹧鸪泉。"

【衣】《大词典》义项⑧释为"果实的皮、膜及表面的霜粉"，引五代宋齐丘《陪游凤皇台献诗》："金桃带叶摘，绿李和衣嚼。"宋庄季裕《鸡肋编》卷上："京师卖生果，凡李子必摘其蒂，不敢触其实，必留上衣令勃勃然，人方以新而为好，至食者须雪去之。"在清代，可指树枝的外皮。

《金川琐记》卷六"乩仙"："其方，斫桑树一枝，刮去粗衣，剥取中间一层白皮，捣烂如饼，蘸生桐油少许，再捣以桐油，渍透为度，视所患大小盖覆于上，用帛扎紧立效。"

（二）《大词典》释义宽泛，可收缩

【雇觅】《大词典》释为"花钱寻找（帮忙办事的人）"，引宋孟元老《东京梦华录·雇觅人力》："凡雇觅人力，干当人、酒食作匠之类，各有行老供雇。"《醒世姻缘传》第四回："好大姐，好妹妹，你进去看看，你要叫不醒他，待我自家进去请他；再不然，我雇觅四个人连床抬了他去。""觅"有"雇，雇用"义，"雇觅"为同义复合词，指雇用。

《平定金川方略》卷十八："伏思晋省之蒲解二府州，为畜牧骒马最多之区，且与陕省只隔一河，如陕省雇觅不敷，应即飞咨晋省……"《藏行纪程》："时积雪封山，往来断绝，暂驻中甸，雇觅骒马一百六十头，夫四十名。"《西招纪行诗》："至贸易者所需乌拉，酌定章程皆令发价雇觅。"《理藩院》卷九百八十二："又题准：从前种地农具，送至屯兵地方，均交山西巡抚，由归化城雇觅驼车传送。嗣后凡解送各项，自京驰驿运至口外，仍交山西巡抚，动用大同府库银雇觅车马，运至屯兵之处。"

【东科尔（中科尔、众果尔、冻果尔、中科）】《大词典》释为："藏语。意犹僚属。指民主改革以前原西藏地方政府及班禅系统所属的俗官。"无书证。按，"东科尔"系藏语 drung vrkhar 的译写，指清代西藏贵族世家子弟，其中的部分人经选拔可担任西藏政府俗官职务。

《廓》卷三十一："若拘泥旧习，仍将东科尔出身者拣放，既不能鼓励人才，且恐贻误公事。"《康辀纪行》卷五"西藏僧俗官名"："俗官之初入籍者，曰东科尔。"《理藩院》卷九百七十七："又议准：西藏世家子弟，称为东科尔，凡遇挑取办事番目，必于东科尔内择其端详历练之人，拔等补用，但不准袭充伊祖父职分，以致冒滥。"《则例·嘉庆朝〈大清会典〉中的理藩院资料》："西藏称唐古特世家子弟曰东科尔。先是唐古特官皆用东科尔，率以稚齿躐等登进，其余唐古特除拔定瑹之外，不能再有升转。乾隆五十八年乃定制，非东科尔出身者，亦推由定瑹升至戴瑹。其东科尔年十八以上，始准选用卓尼尔、小中译、小营官等缺，视其才能再加擢用。"《西藏纪游》卷四："东科尔者，即世家子弟之称，然亦必须达赖喇嘛亲授，将辫发挽于顶心作一髻，如道士所挽，然后授职。大者视五品，小者视七品，皆通文义之人。其服式，戴白布唐巾，白布短敞襟褂，腰系五色锦缎裙。达赖喇嘛前有十数对，耳挂绿松石串，长可尺余，价值千金；所乘马鞍鞯亦极华美。皆噶布伦子弟，如古之侍子然。"这里对清代东科尔的服饰做了详细描写。

又作"中科尔"。《西藏志·头目》："中科尔数名，在大昭办写文书、票签、戳记事务。纪纲数名，清算账目，其中中科尔、纪纲半多世职。凡放大小村庄牒巴，皆由此等人内选用。"《西藏见闻录》卷上：

"其下设有噶隆、高觉、昌诸、浪子暇、中科儿……（中科儿数名，承办文书）。"

又作"众果尔"。《有泰日记》卷七："十四日午刻，噶布伦请到布达拉山恭迎恩赏，遂乘轿由后山上。众果尔（俗名藏举人，皆系世家读书人，有卅余名）穿花衣，冠白帽，如元宝形，众执事喇嘛皆站班，众委员（佛公）番官亦站班。"

又作"冻果尔"。《有泰日记》卷十二："八钟余，至番校场南柳林，系冻果尔所住黄房。"

又作"中科"。和琳《藏中杂感四首》二："美人计好朝廷小，中科（番语作上声）名留蛮貃长（藏中最重中科之族，传系唐一东阁老陪公主来此）。"

【锅盔】《大词典》释为"较小的锅饼"，引《人民日报》1981.12.28："一个卖锅盔的老汉，头一天就成了知名人物。"按，"锅盔"是用面粉烙成的一种又大又厚的饼。

《有泰日记》卷四："尖后出门，大草坝转湾时，竟有送酥茶糌粑锅盔（有古风），且有送酒丫头，盖富家方有此举。"卷四："又十余里至三道桥，自下帐房茶尖，轿夫喝粥吃肉，吃锅盔，皆营中所备，多日均如此，循旧例也。"卷十二："午后至房上看两次作工，女人子女甚为可怜，令买锅盔分散之，竟有揣入怀内，舍不得吃。"卷十四："敬亭送到大锅盔，混糖、酥油烙，甚佳。"清代小说中亦见。《姑妄言》第九卷："他山西外边的人不吃粳米……或漆黑的麦面打那一寸厚的锅盔，挺帮铁硬，嚼也嚼不动。"又同卷："那锅盔又容易吞不下去，饿的没奈何了，只得伸着脖子干咽。"

【汉仗】《大词典》义项①释为"谓体貌雄伟"，引清梁章钜《退庵随笔》卷十三："选将之法，与选士不同，智勇固所在先，而汉仗亦须兼顾。"《儿女英雄传》第十一回："只是我看那般人的汉仗气概，大约本领也不弱。"②释为"身体个头"，引李劫人《死水微澜》第三部分三："王立堂几高的汉仗，几壮的身材，身当其境，也骇得面无人色。"《古代汉语词典》（2002版）的"汉仗"释义、引例同《大词典》义项①。《钦定理藩部则例》第99页释为"身材高大，体强力壮者"。按，

《大词典》义项①释义不当，当并入义项②。"汉仗"指人的体貌而言，为名词。

《巴》卷二："闻喀喇乌苏现有三十九部落番兵汉仗尚好，平日惯于猎围，调用自可得力。"《平定金川方略》卷十四："以此次所派兵丁，务须详加选择，必汉仗雄壮，技勇熟练，方准入选。"《平定金川方略》卷十四："并达呼尔内之善于步履、汉仗可观、年力精壮者，挑选一千名，余丁如有汉仗好者，一并挑选。"

清代其他文献中用例颇多。《不下带编》卷三："皇上每放官选将，必引见钦定，首重才具，外则奉口敕曰：'某汉仗好'、'某汉仗去得'。或命王、大臣及阁部大人公同勘验，则高声曰：'某汉仗好'、'某汉仗去得'。夫'汉仗好'、'汉仗去得'者，则其人禄命必高，可预卜其荣途坦荡，足以成盛世之功名而大展其才具矣。"《姑妄言》："御史心里说：'这人汉仗仪表，倒与林大哥差不多，只是这一部连鬓胡须，就比他强几十倍了。'"《刘公案》："不见徐克展那个汉仗，身高五尺，黑面目，五短身粗，手擎铁尺，那一个敢上前动手？"

【首告】《大词典》释"首告"为"代人自首；出面告发"，首引《唐律·名例五·犯罪未发自首》："其闻首告，被追不赴者，不得原罪。"长孙无忌疏议："谓犯罪之人，闻有代首、为首及得相容隐者告言，于法虽复合原，追身不赴，不得免罪。"按，"首"有"告发"义，"首告"即告发。

《则例·乾隆朝·录勋清吏司下》："又定：擅杀降人隐匿者……被人首告者，王罚马十匹，札萨克贝勒、贝子、公七匹，给出首人，令赴愿往旗分。"《则例·乾隆朝·理刑清吏司》："又定：凡首告人罪，不令出首之人设誓，令被告设誓。"《则例·嘉庆朝〈大清会典〉中的理藩院资料》："出首事件，不令首告者誓，令犯者誓。"

【造意】《大词典》义项②释为"倡导；首倡"，引《汉书·孙宝传》："亲入山谷，谕告群盗，非本造意，渠率皆得悔过自出，遣归田里。"《晋书·刑法志》："唱首先言谓之造意。"明冯梦龙《智囊补·上智·陈瓘》："今欲正复，当先辨明诬罔，昭雪非辜，诛责造意之人。"《通典·食货九》："永淳元年五月，敕私铸钱造意人及句合头首者，并处绞，仍先决杖一百。"按，"造意"为法律术语，指唆使他人实施违法犯罪行为。

《理藩院》卷九百九十五："又定：台吉强劫杀人，为首及为从动手者皆斩。……造意不行，无论分赃未分赃，革去台吉，枷号三月鞭一百，发往伊犁。"又："又定：台吉强劫伤人未死得财者，首犯斩监候。……未得财造意之犯，革去台吉，鞭一百。"这两个书证与《大词典》所引两例用法一致。

以上讨论了540多个新词语，其中《大词典》未收录的有187个，这些词语中大部分如汤役、打役、汤打役、披单、披毯、毯袍、毡褶、珍毳、毳屋等，是为了表达新概念而产生的新形式，主要是在记录西藏事务时，涉及了一个新的生活领域，一个新的语用团体，而这个领域在已有的文献记录中相对缺乏或甚少，因此需要新形式来进行命名。

《大词典》已收录而书证滞后，或无书证，或为自造例句的词语或义项有190多个，这些词语在清末或现代汉语里常见，而在藏学文献中率先使用，如铁锨、铁丝、铁条、铁丝条、铁千斤、锅镗、锅箍、撮箕、炉齿、棕毡、棕单、竹绒、麻绒、荒蔴等器具、名物类词语，见于乾隆年间郑栖山编纂的《例案》，此书中有对军用物资的采买、营造、运输等情况的详细记述，这些词语可能在日常生活中存在很久了，却很少有机会进入文献，因而辞书的书证相对滞后些。

另有一些前代出现的旧词语，清代仍在使用，如熬饼、伏秋、菜鸡、舱匠、嫩云、海菜、斜皮、棕刷等词，它们在各个时代的文献中偶尔出现，有些在现代汉语中仍然沿用，有些则趋于消亡。由于它们从一出现，使用的频率并不高，处在"汉语词汇环靶状结构外围的局域层或边缘层"上，① 未能进入汉语词汇的常用层，因此也未被《大词典》吸收。上述词语中，可为《大词典》补充义项的有60余个，可修订《大词典》释义的36个。

此外，有10多个旧词出现了新的书写形式。这些词语属于旧词，使用者又赋予了它新的意义，如黑人、七珍、八宝、饩羊、行茶等，也属于词

---

① 俞理明：《词汇的分层及其外围成分》，《苏州大学学报》2014 年第 1 期。

汇中的新质要素。

　　除了以上列举的词语，散见于其他章节的新词新义也为数不少。清代藏学汉文文献在以往的历史语言研究中未得到应有的注意，也很少被纳入历史词典编纂的材料范围，由此造成了一些缺憾。从上述资料可以看出，这类文献对于大型语文辞书的编修具有重要的价值，而且对于汉语历史词汇的研究具有同样重要的价值。

第六章　清代藏学汉文文献词语与
近现代汉语新词

19 世纪是中国历史上社会动荡最剧烈的时期之一，时代的变革，西方物质文化的传入，新事物、新概念的出现，促使汉语中产生了一大批新词语。清代藏学汉文文献中，亦出现了不少的近现代新词语，这一方面是由于西藏处在西南边陲，与当时的英国殖民地印度相邻，因涉外而出现一些新词。另一方面，作为当时清王朝统治版图的一部分，它与内地有着密切的关系，一些出现在内地的现代汉语新词，也因此出现在这些文献中。这些新词语的出现，对现代汉语词汇的形成有着深远的影响。本章着重对清代藏学汉文文献中出现的近现代新词的特点及其研究价值进行分析。

第一节　清代藏学汉文文献中的近现代汉语新词的特点

一　外来词

在历史上，西藏与周边的诸多小国或地区如拉达克、尼泊尔、不丹、锡金等经济往来密切，商贾贸易频繁。自明末始，西方传教士开始了在西藏各地的传教活动，后来由于各种原因而以失败告终。清代中后期，随着内地的兵灾四起，英法帝国乘机觊觎西藏，屡派传教士潜行入藏。英国占领印度之后，成立东印度公司，企图扩张，进侵邻邦。"查藏印一案，自光绪二三年间，洋人即时来窥边，维时办理未遑深计。迨至光绪十一年，英人请在大吉岭边界通商。"（见《升泰驻藏奏稿·藏印案结保奖汉番员弁折》）英帝利用英属印度与中国西藏接壤的便利，侵略西藏，并发动了武装侵略西藏的战争。19 世纪 70 年代以后，沙俄在我国西藏地方进行了一系列侵略活动。1904 年，爆发了西藏第二次抗英战争，此后英国改变了侵略手法，开始在藏培植亲英势力。① 清代藏学汉文文献在记述这些重大历史事件时，吸收了不少的音译及意译的外来词。此外，也有政府官员进入西藏周边的国家游历、考察，并写下游记。如光绪三十四年，张荫棠与藏、英代表到达印度的噶尔噶达签署中英印藏通商条约，此行有四川试用道陶思曾随之赴藏印边区考察，《藏辐随记》即是陶思曾此行的部分记录，书中出现了较多的新词语。分述如下。

（一）音译词

【阿细亚】英语 Asia 的音译，亚洲。《康辐纪行》卷十二"外夷留心中国文字"："中国居天下人中三分之一，其国又居阿细亚洲地方之半，周围东方各国，皆用其文字。"

【磅】英语 pound 的音译，英美制重量单位。《鹿传霖藏事奏牍·围攻瞻巢迭次获胜并续调营勇出关助剿疏》："且贼寨尚多，兵力单薄，开花炮仅五磅弹子，尚觉力小，以致连日进攻，尚未得手。"《锡良藏事奏稿·官军攻克桑披逆番折》："寺倚山麓，寺外筑石城二重，中实以土，坚固异常，曾以三磅炮连击，不少动。"

【本士】英语 pence 的音译，通常写作"便士"，英制货币单位。《张荫棠驻藏奏稿·外部来电印茶征税过低须与磋商》："查华茶入英，每磅征税五本士，其价值约九本士，几值百抽五十五分。"

【坎拿大】英语 Canada 的音译，今写作"加拿大"。《联豫驻藏奏稿·西藏宪政骤难筹办折》："至若澳大利洲及坎拿大二处，因其种族，类皆英祖国之殖民，咸有忠君爱国思想，其知识程度，又复与祖国之人士无殊，故英以立宪政体施之，所得权利，同于祖国。"

【莫斯克瓦（莫斯科）】俄语音译，俄罗斯首都。《镇抚事宜·绥服纪略》："铜城妄传述，巢穴水中央。（俄罗斯服食、房舍与西洋无异，其部长女人居多……其巢穴地名莫斯克瓦，在恰克图西北，约有数千里。）"又作"莫斯科"。《康辐纪行》卷十"俄罗斯方域"："其国都原建于俄罗斯之莫斯科，后改都于东俄罗斯之比特格，今仍还旧都。"

① 参见陈庆英、高淑芬主编《西藏通史》，中州古籍出版社 2002 年版，第 396、513 页。

【什卡子】英语 Shigatse 的音译，藏语日喀则 gzhis ka rtse 的转译。《张荫棠驻藏奏稿·致外务部电报英员卧克纳带兵前往后招请示办法》："查后招即札什伦布，英语什卡子，按约英人不得前往。"

【路透】英语 Reuters 的音译，即路透社，是英国创办最早的通讯社。《联豫驻藏奏稿·外部复电》："二月路透电，并有内政外交听英指挥之说。""路透电"即路透社电报文。

【个温那】英语 governor 的音译，意译"总督"。《藏轺随记》："原奏称印度总督为部长里尔那尔，考是时印度总督乃瓦楞赫斯丁氏，果尔那尔疑系个温那之误。盖英语称总督、巡抚等职曰个温那，音相近而讹也。"

【德律】英语 telephone 的音译，意译"电话"。《张荫棠驻藏奏稿·致外部丞参函详陈由印过大吉岭至靖西沿路情形》："寒暄毕，闵督知棠到，以德律风来道候。"

【卢比】英语 rupee 的音译，印度、巴基斯坦等国的货币。清末时流入川藏地区。《有泰驻藏奏稿·致外务部陈与英员商议条约情形电》："且称逾期不画（押），每日须偿兵费卢比五万元。"《锡良藏事奏稿·铸藏圆以济边用片》："乃日久而尽形废除，印度卢比流行藏卫，渐及各台，近年则竟侵灌至关内打箭炉，并滇省边境，价值任意居奇，兵商交困，利权尽失。"《川藏哲印水陆记异》："自过河口，一路不用制钱，须用印度卢比，每元重三钱二分，人民以之交易。近年四川仿制，上印光绪帝像，亦通用也。"

【吗啡】英语 morphine 的音译，从鸦片中提取的一种麻醉药物。《张荫棠驻藏奏稿·致军机处外务部电拟条款二十二条》："违禁货物，如盐、酒、鸦片、吗啡、纸烟……等物，非奉汉藏大员特准给运照者，不准贩运入藏。"又"致外务部电陈税则改拟及会议详情"："查货物所包甚广，大而军械弹药，小而吗啡之类，苟为商卖之品，皆可以货物名之。"

【加特力教、波罗特士顿教】"加特力"系英语 catholic 的音译，即天主教。"波罗特士顿教"系英语 protestantism 的音译，即天主教新教。《康轺纪行》卷十二"英吉利"："其政事：凡国王将嗣位，则官民先集巴厘满衙门会议，必新王背加特力教，而尊波罗特士顿教，始即位。"

【亚尼玛】英语 anima 的音译，意译"灵魂"。《康轺纪行》卷十四

"《四库书提要》驳西人天学"："又《灵言蠡勺》二卷，明西洋人毕方济撰，而徐光启编录之，成于天启甲子，皆论亚尼玛之学。亚尼玛者，华言灵性也。凡四篇，一论亚尼玛之体，二论亚尼玛之能，三论亚尼玛之尊，四论亚尼玛所同好恶之情，而总归于敬事天主以求福，其实即释氏觉性之说，而巧为敷衍耳。"

【西金】英语 Sikhim 的音译，今作"锡金"。《文硕驻藏奏稿·照抄英国华使照会》："本年五月初十日，晋署与贵王大臣并论西藏兵丁越界至西金（西金二字还音，不知华名何谓）地方之事。"又"咨复总署及川督藏兵并未越界生事并将两次诘问第穆情形译言答复"："至所谓西金一语，藏中夙未闻此，名目无从登答。"稍后写作"锡金"。《裕钢驻藏奏稿·外部来电开导藏番勿再固执》："至荣、惠二大员赴干坝奉政府训条带随从兵二百名，尚有兵三百名留驻塘勋，系在锡金界内等语。"

【噶箕】尼泊尔官职名，全称为"噶箕藏格巴都尔"。《康輶纪行》卷三"廓尔喀披楞（三条）"："（廓尔喀）大臣有毕兴者，为大噶箕（最贵官名），当国，王究药杀状，辞连毕兴，王诛之。"《使廓纪略》："至次年正月初间，派来二大酋，一国王之犹子，官名噶南（同我国亲王），一系常出使外国善于言说者，官名噶箕（同我国侍郎）。"《西輶日记》："初三日，会廓尔喀贡使，番语称曰噶箕。"

【噶布党（噶巴丹）】廓尔喀军职名，相当于汉语中的"千总"。《廓》卷四十二："旋遣贼目噶布党普都尔帮哩等迎赴军前，将上年被裏之噶布伦丹津班珠尔等、兵丁卢献麟等全行送出，禀陈被沙玛尔巴唆使情形，悔罪哀恳。"又作"噶巴丹"。《有泰日记》卷五："十三日，已到廓尔喀头目噶巴丹（如内地千总）且底巴哈都热（四十三岁），名扒底热且底热（如世家，非世家不应书此六字）、的者（如字识）（四十岁）、扒底并苏必达热（乃管兵者）、扑底玛朗他巴（四十七岁）俱来见，其噶巴丹，人甚精明，面貌、身材皆好。"

【苏必达】廓尔喀军职名，每人管兵二百名至三百余名不等。《廓》卷首二"天章二·御制诗·福康安奏班师日期并廓尔喀致送羊酒等物犒师，诗以志事"："犒师重报廓喀献（……兹又奏称，廓尔喀复遣头目苏必达巴依喇巴欣喀瓦斯等来营呈送牛、酒、猪、羊、米石、糖食果品等物，备犒官兵，福康安略予收存，赏给缎匹而回），罢战何曾颉利闻。"

【甲噶尔】即印度的加尔各答，藏学文献里常用来指称印度。《廓》卷四十二："兹于八月初八日遣办事大头目噶箕第乌达特塔巴、苏巴巴尔底曼喇纳甲、察布拉咱音达萨野、喀尔达尔巴拉巴达尔等四名，恭赍表文进京，并虔备乐工、驯象、番马、孔雀，甲噶尔所制番轿、珠佩、珊瑚串、金银彩缎、金花缎、毡呢、象牙、犀角、孔雀尾、枪、刀、药材等共二十九种随表呈进。"

【披楞】今孟加拉国国波格拉。①《赛冲阿、喜明、珂实阿驻藏奏稿·会商办理廓尔喀与披楞交兵渎禀加以檄诘并赴边隘操防折》："试思披楞远在廓尔喀之外，大兵经越廓尔喀，冲冒瘴疠，万里远征，国家何所为而出此？"一说"披楞"为英国的别称。《满庆、恩庆驻藏奏稿·办理商上事务诺们罕汪曲结布呈请严禁法国教士入藏传教折》："披楞即英国之别名，前因法国传教之人有由川入藏之信，该披楞即在哲孟雄各处竖旗聚兵，定要来藏通商，只候法国之人由东至藏，披楞即由西南而入。"

部分音译词后面加有汉语的类名，如：

【马梯尼式单响枪支、格林炮位（格林炮）】"马梯尼式单响枪支"是指清末仿制的由英国人亨利·马梯尼创制的后装步枪。"格林炮位"即"格林炮"，是指清末仿制的由美国加特林创制的六管枪。《联豫驻藏奏稿·封禁藏番造枪造币两厂并拟自铸银圆片》："其造枪厂在藏河南岸，内有手摇机器数架，所造马梯尼式单响枪支不下数千杆，明目张胆发给民间，专为抵抗汉人之用。""马梯尼"又作"马蹄尼"。《丁宝桢藏事奏牍·通商倘有碍隔尽力以图片》："而川省自上年至今，鉴于前事，多作马蹄尼等枪，又自制格林炮位应用，其所造枪炮军火皆较洋人为精，且系自造自用，从不假借外洋一人。""格林炮位"又写作"格林炮"。《有泰日记》卷六："继演快炮，由西而东（又名格林炮）。"《张荫棠驻藏奏稿·咨外部为西藏议设交涉等九局并附办事草章》："炮队以格林炮、过山炮为主，每队大炮一尊，小炮二尊。枪队一律改用后膛毛瑟枪，至子药尤宜自制多备。"

【毛瑟枪】德国毛瑟（Mauser）弟兄所设计的或毛瑟工厂所制造的步

---

① 参见白乐天主编《中国通史》第4卷第2版，光明日报出版社2002年版，第1632页。

枪和手枪的统称，通常多指步枪。《讷钦驻藏奏牍·移复川藩等已领洋枪备用》："当于是日饬令军装所动拨外洋毛瑟后膛枪八杆，药弹四百粒，发交该弁领回交收备用。"《张荫棠驻藏奏稿·颁发训俗浅言》："男子十八岁学放毛瑟枪，练武艺，以御外敌。"

【香宾酒】即"香槟酒"，是一种含有二氧化碳的起泡沫的白葡萄酒，因原产于法国香槟 champagne 而得名。《有泰日记》卷十六："晚饭因气滞，买香宾酒喝，小瓶一块一瓶，尚好。"

【鸦片烟】毒品名，用罂粟果实中的乳状汁液制成，通称大烟。"鸦片"系英语 opium 的音译。《文硕驻藏奏稿·谕僧俗番官及各领袖喇嘛外界通商一事不宜拒绝》："先是两广总督林制军讳则徐奉旨严禁鸦片烟，办理甚为得手，洋人初亦服输。彼时若能网开一面，持大纲宽细目未必不可善全结局。"

（二）意译词

【保险】向某一组织缴纳一定数量的钱财，以保证在路途上人身或财货不受损失。《凤全驻藏奏稿·请限制喇嘛寺人数片》："抢劫频仍，半以喇嘛寺为逋逃薮，致往来商旅竟向喇嘛寺纳贿保险，即弋获夹坝，辄复受贿纵逸。"

【笔码】枪弹，炮弹。《丁宝桢藏事奏牍·英人窥伺后藏预为筹备片》："臣惟有暗将川省所有防营分起调练，勤习枪炮阵法，并精练打靶等事。一面密饬机器局，将洋药、笔码、铜帽及快利之洋枪、洋炮加工添造，以备应用。"《联豫驻藏奏稿·罗长裿军抵噶郎渡河大获全胜占领戎洼大寨详》："我兵一面纵火，一面射击，该匪夺门冲出，击毙十余名，生擒二名，夺回我军前失之五子枪一杆，笔码一箱，其余蛮枪、蛮刀搜获甚多。"太平天国时期称炮弹为"铅码"[1]。

【表】计时的器具。一般比钟小，可以随身携带。《有泰日记》卷七："小瑾大买其表，有小表，用绿架，大似古铜，可见洋人亦沾染中国所好。"

【福音书】指基督教《新约全书》中的《马太福音》《马可福音》《路加福音》《约翰福音》，内容为关于耶稣言行的记述。《耆英藏事奏

---

① 湖上渔隐标点：《太平天国文钞》第2版，达文书店1937年版，第9页。

稿·讯明至藏传教之法人酌办情形折》："夷书乃系天主教常行之书，西洋称为福音书，词句较多，一时不及翻译，现有伊等旧存译就汉字刻本呈阅等语。"

【戒表】西洋来华传教士所携带的传教凭证。《琦善驻藏奏稿·附川督宝兴奏鞫讯在藏盘获佛兰西夷人确定教士拟遣送回国折》："如情愿外出传教，呈明国王，发给戒表，持赴广东，交与在粤驻扎总管，前往各处传教，并无一定年限。"《耆英藏事奏稿·讯明至藏传教之法人酌办情形折》："所称驻扎总管，系属何人？何以该国王有发给戒表来粤照验之事？……据供：伊等所携戒表，如中国僧人度牒，澳门各国夷人同教不少，见此度牒，便可收留居住。……复经该道转交米利坚国夷目识认，据称夷信系夷等从前在粤所接家信，及该国王所给传教文凭，即该夷所称戒表。"

【蓝皮书】某些国家的政府、议会等公开发表的有关政治、外交、财政等重大问题的文件，因封面通常用蓝色，故名。《张荫棠驻藏奏稿·致外部电请代奏参藏中吏治积弊请旨革除惩办》："荣赫鹏笑颔之，载入蓝皮书，即以为中国在藏无主权确证。"

【冷带】即寒带。《康轺纪行》卷十六："北极规与南极规之内，此两带因日轮止照半年，故为冷带。"

【礼拜庙】教堂。《康轺纪行》卷十二"外夷留心中国文字"："在天下万国中，惟英吉利留心中国史记言语，然通国亦不满十二人，而此等人在礼拜庙中，尚无座位。故凡撰字典撰杂说之人，无益名利，只可开文学之路。"

【面包】用面粉加水等调匀，发酵后烤制而成的食品。《有泰日记》卷十二："惠臣云，外国亦有俗论……又云食面包，英国人用刀切，法国人用手分之，似成不可破之习。"

【码】表示数目的符号。《升泰驻藏奏稿·赫政税司来函已将印度来文译成汉文并则择要数条一并寄呈》："即请贵大臣用汉字电书查校准确，按各自数目用码画出，送至大吉岭本税司，再用西字电抄录。"

【闷壳表】怀表，因其带有外盖，把表盘蒙盖在内，故称"闷壳"。《有泰日记》卷十五："午后，鹤孙来，将闷壳表交其擦油泥，竟有一金壳套，乃绍石莽观察所送。"

【奶桃】即椰子。《赛冲阿、喜明、珂实克驻藏奏稿·檄谕廓尔喀王文》："尔王又寄来绸缎、刀枪、食物等件，本（将军大臣）收受槟榔、枣子、奶桃、豆蔻四种，其余绸缎、刀枪等物，均交噶箕等带回矣。"《松涯、桂丰驻藏奏稿·将廓尔喀贡使名册贡品呈进片》："谨将叩贺天喜贡品译缮清单，恭呈御览：……肉桂四十斤、奶桃一百颗、甲噶尔核桃三百六十两。"《有泰日记》卷五："杨桐岗送来奶桃二个，其形大茶盏光景，皮似雪苓，肉作白色，出哲孟雄，性最热。据云活佛下生，即食此物，味如人乳，故以奶桃呼之。"

【寒暑表、风雨表】寒暑表，英语 thermometer 的意译，温度计的俗称。风雨表，是测空气压力以预知风雨的仪器，又名"晴雨表"。《有泰日记》卷八："化臣送到松介眉寄来寒暑表并带风雨表一枚，乃英国所造，尚精巧。"两词在清代笔记中已有记载。《墨余录》卷十六"寒暑表"："寒暑表，以之度冷热也。用玻璃细管，下如球形，以水银入管中令满，杜其上口。将球置冰水内，银即下缩；置滚水中，银即上升，升缩处均画而记之，即于中间分画一百八十分度。由是逢热而升，遇冷而缩，以度四时，毫厘不爽。"同卷"风雨表"："风雨表，能度量天气轻重，以定阴晴。其制似寒暑表，而管之上口无孔，管外画成度数，下盛水银。升则主晴，降则气轻云坠而主雨；若骤降，则防烈风，渐则宜防风雨：当风雨时，水银虽升，晴未可必，须俟升高而定，则风雨止矣。凡海舶出洋，每虑飓风为患甚大，有此考验，则可先事预防。"

【手枪】指单手发射的短枪。《平定准噶尔方略》卷二十五："此际天气潮湿，枪炮之火药难出，弓箭之力量软懈，二者均未便利，当多备手枪、挑刀等械，以为击贼之具，可助枪炮弓矢之力。"《则例·嘉庆朝〈大清会典〉中的理藩院资料·柔远清吏司》："凡外札萨克之贡羊、马、香、麝、刀、械无定额，以年班进焉。（……杜尔伯特、土尔扈特、和硕特贡羊、马、佩刀、手枪，不以定额，皆于年班来时进贡。）"

【雪盲】因雪地上反射的光长时间刺激眼睛而造成的损害。《藏辎随记》："英兵入藏后，其兵多患盲者，后乃考知为雪日反光所致，所谓雪盲 Snow-blind 是也。"《藏辎随记》是作者于光绪三十四年（1908）为调查藏务开埠事宜往返西藏时的纪程之作，与作者同行者，有吕逢镛通英语，故文中夹杂有英文字句。

"电"字很早就出现了,《诗·小雅·十月之交》:"烨烨震电,不宁不令。"其义指闪电。在清末,"电"用以对译英语 electricity 一词,这是借自日语的翻译,[①] 由此构成不少复合词。以"电报"为例,大约在 19 世纪 70 年代,电报通信技术在我国出现,随后,驻藏大臣与朝廷之间的公文往来亦改为电报传送。所以,清代藏学汉文文献中出现了一批与电报相关的词语。如:

【电、电书、电本】"电"是"电报"的略称。"电书""电本"指电报代码本。《文硕驻藏奏稿·译行第穆呼图克图严饬所属凛遵谕旨静候朝廷料理不可轻举妄动又致误事》:"寻常文件不准用电,更无庸另立章程。"《升泰驻藏奏稿·赫政税司来函已将印度来文译成汉文并择要数条一并寄呈》:"即请贵大臣用汉字电书查校准确,按各自数目用码画出,送至大吉岭本税司,再用西字电抄录。"《裕钢驻藏奏稿·饬发密码电本片》:"并请代奏,饬发密红电本来藏,俾免迟误在案。伏查电由亚东转寄,每动英人惊疑。"

【电路、电语】"电路"指电报的输送路径。"电语"即电文。《裕钢驻藏奏稿·饬发密码电本片》:"奴才等愚昧之见,拟请饬下外务部速发电本,并将以后电语径饬打箭炉同知加封飞递,虽稍迟时日,不由外国电路,亦免泄露。"

【电报】利用电报设备传递的文字信息。《文硕驻藏奏稿·致总署函通商一事藏番始终固执请与英人推诚商议或有转机》:"犹恐驿递或迟,另备略节,嘱仲良转达电报,计冬月二十日前后可邀钧鉴。"《刘秉璋藏事奏牍·咨驻藏大臣文硕奉旨饬令藏番迅速撤卡不可与印兵接战并着文硕俟升泰到任即行来京》:"窃思电报由电局辗转传递,不无偶有一二讹字,可以文理辨之。"清代笔记中较早记录了此词。《瀛壖杂志》卷六:"西人制电以通音信,名曰电报。"

【电线】传送电力的导线。《丁宝桢藏事奏牍·黄懋材游历回川片》:

① [意] 马西尼:《现代汉语词汇的形成:十九世纪汉语外来词研究》,黄河清译,汉语大词典出版社 1997 年版,第 199 页。

"所有葱岭东西、天山南北、里海盐海诸部落形势，并俄人新建铁路电线之类，略用颜色区别，亦极精审。"《文硕驻藏奏稿·照抄复英国华使照会》："藏地距京较远，又无电线，文书往返势难迅速，谅亦贵大臣所深悉。"清代笔记中较早记录了此词。《瀛壖杂志》卷三："继又以西法造水雷，一用机器轰发，一用电线引燃，并臻绝妙，讲海防者当以此为急务。"

【电局（邮电局）】今称邮局。《升泰驻藏奏稿·赫政税司来函现拟各条印度已首肯尚可忝改如藏仍不允请辞调停》："承饬代发达总署之电，即于是日用洋码画清，交电局去讫。"又称"邮电局"。《藏辐随记》："英商务委员暨武员医官并印度兵一百五十人驻此，有邮电局一所。"

【电信】英语 telegram 的意译，后译为"电报"。《文硕驻藏奏稿·复总署藏番建立炮台事件已飞咨前任驻藏大臣确径复函》："以现在川中已通电信，贵署可以早悉情形也。"《有泰日记》卷六："马竹君来，因往洋营送汇丰电信。"

【电音】电讯。《文硕驻藏奏稿·译行第穆呼图克图恭录川督转来严旨令迅即定议申复》："十一月初十日接北洋大臣李转行总理各国事务衙门初九日电开，本日奉旨：刘秉璋初七、初八两日电音均悉。"又"奉到电传谕旨驰述商上申复情形请旨交议折"："并将阳庚两电四字，照刘秉璋来函，指明初七、初八两日电音，于十七日救护礼成，即各番官在署之际，当面宣示。"

【密电】密码电报。《文硕驻藏奏稿·译语第穆呼图克图本人现已革职再将英藏交涉利弊苦口剖晰》："兹复擅将未奉明旨之奏稿密电等件，竟行移咨督察院，殊属胆大妄为，此风断不可长，文硕著即行革职，该部知道。"《有泰日记》卷二："下午接到外务部密电，赶于洪本译出，有须炉厅转藏要件，即送清帅园中。"

【羽电】电报。为"羽书"（指书信）的仿词，"羽"有书信义。《文硕驻藏奏稿·藏番不欲撤卡及开导界外通商各情形折》："讵藏番正在疑信相参、游移未决之顷，英使数以撤卡为言，于是羽电频传，番情益惑，通商一事，以致愈激愈紧。"

【打电】发电报。《升泰驻藏奏稿·赴边会商起程日期折》："俟奴才到边有期，即由纳荡打电。"

这一时期产生的新词语形式不稳定，往往几种说法并存。如，照相技术大约在 19 世纪 40 年代自西洋传入我国，汉语中随之出现了一批与照相技术相关的词语。比如"照片"一词，在《有泰日记》中就有"像片""照像（相）片""印片""照像"等说法，如卷五："并寄去佛三尊，像片二件，小帽一顶作样。"卷七："竹君送到英大臣惠德寄来各照像片，并竹君购到像片，大众分散之。"卷七："十九日，发家信一封……卧克纳住江孜，甚与民间相得。照像带往印度，印片且照得甚多。"卷七："初二日，接信，知平安，纸扎差可带照相片。"卷八："化臣来，由杨聚贤处奉到皇太后照圣容，系夏景，纱衣寿字边团扇，又有小张皇上照像。"

再如：

【罐头（罐子货）】罐头食品。《张荫棠驻藏奏稿·咨外部为西藏议设交涉等九局并附办事草章》："牛油可作蜡烛、洋枧，牛肉、牛奶、羊肉、羊奶可制罐头，久贮不坏。"又作"罐子货"。《有泰日记》卷十二："竹君送来波罗两个，即分其一个，剥而食之，味甚酸，似不如罐子货甜也。"

【手镯表（镯子表、镯表）】手表。《有泰日记》卷十一："至郑育子小洋货铺拿来手镯表、糖、烟锅、日晷等件，尚未定价。"又同卷："令王永福送还郑育子镯子表，买来洋烟嘴、糖、烟锅，系铜的，可带入京城。"卷十一："郑育子处买来镯表一个，镶假松石，小铁口，合钱八十文，似比在上海廉价也。"

【留声机器（留声机）】能播放唱片的机器。《有泰日记》卷十二："饭后，因约廓尔喀噶必丹来……先听其洋戏，与京内留声机器无异，惜曲文不懂，惟筒子改为薄盘。内有一笑者，其笑非常可笑，先唱后笑，竟大声哭至咳嗽。"又同卷："在木房闲坐，则有留声机器两架，缠头数人唱番曲，廓尔喀人唱其本地曲。"又作"留声机"。《有泰日记》卷十五："英甫带一分留声机，二簧、梆子都有，系圆盘，乃近日所兴，筒子无有也。"

【自来火手枪（自来火枪）】即手枪。《廓》卷四十三："表内注明贡物，系珊瑚六颗，腰刀二把，湾扁小刀二把、千里眼一个。呈送大学士和珅字一封……刀一把、自来火手枪一杆。"又作"自来火枪"。《卫藏通志》

卷十三下："又呈送大学士和珅字一封，珊瑚二颗，格木花布二匹，刀一把，自来火枪一杆。"

【迷醉药（迷醉毒药）】服后使人昏迷的药。《西藏地方是中国不可分割的一部分·中英会议藏印条款（光绪十九年十月）》中所定通商章程第三款："各项军火器械暨盐酒各项迷醉药，或禁止进出，或特定专章，两国各随其便。"又作"迷醉毒药"。《张荫棠驻藏奏稿·致军机处外务部电拟条款二十二条》："违禁货物，如盐、酒、鸦片、吗啡、纸烟、烟叶、各种迷醉毒药及枪炮、子药、兵器等物，非奉汉藏大员特准给运照者，不准贩运入藏。"

（三）描写词

"有些外来的东西找不出相等的本地名词，于是就造一个新词来描写它，或者在多少可以比较的本地对象上加上'胡''洋''番''西'一类的字样，这就是所谓描写词。"[1] 清代藏学汉文文献中也存在一些成批出现的描写词，如"洋"，本义指海洋，后引申指外来事物，常用作前置语素与别的语素组成新词，用以描述中国之外的事物、事件。

【洋党】西洋人的党羽。《文硕驻藏奏稿·会奏拟调喇嘛开导藏番折》："溯自去冬以来，派委开导之员络绎于途，焦敝其口，乃该藏番等匪特毫无领悟，转至目为洋党，强行阻遏。"又"会奏会议边防酌拟大纲折"："第川藏委员络绎，无论能否听从开导，总应从容延入，据理指陈，何得不分何项委员一概目为洋党？"

【洋教】指天主教。《色楞额驻藏奏稿·派员开导藏番折》："良由边氓奉佛法为正宗，视洋教如冰炭，兼以言语不通，文字不同，如操之过急，势必驱数百年归顺之赤子从而携贰于吾。"《文硕驻藏奏稿·译行第穆呼图克图外界通商必当设法善全》："至虑交易日久，番民与彼熟识，彼或甘言利诱，偷传洋教，以及招工服役，略买人口，并恐拖欠帐目不清，致滋口角斗殴等事。……今议外界通商，亦可将尔等所虑之日久相熟、恐有私传洋教等事，叙入章程，预先约禁。"

---

① 钟少华：《中国近代新词语的产生与嬗变》，《中国近代新词语谈薮》，北京外语教学与研究出版社 2006 年版，第 14 页。

【洋码】即电报代码，一般采用四位数字代表一个汉字。《升泰驻藏奏稿·赫政税司来函印度开来各款不得更易》："并有达总署一电，立即翻以洋码，是日交电局递京矣。"

【洋话、洋礼、洋操（西操）】"洋话"指外语。"洋礼"指西式的礼节。"洋操"指西式军事和体育方面的操练。《凤全驻藏奏稿·巴塘百姓禀打箭炉颇瑝已将凤全及法国教士杀害》："候至去年十一月十八日，有凤大人随带兵勇人等到台，随即吩谕教习洋操、学洋话、行洋礼做法。""洋操"又称"西操"。《凤全驻藏奏稿·酌募土勇克期出关折》："待以诚信，示以军法，令其日观摩新式西操口号步武，为能逐渐领悟，久自娴熟。"

【洋式】外国式样。《丁宝桢藏事奏牍·遵旨筹议裁减勇营局费折》："是以越法起事之后，臣即深谋远计，于上年曾将所留各勇营更番勤操，逐日变换，练为洋式，训练拊循，冀备一日御侮之用，省差咪嗟招募之需。"《讷钦驻藏奏稿·再上总署函陈藏人制造枪械情形》："据称前后膛洋枪，均能仿造，带有后膛洋式三种，均极坚利。"

【洋桃】产自外洋的桃子。《有泰日记》卷七："廓尔喀回差带来洋桃、香水等件，均收，乃照常如此，因赏之。"清人笔记中有详细记载。《粤中见闻·洋桃》："种自大洋来，树高四五丈，花红色，一蒂数子，七八月间熟，色如蜡。亦有一年两次开花结实，以糯米泔水浇之则结实甜，一名三敛子……广人以为蔬，能辟岚瘴之毒。"

【洋绒】产自外洋的绒织品。《有泰日记》卷十一："王永福拿来洋绒，留五十六方，宽一尺九寸，价一元。"

【洋帕】外洋生产的手帕。《有泰日记》卷十六："买蓝白线手巾一方，四十文，即其家所织，不亚洋帕。"

【洋烟嘴】吸纸烟用的短管子。《有泰日记》卷十一："令王永福送还郑眘子镯子表，买来洋烟嘴、糖、烟锅，系铜的，可带入京城。有一烟嘴，可灌水吸之，如水烟袋，想北京必有此物矣。"

【洋蜡烛（洋蜡头）】用西洋方法制成的蜡烛。《张荫棠驻藏奏稿·颁发训俗浅言》："又佛灯之酥油可设法烹炼，制成外国灌装牛油，以销售于外洋，又可制洋枧、洋蜡烛，以利民用。"又作"洋蜡头"。《有泰日记》卷十六："二月初一日寅正余即上火车，茶房尚未起，幸带有洋蜡头，待辰初始发车。"

【洋报】西洋的报纸。《有泰日记》卷十四："闻洋报痛骂之，又何说也？"

【洋服】西式服装。《有泰日记》卷十四："谈川省街市大更改，服洋服者已有三成，想京城亦必大改。"

【洋火腿、洋杏仁】"洋火腿"指西洋生产的火腿。"洋杏仁"即扁桃仁。《有泰日记》卷十三："鹤孙来，送到……外有洋火腿、洋杏仁、酒，收之，赏其来差。"

【洋吃食】指来自外洋的食物。《有泰日记》卷十三："联建侯送来韭菜包子（闻张送联洋吃食甚多，亦以包子报之），甚好，分赠少韩、鹤孙。"

【洋点心】西式点心。《有泰日记》卷七："竹君送到洋点心、胰子、白面、橘子并洋香色绒钟一架，作腰圆形，打时打刻带问带闹。据云噶哩噶达只此一物。"

【洋戏】指西洋的音乐。《有泰日记》卷十二："饭后，因约廓尔喀噶必丹来，备羊支令其自食之，带人甚多，兼贺节。……先听其洋戏，与京内留声机器无异，惜曲文不懂。"

【洋影】指西洋影戏。《有泰日记》卷十二："午后，化臣来，持哈达代噶必丹请十九日到柳林看洋影，告以必到。"

【洋瓷】西洋生产的瓷器。《有泰日记》卷十："计泉拿来洋瓷小猫小狗等，一文钱两个。留廿个，带内地可送小孩。"

【洋泡玻璨灯】带玻璃灯罩的煤油灯。《有泰日记》卷八："因鹤孙、竹君买洋泡玻璨灯，看甚好，亦买一枚。"

【洋酒、洋罐】"洋酒"指外洋生产的酒，"洋罐"指外洋生产的盛放食物的圆形容器。《有泰日记》卷八："化臣来回公事，收拾一隔，将洋酒、洋罐摆之，颇似洋行。"

【洋表】来自西洋的计时器。《廓》卷四十四："今赏福康安洋表一个，大荷包一对，小荷包四个；海兰察、孙士毅、惠龄、和琳洋表各一个，大荷包各一对，小荷包各二个。"

【洋蚨】即洋钱。古时称钱为"青蚨"。《西藏地方是中国不可分割的一部分·色拉布赉绷噶勒丹三大寺并商上供职僧俗番官及阖藏僧俗大众公禀藏臣英人带兵越界并无善办之理并业已派兵前往请汉属助兵军捐军资》（光绪二十九年六月）："十四日，汉边沈师爷并小的等，派令随员僧俗前往酌量送给牛羊，及各食物去后，回给洋蚨一百五十元，当已坚辞未收。"

　　自宋代以来，汉语文献中称少数民族或外国为"番"，"蛮"本是我国古代对长江中游及其以南地区少数民族的泛称，"夷"原是我国古代中原地区华夏族对东部各族的总称，亦泛称中原以外的各族。"番""蛮""夷"在传统中国的对外思想观念中，是使用比较广泛的、具有代表性的语素。时至清初，由于内地学者对于西藏的认识比较模糊，初至藏地，仍旧简单地、笼统地沿用旧有的称谓"番""蛮""夷"来指代藏人、藏事。除了独用，清人还创造了不少以之为修饰性语素构造的双音合成词，这些词语中有不少属于临时性的组合。我们对《钦定巴勒布纪略》《钦定廓尔喀纪略》《西藏奏疏》《西藏志》《川藏游踪汇编》《钦定大清会典事例·理藩院》六部文献中的这类词语作了穷尽式调查，其中的"番×"类词有：

　　番边、番界、番地、番邦、番国、番寨、番屋、番寺、番族、番王、番酋、番官、番僧、番兵、番丁、番夫、番儿、番子、番民、番妇、番户、番众、番夷、番蛮、番目、番獠、番犯、番贼、番性、番情、番风、番语、番字、番名、番舞、番绸、番产、番马、番犬、番路、番轿

　　"×番"类词语有：

　　众番、邻番、降番、藏番、生番、野番、屯番、散番、贼番、荒番、群番、僧番

　　"蛮×"类词有：

　　蛮人、蛮民、蛮兵、蛮夫、蛮农、蛮户、蛮地、蛮村、蛮庄、蛮乡、蛮家、蛮站、蛮寨、蛮卡、蛮房、蛮疆、蛮言、蛮语、蛮风、蛮云、蛮银、蛮酒、蛮戏、蛮曲、蛮马、蛮犬、蛮靴

　　"夷×"类词有：

　　夷长、夷目、夷众、夷民、夷匪、夷地、夷风、夷俗、夷乐、夷性、夷货、夷字、夷信、夷疆、夷务

　　"×夷"类词有：边夷、野夷、远夷、番夷

自雍正年间开始，清政府对西藏与四川、青海、云南的行政分界作了划分，又把西藏行政区内部分为康、卫、藏、阿里四部。从康熙朝开始，"西藏"之称不绝于册，[①] 并开始简称"西藏"为"藏"，藏学文献中以"藏"为构词语素形成的合成词也逐渐增多，如：

【藏茧、藏绸（藏绅、山茧绸）】即山茧绸，藏民服物之一。《西藏志·市肆》："其他藏茧、藏绸、毡子、氆氇、藏布以及食物诸项，藏番男女皆卖，俱不设铺面桌柜，均以就地摆设而货。"《金川琐记》卷三"蛮裙"："近日蛮女下裳，多用白布或藏绅制成。"《喀木西南纪程》："今据保民称，由龙川江西岸逾直巴之山，行八站，有保倮七八十家，架板为屋，聚族而居，尚耕作，织保绸，即藏番所谓藏绸者是也。"《西藏纪游》卷二："藏绸如浙省之棉绸，质理较粗，淡黄色。（藏绸皆山茧也。一〔种〕出布鲁克巴，细而轻；一种出腊答克，在叶尔羌边界，绸极粗厚，宽皆可四尺余。藏中以之代布，价廉而易得。）"又称作"山茧绸"。同书卷一："布鲁克巴……其地出产大米、山茧绸、宽白布。"

【藏锦、藏毯】"藏锦"指西藏的丝绣品。"藏毯"即藏式毛毯。《西藏见闻录》卷上"物产"："至氆氇、藏锦、藏茧、藏毯，皆来自布鲁克巴，非藏产也。"

【藏疆】指西藏。《廓》卷首一"天章一·御制诗·戒满"："偶思蜀省秋收奏，却有藏疆人晏诗。"

【藏历】藏族的传统历法。《康輶纪行》卷十五："历法，今年无闰。察木多乍雅，皆用藏历。"

【藏歌】藏地的歌曲。杨菊生《藏女背水咏》："谁家姐妹认依稀，水井旁边夜色微。一曲藏歌齐唱起，满桶载得月明归。"[②] 在今天，藏歌流传于内地的大江南北。

【藏纸】采用藏族传统工艺生产的纸张。《西藏纪游》卷一："藏纸似茧纸而坚韧过之，有宽广至三四丈者。余曾购一幅，约长丈二三尺，宽七八尺，文理坚致如高丽纸。……藏纸即藏经纸也。彼地有草一种，叶如槐

---

① 李凤珍：《清朝对西藏与四川、青海、云南行政分界的勘定》，《西藏研究》2001年第1期。

② 参见潘超等编《中华竹枝词全编》（7），北京出版社2007年版，第180页。

花、如红花，以其根浸捣，如造皮纸法。常用者不禁，其洁白而厚，宽长三四丈者，惟前后藏达赖、班禅用以写经，有私造私售，亦犯重辟云。"清查礼写有《藏纸》诗。藏纸在今天拉萨的八廓街仍有出售。

【藏银】西藏生产的一种含银量低的合金。《张荫棠驻藏奏稿·奏复西藏情形并善后事宜折》："民间附银，以藏银二十元起码，岁利藏银壹元半。"

【藏圆】指西藏生产的钱币。《张荫棠驻藏奏稿·奏复西藏情形并善后事宜折》："驻藏大臣联豫奏准拨给铸钱机器，自行铸造藏圆。……今改由藏铸，则藏圆只可行于藏地，不能通用于打箭炉。"

《西藏记述》中有这样一段资料：

打箭炉、里塘、巴塘、察木多、西藏，俱有汉民寄居贸易，西藏各货汇集，如氆氇、藏绸、藏布、藏毡、藏枣、藏杏、藏红花、藏核桃、葡萄、石青、阿魏则来自布鲁克巴，藏佛、藏香扎什伦布寺为最。

其中的藏绸、藏布、藏毡、藏枣、藏杏、藏红花、藏核桃、藏佛、藏香等均为西藏的土产。

"藏"字是一个价值中性的称谓，"藏"类词能够准确地标识西藏的事物、事件，自其开始使用以来，"番""蛮""夷"类这些带有价值判断及情感偏向的词语在官方文献中呈逐渐减少的趋势，到了现代汉语里几乎已绝迹，而"藏"类词中如"藏历""藏香""藏红花"等，则一直保留到了现代汉语中。

二　新创词

物质生活的发展，新事物的出现，以及政治生活的变化，常常会促使新词的产生。见于清代藏学汉文文献中的新创词如：

【万应锭】由胡黄连、儿茶、冰片等药物配制而成有清热解毒功效的药锭。《有泰日记》卷七："老左病矣，不见火，外火胜故也。因找万应锭与之。"卷十一："昨日所饮系鹿票洋酒，味甚苦，以为败火之物，不意为生火之物，幸连日食万应锭，不然火更盛矣。"清末医书中亦见。《著园药物学》卷三"万应锭"："京师风气，夏月每以塘西痧药、万应锭为治暑之药，塘西痧药各方书皆载之，惟万应锭方不见于方书。偶检《医宗金鉴》，见外科门坎宫锭方，与世俗所传之万应锭方正同，乃知万应锭本外科消痈肿之方，不知何时阑入暑药，举世信之，不亦怪乎！"①

【夹杆车】用普通骡车前辕拴两皮条，贯以横杠，用两骑架杠两端而行，杠之两端，另系两皮条，别以杠之两端，另系两皮条，别以两骑拖之，遇上山则向前拽，遇下坡则向后拽，每车需骑人架行。②《有泰日记》卷十六："回拜延子澄星使，晤谈，并看其夹杆车。"清代其他文献中亦见。《听园西疆杂述诗》卷一："系将军所坐轿车，卸尽骡马，另缚横木于辕，长丈余，以乌拉齐四名，骑马夹车抱木而行，左右各二匹，雁行如飞，名曰夹杆车，取迅速而尊崇也。……且夹杆车，其行至速，每一昼夜，能过数台。"③

【无情柜】地方官府设立的收纳匿名信的柜子，类似于今天的意见箱。《有泰日记》卷十二："闻张憩伯出告示，设立无情柜，未审告状者如何。"同书卷十四："并设立无情柜，后竟有投入骂话。"

【白话报】刊登口语书写的文章的报纸。《有泰日记》卷十："接京信，保府有白话报，乃并音以国旗为凭，亦颇有趣。"《联豫驻藏奏稿·开设白话报及汉文藏文传习所片》："因思渐开民智，莫善于白话报，与其开导以唇舌，实难家喻而户晓，不如启发以俗话，自可默化于无形。"

【雪镜】对白雪反射的强光起遮挡作用的眼镜。《藏輶随记》："雪深尺许，天地一色，日光雪光相掩映射，人目不能张，带雪镜以护之。马行亦缓，大约亦为反光所逼也。英兵入藏后，其兵多患盲者，后乃考知为雪日反光所致。"

【有色玻璃镜】带有着色颜料的能保护眼睛不受各种有害光线伤害的眼镜。《炉藏道里最新考》："初六日，过折多大山，山巅积雪厚尺许，一望无际，岩壑皆平，雪光闪烁，颇伤目力，故行人皆以有色玻璃镜护之。"

【接办】接管办理。《巴》卷一："即着成德与穆克登阿带领各兵迅速赴藏，帮同堵剿。……如鄂辉到省时，西藏堵剿诸务尚未完竣，即着速赴

---

① （清）杨著园：《著园医药合刊》，沈洪瑞、刘志华校注，山西科学技术出版社 1992 年版，第 188 页。

② 参见吕一燃《北洋政府时期的蒙古地区历史资料》，黑龙江教育出版社 1999 年版，第 315 页。

③ （清）萧雄：《听园西疆杂述诗》，中华书局 1985 年版，第 15 页。

前藏接办。"卷三："臣现在昼夜兼程，以期早抵成都，即便迅速赶赴军前，接办成德事件。"这两段材料见于乾隆五十三年（1788）的官方文件中。《〈东西洋考每月统计传〉新词探微》一文根据《东西洋考每月统计传》中的用例，并《四库全书》等相关语料库检索的结果，结合《大词典》的引例年代，断定"接办"一词虽然在清末的"用例较多，但并未发现比《东西洋考每月统计传》更早的用例，所以基本可以确定这是一个《东西洋考每月统计传》中产生的传教士创造的近现代新词，而并非现代汉语中才出现的新词"①。其实"接办"在《巴》中出现 6 次，在使用时间上比《东西洋考每月统计传》要早 45 年，是个本土词语，而非西洋传教士创造的新词。

下面选取《清代藏事奏牍》中张荫棠、联豫二人的藏事奏稿，来说明清末时期出现的近现代新词。这些奏牍基本上属于奏议、函电类的档案文献，在记事时间上处于清末民初交替之际，其中使用了大量的近现代新词。（见于本章上、下文中单独讨论的词语此处不再列举。）

《张荫棠驻藏奏稿》共收 246 份奏稿，记事始于光绪三十一年（1905.8.18），至三十四年（1908.10）共计 4 年。其中出现的近现代新词语如下：

全权	国际	线路	商场	商房	马路	铁轨	电车	教道	退伍
涨落	政策	代表	测绘	目的	卫生	思想	权利	名词	洋装
开埠	主国	附件	笔算	铁血	实业	担保	强硬	中文	议院
礼貌	纸烟	邮件	函件	义务	矿工	全球	华侨	声请	退租
租借	租客	间接	感情	模型	标本	课本	组织	前提	报章
工党	领袖	空气	池栈	权限	快枪	快炮	裁判	改编	改良
短枪	商标	路政	作废	上课	国民	方针	公认	团体	党派
进化	风潮	利益	民权	自治	黄种	银行	合股	股份	自主
武装	化学	算学	农学	特别					
代理人	公事房	工程生	工程师	测绘师	地学家	天文家	植物园		
续备军	后备军	过山炮	军乐队	军医队	毕业生	天文镜			

① 陈戈：《〈东西洋考每月统计传〉新词探微》，《现代交际》2013 年第 3 期。

显微镜　博物院　体面官　代表员　掌权员　人力车　自行车

下议院　传习所　裁判所　验货厂　中心点　三角线　政治官

学务局　矿务局　医学院

兵式体操　博济善院　势力范围　下等社会　乌拉公司　万国公法

治外法权　闭关主义　直接主义　国际公法　自来火柴

双筒千里镜　高等大学堂

《联豫驻藏奏稿》共收 139 份奏稿，记事始于光绪三十一年（1905.3），至宣统三年（1911.12.26）。其中的新词语如下（见于本章上、下文及《张荫棠驻藏奏稿》中的词语不再列举）：

政界　学界　军界　学科　中学　知识　教员　学区　校舍　学务

学期　文化　直线　简章　操场　星期　新军　排长　革命　暴动

子弹　操衣　炮兵　站岗　选举　专制　宪政　宪法　速成　估算

照相　戒烟　戒断　药片　侨民　列强　要点　规划　锅炉　压力

主体　反对　初级　初等　高等　公益　正式　医馆　西欧　权力

参谋　警政　警务　警章　警学　警察　警生　警兵　下班　火车

手工　成绩

师范生　陈列所　劝工局　蒙养院　领事馆　领事官　施医馆

戒烟局　陈列馆　中学堂　水机器　步警兵　马警兵　菲律宾

白话报馆　初等小学　高等学堂　警务学堂　警察学堂

陆军小学堂　初级小学堂　初等小学堂　高等小学堂

这些新词语中有些是本族新词，如"自主""作废""改编（改变军队的编制）"；有些是意译词，如"空气""自行车"；有些如"代表""教员""卫生""主义"等是来自日语的原语汉字借词。[①] 这些词语在汉语中很早就出现了，但其现代意义是在日语中引申出来的，后来又重新进入汉语交际领域，因此亦被视为借词。有些如"操衣""劝工局""代表员"等属于新旧时代交替过程中出现的词语，随着时代的变化已趋于消亡。其中的大部分词语则成为现代汉语的源头，一直沿用到今天。

---

① ［意］马西尼：《现代汉语词汇的形成：十九世纪汉语外来词研究》，黄河清译，汉语大词典出版社 1997 年版，第 196 页。

此外，有些古已有之的词语，因受外来文化的影响，而产生了现代意义。这类词如：

【千里眼】原指能观千里的眼睛，如《魏书·杨逸传》："逸为政爱人，尤憎豪猾，广设耳目。其兵吏出使下邑，皆自持粮，人或为设食者，虽在暗室，终不进，咸言杨使君有千里眼，那可欺之!"也用于神话中的天神名，如《三宝太监西洋记通俗演义》第四十四回："玉皇大帝叫过千里眼、顺风耳来，吩咐他打听下方何人，现受何难。二位菩萨竟出南天门外，打听一番。"在18世纪早期望远镜由西洋传入中国，俗称"千里眼"。《廓》卷四十三："表内驻明贡物，系珊瑚六颗，腰刀二把，湾扁小刀二把，千里眼一个。"

【技师】原指在某一方面有一技之长能为人师者，多指乐师。如《板桥杂记》中卷："马娇，字婉容，姿首清丽……知音识曲，妙合宫商，老技师推为独步。"清末以来，用以指掌握高级技术的人员。《张荫棠驻藏奏稿·上外部条议筹办藏政经费说帖》："制皮则招致华人在印设厂之技师，织毛则改良土法，概用机器，染色、配花，均仿洋法。"

【教育】上古意指教诲、培育、教导，其现代意义于清末时出现。《张荫棠驻藏奏稿·传谕藏众善后问题二十四条》："达赖班禅本应专管教务，应如何广兴教育，汉藏文兼教，使藏民人人能读书识字，以开民智。"

【讲堂】汉代指儒师讲学的堂舍，南北朝时期指高僧讲经说法的堂舍，清末以来指学校里上课用的教室。《联豫驻藏奏稿·开设译书局武备学堂片》："再于东西两旁，添造讲堂及学生寝室、食堂等屋。"

【邮政】原指驿站或驿馆的事务，如《咫闻录》卷七："遂与妻子别曰：'朝廷置驿，所以速邮传而驰驱王事，今马多毙，予司邮政，咎其奚辞？今夜我与怪物战胜则万幸，败则携予骸骨归里耳。'"鸦片战争以后，现代邮政传入我国，清政府于19世纪末期创立邮政，其现代意义亦见于清末文献中。《张荫棠驻藏奏稿·上外部签注驻藏赵大臣函附驻藏赵大臣原折》："接修川藏电线，即可为收回印藏电线之预备，开办各埠邮政，即可为收回英国印藏邮政之预备。"

【字母】原为音韵学术语，声母的代表字。清末以来指拼音文字或注音符号的最小书写单位。《联豫驻藏奏稿·开设译书局武备学堂片》："因去年设立汉文传习所，后又添设印书局一区，由印度购到铝铸藏文字母及印刷机器全分，择就民房安置，派汉番员会同经理。"

第二节　清代藏学汉文文献词语与近现代辞书的修订

2010 年，上海辞书出版社出版了由黄河清著、姚怀德审定的《近现代辞源》（以下简称《辞源》）一书，这是一部关于近现代历史时期汉语词汇研究的词典。其中收录了自明末清初至 1949 年前后这段时间内汉语受西方文化影响而产生的词语 9500 条，约 150 万字，为汉语词汇史研究做出了巨大贡献，为中外文化交流史提供了重要参考。这部词典的编者为了给词语溯源，"尽可能给出早期书证，甚至是首见书证，并力求标出相应的年份"（《近现代辞源·序》）。另外，早在 2001 年，汉语大词典出版社已经出版了一部中型词典——《近现代汉语新词词源词典》（以下简称《词源词典》），其中所言"近现代汉语"词语主要是指 19 世纪初至 20 世纪中期所出现的新词，收词对象主要是音译和意译的外来词，共收录有关哲学、政治、经济、数学等领域引进的新词 5275 条。[①] 然而，古人留下来的文献语料非常丰富，很难一一为这类新词找出最早的书证。诚如《词源词典·序》中所言，"许多具有经典性的、代表性的报章杂志、档案文件、文学学术译著等都还来不及参考"，以上两部辞书由于对近代的文献利用不够充分，不少词语的书证出现时间滞后的问题。参考清代藏学汉文文献中的用例，两部辞书中不少词语书证出现的年代可以提前。以下按照音序逐条列举，以便于它们在今后的修订中更臻完善。

一　《近现代辞源》《近现代汉语新词词源词典》书证晚出的词语

（一）清代藏学汉文文献早于《近现代辞源》《近现代汉语新词词源词典》的用例

【办公】《辞源》释为"办理公务"，引 1872 年志刚《初使泰西记》例。按，《史料汇编·福康安等复奏拣补噶布伦定例折》："因补放噶布伦、

---

① 香港中国语文学会：《近现代汉语新词词源词典·序》，汉语大词典出版社 2001 年版，第 3、4 页。

戴瑈时，例得达赖喇嘛拨给寨落庄田，俱令交出，俾现任之人办公有资，以杜藉端婪索之弊。"此奏疏作于 1793 年。

【布丹】《辞源》写作"不丹"，释为"喜马拉雅山脉南麓的一个国家。［英］Bhutan"。引 1902 年木通田保熙《世界地理志》部甲："不丹，Bootan。"

按，《升泰驻藏奏稿·布鲁克巴内附片》："至布鲁克巴地大物博，民俗强悍，其地数倍哲孟雄，实为前藏屏蔽，西人呼为布丹国。"此奏稿作于光绪十五年（1889）。

【不免】《辞源》释为"免不了"，引 1873 年丁韪良等《中西闻见录》第 11 号。

按，《巴》卷五："看来庆林、雅满泰因未经历练，一遇此事不免惊惶，全无主见。"此奏疏作于乾隆五十三年（1788）。

【辞退】《辞源》释为"解雇"，首引 1884 年邝其照《英语汇腋初集》第二章例。

按，《例案》下卷："实因本兵或在屯防物故，或回营身死，或因伤病辞退，粮缺久经开除另补，其现存之兵不过二三。"此书下卷所录谕旨最晚时间为乾隆五十年（1785）。《隆文驻藏奏稿·驻防千总捏词控告饬交川督审办折》："兹孙游击有言辞退游击，忆得帮项有稿房把总田溥议拟，将千总作为候补守备。"此奏稿作于道光十四年（1834）。

【刺刀】《辞源》释为"枪刺"，首引 1917 年徐珂《清稗类钞·战事类·冯婉贞胜英人于谢庄》例。

按，《金川琐记》卷三"左插子"："男子喜佩刺刀，俗称左插子。"此书作者李心衡在乾隆年间曾任绥靖屯屯员，据其在任时见闻于 1790 年撰成此书。

【从犯】《辞源》释为"在共同犯罪中，协助主犯实行犯罪的罪犯（区别于'主犯'）"。引 1890 年《日本国志》卷二十四《兵志》例。

按，《理藩院》卷九百九十四："（雍正五年）又定：凡盗贼被事主或旁人追赶，致拒捕杀人者，为首斩决，妻子、畜产籍没，给付事主。从犯并妻子发遣南省，给驻防兵丁为奴，畜产给事主。"雍正五年为 1727 年。

【查询】《辞源》释为"查问"，首引 1819 年马礼逊《华英字典·Part

Ⅱ》例。

按，《巴》卷六："是虽噶布伦等之罪，而庆林、雅满泰亦至此方为查询，其平时所司何事？"卷十二："兹臣已至后藏，留心查询地势、贼情，俱系道听途说，殊难凭信。"两卷奏疏作于乾隆五十三年（1788）。

【查阅】《辞源》释为"（把文件、书刊等）找出来阅读有关的内容"，首引1907年《民法物权引范》第一章例。

按，《巴》卷二："连日以来，朕正为此焦思，昨又据庆林等奏，藏内所存粮食尚不敷现有兵丁口粮之用。业令军机大臣查阅从前西藏用兵时运粮旧案，并屡谕该督查案，妥议速奏。"此卷奏疏作于乾隆五十三年（1788）。《廓》卷四十："臣等查阅大、小合同，以译出丹津班珠尔呈出合同底稿查对相符，惟小合同上图记较多。"此卷奏疏作于乾隆五十七年（1792）。

【撤退】《辞源》释为"（军队）放弃阵地或占领的地区"，首引1853年8月《遐迩贯珍》第一号例。

按，《巴》卷七："臣庆林即饬知噶布伦札什端珠布等：'贼众忽撤退一站，难保必无诡计。'"卷八："今贼匪业经撤退，将次竣事，巴忠到时，即仍委庆林将班禅小心照料送回札什伦布。"两卷奏疏作于乾隆五十三年（1788）。

【撤销】《辞源》释为"取消"，首引1854年10月《遐迩贯珍》第十号例。

按，《廓》卷四十九："嗣后应请将各处免票撤销，务使阖藏徭役均平，不得专派穷番，致滋苦累。"卷五十二："廓尔喀既经投诚，上次合同业已撤销，不敢再提一字。"两卷奏疏作于乾隆五十八年（1793）。

【成分】《辞源》释为"构成事物的各种不同的物质或因素"，引1903年汪荣宝等《新尔雅·释地》例。

按，《廓》卷十三："将两次所铸之钱呈送查验，每元均重一钱五分，达赖喇嘛前铸之钱较之地穆呼图克图所铸成分稍高。"此卷奏疏作于乾隆五十七年（1792）。

【冲击】《辞源》释为"撞击物体"，引1916年何述曾《土壤学》第一编例。

按，《藏行纪程·阿敦子雪山道中》："是日巳刻，水高桥二尺余，波浪冲击，蒋公几至倾覆，赖刘牧扶掖得免。"此书成于 1720 年。

【充公】《辞源》释为"把违法者或犯罪者与案情有关的财物没收归公"，首引 1854 年 6 月《遐迩贯珍》第六号例。

按，《廓》卷四十一："沙玛尔巴及依什甲木参物件变价银两，将来或归军需项下抵销，或入藏库充公备用，均可节省正项。"卷四十五："所有贼匪呈缴物件，遵照发下原单，除分别解京变价及充公外，其余业已交还扎什伦布。"两卷奏疏作于乾隆五十七年（1792）。

【打靶】《辞源》释为"按一定规则对设置的目标进行射击"，首引 1892 年《格致汇编·南洋水师学堂考试纪略》例。

按，《丁宝桢藏事奏牍·英人窥伺后藏预为筹备片》："臣惟有暗将川省所有防营，分起调练，勤习枪炮阵法，并精练打靶等事。"此奏疏作于光绪十一年（1885）。

【大炮】《辞源》义项①释为"口径大的火炮"，引 1820 年谢清高《海录·开於》例。

按，《蜀徼纪闻》："于是索诺木助之兵，且以饼米易小金川人所得官军炮子，盖两金川有大炮故也。"此书作于乾隆时第二次金川之役（1771—1772）期间。《平定两金川方略》卷五十一："臣等连日赶铸大炮，施放甚为得力，忽于旁午时炸裂，随铸成食二十斤子大炮一位，与去冬所铸食十六斤子之炮接续轰击。"此书成于乾隆四十六年（1781）。

【到案】《辞源》释为"审理案件时，与案件有关的人出庭"，首引 1854 年 4 月《遐迩贯珍》第三、四号例。

按，《廓》卷十八："乃解至中途，胆敢相约逃遁，及被获到案又复狡供，其情甚为可恶。"又卷三十四："同日，孙士毅奏言：'臣到察木多后，勒令台员赵来震将偷窃火药之结滚一犯立即拘拿到案，臣亲讯偷窃属实。"两卷奏疏作于乾隆五十七年（1792）。

【低落】《辞源》释为"下降"，引 1927 年蔡和森《代表中国共产党向中国共产主义青年团第四次全国代表大会的致词》）。

按，《张荫棠驻藏奏稿·复奏西藏情形并善后事宜折》："查市价涨落无定，以商务涨缩为高低，万不能执市价以为原定之价。其至后藏所以低落者，皆由拉萨与打箭炉转运艰阻，商务未旺，往来周转，供过于求，此赢彼绌，市价不得不落。"此奏疏作于光绪三十三年（1907）。

【抵销】《辞源》写作"抵消"，释为"两种事物的作用因相反而相互消除"。引1904年《最新中学教科书·生理学》第二章例。

按，《廓》卷四十一："又，沙玛尔巴及依什甲木参物件变价银两，将来或归军需项下抵销，或入藏库充公备用，均可节省正项。"此卷奏疏作于乾隆五十七年（1792）。《理藩院》卷九百七十九："（道光）十二年议准：……典出地亩，无力回赎，照例令民人再种五年、四年、三年、二年抵销典价，年满日止。"道光十二年为1832年。

【电码】《辞源》释为"打电报的时候所用的符号"，引1903年缪荃孙《日游汇编》例。

按，《升泰驻藏奏稿·赫政税司来函接到印度条款回文》："如须致电，仍望将电码开清寄来，本税司代为转发可也。"此奏疏作于光绪十五年（1889）。

【调换】《辞源》释为"彼此互换"，引1876年《吹风器》例。

按，《巴》卷一："该兵丁等技艺亦必愈加娴熟，且可省内地纷纷调换之烦，于事似有裨益。"又："此处又无通达医理之人，若不乘此时调换官员一并撤回，将来恐又费周章。"此卷奏疏作于乾隆五十四年（1789）。

【饭量】《辞源》释为"一个人一顿能吃的食物的量"，引1948年张寿山《医学问答》第三章例。

按，《有泰日记》卷十五："秦更有面，每住店，每人六七十钱，老爷加倍，轿夫五六十钱，饭即在内。余笑谓，老爷饭量小，反多，轿夫饭量大，反少，亦欠公道。"此卷记于光绪三十三年（1907）。

【放枪】《辞源》释为"开枪"，首引1857年伟烈亚力《六合丛谈》九例。

按，《巴》卷十三："臣传齐该噶布伦、戴绷等，谕以'占据地势，防守堵截，及视贼远近，或放枪迎敌，或矢石击打。总需奋勇力战，切勿稍存畏怯……'"此卷奏疏作于乾隆五十三年（1788）。《廓》卷十九："至成德奏，'官寨之贼恃其寨房高大，固守不出，放枪抵拒……'等语。"此卷奏疏作于乾隆五十七年（1792）。

【飞速】《辞源》释为"非常迅速地",引1958年《新知识词典》例。

按,《廓》卷四:"同日,孙士毅奏言:'臣抵川后,接到鄂辉移送折稿,知酌筹各条皆系必应办理之事,业已飞速照行。'"卷五:"并又加派正佐十员飞速来炉。"两卷奏疏作于乾隆五十六年(1791)。

【估算】《辞源》释为"大概推算",首引1921年陶行知《地方教育行政为一种专门事业》例。

按,《联豫驻藏奏稿·江孜亚东两埠亟宜开办巡警折》:"兹将特饬该局委员撙节,估算开办常年额支活支各项经费计开办建造局所及购置器物,约须六千余两,常年约二万余两,分别开列清册,咨部立案。"此奏疏时间为宣统元年(1909)。

【股息】《辞源》释为"股份公司按照股票的数量分给股东的利润。也叫股利"。首引1922年天虚我生《工商业尺牍偶存·复北京政法大学曹旭明为公司账目事》例。

按,《张荫棠驻藏奏稿·致外部丞参函述筹藏详情及参劾番官原委》:"现拟由藏官先筹设银行,招股二百三十万,即以新筹兵饷二十三万担保股息,按年借揭溢利项下拨还兵饷,一切章程照银行通例办理。"此奏稿作于光绪三十三年(1907)。

【火枪】《词源词典》释为"原指装火药和铁砂的枪。后指来复枪"。引1866年例。

按,《蜀徼纪闻》:"东大碉贼伺我军稍近,发火枪,我军举巨炮摧其二碉。"此书成于1771年。《赛冲阿、喜明、珂实阿驻藏奏稿·檄谕廓尔喀王文》:"寄来火枪一杆,押信卡契布一方,已发交巴凌角寄回矣。"此奏疏作于嘉庆二十一年(1816)。

【绘图】《词源词典》释为:"原指画图。后指绘制图样或地图等。"引1917—1919年例。

按,《西招图略·审隘》:"守边之术,宜乎审隘绘图,使各汛官兵熟悉道里厄塞,方于缓急有益。"又:"此卫藏围圆大概,仅述要隘,绘图以示汛官,以重操防也。"此书成于嘉庆三年(1798)。

【机要】《辞源》释为"机密重要的",引1933年《海军江南造船所民国二十二年工作报告书·本所现在之概况》例。

按，《联豫驻藏奏稿·设建西藏电线请宽拨的款折》："光绪三十年英军入藏，师行所至，即设行军电线，侵越边界，自亚东关接至江孜。其后藏中机要事件，即赖英线传递，反客为主。"此奏稿作于宣统二年（1910）。

【加速】《辞源》义项①释为"加快速度"，首引 1873 年丁韪良等《中西见闻录》第 11 号例。

按，《廓》卷二十八："今自藏界南墩以西，经福康安与达赖喇嘛等札商作为五十四站，每站添牛三百只，受雇照例给与价值，自可较前加速。"此卷奏疏作于乾隆五十七年（1792）。

【交界】《辞源》释为"两地相接，有共同的疆界"，首引 1876 年李圭《环游地球新录》例。

按，《巴》卷一："臣等此时惟有勉力悉心鼓励噶布伦等妥办一切，除交界紧要隘口兵丁不调外，其余各处唐古忒兵丁俱催调速赴各要口堵御。"又卷十一："此后凡补放噶布伦、戴绷、第巴及交界地方加兵防守、训练、巡查等事，皆须由驻藏大臣经理。"两卷奏疏作于乾隆五十三年（1788）。

【教民】《词典》释为："原指教育人民。后指信奉天主教或基督教的人。"引 1898 年《清议报》例。

按，《丁宝桢藏事奏稿·岩番劫杀洋人查拿办理片》："又询据同行教民向兴顺供称：是日，随梅玉林行抵距大石包二十里之核桃园……"此奏稿作于光绪七年（1881）。

【接替】《辞源》释为"从别人那里把工作接过来并继续做下去；代替"。引 1858 年 6 月 13 日《中俄天津条约》第十条例。

按，《巴》卷五："再，德尔格尔在炉城西南，亦经臣派令该土司帮应乌拉，由官角、多竹、春朋至江卡接替应付。"此卷奏疏作于乾隆五十三年（1788）。又卷二十五："臣等现已逐项筹办，并饬委将、备各员及台站汛弁，于经行险峻处所加意整备，并派拨兵丁、番目接替护送。"此卷奏疏作于乾隆五十四年（1789）。

【接头】《辞源》释为"两个物体的连接处"，首引 1936 年《科学画报》第三卷第二十一期例。

按，《例案》下卷："挑桥，或三层，或五层，或七层，两头造墩，逐层出挑。至上层中搭桥身，俱用整木搭挑，接头五、七尺不等。"此书下卷所录谕旨最晚时间为乾隆五十年（1785）。

【警察兵】《词源词典》释为"警察"，引 1935 年《大同书》第 266 页例。

按，《有泰日记》卷十五："晚，和允修廉访来会，系新到任，痛谈京内大改观，竟有双马车赴颐和园，路中皆安警察兵，行路不准乱走。"此卷日记写于光绪三十三年（1907）。

【军火】《辞源》释为"武器和弹药的总称"，首引 1871 年《筹办夷务始末·同治朝》例。

按，《金川案·亨·四川军需用款造报章程》："并将夫马、兵粮、军装、军火、赏需物料等项，分厘各款，饬令各路总理司道，分饬前后经手各站员，将收支各数，按照接管月日，叙清收管。"此奏疏作于乾隆三十八年（1773）。《廓》卷二："查解运饷鞘、军火、必需拨兵护送长途，方保无虞。"此卷奏疏作于乾隆五十六年（1791）。

【捐资】《辞源》释为"捐助钱财"，引 1866 年斌椿《乘槎笔记》例。

按，《金川案·利·司道议详两金办理命案条规》："又，口外路险站长，必须置备棚笮抬送，亦应请由该管屯员，一体捐资备办等语。"此奏疏作于乾隆四十八年（1783）。

【简章】《辞源》释为"简要的章程"，首引 1911 年章炳麟《中华民国联合会启事》例。

按，《联豫驻藏奏稿·开设白话报及汉文藏文传习所片》："除将白话报馆简章咨送学部民政部外，所有开设白话报馆及汉文藏文传习二所各缘由，理合附片先行陈明，伏乞圣鉴训示。"此奏稿作于光绪三十三年（1907）。

【开学】《辞源》释为"学期开始"，首引 1904 年许炳榛《甲辰考察日本商务日记》例。

按，《奎焕驻藏奏稿·札西藏粮务添设义学一所克期开办》："为此札仰该粮务，赶即延请蒙师，择定适中宽阔之庙宇，以为建学之所，并将应需桌凳一律备齐，准于三月内开学，毋得违误。"此奏稿作于光绪二十二年（1896）。

【可靠】《辞源》释为"可以信赖，可以相信"，首引 1874 年《中西闻见录》第 21 号例。

按，《景纹驻藏奏稿·查办披布两造大概情形并报起程日期及捐廉赏给布番物件片》："又恐贻误隘口事件，当于四月初二日先派噶布伦白玛结布、署守备秦玉贵带同汉番办事可靠数员，漏夜赶站，前往隘口，以资弹压。"此奏疏作于同治五年（1866）。

【款项】《辞源》释为"指数目较大的钱财"，首引 1854 年 2 月《遐迩贯珍》第二号例。

按，《廓》卷二十三："所以我给廓尔喀谕帖即云'所禀西藏欠账并未声明是何款项，着速遣大头人将原立合同取来查验办理'。"此卷奏疏作于乾隆五十七年（1792）。

【矿】《辞源》释为"采掘矿物的场所"，首引 1858 年韦列亚利编《六和丛谈》十三例。

按，《进藏纪程·冰坝》："又阿兰多之西崖，产银矿，蛮民聚挖，亦一宝山也。"此书成于雍正十年（1732）。《廓》卷四十七："福康安、孙士毅、惠龄、和琳又奏言：'伏思卫藏久隶版图，原应通行国宝，若有铜矿可开，无难就近采办，设炉鼓铸……'"此卷奏疏作于乾隆五十七年（1792）。

【矿苗】《辞源》释为"岩石和矿床露出地面的部分"，引 1901 年严复《路矿议》例。

按，《廓》卷四十七："而滇铜开采日久，近来矿苗渐欠旺盛，仅敷京局及各省采办，恐难兼供西藏鼓铸。"此卷奏疏作于乾隆五十七年（1792）。

【空白】《辞源》释为"（版面、书页、画幅等上面）空着、没有填满的部分"，首引 1727 年 8 月 24 日《传旨万字房南一路着郎士宁画格扇》例。

按，《理藩院》卷九百七十八"户丁"："（康熙）五十五年奏定：喀尔喀每三年一次比丁……每旗各颁给预印空白册档一本，令其将三年内裁添人丁数目，查明详细载入报院。"康熙五十五年为 1716 年。

【喇嘛教】《辞源》释为"藏传佛教的俗称"，引 1866 年斌椿《乘槎笔记》例。

按，《卫藏通志》引清世宗"御制语录后序"："雍正十一年……朕将章嘉示语，问之嘉陵音，则茫然不解其意，但支吾，云此不过喇嘛教回途工夫之论，更有何事。"雍正十一年为1733年。《平定两金川方略》卷一百十九："金川与绰斯甲布，向来俱奉奔布尔喇嘛教。"此书成于乾隆四十六年（1781）。

【毛线】《辞源》释为"通常指羊毛纺成的线"，首引1936年《科学画报》第三卷第十七期例。

按，《西域遗闻》："妇女以经营商贾为最，若纺毛线、织毡子、勤耕种、当乌拉，人皆笑之。"此书编纂时间下限为乾隆十八年（1753）。[①]《西藏志·生育》："女子则教识戥称作买卖，纺毛线，织氆氇。"此书前有和宁乾隆五十七年（1792）的序。《章谷屯志略·夷民风俗》："稍暇，击筊笼，捻毛线，织毡子，以供衣服。"此书成于同治十三年（1874）。

【瞄准】《辞源》释为"调整枪口或炮口使对准目标"，引1932年6月18日鲁迅《致台静农的信》例。

按，《联豫驻藏奏稿·罗长祷波匪大股来犯鲁郎督军击退大获全胜详》："波匪遍山树帜，声势正盛，参赞指挥兵士，皆在石后树后蹲伏瞄准发枪，与之稳抵蛮枪蛮炮。"此奏疏作于宣统三年（1911）。

【明码】《辞源》释为"公开通用的电码"，首引1907年《上海商务印书馆创业十年新厂落成纪念册》例。

按，《有泰驻藏奏稿·川督锡良询行程电》："知尊处无宙密本，赶用明码转发。"此奏稿作于光绪二十九年（1903）。

【蒙古包】《辞源》释为"蒙古族人居住的圆顶的毡子帐篷"，引1900年沈翊清《东游日记》例。

按，《孟保、海朴驻藏奏稿·理藩院咨据库伦大臣文庆咨绰尔齐喇嘛罗布桑巴勒丹等赴藏熬茶》："所有随带赍桑喇嘛官员跟役共一百十四名，骑马二百十五匹……蒙古包七架，帐房二十七架，由三眼井口隘出前往。"

---

① 参见赵心愚《乾隆〈西域遗闻〉的编纂及其缺陷、价值》，《西南民族大学学报》2012年第11期。

此奏稿作于道光二十三年（1843）。

【模范】《辞源》释为"榜样"，首引 1920 年冰心《燕京大学男女校联欢会志盛》例。

按，《联豫驻藏奏稿·详陈筹办西藏事宜折》："现已选派妥弁，前往提解，只须此款解到，奴才等当即先练达木兵一营，以为模范，然后再从三十九族选练逐渐扩充。"此奏疏作于宣统元年（1909）。

【呢】《辞源》释为"呢子"，首引 1819 年马礼逊《华英字典·part Ⅱ》"绒"条："Fine cloth；woollen cloth。European woolens are commonly called 哆啰呢 To-lo-ne。Ta-ne 大呢 common woolens。Seaou ne 小呢 Worleys or Broad Cloth。Seaou jung 小绒 flannel。"

按，《廓》卷四十二："兹于八月初八日遣办事大头目噶箕第乌达特塔巴、苏巴巴尔底曼喇纳甲、察布拉咱音达萨野、喀尔达尔巴拉巴达尔等四名恭赍表文进京，并虔备乐工、驯象、番马、孔雀，甲噶尔所制番轿、珠佩……金花缎、毡呢、象牙……药材等共二十九种随表呈进。"此卷奏疏作于乾隆五十七年（1792）。

【拟定】《辞源》释为"草拟制定"，首引 1897 年《兴浙会章程》例。

按，《则例·乾隆朝·录勋清吏司》："六年复准：捕牲索伦达虎里之骁骑校员缺，照补授捕牲索伦达虎里副管佐领之例，令黑龙江将军遴选应补之人，拟定正陪，报送到院，引见补授。"其中的"六年"指乾隆六年（1741）。

【欧罗巴洲】《辞源》释为"在亚欧大陆西部的一个洲。简称'欧洲'"。首引 1853 年 9 月《遐迩贯珍》第二号例。

按，《康𬨎纪行》卷十"俄罗斯方域二条"："《四洲志》曰：'俄罗斯旧国，即古时额利西意大里之东北边地，所谓西底阿土番是也。近数百年始强盛，疆域甲于诸洲，有在阿细亚洲者，有在欧罗巴洲者，有在墨利加洲者。'"此书成于 1846 年。

【皮包】《辞源》释为"用皮革制成的提包"，首引 1909 年定朴《东游日记》例。

按，《例案》下卷："每顶锭匠二工，铺地大棕毯一块……皮包二个，皮筒三个，皮套一个……"此书下卷所录谕旨最晚时间为乾隆五十年

（1785）。《讷钦驻藏奏牍·札西藏粮务游击达赖喇嘛派堪布进贡正余包驮监称点验》："惟道路遥远，如有擦损必须另换皮包，务将原包所拴木牌仍系包上，以便沿途查点。"此奏疏作于光绪二十二年（1896）。《有泰日记》卷一："早闻军机处咨，内赏驻藏大臣有泰福字一张……奶饼五斤，挂面十把，以上食物装皮包二个，敬谨叩领。"此卷日记写于光绪二十八年（1902）。

【枪毙】《辞源》释为"用枪打死"，引 1855 年 10 月《遐迩贯珍》第十号例。

按，《廓》卷三十九："我兵奋勇攻扑，于高碉上用枪炮向下轰击，自辰刻攻至午刻，卡内贼匪大半枪毙，站立不住，逃遁过桥。"此卷奏疏作于乾隆五十七年（1792）。

【枪枝】《辞源》立目为"枪支"，释为"枪的总称。……枪支曾经也作'枪枝'"。引 1910 年《图画日报》第二百零一号例。

按，《张荫棠驻藏奏稿·附录藏众答词》："所需枪枝，前于此间曾造洋枪，约计一千杆。惟劲力不敌外藩枪枝，加以数目不多，不敷散给。"此奏稿作于光绪三十三年（1907）。

【钱包】《辞源》释为"装钱用的小包"，首引 1933 年浦江清《清华园日记》（上）例。

按，《有泰日记》卷十："鹤孙来谈，赠小木盆一枚，有盖，极有趣。并铜打锁练装洋钱包二个，甚别致，可作花囊用。"此卷写于光绪三十一年（1905）。又卷十二："一元半钱买得番装钱包一个，甚好。"此卷写于光绪三十二年（1906）。

【枪手】《辞源》释为"射击手"，引 1890 年傅雅兰《格致汇编》第四册《预拟将来陆战议》例。

按，《金川纪略》卷一："良柱见马邦已陷，孤悬可虞，橄上，才撤兵回丹噶山候遣，并饬起营之时，派枪手，为三敌收后，以防敌人尾追上来。"此书作于乾隆八年（1743）。

【枪眼】《辞源》释为"在碉堡或墙壁上开的供射击或瞭望用的小孔"，引 1900 年《拳时北堂围困·樊主教日录》例。

按，《廓》卷三十三："其后一座大碉在高碉之上，例外墙垣两层，用石块堆砌，上留枪眼，密排木桩、鹿角，势更险要。"此卷奏疏作于乾隆五十七年（1792）。

【枪子】《辞源》释为"枪弹"，引 1872 年志刚《初使泰西记》例。

按，《廓》卷三十三："巴图鲁三等侍卫定西鼎胸前得有枪伤，幸系穿过护身佛龛，枪子未能打入。"此卷奏疏作于乾隆五十七年（1792）。

【清单】《辞源》释为"详细登记有关项目的单子"，引 1874 年祁兆熙《游美洲日记》例。

按，《巴》卷十五："今伊长子索诺木旺堆可否准其承袭之处，出自皇上天恩，谨将达赖喇嘛送到履历清单一并进呈。"此卷奏疏作于乾隆五十三年（1788）。《廓》卷二十二："其在事出力人员合无仰恳天恩，赏予奖励。谨将各员姓名开列清单，恭呈御览。"此卷奏疏作于乾隆五十七年（1792）。

【歧视】《辞源》释为"不平等地看待"，引 1876 年郭嵩焘《使西纪程》例。

按，《廓》卷七："所有戴琫、第巴等皆达赖喇嘛所授，未免心存歧视，不复资给。"此卷奏疏作于乾隆五十六年（1791）。又卷四十七："嗣后派换前后藏及定日、江孜官员、兵丁，俱交四川总督遵旨拣选出色头等员弁派来分驻，于满、汉营员内通行拣选，不得以藏地非所管辖，意存歧视，将平庸之员充数。"此卷奏疏作于乾隆五十七年（1792）。

【庆祝】《辞源》释为"为共同的喜事而进行某些活动表示高兴或纪念"，引 1854 年 6 月《遐迩贯珍》第六号例。

按，《廓》卷首三"天章三·御制诗"："庚子岁，班禅额尔德尼自后藏来山庄庆祝七旬万寿，因仿建后藏所居扎什伦布庙为其驻锡之所。"又卷四十六："又贡庆祝礼（番名丹舒克），有五色帕、银满达、七珍、八宝、八吉祥、佛像、金字塔、银塔、红花诸物。"此卷奏疏作于乾隆五十七年（1792）。

【商务】《辞源》释为"商业事务"，首引 1884 年姚文栋《日本地理兵要》卷一例。

按，《文硕驻藏奏稿·谕僧俗番官及各领袖喇嘛界外通商一事不宜拒绝》："惟思英吉利乃泰西商主之国，其政首崇商务；亦犹尔唐古特初本佛国，至尊崇黄教势相等也。是故英人之于商务，最为加意讲求，但有扩充之路，莫不竭力设法为之，此其力请通商之原委也。"此奏疏作于同治十三年（1874）。

【收据】《辞源》释为"收到钱或东西后写给对方的字据"，引 1918 年李骏《第三次旅法华工情形报告书》例。

按，《有泰驻藏奏稿·复韩税务司付还电款函》："来示内叙有附寄收据一张，仔细详查，并未封入函内。"此奏稿作于光绪三十一年（1905）。

【收回】《辞源》释为"把发出去或借出去的东西、借出去或用出去的钱等取回来"，首引 1905 年《湖南熊庶常希龄上前抚端考察醴陵磁业书》例。

按，《理藩院》卷九百七十八："若聘定之后，其婿病故，将所给牲畜退还男家，其女故者给还一半。如女家欲退还，其婿不愿收回者，听。"又："顺治十四年题准：凡出妻，其陪嫁之物已经用完者，不准赔偿，现在什物，尽给该妇收回。"顺治十四年为 1657 年。《平定两金川方略》卷三十八："官兵各用枪箭，杀贼数名，而碉内枪石如雨，将兵抽替收回。"此书成于乾隆四十六年（1781）。

【手提包】《辞源》释为"提包"，引 1925 年郭沫若《湖心亭》例。

按，《有泰日记》卷十五："步踏至街制革厂分售处买手提包，劝公分局买提篮竹丝花瓶笺纸等物，其各物尚未全，然仿洋各物甚廉。"此卷写于光绪三十三年（1907）。

【售卖】《辞源》释为"卖"，首引 1857 年伟烈亚力《六合丛谈》八例。

按，《廓》卷六："再，查打箭炉素不产米，俱系商贾从各处贩运赴炉售卖，历来每仓石总在六两以外。"此卷奏疏作于乾隆五十六年（1791）。又卷四十九："向来收税则例，凡巴勒布商民运米在边界售卖者，每米一包，取一木碗。"此卷奏疏作于乾隆五十八年（1793）。

【生】《辞源》释为"没有进一步加工或炼过的"，引 1925 年天虚生我《工商业尺牍偶存·致无锡陈述甫为除虫菊试造肥田粉事》例。

按，《廓》卷四十七："每年铸佛收买熟铜四五千斤，即须价银三四千两，脚价仍不在内。藏地山上并无林木，偶有些小柴枝，炭质脆薄，不能烧炼生铜。"此卷奏疏作于乾隆五十七年（1792）。

【升学】《辞源》释为"由低一级的学校进入高一级的学校"，首引
1911 年《学部复大学堂优级师范选科毕业生碍难升入大学函》例。

按，《联豫驻藏奏稿·附二　学部议复驻藏大臣联豫奏陈藏中情形拟
办事宜内兴学一项折》："总期将来学生毕业，上之于升学无碍，下之亦谋
生有资。"此奏稿作于光绪三十三年（1907）。

【射击】《辞源》义项①释为"用枪炮等向目标发射弹头"，引 1899
年张大镛《日本武学兵队纪略》例。

按，《平定两金川方略》卷一百十二："乌什哈达等督兵进扑，先将鹿
角开砍，越过一重壕沟，贼人枪炮石块交下，官兵即用枪箭射击，共见伤
毙贼番，跌落寨墙之内。"此书成于乾隆四十六年（1781）。

【书馆】《词典》释为"大学"，引 1852 年《海国图志》例。

按，《康輶纪行》卷十二"英吉利"："兰顿建大书馆一所，博物馆一
所。渥斯贺建大书馆一所，内贮古书十二万五千卷。感弥利赤建大书馆一
所，有莎士比阿、弥尔顿、士达萨特、弥顿四人工诗文，富著述。……自
后英国亦敛其苛政，设爱伦总理大员，驻札腊墨领。建书馆，贮书十万
卷。"此书成于 1646 年。《词典》引用《海国图志》的内容与《康輶纪
行》所记相同，而成书时间稍晚。

【随军】《辞源》释为"跟随军队"，引 1900 年沈翊清《东游日记》例。

按，《理藩院》卷九百八十一："顺治十八年题准：蒙古人有始从其主
归降及随军向导、指路有功，敕给达尔汉号世袭者，其顶戴坐褥，照蒙古
旗员分别给予。"顺治十八年为 1661 年。《廓》卷十二："至糌粑分存各
处，远近不同，将来大兵会合进攻，自应随军转运。"此卷奏疏作于乾隆
五十六年（1791）。

【特定】《辞源》释为"特别指定的"，首引 1902 年王鸿年《宪法法
理要义》例。

按，光绪十九年十月《中英会议藏印条款》所定通商章程第三款：
"各项军火器械暨盐酒各项迷醉药，或禁止进出，或特定专章，两国各随
其便。"光绪十九年即 1893 年。《出使四国日记》卷四："从前议设中国领
事官于新加坡之时，一千八百七十八年四月十六日贵爵部堂致郭前大臣照

会内曾云：中国与各国往来，系照特定和约之章，非遵各国通好之道。"
此卷日记作于光绪十六年（1890）。

【土】《辞源》义项①释为"未熬制的鸦片"，引 1877 年郭嵩焘《伦敦与巴黎日记》例。

按，《西藏奏疏》卷六："又据驻藏游击瑞周自行访获买土熬膏贩卖之马兵宋廷彪一名，起出熬烟铜锅、烟筛、烟匙等件，移送文员衙门审办，由署西藏粮员武来雨审拟详解前来。"此奏疏作于道光二十年（1840）。《康𬨎纪行》卷十六："其产鸦片烟土者，凡三处，一为的记，二为望迈，皆出小土，每块重六七两。惟孟加剌出大土，每块重四十五六两。"此书成于 1846 年。

【土法】《辞源》释为"民间使用的方法"，首引 1914 年《辽宁近代工业档案史料》例。

按，《张荫棠驻藏奏稿·上外部条议筹办藏政经费说帖》："制皮则招致华人在印设厂之技师，织毛则改良土法，概用机器染色、配花，均仿洋法。"又"咨外部为西藏议设交涉等九局并附办事草章"："先以土法试办，俟矿苗探确，再置机器开采。"两奏稿作于光绪三十四年（1908）。

【土语】《辞源》释为"土话"，首引 1866 年斌椿《乘槎笔记》例。

按，《藏程纪略》："其土著番人又称之曰招，此不知何解。大要土语蛮音，有声无字，其无所取义无疑。"此书成于 1722 年。《西藏见闻录》卷上："其土语呼酒曰呛，有青稞烧，有牛乳酿，不知曲麰所自，味俱辛辣，不醇。"此书成于乾隆八年（1743）。明代已见。《耳谈类增》卷三十七"雅谑篇中"："武昌陈孝斋，先朝人，尚多土语。"此书前有万历癸卯年（1603）的序。

【退伍】《辞源》释为"军人服满现役或由于其他原因退出军队"，首引 1910 年《图画日报》第三百六十六号例。

按，《张荫棠驻藏奏稿·咨外部为西藏议设交涉等九局并附办事草章》："凡充常备军三年者，退伍后作为续备军，月饷一元。"此奏稿作于光绪三十三年（1907）。

【椭圆】《辞源》释为："平面上的动点 A 到两个定点 F，F′的距离和等于一个常数时，这个动点 A 的轨迹，就是椭圆。"首引 1855 年合信《博物新编》二集《水星论》例。

按，《康輶纪行》卷十六"《万国全图》说"："但地形既圆，则画图必于极圆木球，方能肖像。如画于平面，则不免直剖之为一图（即椭圆形，自北极剖至南极，为直剖），或横截之为两图（循赤道线剖之为横截）。"此书成于 1846 年。

【偷渡】《辞源》释为"偷偷通过封锁的水域或区域"，引 1838 年《东西洋考每月统记传》道光戊戌年七月《迁外国之民》例。

按，《巴》卷九："臣复带兵兼程赶进，行抵洛龙宗，复准庆林咨称'有贼匪千余偷渡宗喀河，渐至萨喀'等语。"此卷奏疏作于乾隆五十三年（1788）。

【卫队】《辞源》释为"担任警戒保卫工作的部队"，引 1898 年《清议报》二册《中国近事》例。

按，《鹿传霖藏事奏牍·攻克朱窝土寨片》："当派候补知县穆秉文、千总刘焕章带领长胜右营前后各半及其卫队，督同麻书、孔撒、白利三土司土兵四百余名，于二十一日由纳林冲地方进剿。……穆秉文亲率卫队，继之枪炮齐施，夷众不支，争开寨门，循河浮渡，各向深林逃遁。"此奏疏作于光绪二十二年（1896）。

【细布】《辞源》释为"一种平纹棉布"，首引 1819 年马礼逊《华英字典·Part Ⅱ》"细"条："细布，fine cloth"。

按，《丁巳秋阅吟·还抵前招》："轻骑且缓辔，我马得忘疲。（……所有经过尖宿，酌赏银钱三五两，并赏营官头人细布，谕以毋许攒派百姓。）"此诗作于嘉庆二年（1797）。清代笔记中亦见。《池北偶谈》卷四"荷兰贡物"："贡物大珊瑚珠一串，照身大镜二面，奇秀琥珀二十四块……白色杂样细软布二百一十九疋，文采细织布一十五疋，大细布三十疋，白毛裹布三十疋……"此书成于康熙辛未年（1691）。

【下级】《辞源》释为"同一组织系统中等级低的组织或人员"，引1924 年徐特立《法国小学教育状况》例。

按，《联豫驻藏奏稿·奏请酌加陆军下级官长及目兵薪饷折》："奴才与四川督臣赵尔巽往复函商，所有目兵口粮及下级官长薪水，若仍按照陆军饷章发给，实系不敷食用，必须酌量增加。"此奏稿时间为宣统元年

（1909）。

【虚报】《辞源》释为"不照真实情况报告"，引1905年梁启超《驳某报之土地国有论》例。

按，《平定金川方略》卷十六："另折又称该省兵丁，弓箭架势，虽有可观，而弓力率多虚报。"此书记事时间为乾隆十三年（1748）至乾隆十五年（1750）。

【烟瘾】《辞源》释为"吸烟的瘾，旧时多指吸鸦片烟的瘾"，首引1878年《格致汇编·互相问答》例。

按，《西藏奏疏》卷六："逐日熬审，该犯均无烟瘾。"此奏疏作于道光二十年（1840）。

【养气】《辞源》写作"氧气"，释为"氧分子组成的气态物质"，引1924年陈瀚章《运动生理·各论》例。

按，《有泰日记》卷十一："天觉干燥，内热外凉，人不适者多，真正养气少，洋人之论竟不差。"此卷日记作于光绪三十二年（1906）。

【月报】《辞源》释为"每月出版一次的报刊"，引1848年徐继畬《瀛寰志略·凡例》例。

按，《康𫐓纪行》卷十二"外夷留心中国文字"："《澳门月报》曰：西洋人留心中国文字者，英吉利而外，耶马尼国为最，普鲁社次之。"卷十六"附《中外四海地图》说"："道光己亥、庚子之间，尚书侯官林公，以英吉利事至两广，求粤人通晓西洋事者，得欧罗巴人所撰《四洲志》及《澳门月报》，凡以海洋事进者，无不纳之，所得夷书就地翻译，于是海外图说毕集。"此书成于1846年。

【暂缓】《辞源》释为"暂且延缓"，首引1854年4月《遐迩贯珍》第三、四号例。

按，《巴》卷一："臣与司道等悉心筹酌，即将绿营兵一千名先令提臣成德带领前往，其余所派满、汉屯兵暂缓出口。"此奏疏成于乾隆五十三年（1788）。《廓》卷五："转虑临时不能得力，自应暂缓咨调。"此奏疏成于乾隆五十六年（1791）。

【涨】《辞源》释为"（物价）提高"，首引1894年马林《以地租征税论》例。

按，《升泰驻藏奏稿·复赫政税司函藏茶向无统计无法探询》："揣其情形，价值亦看来源多少，随时涨跌。"此奏疏作于光绪十八年（1892）。

【帐篷】《辞源》释为"撑在地上遮蔽风雨、日光的篷"，引 1941 年谌亚达译《中国区域地理》第八章例。

按，《丁宝桢藏事奏牍·岩番劫杀洋人查拿办理片》："令向兴顺出帐查看，突有三人将伊按倒，并有数十人拥进帐篷。"此奏疏作于光绪七年（1881）。

【专员】《辞源》释为"担任某项专门职务的人员"，引 1907 年 11 月 7 日伍廷芳《奏出使新章于美、墨、秘、古四馆宜酌量变通折》例。

按，《金川案·利·两金文武公费并本任半俸一体兼支》："虽系管理屯田，收放粮饷，但究属奉差承办，尚非设立专员者可比。"此奏疏作于乾隆四十三年（1778）。

【侦探】《辞源》释为"暗中探寻机密、案情或隐私，以此为工作的人"，首引 1907 年《上海商务印书馆创业十年新厂落成纪念册》例。

按，《升泰驻藏奏稿·致赫政税司函英人查看哲属边界请俟后三款了结后三面会同勘明》："再启者，顷由商上转据后藏戴琫四朗多布结及该戴琫替身禀称：贵国派有查看边界人等，于六月九日与该替身、侦探人等在啼纳山脚会晤，云欲由迤南深林鄂博并所流水源萨补山围墙等处前往游历。"此奏稿作于光绪十七年（1891）。

【直达】《辞源》释为"直接到达"，引 1876 年李圭《环游地球新录》例。

按，《西藏奏疏》卷三："臣等遵即密行访得其京属字样即系内地所管地方，该夷均呼为京属。至所称聂噶金那地方，系该披椤洋面中之一地名，无与内地相近之区。其披椤之东系噶哩噶达地方，直达广东边界。"此奏疏作于道光二十年（1840）。

【着重】《辞源》释为"把重点放在某方面；强调"，首引 1934 年洪深《电影戏剧表演术》第五章例。

按，《裕钢驻藏奏稿·致外部电印督照会有约往边晤办意而藏番执迷难行》："至界务，英人并不着重，只坚意入藏通商，前次荣赫鹏与藏员说帖所称商务有益，甲冈地当以礼让，语意已明。"此奏稿作于光绪二十九年（1903）。又作"著重"。《裕钢驻藏奏稿·致外部电藏务日逼请催有泰速来》："至界务英人并不著重，只坚欲入藏通商。"两奏稿作于光绪二十九年（1903）。

（二）早于清代藏学汉文文献，且早于《近现代辞源》的用例

【阿訇】《辞源》释为："我国穆斯林住持称清真寺教务和讲授经典的人。［波斯］ākhūnd。"引1950年《新编新知识辞典》例。

按，藏学汉文文献中，字形写作"阿浑"。《康輶纪行》卷十五："回教源流"引《西域图志》："回人通经典者曰阿浑，为人诵经以禳灾迎福。"又作"阿洪"。《有泰日记》卷八："惟竹君未到，系请其阿洪念经，汉人缠头均有，不知是何礼节。"清代笔记中写作"阿叶"。《竹叶亭杂记》卷三："耐损，回俗大喜事也。凡未成丁者，十五岁以下，势前必小割一刀，名曰耐损。其礼，择日请阿叶。阿叶者，老师傅也，至其家为割之。"《竹叶亭杂记》作者为姚元之，卒于1852年。

【案】《辞源》义项①释为"案子"，引1873年《中西闻见录》第11号例。

按，《廓》卷十四："即如上次贼匪滋事一案，系噶布伦索诺木旺扎勒起衅，此次又系丹津班珠尔在彼播煽生事。"又卷四十六："严廷良因闻知鄂辉在藏办案已竣，将次起程，即先带表贡兼程赶来面禀，于十月十九日到藏。"清代笔记中有较早用例。《广阳杂记》卷二："尝睡去，于冥中列坐审判世间事，亦有千古未结之案。"此书作者卒于康熙三十四年（1695）。

【兵营】《辞源》释为"军队居住的营房"，首引1900年丁鸿臣《东瀛阅操日记》例。

按，《藏輶随记》："约中所谓江孜堡垒者，即江孜营官寨，一山崛起平阳中，番官兵营即据其上。"清末公文奏疏中有较早用例。道光朝《筹办夷务始末·杨芳奏赴粤剿办拟筑堡布防折》卷二三："逐出筑堡，联络兵营，笼束居民，厚贮粮食，深沟高垒，安置大炮。"①此奏折作于道光二十一年（1841）。

【畅销】《辞源》释为"（货物）销路广，卖得快"，引1889年9月20

---

① （清）文庆等：《筹办夷务始末》，中华书局1964年版，第802页。

日张之洞《筹设炼铁厂折》例。

按,《张荫棠驻藏奏稿·咨外部为西藏议设交涉等九局并附办事草章》:"商务局委员在各商埠,每月宜将出入货物价值详报总局,俾知某物畅销、某物宜图改良、某物滞销、某物应如何筹抵制之法,以免外人夺我利权,随时详告各工商人等。"清代笔记中有较早用例。《乡言解颐》卷五"物部下·开门七事":"长芦盐务分置各埠于乡镇间,曰子店。霜降后,家家腌菜时则畅销,曰菜秋。"此书前有道光二十九年(1849)作者自识。

【包工】《辞源》义项①释为"按照规定的要求和时间,完成某项生产或建设任务"。首引1877年郭嵩焘《伦敦与巴黎日记》例。

按,《张荫棠驻藏奏稿·咨外部为西藏议设交涉等九局并附办事草章》:"垫低平高,开沟安桥,如法修理,包工赔修,不得草率。"明代笔记已见。《酌中志》卷十六:"至七年春,今上大婚礼成,藩邸殿宇及陈设器具俱涂饰草率,皆李永贞贪其侵冒,包工了事,漫不加意之所致也。"此书前有崇祯十一年(1638)作者自序。《珠里小志》卷三:"受值于人,一日谓一工。(有包工,有计工,自食者曰包吃。)"此书刊刻于嘉庆二十五年(1820)。

【备用】《辞源》释为"准备着供随时使用",引1736年3月26日《西洋人郎世宁请备西洋颜料画笔》例。

按,《巴》卷一:"同日,庆林等又奏言:'查此处有喀喇乌苏驻扎达木蒙古兵丁,臣等就近调拨五百名,令来前藏备用。'"明人笔记中已见。《宛署杂记》卷六:"夫徭赋征银,存留备用,无容论矣。"此书成于1592年。

【扁豆】《辞源》释为"一年生草本植物,茎蔓生,叶小,花白色或紫色,荚果扁长",引1890年《日本国志》卷九例。

按,《巴塘志略·物产》:"蔬茹之属:白菜、苋菜、油菜、葱、蒜……丝瓜、扁豆、胡豆、豇豆、眉豆、长寿果。"《有泰日记》卷五:"张家花园送到花,内有洋扁豆,不足为奇。"明代已见。嘉靖年间《郑州志》卷三"田赋志·物产":"谷类:谷、黍……黑豆、黄豆、青豆、扁豆……"① 明

---

① 王洪延、张万钧:《嘉靖郑州志校释》,郑州市地方志编纂委员会1988年版,第22页。

嘉靖帝卒于 1567 年。《宛署杂记》卷十五"乡试":"厨房合用物件共银七十六两三钱二厘,计猪肉四百二十斤……扁豆二十斤,白菜二十斤……"此书成于 1592 年。

【草帽】《辞源》释为"用麦秆、蔺草等编成的帽子",首引 1822 年马礼逊《华英字典·PartⅢ》例。

按,《有泰日记》卷三:"饭后,看本署喇嘛送祟。头戴黑皮草帽,顶甚高,上有孔雀翎,绕一物如扇。"清代笔记中有较早用例。《扬州画舫录》卷六:"盔箱文扮平天冠、堂帽、纱貂……五色毡帽、草帽、和尚帽、道士冠。"此书成于乾隆六十年(1795)。明代已见。《耳谈类增》卷一:"若退食,辄拥舆行花间,或戴草帽持锄作田夫,效潘令、老莱故事,以发母笑。"此书前有万历癸卯年(1603)的序。

【仓库】《辞源》释为"储存大批粮食或其他物资的建筑物",引 1889 年傅云龙《游历日本图经》卷五例。

按,《金川纪略》卷一:"衙署、监狱、仓库、兵民房屋……烟墩、哨楼并冲塌,毙人无数,四川巡抚纪山飞章入告。"此书作于乾隆八年(1743)。是词明代已见。《宛署杂记》卷十八"御制":"他若道录司、斋堂、方丈、诸羽流栖息,厨浴、仓库、厢房,通数千间。"此书成于1592 年。

【打】《辞源》释为"做(某种游戏)",首引 1855 年 8 月《遐迩贯珍》第八号:"今闻有人指打牌馆为私赌,不如开例征收饷者,以利进言,欲求动听,是贪小而失大也。"

按,《有泰日记》卷十三:"晚饭后本拟找少韩谈,闻慎安、浙生、少韩、鹤孙打牌,未去。"《辞源》所引 2 例,"打"字均与"牌"搭配,意指玩纸牌。"打"的这一用法清代笔记中亦见。《过夏续录·马吊》:"近日盛行马吊,谓之打吊。"此书成于 1811 年,其中的"打吊"指的是"打马吊牌"。

【大门】《辞源》释为"大的门,特指整个建筑物临街的一道主要的门(区别于二门和各房各屋的门)",首引 1876 年《格致汇编·游览东洋日记》例。

按,《有泰日记》卷十六:"两旁各有土窑土炕,即客居柜房在灶上。

堆草亦有土窑，皆在一大窑内，走一大门，严紧非常，冬暖夏凉。"清代白话小说中亦用。《快心编》初集卷一第一回："众家人那里管他，只是乱嚷乱骂乱推的，掇出大门，只叫：'早须写身子进来，省得我们脚步。'"此书为17世纪中叶或18世纪初的作品。

【代办】《辞源》义项①释为"代行办理"，首引1828年马礼逊《广东省土话字汇》例。

按，《文硕驻藏奏稿·三大寺等公禀隆吐山撤卡断不可行》："昨于十一月十九日钦差大人传唤噶布伦等面奉吩谕，并代办事务荣增师傅第穆呼图克图佛爷奉文内开会咨……"清代笔记中亦用。《永宪录续编》："十年各邑买稻积贮，皆分派富户任之，江都当二万，以一人代办，合邑若不知有此事者。"此书成于1752年。

【代理】《辞源》释为"暂时代人担任某些职责"，首引1828年马礼逊《广东省土话字汇》例。

按，《西域遗闻·佛氏》："凡呼图兔殁，未得以寺僧高行者代理，然夷僧藉以愚众取利，遂有假者。"清代笔记中亦用。《永宪录》卷一："况朕有贤好昆弟，亲信民臣，庶政可以代理。"此书前有乾隆十七年（1752）自序。

【抵制】《辞源》释为"阻止某些事物，使不能侵入或发生作用"，首引1889年薛福成《庸盦海外文编》卷一例。

按，《张荫棠驻藏奏稿·致外部电陈藏事刍议》："印政府主侵略，开埠只表面名词，应亟筹收回政权，练兵兴学，以图抵制而杜借口。"较早用例如《左宗棠全集·奏稿·就抚回民挟仇互告减等议拟斩》："惟该回民马福寿、马禄因彼此猜疑，互相控讦，无非为畏罪抵制起见。"① 此奏稿作于光绪元年（1875）。

【对生】《辞源》释为"叶序的一种，茎的每个节上相对着生两枚叶"，首引1858年韦廉臣译《植物学》卷八例。

按，《金川琐记》卷六"冬虫夏草"："因芽及根虫形未变，头嘴倒植土中，短足对生，背有蹙屈，纹棱棱可辨。"此书成于1790年。冬虫夏草

---

① （清）左宗棠：《左宗棠全集》奏稿6，罗文华点校，岳麓书社1992年版，第354页。

是虫与菌的结合体，此例中"短足对生"虽非指叶序，但词义与表叶序的"对生"无异。是词明代已见。《农政全书》卷四十七"荒政"："又有山兰，生山侧，似刘寄奴，叶无桠，不对生。"又："水莴苣，一名水菠菜，水边多生。苗高一尺许，叶似麦蓝叶而有细锯齿，两叶对生。"此书前有崇祯乙卯年（1639）的序。

【高度】《辞源》义项①释为"高低的程度；从地面或绝对基面向上到某处的距离；从物体的底部到顶端的距离"。首引 1857 年伟烈亚力《六合丛谈》十一例。

按，《西康行军日程》："春风前太阳端午，高只三竿许，此极出地高度可望而知，冷风凛人，塞针满度，所谓西藏高原者此也。"其中的"高度"指从地面向上到某处的距离。此书成于民国三年（1914）。此词清代笔记中已见。《不下带编》卷五："凡度（入），高低曰高度，深浅曰深度，广狭曰广度，长短曰长度，厚薄曰厚。下高、深、广、长、厚字，并去声，不如字读。"此书是一部未完稿，作者金埴卒于乾隆五年（1740）。

【公司】《辞源》释为"以营利为目的，从事商业活动而成立的组织"，引 1828 年马礼逊《广东省土话字汇》例。

按，《张荫棠驻藏奏稿·颁发训俗浅言》："畜牧牛羊骡马，开采五金煤矿，筑造铁路，为西藏天然之利。宜合股集成大公司，贩运往外国贸易。往印度学习西法，以夺外人之利。……凡集股公司，股份愈小愈妙，如每股股银二两，使人人易做，集十万股，则得银二十万矣。"清代小说中已见。《台湾外记》卷一："船一到岸，只有值日库街搬顿公司货物。（公司乃船主之货物，此洋船通称也。）其余搭客，暨船中头目伙计货物，悉散接居住，转为交易。"此书成于康熙四十三年（1704），其中的"公司"指的是以船长为中心的一股利益集团。①

【锅炉】《辞源》释为"产生水蒸气的装置，由盛水的钢质容器和加热装置构成"，首引 1871 年傅雅兰译《化学鉴原》卷三例。

《联豫驻藏奏稿·拨款不敷请饬部宽筹的款折》："奴才知铜圆机器与铸银圆不同，且锅炉笨重，虽拆卸亦万难转运。"清代笔记中已见。《墨余

---

① 参见陈希育《中国帆船与海外贸易》，厦门大学出版社 1991 年版，第 307、308 页。

录》卷十六"机器局":"楼东隙地设电房,咸以铅皮盖顶,以便钉锅炉,配机器。"此书成于咸丰三年(1853)。

【股本】《辞源》释为"股份公司通过发行股票的方式所组成的资本。也指其他合伙经营的工商企业的资本"。引 1901 年严复《路矿议》例。

按,《张荫棠驻藏奏稿·颁发藏俗改良》:"凡贸易股本愈大,获利愈丰,断非三数人之力所能胜也。"此奏稿作于光绪三十三年(1907)。他例如《出使四国日记》卷五:"今英人所设海线公司,股本共有英金一万四千万磅之多,而本特皆为其总。"此卷日记作于光绪十六年(1890)。

【挂面】《辞源》释为"特制的面条。丝状或带状,因悬挂晾干得名"。引 1939 年《王振铎流滇日记》例。

按,《有泰日记》卷一:"早闻军机处咨,内赏驻藏大臣有泰福字一张……奶饼五斤,挂面十把。"明代已见。《长安客话》卷二"饼":"水沦而食者皆为汤饼,今蝴蝶面、水滑面、托掌面、切面、挂面……之类是也。水滑面、切面、挂面亦名索饼。"此书记事大约截止于万历乙卯年(1615)。

【轰击】《辞源》义项①释为"用炮火攻击",引 1855 年 11 月《遐迩贯珍》第十一号例。

按,《廓》卷三十九:"我兵奋勇攻扑,于高磡上用枪炮向下轰击。"此卷奏疏作于乾隆五十七年(1792)。

【健康】《辞源》释为"生理机能正常,没有缺陷和疾病",首引 1890 年《日本国志》卷三十一。

按,《裕钢驻藏奏稿·班禅谢恩译稿》:"现在小僧仰赖圣主福庇,身体健康。"此奏疏作于光绪二十九年(1903)。清代小说中已见。《二度梅全传》第二十一回:"所生一位小姐,性情聪明智慧,能通经史,又兼孝道。因夫人常有小疾,故此每晚在花园祝告天地,保佑父母身体健康。"此书刊刻于嘉庆五年(1800)。

【矿务】《辞源》释为"采矿事务",首引 1874 年《中西闻见录》第22 号例。

按,《张荫棠驻藏奏稿·颁发训俗浅言》:"实业。凡农业、工艺、商业,如种植、畜牧、蚕织、矿务、机器制造、声光电化医药之类,凡可以生利者，皆谓之实业。"清代笔记中已见。《霭楼逸志》卷三"潮州某"："乃谓某曰：'山中矿务不已，日不暇给，敢劳办理，利息愿与君均。'"此书前有乾隆五十九年（1794）作者自序。

【客厅】《辞源》释为"接待客人用的房间"，首引 1837 年《红毛番话》例。

按，《张荫棠驻藏奏稿·致川督电请查追亏挪款项》："修理亚东关报销卢比二千二百元，仅裱糊客厅五间，修理短墙一道，浮冒实甚。"明代已见。《客座赘语》卷五"建业风俗记"："嘉靖末年，士大夫家不必言，至于百姓有三间客厅费千金者，金碧辉煌，高耸过倍，往往重檐兽脊如官衙然，园囿僭拟公侯。"此书刊刻于 1617 年。

【亏本】《辞源》释为"本钱亏失；赔本"。首引 1880 年汪凤藻《富国策》卷二例。

按，《金川案·亨·汉番出入打箭炉之规定》："恐不肖兵役，藉称查验，于中层层勒掯，处处剥削，贩卖者不肯亏本出售，而购买者必受昂贵之苦。"此奏疏作于乾隆四十三年（1778）。明末已见。《莆阳谳牍》卷上："是明江虽未获利，亦不亏本矣。"作者祁彪佳卒于顺治二年（1645）。

【老】《辞源》释为"用在某些词前，用来称人、排行次序、某些动植物"，引 1909 年《图画日报》第七十一号："老黄，你去取。"

按，《有泰日记》卷十："忽王顺去，老左因染紫氆氇一匹偷去，将汤约交乃心巴审之……将王顺、老左叫来，欲责之。后闻程林丢一表，令追问之再说。""老"字自唐代始，已虚化为词头，可加在亲属称谓和姓氏前，如白居易诗："常被老元偷格律。""老元"指元稹。[①]

【毛毯】《辞源》释为"用兽毛纤维、化学纤维等织成的毯子"，首引 1924 年郭沫若《喀尔美萝姑娘》例。

按，《金川琐记》："俗喜畜牛羊，春夏日暖，多剪取牛羊毛绩线、作毛毯，衣服取给焉。"此书成于 1790 年。《西藏纪游》卷二："藏地土瘠民贫，物产甚少，牛羊、柴草、麦豆、青稞、氆氇、毛毯、兽皮、奶酒、酥油……各随所产纳税。"此书成于嘉庆九年（1804）。明代已见。《益部谈

---

① 王力：《汉语史稿》，中华书局 1980 年版，第 223 页。

资》卷上:"番物名不一,志载惟足力麻、铁力麻、氇氆三种。而自蜀人言者,有曰细毯、工布毛毯、绒边工毯、姜纳大货贴里绵,惟凭粗细、颜色定价值。"作者曾于明万历年间(1573—1620)官夔州府通判。

【排队】《辞源》释为"一个挨一个顺次排列成行",首引1866年张德彝《航海述奇》例。

按,《鹿传霖藏事奏牍·瞻酉畏威献寨三瞻一律肃清疏》:"议先收其各碉,剪其羽翼,急派韩国秀、曹怀甲两营仍复排队而出。"此奏稿作于光绪二十二年(1896)。清代笔记中有较早用例。《坚瓠补集》卷六"吴门歌":"吴门人住神仙地,雪月风花分四季。满城排队看行春,又见花灯来炫视。"《坚瓠集》成书时间约起于康熙三十年(1691),止于康熙四十二年(1703)。

【盘羊】《辞源》释为"一种野生羊,生活在华北、西北等地区",引1892年傅兰雅辑《格致汇编》第六册《兽有百种论》例。

按,《则例·嘉庆朝〈大清会典〉中的理藩院资料·徕远清吏司》:"哈密,岁贡趋达尔布四,佩刀二,鹰五,盘羊角十,砺石千方,瓜干二十盘。"嘉庆帝在位时间为1796—1820年。《西藏纪游》卷一:"藏地野兽,虎则甚少,他如金钱豹……羚羊、盘羊、黄羊……在在皆有之。"此书成于嘉庆九年(1804)。明代已见。《夷俗记》:"野产之物,若黄羊、盘羊、野猪、野牛、野马、野驼、野鹿之类,皆不可驯致。"此书前有万历甲午年(1594)作者的序。

【炮楼】《辞源》释为"分层的碉堡,有供射击或瞭望的孔",引1948年周立波《暴风骤雨》第一章第一节例。

按,《锡良藏事奏牍·剿办桑披寺逆夷片》:"纠聚死党数千,寺墙垒以大石,高等城垣,并内外层密布炮楼多座,诚不得以蕞尔蛮夷视之。"此奏稿作于光绪三十二年(1906)。宋代已见。《续资治通鉴长编》卷七十四"真宗大中祥符三年":"又言德明境内荒歉,其邻近族帐争博粜粮斛作炮楼,纠集兵马,期取甘州。"此书成于1183年。

【茜草】《辞源》释为"草本植物,根黄赤色,可做红色染料,也可入药"。引1904年《最新中学教科书·生理学》第一章例。

按,《道光云南志钞·边裔志下·西藏载记》:"中甸距前藏凡四十七站，站三十里或四十里，多露宿，悬峰峻岭，高如云表。……所产则藏绸、藏茧、削毡、氆氇、皮革、茜草、红花、催生石。"此书刊刻于1829—1835 年间。① 南北朝时已见。《齐民要术》卷七："孟康曰：茜草、栀子可用染也。"此书成书时间大约在北魏末年（533—534）。

【日前】《辞源》释为"前几天"，首引 1854 年 2 月《遐迩贯珍》第二号例。

按，《藏程纪略》："因前军战捷，虑贼截后粮路，令撤旧塘，改于山南，由是觅响导，达新台，入无人之境，艰辛苦况，较日前倍甚。"此书成于康熙五十五年（1716）。明代已见。《续西游记》第三十六回："只听得那魔说道：'日前误吞了道童儿，几被道士伤害。'他道：'留与和尚灭你，汝等男女，俱要小心在林外探听。'"此书成于崇祯末年。②

【人畜】《辞源》释为"人和牲畜的合称"，引 1906 年《博物学教科书》例。

按，《进藏纪程》："又俗呼为药山，人畜至此，皆气喘，不堪捷步，须口含阳起石、粉草，或广槟榔解之。"此书成于雍正十年（1732）。《西藏志·山川》："道旁之人畜骷髅，弃途填壑，不知凡几。"此书前有乾隆五十七年（1792）和宁的序。唐代已见。《大唐西域记》卷十二"二十二国"："闻诸耆旧曰：昔有贾客，其徒万余，橐驼数千，赍货逐利，遭风遇雪，人畜俱丧。"此书成于唐贞观二十年（646）。

【三合土】《辞源》释为"石灰、砂和碎砖加水拌和后，经浇灌夯实而成的建筑材料"，引 1873 年丁韪良《中西闻见录》第 11 号例。

按，《有泰日记》卷十二："午后至房上一看，工程木工安低槁等项，房上须待排三合土。"清初已有用例。《农桑经·农经·坝堰》："若高堰，则用石和沙灰垒之，或用三合土如筑墙状，架板打之。"此书作者蒲松龄卒于 1715 年。

【饲养】《辞源》释为"喂养（动物）"，首引 1890 年《日本国志》卷二十四例。

---

① 王明珂：《王崧的方志世界：明清时期云南方志的文本与情境》，《国学文摘》第 1 辑，高等教育出版社 2011 年版，第 227 页。

② 参见张兵主编《500 种明清小说博览》（上），上海辞书出版社 2005 年版，第 569 页。

按,《则例·乾隆朝·宾客清吏司》:"(顺治)十年题准:……此外马驼,交礼部马馆饲养。"顺治十年为1653年。《理藩院》卷九百八十八:"(雍正)十二年议准:常住在京之蒙古,非暂来者可比……此等常住之人,毋须饲养马驼,并将草料折价一并停给。"雍正十二年为1734年。宋代已见。《太平广记》卷四三九"畜犬六":"其一大羊乃自语曰:'将我归,慎勿杀我。我为羊快乐,人何以比?'遂将归饲养,以终天年。"此书成于宋太平兴国六年(981)。

【沙袋】《辞源》释为"装着沙子的袋子",首引1855年合信《博物新编》初集《地气论》例。

按,《廓》卷二十一:"兹复预备柴薪、火弹,并多制挡牌、沙袋、木梯等项,一待天色晴霁,即可设法攻烧。"此卷奏疏作于乾隆五十七年(1792)。宋代已见。《燕北录》:"沙袋〔番呼郭不离〕,以牛皮夹缝,如鞋底,内盛沙。"此书成于1042年。

【商店】《辞源》释为"在室内出售商品的场所",引1899年《清议报》二十五册《猛醒录》例。

按,《色楞额驻藏奏稿·前藏攒招喇嘛购物与巴勒布商人口角竟至抢劫商店酿成事端近筹办结折》:"是时各寺院喇嘛以及外来瞻礼僧俗云集前藏,不下数百,良莠不齐,向由商上拣派正副铁棒喇嘛二人管辖,以资约束。"此奏稿作于光绪五年(1880)。清代笔记中亦见用。《镜湖自撰年谱·道光二十八年(1848)》:"民间食盐,有非自商店买者,即以食私治罪。"

【手套】《辞源》释为"套在手上御寒或保护手的物品",引1856年理雅各译《智环启蒙塾课初步》例。

按,《西康行军日程》:"宜各着毛手套,毛腿缠及毛袜,否则手皲足裂,或冻僵而麻木不仁也。"清初已见。《陶说》卷一:"开窑匠用布十数层制手套,蘸冷水护手,复用湿布包裹头面肩背,然后入窑取器。"此书约成于乾隆三十九年(1774)。

【铁索桥】《辞源》释为"用铁索为主要承重构件的桥",引1889年洪勋《游历闻见总录》。

按,《藏纪概》卷初:"十二日,次铁索桥,河流激湍,桥亦险峻。"

此书卷首有雍正五年（1727）唐肇的叙。《巴》卷十八："我二人本欲先来，因大雪封山，不能行走，故在铁索桥地方停留几日。"此卷奏疏作于乾隆五十四年（1789）。明代已见。《广志绎》卷五"西南诸省"："松潘有铁索桥。河水险恶不可用舟，又不能成梁，乃以铁索引之，铺板于上，人行板上，遇风则摆荡不住，胆怯者坐而待其定，方敢过。"此书成于1597 年。

【围裙】《辞源》释为"围在身前用以遮蔽衣服或身体的东西"，引1890 年《日本国志》卷三十五例。

按，《西藏见闻录》卷上："前有围裙，或红褐，或绸缎，镶以锦边，名曰班。"此书成于乾隆八年（1743）。明代已见。《续西游记》第四十一回："他便说出：'当年两界山，我一个同胞弟兄被你成了个开山第一功，你还得了一件围裙遮着羞处……'"此书成书于明崇祯年间。

【误伤】《辞源》释为"无意中使人受伤"，引1857 年伟烈亚力《六合丛谈》九例。

按，《则例·乾隆朝·理刑清吏司》："（康熙）十三年题准：因戏误伤人致死，有人见证者罚三九，无见证可疑者令其设誓，设誓者罚三九，不设誓者拟绞监候。"康熙十三年为1674 年。是词前代已见。《北史》卷九十三"列传第八十一"："尝随炽盘游后园，进弹鸟丸，误伤慕末母面。"《北史》成于唐显庆四年（659）。

【显微镜】《辞源》释为"观察微小物体用的光学仪器。'显微镜'这词原先指放大倍数较高的放大镜，后来具有今义，如1819 年马礼逊《华英字典·Part Ⅱ》'镜'条：'显微镜，' a mirror for discroscope。"第2 例引1851 年合信《全体新论·血论》例。

按，《张荫棠驻藏奏稿·咨外部为西藏议设交涉等九局并附办事草章》："学务局应办事宜：……学堂购地图、书籍、测量仪器，天文镜、显微镜、兵式体操器械等，以配合教学之用。"清初已见。《在园杂志》卷四"西洋制造"："自西洋人入中华，其制造之奇，心思之巧，不独见所未见，亦并闻所未闻。如风琴、日规、水轮、自鸣钟、千里眼、顺风耳、显微镜、雀笼之音乐、聚散之画像等类，不一而足。"此书刊刻于康熙五十四年（1715）。

【相扑】《辞源》释为"一种类似摔跤的体育活动",首引1879年黄遵宪《日本杂事诗》卷二例。

按,《则例·嘉庆朝〈大清会典〉中的理藩院资料·王会清吏司》:"膳毕献茶,跑等、相扑、骑生驹各技以次陈。"清代笔记中亦见。《扬州画舫录》卷十一:"两人裸体相扑,藉以觅食,谓之摆架子。"此书成于乾隆六十年(1795)。

【形式】《辞源》释为"事物的形状、结构等",首引1902年王鸿年《宪法法理要义》上卷例。

按,《张荫棠驻藏奏稿·传谕藏众善后问题二十四条》:"盖佛教三昧,只重本心,不重形式也。"清人笔记中有较早用例。《出使四国日记》卷五:"兵轮、商轮形式截然不同。凡运货之商船,货重必置下舱,则出洋安稳;中层亦全装货物,无须置炮;上层则分置房间,谓之客舱。"此卷日记作于光绪十六年(1890)。

【旬报】《词源词典》释为"旬刊",引1917年用例。

按,《张荫棠驻藏奏稿·致外部电陈藏事刍议》:"设汉藏文白话旬报派送,以激发其爱国心。"《联豫驻藏奏稿·开设白话报及汉文藏文传习所片》:"奴才现已于藏中开设白话报馆一所,参仿四川旬报及各省官报办理,以爱国尚武开通民智为宗旨,通篇全译唐古忒文字,取其便于番民览阅。"两奏稿作于光绪三十三年(1907)。较早的用例,如1894年马建忠《拟设翻译书院议》:"一二年后,即派诸生更译,附旬报印送,以资观览焉。"①

【芫荽】《辞源》释为"草本植物。又称香菜。也称胡荽"。引1887年辰桥《申江百咏》卷上例。

按,《西藏志·物产》:"自他处贩来者,则绿豆、黄豆、冰豆、稻米、黑糖。蔬属则圆根、葱、蒜、芫荽。"明代已见。《宛署杂记》卷十五"乡试":"厨房合用物件共银七十六两三钱二厘,计猪肉四百二十斤……芥菜二十斤,芫荽六斤……"此书成于1592年。

【盐池】《辞源》释为"生产食盐的咸水湖",引1854年8月《遐迩

---

① 郑振铎:《晚清文选》,西苑出版社2009年版,第14页。

贯珍》第八号例。

按，《西藏志·程站》："六十里（过二山），至郎卡，九十里（过大河），至大盐池。"此书有康熙六十年（1721）刊本。《西招纪行诗》："游牧缺禾稼，生计惟牛羊。民力苦竭蹙，背盐以易粮。（……数十年来民多穷困，幸境内北有盐池，百姓常往还行四十余日，背盐赴济咙易米，以度日、纳赋。）"此诗集写于乾隆六十年（1795）至嘉庆二年（1797）。明代已见。《谷山笔麈》卷十七："河东盐池，唐时曾有封号，谓之宝应、灵应二池。"此书刊刻于明万历四十一年（1613）。

【药片】《辞源》释为"片状的药剂"，首引 1920 年《医药杂志》第 6 期例。

按，《联豫驻藏奏稿·设立戒烟查验所及办理戒烟经过片》："八月间，于前藏拉萨地方先设立戒烟局，发给戒烟药片，限期戒断。"此奏稿作于光绪三十四年（1908）。明代已见。《禅真后史》第十八回："瞿珏按着火性，令丫鬟将地上药片带湿扫净，倾于沟内。"此书前有崇祯己巳年（1629）的序。

【杂粮】《辞源》释为"稻谷、小麦以外的各种粮食"，首引 1917 年徐珂《清稗类钞·农商类·商店》例。

按，《西藏纪述》："冷边长官司在雅州府西距府七站，于康熙四十九年颁给印信，每岁认纳杂粮八十石，折征银四十两，交泰宁协兑支兵饷。"此书作者为雍正时人张海。《西藏赋》："明正司衣冠内附，树六诏之风标。（……其宣抚司管辖十三锅庄番民，约束新附土司及土千百户五十六员，上纳贡马，征解杂粮。）"此赋成于嘉庆二年（1797）。明代已见。《农政全书》卷二十五："若收麦后，随意种杂粮，则听命于水旱可也。"此书刊刻于崇祯十二年（1639）。

【招股】《辞源》释为"企业采用公司组织形式募集股金"，首引 1909 年《图画日报》第一号例。

按，《张荫棠驻藏奏稿·咨外部为西藏议设交涉等九局并附办事草章》："银行招股，以汉银壹百万两为率，每股藏银二十元，岁利藏银二元。"此奏稿作于光绪三十三年（1907）。是词有较早用例。光绪八年（1882）李鸿章《商局接办电线折》："窃臣于光绪六年八月奏请由天津陆路循运河至镇江、上海设立陆线电报，筹款垫办，俟办成后，择公正商董，招股集赀接办，并设电报学堂，教习生徒，自行经理。"①

【自行车】《辞源》释为"一种两轮交通工具"，引 1870 年 6 月 25 日《教会新报》例。

按，《张荫棠驻藏奏稿·咨外部为西藏议设交涉等九局并附办事草章》："道路平坦处酌设电车、人力车、自行车，以期公差往来迅速。"清代笔记中亦载。《渌水亭杂识》卷二："西人有自行车，前轮绝小，后轮绝大。则有以高临下之势，故平地亦得自行。"此书成于 1673 年左右，这是记载自行车的较早文献。又《南漘楛语》卷六"机器"："西洋机器……又有自行车，及风铠代耕等法。"这是个汉族新词，在 1870 年时，上海已经有许多自行车了。②

【炸弹】《辞源》释为"一种爆炸武器"，首引 1882 年黎庶昌《西洋杂志》例。

按，《鹿传霖藏事奏牍·瞻番称兵抗拒击退现筹进剿疏》："天明，我军哨官杨荫棠至逆寨后山，点放开花大炮，炸弹正落贼丛，贼众始狂奔入寨。"此奏疏作于光绪二十二年（1896）。《庸闲斋笔记》卷十一"左爵相奏开船政局"："凡制造枪炮、炸弹、铸钱、治水，有适生民日用者，均可次第为之。"此书刊刻于 1874 年。

【炸药】《辞源》释为"受热或撞击后发生爆炸，并产生大量的能和高温气体的物质"，首引 1889 年洪勋《游历瑞典那威闻见录》例。

按，《张荫棠驻藏奏稿·咨外部为西藏议设交涉等九局并附办事草章》："又本局仿购开石椎凿炸药等物，以备矿工择宜售用，原价照缴。"较早的用例如《蕉轩随录》卷八"海洋记略"："如击近，则就靠上之细眼钻穿，火力行至此斜穿，然及炸药，而弹炸矣。"此书刻于同治十一年（1872）。

【最初】《辞源》释为"刚开始的时候或时期"，引 1924 年蔡和森

---

① 顾廷龙、戴逸：《李鸿章全集》10 奏议十，安徽教育出版社、安徽出版集团 2008 年版，第 131 页。

② 参见［意］马西尼《现代汉语词汇的形成：十九世纪汉语外来词研究》，黄河清译，汉语大词典出版社 1997 年版，第 272 页。

《社会进化史》第一篇例。

按，《藏辀随记》："西藏与印度之交涉，最初始于唐时，太宗贞观二十二年，右卫率长史王元策奉使至天竺，为阿罗那所攻，擒元策及从者三十余人。"此书成于宣统元年（1909）。宋代已见。《景德传灯录》卷五："师曰：'最初两字是什么？'曰：'如是。'师曰：'是什么？'僧无对。"此书呈进于宋景德年间。

【纸张】《辞源》释为"纸"，首引1819年马礼逊《华英字典·Part Ⅱ》例。

按，《则例·乾隆朝·录勋清吏司下》："雍正六年议准：……自四十二年至雍正五年，共收过银二万二百五十四两有奇，除买马用过银二千二百七十八两外，应存银万七千九百七十五两四钱有奇，皆因修理仓廒、文庙、教场、桥梁、渡船，买给站丁蒙古帐房，应付厄鲁特等廪给羊只，并制办驼屉、麻绳、纸张等项用去。"雍正六年为1728年。明代已见。《续西游记》第二十四回："魔王道：'这柜如何这样轻？'行者道：'经文原是纸张，如何不轻？'"此书成于明崇祯年间。

此外，清末藏学汉文文献中的用例可以为《近现代汉语新词词源词典》的个别词语补充新的义项。如：

【利权】《词源词典》释为"权利"，引1889年例。在清末，可指应该享受的经商营利的权利。

《张荫棠驻藏奏稿·传谕藏众善后问题二十四条》："印度织呢绒洋布、俄国加拉机器宜购习，又廓尔喀金丝、假缠头回锦、四川巴缎亦学织，以免利权外溢。"

【洋药】《词源词典》释为"鸦片"，引1874年例。在清末，另有两个含义。

①火药，"洋火药"的简称。《鹿传霖藏事奏牍·迭克瞻巢碉寨扑灭援贼剿抚兼施疏》："哨弁陈长信急负洋药二桶装入洞中，燃火轰发。"又："相持两时之久，碉已挖穿，陈有珍急负洋药安放洞内，滚岩而下。俄顷火发，碉墙齐摧。"又："哨弁杨荫棠急放大炮轰击，我军一涌而前，挖成地道，急以洋药填入，轰塌碉墙，乘势攻入，将碉内悍贼歼除净尽。"

②西药。《有泰日记》卷十："因腹痛，找寻洋药，不意吃多，大呕吐。"

二 《近现代辞源》《近现代汉语新词词源词典》未收录的词语

清末时期，伴随着西学东渐的潮流，国内介绍西学的书籍和报纸逐渐增多，这些资料传递了大量来自西洋的信息，在地理知识上增进了国人对于世界的了解，在语言上对近代汉语的形成也有影响。在藏学文献中，姚莹的《康輶纪行》是清代道咸间在鸦片战争背景下，以考察西藏问题为主，旁及英、印等外域情事的笔记著作之一，其中的一些条目在介绍西方史地政情时，引入了不少源自西洋语的音译词语。

《康輶纪行》以音译的形式引入了大量西方的国名、城市名、地名、山川湖泊以及人名，这些资料多从他书摘录而来。作者还将好几种资料放在一起进行比较考订，比如卷十二"海国古今异名"条，就是以魏源的《海国古今沿革图》为基础，考订了诸多外洋的国名、地名。如："英吉利，一作谙厄利，一作英圭黎，一作英机黎，一作鹰吃黎。《坤舆图》曰昂利亚，又曰斯可齐亚。"又如卷十二"英吉利"条内容引自《皇清四裔考》《海录》《四洲记》等书，其中出现的机构、职官名称（词后所列为其相应的英文及汉译形式）如：律好司（Lower House，下议院，众议院）、甘弥底阿付撒布来士（Committee of Supply，岁出委员会）、甘弥底阿付委士庵棉士（Committee of Ways and Means，岁入委员会）、甘文好司（Government House，内阁）、布来勿冈色尔（Privy Council，枢密院）、加密列冈色尔（Cabinet Council，内阁会议）、占色利（The High Court of Chancery，最高法院）、经士冕治（King's Bench，高等法院）、甘文布列（Court of Common Pleas，高等民事法庭）、溢士知加（Exchequer，税务法院）、阿西士菴尼西布来阿士（Court of Assize and Nisi Prius，巡回裁判法庭）、依尼拉尔戈达些孙阿傅鳌比士（Court of General Quarter Session of the Peace，季度法庭）、舍腊达文（The Sheriff's Tourn，州或郡法庭）、历（Leet，封建领主设立的民事法庭）等。

又卷十四"《四库书提要》驳西人天学"条，引用明末意大利传教士艾儒略的《西学凡》一书中的材料，介绍了欧洲大学各课程所包含的内容，其中所言大学六科分别为：勒铎理加（rethorica，文科）、斐录所费（philosophia，理科，今称哲学）、默第济纳（medicina，医科）、勒义斯

（leges，法科）、加诺搦斯（canones，教科）、陡录日亚（cheologia，道科，今称神学）。

又卷十六"夷酉颠林绘图进呈说"条中附有作者所绘制的世界地图，并标注了26处地名，这些地名均为英语音译词，具体为：埃伦（Ireland）、弼爹喇（Gibraltar）、急时烟士（岛名，待考）、那古士哥沙（Nova Scotia）、闲挐打（Saint Helena）、的赊士（Texas）、散打连（Saint Helena）、金山（Cape Town）、士娇也（Gough Island）、急卜碌（Gibraltar）、骂喇加时架（Madagascar）、骂哩询（Ma uritius）、息赊厘（Seychelles）、士葛打喇（Socotra）、烟（India）、望迈（Bombay）、士嘟（Ceylon）、袜打喇沙（Madras）、孟呀喇（即孟加剌）（Bengal）、磨面（Moulmein）、槟榔屿（Penang）、骂叻格（Malacca）、新地波（Singapore）、路士伦（New Zealand）、班地文（Van Diemen's Land）、蝶士爹厘耶（Australia）。

本条还介绍了部分英吉利官职名及人名，其中有关职衔的音译词如：罗洛坚（Royal General，督抚）、末士洛云（Viceroy，总督）、马凝接（Major General，陆军少将）、比利呢布颠剃衣弥（Plenipotentiary，全权大使）、赞你留（General，陆军上将、将军）、押米娄（Admiral，海军上将）、马厘士列（Magistrate，文职官员）、加必丹末（Captain，陆军上尉或海军上校）。人名如：沙有哥哈（Sir Hugh Gough）、沙连弥仆鼎查（Sir Henry Pottinger）、沙外廉巴加（Sir William Parker）、时篾（Simth，又称士勿）。

上述外来音译词并非常用词语，在汉文文献中的使用频率也不高，除"律好司""布来勿冈色尔"被《近现代辞源》《近现代汉语新词词源词典》吸收以外，其他的音译词语均未被收录。

除音译词外，还有一些受外来事物、概念的影响而产生的意译词，如本章第一小节所列举的清末驻藏大臣奏稿中出现的大部分近现代新词语，也未被《近现代辞源》《词源词典》的编纂者所措意。以下再举几条零散分布于清代藏学汉文文献中而未被《辞源》《词源词典》吸收的意译词的例子。

【拔海】即海拔。《藏辀随记》："噶尔塘楚河之东岸，一拔海一万四千二百四十英尺之高原也。"

【埠】口岸。《文硕驻藏奏稿·附总署议复印藏通商事宜折》："英人贪得扩充商货之利，构廛建埠，阛阓云连，必不复萌他衅，各口通商，即其明验。……所云印藏边界，原未指定地方，必须察看地势番情，酌定设埠之处，此时尚难预计。"

【埠口】码头，口岸。《文硕驻藏奏稿·附总署议复印藏通商事宜折》："原奏称独脊岭距藏远近详细里数无考，又称将新章内印藏交界地方六字删除更正，须声明在哲孟雄部之独脊岭地方作为通商埠口一节。查该大臣所据《西招图略》绘述藏边情形，系故大学士松筠所著。其时驻藏大臣巡阅足迹仅至两藏塘汛，于边外情形略而弗详。"

【鬼子皮】外洋输入中国内地的机织布。《有泰日记》卷六："因荣夷情回省，买噶真缅布等，托其寄往，可惜布动噶哩（俗名鬼子皮）无好者，其质甚厚。"清末民初文献中有不少关于"鬼子皮"的记述，如"俄货如煤油、火柴、糖、瓷器、铁器、布匹（俗称鬼子皮，隐喻抵制外货之意）等，充斥各地，并蔓延于甘肃之安、敦、玉、酒等县"①。又如"清光绪三十一年至民国十年（1905—1921）主要物品价格：……鬼子皮（机织布，幅宽不到2尺）每尺价制钱130文"②。

【机关炮】即机关枪，简称机枪，是利用机械装置可连续发射炮弹的武器。《联豫驻藏奏稿·详陈川军抵藏情形并请奖叙折》："宣抚之余，张鸿升仍带马兵及机关炮，由大路进发，本年正月初二驰至乌斯江。"

【集股】即集资。《文硕驻藏奏稿·致续侍郎（昌）函详陈藏事颠末及筹画苦心》："但首先倡办之人，则非自藏番始，乃内地贪吏豪奴在官人役，约同内地商民，集股贩货，转卖藏番，藉图渔利。……此辈在营当差，善于探听公事，而与商上噶厦往来，播弄是非。又闻私相贸易之事，集股财东，是一贪吏、一豪奴。"《有泰日记》卷六："湘梅来，闻杨聚贤有欲立公司之说，大约十万银即可办理，如羊毛、牛尾、麝香、皮货，均可对利，且系大宗，恐洋人如到藏后，此利为其所拘，则边外吃大亏矣。告以集股如有成效者，再行上公事，决不与商人有为难也，然款目

---

① 陈赓雅：《西北视察记》，甄暾点校，甘肃人民出版社2002年版，第258页。
② 石宗源：《张思温文集》，甘肃民族出版社1999年版，第235页。

恐不易集。"

【教道】指宗教。《文硕驻藏奏稿·照抄商上原禀》："随即回云：藏地原系清国大皇帝主掌法度，平日恪守王法。只因教道性情两不相合，兼以此等之人从无进藏之例，断不令一人入藏。"又"三大寺等公禀大吉岭新修炮台显系诬赖"："况该外洋与小的番人性情不同，教道不合，实为冰炭。"又"据唐古特恳请将热纳宗收留舆图之内片"："查藏地接壤之哲孟雄，迤东之布鲁克巴，西南之作木朗洛敏汤诸小部落，向来未径行朝贡。而教道、风俗、文字、衣冠与唐古特多同，互相联姻，事所恒有。"

【教务】宗教方面的事务。《奎焕驻藏奏稿·咨复达赖喇嘛桑披岭要犯仍准前咨办理嗣后会办事件须各守界限》："且此后贵达赖喇嘛务必自管自物，其非西藏教务，严饬所属番官毋再干预。"《张荫棠驻藏奏稿·传谕藏众善后问题二十四条》："达赖班禅本应专管教务，应如何广兴教育，汉藏文兼教，使藏民人人能读书识字，以开民智。"

【马枪】近现代骑兵用的一种枪。《讷钦驻藏奏牍·咨川督请拨后膛马枪》："照得本大臣克期赴藏，随带回差戈什哈约有三十余名，均系徒手，并无器械。除刀矛等项由本大臣自行购办外，拟由机械局购领后膛马枪八支，以资保卫。"

【瞒耸】欺瞒耸听。《张荫棠驻藏奏稿·致外部电述英员饰词瞒耸及交涉详情》："卧任气骄傲失礼，不肯认过，因饰词禁阻直接，瞒耸印政府。"又"致外部电辩并无阻运麩料事"："何至三月二十七日独施强硬手段，其为卧伪饰瞒耸，想在朱大臣洞鉴。"他例如《晚清文献》卷上："传教者又往往不知底细，受其瞒耸，存心袒护，出面扛帮。"[①]

【金元】指黄金。《有泰驻藏奏稿·致外务部抄陈英送条约十章电》："为因西藏不遵条约，并羞辱边务大臣等，妄动兵衅，须偿还英国金元五十万元，合卢比银七百五十万元，按三年分期清缴。"

【矿师】查探矿藏的专业人员。《张荫棠驻藏奏稿·咨外部为西藏议设交涉等九局并附办事草章》："矿务局应聘查探矿苗、开采、熔化矿师一二

---

① 郑振铎编：《晚清文选》，上海书店出版社1987年版，第191页。

人，将藏属各矿详查备载，并考究各家采矿是否合法。"

【生理学】研究有机体生命活动规律的科学。《有泰日记》卷十四："午后，西昆过谈，并送手巾、枣子、龙眼等物，晚又送日本著《简明生理学》一本，拟明日以酒席答之。"

【十字木架】木质十字架，十字架是基督教徒的信仰标记。《康𰀀纪行》卷二"天主教源流"："《澳门纪略》曰：'澳中凡庙所奉天主，有诞生图、被难图、飞升图。其说以耶稣行教至一国，国人裹而缚之十字木架，钉其首及四肢，三日苏，飞还本国，更越四十日而上升，年三十有三。'"

【天文家】研究天文学的专家。《康𰀀纪行》卷十六"《万国全图》说"："至于东西经度，则天体转环无定，随方可作初度，而天文家亦立一法算之，以日行天周三百六十度，每时得三十度，如两处相差一时，则东西便离三十度矣。"

【洋枧】仿照外洋之法自制的肥皂，俗称"洋碱"。《张荫棠驻藏奏稿·颁发训俗浅言》："又佛灯之酥油可设法烹炼，制成外国灌装牛油，以销售于外洋，又可制洋枧、洋蜡烛，以利民用。"

【养济院】即福利院。《锡良藏事奏牍·巴塘教案议结片》："磋磨累日，议给牧苏两教士命价并修墓建碑，设立养济院，一切在内共银七万八千五百两，一共十二万一千五百两。"

【医学堂】即医学院。《张荫棠驻藏奏稿·奏复西藏情形并善后事宜折》："亟应设卫生总局，附设施医院，派北洋医学堂毕业生数人，赠施医药。并设医学堂，招聪颖藏童数十人，教以西医诸法，五年毕业，学成俾往各属地治病谋生，以广传授。"

【印花布】印有花纹或图案的布匹。《平定准噶尔方略》正编卷五十一："惟各色绒褐、毡毯、印花布等物是其所需，购运亦易。"《有泰日记》卷十三："连日床上有拉布齐（汉语天棚）以各色缎成长方形，用各色绸走水，中镶色拉寺所印陀罗经两方，中线冲内外及各色印花布印佛像布作围子，活佛体制，恭敬之意也。"明代已见。《星槎胜览》卷二："地产玳瑁、羖羊。货用爪哇布、烧珠、印花布之属。"

以上列举诸多的词条，重点不在于突现这两本工具书在引例方面的缺陷，而是通过词目书证出现年代早晚的比较，说明清代藏学汉文文献中的近现代词语为数不少，是近现代词语研究非常有价值的语料。清代驻藏大臣的奏疏是年代清楚的资料汇集，挖掘整理这类文献中出现的近现代汉语新词语，对于前期现代汉语词汇及外来词和新名词的研究非常重要，也有助于近现代汉语辞书质量的提高。

在汉语史的研究中，对清代藏学汉文文献语料的重视是不够的。学界对藏学汉文文献的研究，偏重于历史文化、宗教政治，从语言词汇的角度研究的成果甚少。加上大部分藏学汉文文献还没有进入电子文献库，对其中某一词语使用情况的查寻，还需要用人工方法逐行逐页地翻阅、寻找，这种局面也导致藏学汉文文献的语料没有被很好地利用起来，一些语文辞书也很少从中摘引例证。当前，对 19 世纪新词语的考证，是近代汉语词汇研究中的一个新领域，也是一个薄弱点，如果能够对清代藏学汉文文献的语料进行深入透彻的研究，不仅可以弥补《近现代辞源》《近现代汉语新词词源词典》的不足，还可以挖掘更多的新词条，为历时性汉语新词典的编纂提供新鲜的语料。

第七章　清代藏学汉文文献词汇的衍生

复音化是汉语词汇发展的一个趋向，复音词在近代文献中大量产生，在汉语词汇中占据优势地位。清代藏学汉文文献在用词方面，以普遍使用复音词为特征，在新生的复音词中，以复合词为主。从复合词的结构方式上看，有些采用的是附加式构词法，其中以"子"尾词居多；大量的新兴复合词主要是围绕某一共同语素通过变换组合方式或组合对象而形成的，或者是已有的语素组合在一起形成新词。以下分别论述。

第一节　附加式构词

附加式的构词方式是在词根语素上面附加词缀构成新词，清代藏学汉文文献中出现最多的是"子"缀词，还有零星的"然""儿""头"等词缀。

一　词尾"子"

名词词尾"子"源于先秦，魏晋南北朝以后普遍运用，用法得以扩展。清代"子"尾也非常活跃，藏学汉文文献中出现了不少"子"尾词。

1. 附加于单音节词后构成双音节名词。单音节绝大多数是名词，个别是动词或形容词（如"瘸""辣"），但是，组合后就成为名词。其中指人及与人相关的名词有：

【妹子】妹妹。《平定两金川方略》卷二十六："至僧格桑处，原有土舍守护妹子番兵，是僧格桑派他把守，土舍实未敢说明等语。元俊当经谕以尔之侵占邻封，谓为其民内变，尔之添兵助逆，谓为保护尔妹。"

【回子】指信仰伊斯兰教的人。《金川案·亨·理藩院咨复有关金川土司进京朝觐事宜》："今具奏，番子等诣圣安及纳贡来京瞻仰事件，俱着照依回子等之例办理。"《理藩院》卷九百七十八："又定：在藏打仗出力之索伦、达呼尔家奴，原系发遣为奴之人，此内除额鲁特、回子人等，前经奉旨作为另户，准其本身一人一辈入于丁档外，其伯叔兄弟子孙均不准入档。"

【蒙子】指蒙古族人。《西藏志·市肆》："若贸易碎小之物，以蒙子哈达、茶叶、酥油易换。"

【番子】指藏族人。《廓》卷十一："并安设台站，雇觅熟悉番子作为向导，福康安一抵西宁，得以定期遣发，所办俱属可嘉。"

【莽子】即"蛮子"，指外国人。《金川纪略》卷一："又请外国莽子教学邪法，造片刀、镖子、鸟枪、弩箭头等军器，商酌拒敌。"清代其他文献中亦见。《清代普洱府志选注》："又由三岔河马鞍山至小猛养九十里，又五十里至九龙江，又一百四十里至猛笼，与缅甸莽子并暹罗戛于腊交界。"① "缅甸莽子"指缅甸人。

【瘸子】瘸腿的人；跛子。《平定两金川方略》卷一百二十五："布拉克底土司阿多，本系瘸子，令人背负而行，自不能远赴京师。"卷一百三十二："内除绰斯甲布、梭磨、卓克采、从噶克四土司未经出痘，布拉克底系瘸子，不能步履，巴旺系土妇，难以进京外，余如木坪、鄂克什、丹坝各土司，均已束装预备。"

【辫子】即发辫，把头发分股交叉编成的条条儿。《西藏志·衣冠》："其蒙古妇女发亦自顶分两股打辫子，以青缎或青布作套束上。"《有泰日记》卷十："伊戴三品花翎帽子，然无辫子，颇可笑。"

指称动物及与动物相关的名词有：

【骡子】骡的俗称。《西藏志·物产》："工布江达产栽绒、骡子、大头狗。"

【麂子】即麂子。《有泰日记》卷三："遂至敬亭、云亭屋内喝油茶、奶茶，其弟已放猎犬至南山深林茂草中。忽报犬声大作，盖遇兽即吠。……犬

---

①　邓启华：《清代普洱府志选注》，云南大学出版社 2007 年版，第 320 页。

往西驰，闻有脊子跑下［獐之属，不知是否脊（麂）字］，回时尚无消息，恐未必能得也。"

【虫子】昆虫和类似昆虫的小动物。《有泰日记》卷十二："此地虫子亦复不少，每以无虫子，乃于各物懒于抖晾之措辞也。"

【蝎子】节肢动物，下腮处生有像螃蟹的螯，胸脚四对，后腹狭长，末端有毒钩，用来御敌或捕食。《西藏志·刑法》："或活缚送曲水蝎子洞，令蝎子食之。"

【个子】指动物身体的大小。《有泰日记》卷六："因鹤孙、少韩、化臣各买青马一匹，请往看，尚均堪用。乃西宁新来者，惟个子都不大。"卷八："昨得青骡子，乃墨里藏针，口六岁，尚结实，不知本领如何，俟遣人压之可知矣。再者不过个子太小。"

【腿子】指（动物的）腿。《有泰日记》卷十一："马圈中羊只产一小羊，颇有玩意。腿子甚高，初生羊皆如此。"

【肚子】用作食物的动物的胃。《六世·御茶膳房记六阿哥传静宜园开光念经每日赏班禅等饭食》："又行光禄寺，添行猪肉二百五十二斤，肘子二十七个，肚子二十七个，肥鸭子一只，肥鸡一只，菜鸡二十七只，小鸡一只（送一次）。"

【尾子】（动物的）尾巴。《有泰日记》卷七："见唐儿养黑马一匹，不知若干所买，惟尾子剪齐，乃经洋人所用之物，殊可笑。"

【翎子】清代官吏礼帽上装饰的孔雀翎或鹖尾翎。《西藏见闻录》卷下"服制"："郡王之冠，春、秋、冬用玄狐，夏以锦缎装花。其制，高约六七寸……上戴红宝石顶，双眼孔雀翎子。"

【皮子】兽皮。《有泰日记》卷十二："登楼看捆皮子、毡子等物。"

【板子】未经加工的兽皮。《有泰日记》卷十："询其皮中最暖为艾叶豹肷，喇嘛噶伦多病，年年非此不可，因令永福找之。……有狼肷亦暖，不过板子硬。余谓此地手艺再加板子硬，穿上必至不能动矣。"

指称植物的名词有：

【麦子】小麦。《西藏志·婚嫁》："女家以门外搭一凉棚，内以方坐褥三五个，高铺于中，将麦子撒为花，扶女坐于上。"《平定准噶尔方略》卷十："因土沃水裕，今年所得麦子，一倍收有六倍。"

【芽子】尚未发育成长的禾苗。《西藏奏疏》卷二："此子未生之前，于冬月间墙边生有青稞芽子；及生之后，次日就能弹指举手，迭次合掌。"

【莜子（荞子）】即荞麦。《金川案·利·松、建二道议详善后事宜》："查番地粮食只宜种播麦籽、青稞、莜子、胡豆、豌豆五种。"又作"荞子"。《卫藏通志》卷十四上："其茜草、青稞、荞子、药材、酥油等项，照旧缴纳。"

【菜子】指油菜，其籽可以榨油。《巴》卷二十三："再，臣等日内查勘拉子地方营房寨落，俱属坚固，地土颇宽，所种稞麦、菜子现已扬花，气候较佳。"《西藏志·物产》："拉萨谷属，产青稞、小麦、胡豆、豌豆、菜子。"

【槟子】槟子树的果实。《理藩院》卷九百八十九"廪给"："哲布尊丹巴呼图克图来京，每日给蒙古羊一只……槟子、梨各一百五十枚，栗子、干枣各十斤，葡萄五十斤，核桃三百个。"

【柿子】指柿子树的果实。《有泰日记》卷十五："复行山半路，见有柿子已黄，结成满树，未免有易州乡景之思。"

【粉子】淀粉。《六世·御茶膳房记宁寿宫念经日赏班禅等饭食》："共添得白面九斤十两，粳米面一斤，白糖一斤五两，澄沙九两，甜酱四两，面筋一斤，锅渣、豆腐各八两，绿豆粉子四两……"其中的"绿豆粉子"即绿豆淀粉。

【蒲子、艾子】蒲子指菖蒲，艾子指艾草。《有泰日记》卷六："办差者今日来挂红布灯红布彩，并有四大闲来插蒲子，无艾子。所谓四大闲者，盖乞人无事者，来此为讨赏，俗以闲贤同音，即谓之四大贤。"

指生活物品的词语有：

【褐子】一种粗毛呢织物。《西藏奏疏》卷一："该噶布伦于八月十八日始抵卓许地方，详细探明该夷贼滋事情由：'缘拉达克部落从前与唐古特原相和好通商，因拉达克头人等希图唐古特所属之堆噶尔本等处地方出产褐子并有金厂，随勾结森巴番众以朝雪山为名阑入唐古特边界，肆行抢劫，侵占营官寨五处。'"他例如《本草纲目拾遗·红氆白褐》："红氆乃毛布，今名褐子。西人多以牛羊毳杂织而成，以茜草染则色红。"《青海志略》第五章第八节："褐子：用羊毛或驼毛纺线织用之粗布，宽约尺余，每疋长约五丈，可为制衣服之用。"

【毡子】毛毡。《六世·内务府奉旨将班禅呈进红猩猩毡准烟波致爽明殿铺用》："十九日，太监长宁传旨：烟波致爽明殿宝座并东暖阁大宝床上，现铺红猩猩毡俱糟旧，着另换铺红猩猩毡。向芳园居先查毡子呈览。"《孟保、海朴驻藏奏稿·商上以披楞要求贸易请酌定裹》："又有披楞之人安拉八都萨格，连跟役四十余名，随带毡子、玻璃、海螺等物，由呢底萨一路，于是年七月初六日行抵足浪地方。"

【片子】毛呢织物的俗称。因其成片状，故称。《孟保、海朴驻藏奏稿·廓尔喀王与达赖喇嘛信字及赠品》："照例递送，金丝缎一匹，片子一匹，细白布二匹，象牙碗一个……"《有泰日记》卷七："午饭后登楼，觉凉，穿极小毛羊皮袄、片子、棉卧龙袋方合式。"卷九："初九日，接班禅佛回信，送到长寿佛一尊……蓝片子一块，江卡一个。"

【穗子】丝、绒等扎成的如禾穗状的饰物。《六世·内务府遵旨将班禅呈进正珠念珠另穿并换金线穗子》："奉旨：准穿念珠一盘，另换金线穗子。"

【褶子】毡制的短上衣。原为一种便服，清代用作兵丁军装。《例案》下卷："毡褶毡帽（将军温奏，给兵丁之用，新案无）褶子每件价银四钱五厘，毡帽每顶价银九分，由宁远及省城办解。"

【脚子】下脚，渣滓。《有泰日记》卷十："今闻王永福云，染氆氇有一种树，生于南路，与蜡树无异，折而熬之，其色纯紫。染物后其所剩脚子，即是紫胶，可盖图章用。"

【驮子】捆扎成垛驮运的货物或行李。《廓》卷五："'……戴琫等追贼至僧格仔地方，与贼打仗，枪伤数贼，夺得驮子数个，贼众因追赶甚急将驮子焚烧，仍从撒伽一路败走'等语。"

【垛子】将货物分装而成以便转运的包裹。《进藏纪程附录·运饷事宜》："至锦布、茶烟各种赏需垛子均先发，令其前行，派拨一二家人管押足矣。"上文提及："饷垛既多，易致拥挤，川路窄狭，亦难并行。""饷垛"指的是分开包装的饷银。

【边子】边缘。《六世·内务府遵旨将班禅呈进磁青纸金字西番经另换木衬经帘等安于养心殿》："随将磁青纸金字西番经一部，系将四面边子裁齐，抹得纸样一张，并将经里板二块，如另换木板，恐伤损上面佛像金字，请将周围依回纹边外口，将边裁去，另添木边糊磁青纸，持进呈览。"

【墙子】（书籍的）边子。《六世·内务府遵旨将班禅呈进磁青纸金字西番经另换木衬经帘等安于养心殿》："将班禅额尔德尼呈进磁青纸金字西番经一部，系将四面墙子裁齐，画得泥金回纹花边，配得三色洋锦经帘，持进呈览。"

【鼻子】指物件上穿系绳索用的部件。《六世·内务府奉旨将班禅呈进铁钵嘎布拉鼓等配套写签》："奉旨：将嘎布拉鼓腰箍上鼻子，另改做竖安，其铃杵小，另向佛堂查大些铃杵配合用。……于十三日将嘎布拉鼓一件，随腰箍飘带系将腰箍上鼻子改做竖安，查得佛堂大号铜铃杵一分，配合成分，俱随鞯皮画金套，并换下小号铜铃杵呈览。"

【书子】书信。《平定金川方略》卷一百二十二："索诺木彭楚克说：'母亲，大哥书子难道叫我们出去受罪？想是已替求恩典了。'"

【信子】书信。《定藏纪程》："马每头四十两到藏，夫每名二十四两到藏，立文书名信子，俟雪消起程。"《史料汇编·周瑛奏报领兵抵藏日期及安定人心缘由折》："我等与达赖喇嘛共同写信子差人去讲说，去了尚未曾回来。"

【案子】案件。《有泰日记》卷十三："案子完，待覆奏。"

【替子】图章、印章。"替"是藏音汉译，"图章、印章"之义。《有泰日记》卷五："买替子（铁打的，只有花纹，可买番字，多作人名，即蛮图章也），一藏钱一枚（并买紫胶水）。"又："不知山上替子肯打否，盖前路番子已扎住，来往行人不准无山上替子随便行走。""不知山上替子肯打否"意即不知能否盖上布达拉山上达赖喇嘛的图章。又卷六："闻达赖喇嘛午后已回布达拉宫，并闻发给三大寺替子，令其专专念经，不准再行胡闹。""替"今作"梯"。《嘉绒藏族史志·民俗风情·服饰》："'梯'（即私章）和栓'乌箍'（用皮为料制成，隔成若干小层袋，袋口以公母扣扣之，并饰以银质花纹，内装金线及贵重物品，外横长刀于腰际）。"①

【盖子】《有泰日记》卷十一："田德拿来黄白玛瑙壶一个，将盖子丢去，彼亦买一个，以此盖换上，索价三十文，只好如此付之。"

【匙子】舀取液体或粉末状物体的小勺。《有泰日记》卷三："甲氏兄

---

① 雀丹：《嘉绒藏族史志》，民族出版社 1995 年版，第 513 页。

弟送到糌粑面，并用绸绫袋盛之，且有匙子，可谓尽心之至。"

【钩子】悬挂、牵引或探取东西的工具，形状弯曲。《有泰日记》卷八："程巡捕拿来廓尔喀铺一物，四川呼为一把速，又名什样锦，有刀、锯、剪、错、小刀等件，附匙，又转锥、铜哨儿、钩子等，约廿件。"

【铧子】一种掘地农具。《平定准噶尔方略》卷十："再，种地所用犁锄、铧子、锹、镢等器，每年给发不少，何以一年之间，即俱损坏？"

【柜子】即柜。盛放衣物、书籍、文件等用的器具，方形或长方形，一般为木制或铁制。《西藏见闻录》卷下"方语"："柜子，哭老。"其中的"哭老"是藏音汉译。

【靶子】练习射击或射箭的目标。《西藏见闻录》卷下"方语"："靶子，奔。""奔"是藏音汉译。

【码子】子弹的俗称。《有泰日记》卷五："荣大臣送到大铁盘一、茶壶一……大小洋枪十杆带码子并铜帽，外赏当差等人藏钱三千元，因赏其来使六十两银。"

【盅子】酒盅。《西藏见闻录》卷下"方语"："盅子，冲冲噶盂。""冲冲噶盂"是藏音汉译。

【钮子】纽扣。《西藏见闻录》卷下"方语"："钮子，卓姑。""卓姑"是藏音汉译。

【局子】官署。《有泰日记》卷十三："接藏内来信，不知为谁所发，乃俚歌一纸，大骂张憩伯，钞存以作笑话观看可也。……九个局子真希样，报答洋人真算强。""九个局子"是指张荫棠提出的在西藏设立交涉、督练、盐茶、财政、工商、路矿、学务、农务、巡警九局而言。

【堂子】满族的祭祀场所。《平定金川方略》卷十五："上亲诣堂子致祭。先是，卤簿大驾，向堂子陈设，兵部列螺于东旁，堂子大门外，设立吉尔丹纛、八旗护军纛八杆。"

【辣子】辣椒。《有泰日记》卷八："回时噶必丹送来菜点，声言皆系彼之太太所作，菜中有生莞豆，似冬菜所拌，炸排骨、酸奶子、酥油、洋芋并加姜黄、辣子。"

【翅子】鱼翅。《有泰日记》卷十三："本拟猪羊牛肉，因有翅子等菜用，反未吃肉。"

【奶子】动物的奶汁。《西藏志·饮食》："藏番蒙古不拘贵贱，饮食皆以茶为主……其次面菓、牛羊肉、奶子、奶渣等类。"

【锅子】火锅。《有泰日记》卷七："四钟余，令江古学先吃，在内一桌，系牛羊肉排骨等，有菊花锅子，不知如何下咽。……余约诸位亦在内大嚼菊花锅子，竟如京内菜，亦老左预备，甚可吃。"

【浆子】浆糊。《有泰日记》卷八："东屋内东窗改隔子两个，裱糊，截断糊隔子，乃先刷浆子后铺纸，用铁锅打浆子，满屋皆臭。"

【弦子】三弦。《平定金川方略》卷十九："今询及鄂实，亦云阵前不甚勇往，且以弦子解闷。"

【镖子】飞镖。《金川纪略》卷一："又请外国莽子教学邪法，造片刀、镖子、鸟枪、弩箭头等军器，商酌拒敌。"

【铲子】铁制的或其他金属制的工具或用具。《例案》下卷："铁千斤二根，共重八十斤，挽杆、扫耳、铲子共重三十斤。"

【背子】①背篓。通常口大底小。《康輶纪行》卷一"蕃人服制"："蕃人负物，皆以竹箩，侈口，尖其底，贮物而背之，名为背子。取水则以木背子，而无担荷，多蕃妇为之，重者则以牛马矣。"②同"背夫"。《康輶纪行》卷二："（打箭炉）蕃民……纤曳官舆及负载官物，皆男妇杂充其役，谓之背子。"

其他物质名词有：

【绷子】①用来绷紧帐篷的带弹性的架子。《例案》下卷："过脊贴边一条，遮风走水二条，燕儿窝四个，绠绊带十二条，软绊二十八条，滚绳布门帘二扇，绷子亦九幅，每幅长二丈二尺，堵头四扇，过梁贴□□窝绊带俱镶边镶云，用布一百四十丈五尺深，八尺连绷子，用布一百一十一丈四尺七寸。无绷子者，用布七十八丈五尺二寸。"②捆绑人的刑具。《金川案·利·总督部堂晓谕为整饬吏治事》："今本司访闻各州县审理案件，以虚心推勘为惮烦，动用非刑，任意鞭打，跪炼压扛，视为常用之刑。并有私造绷子、木棰等项刑具，横加考讯。"

【棚子】指帐篷。《讷钦驻藏奏牍·咨理藩院西宁大臣陕甘总督商上专差赴京采办绸缎请给路照》："今据噶布伦等禀称，拣派古竹巴札巴曲增前赴京都黄寺地方采办光绪十七及二十等年分绸缎，随带从人十二名，口粮糌粑豆料共计五十包……帐房二顶，棚子三顶，护身鸟枪十杆……"

【卡子】关卡。《藏纪概》卷初："四面卡子之兵，皆挖小坑，点粪火，预备瞭哨之兵。"《平定两金川方略》卷五十二："或可从官兵所有卡子处，添设营卡，斜连向上，与九十两碉旧址相接，以隔断贼势。"《景纹驻藏奏稿·审讯要犯吐多卜降巴请处决并请赏给夷喜罗布汪曲公爵折》："至色拉寺背后山顶，及夺得娘占仁青、择巴热等处，应设防堵僧兵，并分派战敌，建设卡子。"

【口子】关口，关卡。《史料汇编·周瑛奏报领兵抵藏日期及安定人心缘由折》："前蒙钦差各位大臣传谕预备兵马，我等内里商议，著公隆巴乃带领土兵八百名往哈喇乌苏防守要紧口子，又派下唐古忒兵马一万听候调遣。"

【寨子】村子。寨，指四周栅栏或围墙。《廓》卷四十六："扎喜泽住房一所计三十余间，寨子二层，庄田一处，询系班禅额尔德尼弟兄生长之地。"《金川琐记》卷二"官寨"："夷俗称土司署所为官寨，民居曰寨子。"

【雪子】雪粒。《西辖日记》："早起过雪山，用牦牛拉纤，行至山顶，雪子迸飞，寒扬刺骨，表缩至四十八分上下。"

2. "子"附加在指人或物的双音节词后。若将整个结构看作 ABC，则 AB 为复音词。如：

【小娃子】跟班，仆人。《西藏纪游》卷一："自打箭炉至西藏，男子无论老少皆呼小娃子……小娃子者，下人之称。"《卫藏通志》卷十四："至哈拉乌苏营官之小娃子，竟自常向该处百姓勒索牛羊，甚为苦累。所有旧日苦累百姓之小娃子等，着该营官查明，令其各归本业，不得再向百姓需索牛羊，致滋苦累。如现任营官之小娃子，尚有需索扰累者，许该百姓赴藏禀究。"《西招纪行诗》："宽裕保斯民，禁暴警贪饕。（卫藏百姓性行近古，应抚之以宽，惟僧俗番目多有贪婪，而其跟役名曰小娃子，往往肆意勒索，百姓苦之。）"又作"小娃"。《奎焕驻藏奏稿·移咨达赖察木多蛮家夺咙呷吗等聚众攒殴案应严惩首犯》："惟该处蛮家夺咙呷吗等胆敢聚众将通事小娃攒殴多伤，虽系事出有因，究属目无法纪。"

【毛盖子】头发；发辫。《有泰日记》卷八："二十日发家信一封，叙接家信一封……两差官已到省，木箱封，收到铁路单，剪毛盖子，不准缠足，换活佛得银子，皆是谣言，不可听。藏中安静，给家人寄年赏八十两等语。"陕西近代歌谣中写作"长帽盖儿"。如《杀秃子》（流传于扶风、武功一带）："先杀秃子后杀瓢，然后杀的二刀毛。长帽盖儿，你包跑，你是咱家一类了。"又《杀秃子》（流传于靖边）："先杀秃子（吆）后开瓢，临完杀的（吆）二刀毛。长帽盖儿的（吆）也不饶。"①"帽盖"指辫子，"长帽盖儿"指梳长辫子的人。

【舍利子】即舍利。释迦牟尼佛遗体火化后结成的坚硬珠状物，后泛指佛教徒火化后的遗骸。《西藏纪闻·朝贡》："顺治五年，阐化王遣使入贡，缴明季所给诰敕银印……十年、十三年又遣使入贡，缴明季敕书玉印。（所贡镀金铜佛、画佛、铜塔、舍利子、珊瑚、犀角……黑白缨子。）"

【柳林子】指藏地的园林。《康𬨎纪行》卷六："以察木多北去二百余里，有恩达寨也，又曰柳林子。察木多之北数十里，有大柳林，乃呼图克图避暑所，盖番僧称其园皆曰柳林也。"《炉藏道里最新考》："嗣后遂于道旁筑一柳林子。柳林子者，富人游息之处也，使臣过则延入柳林相见，款以酒食。"《张荫棠驻藏奏稿·咨外部为西藏议设交涉等九局并附办事草章》："植物园应办事宜。五谷区、蔬菜区、果实区、树木区、花草区。拟将拉萨内柳林子二十余处为植物园，即派园主为总理，分类试种。"

【雪弹子】雪粒。《有泰日记》卷十二："晚饭后至园登台一望，北山云起甚浓，南山见冰雹满白非雪，川省呼为雪弹子。盖川省非冬日不下雹也。"卷十三："午后，落雪弹子。（似雹非雹，系雪所成，余以为雨遇冷则成雹，雪遇热则成此物。雪弹子系汤㴞所呼，未知确名。）"

【雪猴子】西藏土产，药材名。《有泰日记》卷十四："买雪猴子四十对（洋二文）、雪茶三桶（洋三文），可送礼。"民国文献中亦见。《成都通览·农业陈列品》："绥靖屯：胡麻、雪猴子……雪灵芝、兰花烟。"②《青海志略》第五章第三节："雪猴子，形略似猴，茎叶色状亦如雪莲，多生于高山之上，为妇科要剂，大雪山产之。"亦称"雪猴"。《西藏改流本

① 宗鸣安：《陕西近代歌谣辑注》，陕西人民教育出版社 2007 年版，第 217 页。
② 傅崇矩：《成都通览》，巴蜀书社 1987 年版，第 211 页。

末纪》卷三：“藏产沙金、麝香……雪莲、雪猴、雪鱼、雪蛤蟆、梧桐泪，凡诸药材，皆聚打箭炉易茶而去。”

【鱼鹰子】鸬鹚的通称，是一种可豢养捕鱼的水鸟。《有泰日记》卷十二：“晚饭后至南门外桥上一观，鱼鹰子甚多，极有趣。”

【半翅子】鸟名。即沙鸡。《西藏赋》：“雉头鸭脚（雉小而嫩，名半翅子，冬月可食。鸭惟山南帕可哩始能乳），雄鸡劣弱。”

【石扒子（石巴子、石爬鱼）】鱼名。鮟鳞鱼的俗称。《巴塘志略·物产》：“鳞之属、重唇鱼、抱口鱼、石扒子。”又写作“石巴子”。《西藏纪游》卷三：“又有石巴子鱼一种，形似鲶而扁，乃丙穴鱼之最大者，长可尺余，亦最鲜美。”又作“石爬鱼”。《绥靖屯志》卷四“物产”：“鳞之属：……石爬鱼。”

【蝎虎子】蜥蜴。《定藏纪程》：“上层南廊下吊著蛤蟆皮，长三尺阔二尺，蝎虎子三尺长七寸宽，蟒蛇、虎豹、猩猩各种之皮，俱实以草，挂廊下。”

【左插子（左插刀）】刀具名，刀刃呈左弯状。《金川琐记》卷三“左插子”：“男子喜佩刺刀，俗称左插子。”《里塘志略·风俗》：“腰系花绦，斜插匕首，谓之左插。”《章谷屯志略·夷民风俗》：“宅垄夷俗，男子多衣褚巴，以毪子制成，圆领小袖，长至膝间。腰宽数尺，束以革带，斜插短刀一柄，鞘外饰甚工致，镶嵌珊瑚银镂花纹，有值十余金者，名为左插子。”又称“左插刀”。《松溎、桂丰驻藏奏稿·将廓尔喀贡使名册贡品呈进片》：“谨将叩贺天喜贡品译缮清单，恭呈御览：……矛头尖刀二把、粗把尖刀二把、千里眼二个、左插刀二把……”又：“谨将年班贡品译缮清单，恭呈御览：……腰刀四把、云头刀二把、左插刀四把、尖刀二把……”《郎潜纪闻初笔》卷十二“廓尔喀贺教匪荡平”：“嘉庆八年八月十二日，廓尔喀国以教匪荡平，奉表称贺。……其贡物计十二事，有左插刀、湾刀、双眼枪、镀金镀银鸟枪等名。”

【石坎子】石阶。《定藏纪程》：“八十里至剑阁，山坡一上二里，有石坎子，走山顶路三十里，又上一坡，又走山顶路二十余里。”

【迷糊子】清末以来流行于陕、甘等地的一种地方戏名目。《有泰日记》卷十六：“到店，见有华佗庙，对面戏台演戏，因住听之，一折刘秀走国，一折老少换妻。后询敬甫，云，名迷糊子，甘省亦有之。文场不过弦子一，板胡一。""迷糊子"是西北地区流行的小戏名目，今称"眉户"，即清末所谓的"乱弹"。《心道法师游敦煌日记》："（城内社火）民国以来，逐渐改良，模仿兰州小戏（俗称迷糊子），颇可观听。"① 《百科大辞典》写作"郿鄠戏"，释为："戏曲杂种。也叫迷糊子、曲子。流行于陕西关中，及山西、湖北、河南、甘肃、青海的部分地区。由郿县、鄠县的山歌、小调、童谣等发展而成。一说渊源于元明北曲。清仁宗嘉庆、宣宗道光年间已在舞台上演出。"②

"子"出现在两个音节之后，是由"×子"构成的双音组合前加另一语素。其中有的是 A 修饰 BC，构成定中结构，如：

【红胡子】土匪。《有泰日记》卷十五："会兵部贡士杨士堃，闻京内科房全裁，吏部尤其胡闹，并闻张家口有红胡子抢地面之事。"

【蛮栅子】藏地路边上搭建的架子，上刻藏传佛教经文。《有泰日记》卷四："途中多有蛮栅子。其形以二木架一横匾木，上刻番字与玛密堆、玛密旗相等，不过佛号而已。"

【骨滑子】蒙古包上的骨制什件。《例案》下卷："蒙古包……八字墙、荷叶顶，俱用布做扣绊，顶檐下用骨滑子，缝工共十九工五分。"又："骨滑子每个（定例二厘，请销三厘）。"《例案》下卷："蒙古包……顶用大牛皮角四块，骨滑子六十八个。"

【毛袜子】兽毛制成的袜子。《有泰日记》卷八："毛袜子、片金绸缎、皮甬、金丝缎，得便再带。"

【野骒子】野生骒。《定藏纪程》："一带出野骒子，生相与家骒一般，毛片都是栗色，脖子肚下俱有白毛，再无别样毛片者。"

【牛腔子】【羊腔子】去除了头及内脏、风干保存的整牛或整羊。《卫藏通志》卷十四下："扎什伦布所管拉子、昂忍、彭错岭等处一年除出息，净粮食十六万一千零八十二克四批半、糌粑一千三百十六克十四批半、酥油二万一千七百二十二克半、羊腔子五千八百一十个、山羊腔子五十八

① 王运天：《心道法师年谱》，甘肃民族出版社 2006 年版，第 312 页。
② 张之杰、黄台香：《百科大辞典》第 5 册，（中国）台湾名扬出版社 1986 年版，第 5126 页。

个、牛腔子二十八个半、金子三两五钱。""腔"又可写作"羫",可用作计算去除了头及内脏的整羊的量词。《则例·嘉庆朝〈大清会典〉中的理藩院资料》:"凡贡物每旗进羊一羫,乳酒一埕。"

【烟漏子】烟筛。《有泰日记》卷十五:"令银匠打一烟漏子,竟合式,可谓已近文明矣。"

【草饼子】盘结的草根,可作燃料。《驻藏须知》:"药料清单:红花贰拾三两……草饼子柒拾背(发火用)。"是词今仍使用:"收到晌午了,他们在河滩上掏了一个坑,拣了些草饼子煮茶,又从驮子里取出青稞炒面和酥油来捏糌粑。"①

【酸奶子】即酸奶,经发酵的乳制品。明清以来,口语称奶为"奶子"。《有泰日记》卷十一:"闻平安时到此吃酸奶子,喝凉水。"卷十四:"即有丫头送酡、糌粑、酸奶子,乃施舍大众修好之意。"

【洋奶子】指奶粉。《有泰日记》卷七:"旋即送来两种,共一小袋,并洋奶子四罐。"

在"××子"组成的 ABC 三个语素中,A 支配 BC,是动宾结构。

【放索子】丛林里设置捕捉野兽的套索。《金川琐记》卷五"放索子":"夷人……亦有机智,常于幽僻丛薄野兽出入必由之径,设机械潜伺,必弋获,俗称放索子。其法:取极坚树条弯曲如弓,胃绳其间,埋浅土中,兽践其上,机发,足悬空际,虽猛兽无所用其力,且可生擒,较之掩兽陷阱似更便捷。"

【翻杆子】二人背靠背站立,贴紧,双手同时伸向空中:甲抓住乙手腕,乙双手握拳,手臂挺直,上体向前,臀部用力,双腿伸直。《西藏志·岁节》:"六月三十日,哲蚌寺、色拉寺,挂大佛,亦装神鬼等类。垂仲下神,番民男女并皆华服艳装,或歌或唱,翻杆子跌打各种跳舞,亦二寺之大会也。"

【跳弦子】即跳弦子舞。藏族舞蹈之一。《有泰日记》卷五:"晚饭后鹤孙屋内找来跳弦子文场三人,一弦子,一胡琴,一二鼓子,后又加一笛,并有一皮串铃,其音靡靡,慢则甚雅,快则无谓。"又卷五:"已

---

① 刘伟:《呵,种子》,《科普创作》1982 年第 2 期。

刻，杨桐冈约西院，叫来跳弦子文场，仍是前次三人，多一年青缠头。"
卷六："跳弦子科房一班人，生意一班人。科房以步帐围之，有唱无舞，
仅跳板子。"

【换帖子】清代异姓结拜兄弟时，互换写有姓名、年龄、籍贯、家世
的柬帖。《有泰日记》卷十六："十一日，会彭敬甫，在小书房。必欲换帖
子，再三相拦，决意不肯，执见等皆璧回。"

【跑寨子】内地商贩到藏族人聚居的村落中流动买卖交换货物。《绥靖
屯志》卷七"风俗"："商贾列肆而居，类多秦晋豫章诸地人，汉夷日用之
需，咸取给于兹。每岁春夏之交，伙计中能通夷语者，背负杂货入夷地售
之，或易麝香诸物以归，名曰跑寨子。"

3. "子"与其他词语构成的四音节词，如：

【打火亮子】夜晚烧火堆防止山林间虎狼对路人的侵袭。《使廊纪略》：
"防之（虎狼）之法，惟采竹木，积迭如山，放火烧之，竟夜不止，名为
打火亮子。""火亮"为一词，加上"子"缀，"打"是动词，与"火亮
子"构成动宾式结构。

【吃食罐子】罐装食品。"吃食"指食物。《有泰日记》卷十一：
"早间接家信一封，公馆一切平安，外有清单一件，带来若多吃食罐
子，必至大糟。"

【玲珑泡子】质薄、形圆、中空而透亮的饰品。《喇嘛事例》二："赏
为首达喇嘛表缎三匹、里绸一匹、红缎袷衣一件、袷袈裟一件、单裙一
件、靴袜各一双、玲珑泡子什件、秋辔连腿胸、漆鞍一副。"他例如《钦
定总管内务府现行则例·武备院》："上用锭金宋龙饰件豹皮鞲辔鞍十副，
嵌珊瑚大玲珑泡子饰件丝线鞲辔鋄驾鞍十副，换做俱定有年限。"①"玲珑"
状明澈貌，"泡子"指质薄形圆中空的东西。"玲珑"修饰"泡子"，两词
为定中关系。

二　其他后缀

相对于"子"尾词的数量而言，其他后缀如"然""儿""头"等构

---

① 章乃炜、王蔼人：《清宫述闻》，紫禁城出版社 1990 年版，第 135 页。

成的词语数量则非常少。"然"缀词在古代汉语里使用广泛，在清代官僚文士的用语中仍有发展，如：

【宽然】宽裕貌。《平定两金川方略》卷一百十二："国家帑藏充盈，军需之用，宽然有余。"

【欢然】快乐、喜悦貌。《有泰日记》卷十："盖街市谣传因蛮戏三班……又因昨日来听，不识为谁，不准近来，仅至南门外闻鼓钹之声，自己跳舞一阵，未免欢然。"

【充然】充裕貌。《廓》卷七："所有兵行应办粮石，节据孙士毅奏报酌备情形已属充然有余，即或稍有不敷，亦应先尽藏内采买，以运脚计算较之内地运往每石可节省运费三十两，则万石即可节省三十万两。"

【蓬然】（织物）蓬松貌。《西域遗闻·物产》："藏外所产之羊，质柔而毛纯白。织为罽，以帚刷之，令其毛蓬然起，柔滑细致，呼曰氆氇。"

【蓊然】草木茂盛貌。《西藏归程记》："至行馆，次日天晓，尚淫霖不绝，峰岗合沓，云气蓊然，或锁山腰，或覆山顶。"

【童然】光秃貌。《西辎日记》："凡过此之人，皆平息不敢扬声，山顶童然，不生草木。"

"儿"缀词具有明显的口语色彩，如：

【獭儿】即獭。兽名。《进藏纪程·巴塘》："土产则葡萄、胡桃、栗谷、蔬菜、牛羊、鸡鸭、猞猁狲、艾叶豹、元狐、獭儿之属。"

【梨儿】梨树的果实。《有泰日记》卷十六："买得落花生、梨儿、石榴，用小饮，可作音尊自娱。"

【面塔儿】面捏的塔状物。《史料汇编·鼐格等奏达赖喇嘛坐禅事毕接领赏物谢恩情形折》："雍正十一年十月二十七日奉上谕，着问达赖喇嘛好，赏哈达、曼达、面塔儿、法轮、素珠、食物等赉往。"

【砍背儿】短袖或无袖上衣，俗称坎肩。《拉萨厅志·风俗》："达赖及班禅……衣服内衣外衣，内衣氆氇制之砍背儿，外衣以紫羊绒。"

"头"缀词多与工具有关：

【钻头】穿孔、打眼的工具。《例案》下卷："棕刷每把（三分，全删）、铁钻头每个（五分，全删）、钻杆每根（二钱，全删）……"

【镢头】刨土用的一种农具，类似镐。《张荫棠驻藏奏稿·咨外部为西藏议设交涉等九局并附办事草章》："每团须备吹哨、大锹、斧、锯、镢头等。"

【犁头】耕地翻土的农具。《金川案·亨·办理籽种农具等情形》："至农具如犁头锄耙等，皆系铁斤铸造。"

【铧头】锹，一种人力翻土农具。《金川案·利·松、建二道议详善后事宜》："查番民耕种农具，每副五种，每户赏给一副。每副用生铁铸造铧头一个重四斤八两，大方锄二把重二斤，小方锄二把每把重六两，熟铁打造尖铁锄一把重二两，矩齿镰四把。"《汉语方言大词典》释为"〈名〉犁铧。冀鲁官话。河北唐山"。

这种词缀使用不平衡的状况与清代藏学汉文文献的体裁、记述的内容有关，文献的性质决定了其在用词方面具有一定的偏向性。

以上所列词语，有些不见录于《大词典》，或《大词典》已收录但书证晚出；有些词语的义项不见于《大词典》，或其义项在《大词典》中的引例偏晚。根据这个标准，可以确定，其中的绝大部分是清代汉语词汇中出现的新兴成分。

第二节　实语素构词

清代藏学汉文文献中，出现了一些构词能力较强的实语素，如上一章讨论描写词时所列举的五个修饰性语素"洋""番""蛮""夷""藏"，常与别的语素组合构成一个词群——同族词。在构词时，这个共同语素有的位置比较固定，有的则相对灵活些，可处于第一位，后接其他语素；也可居于第二位，前加其他语素。同族词由于含有一个共同语素，因而在词义上都有一定的联系；又因为这个共同语素在词中的位置前后不同，因而在词义上或结构关系上都会有一定的差别。[①] 按词性，这些实语素可分为名词性的、动词性的、量词性的实语素三类。分述如下。

---

① 参见徐青主编《现代汉语》（修订版），华东师范大学出版社2000年版，第189页。

一　名词性实语素

1. 瘴　瘴，《玉篇·疒部》："瘴，瘴疠也。"《大字典》释为"瘴气。旧指南方山林间湿热蒸郁致人疾病的毒气"。《大词典》义项①释为"瘴气"，"瘴气"是"指南部、西南部地区山林间湿热蒸发能致病之气"。引《后汉书·南蛮传》："南州水土温暑，加有瘴气，致死者十必四五。"藏学文献中，"瘴"是个高频词，如《西藏志·山川》："昂地山，陡险积雪，有瘴。……大所山，崎陡积雪，有瘴。……立登三巴山，路崎有瘴。……纳哇奔松山，路陡有瘴。……拨浪工山，有瘴。"藏地的"瘴"，应该是指由于西藏独特的地理环境，即高寒缺氧的自然环境所引发的诸如因缺氧而导致的头晕、胸闷、气短、呕吐等症状的气息。清人初入藏地，不了解高原环境所造成的身体不适症状的原因，以之与南方山林间湿热蒸郁、致人疾病的毒气相比附，命名为瘴。"瘴"可单用，也可与别的语素组合，构成偏正式合成词。

"瘴"作为构词语素构成合成词时位置灵活，可居前，用作修饰语。如：

【瘴地】有瘴气的地区。《廓》卷二十五："至官兵等经过瘴地虽多受辛苦，但目下俱已过去。"

【瘴湿】潮湿的瘴气。《升泰驻藏奏稿·通事赫政深资得力并近日边情片》："晨起日出，瘴湿熏蒸，随行官兵颇以此致病。"

【瘴热】湿热致病的瘴气。《西牕日记》："一路峭壁崖间，悉有人户，因平地瘴热，夏秋二季，不可居也。"

【瘴疫】导致瘟疫的瘴气。《平定两金川方略》卷一百三十六："伏考汉平骆越，而军吏经瘴疫者什四五。"《使廓纪略》："是役也，阅九月之久，历山川之险，受瘴疫之厉，处势时之难，悬军深入，几于无功，险矣！"

【瘴疠】即瘴气。《廓》卷首一："此次时届隆冬，所有言冰雪较大跋涉维艰者，且闻有瘴疠之气，倘有阻滞，欲速转迟。"《金川纪略》卷二："冰雪冱寒瘴疠暑毒之区，荷戈撆甲，昼夜暴露于悬崖峭壁间。"《百一山房赴藏诗集·赠杨荔裳观察》："白盐赤甲山河险，鬼难风灾瘴疠高。"《卫藏通志》卷四："古树过漫山，山路云雾四垂，间有瘴疠，道路亦复崎岖。"同书卷十三上："惟该处山高处阴寒凝结，即成瘴疠，雪后瘴气较之夏间更甚。"《西藏记述》："夏则水草维艰，复多瘴疠，难以设防。"《金川案·上谕文绶等再筹进攻小金川》："况小金川蕞尔蛮陬，尤非缅地瘴疠可比。" 又指瘴疠之地。《赛冲阿、喜明、珂实阿驻藏奏稿·遵旨查复廓尔喀披楞交兵和商办情形折》："而赛冲阿等转欲带兵驰赴边界，以国家将士投之瘴疠，轻冒不测，岂非视同儿戏？"

【瘴烟】即烟瘴、瘴气，山林间散发的能致人疾病的雾气。杨揆《青海道中赠方葆岩前辈》："石飞风力健，山合瘴烟高。" 又《星宿海歌》："十步九折愁攀援，瘴烟黯淡斿旗旛。" 又《番地杂诗八首》："瘴烟蒙蒙黳而恶，辟瘴无方乞灵药。" 孙士毅《杨柳铺作塞外柳枝词》："瘴烟边月总难堪。"《西藏赋》："雹雪时至，风尤劲烈；瘴烟逼气，令人作喘。" 是词明代已见。明李贽《伏枕行赠严应阶》："忆昔去国行戍边，吊影累累入瘴烟。"①

【瘴毒】致人疾病的瘴气。《百一山房赴藏诗集·道中杂述六首》："瘴毒所淫蒸，其气召奸慝，军门古节度，小心矢严翼。"《使廓纪略》："天时极温暖，军士方庆免凛冽之苦，俄而烟瘴四起，阴风怒号，申未之交，雾气迷漫，触鼻腥臭，至次日，日出方息。河水尽黑。据土人云：瘴毒正胜，人不可饮，须取山阴泉水食之，然水可他取，而烟瘴不可避，军士病者甚多，泻黑痢，三日即死，不数日藏兵死者七，藏官死者一，汉兵死者一。余惧甚，乃出所藏药，竭力施救，虽病者不息，幸未再有损伤，至此始悟无居民之故。"

"瘴" 居后，作为中心语素，前面可加上修饰性语素。如：

【毒瘴】毒害人的瘴气；瘴气。《西藏考》："山湾过瓦子雪山至常多五十里。（无人户，柴多草少，山高路险，积雪极深，有毒瘴。）" 又："禄马岭过大雪山至磊达八十里（无人户、柴草，山高路险，积雪不化，有毒瘴）。"

【恶瘴】严重影响人体健康的瘴气。《西藏考》："立登三坝过大雪山，至大所，七十里。（大所设有汉兵十名，山路陡险崎岖，有恶瘴。）" 又："雨撒塘过大雪山，至昂地，九十里（有人户，山大高峻，路陡险，崎岖难行，积雪经年不化，恶瘴时有）……巴贡过二大山，至奔地，一百里。

---

① 转引自张建业《李贽全集注》，社会科学文献出版社 2010 年版，第 174 页。

（人户稀少，有草无柴，时多恶瘴）。"

【药瘴】旧时认为影响人体健康的药物气息。《卫藏通志》卷四："四十里至折多山麓，有塘铺，有旅舍，崇冈在望，嵯峨逼人，药瘴气候异常，令人气喘。"又："折多过山，山虽长，不甚峻，产大黄，药气熏蒸，过者多喘，秋冬积雪弥漫。"

【雪瘴】高寒地区积雪所导致的瘴气。《藏行纪程·十二阑干道中》："十九日至二十五日住，阴晴不时，地多雪瘴，饮阴泉之水者，皆喘急，手足触雪即坠，兼伤目。"

【冷瘴】高寒地区致病的冷空气。实际上是指高寒缺氧的气候。《廓》卷十八："据蒙古等言该处即是昆仑山，地势极高，瘴气最大，虽不比云贵烟瘴伤人，然人行寸步即喘，头目眩晕，肌肤浮肿，冬间冷瘴较之夏间尤甚。……臣出口时即已冒寒患病，兹复触染瘴疠，略形困顿，而随从人等亦俱头晕气喘，未能速行。"《西藏赋》："大朔鬼哭，三坝山鸣。（进沟三十里，上大雪山，巅峭异常，冷瘴弥漫。）"《道光云南志钞》卷七"西藏载记"："其国风、雨、雷、雹，每隔日有之，盛夏节气，如中国暮春之月。山有积雪，地有冷瘴，令人气急，不甚为害。"

2. 碥 "碥"原指岩崖之下。《广韵·勘韵》："碥，岩崖之下。"明代意指山岩，《字汇·石部》："碥，山岩。"《居易堂集》卷八"记·碥上"："碥上亦名东湾，以与西湾相对也。多高崖，拔起湖中。"① 藏学文献中，"碥"是一个非常活跃的词，出现频率较高，多指石崖、石岸。如《平定两金川方略》卷一百二十一："又沿河碥下一寨，有头人策旺据守。"《廓》卷三十三："即在临河墩上约高二丈有余向北留门。"又："官兵攀援登碥，而石块陡滑不能即上，贼匪犹藏匿碥座下层向外放枪，实属憨不畏死。"除了单独使用之外，还可作为中心语素，前加修饰语素，构成系列偏正式词。如：

【高碥】高崖。《廓》卷三十九："我兵奋勇攻扑，于高碥上用枪炮向下轰击。"

【陡碥】陡峭的山崖。《金川案·亨·御制平定金川勒铭勒乌围之碑》：

---

① （明）徐渭：《居易堂集》，（中国）台湾学生书局 1973 年版，第 244 页。

"经楼辅车，陡碉画界。木卡石城，蚕簇鳞绘。"

【直碉】陡直的山崖。《廓》卷三十四："缘山一线窄径乱石崎岖，步步陡折，并有大石直碉高至丈余者。"

【崖碉】山崖，崖岸。《藏族史料》："乾隆三十九年［甲午］五月戊辰……与海兰察等酌议，以其地在山阴，箐深林密，崖碉陡险，兼之彼此远隔，雪雾时作，万一不能如约夹攻，即不免有失利之处。"《金川琐记》卷二"控卡山海子"："行李堕落崖碉，人力不能施救。"《金川案·亨·御制平定金川勒铭勒乌围之碑》："时雾气四塞，官军乘势攀援赴崖碉直至碉下，遂将其地上下石碉木城，悉行攻克。"《例案》上卷："时雾气四塞，官军乘势攀越崖碉，直至碉根。"

【山碉】山崖。《平定两金川方略》卷三十一："其西北寨墙较为单薄，且山碉下又有一泉，若在此安设二木卡，可断贼番取水之路。"

【坡碉】倾斜的山崖。《平定两金川方略》卷一百六："其官寨之右西北，虽有寨落四座，若将坡碉层叠之处绕越，斫开小路，下一层坡碉即竖一层木栅，得此便可往断贼人后路。"《蜀徼纪闻》："丑刻燃炬行，上下坡碉。"《藏族史料》："定西将军尚书阿桂奏言：遵旨查询金川地图，据士兵等言谷噶道路不甚艰难，而赓噶又言该处山势陡险，坡碉甚大，惟从凯立叶作固顶进攻，易于得利。"

【石碉】石崖。《廓》卷三十四："日暮大雨，佯令各兵撤退，伏于石碉树林之内。"《卫藏通志》卷十三："番夫相习劳苦，偏岩石碉之下，皆可栖身，不必在宽敞地方，始行安设。"

【田碉】田埂。《平定两金川方略》卷一百十三："且番人因山为田，田碉之高下，辄有数尺及数丈不等。"

3. 碉 "碉"字宋代已见，指石室，汉代的"邛笼"即今之石碉。藏学汉文文献中称藏区用砖石叠砌的房屋为"碉"。《藏纪概》卷尾："招藏人户皆夹河散居，外围石墙作院落，又有以土筑墙者。房屋皆迭石砌砖成造，名曰碉。"这种多层的石屋供藏人日常居住、防范匪盗，在战争期间可用作防御工事，又是便于瞭望、防守、射击的军事建筑。《金川纪略》卷一："二月，师攻加社了卡等各碉（碉即綢字之讹，《通鉴》：贞明元年，綢金堡即其名）。"字形又写作"禂"。《卫藏图识》下卷："所居之宇曰碉楼，近亦多平房。《篇海》云：裯楼石室也，垒石如浮图，人以梯上下，坚足御枪炮。其盖藏之区、栖止之舍、炊爨之所，畜溷之地，皆因其广狭而位置焉。"

关于"碉"的语源，清人认为是藏语音译的结果。《平定两金川方略》卷首四："唐古特谓楼曰丢（丁差切）乌，今地名亦有讹称，兜乌者丢乌，急读即为碉，故今以番人所居之楼为碉，其实碉于字书为石室，兼楼称之义始全，但言碉者犹从番语耳。"

自清代始，"碉"可作为修饰性语素，与别的单音词组合，构成双音词。其参与构词时位置灵活，可居前。如：

【碉楼】石头堆砌的用于防守和瞭望的较高的建筑物。《金川琐记》卷二"碉楼"："碉楼如小城，下大巅细，有高至三四十丈者，中有数十层，四面各有方孔，可施枪炮，家各有之。"《西藏纪游》卷二："碉楼（《篇海》都聊切，石室也）垒石为之，下丰上锐，耸立玲珑，形如卓笔。有高至数十丈者。口外风高，却无敧侧倒塌之虑。旁设小孔，如窗棂然，番人登之瞭望。予至两金川曾见之，西藏间亦有之，特不及其高峻尔。"《陇蜀余闻》称："松潘、建昌诸蛮，所居皆累石为之，高者至八九层。人居其上，牛豕居其下，名曰碉楼。"

【碉房】石室，碉堡。《平定两金川方略》卷一百三："时东风大作，火势沸腾，所烧碉房计二百余间。"

【碉屋】石室，碉堡。《藏辅随记》："康巴建于年楚河西岸山上，均有喇嘛二千余人，市场居背郭阙堞庙下，石墙碉屋，鳞比栉次，多系庙产，居民共六百户，约二千六百余人。"

【䃖舍】犹"碉堡"。"䃖"字同"碉"。《金川纪略》卷一："袭封后役属吐蕃，勾诱南诏，叠甓而居，号䃖舍。"

【碉窟】碉堡。《金川纪略》卷一："即于十八日夜率兵五千余起程，尽撤至纳贝山之喇布碉窟内居驻。"

【碉堡】用石块等建成的防御建筑物。《张荫棠驻藏奏稿·咨外部为西藏议设交涉等九局并附办事草章》："平日宜周历全藏险要形势，熟悉胸中，将某处临时可安营叠碉堡，某路可以伏兵，某路可以运粮，某路可以包抄贼后，一一筹画，随机应变。"

【碉栅】石碉和其他防御建筑。《金川案·元·上谕阿桂、明亮等协力擒贼勿好胜争功冒昧攻扑》："果能将贼人巢穴攻破，其余碉栅必皆不攻而溃。"

【碉隘】碉楼关隘。《锡良藏事奏稿·复陈筹议收瞻折》："乃未几而闻藏中密谕瞻番，修备兵戎，严防碉隘，盖恐川师之潜袭也。"

【碉座】碉堡。"座"是量词。《例案》下卷："且不守碉座，另立营盘，贼人窥视已久，见其易于侵犯，遂生尔心。"《廓》卷首二："屯兵等奋勇越进夺获碉座，杀死贼匪九十余名，拿获活贼十八名，遂即乘胜直前。"《金川纪事诗·望日耳碉寨有作》："或两或三形势各（日耳南北山上，碉座甚多），合抗我师敢弗恪。"

"碉"居后，作为中心语素，可与单音节修饰性语素结合，构成偏正式词。如：

【蛮碉】指川藏地区的碉房。《西藏纪游》卷一："《文靖谒丹达山神祠》诗：'……役夫馁欲搜鸡豚，蛮碉况有榾柮温。'"

【大碉】碉房。① 《金川纪略》卷二："甚将班滚之子沙加七立捏名德昌喇嘛，将班滚大碉冒称经堂，给与居住。"民国文献中亦见。《道孚县风俗纪略·住居》："又有一种名大碉，墙较他屋高数仞，环堵作雉堞形，旁有炮眼，闻系御外侮者。但此等建置，于孤村荒野中数见。城镇即有，亦属鲁灵光殿焉。"

【平碉】单层的石室。《巴》卷二十六："委员查验其所需贮谷厫座，均于附近粮台处所酌拨平碉，量为修补，需费无多。"《平定两金川方略》卷七："至于谷里大战碉一座，其前又有平碉三间。"又卷十二："又有贼番堆砌平碉四座，上下大小石卡二十余处，约亘里许。"

【水碉】临水的碉楼。《平定金川方略》卷三："令兵丁各备干柴，守备杨金玉等管领，将水碉三座，用柴布砌，一时地雷烘发。"《平定两金川方略》卷十："其右边水碉二座，已经夺据。"同书卷一百八："查逊克尔宗水碉，为贼人紧要之地。"

【炮碉】备有向外发射火炮装置的石碉。《锡良藏事奏稿·官军攻克桑

---

① 参见石硕《青藏高原东缘的古代文明》，四川人民出版社 2011 年版，第 416 页。

披逆番折》："上年十二月之杪，诸军毕会于山下，乘胜攻夺炮碉三十余座，据险环屯。"

【哨碉】地处村寨外侧负责观察瞭望的碉楼。《鹿传霖藏事奏牍·迭克瞻巢碉寨扑灭援贼剿抚兼施疏》："至中瞻逆巢新旧两寨，负山临江，寨之右山有哨碉三座，形如品字，为新寨之屏蔽。"

【战碉】以军事防御为目的建造的中心碉楼，比一般碉楼更高大坚固。《平定金川方略》卷三："隘口处所，则设有碉楼，累石如小城，中崒一最高者状如浮屠，或八九丈、十余丈，甚至有十五六丈者，四围高下，皆有小孔以资瞭望，以施枪炮，险要尤甚之处，设碉倍加坚固，名曰战碉。此凡属番境皆然。"《廓》卷二十四："今于山上要口修砌战碉二座，以便安兵堵御。"《蜀徼纪闻》："又三十里过碉头，始见所谓碉者。围墙俱以碎石垒成之，上施木梁，以石板平其顶，可行可坐，番人家其间。中崒而高者为战碉，高至二十余丈，盖瞭望之所也。"《金川纪略》卷一："草草班师，奏称通计剿克要寨七十六处，焚战碉、碉楼七百六十余座。"《金川纪事诗·望日耳碉寨有作》："战碉如峰已岢嶭，此更垣墉状郛郭。（昨所攻克之斑烂山斯底叶安仅有战碉，此则附以墙垣寨落。）"

【石碉】石头堆砌的碉房。《廓》卷首二"天章二·御制诗·福康安攻破东觉噶多等山并夺得木寨石碉大获全胜，诗志慰喜八韵"："破宵冒雨乘无备，直进分班策肯差。（……东北石上砌碉，东南山梁石碉甚陡。）"他例如《瓯北集·述庵司寇新刻大集见贻》诗："石碉木棚番落屋，铁索竹筸蛮江桥。"

【耳碉】侧旁较小的碉楼，作为主碉的补充和支撑。《平定金川方略》卷十一："惟党坝一路，于闰七月二十三日，进攻康巴达，烧毁贼人耳碉一座，平房八间，并枪毙贼番百余人。"

【双碉、单碉】"双碉"指连在一起的石碉，"单碉"指单独建筑的石碉。《平定金川方略》卷十二："令参将杨朝栋领兵攻击普瞻左膀双碉并水卡，副将高雄领兵攻击左膀双树石卡，并令攻巴朗尾碉，副将刘顺，领兵攻击普瞻单碉并木卡。都司达世朗，领兵攻击普瞻双碉并双碉以下旧碉石卡，并令木坪土兵压梁助攻。"

【散碉】零散建筑的石碉。《金川案·元·上谕阿桂等预筹善后、驻军、屯务事宜》："其金川新设绿营，或即住彼官寨散碉，则所省实多，亦一体办理。"

【尾碉】村寨后方的碉楼。《平定金川方略》卷十二："遂将普瞻左膀新碉水卡，并双树石卡立时攻克，复由树林抄至尾碉，俱经攻破夺踞，杀死贼番数十，割获首级耳记，生擒九名，惟单碉双碉二处，最为险固，难以力扑。"

"碉"字前也可加双音节修饰性语素。如：

【八角碉】呈八棱形的石碉。《金川案·利·调回降番拨给地亩就近安塘》："所有调回杂谷角五寨之八角碉降番一百户，安插猛固桥、美诺、侧尔角、崇德四处，以资安塘。"此处"八角碉"用作地名，因其地有八角碉，故有此名。

【八卦碉】呈八棱形的石碉。《例案》上卷："现已克获美诺，并攻得别思满、兜乌、八卦碉各情形一折，已于折内批示矣。"

4. 寨 "寨"原指防卫用的栅栏，后来多指四面环围的驻军处，兵营。"寨"可以单用，也可以作为修饰性语素，与别的单音节语素组合，构成复音词。其构词时可居前，如：

【寨楼】防御用的多层木质建筑物。《鹿传霖驻藏奏牍·进剿瞻对迭克险隘筹攻瞻巢疏》："逆番洽桑巴带领藏兵三百名，督同瞻兵马队千人，把守垒石隘口，杂以荆榛，内修木城一座，寨楼三层，高约数丈。"

【寨堡】营寨堡垒。《西招纪行诗》："堡寨称坚固，疑谍守有方。（营官寨后接喇嘛寺，周围有墙垣，势颇坚固，辛亥年驻藏大臣派绿营军功陈谟、潘占魁二人，同营官萨木珠等率番兵二百名，守驻寨堡，贼众屡攻未下，伊等竭力固守，每夜多张灯火，昼则歌唱自若。）"

【寨栅】有木栅栏围护的寨子。《巴》卷三："现在胁噶尔第巴所住寨栅楼房俱被贼围，乞速发兵救援等语。……至营寨第巴所住寨栅楼房，颇为坚固，且其中存贮粮石、铅药，并有泉水接济。"

【寨房】指营房。《廓》卷十九："至成德奏'官寨之贼恃其寨房高大，固守不出，放枪抵拒……'等语。"又卷二十一："火势腾起，将门洞房檐烧着，并被火弹冲开石块，火焰冲入，将门洞内接连寨房二间烧燃。"《文蔚、庆禄驻藏奏稿·博窝不服查办添兵剿捕折》："俟博贼出巢追赶时，乘虚烧其房寨，回兵夹击。"《史料汇编·福康安等奏后藏地方宁谧扎什伦布寺现在整修情形折》："扎什伦布庙宇在北面山坡建盖，徐南鹏所守之营官寨，在扎什伦布东北里许土冈之上，寨房虽小，尚得地势，曾被贼匪攻扰数次，竟能固守。"《大词典》有"寨屋"，释为"营房"。不收"寨房"。

【寨脚】营寨下。《廓》卷首一："伊由西北、穆克登阿由西南进攻，天明齐集寨脚，贼匪猝不及防。"

【寨落】有栅栏或围墙的村落。《巴》卷十三："该处山势高险，并有寨落，仍需驻兵以资防范。"同书卷二十二："因通拉山径路难行，不敢前往，退至聂拉木占据寨落。"《例案》上卷："乃传檄抚定汗牛大板昭等寨落，小金悉平。"

"寨"居后作为中心语素，可受别的单音语素修饰。如：

【台寨】驿站上的营寨。"台"是清代邮驿的一种。《丁宝桢藏事奏牍·请饬驻藏大臣勘明内地疆域划界立碑片》："至此次竟敢大肆猖獗，称兵犯境，围攻台寨，焚杀百姓，据此情形，已成边荒隐患。"又"瞻对里塘划界刊碑折"："此次中瞻对地方番官索康色胆敢称兵犯境，图攻台寨，焚杀百姓，现经恒训等派令官兵办理完竣。"

【官寨】藏族土司的住宅。《巴》卷十七："查得该处两山夹峙，地势低洼，仅有喇嘛寺一座，官寨一所，碉寨十余间。"《金川案·元·上谕阿桂等预筹善后、驻军、屯务事宜》："其金川新设绿营，或即住彼官寨散碉，则所省实多，亦一体办理。"

【屋寨】房屋和栅栏。《廓》卷二十二："至二十五日，各兵搜查被轰屋寨，又将木底达巴拿住，并获余贼三名。"

【房寨】房屋和栅栏。《文蔚、庆禄驻藏奏稿·分兵剿捕博窝获胜折》："设计伪作退兵，俟博贼出巢追赶时，乘虚烧其房寨，回兵夹击。"又："因该处房寨坚固，急切难破。"《文硕驻藏奏稿·三大寺等公禀隆吐山撤卡断不可行》："至隆吐山所设巡卡房寨以及兵役人等，假使遵示裁撤，则门户要区不自保守，必不能安居无扰。"

【平寨】没有碉楼的村寨。《平定金川方略》卷三："至十二日，夺获碉卡一座，平寨一十三座，移营占据头道卡伦。守备王珩等报克大战碉一座，平寨二十六座。"

【水寨】依水而建的村寨。《鹿传霖藏事奏牍·瞻番称兵抗拒击退现筹进剿疏》："且虑为其所乘，随亲督弁勇，由旧寨连放劈山大炮，轰破瞻番分扎对面水寨，伤毙贼番多名，余均四散逃去。"

【堡寨】同上"寨堡"。清王铭《客有问维州者，走笔成竹枝词数首·六里》："改土归流称汉民，科粮权税重儒巾。可怜丁口无千户，堡寨高楼半赤贫。"①

【木寨】用木料搭建的营寨。《廊》卷首二"福康安攻破东觉噶多等山并夺得木寨石碉大获全胜，诗志慰喜八韵"："噶多东觉虽扼要，分剿合冲肯畏难。（……初六日至山麓凫水渡河，一面剿杀，一面将近河碉卡夺据。）"

【石寨】石头堆砌的寨子。《联豫驻藏奏稿·详陈川军抵藏情形并请奖叙折》："陈庆张鸿升行至推达地方，探知如陀寺内有番兵扼守，并于对山砌筑石寨，取掎角之势。"

【土寨】土司居住的寨子。《有泰驻藏奏稿·巴匪戕害凤全谋乱已饬汉番官兵严防折》："凤大臣退居正土司寨内，暂避其锋。番匪乘势将银鞘、军器、文卷等项据掠殆尽，复又紧围土寨，无法解散。"

"寨"前也可出现双音节的修饰性语素，如：

【营官寨】藏族土司的住宅。清方积《鱼通塞外杂诗》："暖风吹起雪山尘，簇簇红桩马上新。一箭入云千骑笑，道旁指点寨夫人。（番官所居，汉人呼为营官寨。）"②《西招纪行诗》："孤立营官寨，民居仅数行。"《丁巳秋阅吟·彭措岭》："庙侧有岩岗，直壁下临江。（彭错岭山势雄峻，营官寨高居山巅，而庙在山根，近临大路，庙东五里有岩道，下临岗噶。）"

5. 卡　"卡"字清代才有，指在交通要道或险隘处修筑围墙栅栏等建筑，只留狭小出入口，以警戒或收税的岗哨、检查站。如《金川案·上谕严行申斥桂林》："有小金川头人，在卡外喊禀。"《平定两金川方略》卷二十七："自三月二十九日，修卡十五座之后，至今未修一卡。二十九日，

———————

①　转引自阿坝藏族羌族自治州地方志编纂委员会《阿坝州志》，民族出版社 1994 年版，第 2811 页。

②　转引自钱仲联主编《清诗纪事》，江苏古籍出版社 1989 年版，第 7065 页。

夺卡一次之后，至今并未攻夺。""卡"也可作为修饰性语素，与别的单音节语素组合成偏正式合成词。如：

【卡房】哨卡，哨所。《西藏奏疏》卷一："并在补仁附近紧要处赶修卡房，设法堵御。"《金川琐记》卷二"雪墙"："初至山巅，一望无垠，舆马径度，若不知有城墙卡房也。"《文硕驻藏奏稿·致总署不可信英砌词耸听电》："饬据商上复称，客春建盖卡房，留数人稽察隘口，是恐边民私出交易，致贻口实，甚滋事端。"

【卡汛】设兵守卫之地。在交通要道或险隘路口设兵守卫或设站收税的处所为"卡"，军队的驻防地段为"汛"。《巴》卷十一："臣谨遵圣谕，将西藏交界处所旧有番兵仍令照常看守外，其因巴勒布新设卡汛添派番兵全行撤回，并传谕青海各蒙古王、公、札萨克等，现在巴勒布俱已逃败，并无他虞，令其安心无恐。"《廓》卷二十二："所有自藏至军营一带粮运乌拉事务及后路一切卡汛策应，均着交鄂辉常川往来梭织稽查，督率催趱。"

【卡栅】在交通要道或险隘处修筑的栅栏。《藏族史料》："乾隆三十七年〔壬辰〕九月庚申……再，探前敌东山梁贼番卡栅，靠山临河，占尽地势。"

【卡防】在交通要道或险隘处修筑的防御工事。《西招图略·审隘》："譬如藏地，从前因防准噶尔侵犯，故自前藏东北哈喇乌苏直至西北极边阿里一带三千余里，原有卡防，其后仰赖天威，剿灭准部，乃除边患。今卡防久撤，无庸备述。"

【卡墙】关卡周边的围墙。《平定两金川方略》卷五十三："此时中路官兵已至卡墙根下，有贼数百人前来应援。"

"卡"可居后，前加修饰性语素，构成偏正式词。如：

【石卡】乱石砌成的卡防。《蜀徼纪闻》："山面南为正峰，贼簇四十碉，甚固，中二碉若城阙然。其东西岭亦有石卡。卡者聚乱石为墙，上无障，盖贼所倚以抗拒者也。"《金川纪事诗·克喇穆》："兹山东西虽可上，均有石卡连木城。"《金川纪略》卷三："相机剿杀仕伟，一鼓即取噶布寨碉卡，奋兵直扑，毁两层大平碉八座，平屋六间，木城二座，夺石卡四处。"

【水卡】取水处设立的卡防。《平定两金川方略》卷十四："六月初五日半夜，小金川有一千多人，将达木巴宗围住，又截断城外水卡。"《蜀徼纪闻》："有汉兵二十人，土练二百人，米四百石，六月初五日半夜，小金川千余人来围达围，并占寨外水卡。羊满泰与头目阿吉得尔实率兵百余人出战三次，夺水卡，又擒生口三十四人。"

【墙卡】用墙围起来，只留狭小出口的关卡。《金川琐记》卷四"雪鱼"："讨逆酋时，曾立营盘墙卡，至今尚存，俗呼万里城是也。"

【营卡】军队驻地的卡防。《例案》上卷："七月初四日，贼酋冲犯营卡，把总焦光宗等将贼击退，侍卫绥库并未带兵应援，以致贼人潜逃。"《理藩院》卷九百九十三："十人以下，无票出口者，由西宁何处营卡行走，即责令该营卡官弁查验人畜包物数目……"《金川案·元·上谕严行申饬明亮、舒常欲轻离守敌，并令各路妥筹攻守》："又阅明亮图内，官兵所设营卡太多，上下布列三层，似觉无谓。"

【堡卡】检查过往货物旅客的堡垒关卡。《理藩院》卷九百八十三："嗣后于喀浪圭卡伦外明约洛地方，建立贸易亭，修葺堡卡，派员弹压稽查，一切均照伊犁官铺章程办理。"

【厘卡】管理征收厘金的卡子。《西辎纪行》："二十六日，南行三十里至九河街，小店数家，有厘卡，为剑丽交界。……又十五里宿上关，左临洱海，右倚苍山，城周三里，实扼形胜，设有税局厘卡，汛防把总一员。"

【巡卡】供巡查用的卡防。《文硕驻藏奏稿·三大寺等公禀隆吐山撤卡断不可行》："至隆吐山所设巡卡房寨以及兵役人等，假使遵示裁撤，则门户要区不自保守，必不能安居无扰。……继而英吉利又有欲往廓布盖房之意，我唐古特是以添建东路巡卡。"

"卡"亦指临时监禁犯人的处所，如：

【监卡】临时监禁犯人的处所。《金川案·利·司道议复各屯员遇事禀报衙门及应办事件、文武仪注》："其美诺、勒乌围两处，所需监卡，应令该管同知，相度地方，酌量添修，以为羁縻之所。"《松溎、桂丰驻藏奏稿·管解瞻对案内要犯出力请将恩承赏加知府衔片》："在理藩院当差日久，一切番情较为熟悉，于里塘点解各犯之日，即首请借派土兵护解，具见深悉草地情形，沿途并无监卡禁狱可以拘束，非此不足以昭慎重。"

　　清乾隆皇帝用兵金川，大小金川的地方势力大多依险自固，所以碉、寨、卡等建筑颇为盛行，因之"碉""寨""卡"也成为活跃于清代藏学汉文文献中的语素，它们还可以相互组成同义复音词，如：

　　【卡碉】用以瞭望、防守的石碉。《平定两金川方略》卷十二："惟是贼人狡诡，并不出来接仗，藏于卡碉之内，放枪击打。"《金川案·上谕温福奖赏屯兵并谕刘秉恬等严惩在营收买余米之人》："嗣后各将军等攻剿卡碉，屯兵中如有实在出众者，即以绿营千总外委等缺，拔补一、二人，使其加倍感奋，于军务更为有益。"清傅鼐《修边论》："卡碉屯堡，则因地制宜，其形或为品字形，或为一字，或为梅花，无成格也……屯堡则以为边民聚卫之所，卡碉则用以守，亦以战。"①

　　【卡寨】在交通要道或地形险要处修筑的用于战守的寨子。《廓》卷二："廓尔喀贼匪势虽猖獗，断不能越过卡寨径至前藏。"《卫藏通志》卷十三中："福康安等复设法出奇，乘其不意，于夜雨迅速潜渡，将贼匪痛加歼戮，焚烧卡寨，快意已极。"

　　【寨卡】同"卡寨"。《鹿传霖藏事奏牍·进剿瞻对迭克险隘筹攻瞻巢疏》："贼众乘马奔逃，我军连环枪击，当毙骑贼六名，受伤者数以百计，轰倒战马二十余匹，获马一匹，焚其寨卡。"

　　【寨碉】木质和石质的防御性的建筑。《巴》卷四："今贼匪已经夺占宗喀，将胁噶尔第巴寨碉围住，并有前进者，所调唐古忒兵又急切不能接应。"《廓》卷三十三："巴图鲁侍卫、众官兵等皆同力奋勉，攻克寨碉，尽歼贼众。"《平定金川方略》卷三："后先策应力战，贼或死或逃，尽得谷予寨碉六十余座。"《鹿传霖藏事奏牍·瞻酋畏威献寨三瞻一律肃清疏》："周万顺既派李飞龙全歼援贼，又复亲督各营，迭克寨碉。"

　　【碉寨】石质和木质的防御性的建筑。《巴》卷十七："查得该处两山夹峙，地势低洼，仅有喇嘛寺一座，官寨一所，碉寨十余间。……惟该处原有碉寨均非扼要，且多残缺不全。"《廓》卷二十一："惟此门洞、寨房相距，碉寨中隔小院，碉寨更有一层围墙，以致火势不能透过。"

　　① 转引自吴曦云等《苗疆边墙 南方长城历史及民俗文化揭秘》，中央民族大学出版社 2009 年版，第 187 页。

《金川案·亨·御制平定金川勒铭勒乌围之碑》："竭三日三夜之力，占地纵横三四十里，焚其碉寨一百三十四余。"《鹿传霖藏事奏牍·瞻酋畏威献寨三瞻一律肃清疏》："周万顺既派李飞龙全歼援贼，又复亲督各营，迭克寨碉。……此外剿灭援贼、迭克碉寨、转运粮饷在事出力员弁勇丁，暨土司头人等，俟详查明确，汇案另行奏奖。"

6. 棚　"棚"自宋代以来可指用竹、木等材料搭起的篷架或简陋小屋。"棚"字可单用，也作为构词语素与别的单音节语素组合构成偏正式合成词。其中"棚"作为修饰性语素构成的词语如：

【棚厂】饲养马匹等牲畜的棚圈。"厂"指棚舍。《理藩院》卷九百九十三："又定：喇嘛寺院，不准开设棚厂店口。"《藏族史料》："乾隆十二年五月戊午……南、西两路，增设马五百五十四匹，雇夫二百七十七名。所需马价、工料、鞍屉、棚厂、倒马分数，均照所请办理。事竣裁报，并将马匹、鞍屉等项变价还项。"

【棚房】用竹、木等材料搭起的简陋小屋。《平定两金川方略》卷九十七："而夫役所住棚房，即将此项木植，周围安栅，即有贼人窃发，夫役亦可藉以拒敌。"《藏族史料》："乾隆三十九年［甲午］六月乙亥……而夫役所住棚房，即以此项木植周围安栅。"

"棚"可作为中心语素，前加修饰性语素，构成偏正式词。如：

【席棚】用席子搭盖的简陋房舍。《平定金川方略》卷十四："至沿途店房不敷居住，或庙宇空房，或搭备席棚，或安设帐房，务期完密，不致兵丁受寒湿之苦。"

【草棚】指草盖的简陋住屋。《廓》卷三十六："莫若即令汛地兵丁搭盖草棚，承领糌粑，开设饭铺，以便过往人夫就地买食。"卷三十七："随于初十日分兵两路，直扑贼卡，焚烧草棚，贼皆出卡抵拒，奋勇攻剿。"卷三十九："我兵并不退怯，分投攻剿，抛入火弹，焚烧木城内草棚、帐房。"是词《大词典》引鲁迅《〈二心集〉序言》例。

【板棚】木板搭的棚子。《西藏志·程站》："自藏至布鲁克巴路程……四十里过山，至香郎，有人户。（系土墙板棚碉房，有柴草水田，出稻谷。）"《西藏考》："帕尔过山至香浪四十里（有人户，系土墙板棚碉房，有水田）。"《喀木西南纪程》："初九日五更起行，盘旋而上，十里至牛厂，有板棚一间，为牧人栖息之所。"《大词典》引鲁迅《故事新编·理水》例。

【茆棚】即茅棚，茅草搭盖的棚舍。"茆"同"茅"。《西辖日记》："桥头有小市，五日一集，茆棚摊子，大半汉人，是日因过渡觇搁不及赶站，遂宿于此。"

【考棚】为科举考试而建的简易房屋。《川藏哲印水陆记异》："沿途断石满径，水声不息，不但路难行，即语言亦不能听闻，同人住考棚，钦差住客厅东上房。"

【仓棚】简易仓库。《巴》卷二十六："查从前雅满泰所住楼房，除改建仓房贮米外，其余无用房屋概行拆毁，盖造教场，尽可敷用。"《例案》下卷："修建仓房，每间给银四两，仓棚每间给银二两，夫工即在价银之内，不准重开。"《文硕驻藏奏稿·致续侍郎（昌）函详陈藏事颠末及筹划苦心》："况自今春以来，拨运军火，建置仓房，种种措置，更何能一无漏泄。"《大词典》释为"贮藏粮食或其他物资的房屋"，引冰心《寂寞》例。

【客棚】外来过往人员居住的简易房屋。《平定两金川方略》卷七十四："且自桃关出口至日隆军营，共计一十七站，均须拣择宽敞地方，客棚凑集之所，始足以资各并栖止。"卷一百十七："又初九日夜，有贼番二十余人，在粮台买卖街，焚烧客棚，抢去过路长运商米数斛。"

【夫棚】仆隶役夫居住的简易房屋。《平定两金川方略》卷四十九："如满汉屯土官兵借支行装俸饷，夫匠安家，以及军营赏费恤银，沿途应付夫马……采办铁炭口袋苦单，修建仓房夫棚，租赁碉房，制造炮位等项，原系零星杂款，并非每月常需，原奏列入月费项下，实属错误。"

【窝棚】简陋的小屋。《廓》卷三十六："更且逐处添盖窝棚或搭帐房几顶，俾番夫有所栖止，自可免于逃逸。"

7. 骡　"骡"为家畜名，是长途运输所凭借的主要畜力。藏学文献中，"骡"可用作单音节词，也可作为中心语素，前加修饰性的单音节或双音节语素，组成偏正式合成词。如：

【健骡】壮健的骡子。《平定两金川方略》卷六十六："惟是南北二栈，经由五丁、鸡头、朝天、剑阁等关，山径陡滑，险折难行，恐兵丁跟役人等，不知爱惜，致健骡仍多损伤。"

【长骡】用于长途运输的骡子。《廓》卷十三："亦经饬令雇备长骡在宝鸡县等候，责成该管道、府严切稽查。"《平定两金川方略》卷六十六："臣现札商四川督臣富勒浑，如以长骡为便，仍须按站酌备夫骡。"

【脚骡】供骑乘的骡子。《藏行纪程·鹊桥七夕》："雇脚骡至崩达，每头白金三两五钱，一乘一载。"又："乌拉至此止，雇泥塘脚骡，过雪山每头三两……初六日，候脚骡未来，先乘曹马同行。"

【家骡】人工喂养的骡子。《定藏纪程》："一带出野骡子，生相与家骡一般，毛片都是栗色，脖子肚下俱有白毛，再无别样毛片者。"《使廓纪略》："有野骡子者，与收养之骡子略同，而方嘴细腿，其走如风，虽千里马不及也。"

【官骡】官府喂养的骡子。《西藏奏疏》卷七："前藏拟派赴京巴雅尔堪布札克巴曲批、蓝占巴十二名、随从俗人六名，此内存住打箭炉牧放牲畜蓝占巴三名，骑驮官骡八十头。"

【驮骡】专门用来驮东西的骡子。《理藩院》卷九百八十九："同治十三年奏定：教习唐古特字话之喇嘛告退回藏，给驮骡五头；其徒众五名，每名给骡一头；每骡折给价银十三两七钱。"

【长行骡】同上"长骡"。《平定两金川方略》卷六十六："上谕军机大臣曰，毕沅奏办京驮载预备长行骡四千头，直送成都，可省站夫数万名，办理极为妥便。"

"骡"也可作为修饰性语素，与别的语素构成偏正式词。如：

【骡帮】驮运货物的骡队。《察炉道里考》："二十二日，巳刻由打孜冒雪东行，越贡布山，路极窄险，午初雪愈大，骡帮恐雪深无草，半站即住。"又："二十七日，守候骡帮，小住一日。"

【骡头】骡子。骡以头计，故称。《平定两金川方略》卷一百五："文绥、钱鋆驻扎省城，一应军粮皆应该妥速供办，如云时届秋收，人夫雇募较难，即宜早为雇觅骡头，设法趱运。"

8. 茶　茶是我国传统饮品，藏民的生活几乎日日离不开茶。这种情况在藏学文献中记述颇繁，如《西藏志·风俗》："西藏风俗惟茶为最要，次青稞炒面、酥油、牛羊乳、牛羊肉等类。"又"饮食"："藏番蒙古不拘贵贱，饮食皆以茶为主。其茶熬极红，入酥油、盐搅之。"《西藏见闻录》卷下"饮食"："然贵贱贫富，皆以茶酒为主。……茶熬极红，和以盐与酥油，食先茶数碗。"《卫藏图识·饮食》："西藏番民多食糌粑、牛羊肉、奶子、奶渣等物，其性燥而茶所急需，故不拘贵贱，饮食皆以茶为主。"《巴塘志略·杂识》："食用之间，茶为最急。盖常食青稞酥油，青稞性热，非酥油不能润其肠胃，酥油性腻，非茶不能消其积滞，有相因而不可少者。"其中还记录了不少茶品的名称，出现了许多涉茶词语。其中以"茶"作为中心语素构成的偏正式合成词，如：

【砖茶】经过加工，压成砖状的茶叶。《卫藏通志》卷十四下："又于各寺院熬茶，散布施，共费青稞四万九千克、茶二千一百七十瓶半，西宁砖茶二千一百五十块……"《西藏纪游》卷二："茶形如砖，土人呼曰砖茶。"《镇抚事宜·绥服纪略》："至延边各旗札萨克游牧，往往有商民亦值数钱银之砖茶赊与蒙古，一年偿还，掯不收取，必欲按年增利。"

【雪茶】藏地雪线以上区域所产的茶。《里塘志略》卷下"杂记"："雪茶生雪山中。蛮人于四五月间采摘以售，叶如茶而白色，冰芽云片气味香辣，食之令人止燥消烦，领其风调，可补《茶经》之缺。"《本草纲目拾遗》卷六"雪茶"："平来仲云：'雪茶出丽江府，属山中雪地所产，色白味甘，性大温，怯寒疾如神。'"《维西见闻记》："雪茶。阿墩子、奔子栏皆有。盛夏雪融，如草，叶色白，生地无根，土人采售，谓之雪茶。汁色绿，味苦性寒，能解烦渴。然多饮则腹泻，盖积雪寒气所成者。"

【普茶】即普洱茶。《西藏归程记》："次日至南墩，路通滇省，卖有普茶等物。"

【藏茶】供藏人饮用的茶。《十三·陕西省咸宁长安县造具达赖过境供支清册》："达赖佛折藏茶六块，共实银一十一两二钱。"

【脚茶】品质低下的茶。《康𬓂纪行》卷二："而明正土司遣蕃目于此，给脚茶为雇值。"

【副茶】砖茶的一种。原意为"附带之茶"，即官府在制作茶叶时，允许茶商把剩下的次等茶叶加工成砖块状，与官茶一起附带运往各地售卖。因"附"与"茯"谐音，后来人们以讹传讹，就把"附茶"念成了"茯茶"。《理藩院》卷九百八十三："又谕：安集延贸易茶叶出卡，多系细茶杂茶，皆北商贩运伊犁等处，为安集延偷贩出卡之用……其副茶一项，向由伊犁置办官货时搭买三万余斤，听官兵领买。着自明年为始，再加置副茶数万斤，随时酌定数目，即配官引运至伊犁存贮备用，毋使奸商居奇，以致兵民食贵。"

【姜茶】姜汤。《例案》下卷："口外西南北三路，采办牛羊饽饽并站夫姜茶银十二万六千七百二十五两五钱二分三厘九毫。……又查口外天气多系严寒，而日尔山顶尤甚，背夫又系贫民，衣服单薄，往往受冻生病，因于山顶煮备姜茶，以御严寒。……所有前项未准入销价值火工及煮备姜茶用过银两，均系实支实用，详禀在案。"以姜煎茶饮，自唐以来已见。《五杂组》卷十一："薛能茶诗云：'盐损添常戒，姜宜煮更黄。'则唐人煮茶多用姜、盐……今江右及楚人尚有以姜煎茶者，虽云古风，终觉未典。"

【峒茶】瓦罐里熬的茶水。《西昭竹枝词》："一囊牛粪三钱买，熬得峒茶捏糌粑。"《历代咏藏诗选》第 179 页释"峒茶"为"瓦缶器（如罐子）里熬的茶。峒是瓦器"。其说是。

【牛乳茶（牛奶茶）】掺和着牛奶的茶。《卫藏图识·图考》下卷："饮牛乳茶、青稞酒，食则糌粑牛羊肉。"又作"牛奶茶"。《西藏见闻录》卷下"宴会"："食先饮茶，次土巴汤，次牛奶茶，次抓饭。"

【奶油茶】掺和着酥油的茶。《有泰日记》卷四："廿五里宜母坝茶尖。察木多祝厘寺备，遣副仓储巴往迎，设立帐房，极整齐，备清茶、奶油茶、人参果、饽饽桌四张，殊可笑。"

【咖啡茶】即咖啡。《有泰日记》卷九："午后，小瑾由省内带到里绸洗面帕、棒儿香、咖啡茶相送。"

"茶"作为修饰性语素，可与别的语素组合，构成偏正式词。如：

【茶块】茶砖。因茶砖以块计量，故称。《进藏纪程·土俗》："汉官亦赏之以哈达，次送奶茶，亦赏之以茶块，并颁及银牌绫缎之类。"

【茶封】清代茶叶批销计量单位，每 10 斤为 1 篦，每篦 2 封，则每封为 5 斤。《平定准噶尔方略正编》卷四十五："哈密现存茶封，为数颇多……至布疋茶封，尤哈萨克所必需。今哈密既存有茶封，巴里坤亦有购备布疋，应令雇觅商驼，或添备车辆运送，不必挑用军营余驼。"

【茶甎】茶叶。因茶以甎计，故称。《察炉道里考》："二十四日，由绒松东行，头人支差恭顺，上马时酌赏银牌洋钱茶甑，番人异常欢悦。"

【茶筒】圆筒形的贮茶具。《理藩院》卷九百九十："十三年题准：赏年节来朝之王、贝勒、贝子、公、台吉等，各分等次。亲王雕鞍一，银茶筒、茶盘各一，缎三十六，茶五篓。郡王雕鞍一，银茶筒一，缎二十九，茶四篓。贝勒雕鞍一，银茶筒一，缎二十二，茶三篓。"

【茶盆】盛放茶叶的盆形容器。《理藩院》卷九百九十："十三年题准：赏年节来朝之王、贝勒、贝子、公、台吉等，各分等次。……贝子漆鞍一，银茶盆一，缎十四，茶二篓。镇国公、辅国公漆鞍一，银茶盆一，缎十，茶二篓。"又卷九百九十七："又复准：赏年例来朝之喀尔喀亲王，视内札萨克郡王例……所赏缎、布、鞍辔、银茶筒、银茶盆、茶叶诸物，照价值由户部折银赏给。又复准：赏年例来朝之王、贝勒、贝子、公、台吉等，缎、雕鞍、银茶筒、茶盆、黄茶等物，各照价值折银赏给。"

【茶盘】盛放茶盏的盘子。《理藩院》卷九百九十："十二年题准：每年进贡九白之札萨克等，赏给重三十两银茶筒各一，茶盘各一，缎各三十，布各七十。"又同卷："又复准：哲布尊丹巴呼图克图进贡九白，照例赏给三十两重银茶筒一，茶盘一，缎三十，布七十。"

【茶叵罗】茶杯。"叵罗"为西域语音译，是当地的一种口敞底浅的饮酒器，亦泛指酒杯。《康𬨎纪行》卷一"俄松多东俄洛"："昨忆百户迎道左，牛酥跪进茶叵罗。"

【茶脚】茶叶运输中所使用的人力或畜力。《史料汇编·讷钦奏阘藏公禀断难遵守条约故暂缓堪办界务折 附二》："小的阘藏大众攒集，传唤康藏茶商，雇放茶脚在藏人等，饬令详思利害，再再筹议。……从炉关至堆阿里止，南北茶道皆靠雇放茶脚乌拉为生，汉番均所知晓。……汉番所属卖茶雇放茶脚人等，致伤生计，官民均皆大受其害。"

9. 币 "币"原指缯帛，古代常用作祭祀或馈赠的礼品。《书·召诰》："我非敢勤，惟恭奉币，用供王能祈天永命。"孔传："惟恭敬奉其币帛用供待王，能求天长命。"《仪礼·聘礼》："币美则没礼。"郑玄注："币，谓束帛也。"在清代，其前可加上修饰语，构成偏正式词。如：

【皮币】先秦时指毛皮和缯帛，是聘享的贵重礼物。藏学文献中指作为见面礼物的牛羊皮张。《平定金川方略》卷二十四："今易子析骸，窜身无地，呈现甘结，遵依六事，又赍牛羊皮币胪列营门，叩求收纳。"

【罽币】"罽"为毛织物，"币"泛指车马皮帛玉器等礼物。"罽币"泛指作为礼品馈赠的毛织物。《理藩院》卷九百九十："喀尔喀额尔德尼王，五年遣使入贡一次，所贡象、马、孔雀、罽币、象牙、犀角、孔雀尾无定物。"

【缎币】清廷赏赐给前来朝贡的蒙古王公的缎匹。《理藩院》卷九百九十："又复准：赏年例来朝之王、贝勒、贝子、公、台吉等，缎、雕鞍、银茶筒、茶盆、黄茶等物，各照价值折银赏给。其有加赏甲胄、缎币者，亦按数折银加赏。"

【俸币】作为官员俸禄支付的缎匹。《则例·乾隆朝·柔远清吏右后司》："应令驻扎西宁大臣察明一年应颁俸银数目，移咨该抚，即于甘肃藩库给与。其俸币由院于户部支领，每年差笔帖式一人赍往颁给。"又："十年议准：喀尔喀世子多尔济塞布腾俸银照宗室世子五分之一，每年给银千五百两，俸币照亲王减五匹，准给二十。"又："十一年复准：喀尔喀土谢图汗、车臣汗、札萨克图汗俸币，照亲王例加增，每年各给银二千五百两，币四十。"

10. 氛　"氛"原意指预示吉凶的云气，多指凶象之气。《说文·气部》："氛，祥气也。"其前可加上修饰语，构成偏正式词。如"妖氛"本指不祥的云气，多喻指凶灾、祸乱。《左传·昭公十五年》"吾见赤黑之祲。"晋杜预注："祲，妖氛也。"清代出现的新词，如：

【尘氛】原指灰尘烟雾，喻指寇乱。《西藏奏疏·附前藏布达拉山东崖第二碑文》："铭曰：'天地为界，日月为期。一洗尘氛，永靖荒裔。'"《平定两金川方略·艺文五·平定两金川诗》："勒乌围已息尘氛，第二峰头进驻军。"

【蛮氛】喻指金川的寇乱。《平定金川方略》卷十："私心窃计，和衷共济，早靖蛮氛，以纾圣虑。"《金川纪事诗·过梓潼文昌宫》："际此蛮氛靖，徐看德教彰。"

【孽氛】喻指金川的寇乱。《平定两金川方略·艺文六·平定两金川赋》："神怒孽氛，将奉天德围坑斥之。"

【游氛】原指飘动的云雾，喻指金川的寇乱。《平定两金川方略·艺文一·平定两金川雅》："朱祲贝胄，吉林索伦，鼓勇欲售，一扫游氛。"又“艺文五·平定两金川诗”："游氛忽煽，降番真反。"

【邪氛】邪气，妖气。《平定两金川方略》卷九十六："若非时雨雪，必贼扎达所为。岂在正神转听贼人驱使，为此背理妄行之事？况将军等既已虔祷而不应，即属邪氛。"

【逆氛】兆示叛逆的云气。比喻祸乱。《景纹驻藏奏稿·达赖喇嘛择吉讽经恭设覆锅大会折》："为因现在各处逆氛未靖，更兼丁卯年直隶京都一带旱灾，民不复安，是以商同达赖喇嘛等择吉在于三大寺攒集僧众，恭设覆锅大会，祈求逆氛早灭，五谷丰收，以安生民而纾微忱……"

【北氛】喻指北边的战乱。《裕钢驻藏奏稿·奏报接任驻藏大臣日期并谢恩折》："兹复渥承恩命，并觉绠短汲深，值此藏事多艰，北氛未靖，奴才惟有倍励驽骀、勉力驾驭……"此奏稿作于光绪二十六年（1900），可知“北氛”针对当时国内的义和团运动而言。

11. 件　“件”可指案卷、奏状、文书等文件，其前面可加上“禀”“稿”“文”等名词性语素，或者“密”“要”等形容词性语素，构成系列偏正式词。

【禀件】呈报给官府的文书。《升泰驻藏奏稿·英大甘墨盛那督粮道衔波来函西金向西藏进贡递禀二事难于允许》："假使西藏向受西金贡物禀件，现在仍需照旧等语，是因西藏一节来寻英国生事，又复交兵败退。"

【稿件】公文或公文的草稿。《有泰日记》卷七："谕吴小瑾稽查巡捕房文件，程林委其登号簿并应客，李振勋委拿稿件等事，将内巡捕名目裁去。"

【文件】指公文、信件等。《松溎、桂丰驻藏奏稿·交卸起程折》："钦定廓尔喀纪略四函、总理各国事务衙门咨行各国条约公函、文件等项，赍交奴才色楞额祗领任事。"《文硕驻藏奏稿·译行第穆呼图克图严饬所属凛遵谕旨静候朝廷料理不可轻举妄动又致误事》："寻常文件不准用电，更无庸另立章程。"

【讼件】案件。《松溎、桂丰驻藏奏稿·粮员赵光燮班满更换调嵇志文接换片》："兼之洋人在彼设立教堂，山陬夹坝时出抢掠，藏番土司交涉讼件亦常有之。"

【附件】随同主要文件一同制定的文件。《张荫棠驻藏奏稿·传谕藏众善后问题二十四条》："英国不得已于光绪三十二年四月与唐侍郎在北京重订中英藏印续订条约六条，为藏人争回许多利权体面，奏经大皇帝批准，始将改定拉萨之约作为附件，由汉官督率藏众切实遵守。"

【函件】指信件。《刘秉璋藏事奏牍·致函驻藏大臣文硕仍望晓谕藏番将防兵撤回》："顷间接总署函，并抄示与英使往复函件。"《张荫棠驻藏奏稿·致外部电陈戴使初次复稿条款十六条》："但英国商务委员得自由与地方官或人民直接交通，或用函件，或面会。"

【信件】指书信。《清代藏事辑要》卷五"嘉庆朝"："如有送到信件，即将持信之人拿获，同信件一并解送驻藏大臣处，该大臣等亲自讯问，并可将前次寄信根由，一并究明。"《有泰驻藏奏稿·致外务部抄陈英送条约十章电》："英国所派驻扎之官，凡有致驻藏大臣各汉官并番官公文信件，概归该番官接收遣递。"

【邮件】由邮电局递送的信件、包裹等的统称。《张荫棠驻藏奏稿·致外部电述韦礼敦初次删驳条款》："又增英商务官在藏任便设法传递邮件一条。"又"致外部电陈戴使初次复稿条款十六条"："英国现在或将来派驻西藏各商埠之商务委员，得安排合宜之法往来递运邮件。"

【折件】指奏折。《西藏奏疏》卷九："自当差以来，臣等查得博德洪武文旭当差勤、效力好，一切应奏折件办理俱能妥善。"

【款件】文件中的条款。《金川纪略》卷四："且唯岳大人番夷多识之者，今闻大人将往卡撒军营，若肯降临勒歪山寨，而许不死，克定受降款件，虽死无悔。"

【密件】秘密文件。《鹿传霖藏事奏牍·总署着李毓森薪水毋须援照出使章程电》："内录三月初三日电旨，此系密件，各省类皆节录。"《升泰驻藏奏稿·大雪封山会议需时并筹办情形折》："今得钞寄密件，庶临事更有把握，敢不禀遵迭次谕旨，尽力筹维，期于早弭边事。"

【重件】重要文件。《景纹驻藏奏稿·剿办博窝劫匪获胜生擒凶犯台站肃清并请将出力人员奖励折》："此次该番出巢牧放，胆敢聚集数百余众，盘踞大道，恣意抢劫，以折匣重件，尚敢如此，其居民行人受害，不问可知。"《文硕驻藏奏稿·第穆呼图克图函请饬拉里等处支应兵差夫马并请发给罗布藏顿垫等护照》："所有东路一带土兵以及康巴土兵进藏经过拉里等处需用马牛人夫三项，此系军情重件。"

【要件】重要文件。《文硕驻藏奏稿·第穆呼图克图函请饬拉里等处支应兵差夫马并请发给罗布藏顿垫等护照》："所有康巴之兵究由三十九族何路起身，除随自便，至应需乌拉马牛人夫三项，应归沿途三十九族等人随到随即应付。事关军务要件，勿得迟延违误。"《有泰日记》卷二："下午接到外务部密电，赶于洪本译出，有须炉厅转藏要件，即送清帅园中。"

【案件】有关诉讼和违法的事件。《著英藏事奏牍·讯明至藏传教之法人酌办情形折》："该夷目等以成约在先，各无异说，以后遇有似此案件，办理尚可不致棘手。"《色楞额驻藏奏稿·用兵查办纳鲁噶鲁族了解请奖出力人员折》："旋据委员周溱禀报，查办锁庄批结岭寺黑黄教案件完结后，随带汉番官兵五百名起程驰抵吉饶塘。"

【公件】公务事件。《裕钢驻藏奏稿·驻藏大臣文海病故出缺请旨简放折》："上年六月奴才到任以来，时与该大臣商办公件，每言西藏为川滇屏障，西藏安，川滇因之而益安。"又"病痊销假折"："即于是日将一切应办公件暂交帮办大臣安成单衔办理，奴才静心调摄，药养兼资。"

"件"也可指文书之外的物件，与"赏""包"等修饰性语素组合成偏正式复合词：

【赏件】赏赐的物件。《西藏奏疏·御制普陀宗乘之庙瞻礼纪事碑》："今授工部侍郎庆惠，乾清门侍卫、副都统隆福，噶勒丹锡勒图呼图克图赴藏看视坐床，颁赐敕书、赏件并银一万两，以示优眷。"《十三·内阁奉谕为达赖坐床着于司库提银万两派员送藏》："内阁奉谕旨：此次达赖喇嘛坐床，除业经颁给敕书、赏件外，着丁宝桢于司库内提银一万两，派员送至西藏，交色楞额给领。"

【包件】打包运送的物件的总称。《理藩院》卷九百八十六："且伊等经过各省，止有例给骡头，如运送多余包件，俱系自行雇备，并无官给车辆马夫之例。"

【什件】指各种配件。《金川案·亨·酌办运送材料事宜》："若照原旧规模，除铜瓦及装修什件，择其易于运至者，酌量拆运外，余俱于内地运办，一并由水路进京，以备仿造。"《六世·内务府奉旨收拾鞍辔备赏六世班禅（乾隆四十四年正月十六日）》："初七日奉旨：赏班禅额尔德尼铁镂金玲珑鞍二副、嵌玉鞍二副，内交该处将铁玲珑鞍板刷磨见新……其铁什件既属糟旧，即从新镂做。"

【机件】机器零件。《联豫驻藏奏稿·封禁藏番造枪造币两厂并拟自铸银圆片》："自川军抵藏后，达赖逃亡，该两厂工匠亦散，并将机件拆毁，材料则匿诸地窖。"又"进呈试铸银铜圆式样并拟扩充办法折"："前于光绪三十三年间接准部咨，饬以重庆造币分厂机器运藏开铸，道途险阻，机件重大，屡经筹议，实不能拆运到藏。"

12. 片　"片"可指扁而薄的东西，其前面可加上片状物如"棕""铁""板"等表示物体材质的语素，或"呢""毡""皮"等表示服物材质的语素，组合成偏正式词。

【棕片】【铁片】"棕片"指棕皮，"铁片"指铁皮。《藏纪概》卷尾："盔甲随人富贵，量资成造，有锁子、柳叶二式。又用柳叶铁造，铺钉于棕丝，织成甲片，再加工赍钉上柳叶片，用戴俱称适宜。棕片上衬皮方再钉铁片，如柳叶、锁子等式，极精坚可用。"

【石片】片状的石头。《有泰日记》卷七："饭后登楼，听后院作工丫头等在房上来往，用柳棍穿石片如打夯状，皆合声而歌，其音甚凄楚。"

【板片】木板。《平定两金川方略》卷六十五："而贼番狡恶异常，带有板片铺垫过壕，官兵奋力截杀。"

【呢片】呢子面料。《赛冲阿、喜明、珂实克驻藏奏稿·廓尔喀王进呈表文贡品折》："至廓尔喀噶箕等于八月十三日驰抵后藏，赍呈表文一件，押表土贡金丝缎、珊瑚珠、卡契缎、呢片等物，当即恭译表文内，惟感恩祈恩之语。"《升泰驻藏奏稿·密陈藏地情形并请派通事片》："包内有致送呢片衣料三件，奴才答以川绸两匹。"《使廓纪略》："其土产（金丝稻、麦、豆、麻、绵、呢片、鹅……丹砂、楠术、烟叶）。"

【毡片】羊毛或其他动物毛经湿、热、压力等作用，缩制而成的块片状材料。有良好的回弹、吸震、保温等性能。可用作铺垫及制作御寒物品、鞋帽料等。《镇抚事宜·绥服纪略》："商民频获利，中外示同规。（所有恰克图贸易商民皆晋省人，由张家口贩运烟茶缎布杂货，前往易换各色皮张毡片等物。）"《西藏奏疏》卷二："应照成例庆贺筵宴，并馈送大人佛各一尊、氆氇各十个、珊瑚手珠各一串、金刚子手珠各一串、貂皮长褂各一件、回回缎各四疋、毡片各四方、马各一匹、银各一千两。"

【皮片】皮张。《廓》卷二十五："随派员将箱笼包裹逐一查检,内有金九十二两五钱、银二千四百六两零,其余俱系藏佛、藏香、经卷、氆氇、皮片及衣服、糌粑、酥油等项,此外并无细软贵重对象。"

【藏片】藏呢。《丁宝桢藏事奏牍·拟定乍丫贡品人数折》："今拟选派大堪布一名……恭赍吉祥哈达一根……贡香二百把,各色藏片十方,各色氆氇二十五根……定于十二年敬谨呈进。"《西藏纪游》卷二:"又有一种曰藏片,实即喋咕利国多罗呢之粗者。""藏片"与前面诸词稍有不同。"片"特指西藏生产的毛织物,因其呈片状,故又称"片子",简称"片";"藏片"之"藏"表明片子的产地。

【药片】片状的药制剂。《联豫驻藏奏稿·设立戒烟查验所及办理戒烟经过片》:"八月间于前藏拉萨地方先设立戒烟局,发给戒烟药片,先期戒断。"

【毛片】指牲畜的毛色。《定藏纪程》:"一带出野骡子,生相与家骡一般,毛片都是栗色,脖子肚下俱有白毛,再无别样毛片者。"

13. 夫 "夫"原是成年男子的通称。《诗·秦风·黄鸟》:"维此奄息,百夫之特。"服劳役或从事某种体力劳动的人亦称为"夫"。《左传·哀公元年》:"夫屯昼夜九日。"杨伯峻注:"杜注以夫为兵,刘炫谓楚兵须攻须守,不能分散,'夫屯谓夫役屯聚'。"清代仍可单用,如《例案》下卷:"偏桥,每十丈用匠二工,三十丈用夫一工。"清代藏学汉文文献中"夫"的出现频率非常高,组词能力很强。有些是沿用前代出现的词语,如"人夫""火夫""民夫""轿夫""车夫""马夫"等,有些则是清代新出现的形式。

"夫"与单音词结合构成新词,如:

【背夫】军队里背运物资的夫役。《平定两金川方略》卷六十五:"臣沿站晓谕,并出示背夫,运米一背,至明郭宗交收,赏银一两。"

【站夫】驿站的夫役。《例案》下卷:"军营得地移营,先须用袋盛土擎卡,然后修造木石城,所需口袋,或于各站腾空口袋内选用,或由内地买解,俱由站夫滚用。"

【长夫】军队里长期征用的夫役。《廓》卷三十五："况大兵已经乘胜深入，愈行愈远，节节险阻，长夫更易疲劳，若令一直背送军营，势难迅速。"《平定金川方略》卷十四："再查从前附近省城各州县，既经运米，又令雇募台站长夫，未免苦乐不均，人言籍籍。"

【抬夫】从事扛抬之事的夫役。《例案》下卷："应付抬夫照运粮例，分别口内外按站支给。"《理藩院》卷九百九十一："又定：年班及因公来京之汗、王、贝勒、贝子、公、台吉等在京病故，办给棺木，幂棺红缎白布，各视其品秩拨给抬夫。"

【炮夫】军队里运送大炮的夫役。《平定金川方略》卷五："再加大炮一位，即须炮夫四十五名，新旧炮夫，以及粮夫，并各色匠役人等，总计每日约须七万余人口粮。"《金川纪略》卷一："贼望见火，知我烧营，遁急追袭，且抄路出，中途半山截战杀炮夫，掠去大铁炮，五兵士，伤折无数。"

【粮夫】军队里运送军粮的夫役。《平定金川方略》卷五："再加大炮一位，即须炮夫四十五名，新旧炮夫，以及粮夫，并各色匠役人等，总计每日约须七万余人口粮。"

【矿夫】矿兵，工程兵。《鹿传霖藏事奏牍·迭克瞻巢碉寨扑灭援贼剿抚兼施疏》："当饬赶造极厚木牌，以御枪石，并雇募矿夫，挑选健勇，开挖地道，深入寨墙，激励各营将士决策进攻。……哨弁陈有珍督帅勇丁矿夫开挖寨墙。"《大词典》释为"矿兵。明代乡兵的一种"。引清恽敬《三代因革论》六："宋之保毅、义勇，明之箭手、矿夫，则养兵，且借助于民兵矣。"根据上述材料，可知清军中仍存此兵种。

【捕夫】猎人。《理藩院》卷九百八十六："道光四年谕：从前打牲处所进貂皮，如遇临幸热河之年，由驿站乌拉赍送。如遇送京之年，打牲处派官兵七十名，自备资斧赍送。惟捕夫均赖种地捕猎为生，若俱令其自备资斧送京，不惟一切靡费，而往返半年之期，于伊等生计，亦甚无益。"

【挑夫】军队里挑物的夫役。《有泰日记》卷二："本拟今日遄行，因驮上并红箱及挑夫改背夫，均须捆绑，改为办理。"

【牵夫】军队里牵牲畜的夫役。《有泰日记》卷十三："今晨将灰面赏给明粮牵夫等，看其作疙瘩汤，秽不可解。"

【骡夫】赶骡子的夫役。《有泰日记》卷十五："闻骡夫相打者，系凤县三叉驿一霸（路人称赵先生），为众人所恨，恐县内亦传不到。"

【客夫】充当夫役的外地人。《平定两金川方略》卷八十九："又于本站雇募客夫，酌量加运，日来颇见踊跃。"卷九十："臣等伏查自日隆至军营一十七站，每站各有里民客夫，六七百名，至千名不等。"

【病夫】生病的夫役。《例案》下卷："又，看棚病夫，雨雪停运应付官兵先期预备修理道路，不能行走，差烦夫尽，酌留病夫一名看棚。……旧例，各站病夫，每日有三、四名及五名者，此次奏定止准三十名内报销一名。"

以双音节词为修饰语的词，如：

【水火夫】做杂事的役夫、奴仆。《金川案·利·两金川文武衙门需派用工役事宜》："会查得新疆开辟未久，外来汉夫本少，凡有修理一切工程以及各衙门雇用水火夫，并背运物料等项，势不能不资番力。"

【樵汲夫】打柴汲水的夫役。《金川案·利·两金川文武衙门需派用工役事宜》："口外边地，既无多余汉夫可雇，自不能不用番夫。……至所称懋功协及绥靖营，并懋功协中军都司，崇化、抚远、庆宁三营，酌设听差屯番，仍照向规，不给口粮，并另派樵汲夫之处，殊属不合。"

【行李夫】军队里运送军装行李的夫役。《例案》下卷："兵丁伤重者，给抬夫二名，轻者每二名给行李夫一名。"

【明亮夫】军队里临时雇用的夫役。"明亮"是藏文 mi gla 的音译，雇工的意思。《驻藏须知》："钦差驻藏大臣锺赴藏随带弁兵等已于三月十三日抵炉定，于三月十四日自炉起程，需用骑马__匹，驮骡__头，驮牛__只，大班头__名，轿夫__名，纤夫__名，纤牛__只，少爷轿夫__名，纤夫__名，纤牛__只，明亮夫__名……驮牛__只，通事并小娃子需用骑马__匹，驮牛__只。以上各项共享明亮夫__名，合行牌传为此牌，仰西路沿塘书目营官仓储巴大小头目人等一体遵照，即将前项骑驮马牛人夫催备，在站伺候。一俟到站，即刻应付前进，并公馆以及尖宿处所理宜打扫洁净，应需黑白帐房、汤役、打役、柴草、豆料，均照向例，一体应付，毋少稍迟误干咎，慎速特牌。"以上为驻藏大臣进藏途中携带的由四川总督发给沿途州县有关人员预备夫马的传牌，其中所需夫马数目由驻藏大臣根据情况填写，预先空缺，为便于行文，上文用下划线表示。《巴塘志略·巴塘竹枝词四十首》："明亮夫同汤打役，裹粮先去莫迟留。（人畜应差者皆为乌拉，背夫为明亮夫，司茶水者为汤役，司刍牧者为打役。）"

【民壮夫】台站上由夫役中挑选出来担任护卫任务的壮丁。《例案》下卷："民壮夫，护守粮台，演习器械守御，由内地派往，或由粮台选募，奏明照征兵例支给。各站安设自十名至八十名不等。其在本台额夫内挑用者，不支盐菜支口粮。"

14. 吁　"吁"有"呼告，呼求"义，用在公文中表示谦敬，带有礼貌色彩。清代藏学文献中有许多奏折文牍，因此出现了一批用"吁"与动词性语素搭配，构成的"吁×"类词，如：

【吁恩】呼吁施恩。《廓》卷首三："嗣贼人又遣大头目悔罪吁恩，并将裹去之噶布伦丹津班珠尔、玉拖噶布伦扎什敦珠布及同被裹之教习汉兵四人全数送至雍鸦军营。"同书卷首四"《十全记》"："彼且乞命吁恩，准之不暇，又安敢言和乎？"

【吁降】呼吁投降。《廓》卷首一："前岁廓尔喀滋扰藏界，因即畏避吁降，允令来京进表，并且嘉其恭顺，赐以封号。"卷首二："前岁廓尔喀滋扰藏界，因即畏避吁降，允令来京进表。"卷二十五："令将沙玛尔巴、玛木萨野擒缚，亲自送至军营赎罪吁降，或可奏闻大皇帝宽其一线。"以上是动宾关系的，以下是并列关系的。

【吁恳】呼吁恳求。《廓》卷首三："福康安查其吁恳实出至诚，然后许为奏请。"卷十三："如果廓尔喀令巴都尔萨野等亲来吁恳乞降，臣一面奏闻一面即将来人设法羁留，恭候谕旨办事。"

【吁乞】呼吁祈求。《廓》卷首三"天章三·御制诗"："因命福康安等统率劲旅，深入贼界，七战七捷。贼人丧胆，旋即哀吁乞降。"卷十八："福康安此时更当坚持定见，统领劲兵声罪致讨，直前追剿，断不可因其遣人吁乞即行允从。"

【吁求】呼吁恳求。《廓》卷一："纵再倾心降顺，泥首吁求，亦恐难邀宥免矣。"卷十八："即贼匪窘迫乞命，亦当遵照前旨严词驳斥，必不得已亦应俟其再四吁求，匍匐哀恳，再行相机办理。"是词《大词典》引闻一多《端节的历史教育》例。

【吁请】呼吁请求。《廓》卷首三:"彼既吁请降顺,正与朕不得已用兵之初意相合。"卷九:"即日大兵压境,廓尔喀自必畏威悔罪,或将丹津班珠尔送出吁请祈哀。"《巴》卷八:"至现在办理口粮、牲畜,达赖喇嘛吁请不领价值,情愿供应,此言始为近理。"

【吁诉】呼吁告诉。《锡良藏事奏牍·复陈筹议收瞻折》:"窃思两次收瞻,藏人敢生抵牾者,每谓发谋疆吏而非上禀庙谟也,故前曾吁诉于理藩院。"

【吁望】呼吁盼望。《廓》卷首二"福康安攻破东觉噶多等山并夺得木寨石碉大获全胜,诗志慰喜八韵":"斯诚适百半九际,吁望昊苍昭鉴宽。"

"×吁"类词,如:

【禀吁】禀告呼吁。《藏族史料》:"乾隆三十九年正月丙寅……各路将军等总当如阿桂之坚持定见,设遇贼人禀吁,竟不必与之交言。"此为并列关系,以下为状中关系。

【仰吁】向上呼吁。"仰"为公文敬词,用于下对上。《廓》卷五十三:"臣等往复札商计,惟有沥陈实在情形,再行仰吁皇上格外施恩,垂念此次军务迥与他处不同,再恳圣慈特赐,允准饬部查照臣等原奏准销。"

【哀吁】哀呼,哀告。《廓》卷首三"天章三·御制诗":"因命福康安等统率劲旅,深入贼界,七战七捷。贼人丧胆,旋即哀吁乞降。"《平定金川纪略》卷二十三:"而贼酋因我军威大振,穷蹙窘迫,屡遣头人,抒诚奉币,哀吁乞怜。"

15. 渎 "渎"有冒犯义,可加在动词之前,表示这个行为会冒犯对方,以批评他人行为不当或作自谦,构成渎请、渎求、渎禀、渎陈、渎辩等复合词,常作公文套语。

【渎请】请求。《瑚图礼、祥保、珂实克驻藏奏稿·檄谕廓尔喀王文》:"必然承受大皇帝恩典,断不可冒昧渎请,自干罪戾。"《英善、福宁驻藏奏稿·廓尔喀内部残杀情况片》:"此时如噶箕等再遣人前来渎请,或竟私自逃进边界,着英善等饬令该营官,先行严切示谕。"《喜明、珂实克驻藏奏稿·驳饬廓尔喀请饬谕披楞各守边界折》:"如此绝其觊觎,该国王自不敢怀诈饰词,再来渎请。"《文硕驻藏奏稿·致总署函隆吐山卡实未越界请据图与英使理论》:"彼既再三以此渎请,在我不妨姑示曲从。"

【渎求】请求。《喜明、珂实克驻藏奏稿·驳饬廓尔喀与披楞战争兵败乞与金银折》："今屡经败衄，复渎求赏赐金银，以资捍卫。"又："乃屡次渎求赏金银，并向达赖喇嘛、班禅额尔德尼等求为帮给口粮，殊属贪诈。"《耆英藏事奏稿·克什米尔与西藏贸易向有成规折》："德酋既无异议，哈酋或亦不致另有渎求。"

【渎禀】禀告。《瑚图礼、祥保、珂实克驻藏奏稿·驳饬廓尔喀王禀称披楞要侵扰藏地请给金银以资战争折》："廓尔喀接到檄谕，如不再渎禀则已，如果再来尝试，喜明等当严加驳谕。"《喜明、珂实克驻藏奏稿·遵旨驳回廓尔喀王折》："尔王何得张大其词，屡次渎禀？"

【渎陈】上陈。《平定准噶尔方略》卷四十三："世宗宪皇帝与我父当日情事，大皇帝既知之，不敢复渎陈。"《景纹驻藏奏稿·瞻对案内保奏陈廷杰等三员折》："遵奉之下，奴才曷敢再行渎陈。"

【渎辩】辩解。《景纹驻藏奏稿·查出噶布伦戴琫等侵吞公款分别严惩折》："既经达赖喇嘛同协理事务呼图克图查出，该员等复敢以达赖喇嘛年幼，任性渎辩，并敢出言触犯，相应据实奏参，以肃功令而儆效尤。"又："复敢以我达赖喇嘛年幼，众目之地肆行渎辩。"

二　动词性实语素

1. 兜　《说文·兜部》："兜，兜鍪，首铠也。"即古代武士作战时戴的头盔，清代引申出包围、围绕义，并形成以"兜"为中心语素的系列词语。如：

【兜拿】包围起来捉拿。《丁宝桢藏事奏牍·岩番劫杀洋人查拿办理片》："勒令督率所调土兵六百名，克日深入番巢，悬立重赏，务将滋事首伙各凶番四面兜拿。……饬派得力都守一员营带起程，以资兜拿。"

【兜擒】包围起来擒拿。《松溎、桂丰驻藏奏稿·严饬弁兵查拿果匪并咨川会办折》："一面咨行成都将军、四川总督、西宁办事大臣，无分畛域，一体会办，三面查拿，协力兜擒，庶可缉捕有效。"

【兜捕】包围起来抓捕。《鹿传霖藏事奏牍·派员查办章谷朱窝土司争袭构衅并松潘番案疏》："并咨陕甘督臣札饬土司杨作霖约期会办，相机兜捕。"

【兜围】包围。《文蔚、庆禄驻藏奏稿·分兵剿捕博窝获胜折》："我兵一时难以进攻,只宜逐渐进逼兜围,一俟前请炮位解到时,设法择便轰击,可期得手。"

【兜截】包围,阻拦。《刘秉璋藏事奏牍·查办瞻对夷务擒斩首要各逆疏》："逆番见势难支,开门接仗,意在冲逃,委员等各兵兜截,生擒要逆巴宗喇嘛一名……"

【兜缉】包围起来缉捕。《丁宝桢藏事奏牍·土司构衅查办完结折》："庆善当派委员候补府经历陈凯、署角洛汛候补把总贾庆年、外委马绍邻、明正头人包文明各带土兵,分往卡录地方四面兜缉。"

【兜击】包围起来打击。《锡良藏事奏牍·戡平巴塘随保各员折》："甫至三坝关,诸营合围兜击,勇气百倍,酣战两时之久。"

2. 歼 "歼"有杀尽、消灭义,前代已见,在藏学文献中可以单用,还可作为构词语素形成新的合成词,其中的"歼×"类词,如:

【歼诛】歼灭,诛灭。《廓》卷七："故令其逗留边境,坐待歼诛。……若能一鼓歼诛,更可早期藏事,稍赎前愆。"卷八："此正天夺其魄,俾坐待歼诛。"卷九："鄂辉、成德若能将贼众歼诛,并将头目擒获,此即伊二人转祸为福之时。"

【歼戮】杀戮。《廓》卷七："乘其逗留观望进退无路之时跟踪追剿,痛加歼戮,方不致坐失事机。"卷八："若鄂辉、成德行程迅速,早抵藏内,即可跟踪追剿,歼戮无遗。"卷九："若成德早抵藏内,正可跟踪歼戮,先振兵威。"

【歼杀】歼灭,杀死。《廓》卷七："臣与成德先后到藏,带兵驰往该处,相机攻击,将现有之贼痛加歼杀,方足以快人心而安卫藏。"

【歼毙】杀死。《平定两金川方略》卷一百五："时有贼数十人从沟底潜来,思欲截后,乌什哈达等分兵下压,歼毙及带箭滚崖者又有十余名。"《隆文驻藏奏稿·博窝逸犯自首并妥议管理章程折》："今正凶五人业经歼毙,该番果洛本属被屈,既非行凶动手之人,又闻拿自首,似可免其一死,以示天朝宽大之仁。"

【歼擒】歼灭擒拿。《廓》中多次用到,如卷十五："今姑以译谕牵诱,使贼匪在边界逗留屯聚,俟大兵齐集悉数歼擒。"卷十七："将逗留贼匪一鼓歼擒。"

【歼剿】消灭。《廓》卷十三："此时鄂辉、成德自揣不能与贼匪打仗，将贼匪痛加歼剿。"

【歼洗】消灭净尽。《廓》卷四："至鄂辉、成德俱系久历行阵之人，此番统兵前进，将贼匪痛加歼洗，自必震慑乞哀，一劳永逸。"

【歼除】灭绝铲除。《廓》卷二十八："倘或稍有耽延，亦不过略迟数日，而边界贼匪悉数歼除，俾我兵无后顾之虑，自必倍加奋勇，攻坚破垒，为得尺则尺之计。"卷二十九："前此贼匪在聂拉木逗留屯聚，节据鄂辉、成德等奏报，带兵攻围，将聂拉木官寨贼匪剿杀焚烧，歼除净尽。"

"×歼"类词如：

【剿歼】消灭。《藏族史料》："乾隆三十八年〔癸巳〕十月乙巳……至官兵进剿时，贼众若迎面而来，则正利其出而失险，我兵得以奋勇剿歼。"

【痛歼】狠狠地歼灭。《廓》卷五："诚如圣谕'即不扫穴擒渠，亦必痛歼贼众，使之畏惧吁求，不敢再萌他念，方足示军威而靖边徼'。"卷七："自应带兵迅速抵藏，痛歼贼众。"卷九："臣等到彼后钦遵训示，悉心调度，已足痛歼贼众，大示惩创。"卷十七："臣因行走迟滞，未能赶同痛歼，问心已切惶悚。"

【全歼】谓全部彻底地歼灭敌人。《廓》卷三十三："大兵初次打仗，将士等人人用命，奋勇争先，仰赖圣主天威，将擦木要隘贼寨立时攻克，全歼贼众，事机极为顺利，可期迅速藏事。"《大词典》引毛泽东《解放战争第二年的战略方针》例。

3. 剿　"剿"有讨伐义，清代藏学汉文文献中的"剿×"类词如：

【剿办】谓使用武力镇压，从严惩办。《廓》卷二："殊不知大兵赴藏剿办廓尔喀贼匪，原为保护达赖喇嘛、班禅额尔德尼及僧俗番众。"《巴》卷十："总之此事既经发兵剿办，务使贼匪畏惧敛迹，庶可一劳永逸，鄂辉等不可不遵照妥办也。"

【剿洗】剿灭净尽。《巴》卷十一："我等奏命领兵，惟知剿洗。"《廓》卷七："惟有严催后起屯兵迅速前进，早资剿洗。"卷十六："惟有声罪致讨，大加剿洗。"

【剿抚】征剿和招抚。《松潘、桂丰驻藏奏稿·循例携印巡边折》："夷情章京铁魁,前经派办察伙互讼之案,兼理剿抚波密野番、整顿乍丫汛站,虽据禀称次第就清,而旋藏尚需时日。"

【剿败】杀败,打败。《巴》卷三:"此时巴勒布贼业被该处兵丁剿败,若可不用内地之兵,庆林当一面具奏,一面即飞咨成德等撤回已去之兵。"卷七:"窃查巴勒布贼匪业被官兵剿败,此事不须大办。"

【剿堵】围剿。《廓》卷九:"再,雅满泰原令押解仲巴呼图克图进京,令伊在彼令戴琫等分路剿堵,尚属稍有调度。"

"×剿"类词如:

【堵剿】围剿。《巴》卷一:"即着成德与穆克登阿带领各兵迅速赴藏,帮同堵剿。……如鄂辉到省时,西藏堵剿诸务尚未完竣,即着速赴前藏接办。……如鄂辉察看现调各兵不敷堵剿,不妨据实奏闻,再带二三千兵前往应用,以期迅速藏事。"

【歼剿】消灭。《廓》卷十三:"此时鄂辉、成德自揣不能与贼匪打仗,将贼匪痛加歼剿。"

【痛剿】彻底剿除。《廓》卷七:"如果贼匪逗留尚未退去,则进退无路,正可整顿兵力乘机痛剿。"又:"臣等到彼,正可带兵痛剿。"卷九:"臣即将屯练及达木等兵丁挑足千余名,与总兵穆克登阿带领前往,设法相机痛剿。"

【围剿】包围起来加以讨伐、消灭。《廓》卷十三:"此时急务惟当乘贼匪在边境逗留之时率领弁兵直前围剿,于福康安未到之前勉立功绩,庶可稍赎前愆。"卷十三:"鄂辉等未免心存怯懦,不敢直前围剿。"

【袭剿】出其不意地进攻围剿。《平定两金川方略》卷七十二:"密谕以该土司壤接金川,令将有可进攻袭剿之处,密行告知酌办。"

【追剿】追击围剿。《廓》卷二:"若能领兵追及即速行追剿,若已出境远遁,即不必穷追。"卷八:"若鄂辉、成德行程迅速,早抵藏内,即可跟踪追剿,歼戮无遗。"

【搜剿】搜索清剿。《文蔚、庆禄驻藏奏稿·分兵剿捕博窝获胜折》:"旋据该噶布伦业于九月二十九日、十月二十、二十五等日,夺复打孜番寨,歼毙博番目兵及在桑地方搜剿零匪、杀获多贼,禀请于是二月初一日,由第穆寺取路赴鲁郎进剿。"

【攻剿】攻打剿杀。《廓》卷三十九："我兵并不退怯，分投攻剿，抛入火弹，焚烧木城内草棚、帐房。"同卷："各官兵分路攻剿，攀援登陟，虽见有中枪阵亡者，并不退怯。"

4. 感　"感"有感谢、感激义，"×感"类词语如：

【顶感】顶礼感恩。《廓》卷二十："全藏僧俗人众自必深知顶感。……无不心悦诚服，顶感难名。"卷三十九："仰蒙大皇帝保护卫藏，特发大兵，我们才见天日，实在合家顶感不尽。"

【铭感】铭记在心，感戴不忘。《廓》卷五十二："惟求到京瞻觐大皇帝时，将我万分铭感情形，代为面奏叩谢……"

【钦感】恭敬，感激。《廓》卷三十五："朕嘉悦之余，倍深钦感。"《史料汇编·福康安等奏班师回抵前藏达赖喇嘛于晤见时告称将定立章程自当率噶伦等实力奉行折》："此系大皇帝逾格恩慈，故告知达赖喇嘛，同深钦感。"

【沾感】沾恩、感激。《西藏奏疏》卷三："此时仰赖天恩，邻封部落与小臣尚称和睦，诚恐将来被人欺凌之时，恳求大皇帝格外施恩，就沾感无既。"《松溎、桂丰驻藏奏稿·廓尔喀王表文》："惟祈将小臣同奴辈一般施恩看待，小臣永远承受天恩，则沾感圣慈于不朽矣。"

"感×"类词语，如：

【感仰】感戴敬仰。《巴·天章·御制诗》："'且称彼处同为天朝百姓，蒙大皇帝不加诛戮，并将西藏多事之噶布伦索诺木旺札勒父子及加税之第巴桑噶均革退治罪，又将驻藏大臣俱即更换，彼王子、头人无不感仰大皇帝公正严明之德，以后永遵王化，断不敢多事'等语。"又卷二十一："我巴勒布王子、头人及百姓们听见，无不感仰大皇帝公正严明，叩头称颂。"

【感颂】感激颂扬。《廓》卷二十三："相应仰恳天恩，特降谕旨，每兵每日照例给与糌粑一斤，使各兵得资果腹，益当感颂皇仁，倍加奋勉。"卷二十五："所供'从前赴京进贡之廓尔喀头人哈哩萨野时时感颂天恩，又劝贼番等不可侵犯藏界，因此巴都尔萨野相待疏远，不肯假以事权'。"

【感畏】感激畏惧。《廓》卷三十："著传谕孙士毅、鄂辉、和琳务须妥为驾驭，宽猛得宜，于惩创之中寓鼓励之意，俾知感畏，踊跃急公。"

卷三十九："惟檄令拉特纳巴都尔、巴都尔萨野亲来一节，只婉陈感畏之意，不敢切实禀复。"

5. 行　"行"有"进行"义，其前可加上副词性语素，构成"×行"类词。"×行"的词义基本上等同于语素"×"的意义，"行"的"进行"义大为减弱。"×行"的词性是副词，在句中置于动词前充当状语。

【不行】不。《廓》卷十："以之赏给兵丁，不行给还。"《英善、福宁驻藏奏稿·接廓尔喀王来禀并该部落现情折》："英善等并当谕知来人，以乃尔兴背弃国王，即属天朝所恶，若逃至境上，不但不行收留，并当缚交该国王听其自行办理。"

【递行】依次。《理藩院》卷九百八十六："凡喇嘛来使过境，严饬州县照例应付，并各派妥当道远递行护送行走。"

【复行】再，又。《廓》卷二十七："贼匪当心惊胆落之余，无暇备御，沿途即有卡寨，断不能复行拒守。"

【概行】一概，一律。《廓》卷七："扎什伦布金塔被贼匪将塔上所嵌饰物概行挖去，并将庙内供器抢掠一节，系保泰前次折内自行具奏，并非他人编造之语。"

【混行】蒙混。《廓》卷六："鄂辉此等伎俩，只可任听伊属下将弁欺其庸懦无能，混行禀报。"卷四十二："从前私立合同内混行开写各条，万不敢复提一字。"《清代藏事辑要》卷三"乾隆朝"："查各处喋巴等官，有管理地方教养百姓之责，自珠尔默特那木札尔乖张用事以来，各将私人指名混行补放，并不前往，仅差一家奴赴彼代办，扰害地方甚多，于民生大属无益。"

【即行】立即。《平定两金川方略》卷一百二十八："维时官兵见有露身栅上抗拒之贼，即行击射，为枪箭所中者甚多。"

【竟行】竟然。《廓》卷二十六："或先将此续调之三千名竟行带往进剿，再酌量就近调拨三四千名以为后路接续声援，亦无不可。"

【遽行】立即。《廓》卷七："再，据保泰奏贼人占据聂拉木、定结等处不肯遽行退回一节，此正极好机会。"

【立行】立即。"立"有"立刻"义。《理藩院》卷九百九十六："四十三年谕：嗣后回子等有寻常命案，应照回子例绑于巴咢尔立行打死，即行办理，于年终汇奏，毋庸专折请旨。"

【另行】另外。《廓》卷八："并遵旨将檄饬廓尔喀札谕一件作为己意，另行译出巴勒布字样，拣派兵丁范忠一名，赏银一百两赍往晓谕，俟有回文刻即赍回。"卷九："至应办巡查台务之道府，臣现已另行遴员派往。"

【全行】全部。《廓》卷三："巴勒布等屡向噶布伦等寄书，欲专用新钱，将所有旧银钱全行停用，噶布伦等不以为事，是以前年始在边界滋扰。"卷十八："今沿途野牛、野马遗粪颇多，足供拣拾、烧燃，毋庸柴薪炊爨，因将柴薪全行减去。"

【悉行】全部。"悉"是表示总括的范围副词，意为"全"。"悉行"为副词的组合。《廓》卷十："臣即同成德带兵前往边界，将现在所有贼番悉行洗荡。"卷四十："彼时庙内喇嘛人等纷纷逃避，孰为贼匪抢去亦无可查考，且贼众抢得后，未必悉行交出送往阳布，或为手下人等私相隐匿，亦事之所有。"

【概行】一概。《廓》卷三："今该贼匪反复无常，肆行抢掠，昨已降旨令将在前藏贸易之巴勒布概行逐去。"卷七："扎什伦布金塔被贼匪将塔上所嵌饰物概行挖去，并将庙内供器抢掠一节，系保泰前次折内自行具奏，并非他人编造之语。"

【应行】应该，应当。《廓》卷十六："至明春大兵进剿，所有应行添办军火、器械及一切必需之物，已咨明署督臣孙士毅饬局添备，运送来藏，以资接济。"

【愈行】更加。《廓》卷二十六："而该管之第巴、营官等经理不善，或不免有侵渔克扣之弊，因此番民等退避不前，愈行短绌。"

【再行】再。《廓》卷七："著传谕惠龄，即将山东巡抚印篆交与江兰暂行护理，伊即日来京陛见，候朕面加训示，详悉指授，再行由驿前往。"《奎焕驻藏奏稿·札察木多游击兵丁陈凤鸣等递解回籍》："仰即仍照该粮务原拟，会派弁兵，将陈凤鸣押解打箭炉厅原籍，交该管官严加管束，不准再行出外滋事，以示惩儆。"

【早行】早早。《巴》卷三十九："贼酋拉特纳巴都尔及伊叔巴都尔萨野自知灭亡在即，畏惧慑服，将上年掳去之噶布伦丹津班珠尔等早行送出，差大头人朗穆几尔帮哩等四名赴营递禀乞降。"

【自行】自己。《廓》卷五："本日据保泰奏'贼匪逃遁后，戴琫等追至僧格仔地方，贼匪因携带物件累重，自行烧毁，仍由撒迦一路逃回'等语，贼匪无能，即此已可概见。"卷三十九："禀内语意多系感戴圣恩，自行认罪。"

6. 加 "加"有施加义，前可加副词或形容词性语素，构成双音合成词，具有较浓的书面语色彩。"×加"的词义略等于语素"×"的含义，"加"的语素义有所减弱。"×加"的词性仍旧为副词。

【复加】又，再。《廓》卷三十九："臣等复加察核，一并恭缮清单进呈。"

【力加】大力。《廓》卷二十六："并派藩司景安前往稽查，力加整顿。"

【密加】秘密地。《廓》卷三十二："臣等复密加体访，上年贼匪由撒迦沟地方前来。"

【面加】当面。《廓》卷二十四："臣等在聂拉木军营有原带兵之代办戴琫乌珠拉旺并调来戴琫丹津那木吉，教习汉兵陈谟、潘占魁，及宗喀、定结等处遇贼打仗汉番官兵等面加查问。"

【痛加】狠狠地。《廓》卷十："将现在所有贼番悉行洗荡，倘贼人于痛加歼戮后遣人悔罪祈哀，亦必钦遵谕旨。"

【详加】详细。《廓》卷二十三："前次严廷良到京时，经朕屡次召见，询以许银赎地一节，并令军机大臣详加询问，该员情词躲闪。"

【益加】更加。《廓》卷三十四："惟当益加奋勉，实力整饬，使向来积习日就肃清。"

【逐加】逐一。《廓》卷二十六："至鄂辉解到贼匪，除格斯纳兴等三名在途病毙仍行枭示外，其余二十一名逐加讯问，惟贼目阿尔曾萨野、贼兵哗斯拉木尚知贼情，供吐颇为明晰。"卷三十五："所有背运人夫，臣逐加确核，查济咙为设夫接运之首站，必须多集人力，以备大兵前进逐段拨移之需。"

三 量词性实语素

1. 斤 近代以来，"斤"可作重量单位，加在以斤计量的物名后，组合成名量式结构，用以指称那些以"斤"计量的事物，其意义大多与单音节名词相同，如"铜斤"即铜，"铁斤"即铁，同时也使得该物的名称双音化了。

【盐斤（盐觔）】指盐。《廓》卷四十六："而廓尔喀所需盐斤，只系与藏连界地方就近以米易盐，其阳布以南俱系买食甲噶尔所产盐斤，并非全资藏地。"又作"盐觔"。《卫藏通志》卷九："每年番民交纳，系以粮石，或以氆氇、大绵、盐觔、酥油、奶渣、羊腔、茶叶等项，作为租赋。"

【酒斤】指酒。《藏族史料》："乾隆三十七年［壬辰］七月癸丑……至西路海菜各种虽货自行商，但异味远携，人必求售，官兵月得盐菜几何，又岂宜听其靡耗？……嗣后川省军营供给海菜、南酒等项俱着停止，即商贩等赴营，亦不得携海菜、酒斤。"

【茶斤】指茶叶。《皋兰县续志》卷十"奏疏"："至我朝纳马，谓之差发，如田之有赋，身之有庸，必不可少，彼既纳而酬以茶斤，我体既尊，彼欲亦遂，较之前代曰互市，曰交易，得失轻重，较然可知。"①

【面斤】指面粉。《藏族史料》："乾隆四十年［乙未］五月丙子……督理粮饷前任四川总督刘秉恬奏：四月二十八日，西路军营牌传各站催调裹带面斤，随令楸砥粮员在附近各店收买，即日买得面八千斤，并三松坪粮员禀报共采买二千余斤，合计一万余斤。"《平定两金川方略》卷一百五："至随营各民所携面斤，更属无多，尽数购取，亦不足供一两日之需。"

【柴斤】指柴，作燃料的木柴。《史料汇编·琦善等奏酌拟裁禁商上积弊章程二十八条折　附酌拟唐古特裁禁章程》："其七品者，噶厦俗人小中译三名，管门第巴三名，柴斤、草束、糌粑第巴僧俗各一名……"

【铜斤】指铜。《廓》卷三："旧铸银钱多搀杂铜斤，每个重一钱五分。"《理藩院》卷九百八十："藏内既不产铜，所需鼓铸钱文铜斤仍须向滇省采买。"

【铁觔（斤）】指铁。"觔"同"斤"。《例案》下卷："存剩铜觔，解局鼓铸，铁觔在口内者，变价归款。"《卫藏通志》卷十四下："又将所属之格哩百姓二十四户，应交铁斤豁免。"《平定金川方略》卷二十五："又有从前雇马雇夫，运送米石，置备铁斤草料等项，均应找给价值。"

---

① 转引自吴觉农编《中国地方志茶叶历史资料选辑》，农业出版社1990年版，第17页。

【铅斤】铅丸的总称。《理藩院》卷九百八十一："所需火药铅丸，将商上每年差人赴工部制办火药，及边坝等处例交商上铅斤，发给番兵，以重操防。"

【磺斤（磺觔）】硫黄的总称。《藏族史料》："乾隆三十八年［癸巳］七月辛未……前任四川总督刘秉恬奏：默资沟地方虽有官兵驻守，而其地出产磺斤，尤应严加防范。"《平定两金川方略》卷一百三："但磺觔为打仗所必需，或贼人暗放夹坝，潜来偷越，或不肖番民私行透漏，亦难保其必无。"

【油斤】酥油。《卫藏通志》卷十四下："今据该卓呢等禀称：查，拉仓除减免差事，赏过执照外，今又查得拉仓八处百姓，每年应纳商上酥油二百五十克，因牛只倒毙已尽，百姓无力交纳，请自嘉庆二年起，将此项油斤永行豁免，发给印照为凭。"

【硝觔】硝石。"觔"同"斤"。《例案》下卷："又，口内长运料豆灰面及买硝觔追银三万五千二百一十一两七钱二分六厘。"又："查官兵盐菜原有定数，修理桥路亦有则规。其采买面豆硝觔等项，均应按照定价发给。"

【丝觔】蚕丝。《康𫐄纪行》卷十二："今丝觔禁止出洋，可抑外夷骄纵之气。惟本年丝觔已收，请仍准运还。"

【绳斤】绳索。《六世·内务府奉旨踏勘忝改雍和宫班禅坐落处》："至挪移坛城出庙进庙，应搭天桥所需架木绳斤，即在职等现在修建大西天楼座工程处借用，毋庸开销钱粮。"

【线斤】缝衣用的线。《六世·内务府奏奉旨成做须弥福寿庙设喇嘛念经应用各项器物工价银两数折》："其应交各该处办造缎顶幔、幡、伞……等物数目，臣等逐一详细确估，所需行取铜锡、绸缎、线斤、颜料、竹条、煤炭，并购买物料工价银两细数，另缮清单，一并恭呈御览，伏候训示遵行。"

2. 只　　"只"作为量词，用于计算牲畜的数量，可前加牛、羊、骡、驼、象等语素构成名量式词。

【牛只】牛的总称。《廓》卷五："兼以时值冬令，冰雪载途，乌拉多用牛只，兵丁俱系步行。"卷二十六："或竟将上站牛只驮运过站，愈行愈远，多致倒毙失迷，殊非仰体圣主体恤番黎之意。"是词元代已见。《元典章》卷二十七："倒了我牛只，损了我犁耙。"

【羊只】羊的总称。《则例·乾隆朝·宾客清吏司》："将实在穷苦并无牲饩之人察明数目，按伊户口足用之数，给予乳牛羊只。"《卫藏通志》卷十四上："从前滥行摊派之萨喀等三处羊只，一概即行豁免，以抒民力。"

【骒只】骒的总称。《理藩院》卷九百八十六："五十五年议准：年班进贡之达赖喇嘛、班禅额尔德尼来使堪布等骒只，其应官给者，按照定例数目给予外，达赖喇嘛之堪布准私雇骒一百只。"

【驼只】骆驼的总称。《廓》卷十："所用马匹、驼只无多，沿途亦尚易于牧饲。"《理藩院》卷九百九十五："十年奏准：蒙古地方牧厂官兵，偷窃官牧牛马驼只，或私行售卖。"《平定金川方略》卷五："驮载炮位，本用驼只。"

【牲只】牲畜的总称。《平定准噶尔方略前编》卷五十三："至乏弱牲只，俱照上届尼玛数内，恳求挑变，挑剩者愿即赶回，不敢例外干求。"又卷五十四："所有附近牧放牲只回民，倘一时闻信，昼则望烟，夜则望火。"

【象只】大象的总称。《廓》卷五十一："惠龄曰：'福康安等奏廓尔喀进贡象只、马匹在途行走情形各折。……至廓尔喀所进象、马，经福康安等遵旨分赏达赖喇嘛、班禅额尔德尼各一只外，其余象只、马匹若由察木多、打箭炉一带进口，未免道路嵚崎。'"《孟保、海朴驻藏奏稿·商上以披楞要求贸易请酌定禀》："并令呢底百姓自作喜至札达汶一带道路，好行骒马象只。"是词元代已见。《元典章·兵部卷之二·典章三十五》："到那壁呵，变换了象只，将着做'上位使将来'麽道，那里忻都每的头目每根底，说谎与有。"

【箱只】箱子的总称。《巴》卷二十四："俱用箱只装贮包扎坚固，并抄录表文底稿前来。"《丁宝桢藏事奏牍·岩番劫杀洋人查拿办理片》："此次押运箱只、驮骑前往盐井，因不知会汉土台官土司派护，径行前往。"《有泰日记》卷十三："谅三月可到，至迟四月，不过比来时箱只多些。""箱"是表物的名词，与牛、羊等非同类，但可以"只"计量，故归入此类。

【驮只】驮畜。《丁宝桢藏事奏牍·藏番驱逐洋人派兵弹压保护片》："连日据探差报称：由藏派来番官颇瑲香噶及三大寺替身等，行至阿足山沟被三岩野番抢劫驮只，伤其从人。"《史料汇编·赫特贺奏报廓尔喀复占边地拟定断碑八款饬令遵断撤兵情形折附二》："仍将该营官治以私贩货物、滥用驮只之罪，以警效尤，而免苦累。"

3. 座 "座"在清代发展出量词的用法，而且可前加以"座"计量的名词性语素，构成名量式词，指建筑或雕塑。

【佛座】佛像。《巴》卷二十一："于济咙、聂拉木、宗咯等处紧要隘口堆砌鄂博、碉卡，以定疆界；又设立佛座，饬令对众顶经设誓。"是词《大词典》释为"安置佛像的台"，引唐白居易《香山寺经藏记》："堂中间置高广佛座一座，上列金色像五百。"上述材料中，指的应是佛像，因为订立盟约的双方顶经设誓时面对的应该是佛像，而非佛台。

【塔座】指塔。塔以座计，因称。《松湉、桂丰驻藏奏稿·博窝滋扰饬员剿抚完竣请奖出力人员折》："该寺僧众舍死拒守寺门，博番遽难攻入，遂将寺外居民尽行焚杀，共计二三十处，所有附寺民房畜场塔座桥梁，竟成赤地。"《大词典》释为"僧尼讲经时的座位"，未收此义。

【楼座】楼房。《六世·内务府奉旨成造清净地添建楼座脊上铜塔顶》："本月二十一日都统德保遵旨，清净地东边添建楼座。"

【桥座】桥。《廓》卷三十四："贼匪居高临下，在木城内施放排枪，桥座不能搭起。"卷三十四："又因连日大雨，山水涨发，溜赶甚急，旧有桥座并两岸搭桥基址均被贼匪拆毁无存。"《平定两金川方略》卷三十六："今既添设桥座，多雇站夫，自可趱运无阻。"《文硕驻藏奏稿·三大寺僧俗大众公禀辨明藏兵并未越界并呈递藏南形势图说》："现在英人侵蚀哲布两部落，开端兴工创修桥座，谕理我唐古特即应呈明钦宪，发兵驱逐。"

【栅座】战场上用于防御敌人进攻的障碍物。《平定两金川方略》卷一百："臣等督率官兵，即于初五日，树起栅座，至初六日已起六座，逼近贼城。"

【卡座】指交通要道处设兵守卫的处所。《平定两金川方略》卷三十六："有固原兵黄正，首先跃入贼卡，众兵蜂拥而上，将卡内之贼尽行诛戮，并将卡座拆毁。"卷一百二："臣又亲至穆尔敏山，查看谷噶一路，及保宁所驻之北山上营栅与穆尔敏山卡座相隔不远。臣相其地势，中间设卡三座，每卡留兵驻守，直接保宁驻扎之所。"

【炉座】供冶炼、锻造金属等用的火炉。《廓》卷三："莫若于西藏地方照内地之例安设炉座，派拨官匠，即在彼鼓铸。"卷十一："前奉谕旨，令于剿办事峻后，照内地之例在藏安设炉座，派拨官匠鼓铸制钱等因。"《理藩院》卷九百八十："莫若于西藏地方，照内地之例安设炉座，派拨官匠，即在彼鼓铸，驻藏大臣督同员役监制经理，自可不虑缺乏。"

【廒座】粮仓，廒是贮存粮食的库房。《巴》卷二十六："委员查验其所需贮谷廒座，均于附近粮台处所酌拨平碉，量为修补，需费无多。"

4. 石　　"石"是量词，是用于计算重量的单位，前可加豆、米、谷、稞等实语素，构成名量式词。

【粮石】指粮食。《巴》卷三："至第巴所住寨栅楼房，颇为坚固，且其中存贮粮石、铅药，并有泉水接济。"《廓》卷七："所有兵行应办粮石，节据孙士毅奏报酌备情形已属充然有余，即或稍有不敷，亦应先尽藏内采买。"《卫藏通志》卷九："臣等公同查核，达赖喇嘛所属前后藏地方，较为宽广，每年番民交纳，系以粮石，或以氆氇……等项，作为租赋。"

【米石】米。《巴》卷六："况兵丁并非专需米石，凡麦、面、牛、羊等物俱可作为口粮。"《史料汇编·谕内阁办理廓尔喀军务各款准予报销》："孙士毅等奏，办理廓尔喀军务报销各款，除米石价值遵照部驳核减外，其余乌拉加给回空守候，支给牵夫口粮及采买马价，喂养草干等项，实因道路险远，物价加昂，恳请饬部查照原奏准销。"

【谷石】谷子。《巴》卷十七："并传集实输谷石之乡民等面行晓示发给，庶可使均沾实惠。"

【豆石】豆子。《平定金川方略》卷十七："其安台营马，及征兵马匹，需用料豆颇多，今岁陕省收成歉薄，而栈道州县，仓贮豆石有限。"

【稞石】青稞。《孟保、海朴驻藏奏稿·班禅等谢恩据情代奏折》："昨因西藏堆噶尔本地方森巴番夷及拉达克等部落不靖，小僧等捐资助赏，接济番兵、番民银两、稞石系属份内应为之事，及蒙大皇帝逾格恩施……实小僧等旷世难逢之盛典。"

5. 张　　"张"有量词的用法，前可加皮、票、纸、桌等以"张"计量的名词性语素，构成合成词。

【皮张】兽皮。《西藏志·赋役》："西藏税赋随其出产，或牛羊、柴草、麦豆、青稞、氆氇、毛毯、皮张等。"

【票张】票据。《平定两金川方略》卷五十七："至该省招商领运，原系佐官运之不足，但既官给票张，自应令其执为运米凭据。"

【纸张】纸。《理藩院》卷九百九十一"优恤"："嗣后凡致祭亲王以下、一等台吉以上，亲王嫡福晋以下、公夫人以上，皆停给纸张。"明代已见用。《农政全书》卷四十五："虽牙脚等费，晒扬等耗，与造册纸张工食等项，俱准开销。"

【桌张】桌子。《金川纪略》卷二："光禄寺以所供桌张粗糙，令堂官赔价。"《六世·内务府奏奉旨成做须弥福寿庙设喇嘛念经应用各项器物工价银两数折》："经理藩院奏准，热河新建须弥福寿之庙，设立喇嘛二百名，所有念经应用成造顶幔、幡、伞……竹经板、桌张、木架、靶鼓等项物件，交总管内务府办造，送交该庙，以备念经应用。"

清代其他文献中有"弓张"一词，指弓。《总统伊犁事宜·营务处应办事宜》："前往应给箭枝、撒袋、锅帐、马匹，由军器库、驼马处关领，鞍辔、腰刀、弓张估价，粮饷处房租银内给发。"①

以上诸词均是由名词性语素加量词性语素构成的名量式复合词。这类名量式组合萌芽于上古，发展于中古，② 宋元之后大量、成规模地出现。这类词语是"汉语中极具特色的一类复合词，它是随着汉语复音词的大量产生以及汉语中量词的趋向成熟而形成的"③清代藏学汉文文献中以这种结构衍生的双音词数量增多，且成批出现，表现出构造的类推性这一典型特点。

四　其他实语素

活跃于清代藏学汉文文献中的实语素，还有形容词与副词性的语素，

---

① （清）永保：《总统伊犁事宜》，《新疆稀见史料汇辑》，全国图书馆文献微缩复制中心 1990 年版，第 233 页。

② 向熹：《简明汉语史》，高等教育出版社 1993 年版，第 514 页。

③ 董志翘：《关于汉语中的名量式复合词》，《汉语学报》2010 年第 2 期。

不过数量极少，目前搜罗到的各仅 1 例。

1. 狞　"狞"有凶猛、凶恶义，可加在名词性语素前构成偏正式词。唐代已有"狞飙"，指狂风，韩愈《送无本师归范阳》诗："狞飙搅空衢，天地与顿撼。"又有"狞雷"，犹炸雷，杜牧《李甘诗》："烈风驾地震，狞雷驱猛雨。"又有"狞鳞"，指恶鱼，唐孟郊《峡哀》诗之八："仄田无异稼，毒水多狞鳞。"清诗中有"狞雨"，指暴雨。清黄周星《垂虹桥新涨歌》："忽然头上黑云横，狂飙飒飒驱狞雨。"见于藏学文献中的"狞×"类词有：

【狞风】暴风。《桐花吟馆卫藏诗稿·穆鲁乌苏河（俗名通天河）》："俄焉云势忽堆积，冷日傍午光摇摇，峥泓萧瑟不著一草木，狞风拗怒都向空中号。"又《甲错白》："狞风怒卷边声恶，冷日无光向西落。"

【狞龙】恶龙。《西藏日记》："登黄荆岭及龙洞背，两峰夹立，陡插霄汉，嘉木排攒，岩壑幽森。其间一山如狞龙横跨，鳞脊翕张。"《春和堂诗集》卷一"龙洞背"："驯得狞龙会行雨，霜绡看取白波悬。"

【狞石】恶石，形状奇怪的巨石。《西藏日记》："水从峡中喷薄而出，漾漾马蹄间。狞石森罗，奇险万状。"

2. 经　"经"有曾、已义，副词，其前可加上副词性语素构成"×经"类联合式词。"×经"的词性仍是副词，在句中作状语。

【当经】应当。《廓》卷三十八："当经降旨将普福革职拿问，解交刑部治罪。"《平定两金川方略》卷四十九："行至泥崎冈途中，树林内有十数贼突出，当经官兵前来接应，将贼击退。"

【迭经】多次。《廓》卷三十九："迭经降旨令福康安等临机应变，妥速藏事。"

【既经】已经。《廓》卷三十八："至俘习浑、雅满泰既经闻知此事，亦应据实奏闻。"

【节经】逐次。"节"有逐次、逐一义。《廓》卷五："所有筹运粮饷等事，节经降旨，令孙士毅妥协办理，并拨给银二百万两解往备用。"

【屡经】屡次。《廓》卷三十九："从前屡经降旨谕知福康安等，此时既已受降，更毋庸议。"

【先经】事先。《廓》卷三十八："况尔等既已供明普福先经告知，何必又将头目回禀一层隐瞒?"

【未经】未曾,还没有。《廓》卷三十五:"连日因福康安等未经续报情形,恐后路或无策应,贼匪间出侵扰。"《廓》卷四十:"若因其所差大头人尚未到营,未经撤兵,竟当明白谕知贼匪。"

【业经】已经。《廓》卷三十四:"前次官军攻克济咙时,所有兵丁业经降旨赏给一月钱粮。"卷三十五:"再,作木朗与廓尔喀打仗得胜,业经攻取地方。"

【早经】已经。"早"有"已经"义。《廓》卷三十六:"继思东台早经疏通,断可无虑阻滞。"

【始经】开始。《联豫驻藏奏稿·拉萨现已开办巡警并续办三埠折》:"乃其时番官等于奴才招致警生,则多方阻挠,竟一面在拉萨市中设立土巡,以未经教育之番民羼杂充数,恣为纷扰,商民莫不嫉怨。自川军抵藏以后,此项土巡始经散去。"

上述实语素中,大部分带有西藏自然环境所独有的山川、交通、气候、物产等方面的特色。这种以某个共同语素为中心构成的系列词语形成一个词族,是观察汉语派生构词的重要窗口。

第三节　同义连用

同义连用是古汉语中一种重要的语言现象,是指两个或两个以上意义相同或相近的词并列连在一起使用、在句中表示一个相对完整的意义、充当一个语法成分的语言现象。① 这种现象自上古已见,清人也采用这种办法,将两个同义的单音节词组合为一个双音节词。藏学文献中,用这种方法创造的双音节新词,按照词性分类列举如下。

一　名词

【琲珠】珠子。"琲"有"珠子"义。《金川纪事诗·二十七日圣驾幸黄新庄……》:"娓娓渐毕,重以优赍。奕奕琲珠,重重文笥。"

---

① 王其和:《〈史记〉同义连用研究》,《语言科学》2003年第4期。

【铛铫】锅。铛是古代的锅，铫是一种带柄有嘴的小锅。《西藏纪游》卷二："甘松及珠贝，百练入铛铫。"

【萁藠】同"萁秸"，指作物的茎秆。《正字通·艹部》："凡麻、豆茎皆曰藠。"《章谷屯志略·天时》："若遇成熟之时，一经雹击，大损禾稼，竟有颗粒无存者，一山萁藠而已。"

【锯解】锯。《例案》下卷："船料各物：……大锯解。"

【衲帔】僧服，披于肩上。"衲"指僧衣，常用许多碎布拼缀而成。《西藏见闻录》卷上"时节"："剌麻裹巾，傅粉墨装扮鬼神。所服者，冠裳、介胄、羽衣、衲帔、襁褓之属；所执者，刀槊、麈盖、旌旗、佩帨之属。"清代笔记中亦见。《广东新语》卷十八"大洲龙船"："所扮者，菩萨、天仙、大将军、文人、伎女之属；所服者，冠裳、介胄、羽衣、衲帔、襁褓之属。"

【堲埿】《集韵·齐韵》："堲，涂也。通作泥。"《广雅·释诂三》："埿，尘也。""堲埿"即泥土。《西藏纪游》卷三："文靖诗：'忆发折多岭，积潦苦淤淀。崇椒冒湿云，丛薄穿骇电。……淋浪彻旅宵，堲埿塞荒甸。'"

【翘才】杰出的人才。"翘"指杰出的人才。《平定两金川方略》卷首八："国家平定伊犁回部以来，将士宣劳，翘才辈出。"此句上言"将士"，下言"翘才"，可证"翘才"为并列式复合词。

【筲桶】桶。"筲"有"桶"义。《使廓纪略》："青蛇粗如筲桶，行走风呼，吐气如白虹，远于山麓见之，小者如盘碗，山之穴罅，随处皆有，昂头吐舌，蜿蜒而来，似欲寻噬者。"

【涕唾】鼻涕和唾液，比喻陈词滥调。《卫藏通志》引清世宗"御制语录后序"："堂堂丈夫，岂肯拾人涕唾，从兹弃置语录，不复再览者二十年。……应知何在语录之流传兴否，与近代宗徒，动辄拾取他人涕唾，陈烂葛藤，串合弥缝，偷作自己法语，灾梨祸枣，诳惑人家男女。"

二　动词

【绷裹】裹。《金川琐记》卷三"耐寒"："儿生不洗浴，以手拭之，寝之地而裸体焉，不知襁褓绷裹，然亦未尝感冒风寒。"

【裱糊】用纸或布等材料糊饰房间内部墙壁或其他物件。“裱”有裱糊（墙壁、门窗等）义。《史料汇编·兵部录抄勒尔谨奏班禅在塔尔寺过冬及明年东行预备情形折给稽察房移会》：“务将住宿房屋打扫洁净，裱糊整齐，以备安居。”

【抄掳】抄掠。《丁宝桢藏事奏牍·土司构衅查办完结折》：“纠党助战，焚烧民房，抄掳牲畜器具，嗣经派员查办。”

【承顶】指承受，顶名（以继承户籍等）。“顶”有接连、延续义，“承”有继承、接续义。《巴塘志略·杂职》：“土司家于稽查户口最为认真，如本人身故，妻女只准招赘入门，承顶户籍，不准醮嫁。”

【斗接】拼接。将物件组装起来，称为“斗”。《廓》卷二十二：“令都司什格等于二十四日卯刻带领勇健满、汉官兵十数人及巴塘土兵，将火药密运四十包装入地道，用引线斗接堵筑口门，经乾清门侍卫珠尔杭阿先在口门安放火绳，布置停妥。”

【短欠】短少，欠缺。《西藏奏疏》卷一：“因思写给空票事属烦琐，当令刘文蔚等将票刊刻，木板刷印，空白填注各项赏需，盖用印信，（揉）［标］画日期，于秋操时将印票发给，约次年将本年赏需解到再行补给、销票，随具印结，以秋操赏需暂行短欠缘由报明驻藏大臣衙门在案。”

【碓踏】舂。《例案》下卷：“毛硝每百斤用柴一百二十斤，碓踏每七斤用夫一工。”“碓”有舂，捣义，臼杵舂米时，要杵杠系石，另一端用脚踏，杵杠连续起落，可以脱去下面臼中谷粒的皮。“碓踏”本系舂米的动作，这里指舂米的工作。

【对抵】抵偿。“对”有抵押义。《理藩院》卷九百七十九：“即将所欠之租、所赁之房，与押契钱文对抵，地归本主。”

【喊叫】叫喊。《藏族史料》：“乾隆三十八年［癸巳］九月甲申，又谕（军机大臣等）曰：‘阿桂等奏金川大头人丹巴沃咱尔屡次在卡外喊叫，求见额森特，并节具禀词等情……’”

【吸食】用嘴吸进（某些食物、毒物等）。“吸”的本义是指引气入体内，“食”有吸、饮义。《西藏奏疏》卷六：“道光二十年七月十七日奏为拿获吸食鸦片人犯，审明定拟缘由，恭折具奏……陈礼、袁占鳌、张超瀣、张国安均隶四川，在藏手艺营生，俱素吸鸦片，各有烟具，于本年六月十七日先后向宋廷彪分买烟膏数两，时常吸食。"

【闹闹】吵闹。"闹"有哄闹义。《平定金川方略》卷十七："又闻从前经过陕省之兵，因地方供应稍迟，即有闹闹者。"

【醮嫁】嫁。"醮"指女子嫁人，"醮嫁"即出嫁。《巴塘志略·杂职》："土司家于稽查户口最为认真，如本人身故，妻女只准招赘入门，承顶户籍，不准醮嫁。"

【诘询】追问、询问。"诘"有追问、询问义。《廓》卷三："着传谕鄂辉等到彼后即向保泰等面加诘询，严行申饬。"卷七："着鄂辉向雅满泰面加诘询，令其明白登答。"卷十："臣再加诘询，并调取原行译谕底稿查对，均非虚饰。"

【撩弃】丢弃。《史料汇编·谕庆林等速筹军粮固守协噶尔并将班禅移驻前藏》："庆林等务须拣留妥实官兵防守扎什伦布，切莫使班禅额尔德尼一经起程，竟将后藏撩弃，致被贼犯抢夺。"又"谕庆林固守后藏雅满泰于前藏筹粮成德带兵抵御入侵"："明系庆林借护送班禅额尔德尼之名，将后藏撩弃，仅留一老实无用之卓克巴胡图克图，即谓于己无与，在前藏巧为躲避偷安。"

【克扣】非法扣减应该发给别人的财物。"克"有克扣、暗中削减义，"扣"有减除、除去义。《巴》卷十七："伊等务须亲自督办，断不可交噶布伦、第巴等转给，以致从中克扣。"《廓》卷二十六："而该管之第巴、营官等经理不善，或不免有侵渔克扣之弊，因此番民等退避不前，愈行短绌。"

【诓诱】谎骗引诱。诓，用谎言骗人。诱，有欺诳、诱骗义。《廓》卷十八："想亦因讲论未清银两前往，致被贼匪诓诱，挟质索银。"

【捆绑】用绳子绑住。《有泰日记》卷十三："午后，捆绑箱只等项。"

【艌补】修补船只的罅漏。"艌"指的是用麻絮油灰嵌塞船缝，与"补"义近。《金川案·利·工部议复两金川艌补桥船事宜》："各渡船只桥座，凡有应修理，请照西炉中渡、牛古、竹巴笼三渡之例，艌补修理。"《章谷屯志略·桥船》："又翁古尔垄渡船一只，太平渡船一只，照南路中渡之例，每只两年艌补一次，三年拆修一次。"《西域遗闻·疆域》："设木船三，一年艌补一次。"

【碾磨】碾轧磨碎谷物。《西招图略·善始》："并布达拉宫内存贮达赖喇嘛之庄头所纳青稞五千克。（藏斗曰克，其六克有奇，足敷内地一石。倘有缓急，虽一时不能碾磨，尽可发给噶布伦各世家及藏市出卖糌粑之家，易其现有者应用。）"

【爬登】攀登。"爬"有攀登、攀缘而上义。《平定两金川方略》卷五十七："臣等探得日旁山下菁中，东有斜径可以爬登。"卷六十："而潜令继进官兵，绕往贼番碉后，觅路爬登。"

【倾熔】镕铸。"倾"有"镕铸"义，"熔"指用高温使固态物质转变为液态。《理藩院》卷九百八十"赋税"："又议定：八沟定额，每年征税银一万一千五百十二两六钱，连历任赢余银核销，除书役人等工食，热河普宁等八寺香镫倾熔解费银两外，余剩银两内，赏给喀喇沁札萨克王十分之二，喀喇沁札萨克公十分之一。"又："又定：塔子沟每年额征税银五千九百八十二两零八分五厘四毫，大城子额征银二百三十五两一钱七分七厘，连历任赢余核销，开除书役工食及热河札什伦布庙香镫倾熔解费银两。"《国语辞典》释"倾熔"为"旧制以碎银完粮税者，须附加熔化解库之折耗，其款目曰倾熔"①。

【辱蔑】侮辱蔑视。"蔑"有轻视、侮慢义。《卫藏图识》下卷："中间阿喇蒲坦妄生事端，动准噶尔之众，肆行奸诈灭坏达赖喇嘛，并废第五辈达赖之塔，辱蔑班禅，毁坏寺庙，杀戮喇嘛，名为兴教而实灭之。"《文海驻藏奏牍·遵旨查复张继被围及关外各土司情形折》："今无端拿获解省，如此辱蔑，各土司系属同类，能不寒心。"

【袒庇】袒护包庇。《平定金川方略》卷十三："又称其偏徇黔省将弁高宗瑾，袒庇失律千把，信用贼酋姻党良尔吉、汉奸王秋。"

【挖掘】挖，掏。《金川琐记》卷三"金川往事十三则"："数年后，好事者潜为挖掘，忽得地室，空旷无际。"《藏族史料》："乾隆四十年……四川总督富勒浑奏：查我兵攻获木思工噶克等处均须建竖木城，挖掘深壕，急需兵力，自无暇复令炊爨。"

【押质】抵押作为人质。《丁宝桢藏事奏牍·剿办岩番大道肃清片》：

"当饬令两土司及擦纳喇嘛转谕该番寺，各献有身家之头目前来巴塘，查照越嶲夷卡之例，在巴押质。……并查照越嶲夷卡之例，饬令该番等各献头目在巴押质，责成擦纳喇嘛出结具保，俾免日后复出抢劫，办理尤为切实。"

【忧悄】忧愁，忧虑。"悄"有忧义。《金川纪事诗·汉中》："怀古亦奚为，临风散忧悄。"

【嚌啮】咬，吮吸。"嚌"有咬、叮义。《廓》卷三十五："本应即日进攻，但各兵登山陡险，打仗追贼，昼夜辛勤已经八日，履袜擦损，跣足徒行，为石棱擦伤、蚂蟥嚌啮，两足多已肿痛。"

【嗫啮】咬，吮吸。"嗫"有吮吸义；"啮"有咬、啃义。《桐华吟馆卫藏诗稿·蚂蟥山》："尤善钉（去声）马腹，嗫啮成溃疽。可怜拳毛骢，顿作汗血驹。"

【捽捶】揪打。《廓》卷首四"天章四·御制文"："甚至强市民物，捽捶留守，与王妃争道，拉殴堕车，皆释不问。"

三　形容词

【绕曲】弯曲。《平定两金川方略》卷二十四："此处河身绕曲，山势更为陡险。""绕"有"弯曲"义。《文选·傅毅〈舞赋〉》："眉连娟以增绕兮、目流睇而横波。"李善注："绕谓曲也，言眉细而益曲也。"

【悁惧】恐惧。悁，指畏怯、恐惧。《金川案·亨·御制平定金川勒铭噶喇依之碑》："番众悁惧，纷纷溃出。"

【眩惑】迷惑。"眩"指迷惑、迷乱，引申为欺骗。《平定两金川方略》卷六十八："看来各土司尚知报效，不肯为贼番等所眩惑。"卷六十九："或注意在此，而扬言在彼，故使传播以眩惑贼番。"

【焦切】焦急。"焦"有着急、担忧义；"切"有急切、急迫义。《平定两金川方略》卷六十八："而大兵进剿事宜，亦当早为预备，臣日夜筹计，不胜焦切。"

【坚硬】硬。《亲征平定朔漠方略·御制亲征朔漠纪略》："看来地稍坚硬处，一日仅可行三十余里。于砂碛坡岭之地，一日仅可行二十里。"

【蒸热】闷热。"蒸"有"热"义。《蜀徼纪闻》："云雾中往往走雷电,及见虹影日出,午间蒸热可夹衣,及晚巾幕皆冻,非重裘不为暖,其时候如此。"

【宣肿】谓肿胀隆起。《例案》上卷:"上谕:乾清门侍卫玛尔古坠马滚山,身首宣肿,半身不转动,送往角木蛟粮台调治。"

【低潮】指银子的成色低。"低"有质量差义,清代文献中称成色低的银子为"低银"或"潮银"。《巴·天章·御制诗》:"据称彼处与唐古忒即西藏本是和好,近因西藏之人将贸易货物任意加收税额,并于食盐内搀和沙土,又嫌银钱低潮不用。"又卷十二:"若此时所铸银色低潮,日后将银钱熔化折耗太重,商上必致吃亏。"

用双音节词代替单音节词是汉语词汇发展的一种趋势。上述诸词大多出自公文性质的文献,公文语体要求行文典雅平实,表义清晰明确,双音节的同义连用,不仅可以提高语言表达的明晰度和准确度,起到强调文意、增强语气的作用,也可以照顾到语句的整齐,使表达显得典雅、厚重。

四 双音重叠词的连用

同义连用的可以是单音节词,也可以是双音节词。双音节词的连用在先秦文献中已见,如《庄子·逍遥游》:"抟扶摇羊角而上者九万里。"其中的"扶摇"是一种从地面一直上升的迅疾的暴风,即飙风;"羊角"是一种曲而上行的风,即旋风。"扶摇羊角"连用,指大风。[1] 清代藏学汉文文献中,还出现了双音重叠词连用的现象,用于文学性的描写。如:

【喁喁欵欵】期待渴盼貌。喁喁,仰望期待貌。欵欵,喜悦貌。《平定两金川方略·艺文八·拟九姓土司箴四首》:"宙合以内,喁喁欵欵。咸懔喻乎师贞之吉,而诘戎之出于弗获己也。"

【峩峩嶵嶵】山高貌。峩峩,高貌。嶵嶵,指高峻陡峭。《平定两金川方略·艺文六·平定两金川赋》:"若夫谷噶西路,峩峩嶵嶵,伏旌鞬于嵝岨。"

【童童濯濯】光秃貌。童童、濯濯均状光秃貌。《炉藏道里最新考》:

---

① 易国杰、黎千驹:《古代汉语》第 2 版,高等教育出版社 2011 年版,第 134 页。

"万岭迴环，俨如城郭，童童濯濯，草木不生，佛经所谓铁围山者，不啻指此。"

【湿湿溅溅】牛羊聚集貌。"湿湿"状牲畜耳朵摇动貌。"溅溅"状聚集貌。《进藏纪程·冰坝》："按大河阿兰多等处，系札仙空撒营官管辖，地方荒草蒙茸，牛羊千百成群，为黑帐房住牧之地。湿湿溅溅者遍野，货酪酥者沿途，殆杳无蛮寨居室焉。"

【井井罗罗】形容建筑物错落有致。井井，形容有条理。罗罗，疏朗清晰。《史料汇编·特成额等奏酌筹肃请通藏道路事宜折》："而建筑处所，更应相其高下，使之井井罗罗，声息联络，既可以资栖止，更足以资瞭望稽防。"

【种种色色】犹言各种各样。《进藏纪程·乌斯藏》："忽而两僧披袈裟，露右臂，手指口划于座前者，则说法也。忽而扛抬者，洞库门而种种色色，承筐是将矣，则贝子之纳贡于达赖活佛也。"

【林林源源】谓连续不断地涌现。林林，众多貌。源源，连续不断貌。《例案》上卷："而后生迭奋，继前人之光，为国家之用，林林源源以出，因又为之庆矣。"

【兢兢惶惶】小心谨慎、恐惧不安的样子。《廓》卷首四"天章四·御制文"："不敢言感，唯恐难承，兢兢惶惶，以俟天眷。"

【泛泛悠悠】谓浮泛不实际的言辞。泛泛，谓浮浅、寻常。悠悠，谓庸俗、荒谬。《金川案·利·总督部堂晓谕为整饬吏治事》："惟具勤勤恳恳之心，不凭泛泛悠悠之口。"

【爡爡炔炔】火势燃烧蔓延的样子。爡爡，热气熏蒸貌。炔炔，烟出貌。《平定两金川方略·艺文六·平定两金川赋》："乃燀薪而炊木，夷盌户之貐㺄，爡爡炔炔，爝㸑烌肤，脂流自灼，骼不及枯。"

连用的双音重叠式词语，在意义上存在同义或近义的关系，两词叠用后，不但使词义明白晓畅，而且形成四字一句，使句式整齐，表达富有气势。

第四节　语素替换

语素替换，即语素相同或相近可以置换。一些双音词的某个语素因被同义、相近、相关联语素替换而构成一组同义（或近义）词。探讨语素替换的问题，有助于弄清词语的意义以及来源。清代藏学汉文文献中此类形式甚多，以下就其中的一些词语进行讨论。

一　同义替换

同义替换是用意义相同或相近的语素替换原词中相应的语素。双音词的同义语素替换如：

【苦衷—苦情】有苦处或感到为难而又不便说出的心情。

《松溎、桂丰驻藏奏稿·商上通善济咙等请阻洋人入藏游历禀》："谨将阖藏僧俗官民大众公议苦衷、伤心情形，出具切实甘结，特求驻藏大臣代为奏咨。"

《西藏奏疏》卷三："嗣后，小臣惟当仰体圣恩，尽心恭顺，但小臣遇有一切苦情，总是禀请驻藏二位大人分解，据情奏明大皇帝览悉。"《赛冲阿、喜明、珂实克驻藏奏稿·廓尔喀王来禀》："今被披楞杖其兵多粮足，前来对敌，将我国地方占去，杀伤我兵甚多，如此苦情，应当禀明，是以禀知。"是词多见于汉译的巴勒布或藏文奏折中，属于生硬的公文用语，可能是民族语翻译为汉语所致。

【大员—巨员】指职位高的官员。

《廓》卷三十六："如此，则察木多以西均有大员专司料理，此后军储永无停积之患。"

《裕钢驻藏奏稿·外部来电藏哲界务细图希绘图贴速寄》："光绪二十五年前任文大臣奏称派巨员李毓森、何光燮与惠德会议，英人恃有分水流之说可以含混，藏番以原有鄂博旧界为定，经李毓森绘图持证，惠德许允照藏官所指为准等语。"

"巨"有大义，"巨""大"同义。

【倒换—倒替】轮流替换。

《平定两金川方略》卷六十六："陕省两年来，运送军装火药铅丸银鞘等项，所雇骡头，或径送成都，或往回倒换，从未闻有疲乏之虞。……川省既无雇夫之累，沿途更免倒替之繁，似属最便。"

"倒"有换、轮换义；"替""换"同义。

【楚结—清结】清理了结，清理结算。

《例案》下卷："其现存铁觔又以时价甚贱，承买无人，案难楚结。应请即以前扣收养廉银照数抵拨清款，以免延宕。……若佐贰微员俸廉无几，应请查其欠数多寡，照三十九年分赔之例，以一半养廉扣抵，俾得早为清结。"

"楚"有齐整、清晰义。"楚""清"同义。

【牵算—牵计】拉在一起平均计算。

《西藏奏疏》卷五："马射亦俱可观，鸟枪准头每十人中靶，自二十枪至二十四五枪不等，牵算七成有余。"

《裕钢驻藏奏稿·巡阅营伍边隘事毕回藏日期折》："查三汛汉番官弁兵丁等所演阵式以及施放连环排枪藤牌刀矛杂技，均尚整齐联络，各官兵马步骑射与鸟枪中靶之数，虽强弱不等，牵计亦尚合式。"

"计"有结算义，"计""算"同义。

【对仗—接仗】交战，打仗。

《平定两金川方略》卷二十七："此次进攻碉寨，对仗时多系金川贼众。"

《平定两金川方略》卷二十八："行军接仗，伤亡亦所不免，设所伤无多，稍有粉饰，犹属军营偶有。"

"对"有较量义，"接"有交战义，"对""接"同义。

【吩示—吩谕】吩咐。

《喜明、珂实克驻藏奏稿·廓尔喀王来禀》中3处用到"吩示"，如："无奈敬备表文专差噶箕赍送前来，并面禀一切，即请定夺吩示，并恳救援。"《景纹驻藏奏稿·保奏截获下瞻对逆贼出力之夷喜罗布汪曲及策忍班垫赏给翎顶折》："令其轻骑减从，星夜前往，会合住扎瞻对商上颇琫策忍班垫密将吩示一切机宜，暗为详细指陈。"《凤全驻藏奏稿·巴塘百姓禀打箭炉颇琫已将凤全及法国教士杀害》："又吩示所卖粮食不准百姓买卖，尽被官员发给兵勇、土工吃用，不管百姓有吃无吃。"

《喜明、珂实克驻藏奏稿·廓尔喀王遵禀及檄谕折》："奴才等复吩谕：'尔此次前来是否仍回阳布？'"《赛冲阿、喜明、珂实克驻藏奏稿·披楞头人来禀》："又吩谕该处兵丁等，若有廓尔喀之人，即行逐出。"《文硕驻藏奏稿·照抄禀稿四件》："我僧俗回称：屡奉谕旨译行在案，并蒙驻藏大臣吩谕再再，俟洋人到界，即行妥为保护亦在案。"《刘秉璋藏事奏牍·抄译夷禀》："并曾奉各位委员夷情粮务吩谕，既不令外藩入藏，而藏地出产羊毛牛尾麝香，已过界交商等语。"《凤全驻藏奏稿·巴塘百姓禀打箭炉颇瑝已将凤全及法国教士杀害》："候至去年十一月十八日，有凤大人随带兵勇人等到台，随即吩谕教习洋操、学洋话、行洋礼做法。"

"示"有告诉、告知义，"谕"有告晓、告知义。"吩示"《大词典》释为"方言。吩咐"。引川剧弹戏《乔老爷奇遇》："听爷吩示：你眼睛不要眨，瞌睡不要啄，好生把轿子守倒！"上述清人奏疏均涉及川边藏事，据《大词典》的释义及引例，可知"吩示"为四川方言，"吩谕"则是清人仿照"吩示"的结构新造的词。

【磋商—磋议—磋磨】商议；商谈。

《张荫棠驻藏奏稿·外部来电告与英使商约情形并嘱与韦礼敦继续议约》："啸电办法本部已屡与英使磋商，该使语意坚执。"又"上外部议复驻藏赵大臣请改通商章程折"："以其有直接交通字样，而第三款事实关于政治一类，故屡与磋议，而舌敝唇焦，彼终不肯移易一字。"又"致外部电陈戴使初次复稿条款十六条"："查赎回旅舍，系为限制英人于沿途再建房屋起见，始与议赎，戴执不允，磋磨至数月之久，乃定赎回及租借办法。"

"商"有商量、商讨义，"议"有商议义，"磨"有研讨义，"商""议""磨"意义相近。

【出痘—出花】患病出天花。

《平定准噶尔方略正编》卷五十八："又所招布鲁特人内，有克勒德拜者，为众所服，因未出痘，不敢入京。"《理藩院》卷九百七十七："着即行知黑龙江将军，嗣后未出痘者，不准遣至京师。……至应袭世职之未出痘者，照未及岁之例，止进绿头牌补放。"

《廓》卷三十一："春间各处传染出花，番民俱迁避山内，目下痘症渐息，均各一律搬回安居乐业。"

"痘"俗称天花，为一种接触性传染病。

【起蛟—出蛟】山洪暴发。

《金川琐记》卷五"起蛟"："又数日，兀寺土司所属之鹦哥嘴起蛟，山为倾颓，水黄色，斗立数十丈，冲荡行旅数人，桥梁俱为扫去。……尝忆宝庆府志所载，郡多山，时有蛟患。……又祁门县亦因出蛟遭水患，寻奉檄文令各省牧令预除蛟害。"

民间认为山洪暴发是山中有蛟龙作怪，故"蛟"成为山洪的代称。山洪暴发为"起蛟"，洪水造成的灾害为"蛟害"，山洪造成的祸患为"蛟患"。"起""出"均有产生、发生义，"起蛟""出蛟"为同义语素替换构成的一组同义词。

【扫数—全数】全数，全部。

"扫数"在《廓》中多次用到，如卷三十一："凡遇沿途乌拉短少，以致军储停积，立即扫数赶运一清。"《平定两金川方略》卷七十七："俱令于奉文之日起限，务须限内扫数交清。"

《廓》卷十七："统俟海兰察及巴图鲁侍卫、章京、索伦劲旅等接续到齐，所调屯练番兵亦俟全数齐集，出其不意，统领大兵奋勇前进，将逗留贼匪一鼓歼擒。"

"扫"有尽、全部义。

抽换前代四字成语的某个语素，可形成新成语。如：

【百废待举】谓许多被废置的事业都等着兴办。清代以前已有"百废俱举""百废咸举"等形式。《炉藏道里最新考》："然当此百废待举，如练兵、讲学、兴商；皆不容稍缓之事，藏中无款可筹，即番民主富者，亦俱坐拥厚资，视一钱如性命，欲求其慨捐乐助以便兴办一切，共起而扶之，则断断乎无有。"

【大快人意】同"大快人心"。《廓》卷首二"天章二·御制诗·福康安奏报攻克协布噜贼寨情形，诗以志慰六韵"："上游别据临下压，奇出原来以正当。（……贼匪随弃木城、石卡奔逸，复被官兵截杀二百余名，而正路官兵亦即乘势搭桥过河，占据贼卡，杀贼数十名，实属大快人意。）"

【粉身糜骨】犹"粉身碎骨"。宋代已见"粉骨糜身"。《张荫棠驻藏奏稿·致外部电请代奏办事艰难情形吁恳收回成命》："臣跪聆之下感悚莫名，自顾何人，渥承恩宠，虽粉身糜骨，未足图报。"

【沽名邀誉】同"沽名钓誉"。《清代藏事辑要》卷五"嘉庆朝"："现在济咙呼图克图办事较软，一味沽名邀誉。"

【漫不经意】犹"漫不经心"。《平定两金川方略》卷六十："但须留心实力严查，不可泥于土兵爱惜铅药之一言，遂尔漫不经意，致令私售作奸。"是词《大词典》引郭沫若《文艺论集·〈瓦特·裴德的批评论〉》。

【井井有理】犹"井井有条"。《例案》上卷："命剿逆番，尽力以覆。揸桥渡河，夺卡据水，用济我军，井井有理。"

【执迷不改】固执己见，坚持错误而不改变。"执迷不悟"的仿拟。《史料汇编·电寄刘秉璋转升泰着开导藏众先行撤兵隆吐山属藏哲可徐辨明》："倘再执迷不改，则是甘蹈覆灭，自外生成，朝廷断难再施补救矣。"

【指东击西】犹"声东击西"。《平定两金川方略》卷六十九："又或指东击西，令贼无从窥测，皆随机应变之法。"

一些四音节词中的某个语素被同义语素替换，从而形成一组同义词。如：

【潜化默移—潜移默化】指人的思想、性格和习惯，因受各种因素的影响，无形中起了变化。

《金川案·亨·土司入觐朝见》："番情信尚，业已潜化默移。"

《平定两金川方略》卷一百八："并可令留住之人，来京觐谒，承受恩赉，潜移默化，徐消其凶悍咒诅之邪术，似为妥便。"

【功届垂成—功逮垂成】事情接近成功。

《平定两金川方略》卷一百十一："此时功届垂成，尤不可冒昧轻进。"

《平定两金川方略》卷一百十一："惟是功逮垂成，倍宜加意防守。"卷一百十二："但功逮垂成，无庸再为调发。"

【缒崖梯岭—缘崖越岭】攀崖登岭，泛指跋涉险阻。

《平定两金川方略》卷十六："实皆仰赖天威，官兵缒崖梯岭，昼夜力攻，始得至此。"

《平定两金川方略》卷十九："我兵缘崖越岭，至初二日子刻到齐，而贼人于山脊要路，设立木城石卡，防守甚坚。"

四音节词中个别语素相互替换，形成了一些模式词语。如：

【×山×岭—×岭×山—山×岭×】

【雪山砂岭】积雪与石头覆盖的山道。《进藏纪程》："是役往回，九阅月，程途两万里，所历者雪山砂岭，所食者糌粑酪浆。"

【高山峻岭】高大陡峻的山岭。《丁宝桢藏事奏牍·通商倘有隔碍尽力以图片》："而西藏则径路崎岖，形势绝险，且皆高山峻岭，来往行人无不叹道路之艰。"

【崇山峭岭】高大陡峭的山岭。《平定两金川方略》卷十："该土司等又称，我瓦寺一带地方，均系崇山峭岭，此去路径，益为险仄。"

【崇山迭岭】高大连绵的山岭。《平定两金川方略》卷十三："但番境处处崇山迭岭，其程途之远近，道路之险易，从前约略成图，不无舛谬。"

【崇山仄岭】高大而狭窄的山岭。《平定两金川方略》卷五十一："但自功噶尔拉至木果木一路，崇山仄岭，密箐深沟，经由一百二十余里，在在险要。"

【荒山峻岭】荒凉高峻的山岭。《廓》卷五十："且自打箭炉出口跬步皆山，冰雪层积；卫藏一带，处处荒山峻岭，草木不生。"

【铜山铁岭】蕴藏、出产铜、铁矿的山。《丁宝桢藏事奏牍·会奏整顿西藏不可遽议更张折》："西藏幅员辽阔，铜山铁岭半属不毛，终年风雪无间，气候不时，地土极其凝寒，佳禾不生，惟稞麦生焉，厥田惟下。"

【峻岭重山】连绵起伏的高山。《平定两金川方略》卷三十三："且峻岭重山，地势与蜀道相同，兵丁踰越险阻，习惯自然。"

【复岭连山】高大连绵的山岭。《平定两金川方略》卷二十："而分兵行走之处，皆系复岭连山，动至数十里。"

【山重岭复】山岭连绵。《西藏纪闻》："其地山重岭复，高插云霄。"

【冰×雪×—雪×冰×】

【冰天雪海】冰雪漫天盖地，形容极为寒冷。《升泰驻藏奏稿·通商定界已办有端倪专候印使约期定议折》："但刻蒙驻藏大臣及各委员奔走冰天雪海，又与洋人据理辩论，所说一切言辞，秉公正直，我阖藏僧俗实所共闻。"

【冰天雪地】冰雪漫天盖地，形容极为寒冷。《丁宝桢藏事奏牍·攻克查录里塘肃清折》："至委员盐运使衔即补知府鼓勇巴图鲁杨福萃不辞艰苦，于冰天雪地中藏功妥速，询属勤劳卓著。"《锡良藏事奏牍·特参已革知县穆秉文片》："惟念该革员于冰天雪地之中，鼓勇先进，攻克悍逆，虽论功未足抵罪，要不无一线可矜。"

【冰天雪窟】同"冰天雪地"。《炉藏道里最新考》:"上瓦孜大山,冻云下垂,万山皆白,真不啻在冰天雪窟中也。"

【冰天雪窖】同"冰天雪地"。《西征日记》:"中所谓阎王碥者,更险恶,凡五十里始至顶,冰天雪窖中,马不能行,即徒步,数里始至其巅。"《绥靖屯志》卷九"艺文(七绝)":"《半亩园红梅》二首(曹三选):'冰天雪窖无人见,一抹斜阳树杪红。'"《联豫驻藏奏稿·请将驻藏帮办大臣复旧制仍驻前藏练兵各事由川督办理折》:"夫由川入藏,道途艰险异常,奔驰于冰天雪窖之中,历时必须数阅月之久,较之移驻川省边界,其劳逸迥不相侔。"

【冰山雪窖】冰雪覆盖的山岭与地窖。形容气候寒冷。《例案》上卷:"金戈铁衣,冰山雪窖,能入能出,敌不敢较。"

【雪窖冰山】同上"冰山雪窖"。《西藏纪述》:"海任川一十三载,奔驰塞外几十年,蛮烟瘴雨雪窖冰山靡不涉历,风俗人情语言服食颇知大概。"

【雪窖冰天】同"冰天雪地"。《百一山房赴藏诗集·金城公主曲》:"竭来持节诸边使,雪窖冰天万里至。"

【雪地冰天】《有泰驻藏奏稿·复外务部制备行装赶程赴藏电》:"惟关山鸟道,雪地冰天,稍能赶程,即万分艰难。"

【雪窟冰天】同"冰天雪地"。《升泰驻藏奏稿·藏印案结保奖汉番员弁折》:"更有汉番员弁兵丁等,或奔走雪窟冰天,奉差远戍;或出入瘴云蜒雨,力疾趋公,风雪饱尝。"

【雪岭冰梯】冰雪覆盖的山岭与阶梯。《平定两金川方略》卷一百三十六:"俾雪岭冰梯,均为沃土。"

【雪山冰岭】冰雪覆盖的山岭。《西藏纪游》卷一:"雪山冰岭登陟便利,涉水则脱而置诸腰带间,甚护惜也。"

【蛮×瘴×—瘴×蛮×—×蛮×瘴—愁×瘴×】

【蛮氛瘴雾】蛮荒地区的瘴气。喻指金川的寇乱。《平定金川方略·平定金川方略表》:"爰念夫化日光天,必扫此蛮氛瘴雾。"

【蛮烟瘴雨】蛮荒地区含有瘴气的烟雨。《西藏考·御制平定西藏碑附录》:"时值四月,冒蛮烟瘴雨,甘若饴糖。"《卫藏图识》上卷"程站"："自过清溪后，鸟道羊肠日益加险，而蛮烟瘴雨亦渐绘边徼之景矣。"
《鹿传霖藏事奏牍·进剿瞻对迭克险隘筹攻瞻巢疏》："惟此次该将卒等于
蛮烟瘴雨之中，誓死奋勇，立破奇险要隘多处，尤属异常出力。"

【蛮烟瘴雪】蛮荒地区的瘴气积雪。《金川纪事诗·行碉头草坡间作》：
"蛮烟瘴雪忽开朗，笮桥石屋空峥嵘。"

【瘴雨蛮云】蛮荒地区的烟雨瘴气。《升泰驻藏奏稿·通事赫政深资得
力并近日边情片》："而赫政往返阪缘绝巘，仆仆道途，奔走于酷暑烈日之
中，出入于瘴雨蛮云之内，尤为劳瘁不辞，深资得力。"

【瘴云蜓雨】瘴气暴雨。"蜓"同"蜑"。《升泰驻藏奏稿·藏印案结
保奖汉番员弁折》："更有汉番员弁兵丁等，或奔走雪窟冰天，奉差远戍；
或出入瘴云蜓雨，力疾趋公，风雪饱尝。"

【烟蛮雨瘴】即"蛮烟瘴雨"，指蛮荒地区的烟雨瘴气。《百一山房
赴藏诗集·奉命驻打箭炉筹办征调事宜》："烟蛮雨瘴掩朝曛，草寨风村
访旧闻。"

【毒瘴蛮烟】指瘴气。《绥靖屯志》卷九下"艺文下·诗余"引陆炳
《戚氏》诗："雪压庐毡坠飞鸢，更甚毒瘴蛮烟，那似破浪乘船。"

【愁云瘴雾】"愁云"谓色彩惨淡，望之易于引发愁思的烟云，"瘴
雾"犹瘴气；"愁云瘴雾"形容令人愁苦憋闷的云雾。《西藏志·山川》：
"瓦合一柱拉，不甚陡，而路险难行……行其上，愁云瘴雾，日色惨淡，
鸟兽藏迹，别是一天风景。"《西域遗闻·疆域》："四峰攒接，绵长一百六
十里，愁云瘴雾，鸟兽藏迹。"

【层×迭×—层×复×—层×沓×】

【层崖迭嶂】重叠耸立的山崖与山峰。《蜀徼纪闻》："自草坡至此，皆
层崖迭嶂，石骨峻嶒，夷人率于山头坡角垦辟数峻，种青稞、荞麦、无可
以亩计者。"

【层冈迭巚】重叠的山岭。《西招图略》卷二"续审隘篇"："且夫藏
地层冈迭巚，峻峭插天，皆发脉于冈底斯山而蜿蜒分布者也。"《喀木西南
纪程》："初由拉寺左上漫坡，约二十里至小山顶，中开平坝，两山对峙，
居民环处于中，过此则层冈迭巚。"

【层峦迭嶂】重叠的山岭。《卫藏图识》上卷"程站"："里塘……层

峦迭嶂，道路迂回，为西藏要地。"

【层峦复岭】重叠的山岭。《平定两金川方略》卷十四："臣查各土司地方，类皆层峦复岭，番人不过于山头地角，栽种荞麦青稞，以为生计。"

【层沟沓嶂】重叠的沟壑与山岭。《平定两金川方略》卷三十七："南山绵长陡峻，林箐丛杂，一望百余里内，层沟沓嶂，要隘重重，贼番全力死守，因地之险，设筑碉栅，不下数百处。"

【重×迭×—重（崇）×复×】

【重山迭岭】重叠的山岭。《金川案·利·军机处复议将军阿桂具奏善后设镇安屯各条》："两金川俱系重山迭岭，天地本非广阔。"

【崇山复岭】高大重叠的山岭。《平定金川方略》卷一："其地崇山复岭，春夏积雪，与中国道路不通。"《平定两金川方略》卷一百十三："同日，阿桂、丰升额、色布腾巴尔珠尔奏言，查番地重山复岭，在在皆然。"

【重峦复岭】同"重山迭岭"。《平定两金川方略》卷二十三："而南北两山，重峦复岭，处处羊肠鸟道，贼番又俱筑碉设卡，以阻官兵绕进之路。"《蜀徼纪闻》："而别思蛮、沃日皆贼人来路，马彪以一千二百人驻此，不可动，其外均重峦复岭，兵少不能往。"

【重冈复岭】同"重山迭岭"。《平定两金川方略》卷五十七："现今天气和暖，积雪渐消，其重冈复岭之中，道路丛杂，保无贼番乘隙潜窥，暗来滋扰之事。"

【重峦复嶂】重叠的山峦。《章谷屯志略·土宜物产》："山寒地瘠，稻谷不生……重峦复嶂，地鲜平畴。"

【重冈迭嶂】同"重峦复嶂"。《平定两金川方略·艺文八·平定两金川论》："金川之险，阻隘而多山，重冈迭嶂，蔽亏天日。"

【重山迭嶂】同"重峦复嶂"。《平定金川方略·金川图说》："重山迭嶂，雾重风高，山岚瘴气，多寒少暑。"《平定两金川方略》卷三十九："而自清溪至打箭炉重山迭嶂，又有沈边、冷边、咱里三小土司，并无民户。"

【×穴×渠—×渠×穴】

【扫穴擒渠】清除巢穴，捕捉首领。谓彻底摧毁敌对势力。《例案》上卷："皇上睿谟独运，指授机宜，用能扫穴擒渠，宣威边隅，为一劳永逸之计。"

【扫穴歼渠】清除巢穴，歼灭首领。谓彻底摧毁敌对势力。《文蔚、庆禄驻藏奏稿·攻克博窝贼巢歼诛首恶全部底定折》："捷音至日，自达赖喇嘛以至唐古忒百姓，罔不欢忻鼓舞，咸谓仰赖大皇帝圣武布招，遐方蒙福，故能扫穴歼渠，永拔祸本。"

【捣穴擒渠】攻打巢穴，捕捉首领。《平定两金川方略》卷十七："是两路续添官兵，声势甚壮，正可合力夹击，捣穴擒渠。"

【扫穴俘渠】攻打巢穴，俘虏首领。《平定两金川方略·艺文四·平定两金川诗》："然地既在淮徐太原之近，又非能扫穴俘渠。"

【擒渠扫穴】同"扫穴擒渠"。《平定两金川方略》卷七十："俟各处新兵到日，克期迅进，以成擒渠扫穴之功。"

【歼渠扫穴】歼灭首领，清除巢穴。《平定金川方略》卷八十七："从此深入贼巢，红旗三捷，军行胜算，早握符于歼渠扫穴之先矣。"

【俘渠犁穴】俘虏首领，摧毁巢穴。《平定两金川方略》卷一百三十三："究以前此守土诸臣，宽严失中，以致积渐偾事，兹天讨申威，俘渠犁穴，全境辑宁。"

【扫×犁×—犁×扫×—犁×洗×】

【扫穴犁庭】谓彻底摧毁敌对势力。《平定金川方略》卷一："方刻日誓众，期于扫穴犁庭，归报竣事，贼益惶怖无措。"

【扫穴犂巢】谓彻底摧毁敌对势力。《金川案·元·上谕阿桂等预筹善后、驻军、屯务事宜》："上谕军机（大臣）曰：'现在阿桂督兵进剿噶喇依，扫穴犂巢，固属要事，而于擒捕逆党，尤为先务。'"

【犁巢扫穴】同"扫穴犁庭"。《平定金川方略》卷八十五："番酋等咸知诡计难施，因得犁巢扫穴，克彰挞伐之勋。"又作"犁巢埽穴"。《平定两金川方略》卷一百三十六："始则犁巢埽穴，民不知兵。"

【犂巢洗穴】同"扫穴犁庭"。《平定两金川方略·平定两金川纪略》："臣阿桂膺阃外重寄，仰荷天威，犂巢洗穴，备蒙渥眷，恩锡之隆。"

以上诸词均为"扫穴犁庭"的变式。"扫穴犁庭"语本《汉书·匈奴传下》："固已犁其庭，扫其闾，郡县而置之。"在清代压缩为成语，字面意义为扫荡其居处，犁平其庭院，常用于比喻彻底摧毁敌方势力。

"语素替换是词汇历时演变的一种通常形式"①，有些是个人的或临时的用法，这些变体正是语言演变的起点，所以应当给予充分的关注。

二 同义交叉替换

【熬茶—煎茶—煮茶—打茶】

【熬茶】《蜀徼纪闻》："然番人重佛教，尝遣人赴西藏礼达赖喇嘛，谓之熬茶。"

【煎茶】《廓》卷四十："前后藏为达赖喇嘛、班禅额尔德尼驻锡之地，各蒙古以及番众人等前往煎茶瞻拜，皈依佛法，必其化身的确，方足以衍禅教而惬众心。"

【煮茶】《十朝诗乘·胡研孙咏西藏》："四骆骎驰为煮茶，二招复沓还输酱。"

【打茶】夏尚志《打茶》："打茶打茶大诏寺，藩王使者接踵至。"诗题自注："熬茶，以供群僧也。"

以上四词均指藏传佛教信徒向寺庙僧人布施酥油茶及金钱等物。"熬""煎""煮"为同义语素。藏民熬制酥油茶时，要用力将熬好的茶水和酥油搅拌混合在一起，"打"自中古以来是个多义语素，"打茶"即熬制酥油茶。

【流染—触染—感染—染受—染患】

【流染】传染（疾病）。《西藏纪游》卷一："若留养在家，恐其流染他人也。"

【触染】因接触（瘴气等）而染病。"触"有接触义。《廓》卷二十："且山下时气不正，出痘甚多，班禅额尔德尼年齿尚轻，恐有触染。"卷四十："复因贼境水土恶劣，霖雨不止，触染岚瘴，患病者甚多。"

【感染】染病。《康𬨎纪行》卷八"六世班禅圆寂"："盖蕃僧修心明性，虽与人殊，而血肉之身，与人无异，数之修短，天气感染，亦无如之何也。"

【染受】染上（疾病）。"受"有"遭受"义。《廓》卷二十五："至

---

① 王绍峰：《初唐佛典词汇研究》，安徽教育出版社 2004 年版，第 278 页。

臣等所领一千官兵染受瘴气，得皇上所赏平安丸，服之皆愈，无不感颂。"

【染患】感染。《廓》卷二十五："再，奎林染患台湾湿气，头上生疖，手足不甚得力，自出口后赶紧趱行，颇形委顿，现仍力疾前进。"《裕钢驻藏奏稿·头等台吉洛布占堆因病出缺请以松籥吉夺承袭折》："头等台吉洛布占堆染患脚疾，调治不愈，于光绪二十四年八月二十三日出缺。"

五词均有因病疫传播而致病义。

【薨逝—薨故—溘逝】

《则例·乾隆朝·柔远清吏左前司上》："康熙十一年题准：外藩蒙古和硕亲王薨逝，赐犊一、羊八、酒九瓶、纸万张，……多罗郡王薨逝……多罗贝勒薨逝……镇国公溘逝……辅国公溘逝……一等台吉溘逝……因功受子爵者溘逝……下嫁外藩固伦公主薨逝……和硕公主、郡主、亲王嫡福晋薨逝，与多罗郡王同。县主、多罗郡王嫡福晋薨逝……郡君、贝勒嫡夫人薨逝……县君、贝勒夫人薨逝……乡君、公夫人溘逝，赐羊二、酒二瓶、纸三千张。……十年奏请，向例外藩王、贝勒、贝子、公、一等台吉薨故，均加恩赐祭，惟额驸无致祭之例。"

对于"死"的讳称，周代已开始，并且带有鲜明的等级观念。生前地位尊卑不同，指称其死亡的词语有所区别。《礼记·曲礼》："天子死曰崩，诸侯曰薨，大夫曰卒，士曰不禄，庶人曰死。""薨"指诸侯之死，"逝"有"死"义，《汉书·司马迁传》："是仆终已不得舒愤懑以晓左右，则长逝者魂魄私恨无穷。"两词在清代结合构成同义复词，仍指称王侯之死。"故"自汉代以来亦有死亡义，"薨故"在清代亦指王侯之死，清代官方文献中对于王公一级的高级官员（包括其妻）之死则称"溘逝"。在这一点上，清人延续了自周代以来的封建等级观念。

【戒绝—戒止—戒断】指彻底戒除（烟瘾等）。

【戒绝】《西藏奏疏》卷六："至于吸食鸦片，先年曾经吸食，自于去岁奉文严禁，当即戒绝。"

【戒止】《西藏奏疏》卷六："讯据刘占春供认，前于道光十八年因患病症，实与徐崇儒吸食鸦片数次。嗣后戒止，未将烟枪毁弃，现已起获在案。"

【戒断】《联豫驻藏奏稿·设立戒烟查验所及办理戒烟经过片》："八月

间于前藏拉萨地方，先设立戒烟局，发给戒烟药片，限期戒断。"

"戒""止""断"均含有停止义。

【撤退—抽撤—抽退—卷撤—卷裁—尾撤】均有撤退义。

【撤退】指后退。《巴》卷八："今贼匪业经撤退，将次竣事。"

【抽撤】抽调撤退。《金川案·元·上谕丰升额由党坝进兵》："并称'乘兵力之暇，缓修碉座。若移剿别路时，便可将宜喜官兵抽撤'。"

【抽退】同"抽撤"。《巴》卷四："再，现在结营之普琼地方不甚险要，因将兵丁抽退四十余里，于春对地方结营，善守紧要隘口，俟接应兵到再行整兵迎战。"

【卷撤】撤退。"卷"有收、收起义。《平定金川纪略》卷二十二："谕曰：'今已降旨允降班师。可即令兵丁按起卷撤，毋令复往矣。'"《廓》卷十八："其藏地新设台站，亦俟索伦达呼尔兵过后尾随卷撤，毋庸再为安设。"

【卷裁】裁撤。《平定金川纪略》卷二十六："运完一站，即撤去一站，次第卷裁，不过十余日，即可完竣。"

【尾撤】后撤。《卫藏通志》卷十三："其藏地新设台站，亦俟索伦、达呼尔兵过后，以次尾撤，既可节省靡费，亦可免兵丁常川驻守之劳。"

【抽拨—抽动—抽派】

【抽拨】选拔。《廓》卷四十七："所有添设巡查官弁兵丁，应遵旨于藏内及台站兵丁内抽拨。"卷三十四："续调川兵尚未到来，不能再于打仗兵丁内抽拨。"

【抽动】选拔调动。《金川案·元·上谕阿桂抽调防守兵丁合力进攻》："除大板昭一处，地关紧要，难于抽动，其旺保禄、常清两处所属守兵内，择其无关紧要者，自可抽出一千余，换至阿桂处守卡。"

【抽派】选拔派遣。《金川案·元·上谕富德照其所请拨兵助剿》："且所请抽拨三千，兼之章谷抽派一千，合以宜喜、日旁原有之兵，可得七千余人。"

【陡逼—陡偪—陡仄—陡窄—陡迮—陡削—陡岋—峭仄—险仄】均有陡峭、狭窄义。

【陡逼】谓陡峭而狭窄。"逼"有狭窄义。《藏辖随记》："大雪没膝，势正未已，龙头山腰新路已不能行，遂直冒岭上旧路而过，陡逼峭峻，厚雪满铺，危险不堪设想。"

【陡偪】同"陡逼"。《平定两金川方略》卷三十九："其东南一带，山崖陡偪，树木丛杂，并无路径可通。"

【陡仄】谓陡峭而狭仄。《平定两金川方略》卷七十一："而自灌县以西，道路即多陡仄，马匹不能得力。"

【陡窄】指陡峭而狭窄。《西藏归程记》："径极陡窄，虽设有危栏，而步行甚险，两峰山势雄奇，劈斧乱柴，各成其妙。"

【陡迮】同上"陡窄"。"迮"同"窄"。《西藏往返日记》："登大冈山，高万仞，路径陡迮，盘旋而上，俯瞩群山，拱伏如儿孙。"

【陡削】犹陡直。《晋藏小录》："蛮兵随带铁斧，砍冰而进，上下颇陡削，又行五十里抵阿咱塘，即住公馆。"

【陡岖】谓陡峭而崎岖。《西藏志·程站》："至大所山。（无人户，有柴草，山路陡岖，有烟瘴，乃夹坝出没之所。）"

【峭仄】谓陡峭而狭窄。《平定两金川方略》卷四十五："此一路均极峭仄，且被贼番刨断，行走甚为艰险。"

【险仄】谓崎岖而狭窄。《平定两金川方略》卷七十二："且从险仄一线中冲出，官兵伤损必多。"

这些出自不同作家笔下的词语，在描述西藏山路陡峭而狭窄的特点方面，形成了一个双音同义聚合群，这也是与西藏的地理地貌特点密不可分的。

三·反义替换

反义替换是指用意义相反或相对的语素替换原词中相应的成分。替换的结果是形成了一组反义词。清代藏学汉文文献中以反义替换构成的反义词如：

【直接—间接】

《张荫棠驻藏奏稿·上外部签注驻藏赵大臣函附驻藏赵大臣原函》："为今之计，惟有俟江孜等处开埠事宜规划就绪，先择其宜于通商之地密陈钧部，宣告自行开埠，使英人不得不先与我直接开议，则藏员自渐退处于无权。……有此二层，彼必事事先与藏官交涉，是英与我已预求间接要求之地步，藏与我又俨成外交平等之主体。"

"直接"与"间接"相对，谓不经过中间事物；"间接"谓通过第三者发生关系。

【生身—熟身】

《平定两金川方略》卷一百二十五："布拉克底土司阿多本系瘸子，令人背负而行，自不能远赴京师，至番人有生身、熟身之不同，与蒙古无异。"

《则例·嘉庆朝〈大清会典〉中的理藩院资料》："凡袭爵，各分其生身、熟身而引见。（蒙古以曾出痘者为熟身，未曾出痘者为生身。袭爵者，熟身令来京引见，生身令在热河引见。如年幼，各俟及岁时分别生身、熟身补行引见。）"

"生身"是指蒙古贵族官员中未出痘者；"熟身"指曾经出过痘，不会再感染天花的免疫者。清代的藏族人对内地的天花疫症畏之如虎，将内地行视为险途，故常派熟身晋京。

【生货—熟货】

《张荫棠驻藏奏稿·致外部丞参函述筹藏详情及参劾番官原委》："农工商一节，西藏出产以畜牧为大宗，除皮货药材外，牛皮、羊毛、猪鬃、牛尾皆为出口佳品。惜工艺未兴，皆生货而无熟货，利权未免外溢。"

"生货"指制造业以外的生产部门如农业、林业、畜牧业等生产的作为原材料的初级产品，"熟货"指用原料加工制成的物品。

【生皮—熟皮】

《张荫棠驻藏奏稿·奏复西藏情形并善后事宜折》："藏中牛皮极贱，惜所用皆生皮，不晓制熟皮之法，致多废弃。"

"生皮"指未加工的兽皮，"熟皮"指加工过的兽皮。

【生铁—熟铁】

《金川案·利·松、建二道议详善后事宜》："查口外生铁，各站现存有五十余万斤，熟铁仅三万斤。"《例案》下卷："又生铁每斤（一分五厘），毛铁每斤（一分），熟铁每斤（六分）。"

"生铁"即铸铁，"熟铁"指用生铁精炼而成的铁。

【洋货—土货】

《张荫棠驻藏奏稿·札发商务委员噶大克埠务大略章程》："务使土货之出口多，则银钱之进口多；洋货之入口少，则银钱之出口少，如是则民富而国自富矣。"《史料汇编·文硕为守卫隆吐山当周详布置惟英人要求界外通商事宜稍留余地嫉恶不可过严事致第穆呼图克图札》："且可就此明定章程，预禁传教、租地、招工、略卖，以及收纳逋逃顽民，贩卖违禁货物，如军器、硝磺及茶叶等土货进口，青稞等粮食出口之类，并可言明。"

"洋货"指外国进口的货物，"土货"指本国产的货物。

【红事—白事】

《金川案·利·总督部堂晓谕为整饬吏治事》："月饷月米，毫无扣折；红事白事，赖有恩施。"

"红事"指喜事；"白事"指丧事。

【文员—武员】

《例案》下卷："文官差员……（文员锅帐与武员价值迥不相同）。"《例案》下卷："其余阵亡武职兵丁及被害文员，着将军海兰察、富勒浑查到原单，交该部查明，均照阵亡例一体议恤，以慰忠魂。"

"文员"指文职官员；"武员"指军事官员。

【文战—武战】

《文硕驻藏奏稿·传谕阖藏与披楞交战有损无益令大众细思》："我连日彻夜筹思，为尔等打算，与其劳民伤财，终恐难得把柄，不如以守理遵旨为名，不与披楞交仗。这是以文战不以武战之法，殊为稳妥。"

"文战"谓进行说理斗争；"武战"谓通过武力进行斗争。

【上差—下差】

《平定两金川方略》卷九十九："其由内地至军营者，谓之上差；由军营至内地者，谓之下差。其上差之夫，无庸置议，惟下差之人，每日自数十名至百十名不等。"

"上差"指由内地到边地军队中任职；"下差"指由边地军营到内地任职。

【家种—野种】

《西藏纪游》卷四："书文勤相国曰：'凡鸟兽、花木、蔬果之属，俗称有家种有野种。家者如马、牛、羊之类是也，野者如野马、野牛、野羊之类是也。'"

"家种"指家养的牲畜；"野种"指野生的牲畜。

【生番—熟番】

《史料汇编·年羹尧奏陈平定罗卜藏丹津善后事宜十三条折》："查古什罕之子孙占据西海，未及百年，而西番之在陕者，东北自甘、凉、庄浪，西南至西宁、河州，以及四川之松潘、打箭炉、里塘、巴塘与云南之中甸等处，沿边数千里，自古及今，皆为西番住牧。其中有黑番、有黄番、有生番、有熟番，种类虽殊，世为土著，并无迁徙，原非西海蒙古所属，足为我藩篱。"《金川琐记》卷四"黑帐房生番"："绥靖与绰斯甲部落交界，再进十数程，有一种生番，名黑帐房，其地不生五谷，性好剽杀，日以搏取禽兽为业。"

"生番"是对文明发展程度较低的少数民族人的侮称；"熟番"则是指称文明发展程度较高的少数民族人。

【圆音—尖音】

《有泰日记》卷四："喇嘛送男女锅庄，加戏于内。戏止则锅庄上，男则圆音，女则尖音，可裂金石。"

"圆音"是"尖音"的对称，指唱歌时圆润的中音；"尖音"指尖而响的声音。

【高铜—低铜】

《藏族史料》："乾隆三十七年〔壬辰〕六月癸巳……从前陕局制钱系高铜、白铅点锡、黑铅配用。嗣因高铜稀少，委员采买金钗低铜，以高七低三配铸。"

"高铜"指含铜量高的金属；"低铜"指含铜量低的金属。

【口轻—口老】

《理藩院》卷九百八十九："九年议准：内外札萨克王公台吉等捐输马匹，应挑选膘壮口轻者解交，不准呈请折交银两，亦不准以疲瘦口老者充数，违者斥驳更换。所交马匹，若非口老疲瘦，监收官迅速验收，不得任令久延，刁难勒索，违者查明惩处。"

"口轻"指牲畜的年龄小；"口老"指牲畜的年龄大。

【上学—放学】

《里塘志略·杂记》："十月二十五为宗卡巴城圣日，众喇嘛驮载粮食咸赴大招上学。"《里塘志略·杂记》："喇嘛告假回家，谓之放学。八月稞麦登场，归理庄务也。"

"上学"指藏传佛教僧人离开家到寺庙中就读；"放学"指僧人在农作物收获时节由寺庙回到家中从事生产活动。

【进口—出口】

《例案》下卷："盐菜银两于出口、进口之日住起。"《理藩院》卷九百八十："二十六年题准：归化城税务，改归杀虎口监督兼管。又议准：归化城为蒙古商民辐辏之处，所有烟油酒三项及皮张杂货等物，皆归入落地税内，照例征收。其驼马牛羊，除进口外，若绕道赶往他省售卖者，亦一例征税，以防偷漏。至于铁器不许出口，原指军器及可以置造军器之铁而言。"

"口"指长城的几个重要关口，多用于地名，如古北口、喜峰口。亦泛指这些关口。"进口"指进入关口内，即内地；"出口"即出关口，指进入关外。

【活软—坚硬】

《文硕驻藏奏稿·谕多尔济仁增边防一切机宜》："大概与英人角胜，利用以柔克刚之法，譬如障身牌挡，利用活软者为之，不取坚硬。"

"活软"指灵活柔软；"坚硬"即固执强硬。

【圆软—坚硬】

《文硕驻藏奏稿·谕僧俗番官及各领袖喇嘛界外通商一事不宜拒绝》："天道忌满，柔能克刚。何谓柔，圆软是也；何谓刚，坚硬是也。"

"圆软"指圆滑柔软；"坚硬"指生硬，缺乏变通。

【左手—右手】

《平定两金川方略》卷一百十一："桑噶斯玛特左手第二条山腿下，沿河寨落，一经攻取，可以隔河轰打斯年本咱尔贼人往来之路。"同卷："其官兵寨右手，从前所攻之第三碉，令五岱及索明等带兵前往，以牵贼势。"

"左手"指左边；"右手"指右边。

语素替换构造新词的现象在中古时期已经出现，时至清末，汉语中积累了丰富的同义（或反义）语素，这就为换素提供了更大的发挥空间。清代藏学汉文文献中的部分新词语，就是基于原有的格式，通过语素替换形式产生的，并由此形成了一个个形式整体、语义相关的词群，从而丰富了汉语的表达。

第五节　换序

换序就是将复合词前后语素的位置颠倒，形成倒序词。有些倒序产生的新词与原词意义差别较小，有些新词与原词意义差别较大。从两词产生的时间来看，清代藏学汉文文献中的倒序词可分为以下三种情况。

一　两词均为清代产生的新词

【药弹—弹药】枪弹、炮弹等具有杀伤力的爆炸物的统称。

《平定两金川方略》卷十："惟自清溪以南，至打箭炉等处，运送军粮药弹，间有堆积。"

《张荫棠驻藏奏稿·致外务部电陈税则改拟及会议详情》："查货物所包甚广，大而军械弹药，小而吗啡之类，苟为商卖之品，皆可以货物名之。"

【弹子—子弹】即枪弹。

《鹿传霖藏事奏牍·瞻番称兵抗拒击退现筹进剿疏》："且贼寨尚多，兵力单薄，开花炮仅五磅弹子，尚觉力小，以致连日进攻，尚未得手。"

《张荫棠驻藏奏稿·咨外部为西藏议设交涉等九局并附办事草章》："与敌人接仗，宜用散队，或五人十人一队，行伍宜疏，则枪炮子弹多落空地。"

【卡隘—隘卡】在交通要道或险隘处设兵守卫的处所。

《平定金川方略》卷三："守备徐克猷，用皮船渡河翻山，以抵金酋卡隘。"

《平定金川方略》卷三："正在筹划攻取附近马邦之扎果隘卡，忽于左右梁后，有伏兵百余潜起。"

【沟壕—壕沟】战壕。

《平定两金川方略》卷一百六：“因寨墙所塌之土石，堆积墙下，已成漫坡。即于漫坡中间，另挖沟壕一道，以限官兵前进。”卷一百十一：“而正面官兵已攻至碉下，觅路欲夺其次门，为沟壕所阻，未能逾越。”

《平定两金川方略》卷一百十一：“贼众窜入壕沟，从孔中施放鸟枪，山峰上濠石如雨，悉力死守。”

【棚帐—帐棚（帐篷）】撑在地上遮蔽风雨、日光并供临时居住的棚子。

《藏游日记》：“是日大风，冷不可言，抵站，不能张棚帐。”《张荫棠驻藏奏稿·咨外部为西藏议设交涉等九局并附办事草章》：“每队兵须备棚帐、背包、粮袋、水壶、雨衣、雨帽、拆枪器具、短枪等。”

《鹿传霖藏事奏牍·进剿瞻对迭克险隘筹攻瞻巢疏》：“我军追杀一阵，斩馘尤多。夺获番枪十六杆，刀十三把，帐绷（按，当为棚）、毡毯、酥油、糌粑无算。”《炉藏道里最新考》：“行数程而无人烟者，必须自携帐棚饮食各物。”又作“帐篷”。《丁宝桢藏事奏牍·岩番劫杀洋人查拿办理片》：“初更时，听闻犬吠，令向兴顺出帐查看，突有三人将伊按到，并有数十人拥进帐篷。”

【债账—账债】债务，欠账。

《廓》卷一：“自系该部落番人素性犷野，不知法度，因与西藏人等前此债账不清，致相构衅。”又：“鄂辉奏言：‘臣等前此查办廓尔喀与唐古忒争占边界之时，未将伊等地租、债账一齐查明，办理草率了事，实难辞咎。’”卷二十五：“贼匪总藉银两债账为辞，以唐古忒不依合同负欠理屈，诱胁说和。”

《史料汇编·准廓尔喀乞降撤兵通谕中外上谕》：“可见廓尔喀滋事起衅，只因与唐古忒人等争论账债细故，并不敢干犯天朝。”

【种籽—籽种】即种子。

《金川案·利·松、建二道议详善后事宜》：“番地是否可以苗计，拟以其地可下至籽种若干，合计亩数。……所需种籽，除莜种一项，已经将军、提督饬委营弁前赴梭磨等处采买。”

《平定准噶尔方略正编》卷四十五：“其如何相度水利，测验土脉，及派兵前往，一切口粮牛具籽种等项，豫为料理之处，着传谕黄廷桂，详悉具奏。"

【干瓜—瓜干】由鲜果经过日晒或烘干而成的食品。

《理藩院》卷九百八十六:"原定哈密岁贡鹰五架,羊角弓面十副,布四疋,及干瓜、小刀、砺石之属。"

《则例·嘉庆朝〈大清会典〉中的理藩院资料》:"凡回部札萨克之贡以岁进。(吐鲁番,岁贡玛什鲁绸……绿葡萄二囊,干瓜二筐。哈密,岁贡趋达尔布四……砺石千方,瓜干二十盘。)"

【击射—射击】用火器向目标发射弹头。

《平定两金川方略》卷首五:"值雨后水涨,贼众淹毙甚多,复为官兵枪箭击射,得脱者无几。"卷一百二十八:"维时官兵见有露身栅上抗拒之贼,即行击射,为枪箭所中者甚多。"

《平定两金川方略》卷一百十二:"乌什哈达等督兵进扑,先将鹿角开砍,越过一重壕沟,贼人枪炮石块交下,官兵即用枪箭射击,共见伤毙贼番,跌落寨墙之内。"

【烧燃—燃烧】物质剧烈氧化而发热发光。

《廓》卷八:"今时值寒冬,官兵所过蒙古番子地方有无柴粪可供烧燃,所带马匹是否须草牧饲,必须逐一查明,庶免阻滞。"卷二十一:"火势腾起,将门洞房檐烧着,并被火弹冲开石块,火焰冲入,将门洞内接连寨房二间烧燃。"《鹿传霖藏事奏牍·进剿瞻对迭克险隘筹攻瞻巢疏》:"李章复用喷筒烧燃木城,贼众由后挖开寨墙,夺路狂奔,自相践踏,号哭之声山谷皆应。"

《廓》卷十九:"各兵抛掷火弹,火焰冲入,先将附近门墙寨房燃烧。"

"烧""燃"结合成"烧燃"见于元代,元王恽《乌台补笔》:"外据囚粮、医药、烧燃、窠篡等物,所在官司须管按月依例给付。"[1] 但显现的并非动词"燃烧"义,而是名词,当"燃料"讲。

【派遣—遣派】差使人到某处做某事。

《平定金川方略》卷十:"惟党坝一路,据岳钟琪咨报,于闰七月初十日夜,派遣参将乌德纳,带兵千名,由两旁抄夺火烧两贼卡之后,击死贼

---

① 屈文军:《宪台通纪(外三种)新点校》,华夏文化艺术出版社 2006 年版,第 216 页。

番约十余人。"卷十一："现在酌派遣官兵，前赴左山梁攻击，以图合围色底巴郎诸碉。"

《丁宝桢藏事奏牍·剿办岩番大道肃清片》："该粮员当即飞缮汉夷双文告示，遣派熟悉岩境夷人驰往上中两岩遍贴晓谕，各清各界，毋得听人唆弄，自罹罪戾。"《刘秉璋藏事奏牍·预筹边防片》："然招募勇丁，必须训练两三月，方可遣派。"

【斥驳—驳斥】反驳，指斥。

《廓》卷二十五："即使贼匪窘迫乞命，仍遵圣谕严行斥驳，以折狡谋而夺贼气。"卷三十八："臣复诘以'该头人等既知新换驻藏大臣将到，留小头人在此请安，则欲求俸禄、地方一事虽经前任普福斥驳，断无不向新任再行恳求之理。'"

《廓》卷二十七："若贼匪于此事稍涉含糊，仍当严词驳斥，不准受降。"又卷三十七："彼时俘习浑、雅满泰自应一面严词驳斥，一面据实奏闻，岂有遇此等紧要情节，既不驳斥又复匿不具奏之理？"

【饬驳—驳饬】告诫，驳斥。

《廓》卷首二"天章二·御制诗"："当即严檄饬驳，令头目二人回巢。"卷三十九："经臣等严檄饬驳，当令朗穆几尔帮哩等二人回巢，谕知贼酋即行亲来。"

《瑚图礼、祥保、珂实克驻藏奏稿·驳饬廓尔喀王禀称披楞要侵扰藏地请给金银以资战争折》："嘉庆十七年七月内，廓尔喀贡使噶箕等到藏时，接据该国王来禀，以披楞之人与廓尔喀争闹，恳祈转奏，奴才瑚图礼等驳饬奏明。"

【变估—估变】将实物折算成银两抵价。

《廓》卷四十："当即提到依什甲木参详悉讯供，并将沙玛尔巴庙宇、庄田、对象逐一查抄，分别解京变估。"

《廓》卷五十三："上命军机大臣传谕和琳曰：'和琳查抄沙玛尔巴等资产估变银两，遵旨赏给达赖喇嘛足敷每年如琫、甲琫、番兵等养赡之用等语。'"《金川纪略》卷三："江督于广沂寓所及署内查出财物人口，其衣饰就近估变，家人男妇老幼十六名口俟审结之时估变。"《史料汇编·谕内阁着将查封阿旺降白楚臣之资产分别赏给前后藏寺庙官兵》："此次查封已革诺们罕阿旺扎木巴勒粗勒齐木金银估变等项共银十四万四千余两。"

【潮湿—湿潮】含有比正常状态下较多的水分。

《廓》卷三十五:"且贼境山径逼窄,地气潮湿,并无安设粮台之处。"《巴》卷二十五:"但伊等由军营撤出之后,因受该处潮湿,疮口俱发,足疾甚重,行动不能得力。"

《廓》卷十七:"恐后藏边境以外地土湿潮,官兵所带弓箭因行走日久或有损坏。"《西藏志·山川》:"玉树、白兔河等处,皆大山平川,夏秋湿潮,冬春多瘴。"《有泰日记》卷十四:"初三日,阴雨,但觉湿潮特甚,闻中路大水难行。"

【便捷—捷便】方便而迅速。

《藏族史料》:"乾隆三十九年四月壬子(1774)……谕军机臣等:'正地一路原系偏师袭取之策,但距明亮军营迂远,兵行本不捷便,若俟粮运办有就绪再行进兵,则贼众闻之,得以豫作准备,殊为非计。'"

《巴》卷六:"至德尔格尔及附近各土司,鄂辉顺道经由,随时酌量情形就近调用,均属便捷。"《藏族史料》:"乾隆三十九年四月壬子(1774)……况阿桂处聚兵既多,其进攻勒乌围时,或见他处有可分进之机及资夹攻之利者,仍可随时遣派前往,较为便捷。"

【仄狭—狭仄】狭窄。

《藏轺随记》:"行二十余里,至灵郎,四山纠纷,板屋十数家,一路仄狭多石,茂树蓊蔚。"

《炉藏道里最新考》:"过河即上陡坡,怪石狰狞,如恶兽欲攫人状,路亦狭仄不易行。"

【陡险—险陡】陡峭险峻。

《西藏奏疏》卷一:"迤出口后,群山陡险,万石岩岩,蛮烟瘴雨,雪窖冰天,攀马尾而上,愈陟愈艰。"

《西藏志·山川》:"拉里山,崎岖险陡,四时积雪,上下五十里,下至拉里,北接玉树,乃青海要津。……昂地山,陡险积雪。"

二 前代词语在清代出现了倒序形式

有些词语在前代文献中已经出现,清代又出现了与之意义相同或相近的逆序词形式，如：

【味气—气味】滋味和嗅觉所感到的味道。常指不好闻的气味。

《有泰日记》卷七："十一月初一日辰刻赴大招万岁牌前行礼，适攒招，千盏酥灯点起，千众喇嘛念经，其味气难闻，不可思议。"又卷十一："北西两池有气味，总因年久积污泥所致。""味气"清末白话小说中亦见。《小额》："晚上一个没抽着大烟，又搭着这二百嘴吧，监里头那种味气，小额平常如何受过这样儿罪孽，立刻鼻涕眼泪，哼哼嗳呦，简直要死。"又："那一份特别的味气，真能熏死几口子。"

【失迷—迷失】走失。

《廓》卷二十六："或竟将上站牛只驮运过站，愈行愈远，多致倒毙失迷，殊非仰体圣主体恤番黎之意。"

《平定两金川方略》卷十一："再，千总韩世贵迷失之事，前此并未据董天弼奏闻，已属非是。"

【觉察—察觉】发觉，看出来。

《史料汇编·文硕奏设卡与通商原为两事不相牵碍界外通商仍听从容开导折》："于是汉番商民之黠诡者，凑借资本，私赴大吉岭兴贩数次，其时并未请领执照，汉番官弁实系未及觉察……近二三年中，所以无人前往贸易者，实因藏番僧俗疑惧未释，大众齐心，互相察觉，以致私出贸易之人无隙可乘。"

【换替—替换】倒换。

《里塘志略·杂记》："供应夫马定例，有大小之别。过一百只者谓之大乌拉，明正司直送里塘，里塘直送巴塘。不及百者，谓之小乌拉。明正司送至河口换替，河口送至西俄洛换替，俄洛送至里塘换替，里塘送至喇嘛丫换替。"

《巴》卷八："至此次出口兵丁一切军器、铅药，均系自行携带，其所需口粮及锣锅、帐房，应在炉城雇用乌拉牛只驮运，前途逐站替换。"

【号记—记号】为引起注意，帮助识别、记忆而做的标记。

《则例·嘉庆朝〈大清会典〉中的理藩院资料·旗籍清吏司》："如器械缺者，盔尾甲背无号记者，军器自马绊以上无号记者，梅针箭、兔叉、鲍头箭上无号记者，马不烙印不拴号记者，皆论罚。"

《西藏奏疏》卷七："臣等即将堪布等随带正包、余包委派粮务朱锡保、游击瑞周监称数目，均符包上编写记号，仍严饬堪布等余外货包分毫不准私带去后。"

【较比—比较】就两种或两种以上同类的事物辨别异同或高下。

《裕钢驻藏奏稿·奏复密陈西藏远近边隘情形折》："一切公文递送、行李往来，仍须假道四川，故滇省之维持，较比川省为尤难也。"

《例案》上卷："臣等俱系内外承办军需之人，以自行督办之事，自行核销，亲身目击，各分段落，互相比较，非特丝毫难容弊混，实有彼此不能稍涉通融。"

【比追—追比】谓地方官严逼限期交税、交差或交代问题，过期以杖责、监禁等方式继续追逼的行为。《例案》下卷："该等久系囹圄，迭加比追，至今一无完缴。……臣等覆加体察情形，似非捏饰，即再行禁比，亦属无益。再四酌筹，拟将现在监押追比各商等除将估查未变产业勒限变缴，分别保释外，其实在家产尽绝，力不能完者，饬该地方官取具切实甘结，即将该商照例各按所欠分数分别治罪。"

【趱催—催趱】赶催。

《廓》卷三十二："一切粮运等项最关紧要，惠龄当遵照前旨，仍赴济咙以外驻扎，设法趱催，陆续运至大兵所在地方，以资接济，毋稍贻误。"

《廓》卷三十二："其川省所运军需本属迟滞，屡经臣等及和琳设法催趱。"

【雇觅—觅雇】雇佣。

《张荫棠驻藏奏稿·咨川督请饬知各属放行采买茶种》："现派打箭炉噶尔璘仔仲洛桑甲错替身，宜玛坚参之商人阿旺落布前往打箭炉一带采买茶种，并雇觅通晓种茶工人携同回藏，择地试种。恳给护札，并请咨明，准其采买觅雇放行等情到。"

【币货—货币】充当一切商品的等价物的特殊商品。

《廓》卷三："我国家中外一统，同轨同文，官铸制钱通行无滞，区区藏地何必转用外番币货。"

《理藩院》卷九百八十："又奏准：嗣后商上收纳银钱数目，及采买各物，俱照所定兑换银钱之数，按照新铸旧铸分别折收办理，庶货币流通，可期经久无弊。"

【价脚—脚价】搬运费。

《藏族史料》:"乾隆三十八年〔癸巳〕九月癸酉……川省西、南两路,道里远近不同,每石运赴军营价脚亦多寡不等,自应定以银数,以合所交之粮。"

《巴》卷七:"再据川督咨称'由内地运粮至藏,每石约用脚价一百余两'等语。臣等详查,运送兵饷皆由该省按照原定工价发给。"

【则规—规则】规章;法则。

《例案》下卷:"查官兵盐菜原有定数,修理桥路亦有则规。"

《巴》卷二十四:"前拟每塘安置番兵四五名,现已饬令戴绷、第巴等就地挑拨,遵照原定规则,酌给口粮,责成后藏都司稽查管辖。""规则"此义明代已见。

以上几组词语中,"味气""失迷""换替""号记""较比""觉察""比追""趱催""觅雇""价脚""则规"是清代产生的新词;与之对应的"气味""迷失""替换""记号""比较""察觉""追比""催趱""雇觅""脚价""规则"都是清代以前产生的旧词。

三　有些清代产生的词

它的逆序形式在清代不曾出现,到现代汉语里才有,这类词如:

【笨拙】愚笨,不灵巧。《文硕驻藏奏稿·译行第穆呼图克图前寄颇当喇嘛之信迅即转递不可催令来营如已到营即将两不侵犯之意令其转达》:"即此可知而唐古特识见笨拙,断不能理大事也。"

【变叛】即"叛变"。《金川纪略》卷三:"昔宋泸州变叛,其酋卜漏据缚轮大囤,其山崛起数百仞,林箐深密,垒石为城……"

【下余】其余,余剩。《廓》卷十六:"前据派往安台之宁夏府隆兴禀报已经安设三十台,下余只有八台,想数日来已可安齐。"

第六节　缩略

缩略是表意固定、高频率使用的多音词、词组,在整体意义不变的前提下，出于表达上的需要，截取其中部分形式凑合成一个结构残损的新形式来代表原来的全形式，把它作为一个话语的基本单位在句中使用。① 汉语词语的缩略现象是古今都普遍存在的语言现象，在清代藏学汉文文献中也不例外，其中的部分新兴词语就是缩略的结果。

一 四音节词语的缩略

四音节词的缩略，是从原有的词或语提取两个或两个以上有代表性的成分，构成一个词。具体如下。

提取原词语的前两个语素：

【生庚】"生庚八字"的缩略。《章谷屯志略·夷人风俗》："择弱冠亲属生庚与女命相宜者，举夷画神像一帧为先导，女易衣饰，挥涕辞父母……"

提取原词语各个词的第一个语素：

【游示】"游行示众"的缩略。《理藩院》卷九百九十六："兵丁俱先插箭游示。"

【瞻顾】"瞻前顾后"的缩略。《巴》卷十四："鄂辉、成德竣事后必回前藏，俟伊等到时，会同巴忠秉公逐一查办，不可稍有瞻顾。"《廓》卷四十三："又复何所瞻顾，竟将表文、贡物等项压搁不奏，专擅糊涂，竟至不解，实属可恨！"

【轩鼞】"轩舞鼞鼓"的缩略。原指击鼓跳舞，引申为激发、开启某种情绪。《平定两金川方略·平定两金川铙歌十六章谨序》："皇心穆愉，民轩鼞咺旅忭贺。"

【扫犁】"扫穴犁廷"的缩略。《平定金川方略》卷九十六："此后雨雪稍稀，自能奋迅直入，又有各路合攻，则于扫犁之局，无难于迅速集事。"

提取原词语各个词的第二个语素：

【庚蟀】"仓庚蟋蟀"的缩略。《西藏纪游》卷三："可惜谢郎好身手，枉教庚蟀住鱼通。"

【虫草】"冬虫夏草"的缩略。《金川琐记》卷六"冬虫夏草"："俗称

虫草。初生抽芽一缕，如鼠尾，长数寸，无枝叶，杂生细草中，采药者须伏地寻择，因芽及根虫形未变，头嘴倒植土中，短足对生，背有蹙屈纹棱可辨，芽从尾茁，盖直僵蚕，非仅形似也。然剖之已成草根。每岁惟四月杪及五月初旬可采，太早则蛰虫未变，太迟则变成草根，不可辨识矣。味甘平，同鸭煮去滓，食益人。"《丁宝桢藏事奏牍·拟定乍丫贡品人数折》："今拟选派大堪布一名……恭赍吉祥哈达一根……佛手参、黄连各八百两，虫草五十两，知母、长寿果各一百斤……定于十二年敬谨呈进。"

【眉急】"燃眉之急"的缩略。《锡良藏事奏稿·查明驻藏帮办大臣凤全死事情形折》："川省财力本形支绌，而是役荒远艰苦，非厚集师旅，不能制胜。又非数兵之饷不能养一兵，数石之费不能运一石，军需浩大，惟有督同藩司多方措垫，应此眉急。"

【妥靠】"稳妥可靠"的缩略。《松溎、桂丰驻藏奏稿·后藏札萨克喇嘛员缺拟定正陪请简放折》："当经奴才以该喇嘛既然妥靠，仍需给假调理，毋庸更换。"

【誓结】"立誓切结"的缩略。《文硕驻藏奏稿·咨川督及总署藏番并无添筑炮台添兵之事》："查大吉岭实系哲孟雄辖境，不但均被英人侵占，拟且敢屡次越境修路造桥，种种恃强，故小的阖藏僧俗大众屡立誓结，永远力阻各等因。"又"三大寺等公禀隆吐山撤卡断不可行"："小的早经出立誓结，处心已定，纵然有何胜败，惟有尽人事听天命而已。"《丁宝桢藏事奏牍·英人窥伺后藏预为筹备片》："但此案实系藏番公立誓结，志切同心，此皆托赖天朝鸿威、达赖喇嘛庇佑、神天三宝佛莫不从公保护。"

【饱腾】"士饱马腾"的缩略。《廓》卷十二："俾将士感激，师旅饱腾，有不争先致果者乎？"卷十九："庶士气饱腾，可冀悉成劲旅。"

提取原词语第一个词的第一个语素和第二个词的第二个语素：

【稳练】"稳重干练"的缩略。《景纹驻藏奏稿·呼征寺仓储巴札克巴协捻援案请赏给扎萨克名号折》："现有本寺管事仓储巴喇嘛札克巴协捻，人极明白，经典深沉，且随小僧办事多年，稳练诚实，堪以胜任。"又："噶布伦白玛结布因病辞退遗缺拣拟正陪请旨简放折"："后藏四品戴琫贡布彭错人亦可靠，办事稳练，谨以拟陪。"《文硕驻藏奏稿·上醇王禀英藏交涉终无头绪两面相持不下自卫之计应留意预筹》："第现任将军岐子惠，人亟明白稳练，在平时无论驻防将军，绰绰有余。"

【冒替】"冒名顶替"的缩略。《理藩院》卷九百九十二"仪制"："其愿来之台吉，务先询明，每人给印文一纸，并载姓名，以杜冒替……仍照例先期报院，届期给予印文以杜冒替。"

二 三音节词语的缩略

发生缩略的三音节词语多为 AB + C 组合，它们压缩为双音节词的方式，有三种类型。

提取原词语中三个语素中的 AC，略去语素 B：

【迷药】即迷醉药。《史料汇编·赫政为转达保尔关于印度札复并拟办法事致升泰函》："至于军器、药铅、迷药等项，永不准在西藏地方出卖。"《升泰驻藏奏稿·赫政税司来函呈明印度开来分晰各款意见请酌核》："应禁货物，印度既以军火器械盐酒迷药等物为禁，不知藏内所应禁者皆系何物。"参"醉药"。

【香皮】即香牛皮。《金川纪略》卷一："盖是时，诸将在行者，羊马成群，香皮细毡珍毳之属，不胜驮载。""香牛皮"亦同时见用。《西藏志·衣冠》："足穿香牛皮靴，身穿长衣。"据《秦边纪略》卷一"庄浪卫"的记载："牛皮即香牛皮也，本牛皮，夷以香物制之，加紫红色茜之，夷以为靴，则蛇虺不敢近；以为褥，可避诸虫，其香虽久不散。"可知"香牛皮"是加香料、颜料加工过的牛皮。

【酥茶】即酥油茶。《卫藏通志》卷十四："其内疲癃残疾，不愿回归本处者，俱于藏内补修房间，以资栖止，并酌量赏给糌粑酥茶，得以糊口，自能各谋生计，不致失所。"《丁巳秋阅吟·还抵前招》："所役人夫，每晚散给酥茶糌粑，不使枵腹。"《西藏纪游》卷一："无贵贱，男女怀中各蓄一碗，食糌粑、酥茶皆用之。"《有泰日记》卷九："糌粑乃内地芒大麦，用麦粒炒熟，碾碎细，则罗去粗皮，民间并粗皮用之，装入木碗，兑以酥茶，以手揉成蛋形食之。"又同卷："因询酥茶办法。用木甬一，中碗，细木板一，圆形，中凿一孔，安木柄，比甬长，四围凿四孔，将茶熬得洒于甬内，兑酥油盐捣之，如欲兑奶子，亦可同入捣之。"原词"酥油茶"亦同时见用。

【栽绒】即栽毛绒。是织物的一种，把丝绒织入经纬中，然后剪平，丝绒直竖，如同栽植。《西域遗闻·物产》："红栽绒，产于工布，织羊为之，似羊皮（绍按，织羊下似有脱字）。""栽毛绒"亦同时见用。《西域遗闻·物产》："拉撒物产……于服物也，氆氇、毡子、毛毡、细贴、栽毛绒。"

【眼小】即眼孔小，比喻眼界狭小。《文硕驻藏奏稿·致川督函抵任后开导藏番及料理三岩野番情形》："溯查炉城抵藏，沿途营汛兵固不多，然额兵额饷数果核实，军需利器亦且整齐，营伍既有可观，番俗势利眼小，其心已有所慑。"

行政区划名称的省称在敦煌文书中已见，如"莫高乡"可简称"莫乡"。① "省"是元以来行政区域名，双音节以上的省份名称，在清代藏学汉文文献中，多提取省名的第一个语素，与"省"结合为双音词。如：

【甘省】即今甘肃省。《例案》下卷："伏思从前甘省军需项下，除发给官兵俸饷、盐菜口粮及一切正项，例无平余外，其余支发各款奏明，于每百两扣收平余银一两，以资办公。"

【陕省】即今陕西省。《平定金川方略》卷六："而附近之陕省，又存贮无多，不能屡为协济。"

【东省】对东北三省的省称。《平定金川方略》卷十二："朕意欲派京师满兵二千名、东省兵三千名前往。东三省至京辽远，若非预为备办，恐致临事周章。"

略去原词语中语素 A，保留语素 BC：

【川省】即今四川省。《例案》下卷："今川省军需数自办理以来，并未扣收平余，以致一切应用杂款，无项可动。"《平定金川方略》卷十四："班第奏言，运军米石，拨动仓谷，缘川省碾户稀少，向系照粮摊牌里民，惮于守候，往往弃谷不领，以致乡保乘机冒领。"

【稞面】即青稞面。《有泰驻藏奏稿·哈萨克流民安插各费请作正当开销片》："嗣由奴才捐廉采办茶叶酥油稞面等物，派弁运赴捻充散放，以资

---

① 王启涛：《敦煌吐鲁番出土文书中的缩略》，《文学文献研究》，商务印书馆 2005 年版，第137 页。

糊口。"

【醉药】即迷醉药。《史料汇编·赫政为转达保尔关于印度札复并拟办法事致升泰函·附通商》："各项军火器械暨盐、酒、各项醉药，或禁止进出，或特定专章，两国各随其便。"略词的原式"迷醉药"亦同时见用。《史料汇编·升泰奏中英印藏续约商上仅五年后再议改关添口一条尚未遵依折》："至军火、器械、迷醉药等项，并请严禁出入。"

【奶茶】即牛奶茶。《西藏志·宴会》："先饮油茶，次以土巴汤，再以奶茶抓饭，乃缠头回民所作。"《西藏记述》："男女俱持素珠，以酥油奶茶和炒面，并牛羊肉为食。"《进藏纪程·土俗》："汉官亦赏之以哈达，次送奶茶，亦赏之以茶块，并颁及银牌绫缎之类。"

【奶酒】即马奶酒。《西藏纪游》卷二："藏地土瘠民贫，物产甚少，牛羊、柴草、麦豆、青稞、氆氇、毛毯、兽皮、奶酒……各随所产纳税。""马奶酒"亦同时见用。《西域遗闻·政教》："夷赋……或纳牛羊、酥油、马奶酒、果品。"

【松石】即绿松石。《亲征平定朔漠方略》卷二："每人各赏以貂皮蟒袍……镶嵌松石鞓带一围，手巾、合包、小刀、牙筒俱全。镶嵌珊瑚松石撒袋一副，弓矢俱全，镶嵌松石珊瑚金茶桶镀金箍银饭桶、银盆各一具。"《廓》卷十四："所有挖下镶嵌珊瑚、松石等物俱被挖去，及金银供器一并掠取。"《平定两金川方略》卷四十二："又前任龙安府知府马权，保荐卓异，曾有送给松石朝珠及皮张各件等语。"是词《大词典》引《诗刊》1978年第5期："草地里拾得卓玛的松石耳环。"

【南针】即指南针。因能指示方向，故用以比喻正确的指导和准则。《文硕驻藏奏稿·致川督函抵任后开导藏番及料理三岩野番情形》："该文武自必径禀省城，想吾兄与子惠（岐元）将军必有一番措置，尚希示我南针，用资模范。"《升泰驻藏奏稿·复赫政税司函番情冥顽开导为难现复饬调三大寺堪布到营切谕》："现拟电请总督示遵电拟一纸，乞阅后速为电京。如有开茅塞之处，尚乞赐以南针。"

【操场】即体操场。《炉藏道里最新考》："街市之外有平坝二区，均约有十余里，四面皆山，若以之为操场，可供三四千人之训练。"

提取三个语素中的AB，略去语素C：

【绿松】即绿松石。《巴塘志略·风俗》:"妇女数十小辫垂至肩,汇成大辫,顶挂杂色珠串,富者间以珊瑚、绿松。"

【毛头】即毛头纸。毛头纸是清代山西生产的一种纸。《进藏纪程·夷情》:"其笔削竹为之,锐其锋,以蘸墨水,纸则如山西之毛头,更薄而亮。"

【猢梯】即猢狲梯。《西藏日记》:"十九日,登柳杨,登大小猢梯,猢梯以西山势略开。"

三 多音节词语的缩略

四音节以上的词语缩略形式不多,提取情况也比较复杂,如:

【荞稞】荞麦、青稞麦的合称。《西藏纪游》卷二:"吾乡徐玉厓观察《糌粑行》:'蛮乡生未喻粱肉,只有荞稞能撑腹。'"

【指顾】一弹指一回顾(回首),形容时间很快。《廓》卷首三"扎什伦布庙志事,迭去岁诗韵":"知罪乞降应。(福康安等于去岁四月间进兵,自擦木、邦杏、济咙、热索桥、协布鲁、东觉、堆补木等处七战皆捷,指顾可抵阳布。)"《金川纪事诗·残夜过郫城小憩南明官舍把酒惘然述旧抚今辄成十绝》:"南蛮定后又西戎,绝域分明指顾中。"

【嘛呢】藏传佛教六字真言"唵嘛呢叭呢吽"的缩略。《巴塘志略·竹枝词》:"松风一枕熬茶熟,卧听嘛呢打麦声。(穴窗甚小,楼顶平铺黄土,凡农家场圃之事均在其上,同力合作,齐念唵嘛呢叭呢吽,以代劳者之歌。)"

蒋绍愚先生曾指出:"汉语总的发展趋势是由单音节变为复音节,这种趋势在近代汉语时期尤为明显,但是,近代汉语时期复音化的情况究竟如何?这个问题似未作过深入研究。"[①] 清代藏学汉文文献中的词语缩略现象,有助于探讨近代汉语向现代汉语过渡时期的词汇双音化现象。

观察上述词语衍生的方式,可以发现:一、新词往往是成批出现的,词义的内容以表现藏地气候、山川、民俗、土产为主,与行军打仗有关的词语也较多。说明这方面的内容受到较多的关注,这也与藏学汉文文献的

---

① 蒋绍愚:《近代汉语研究概况》,北京大学出版社 1994 年版,第 285 页。

记述内容相契合。二、在构词手段上，或是以某一共同语素为中心，采用汉语中已有的构造方式，以其他语素分别与之搭配，形成新词；或是将两个旧有语素组合在一起形成新词；或是在原有词语的基础上，通过换用其中某个位置的语素来形成新词。可见，新词语基本上是在旧有语素的基础上生发出来的。由于存在共同的语素，因此也形成较多同义关系的词语。这些新成分丰富了汉语的词汇系统，也丰富了汉语的表现力。

结　语

本文主要对清代藏学汉文文献中以下四个方面的词语成分做了重点调查与逐一分析。

一　藏、蒙等民族语及佛教用语等出现在汉语中的具有外来背景的语言成分

其中以藏语词为主，且以音译的名物类词语居多，内容涉及藏族的历史文化、宗教政治、自然物产等各个方面。从使用数量上看，有关西藏的山川、河流、寺庙、人名等音译词数量最大，人物称谓次之，再次是文化词语。以文献中零散使用的部分藏语音译词为例：

1. 人物称谓类词语中，表示藏传佛教神佛、僧侣、僧官体系称谓的（不含异形附目），如：沙迦图巴、珠多吉、老工甲布、喇嘛、古庶轮布气、班禅轮布气、呼图克图、札苍、纳穆吹忠、班第、堪布、岁瑃、森瑃、曲瑃、孜仲、罗藏娃、商卓特巴、商上、卓尼尔、中译、孜本、沙布隆、格喜、朝尔吉、噶布楚、蓝占巴、文咱特、勺撒、德穆齐、格斯贵、格苏尔、哈由巴、绰由巴、骨捻尔、乃冲、颤马，等等。

表示俗官体系称谓的：噶隆、高爵、协尔帮、浪子鰕、第巴、希约第巴、代奔、如瑃、甲奔、定瑃、赖本、局奔、马本、达本、密本、按本、本布、破本、协敖、宗本、郭波、干布、郭家哇、居麻、业尔巴、业尔仓巴、乃兴巴、囊宋、谷操、东科尔，等等。

其他人物称谓：珠巴、尺盖哇、恶木气、麻金、加弥、伯把、池巴、曼巴、纪纲、葱本、康呢、朗赛哇、江古庶、乌拉、沙鸹，等等。

表示部族及国家名称的：乌斯藏、唐古特、别蚌、卡契、披楞，等等。

2. 藏族文化类词语中，表示衣饰的有：褚巴、郭在、康、模格、班带、伞、东波、瑸珰、辛布、工纳、慈姑、则笼、同箍、额哥、吞达、重杂、的拉、巴珠、哪咙、呀拢、玉老、阿务、白玉、色贾、姿儿、瑟瑟，等等。

表示饮食及土产的：酩、糌粑、土巴、工架、得木鸟、氆氇、锡迭、铁力麻、夠布、纳哇、波里凹、左髻、哪杂俄么、角玛、苦库、札木札鸦、纳古、吉吉，等等。

其他文化词语，如：宁玛、哈达、江噶、锅庄、斯甲鲁、丹书克、噶舒克，等等。

而半音译半意译的词语较少，主要有：乌斯国、喇嘛教、马明亮、步明亮、放桑、噶布拉鼓、转阁落、嘛咻堆、嘛咻旗、皮巷、蛮冲、呛酒、图替、替子、褚袍、别蚌子、觉母子、阿尼子、歪物子，等等。

二 清代产生的反映当地事物的汉语新词新义

藏区"天气严寒，地气瘠薄，千山雪压，六月霜飞，石多田少"[1]。因此，从词语所表述的意义上看，新词中有这样几大类比较突出：

1. 描述藏地山川地貌的双音节、三音节名词，如：崖碥、崖坡、山包、石包、石腔、狩石、顽山、山脊背、山腿、斜岔、漫坡、斜坡、阴坡、高磡、陡磡、直磡、崖磡、山磡、坡磡、石磡、田磡、雪窖、垭口、肥田、瘴地、塔子头，等等。形容词如：陡逼、陡偪、陡仄、陡窄、陡迤、陡削、陡岖、峭仄、险仄、陡险、险陡，等等。

四音节词如：悬崖峭岭、峻岭层嶕、危峦迭嶂、深林复嶂、雪山砂岭、高山峻岭、崇山峭岭、崇山迭岭、崇山仄岭、峻岭重山、复岭连山、山重岭复、层崖迭嶂、层冈迭嶕、层峦迭嶂、层峦复岭、层沟沓嶂、重山迭岭、重山复岭、重峦复岭、重冈复岭、重峦复嶂、重冈迭嶂、重山迭嶂，等等。

2. 描述藏地气候的双音节、三音节词语，如：瘴湿、瘴热、瘴疫、瘴疠、瘴烟、瘴毒、毒瘴、恶瘴、药瘴、雪瘴、冷瘴、狞风、雪子、雪弹

---

① 见《康辅纪行》卷三。

子，等等。

四音节词语，如：冰天雪海、冰天雪地、冰天雪窟、冰天雪窖、冰山雪窖、雪窟冰天、雪岭冰梯、雪山冰岭、蛮氛瘴雾、蛮烟瘴雨、蛮烟瘴雪、瘴雨蛮云、瘴云蜒雨、烟蛮雨瘴、毒瘴蛮烟、愁云瘴雾、风饕雪虐、尖风滑雪、山尖雪滑，等等。

这种独特的气候条件，导致一些疾病的发生，与疾病、医药相关的名词如：瘰罗痧、疮瘰、热疖、疮疖、湿疮、黄水疮、坎头疮、裙边疮、口疮、留痰、天花、平安丸、四君子丸，等等。动词如：出痘、出花、流染、触染、感染、染受、染患，等等。

3. 描述藏地服物类的词语，如：花褐、花绒、毡褐、偏单、披单、披领、披毯、藏毯、藏布、毯袍、毡褶、毡呢、氆毹、毛线、毛毯、毛氆、珍毳、毡子、板片、呢片、毡片、绒片、藏片、栽绒、灯草绒、绒布、绒单、绒褐、皮货、皮片、香皮、鬼子皮、斜皮、干尖、褐子、毡子、皮子、板子、片子、褶子，等等。

4. 描述藏地名物、风俗类的词语，如：雪鸡、雪莲花、雪猴子、野兔、狗熊、野骡子、盘羊、驮牛、驮羊、驮驴、藏红花、稞麦、稞面、稞粑、荞稞、荞黍、荍子、冬虫夏草、虫草、缠头果、抓饭、炒面茶、酥油茶、呷酒、青稞酒、猪膘、砖茶、普茶、脚茶、副茶、姜茶、酥茶、奶茶、牛乳茶、牛奶茶、奶油茶、奶酒、茶块、茶封、茶甑、茶筒、茶盆、茶盘、茶叵罗、酸奶子、松石、绿松、土香、藏香、藏茧、生番、熟番、黑人、汤役、打役、汤打役、小娃子、寨子、柳林子、蛮栅子、望堆、溜索、铁索桥、黑帐房、毳屋、记念、手珠、珠石、木靴、云头刀、一把速、什样锦、辫囊、锅圈帽、左插子、牛腔子、羊腔子、放索子、翻杆子、跳弦子、烧喜纸、跑寨子、打火亮子、面塔儿、讨舍手、放舍手、等身拜、熬茶、煎茶、煮茶、打茶、剥黄、抱石、跑人、下坝，等等。

一些前代已经使用的词语，在清代藏学汉文文献中被用来表达新事物，由此获得了新的义项。如：七珍、八珍、八宝、记念、摇鼓、法刀、佛国、黑人、毒厉、毒疠、积毒、凶具、分体、油刷、银牌、锅腔、重罗、基图、游牧、种植、帐户、子母、正身、主国、手卷、方单、海贶、面菓、黄茶、饦羊、兵民、民人、屯备、千户、百户、苦差、梅花桩、炮子、腔口、围圆、斜岔、斜眼、小票、樏、九、甎、肚、埕、驮、搜、打、倒、丢、遮、挫失、撤退、飘淋、闪挫、首出、首罪、行茶、悬注、低洼，等等。

有些词语意义涵盖的范围扩大了，如：毳褐、番邦、佛地、焦糖、麦籽、锅盔、牲饩、羊腔、牧厂、蛮民、女王、背子、年班、法驾、替身、汉仗、规费、背手、爬山虎、洋药、篷车、衣、背、锅、架、干、绊、老、生、涨、鼻子、烟子、雪窖、团、版、闲散、吃飞醋、典当、跌落、回残、回空、朋充、退租、首告、造意，等等。

三　近现代新词

一些近现代意义上的新词大量出现，成批地进入晚清的文献。

其中的单音节词语较少，使用比较活跃的如：电、线、案、土、码，等等。

双音节的名词，如：茜草、扁豆、奶桃、罐头、挂面、面包、杂粮、养气、烟瘾、迷药、醉药、药片、饭量、围裙、细布、手套、草帽、军服、洋枪、皮包、钱包、兵营、从犯、成分、人畜、冷带、雪盲、雪镜、交界、款项、矿苗、空白、模范、清单、日前、沙袋、手段、土法、土语、侦探、帐篷、仓库、客厅、盐池、大门、公司、高度、锅炉、电书、电本、电码、电报、电路、电杆、电线、线路、电汇、电信、密本、密电、明码、健康、自主、礼拜、星期、金元、利权、重案、收据、西报、月报、旬报、报馆、报章、垦场、专员、保险、西操、体操、操法、操场、操衣、军装、国际、商场、铺栈、商房、马路、铁轨、电车、教道、军医、棚帐、背包、政策、代表、目的、卫生、思想、教育、权利、名词、主国、附件、邮件、信件、函件、铁血、实业、生货、熟货、学界、中学、字母、知识、教员、学区、校舍、学务、学期、讲堂、文化、直线、标本、中文、国文、学科、化学、笔算、模型、标本、课本、上课、升学、开学、礼貌、总冒、纸烟、矿工、全球、华侨、租客、感情、特定、前提、空气、池栈、权限、简章、军界、新军、排长、军火、大炮、火枪、子弹、炸弹、刺刀、枪子、手枪、枪手、枪眼、炮兵、炮楼、警察、警学、警务、卫队、革命、暴动、站岗、瞄准、退伍、偷渡、误伤、政界、选举、专制、自治、宪政、宪法、议院、工党、领袖、组织、义务、主权、速成、照相、斜度、低洼、侨民、列强、要点、规划、压力、主体、反对、初等、初级、公益、正式、按时、不免、医馆、接办、测绘、绘图、照据、估算、承认、集股、查询、查阅、撤退、辞退、撤销、冲击、充公、到案、收回、售卖、调换、担保、声请、退租、租借、磋议、戒烟、对生、办公、抵销、捐资、扣留、亏本、拟定、枪毙、打靶、代办、暂缓、直达、备用、代理、扩张、抵制、开埠、随军、轰击、放枪、射击、相扑、加速、飞速、接替、接头、可靠、全权、歧视、虚报、庆祝、饲养、缩短、涨落、多样、低落、强硬、间接，等等。

三音节的词语，如：手提包、蒙古包、寒暑表、风雨表、福音书、蓝皮书、邮电局、礼拜庙、手镯表、闷壳表、白话报、代理人、公事房、工程生、工程师、测绘师、地学家、天文家、植物园、常备军、续备军、后备军、过山炮、军乐队、毕业生、天文镜、显微镜、博物院、体面官、代表员、掌权员、自行车、人力车、下议院、传习所、裁判所、验货厂、中心点、三角线、警察兵、政治官、学务局、白话报、师范生、陈列所、劝工局、蒙养院、领事馆、领事官、施医馆、戒烟局、陈列馆、中学堂、生理学、印花布、迷醉药、九子枪，等等。

四音节以上的词语，如：自来火柴、迷醉毒药、留声机器、势力范围、下等社会、乌拉公司、万国公法、治外法权、闭关主义、直接主义、国际公法、地理学家、白话报馆、初等小学、警察学堂、高等学堂、初等小学堂、高等小学堂、自来火手枪、双筒千里镜、有色玻璃镜，等等。

四　前代旧词及方俗语词

包括古语词、典故词以及新兴的各地方言俗语。

1. 古语词是前代文献材料中已见、清代藏学汉文文献中沿用的词语，如：脾析、豚拍、廪饩、戴、犊鼻裈、拳毛骊、褰卫、聊且、况瘁、考牧、干没、瞳眬、隳、覆、掬溢、诈、愕眙、惕息、樅龙、委折、昙云、嫩云、蔆莙，等等。

2. 典故词语，如：泛槎、渴羌、肉仙、温序须、惨不骄、帀未将、沙度绳行、冰山雪峤、磨墨草檄、喙骄、典午、蚁封、金蕘、月窦、荒服、茧纸、章步、媅母、灵爽、祖山、祖脉、抚序、辣冰、甜玉、番驼、舭棱、庭泉、空桑、勾陈、上林、都梁、桓蒲、薄（燠）、宾羼、旅羮，等等。

　　3. 方俗口语，如：半背、木叉、炉齿、蚊刷、转锥、掮担、耡板、锅镩、锅箍、锄耳、活套、绊带、铁千劻、竹绒、竹植、麻绒、棕毡、棕单、棕刷、土连纸、荒麻、荒铁、柳炭、棚筅、三丁拐、驾窝、帽查、汗帕、祫裤、祫袜、鞋脚、脚齿、脚马、鞓带、九龙袋、万民衣伞、毛毽、麻雀牌、饽饽桌、灰面、蛤蚂菜、菜马、菜鸡、鸡丝面、拉条面、烫面角、卤面、炉食、熬饼、蔗饭、烧方、圆根、海菜、海味、店口、奔娄头、倭多眼、胫项、耳记、箭枝、片刀、金两、金锞、毛硝、苗线、社谷、属肖、文底、眼腔、舱匠、么师、告人、三小、草豹、伏秋、暑毒、亮碜、贼条、断牌、冤缠、独脚神、耗鬼、伐马脚、看水盌、出青、梅洗、串诱、打野盘、卷站、蒂欠、估、估勒、喝搭、开捞、捏手、沥诉、具控、卷刃、穿孝、敬神、首报、首发、首明、首控、搪帐、晒晾、着风、着热、躲热、犯醋、闹醋、晕闷、笑人、烤人、闹人、一具，等等。

　　语言词汇的发展和社会的发展有着相互依赖的关系，由上述词汇资料可以看出，清代藏学汉文文献基本上是围绕当时社会的热点问题而展开的。这类文献从记述的内容上看，可分为前后两期。前期文献记载了清政府两次派兵入藏打击尼泊尔侵略后藏势力以及两征金川的重大军事行动的各个环节及侧面，后期文献以记录英、俄殖民势力争夺西藏的系列政治事件为主。因而，这类文献的用词，从意义的角度来看，是带有一定的偏向性的。前期文献中的新词，带有鲜明的地域性特征，以反映清代西藏社会生活的方方面面为主。也可以反过来说，众多的内地人亲赴西藏边陲，认识、体验了西藏迥异的自然环境与文化氛围，将亲身感受与见闻记录下来，传播到内地，这种行为不但拓展了国人的见闻与视野，而且把大量与西藏有关的新异事物、新奇概念带入汉语，从而促成大批新词语的诞生。后期文献的用词带有强烈的时代特色，这是伴随着汉语词汇从近代向现代转向时出现的现象。鸦片战争之后，晚清政权走向衰微，西学在中国传播，影响逐渐扩大。从 19 世纪 70 年代起，我国陷入了全面的边疆危机之中。为防止国外殖民势力继续侵犯西藏，巩固对西藏的主权，清政府着手整顿藏务，派张荫棠查办藏事，驻藏大臣联豫在西藏大力推行"新政"，诸多措施的实施，推动了西藏近代化的进程。反映这一时期藏事的汉文文献中，必然出现诸多的近现代新词。

此外，需要一提的是，藏学文献记述者本人的文化修养、地域背景和当时的时代氛围，使他们在记述的过程中，除了使用上述与当时西藏地区社会和人文自然因素有关的用语之外，还把许多文言性、方俗性和时尚性的语言成分，比如"刀削面""白话报"之类，用在了这些文献中，使它们的语料价值或超出藏学的范围。这些材料虽然不是藏学文献语料的主要价值之所在，但对于了解汉语词汇的历史，也有重要的拾遗补阙的作用，值得肯定。

俞理明先生指出，词汇大致应包括四个层次：基本层、通用层、局域层和边缘层。① 以这样的词汇观来审视上述三类词语，可以发现，其中的多数词语处于当时社会用语的局域层或边缘层。这些词汇的新质因素，有些在清代其他文献亦有使用，有些则仅限于清代藏学汉文文献中使用。梳理这些词汇语料，从中可以观察到汉语词汇在清代这一历史时期的发展状况，也可以从一个侧面了解当时汉语词汇的面貌。本项研究之所以选择这样的内容进行考察，是因为与同时期的白话小说、笔记杂著等文献的用语相比，由于受到文献材料本身记述的特点以及著者所处时代的影响，这些词汇成分是清代藏学汉文文献在用词上的突出特点与个性特征，同时也是这类文献在汉语历史词汇研究中的价值所在。

---

① 俞理明：《东汉佛道文献词汇新质研究》，商务印书馆 2013 年版，第 7 页。

引用书目

（按作者名拼音顺序排列）

一 引用清代藏学汉文文献书目

（一）专著类

查骞：《边藏风土记》，中国藏学出版社 1990 年版。

陈登龙：《里塘志略》，《西南稀见方志文献》第 48 卷，兰州大学出版社 2003 年版。

陈克绳：《西藏竹枝词》，《国朝湖州诗录》，道光九年刊本。

陈克绳：《西域遗闻》，《西藏学文献丛书别辑》，中国藏学出版社 1995 年版。

程穆衡：《金川纪略》，《西藏学汉文文献汇刻》第三辑，中国藏学出版社 1994 年版。

杜昌丁：《藏行纪程》，《川藏游踪汇编》，四川民族出版社 1985 年版。

傅恒等：《平定准噶尔方略》，全国图书馆文献微缩复制中心 1990 年版。

和宁：《西藏赋》，《西招图略》卷八"西藏艺文考下"，西藏人民出版社 1982 年版。

和宁：《易简斋诗钞》，清道光年间刻本。

黄楙材：《西辏日记》，《川藏游踪汇编》，四川民族出版社 1985 年版。

黄沛翘：《西藏图考》，西藏人民出版社 1982 年版。

焦应旂：《藏程纪略》，《川藏游踪汇编》，四川民族出版社 1985 年版。

昆冈等：《大清会典理藩院事例》，全国图书馆文献微缩复制中心 1991 年版。

李殿图：《番行杂咏》，《中华竹枝词全编》（7），北京出版社 2007 年版。

李凤彩：《藏纪概》，《西藏学文献丛书别辑》，中国藏学出版社 1995 年版。

李涵元:《绥靖屯志》(影印本),江苏古籍出版社、上海书店、巴蜀书社
　　1990年版。

李梦皋:《拉萨厅志》,《西南稀见方志文献》第48卷,兰州大学出版社
　　2003年版。

李若虚:《西招杂忆十二首》,《中华竹枝词》,北京古籍出版社1997年版。

李若虚:《西藏杂诗六首》,《中华竹枝词全编》(7),北京出版社2007年版。

李心衡:《金川琐记》,《西藏学汉文文献汇刻》第三辑,中国藏学出版社
　　1994年版。

辽宁大学历史系:《清太宗实录稿本》,辽宁大学历史系1978年印本。

林儁:《西藏归程记》,《川藏游踪汇编》,四川民族出版社1985年版。

马揭、盛绳祖:《卫藏图识》,《西藏学文献丛书别辑》,中国藏学出版社
　　1995年版。

孟保:《西藏奏疏　附〈西藏碑文〉》,中国藏学出版社2006年版。

祁士韵:《皇朝藩部要略》,全国图书馆文献微缩复制中心1993年版。

钱召棠:《巴塘志略》,《西南稀见方志文献》第48卷,兰州大学出版社
　　2003年版。

清方略馆:《平定金川方略》,《西藏学汉文文献汇刻》第一辑,全国图书
　　馆文献微缩复制中心1992年版。

清方略馆:《平定两金川方略》,《西藏学汉文文献汇刻》第一辑,全国图
　　书馆文献微缩复制中心1992年版。

清方略馆:《钦定廓尔喀纪略》,中国藏学出版社2006年版。

清方略馆:《钦定巴勒布纪略》,中国藏学出版社2006年版。

清高宗:《御制诗文十全集》,西藏学汉文文献丛书第二辑,中国藏学出版
　　社1993年版。

清会典馆:《乾隆朝内府抄本〈理藩院则例〉》,中国藏学出版社2006年版。

清会典馆:《钦定大清会典事例　理藩院》,中国藏学出版社2006年版。

润藩:《藏游日记》,《川藏游踪汇编》,四川民族出版社1985年版。

盛绳祖:《入藏程站》,《小方壶斋舆地丛钞》第3帙,杭州古籍书店1985
　　年版。

松筠:《丁巳秋阅吟》,《川藏游踪汇编》,四川民族出版社1985年版。

松筠:《卫藏通志》,西藏人民出版社 1982 年版。

松筠:《西藏巡边记》,《川藏游踪汇编》,四川民族出版社 1985 年版。

松筠:《西招纪行诗》,《川藏游踪汇编》,四川民族出版社 1985 年版。

松筠:《西招图略》,西藏人民出版社 1982 年版。

松筠:《镇抚事宜》,中州古籍出版社 1985 年版。

松森:《喇嘛事例》,《西藏学文献丛书别辑》,中国藏学出版社 1995 年版。

松森等:《西藏通制》,《西藏学文献丛书别辑》,中国藏学出版社 1995 年版。

孙士毅:《百一山房赴藏诗集》,《川藏游踪汇编》,四川民族出版社 1985
　　年版。

陶思曾:《藏輶随记》,《川藏游踪汇编》,四川民族出版社 1985 年版。

王昶:《金川案》,《西藏学汉文文献汇刻》第三辑,中国藏学出版社 1994
　　年版。

王昶:《金川纪事诗》,《西藏学汉文文献汇刻》第三辑,中国藏学出版社
　　1994 年版。

王昶:《蜀徼纪闻》,《西藏学汉文文献汇刻》第三辑,中国藏学出版社
　　1994 年版。

王培荀:《听雨楼随笔》,巴蜀书社 1987 年版。

王世睿:《进藏纪程》,《川藏游踪汇编》,四川民族出版社 1985 年版。

王崧:《道光云南志钞》,云南省社会科学院文献研究所 1995 年版。

温达:《亲征平定朔漠方略》,《西藏学汉文文献汇刻》第四辑,中国藏学
　　出版社 1994 年版。

文干:《壬午赴藏纪程诗》,《川藏游踪汇编》,四川民族出版社 1985 年版。

吴德熙:《章谷屯纪略》,《西南稀见方志文献》第 48 卷,兰州大学出版社
　　2003 年版。

吴廷伟:《定藏纪程》,《川藏游踪汇编》,四川民族出版社 1985 年版。

项应莲:《西昭竹枝词》,《历代咏藏诗选》,西藏人民出版社 1987 年版。

萧腾麟:《西藏见闻录》,《西藏学文献丛书别辑》,中国藏学出版社
　　1995 年版。

徐瀛:《晋藏小录》,《川藏游踪汇编》,四川民族出版社 1985 年版。

徐瀛:《西征日记》,《川藏游踪汇编》,四川民族出版社 1985 年版。

杨揆：《桐华吟馆卫藏诗稿》，《川藏游踪汇编》，四川民族出版社 1985 年版。

姚莹：《前后藏考》，《魏源全集》第 17 册《皇朝经世文编》，岳麓书社
　　2004 年版。

姚莹：《康輶纪行》，黄山书社 1990 年版。

佚名：《西藏志》，西藏人民出版社 1982 年版。

有泰：《有泰驻藏日记》，《西藏学汉文文献汇刻》第二辑，中国藏学出版
　　社 1992 年版。

玉山房居士：《西藏纪闻》，台湾文海出版社 1966 年版。

允礼：《西藏往返日记》，《川藏游踪汇编》，四川民族出版社 1985 年版。

张海：《西藏纪述》，《西藏学文献丛书别辑》，中国藏学出版社 1995 年版。

张其勤：《炉藏道里最新考》，《川藏游踪汇编》，四川民族出版社 1985 年版。

赵咸中：《使廓纪略》，《川藏游踪汇编》，四川民族出版社 1985 年版。

郑楼山：《平定两金川军需例案》，《西藏学汉文文献汇刻》第二辑，中国
　　藏学出版社 1990 年版。

钟方：《驻藏须知》，《中国西藏及甘青川滇藏区方志汇编》第 3 册，学苑
　　出版社 2003 年版。

周霭联：《西藏纪游》，张江华等点校，中国藏学出版社 2006 年版。

撰人未详：《西藏考》，《丛书集成初编》，商务印书馆中华民国二十五年版。

　　（二）奏议类

《安成驻藏奏稿》，《清代藏事奏牍》，中国藏学出版社 1994 年版。

《丁宝桢藏事奏牍》，《清代藏事奏牍》，中国藏学出版社 1994 年版。

《凤全驻藏奏稿》，《清代藏事奏牍》，中国藏学出版社 1994 年版。

《抚远大将军允禵奏稿》，《西藏学文献丛书别辑》，中国藏学出版社 1995
　　年版。

《瑚图礼、祥保、珂实克驻藏奏稿》，《清代藏事奏牍》，中国藏学出版社
　　1994 年版。

《惠显、广庆、盛泰驻藏奏稿》，《清代藏事奏牍》，中国藏学出版社 1994
　　年版。

《景纹驻藏奏稿》，《清代藏事奏牍》，中国藏学出版社 1994 年版。

《奎焕驻藏奏稿》，《清代藏事奏牍》，中国藏学出版社 1994 年版。

《联豫驻藏奏稿》，《清代藏事奏牍》，中国藏学出版社 1994 年版。

《刘秉璋藏事奏牍》，《清代藏事奏牍》，中国藏学出版社 1994 年版。

《隆文驻藏奏稿》，《清代藏事奏牍》，中国藏学出版社 1994 年版。

《鹿传霖藏事奏牍》，《清代藏事奏牍》，中国藏学出版社 1994 年版。

《满庆、恩庆驻藏奏稿》，《清代藏事奏牍》，中国藏学出版社 1994 年版。

《孟保、海朴驻藏奏稿》，《清代藏事奏牍》，中国藏学出版社 1994 年版。

《讷钦驻藏奏牍》，《清代藏事奏牍》，中国藏学出版社 1994 年版。

《耆英藏事奏牍》，《清代藏事奏牍》，中国藏学出版社 1994 年版。

《琦善驻藏奏稿》，《清代藏事奏牍》，中国藏学出版社 1994 年版。

《赛冲阿、喜明、珂实克驻藏奏稿》，《清代藏事奏牍》，中国藏学出版社
　　1994 年版。

《色楞额驻藏奏稿》，《清代藏事奏牍》，中国藏学出版社 1994 年版。

《升泰驻藏奏稿》，《清代藏事奏牍》，中国藏学出版社 1994 年版。

《松湉、桂丰驻藏奏稿》，《清代藏事奏牍》，中国藏学出版社 1994 年版。

《文海驻藏奏稿》，《清代藏事奏牍》，中国藏学出版社 1994 年版。

《文硕驻藏奏稿》，《清代藏事奏牍》，中国藏学出版社 1994 年版。

《文蔚、庆禄驻藏奏稿》，《清代藏事奏牍》，中国藏学出版社 1994 年版。

《锡良藏事奏稿》，《清代藏事奏牍》，中国藏学出版社 1994 年版。

《喜明、珂实克驻藏奏稿》，《清代藏事奏牍》，中国藏学出版社 1994 年版。

《兴科、隆文驻藏奏稿》，《清代藏事奏牍》，中国藏学出版社 1994 年版。

《英善、福宁驻藏奏稿》，《清代藏事奏牍》，中国藏学出版社 1994 年版。

《有泰驻藏奏稿》，《清代藏事奏牍》，中国藏学出版社 1994 年版。

《裕钢驻藏奏稿》，《清代藏事奏牍》，中国藏学出版社 1994 年版。

《张荫棠驻藏奏稿》，《清代藏事奏牍》，中国藏学出版社 1994 年版。

　　（三）文献选辑类

顾祖成等：《清实录·藏族史料》，西藏人民出版社 1982 年版。

华立：《近代边塞诗文选译》，巴蜀书社 1997 年版。

拉巴平措：《清代藏事奏牍》，中国藏学出版社 1994 年版。

卢秀璋：《清末民初藏事资料选编（1877—1919）》，中国藏学出版社 2005
　　年版。

吴丰培：《清代藏事辑要》，西藏人民出版社 1983 年版。

西藏民族学院历史系：《清实录·藏族历史资料汇编》，西藏民族学院历史系 1981 年印本。

西藏社会科学院等：《西藏地方是中国不可分割的一部分》（史料选辑），西藏人民出版社 1986 年版。

徐广智、达瓦：《西藏地方近代史资料选辑》，西藏人民出版社 2007 年版。

赵心愚、秦和平、王川：《康区藏族社会珍稀资料辑要》，巴蜀书社 2006 年版。

中国藏学研究中心：《元以来西藏地方与中央政府关系档案史料汇编》，中国藏学出版社 1994 年版。

中国第一历史档案馆、中国藏学研究中心：《六世班禅朝觐档案选编》，中国藏学出版社 1996 年版。

中国第一历史档案馆、中国藏学研究中心：《清末十三世达赖喇嘛档案史料选编》，中国藏学出版社 2002 年版。

二　引用其他文献书目

（北魏）贾思勰：《齐民要术》，团结出版社 1996 年版。

（唐）李延寿：《北史》，中华书局 1974 年版。

（唐）玄奘：《大唐西域记》，岳麓书社 1999 年版。

（后晋）刘昫等：《旧唐书》，中华书局 1975 年版。

（宋）李昉：《太平广记》，上海古籍出版社 1995 年版。

（宋）李焘：《续资治通鉴长编》，中华书局 1993 年版。

（宋）欧阳修、宋祁：《新唐书》，岳麓书社 1997 年版。

（宋）释道元：《景德传灯录》，成都古籍书店 2000 年版。

（宋）王谠：《唐语林》，上海古籍出版社 1978 年版。

（宋）王易：《燕北录》，《中国野史集成》（10），巴蜀书社 1993 年版。

（宋）张君房：《云笈七签》，齐鲁书社 2002 年版。

（宋）庄绰：《鸡肋编》，中华书局 1984 年版。

（元）忽思慧：《饮膳正要》，中国书店 1993 年版。

（元）孔齐：《至正直记》，《宋元笔记小说大观》（六），上海古籍出版社

2001 年版。

（元）佚名：《大元圣政国朝典章》（影印元刊本），中国广播电视出版社
1998 年版。

（元）脱脱：《金史》，吉林人民出版社 1995 年版。

（元）王士点、商企翁：《秘书监志》，浙江古籍出版社 1992 年版。

（明）方汝诰：《禅真后史》，中国戏剧出版社 1999 年版。

（明）费信：《星槎胜览》，中华书局 1954 年版。

（明）顾起元：《客座赘语》，《明代笔记小说大观》（二），上海古籍出版
社 2005 年版。

（明）何乔远：《闽书》，福建人民出版社 1995 年版。

（明）何宇度：《益部谈资》，《丛书集成新编》第九六册，新文丰出版公
司 1985 年版。

（明）李时珍：《本草纲目》，中医古籍出版社 1994 年版。

（明）李昭祥：《龙江船厂志》，江苏古籍出版社 1999 年版。

（明）刘侗：《帝京景物略》，北京古籍出版社 1980 年版。

（明）刘若愚：《酌中志》，《明代笔记小说大观》（四），上海古籍出版社
2005 年版。

（明）陆人龙：《型世言》，中华书局 1993 年版。

（明）吕坤：《呻吟语》，中州古籍出版社 2008 年版。

（明）祁彪佳：《莆阳谳牍》，北京图书馆馆藏善本。

（明）申时行等：《明会典》（万历朝重修本），中华书局 1989 年版。

（明）沈榜：《宛署杂记》，北京古籍出版社 1980 年版。

（明）沈德符：《万历野获编》，《明代笔记小说大观》（二），上海古籍出
版社 2005 年版。

（明）施耐庵：《水浒传》，人民文学出版社 1997 年版。

（明）宋濂：《元史》，中华书局 1976 年版。

（明）宋应星：《天工开物》，中国社会出版社 2004 年版。

（明）天然痴叟：《石点头》，中州古籍出版社 1985 年版。

（明）王士性：《广志绎》，中华书局 2006 年版。

（明）王同轨：《耳谈类增》，中州古籍出版社 1994 年版。

（明）文震亨：《长物志》，中华书局 1985 年版。

（明）吴承恩：《西游记》，人民文学出版社 1980 年版。

（明）萧大亨：《夷俗记》，《史料四编　北房》，广文书局 1972 年版。

（明）谢肇淛：《五杂组》，《明代笔记小说大观》（二），上海古籍出版社 2005 年版。

（明）徐光启：《农政全书》，岳麓书社 2002 年版。

（明）徐应秋：《玉芝堂谈荟》，上海古籍出版社 1993 年版。

（明）严从简：《殊域周咨录》，中华书局 1993 年版。

（明）佚名：《续西游记》，春风文艺出版社 1986 年版。

（明）于慎行：《谷山笔麈》，《中华野史》卷 9，三秦出版社 2000 年版。

（明）俞汝楫：《礼部志稿》，文渊阁《四库全书》第 597 册，上海古籍出版社 2003 年版。

（明）张岱：《夜航船》，汕头大学出版社 2009 年版。

（明）张瀚：《松窗梦语》，中华书局 1985 年版。

（明）张天复：《广皇舆考》，《四库禁毁书丛刊　史部 17》，北京出版社 2000 年版。

（明）朱鼎臣：《唐三藏西游释厄传》，人民文学出版社 1984 年版。

（明）朱国祯：《涌幢小品》，《明代笔记小说大观》（四），上海古籍出版社 2005 年版。

（清）爱新觉罗·弘历：《钦定辽金元三史国语解》，《四库全书》第 296 册，上海古籍出版社 1987 年版。

（清）曹抡彬、曹抡瀚：《雅州府志》，《西南稀见方志文献》第 48 卷，兰州大学出版社 2003 年版。

（清）陈康祺：《郎潜纪闻》，中华书局 1984 年版。

（清）陈梦雷：《古今图书集成·方舆汇编·边裔典》，中华书局 1940 年版。

（清）陈梦雷：《古今图书集成·经济汇编·食货典》，中华书局、巴蜀书社 1934 年版。

（清）陈其元：《庸闲斋笔记》，中华书局 1997 年版。

（清）陈森：《品花宝鉴》，中华书局 2004 年版。

（清）陈亦禧：《皋兰载笔》，《小方壶斋舆地丛钞》第 6 帙，上海著易堂清光绪十七年版。

（清）褚人获：《坚瓠集》，《清代笔记小说大观》，上海古籍出版社 2007 年版。

（清）丁树诚：《仕隐斋涉笔》，四川人民出版社 1985 年版。

（清）段光清：《镜湖自撰年谱》，中华书局 1997 年版。

（清）范端昂：《粤中见闻》，广东高等教育出版社 1988 年版。

（清）方耕霞：《倚云轩医话医案集》，人民卫生出版社 1991 年版。

（清）方濬师：《蕉轩随录 续录》，中华书局 1995 年版。

（清）福格：《听雨丛谈》，中华书局 1984 年版。

（清）龚柴：《蒙古考略》，《小方壶斋舆地丛钞》第 7 帙，上海著易堂清光绪十七年版。

（清）顾禄：《清嘉录》，中华书局 2008 年版。

（清）顾震涛：《吴门表隐》，江苏古籍出版社 1999 年版。

（清）郭嵩焘：《使西纪程》，辽宁人民出版社 1994 年版。

（清）和邦额：《夜谭随录》，上海古籍出版社 1988 年版。

（清）和琳：《芸香堂诗集》，清嘉庆刻本。

（清）黄叔璥：《台海使槎录》，河南教育出版社 1995 年版。

（清）纪昀：《阅微草堂笔记》，《笔记小说大观》二十，江苏广陵古籍刻印社 1983 年版。

（清）蒋伯超：《南滑楛语》，《笔记小说大观》三十五，江苏广陵古籍刻印社 1983 年版。

（清）金埴：《不下带编》，中华书局 1982 年版。

（清）李调元：《南越笔记》，《丛书集成初编》，中华书局 1985 年版。

（清）李鼎元：《使琉球记》，陕西师范大学出版社 1992 年版。

（清）李斗：《扬州画舫录》，中华书局 1997 年版。

（清）李雨堂：《万花楼》，太白文艺出版社 1998 年版。

（清）梁份：《秦边纪略》，青海人民出版社 1987 年版。

（清）林则徐：《信及录》，上海书店出版社 1982 年版。

（清）刘声木：《苌楚斋随笔》，中华书局 1989 年版。

（清）刘省三：《跻春台》，百花文艺出版社 1988 年版。

（清）刘廷玑：《在园杂志》，中华书局 2005 年版。

（清）龙顾山人：《十朝诗乘》，福建人民出版社 2000 年版。

（清）毛祥麟：《墨余录》，上海古籍出版社 1985 年版。

（清）纳兰性德：《渌水亭杂识》，《丛书集成三编》第 5 册，新文丰出版公司 1997 年版。

（清）欧苏：《霭楼逸志》，《明清广东稀见笔记七种》，广东人民出版社 2010 年版。

（清）蒲松龄：《农桑经》，《蒲松龄集》，中华书局 1962 年版。

（清）七十三：《回疆风土记》，上海中华书局 1936 年版。

（清）七十一：《西域闻见录》，《西北民俗文献》第 1 卷，兰州古籍书店 1990 年版。

（清）钱大昕：《十驾斋养新录》，上海书店出版社 1983 年版。

（清）屈大均：《广东新语》，中华书局 1997 年版。

（清）阮葵生：《茶余客话》，《笔记小说大观》十九，江苏广陵古籍刻印社 1983 年版。

（清）萨英额：《吉林外记》，《续修四库全书》第 1139 册，上海古籍出版社 2007 年版。

（清）石玉昆：《七侠五义》，上海古籍出版社 1993 年版。

（清）松友梅：《小额》，世界图书出版公司 2011 年版。

（清）贪梦道人：《永庆升平后传》，保文堂书店 1988 年版。

（清）天花才子：《快心编》，人民文学出版社 2006 年版。

（清）天花主人：《二度梅全传》，山东文艺出版社 1986 年版。

（清）汪启淑：《水曹清暇录》，北京古籍出版社 1998 年版。

（清）王梦吉：《济公全传》，上海古籍出版社 1996 年版。

（清）王韬：《瀛壖杂志》，《笔记小说大观》28 编 7 册，中国台湾新兴书局 1986 年版。

（清）王廷绍：《霓裳续谱》，《明清民歌时调集》，上海古籍出版社 1987 年版。

（清）魏源：《海国图志》，中州古籍出版社 1999 年版。

（清）文康：《儿女英雄传》，齐鲁书社 1989 年版。

（清）吴炽昌：《续客窗闲话》，文化艺术出版社 1988 年版。

（清）吴敬梓：《儒林外史》，人民文学出版社 1977 年版。

（清）吴振棫：《养吉斋丛录》，中华书局 2005 年版。

（清）西清：《黑龙江外记》，黑龙江人民出版社 1984 年版。

（清）夏敬渠：《野叟曝言》，中国台湾天一出版社 1985 年版。

（清）萧奭：《永宪录》，中华书局 1997 年版。

（清）徐世昌：《晚晴簃诗汇》，生活·读书·新知三联书店 1989 年版。

（清）徐瀛：《旃林纪略》，《小方壶斋舆地丛钞》第三帙，杭州古籍书店
　　1985 年版。

（清）薛福成：《出使四国日记》，社会科学文献出版社 2007 年版。

（清）杨凤徽：《南皋笔记》，《笔记小说大观》三十，江苏广陵古籍刻印
　　社 1983 年版。

（清）姚元之：《竹叶亭杂记》，中华书局 1997 年版。

（清）亦赓：《煨柮闲谈》，《续修四库全书》第 1181 册，上海古籍出版社
　　2002 年版。

（清）佚名：《风月梦》，中国文联出版社 1985 年版。

（清）佚名：《林公案》，河北人民出版社 1988 年版。

（清）佚名：《生绡剪》，春风文艺出版社 1987 年版。

（清）佚名：《施公案》，华夏出版社 1995 年版。

（清）慵纳居士：《咫闻录》，《笔记小说大观》二十四，江苏广陵古籍刻
　　印社 1983 年版。

（清）于敏中：《钦定日下旧闻考》，北京古籍出版社 1985 年版。

（清）余庆远：《维西见闻记》，中华书局 1985 年版。

（清）俞正燮：《癸巳存稿》，辽宁教育出版社 2003 年版。

（清）袁枚：《小仓山房诗集》，上海古籍出版社 1988 年版。

（清）曾七如：《小豆棚》，荆楚书社 1989 年版。

（清）张春帆：《九尾龟》，中国台湾广雅出版有限公司 1984 年版。

（清）张廷玉等：《明史》，吉林人民出版社 1995 年版。

（清）赵慎畛：《榆巢杂识》，中华书局 2001 年版。

（清）赵学敏：《本草纲目拾遗》，中国中医药出版社 2007 年版。

（清）赵翼：《瓯北集》，上海古籍出版社 1997 年版。

（清）周广业：《过夏杂录续录》，《续修四库全书》第 1154 册，上海古籍
　　出版社 2002 年版。

（清）朱琰：《陶说》，《说库》，广陵书社 2008 年版。

（清）朱彝尊：《曝书亭集》，国学整理社 1937 年版。

（清）醉月山人：《狐狸缘全传》，百花文艺出版社 1989 年版。

（朝）朴趾源：《热河日记》，上海书店出版社 1997 年版。

傅崇矩：《成都通览》，巴蜀书社 1987 年版。

贺觉非：《西康纪事诗本事注》，西藏人民出版社 1988 年版。

任乃强：《西康图经·民俗篇》，新亚细亚学会 1934 年版。

徐珂：《清稗类钞》，中华书局 1986 年版。

许公武：《青海志略》，商务印书馆 1943 年版。

杨仲羲：《雪桥诗话》，北京古籍出版社 1989 年版。

赵尔巽等：《清史稿》，中华书局 1977 年版。

周询：《芙蓉话旧录》，四川人民出版社 1987 年版。

朱增鋆：《道孚县风俗纪略》，《康区藏族社会珍稀资料辑要》，巴蜀书社
　　2006 年版。

高平：《清人咏藏诗词选注》，中国藏学出版社 2004 年版。

池万兴、严寅春：《〈西藏赋〉校注》，齐鲁书社 2013 年版。

王叔磐、孙玉溱：《古代蒙古族汉文诗选》，内蒙古人民出版社 1984 年版。

赵宗福：《历代咏藏诗选》，西藏人民出版社 1987 年版。

后　记

　　自大学毕业进入西藏民族大学（原西藏民族学院）任教，从此我与西藏结缘。2002 年有幸进入川大，在俞理明先生的指导下，以清代笔记小说中的俗语词做博士论文，在翻检笔记小说的过程中，一些零星的涉藏资料引起了我的注意，就把这些材料逐一记录了下来。据我了解，目前近代汉语的研究成果中很少用到藏学汉文文献，而作为藏学研究的重要资料，这类文献的点校整理本中又存在着不少语言文字方面的问题，恰好近些年来学校鼓励教师的科研方向与西藏的建设发展相结合，于是我就在此前所积累材料的基础上，阅读了学校图书馆收藏的部分藏学文献，觉得以此为题展开研究，应该是有积极意义的。这个想法得到了导师俞先生的肯定，也增强了我的自信。2011 年，我以"清代藏学汉文文献词汇研究"为题申报国家社科基金项目，获得立项。

　　清代藏学汉文文献属于边疆文献，以记录藏事为主，官方奏疏、方略占了文献的一大部分，程式化的行文读来有些枯燥乏味，且内容多与政治、军事等相关，算不上语言研究的"富矿"；咏藏诗歌的文学性、可读性略高一些，可是由于作者们并非清代诗坛上的一流作家，因而关注者甚少；那些记录藏地风土人情的笔记，其中可资利用的资料相对多些，但内容上不乏辗转传钞的成分。我想，这大概就是长期以来，语言词汇研究者很少关注利用这类材料的原因之一吧。为了搞清楚藏学汉文文献的语言学研究价值，我浏览了所有能够找到的这类资料，《西藏学汉文文献别辑》、《川藏游踪汇编》、《有泰日记》等则读了不止一遍，重点搜罗其中容易造成阅读障碍的词语、新兴的词汇成分以及这类文献中独有的词语，力图用实实在在的材料来说明它们在语言词汇研究方面的价值。为了处理好其中的藏语词汇材料，又跟随我校民研院张天锁教授学了半年的藏语。课题结项之后，对成果又作了一些补充修订的工作，形成了这部书稿。

本书在写作过程中，得到俞理明先生的悉心指导；书稿完成后，又审阅全文，提出了详细的修改意见；在本书即将付梓成书之际，又拨冗赐序；在此谨对俞先生的奖掖提携表示衷心的感谢！图书馆的赵晓红、赵艳萍两位女士在资料借阅方面提供了不少便利，课题组成员高明教授与顾浙秦博士也曾提出过一些建设性意见，中国社会科学出版社的编辑郭晓鸿女士在书稿的文字加工方面做了不少细致的工作，对以上各位的帮助，我深表谢意。最后，感谢我校文学院与研究生处对本书出版的全额资助。

限于学识，书中的阐述难免有肤浅、失误之处，敬祈诸位专家、读者批评、指正。

王宝红

2015 年 9 月于咸阳